Forschungen
aus Staat und Recht 33

Herausgegeben von
Univ.-Prof. Dr. **Günther Winkler**
im Zusammenwirken mit
Univ.-Prof. Dr. **Walter Antoniolli**
Universität Wien

Springer-Verlag
Wien · New York 1975

Die Völkerrechtssubjektivität der Unionsrepubliken der UdSSR

Henn-Jüri Uibopuu

Springer-Verlag
Wien · New York 1975

Verfasser: Univ.-Doz. Dr. HENN-JÜRI UIBOPUU, Institut für Völkerrecht und ausländisches öffentliches Recht, Universität Salzburg, Österreich

Library of Congress Cataloging in Publication Data. Uibopuu, Henn-Jüri, 1929—. Die Völkerrechtssubjektivität der Unionsrepubliken der UdSSR (The international legal personality of the Union-Republics of the U.S.S.R.). (Forschungen aus Staat und Recht; Bd. Nr. 33) Bibliography: p. Includes index. 1. Russia-Foreign relations. I. Title. II. Title: The international legal personality of the Union-Republics of the U.S.S.R. III. Series. JX1555.U5, 327.47, 75-17583.

ISBN 3-211-81320-9 Springer-Verlag Wien—New York
ISBN 0-387-81320-9 Springer-Verlag New York—Wien

Lugupeetud teadlasele ja kutsekaaslasele,
austatud kaasmaalasele,
kallile sõbrale

südamest fiz.

Meinen Kindern Kaja und Ilmar

Danksagung

Die vorliegende Arbeit entstand am Institut für Völkerrecht und ausländisches öffentliches Recht der Universität Salzburg in den Jahren 1971 bis 1974. Dem Vorstand dieses Instituts, meinem Lehrer und Freund, Herrn Univ.-Prof. Dr. Herbert Miehsler, gilt mein besonderer Dank. Er hat nicht nur das Zustandekommen dieser Arbeit, auch während der Erfüllung akademischer Funktionen, in jeder erdenklichen Weise gefördert, sondern auch meinem wissenschaftlichen Werdegang wesentliche Impulse gegeben. Den Mitarbeitern dieses Institutes danke ich für viele anregende Diskussionen.

Für wohlwollende Kritik danke ich den Mitgliedern des Professorenkollegiums der Juridischen Fakultät der Universität Salzburg, den Herren Univ.-Prof. DDr. Friedrich Koja und Univ.-Prof. Dr. Kurt Ringhofer, sowie Herrn Univ.-Prof. Dr. Georg Geilke (Hamburg).

Für die Möglichkeit, an ihren Instituten Forschungsarbeiten durchzuführen, viele interessante Gespräche und wertvolle Anregungen danke ich den Herren Univ.-Prof. Dr. Georg Geilke und Univ.-Prof. Dr. Boris Meissner (Köln) sowie den Mitarbeitern ihrer Institute. Für die finanzielle Unterstützung dieser Forschungsreisen danke ich dem Verband der wissenschaftlichen Gesellschaften Österreichs. Für die Vermittlung einer Studienreise in die UdSSR danke ich der Österreichischen Akademie der Wissenschaften und für die Ermöglichung dieses Studienaufenthaltes der Akademie der Wissenschaften der UdSSR.

Mein Dank für fruchtbare Diskussionen gilt den Leitern und Mitarbeitern des Institutes für Staat und Recht der Akademie der Wissenschaften der Ukrainischen SSR, des Instituts für Soziologie und Recht der Akademie der Wissenschaften der Uzbekischen SSR und des Instituts für Wirtschaft und Recht der Akademie der Wissenschaften der Georgischen SSR; besonders verpflichtet bin ich dem ehemaligen Richter des Internationalen Gerichtshofes, Herrn Univ.-Prof. Dr. Vladimir M. Koreckij (Kiew).

Für die Zuerkennung des Theodor Körner-Förderungspreises danke ich seinem Kuratorium.

Herrn Univ.-Prof. Dr. GÜNTHER WINKLER danke ich für die Aufnahme dieser Arbeit in die Reihe „Forschungen aus Staat und Recht".

Frau MAGDA NOVAK gilt mein besonders herzlicher Dank für die mühevolle Arbeit der Herstellung des Manuskripts.

Zuletzt möchte ich meiner lieben Frau INGEBORG UIBOPUU für ihre aufopferungsvolle Hilfe bei der Korrektur des Manuskriptes und der Druckfahnen sowie vor allem für ihr Verständnis für faktische und geistige Abwesenheit des Autors während der Arbeit an diesem Buch danken.

S a l z b u r g, im Frühjahr 1975   HENN-JÜRI UIBOPUU

Inhaltsverzeichnis

Abkürzungsverzeichnis

AdG	=	Archiv der Gegenwart
AJIL	=	American Journal of International Law
AN	=	Akademija Nauk (Akademie der Wissenschaften)
Annuaire IDI	=	Annuaire de l'Institut de Droit International
ArSSR	=	Armenische Sozialistische Sovjetrepublik
Art	=	Artikel
Aufl	=	Auflage
Avtoref	=	Autoreferat
AzSSR	=	Azerbajdžanische Sozialistische Sovjetrepublik
Bd	=	Band
BERBER	=	Lehrbuch des Völkerrechts, München, 1960—1964
betr	=	betreffend
BSSR	=	Weißrussische Sozialistische Sovjetrepublik
BV	=	Bundesverfassung der Schweizerischen Eidgenossenschaft
BVerfGE	=	Entscheidungen des Bundesverfassungsgerichts (BRD)
B-VG	=	Bundesverfassungsgesetz der Bundesrepublik Österreich
CIK	=	Central'nyj ispolnitel'nyj komitet (Zentrales Vollzugskomitee)
ČSSR	=	Tschechoslowakische Sozialistische Republik
DAHM	=	DAHM, G. Völkerrecht I—III, Stuttgart 1958
DDR	=	Deutsche Demokratische Republik
dh	=	das heißt
Diss	=	Dissertation
Dokumenty	=	Dokumenty vnešnej politiki SSSR, 1- M. 1957-
ESSR	=	Estnische Sozialistische Sovjetrepublik
f	=	folgende (Seite)
ff	=	folgende (Seiten)
Fn	=	Fußnote
GARes	=	Resolution der VN Vollversammlung
GSSR	=	Georgische Sozialistische Sovjetrepublik
GesV	=	Gesetzesverordnung (ukaz)
GG	=	Grundgesetz der Bundesrepublik Deutschland
HACKWORTH	=	HACKWORTH, G. H. Digest of International Law I—VIII, Washington 1940—1944
ICLQ	=	International and Comparative Law Quarterly
idF	=	in der Fassung
IGH	=	Internationaler Gerichtshof
IL	=	(in sovjetischen Büchern) Innostrannaja Literatura (Verlag)
ILC	=	International Law Commission
ILR	=	International Law Reports
IMO	=	Institut Meždunarodnych Otnošenii (Institut für Internationale Beziehungen)
INGO	=	International Nongovernmental Organization (Internationale Nichtstaatliche Organisation)
IRuD	=	Internationales Recht und Diplomatie
Izv AN	=	Izvestija AN

JbfOR	=	Jahrbuch für Ostrecht
JöR (NF)	=	Jahrbuch des öffentlichen Rechts (Neue Folge)
KarSSR	=	Karelische Sozialistische Sovjetrepublik
KazSSR	=	Kazachische Sozialistische Sovjetrepublik
KELSEN/TUCKER	=	KELSEN/TUCKER, Principles of International Law, II Ed. New York—Chikago—San Francisco—Toronto—London 1967
KISS	=	KISS, A. C. Répertoire de la Practique Francaise en Matière de Droit International Public, Paris 1962-
KiSSR	=	Kirgizische Sozialistische Sovjetrepublik
Konstitucija	=	Konstitutcija (Osnovnoj Zakon) SSSR — Konstitucii (Osnovnye Zakony) Sojuznych Sovetskich Socialističeskich Respublik, M. 1956
KPdSU	=	Kommunistische Partei der Sovjetunion
Kurs	=	Kurs Meždunarodnogo prava v šesti tomach M. 1967-
L	=	Leningrad
LAPRADELLE-POLITIS	=	Recueil des Arbitrages Internationaux
LaSSR	=	Lettische Sozialistische Sovjetrepublik
LGU	=	Leningrader Staatliche Universität
LiSSR	=	Litauische Sozialistische Sovjetrepublik
LNTS	=	League of Nations Treaty Series
M	=	Moskau
mE	=	meines Erachtens
MGU	=	Moskauer Staatliche Universität
MinR	=	Ministerrat
MOORE, Digest	=	MOORE, J. B. A Digest of International Law I—VIII, Washington 1906
MT	=	Multilateral Treaties in Respect of which the Secretary-General performs Depositary Functions, ST/LEG/SER. D/5
MSSR	=	Moldauische Sozialistische Sovjetrepublik
NKVT	=	Narkom vnešnej torgovlij (Volkskommissariat für Außenhandel)
OP-L.	=	OPPENHEIM—LAUTERPACHT, „International Law" I — Peace, 8th Edition, London 1955 II — Disputes, War and Neutrality, 7th Edition, London 1955
OS	=	Oberster Sovjet
Osobennosti	=	Osobennosti ugolovnych kodeksov sojuznych respublik, red. MENŠAGIN, Jurlit M. 1963
ÖZöR	=	Österreichische Zeitschrift für öffentliches Recht
PCIJ	=	Permanent Court of International Justice
POS	=	Präsidium des Obersten Sovjet
Pravosub'ektnost'	=	Meždunarodnaja Pravosub'ektnost' red. IGNATENKO/FEL'DMAN M. 1971
RC	=	Recueil des Cours de l'Académie de droit international de la Haye
RGDIP	=	Revue générale de Droit international public
RIAA	=	Report of International Arbitral Awards
ROW	=	Recht in Ost und West
RSFSR	=	Russische Sozialistische Föderative Sovjetrepublik
S	=	Seite
Sb.Asp.Rab.G.P.	=	Sbornik Aspirantskich rabot gosudarstva i prava
Sect	=	Section
SEMP	=	Sovetskij Ežegodnik Meždunarodnogo Prava

SGiP	=	Sovetskoe Gosudarstvo i Pravo
Slg	=	Sammlung der Erkenntnisse des österreichischen Verfassungs- gerichtshofes
Soc Zak	=	Socialističeskoja Zakonnast'
Sojuz SSR	=	Sojuz SSR — sodružestvo ravnopravnych respublik, red. LEPEŠKIN, Jurlit M. 1972
SP	=	Sbornik Postanovlenija
SSSR	=	UdSSR
StIG	=	Ständiger Internationaler Gerichtshof
StPO	=	Strafprozeßordnung
StG	=	Österr. Strafgesetz
SVN	=	Satzung der Vereinten Nationen
SZS	=	Sbornik Zakonov SSSR i Ukazov prezidiuma verchovnogo soveta, Moskau 1968—1971, Bd. 1—3
SZ SSSR	=	Sobranie zakonov i rasporjaženij Raboče-Krestjanskogo Pravitel'stva SSSR
TaSSR	=	Tadžikische Sozialistische Sovjetrepublik
TuSSR	=	Turkmenische Sozialistische Sovjetrepublik
ua	=	unter anderem
UNRIAA	=	UN Report of International Arbitral Awards
UNTS	=	United Nations Treaty Series
URE	=	Ukrajnskaja Radjanskaja Enciklopedija
USSR	=	Ukrainische Sozialistische Sovjetrepublik
UzSSR	=	Uzbekische Sozialistische Sovjetrepublik
v	=	vom
VAN ArSSR	=	Vestnik AN ArSSR
VCSPS	=	Allunionsgewerkschaftszentralrat
VERDROSS	=	VERDROSS, A. Völkerrecht, V. Auflage Wien 1964
Ver	=	Verordnung (Postanovlenie)
Verf	=	Verfassung
Verf ÜG	=	Verfassungsüberleitungsgesetz (Österreich)
vgl	=	vergleiche
VN	=	Vereinte Nationen
Vn Pol	=	Vnešnjaja Politika Sovetskogo Sojuza i Meždunarodnye otnošenija, IMO, M. 1962 —
VVS SSSR	=	Vedomosti Verchovnogo Soveta SSSR
Vyp	=	Vypusk (Ausgabe)
WGO	=	Monatshefte für Osteuropäisches Recht (früher: Die wichtig- sten Gesetzgebungsakte in den Ländern Ost-, Südosteuropas und in den ostasiatischen Volksdemokratien)
WHITEMAN	=	WHITEMAN, M. Digest of International Law Wash. D. C. 1963-
WV²	=	Wörterbuch des Völkerrechts, STRUPP—SCHLOCHAUER, Bd. 1—3, Berlin 1960—1962
YB ILC	=	Yearbook of the International Law Commission
ZAGS	=	Standesamt (UdSSR)
ZaöRV	=	Zeitschrift für ausländisches öffentliches Recht und Völker- recht
zB	=	zum Beispiel
ZföR	=	Zeitschrift für öffentliches Recht
ZK	=	Zentralkomitee
ZPO	=	Zivilprozeßordnung
zw	=	zwischen

1. Einleitung

Die vorliegende Arbeit hat zum Ziel, die Frage der Völkerrechtssubjektivität der Unionsrepubliken der UdSSR möglichst umfassend zu behandeln. Wegen der im sovjetischen und volksdemokratischen Schrifttum vertretenen Auffassung, daß *alle* Unionsrepubliken Völkerrechtssubjekte seien, liegt das Hauptgewicht auf der Untersuchung, ob diese tatsächlich Gebilde sind, welche am internationalen Verkehr teilnehmen oder teilnehmen können.

Den Ausgangspunkt dazu müssen Überlegungen bilden, inwieweit Glieder von Bundesstaaten grundsätzlich Völkerrechtssubjekte sein können. Diese Frage wird im wesentlichen anhand der Diskussion um einen relevanten Artikel des Entwurfes über das Recht völkerrechtlicher Verträge behandelt. In dieser Diskussion spielten die entsprechenden Bestimmungen der Verfassungen von Bundesstaaten eine große Rolle. Deshalb wird der Art 18/a der Verfassung der UdSSR, welcher nach Auffassung sovjetischer Autoren die Völkerrechtssubjektivität der Unionsrepubliken ausdrücklich verankert, auf seine völkerrechtliche Relevanz geprüft.

Im Anschluß daran werden einige methodologische Gedanken zur weiteren Untersuchung der Völkerrechtssubjektivität der Unionsrepubliken angestellt. Für eine Auseinandersetzung mit den sovjetischen Argumenten war vor allem eine Auswertung der internationalen Praxis der Unionsrepubliken geplant. Da aber ein zweieinhalbmonatiger Studienaufenthalt in der UdSSR (Ukraine, Usbekistan und Georgien) zu wenig neues Material für einen Befund brachte, mußte der empirische Ansatz als zu wenig ergiebig aufgegeben und ein neuer Ansatz gesucht werden. Zum Verständnis der im sovjetischen Schrifttum enthaltenen Argumente für eine Völkerrechtssubjektivität der Unionsrepubliken ist es notwendig, die generelle sovjetische Theorie der Völkerrechtssubjektivität darzustellen. Die sovjetische marxistisch-leninistische Völkerrechtsdoktrin ist allerdings kein allgemein anerkannter Ansatzpunkt. Es wird daher in dieser Untersuchung ein völkerrechtliches Instrumentarium verwendet, welches breiten Konsens hat und nach Möglichkeit die sovjetischen Lehrmeinungen umfaßt.

Ausgehend vom stark staatsbezogenen sovjetischen Konzept der

Völkerrechtssubjektivität findet man im sowjetischen Schrifttum oft folgende Argumentation: „Die Unionsrepubliken sind Staaten und daher *ipso jure* Völkerrechtssubjekte." Der nächste Schritt der Untersuchung mußte daher die Prüfung der Staatlichkeit der Unionsrepubliken (anhand der traditionellen Trias: Staatsvolk, Staatsgebiet und Staatsgewalt) sein. Nach der Behandlung des Staatsgebietes wird als Exkurs ein Kapitel über das Austrittsrecht der Unionsrepubliken nach Art 17 der Verfassung der UdSSR als stärkster Ausdruck der Territorialhoheit eingefügt [1]. Für die Untersuchung der Staatlichkeit der Unionsrepubliken konnte nach der Aufgabe des bloß empirischen Ansatzes nur eine Untersuchung der Rechtsordnung der UdSSR in Frage kommen, aus welcher sich unter Umständen Schlüsse auf die Völkerrechtssubjektivität der Unionsrepubliken ergeben könnten.

Sofern den Unionsrepubliken für den internationalen Verkehr wesentliche Materien zur gesetzlichen Regelung überlassen worden sind, bestünde eher die Vermutung für ihre Völkerrechtssubjektivität qua Staat. Um dies feststellen zu können, muß eine klare Trennung der Teilrechtsordnungen „Unionsrecht" und „Unionsrepubliksrecht" vorgenommen werden. Dabei wird das Hauptaugenmerk auf die veröffentlichten Normativakte der UdSSR und der Unionsrepubliken gelegt, weil der normative Charakter der Rechtsordnung der UdSSR und auch die Machtverhältnisse in ihnen gut widergespiegelt werden. Selbst wenn bei der Untersuchung der Machtverhältnisse andere Methoden als die normative möglich wären, könnte aus diesen kein wesentlich differenzierter Befund zu erwarten sein. Für die Richtigkeit dieser Annahme spricht auch, daß selbst die sowjetischen Autoren letztlich alle Kompetenzen der Unionsrepubliken, ihre vermeintliche Staatlichkeit und Völkerrechtssubjektivität, sowie ihre rechtliche Stellung innerhalb der UdSSR nur aus der Verfassung, den Gesetzen und anderen Normativakten der UdSSR sowie der Unionsrepubliken ableiten.

Ein weiteres methodologisches Problem ist die Verfassungs- und Gesetzesinterpretation. Es hat sich erwiesen, daß sich die Methoden der Verfassungsinterpretation westlicher Systeme nicht ohne Einschrän-

---

[1] Die Frage des Austrittsrechtes hätte auch als Ausfluß der Verfassungshoheit oder als Ausdruck der Staatsgewalt behandelt werden können. Für die Einordnung unter die Territorialhoheit spricht vor allem, daß solch ein Austritt nicht notwendigerweise zur Bildung eines eigenen Staates führen müßte, sondern auch den Anschluß an einen anderen Staat beinhalten könnte. Dann träte das Element der Territorialhoheit stärker, als die Verfassungshoheit oder die Staatsgewalt in den Vordergrund.

kungen auf das sovjetische Rechtssystem übertragen lassen. Es wird daher das Instrumentarium der sovjetischen Staatsrechtslehre — soweit es nicht aus marxistisch-leninistischen Ideen wertbedingt ist — benutzt. Soweit sovjetische Autoren wertbedingte Standpunkte vertreten, werden diese angeführt. Weil die Ergebnisse der staatsrechtlichen Untersuchung jedoch völkerrechtliche Rückschlüsse nach sich ziehen müssen, werden diese Ansatzpunkte abgelehnt. Für das Völkerrecht ist die marxistisch-leninistische Methode nicht herrschend und daher muß die mittelbare Auswirkung von staatsrechtlichen Ergebnissen des Marxismus-Leninismus als dem Stand des Völkerrechts nicht entsprechend vermieden werden.

Die für die konkrete Fragestellung unter Umständen sehr wichtigen tatsächlichen Machtverhältnisse in der UdSSR können mangels Durchschaubarkeit nicht berücksichtigt werden. Dazu gehört vor allem die Führungsrolle der KPdSU auf allen Ebenen des gesellschaftlichen und politischen Lebens der Sovjetunion. Das sovjetischerseits publizierte Material über das Verhältnis der Unionsrepublikorganisationen der KPdSU zur Zentralpartei läßt bestenfalls Spekulationen zu. Dabei kann natürlich das zentralistische Element der Parteiführung für eventuelle außenpolitische Aktivitäten der Unionsrepubliken eine große Rolle spielen. Es findet bis zur Zeit allerdings im Rechtssystem der UdSSR noch keinen adäquaten Niederschlag.

Sollte das sovjetische Argument, daß die Unionsrepubliken Staaten im völkerrechtlichen Sinn sind, der Überprüfung nicht standhalten, wäre noch zu überlegen, ob sie nicht Völkerrechtssubjekte anderer Qualität sind. Sie könnten nämlich abgeleitete (sekundäre) Völkerrechtssubjekte sein; diese ihre Qualität müßte dann allerdings anhand einiger, dem Völkerrecht entnommener Wesensmerkmale der Völkerrechtssubjektivität geprüft werden. Bei dieser Prüfung, welche einen Teil der vorliegenden Arbeit bildet, wird sowohl die Anpassung der innerstaatlichen Rechtsordnung der Unionsrepubliken an internationale Beziehungen als auch die tatsächliche Verwirklichung ihrer auswärtigen Gewalt behandelt, indem ihre aktuelle Völkerrechtssubjektivität anhand und im Umfang ihrer Praxis bewertet wird.

Die Fragestellung dieser Untersuchung hat weitgehende praktische Bedeutung. Aus der Diskussion über den Art 8 des Entwurfes der *Konvention über das Recht Internationaler Verträge* läßt sich ein gewisser Trend erkennen, von „geschlossenen Verträgen" abzugehen und generelle multilaterale Verträge von allgemeinem Interesse allen Staaten offenzuhalten. Solange aber die Staatengemeinschaft kein internationales Organ mit der Kompetenz ausgestattet hat, verbindlich festzustellen, was ein Staat und was ein genereller multilateraler Vertrag von allgemeinem Interesse ist, könnten — sollte sich dieser Trend verwirklichen — alle sozialen Gebilde, welche sich als Staat bezeichnen — also auch die Unionsrepubliken der UdSSR — multilateralen Verträgen beitreten, welche ihrer Auffassung nach von allgemeinem Interesse sind. Da die Unionsrepubliken unter dieser Annahme jederzeit den Beitritt zu solchen Verträgen begehren könnten, ist die Untersuchung ihrer Völkerrechtssubjektivität zur Beurteilung eines solchen Begehrens notwendig. Besonders bedenklich wäre ein Beitritt zu Verträgen, durch die selbständige Institutionen geschaffen und deren Vertragsparteien mit Verfahrensrechten, wie etwa Stimmrecht oder Immunität ausgestattet werden.

Ein weiterer praktischer Gesichtspunkt betrifft die völkerrechtliche Verpflichtungsfähigkeit der Unionsrepubliken. Da die Rechtsordnung der UdSSR als Gesamtrechtsordnung aus den Teilrechtsordnungen „Unionsrecht" und „Unionsrepubliksrecht" besteht, muß angenommen werden, daß die Unionsrepubliken nur im Rahmen ihrer Teilrechtsordnungen verpflichtungsfähig sind. In dieser Untersuchung soll gezeigt werden, zu welchem Typ von Teilrechtsordnung bestimmte, in Verträgen möglicherweise zu regelnde Materien gehören.

Die Fragestellung hat aber auch theoretische Bedeutung. Das Urteil des Bundesverfassungsgerichtes der BRD vom 31. 7. 1973 hat die Frage der Völkerrechtssubjektivität von Gliedstaaten wieder in den Blickpunkt der theoretischen Betrachtung gerückt. Hier war das Bundesverfassungsgericht vor die juristisch schwere Aufgabe gestellt, gewissermaßen zu einer Quadratur des Kreises zu finden, indem es nachweisen mußte, daß der Grundvertrag zwischen der BRD und der DDR zwar dem Völkerrecht unterworfen ist, diese beiden Staaten für einander jedoch nicht Ausland seien. Durch ein *obiter dictum*:

> „Selbst in einem Bundesstaat bemessen sich, falls eine Regelung dieser Bundesverfassung fehlt, die Beziehungen zwischen den Gliedstaaten nach den Regeln des Völkerrechts" [2].

hat das Bundesverfassungsgericht Gliedstaaten grundsätzlich als dem Völkerrecht unterworfen bezeichnet.

Das bedeutet letztlich nichts anderes, als daß das Bundesverfassungsgericht Gliedstaaten — solange die Bundesverfassung nichts ande-

---

[2] BVerfGE, 36, S. 24.

res bestimmt — *a priori* als Völkerrechtssubjekte betrachtet. Auf die konkrete Fragestellung übertragen, würde das heißen, daß die Gliedstaaten der UdSSR auch ohne Art 18/a der Verfassung der UdSSR, welcher ihnen ausdrücklich die Kompetenz zu auswärtigem Verkehr einräumt, Völkerrechtssubjekte sind. Dieser Meinung kann man sich nicht anschließen, da das Völkerrecht von sozialen Gebilden gewisse Voraussetzungen verlangt, damit sie die Qualität von Völkerrechtssubjektivität erlangen. Wesentlich ist dabei die Existenz zweier Typen von Völkerrechtssubjekten, die notwendigen oder ursprünglichen und die abgeleiteten.

Die Prüfung der Staatlichkeit der Unionsrepubliken anhand der Teilrechtsordnungen „Unionsrecht" und „Unionsrepubliksrecht" stellt den größten Teil dieser Untersuchung dar. Dafür waren ebenfalls theoretische und praktische Gesichtspunkte maßgebend. Von theoretischem Wert kann sein, daß eine vergleichbare Untersuchung weder der Rechtsordnung der UdSSR, noch anderer Bundesstaaten bisher durchgeführt wurde. Als praktischer Gesichtspunkt kann gelten, daß sowjetische Normativakte in einer systematischen Form einem Leserkreis zugänglich gemacht werden, welcher aus Sprachschwierigkeiten von ihrer Verwertung bisher ausgeschlossen war. Dabei kann der staatsrechtliche Teil auch Autoren, welche die Bundesstaatlichkeit der UdSSR untersuchen, als Sekundärquelle dienen. Die ausführliche Behandlung der internationalen Praxis der Unionsrepubliken, sowie derjenigen Aktivitäten, welche im sovjetischen Schrifttum als auswärtiger Verkehr bezeichnet werden, ist auch unter diesem Gesichtspunkt zu verstehen, da eine Darstellung dieser Tätigkeiten im westlichen Schrifttum der letzten Zeit fehlt.

Dieser Untersuchung ist schließlich eine umfangreiche Bibliographie angefügt, welche den Zugang zum sovjetischen Schrifttum über alle Fragen im Zusammenhang mit der Völkerrechtssubjektivität der Unionsrepubliken, der Bundesstaatlichkeit der UdSSR sowie der Geschichte des sovjetischen Föderalismus ermöglicht. Daß nicht alle in dieser Bibliographie angeführten Arbeiten in der vorliegenden Untersuchung zitiert werden, findet seine Begründung einmal in der Konzentration auf den normativen Aspekt, zum anderen darin, daß dem sovjetischen Schrifttum besonders zur Frage der Völkerrechtssubjektivität der Unionsrepubliken eine Meinungsvielfalt fehlt und daher wenige Autoren als repräsentativ für alle gewertet werden können.

2. Gliedstaaten als Völkerrechtssubjekte

2.1. Allgemeine Doktrin

In den letzten Jahren erschienen einige Untersuchungen über die Völkerrechtspersönlichkeit von Gliedstaaten eines Bundesstaates, welche eine Übersicht über die verschiedenen Gesichtspunkte und Lösungsversuche der Doktrin geben [1]. Eine Wiederholung der Diskussion in der Völkerrechtsliteratur kann in diesem Rahmen erspart bleiben, da der Grundtenor der Doktrin in der Feststellung liegt, daß Gliedstaaten von Bundesstaaten abgeleitete Völkerrechtssubjekte sein können [2]. Eine kleinere Gruppe von Autoren verneinte die Möglichkeit der Völkerrechtssubjektivität von Gliedstaaten [3] und kommt zu dem Ergebnis, daß es sich etwa beim Typus des Bundesstaates mit gewissen völkerrechtlichen Kompetenzen der Gliedstaaten um

> „... eine bundesrechtliche Art der Kompetenzverteilung auf dem Gebiet der äußeren Angelegenheiten, die sich rechtlich nicht von einer bundesrechtlichen Art der Kompetenzverteilung auf dem Gebiet der inneren Angelegenheiten unterscheidet ...“ [4]

handelt, der Bundesstaat also nur ein Fall des organisationstechnischen Typus des dezentralisierten Staates darstellt [5].

Da die vorliegende Untersuchung nur die Völkerrechtssubjektivität der Unionsrepubliken der UdSSR zum Gegenstand hat, ohne damit die Absicht zu verbinden, einen neuen Beitrag zur allgemeinen Diskussion zu liefern, genügt es, im folgenden Unterkapitel [6] eine Darstellung der hier relevanten Diskussion über den Entwurf der ILC

---

[1] Vgl etwa BERNHARDT 1957, S. 18—24; SONN 1960, S. 11—30; KRONECK 1958, S. 110—149; BLUMENWITZ 1972, S. 147—165; für Österreich und die BRD vgl RILL 1972, S. 59—124; WILDHABER 1971, S. 261—265; OKEKE 1974, S. 35—64; zur Dogmengeschichte über die Souveränität im Bundesstaat siehe KUNZ 1929, S. 595—625; USTERI 1954, S. 85—145; KOJA 1973, S. 67—91.

[2] Vgl etwa BERNHARDT 1957, S. 19 ff; BLUMENWITZ 1972, S. 153; KRONECK 1958, S. 127 ff.

[3] Vgl die Übersicht bei KRONECK 1958, S. 121—127; vgl auch STEINBERGER 1967, S. 416.

[4] KUNZ 1929, S. 664.

[5] KELSEN 1966, S. 172; derselbe in KELSEN/TUCKER, S. 260 f anerkennt unter gewissen Umständen eine beschränkte Völkerrechtssubjektivität der Gliedstaaten; da diese aber die Vertragsabschlußvollmacht durch die Bundesverfassung delegiert bekamen, könnten sie: „... also be considered as indirect organs of the federal state, hence the international person concluding these treaties may be considered to be the federal state acting, in certain respects, through a component state.“ Ibid, S. 261.

[6] Siehe infra S. 7 ff.

zur Konvention über das Recht völkerrechtlicher Verträge zu geben [7]. Die dort behandelte Frage der Vertragsfähigkeit von Gliedstaaten ist als Teil der völkerrechtlichen Geschäftsfähigkeit für die Völkerrechtssubjektivität von großer Relevanz und kann, obgleich sie nicht das gesamte Spektrum der Völkerrechtssubjektivität deckt, als ein Teilaspekt immerhin repräsentativ für den gesamten Fragenkomplex gewertet werden.

2.2. Gliedstaaten als Parteien internationaler Verträge

2.2.1. Die dynamische Entwicklung der Entwürfe der Berichterstatter der ILC

In den Arbeiten der ILC, des VI Committee der VN-Vollversammlung, den Kommentaren einzelner Staaten sowie den zwei Staatenkonferenzen in Wien, die zur Wiener Konvention über das Recht völkerrechtlicher Verträge führten, wurde das Problem der Vertragsfähigkeit und somit ein Teilaspekt der Völkerrechtspersönlichkeit der Gliedstaaten innerhalb eines Bundesstaates wieder aufgegriffen und diskutiert.

Der Ausgangspunkt dieser Diskussion war der erste Entwurf von BRIERLY [1], der im Kommentar zum Begriff „Staat" erklärte, daß dieser Begriff im Sinne von „ . . . member of the community of nations" [2] sicherlich für alle Mitglieder der Vereinten Nationen, der Sonderorganisationen der Vereinten Nationen und des Statuts des IGH Anwendung finden würde, nicht aber:

> „ . . . to such entities as cantons or provinces of a federal State, completely lacking in international personality" [3].

Die damals noch relativ kleine ILC [4] schenkte dieser Frage nicht viel Bedeutung und lediglich zwei Mitglieder, SCELLE und HUDSON, erwähnten an den Beispielen der Schweiz und der USA das Recht zum Abschluß völkerrechtlicher Verträge durch Gliedstaaten eines Bundesstaates [5].

---

[7] Welche bis dato in umfassender Form noch nicht gemacht wurde.

[1] A/CN. 4/23; abgedruckt in *YB ILC* 1950 II, S. 222—248.

[2] Art 2 (a) des Entwurfes, ibid, S. 223.

[3] Ibid, S. 229.

[4] 12 Mitglieder 1950 (*YB ILC* 1950 I, S. 1), von denen das Mitglied aus der Sowjetunion nach dem routinemäßigen Protest gegen die Anwesenheit des Mitgliedes aus Taiwan, Hsu, die Sitzung verließ (ibid, S. 2); gegenüber etwa 25 Mitgliedern 1966 (*YB ILC* 1966 I/I, S. vii).

[5] *YB ILC* 1950 I, S. 86 wobei SCELLE für die schweizerischen Kantone solch

Die weiteren Konventionsentwürfe befaßten sich ausführlicher mit der Frage der Vertragsfähigkeit von Gliedstaaten.

Einer pragmatischen Betrachtungsweise bediente sich BRIERLY, in dem er in seinem III. Entwurf die Vertragsfähigkeit von den Umständen abhängig machte. Er wollte die Vertragsfähigkeit „den Umständen entsprechend" wahlweise bejahen oder verneinen [6] und sah diese als einen qualifizierten Status eines Staates an.

Eine ablehnenden Haltung zur selbständigen Vertragsfähigkeit wurde von FITZMAURICE eingenommen. Seiner Auffassung nach könne ein Gliedstaat eines Bundesstaates auf internationaler Ebene weder ein Staat noch selbst Vertragspartei sein, weil allein der Bundesstaat durch den Vertrag gebunden werde. Eine Bindung des Gliedstaates entstehe nur deshalb, weil er integrierender Bestandteil des Bundesstaates ist [7].

In bundesstaatlichen Verfassungen ausdrücklich enthaltene Kompetenzen zum Abschluß völkerrechtlicher Verträge könnten nur als Ermächtigungen, namens des Bundesstaates tätig zu werden, verstanden werden. Deshalb binde ein solcher Vertrag den Bund und ziehe bei Nichterfüllung nur die Haftung des Bundes nach sich. Im übrigen sei dies mehr eine Frage der Form und Zweckmäßigkeit als eine Grundsatzfrage [8]. Auf die Delegierung von Kompetenzen stellte auch LAUTERPACHT seine Überlegungen zur Vertragsfähigkeit von Gliedstaaten ab. Bei ihm kommt allerdings die Verfassung des Bundesstaates noch mehr in den Vordergrund. Völkerrecht berechtige Staaten „ . . . to determine the treaty-making capacity of their political subdivisions".

Solch eine Übertragung der Vertragsabschlußfähigkeit durch das Verfassungsrecht des betreffenden Bundesstaates sei eine Delegierung dieser Kompetenz durch den Bund.

---

ein Recht bejahte, HUDSON dagegen sagte, daß die Staaten der USA lediglich „contacts" unter sich abschließen könnten (richtig soll es wohl „compacts" heißen, vgl BLUMENWITZ, D.: Der Schutz innerstaatlicher Rechtsgemeinschaften beim Abschluß völkerrechtlicher Verträge (Ein Beitrag zur Dezentralisierung der auswärtigen Gewalt in den föderalen Staatsordnungen der Gegenwart) München 1972, S. 114 ff).

[6] YB ILC 1952 II, S. 50, Kommentar zu Art 1.: „Members of confederations and federal unions may or may not possess treatymaking capacity according to the circumstances, e. g., member states of the Federal State of Germany as it existed before the First World War retained their competence to conclude international treaties . . ." und weitere Hinweise auf die Weimarer Verfassung, die Verfassung der Schweizerischen Eidgenossenschaft und das Bonner Grundgesetz.

[7] YB ILC 1956 II, S. 121; hier wendet sich FITZMAURICE gegen LAUTERPACHT (YB ILC 1953, II, S. 95 und 137 ff) und stellt fest, daß Gliedstaaten, die in der Praxis mit ihren Nachbarstaaten Verträge abgeschlossen haben, solches nur als Mandatare der Föderation hätten tun können.

[8] YB ILC 1958 II, S. 33.

In diesem Zusammenhang erwähnt LAUTERPACHT auch das in späteren Diskussionen oft auftauchende Erfordernis einer ausdrücklichen Genehmigung seitens des Bundes und die Übereinstimmung mit den Interessen der anderen Mitglieder der Föderation [9].

Der IGH wäre durch den Wortlaut des Art 34 seines Statuts [10] daran gehindert, Verträge, bei welchen eine oder mehrere Vertragsparteien Gliedstaaten von Bundesstaaten sind, interpretieren oder anwenden zu können. Internationale Schiedsgerichte wären bei der Einlassung aller Vertragsparteien zwar dazu imstande, solch ein Fall wäre aber nicht wahrscheinlich. Für den IGH gäbe es allerdings Schwierigkeiten im Falle von Verträgen der USSR und BSSR:

> „... which have acquired a degree of formal international personality by nature of the constitution of the federation of which they are members and of their position in international organizations" [11].

Hier klingt außer dem Hinweis auf die Bundesverfassung auch die Frage der Anerkennung der Völkerrechtssubjektivität durch Mitgliedschaft in Internationalen Organisationen an. Aber auch LAUTERPACHT bedient sich eines pragmatischen Arguments, indem er erklärt:

> „It might be maintained that no question of validity of treaties concluded by members of Federal States can in fact arise on the international plane for the reason that such subordinate States, not being States in the sense of international law, cannot conclude treaties ... such argument cannot be regarded ashelpful [richtig wohl 'as helpful']" [12].

Der letzte Berichterstatter der ILC, WALDOCK, schließt an einige Kriterien seiner Vorgänger an, nämlich die Delegierung von Vertragsabschlußvollmachten durch den Bund an den Gliedstaat mittels der Bundesverfassung, die Stellung von Gliedstaaten in internationalen Organisationen und die implicite Anerkennung solcher Gliedstaaten als Völkerrechtssubjekte durch die andere(n) vertragsschließende(n) Partei(en).

In seinem Kommentar zum Begriff „Staat" als Vertragspartei differenziert WALDOCK sehr subtil (ohne allerdings weiter auf diese Differenzierung einzugehen):

> „(4) But it is not enough that the party to the agreement should be a „State" or that it should be a „subject of international law"; it must also possess „international personality" and have „capacity to enter into treaties". This requirement is designed to exclude a State which is subordinated to another State, whether under

---

[9] YB ILC 1953 II, S. 139; für die spätere Diskussion siehe infra S. 11 ff.

[10] Art 34 (1) „Nur Staaten sind berechtigt, als Parteien vor dem Gerichtshof aufzutreten."

[11] YB ILC 1953 II, S. 95.

[12] Ibid, S. 138.

a federal constitution or otherwise, and which under the applicable constitutional agreements does not possess any distinct international personality and treaty-making capacity . . ." [13].

Im Art 3 des ersten Entwurfs von WALDOCK wird die Vertragsfähigkeit behandelt und grundsätzlich davon ausgegangen, daß nur der Bundesstaat zum Vertragsabschluß befähigt sei. Wenn die Bundesverfassung den Gliedstaaten [constituent States] die Kompetenz zu direkten Verträgen mit ausländischen Staaten überträgt, übt der Gliedstaat diese Fähigkeit grundsätzlich als Organ des Bundesstaates oder der Föderation aus. Eigene Vertragsfähigkeit können Gliedstaaten, welchen diese Fähigkeit durch die Bundesverfassung übertragen worden sei, unter zwei Bedingungen besitzen, nämlich:

„(i) If it is a member of the United Nations, or (ii) If it is recognized by the federal State or Union and by the other contracting State or States to possess an international personality of its own" [14].

Die Kriteria sind klar, wenn man davon ausgeht, daß die Anerkennung der Völkerrechtspersönlichkeit durch Aufnahme in Internationale Organisationen oder durch tatsächlichen Abschluß von Verträgen mit Gliedstaaten konstitutive Wirkung hat. Sieht man diese konstitutive Wirkung nicht, scheint hier ein Zirkelschluß vorzuliegen: grundsätzlich (also wohl ausgehend vom allgemeinen Völkerrecht) sollen Gliedstaaten eines Bundesstaates keine Völkerrechtspersönlichkeit oder Vertragsfähigkeit haben. Nur wenn sie tatsächlich bereits Mitglieder von Organisationen sind oder Verträge abgeschlossen haben, sollen solche bereits getätigten Rechtsgeschäfte nicht unwirksam sein.

„If both the federal constitution and third States recognize a component State to possess a measure of separate international personality, it seems difficult to deny it any treaty-making capacity in the present articles" [15].

Wegen einer möglicherweise eintretenden getrennten Haftung von Bund und Gliedstaaten erscheint WALDOCK diese Frage nicht rein akademisch [16]. Trotzdem empfiehlt er, wegen der Staatenkommentare und der vorangegangenen Diskussionen und des sehr knappen Abstimmungsergebnisses für diesen Artikel in der ILC, den ganzen Artikel wegzulassen [17]. Vermutlich sollte diese Frage der Entwicklung durch die Staatenpraxis überlassen und nicht durch eine Kodifikation präjudiziert werden.

---

[13] *YB ILC* 1962 II, S. 32.
[14] *YB ILC* 1962 II, S. 36.
[15] Ibid, S. 37.
[16] Ibid.
[17] *YB ILC* 1965 II, S. 18; ähnliche Bedenken bereits 1962, siehe *YB ILC* 1962 I, S. 194.

Die Dynamik der Berichterstattung in der ILC von der Negierung der Vertragsfähigkeit von Gliedstaaten über eine ablehnende Haltung zur Anerkennung der Möglichkeit solch einer Vertragsfähigkeit scheint die gesonderte Herausstellung dieser Berichterstattung, getrennt von der folgenden Systematik, zu rechtfertigen.

2.2.2. Vertragsfähigkeit von Gliedstaaten eines Bundesstaates kraft allgemeinen Völkerrechts

Ein Teil der in den Diskussionen geäußerten Meinungen ging vom Standpunkt aus, daß es Sache des Völkerrechts sei, den Kreis seiner Subjekte zu bestimmen. So wurde als Kriterium für die Vertragsfähigkeit eines Gliedstaates die Staatlichkeit nach Völkerrecht verlangt. Völkerrecht solle bestimmen, ob es sich bei Gliedstaaten um einen Staat handle, und wenn ja, welcher Art seine Vertragsfähigkeit im Völkerrecht sei. Dabei solle diese Fähigkeit nicht von der Bundesverfassung abhängen, sondern vom Völkerrecht bestimmt werden, welches die Bundesverfassung berücksichtige [1], und:

„... under which the capacity to conclude treaties was dependent on the effective power to do so" [2].

Wenn vom Völkerrecht die Vertragsfähigkeit von Gliedstaaten anerkannt wird, so könne der Umfang dieser Vertragsfähigkeit auch vom Völkerrecht, etwa durch eine internationale Konvention, eingeschränkt werden [3]. Die Vertragsfähigkeit von Gliedstaaten könne aber, wenn vom Völkerrecht einmal zugelassen, vom Verfassungsrecht näher definiert werden [4]. Sie könne aber auch durch die Bundesverfassung begrenzt werden [5]. Obwohl die Bundesverfassung die internationalen Kompetenzen zwischen Bund und Gliedstaaten abgrenze, könne sie Vertragsfähigkeit auf die letzteren nicht übertragen, die Fähigkeit könne nur völkerrechtlich anerkannt werden [6].

Es wurde allerdings auch die Meinung vertreten, daß die tatsächliche Quelle der Vertragsfähigkeit zwar nicht innerstaatliches Recht sondern Völkerrecht sei, das Völkerrecht aber zur Konkretisierung

---

[1] RUDA: *YB ILC* 1965 I, S. 247, ähnlich BRIGGS: *YB ILC* 1965 I, S. 250.
[2] VERDROSS: *YB ILC* 1965 I, S. 245.
[3] So etwa VERDROSS: *YB ILC* 1965 I, S. 249.
[4] TSURUOKA: *YB ILC* 1965 I, S. 248.
[5] AGO: *YB ILC* 1965 I, S. 251, auch *YB ILC* 1962 I, S. 61: Gliedstaaten „... although possessing the status of autonomous subjects of international law, could conclude certain types of treaty only."
[6] So der Delegierte der Schweiz: *A/Conf 39/11*, S. 64.

dieser Fähigkeit auf die Bundesverfassung verweise, was einer der möglichen Fälle eines *renvoi* auf innerstaatliches Recht ist [7]. Demgegenüber wurde wieder eingewendet, daß es solch ein absolutes *renvoi* nicht geben könne, weil das Völkerrecht seine Autorität in dieser Angelegenheit nicht aufgeben könne und immer irgendeine Kontrolle über solche Situationen behalte [8].

Das Völkerrecht könne wohl nicht eine seiner wichtigsten Funktionen, nämlich die Bestimmung seiner Subjekte, an das innerstaatliche Bundesrecht abgeben (surrender) [9].

Auf einen völkerrechtlichen Begriff scheint auch folgende Aussage Bezug zu nehmen:

„... the test of the capacity of a component state of a federal state was its sovereignity" [10].

Diese Auffassung, nämlich, daß der Kreis der Völkerrechtssubjekte durch das Völkerrecht bestimmt werde, konnte sich in der ILC und auch in den anderen Gremien, welche die Konvention über das Recht völkerrechtlicher Verträge zu behandeln hatten, nicht durchsetzen [11] und fand lediglich, gewissermaßen in negativer Form, im Kommentar der ILC zu Art 5 (2) des Konventionsentwurfes Ausdruck:

„... there is no rule of international law which precludes the component state from being invested with the power to conclude treaties with third states" [12].

Aber auch hier scheint keine Antwort auf die Frage gegeben zu sein, ob sich das Fehlen eines völkerrechtlichen Verbotes auf die Vertragsfähigkeit von Gliedstaaten überhaupt bezieht, oder ob nur die Delegation von Vertragsabschlußbefugnissen gemeint war, dh ob also der Gliedstaat als Organ des Bundesstaates tätig werden darf.

---

[7] YASSEN: *YB ILC* 1965 I, S. 251.

[8] JIMENEZ DE ARECHAGA: *YB ILC* 1965 I, S. 251.

[9] Derselbe als Delegierter von Uruguay: *A/Conf 39/11/Add. 1,* S. 13, ähnlich der Delegierte Zyperns, der den Vorschlag ablehnte, daß eine Bundesverfassung, welche innerstaatliches Recht eines Bundesstaates darstelle, ihrerseits Angelegenheiten regeln könne, welche dem Völkerrecht angehörten: *A/Conf 39/11/Add.* 1., S. 15.

[10] AMADO: *YB ILC* 1962 I, S. 243; Ähnlich auch derselbe als Delegierter von Brasilien: GA OR XVII Sess. VI Committee, 737 Meeting, § 36; auf die Souveränität als Quelle der Vertragsfähigkeit nahm auch der Delegierte der BSSR Bezug: *A/Conf 39/11/Add. 1,* S. 12; dto USSR *A/Conf 39/11,* S. 66.

[11] Nach dem oben Angeführten scheint die Aussage von LUKAŠUK, I. I.: Storony v mezdunarodnych dogovorach, Jurlit M. 1966, S. 50, daß nur ein Mitglied der ILC, BRIGGS (*YB ILC* 1962 I, S. 193, 240) die Vertragsfähigkeit von Staaten aus allgemeinem Völkerrecht ableitet, nicht berechtigt.

[12] *YB ILC* 1966 II, S. 192.

2.2.3. Vertragsfähigkeit von Gliedstaaten als Organe eines Bundesstaates kraft Bundesverfassungsrechts

Aus der Argumentation, daß ein neues Völkerrechtssubjekt nicht durch innerstaatliches Recht geschaffen werden könnte, wurde die Vertragsfähigkeit von Gliedstaaten aus dem Gesichtswinkel der Dezentralisierung der Vertragsfähigkeit des Bundesstaates betrachtet [1]. Dieses war eine Weiterentwicklung der von FITZMAURICE [2] und LAUTERPACHT [3] vorgetragenen Gedanken, daß ein Gliedstaat als Organ oder als Bevollmächtigter des Bundes die Vertragsfähigkeit des letzteren wahrnimmt. Dabei ergab sich natürlich die Frage, welche Teilrechtsordnung, Bund oder Gliedstaaten letztlich durch einen Vertrag gebunden oder für die korrekte Durchführung desselben verantwortlich sei. Ausgehend von der Organtheorie könne der „untergeordnete Staat" sehr wohl Verträge aushandeln, jedoch dann nur als Organ des „Mutterstaates", welcher der wahre Vertragspartner sei [4].

Ein österreichischer Abänderungsantrag [5] zum Konventionsentwurf der ILC sollte den Bund bei jedem Vertragsabschluß durch einen Gliedstaat zu einer Bestätigung der Vertragsfähigkeit verpflichten:

„... For the purpose of concluding a treaty, the extent of such capacity has to be confirmed by an authority of the federal union competent under article 6" [6].

Dieser Zusatz zum Artikel betr die Vertragsfähigkeit von Gliedstaaten sollte nach Worten des österreichischen Delegierten einerseits Staaten von der delikaten Verpflichtung entheben, die Bundesverfassung eines Bundesstaates interpretieren zu müssen, andererseits die

---

[1] VERDROSS: *YB ILC* 1965 I, S. 249.

[2] Siehe supra S. 8.

[3] Siehe supra S. 8; zur Problematik vgl BLUMENWITZ 1972, S. 162 f und Literaturhinweise in Fn 117.

[4] WALDOCK: *YB ILC* 1962 I, S. 58; allerdings wendete der brasilianische Delegierte zur II. Wiener Konferenz 1969 ein, daß Art 41 (2) der Wiener Konvention über Diplomatische Beziehungen bestimme, daß: „Alle Amtsgeschäfte mit dem Empfangsstaat, mit deren Wahrnehmung der Entsendestaat die Mission beauftragt, sind mit dem Ministerium für Auswärtige Angelegenheiten oder dem anderen in gegenseitigem Einvernehmen bestimmten Ministerium des Empfangsstaates zu führen oder über dieses zu leiten." und daher keine Verträge mit Gliedstaaten von Bundesstaaten direkt geschlossen werden könnten, ohne daß sie durch das Außenministerium des Bundes gingen: *A/Conf 39/11/Add 1*, S. 9.

[5] *A/Conf 39/C. 1/L. 2* abgelehnt mit 35 zu 29 bei 21 Enthaltungen: *A/Conf 39/11/Add 2*, S. 117.

[6] Ein Antrag auf Zusatzabänderung der BSSR der solch eine Verpflichtung nur dann entstehen lassen wollte, wenn sie in der Bundesverfassung vorgesehen ist, wurde mit 42 zu 17 bei 28 Enthaltungen abgelehnt: *A/Conf 39/11/Add 2*, S. 117.

Einrede der Verletzung von Verfassungsrecht beim Abschluß völkerrechtlicher Verträge seitens des Bundesstaates ausschließen [7]. Hier ist die Organfunktion des Gliedstaates nicht ausdrücklich erwähnt, aus der Kontrollfunktion des Bundes aber abzuleiten. Gegen eine solche Organtheorie spricht allerdings die Überlegung, daß die Mitgliedschaft in Internationalen Organisationen, deren Satzung den Staaten jeweils nur einen Sitz und Stimme einräumt, zwar dem Bundesstaat, aber nicht dem Bundesstaat und einem oder mehreren Gliedstaaten offenstünde [8]. Die Schaffung einer zahlenmäßig nicht begrenzten Anzahl von Völkerrechtssubjekten durch Verfassungsrecht wurde aber nur im Zusammenhang mit den eventuell verschobenen Abstimmungsverhältnissen als Mißbrauch verurteilt [9].

2.2.4. Vertragsfähigkeit von Gliedstaaten kraft Bundesverfassungsrechts. (Solch eine Vertragsfähigkeit wird vom Völkerrecht nicht verboten)

Aus der allgemeinen Feststellung, daß es im Völkerrecht keine Bestimmung gebe, welche Gliedstaaten das Recht zur Teilnahme am völkerrechtlichen Verkehr unmöglich mache, wurde — gewissermaßen als Umkehrschluß — die Behauptung aufgestellt, daß eine Vermutung für die Vertragsfähigkeit von Gliedstaaten bestehen sollte, sofern sich aus der Verfassung des Bundes nicht das Gegenteil ergebe [1]. Auch könne aus der allgemeinen Bestimmung, daß das Völkerrecht keine Beschränkungen der Vertragsfähigkeit der Staaten aufstelle, geschlossen werden, daß ein Bundesstaat solcherart konstituiert werden könne, daß die Mitgliedstaaten einen Teil oder die ganze Vertragsfähigkeit behielten [2].

Besonders die Delegierten der UdSSR, USSR und BSSR vertraten diesen Standpunkt, aber auch andere Staaten des COMECON unterstützten diese Ansicht [3].

---

[7] *A/Conf 39/11*, S. 59.

[8] Vgl. BLUMENWITZ 1972, S. 165 mit dem Hinweis darauf, daß in einer Reihe internationaler Organisationen, Gliedstaaten als selbständige Mitglieder neben dem Gesamtstaat „weltweit anerkannt" werden, aber: „Der politische Mißbrauch dieser Möglichkeit durch einige Staaten kann an der rechtlichen Konstruktion der Beteiligung innerstaatlicher Rechtsgemeinschaften am zwischenstaatlichen Verkehr nichts ändern."

[9] JIMENEZ DE ARECHAGA: *YB ILC* 1965 I, S. 131, 251.

[1] TUNKIN: *YB ILC* 1962 I, S. 241.

[2] Derselbe: *YB ILC* 1965 I, S. 25.

[3] So etwa der polnische Delegierte zur II. Wiener Konferenz: *A/Conf 39/11/ Add 1*, S. 10.

Die Hinweise darauf, daß Fragen der Vertragsfähigkeit nur durch die Verfassung des betroffenen Staates geregelt werden können [4], wurden durch weitere Erklärungen konkretisiert. Das Prinzip, daß alle Staaten, einschließlich der Gliedstaaten von Bundesstaaten, Verträge abschließen können, wenn es die Bundesverfassung zulasse, entspreche dem Prinzip der souveränen Gleichheit von Staaten [5]. Bei der Gründung der UdSSR hätten die Gliedstaaten ihre Souveränität nicht aufgegeben. Dies sei in der Verfassung der UdSSR garantiert und in den Verfassungen der Gliedstaaten bestätigt worden [6]. Als souveräner Staat mit eigener Verfassung, eigenem Territorium, Bevölkerung und eigenen Gesetzgebungs-, Exekutiv- und Rechtsprechungsorganen sei solch ein Gliedstaat [7] ein Völkerrechtssubjekt und zähle zu seinen souveränen Rechten auch dasjenige des Abschlusses und der Teilnahme an internationalen Verträgen [8].

Diese Vertragsfähigkeit ist nicht nur in der Bundesverfassung enthalten, sondern auch in den Verfassungen der Gliedstaaten [9].

Ob ein Gliedstaat eines Bundesstaates ein Staat sei, hänge von der geschriebenen Bundesverfassung ab und als ein solcher habe er unter Völkerrecht das Recht, Verträge abzuschließen [10]. Auf alle Fälle sei in der ILC keine Übereinstimmung darüber erreicht worden, daß die Vertragsfähigkeit von Gliedstaaten von Völkerrechtsregeln abhänge:

„The capacity depended solely on the constitution of the federal union and could only be limited by the provisions of that constitution" [11].

Auch hier wurde aus dem „Fehlen eines 'agreement' " über den Grad des Einflusses des Völkerrechts auf die Vertragsfähigkeit ein *argumentum a contrario* konstruiert [12].

---

[4] Der Vertreter der UdSSR bei der I. Wiener Konferenz 1968, *A/Conf 39/11*, S. 64.

[5] Brief des Außenministers der USSR v. 27. 6. 1967, *UN-Doc A/6827*, S. 24.

[6] Der Delegierte der USSR bei der I. Wiener Konferenz 1968, *A/Conf 39/11*, S. 66.

[7] Die BSSR.

[8] Der Delegierte der BSSR bei der II. Wiener Konferenz 1969, *A/Conf 39/11/ Add 1*, S. 12.

[9] So der Vertreter der USSR bei der I. Wiener Konferenz 1968, *A/Conf 39/11*, S. 66; auch auf der II. Wiener Konferenz: *A/Conf 39/11/Add 1*, S. 10.

[10] TUNKIN: *YB ILC* 1965 I, S. 245.

[11] Derselbe: *YB ILC* 1966 I/II, S. 339.

[12] Vgl Anfang dieses Unterkapitels über die Vermutung der Vertragsfähigkeit von Gliedstaaten.

2.2.5. Gliedstaaten können Vertragsfähigkeit haben, wenn außer entsprechenden Verfassungsbestimmungen in irgendeiner Form Mitwirkung anderer Völkerrechtssubjekte vorliegt

Die Überlegungen des letzten Berichterstatters der ILC, WALDOCK, daß Gliedstaaten, denen durch die Verfassung des Bundes Vertragsfähigkeit übertragen worden sei, unter zusätzlichen Bedingungen eigene Vertragsabschlußfähigkeit haben könnten [1], wurden in späteren Diskussionen aufgegriffen. Es war dies wohl eine Gegenreaktion auf die Auffassung, daß die Vertragsfähigkeit von Gliedstaaten einzig und allein von der Verfassung des entsprechenden Bundesstaates abhängen soll, also wenn:

„... a federal State, merely by adopting some constitutional provision, was free to impose on the international community an unlimited number of subjects" [2].

Eine der von WALDOCK angeführten Bedingungen, die Mitgliedschaft in internationalen Organisationen, wurde in weiteren Diskussionen kaum erwähnt. Es wurde lediglich festgestellt, daß die Vertragsfähigkeit der BSSR und der USSR nie in Frage gestellt worden sei, seit sie Mitglieder der Vereinten Nationen geworden waren [3].

Die Mitwirkung anderer Völkerrechtssubjekte wurde unter pragmatischen und rechtlichen Gesichtspunkten gesehen. Als pragmatischen Gesichtspunkt kann man die Feststellungen bezeichnen:

„Those who negotiated a treaty would always be careful not to deal with an entity which was not a state or other subject of international law" [4].

oder:

„... the *jus contrahendi* of a member of a federal state was not determined just by the constitution of that State; it depended also on whether other States would consent to conclude treaties with it" [5].

Das „Pragmatische" in diesen Aussagen scheint darin zu liegen, daß hier nur auf die Einlassung mit dem Gliedstaat angespielt wird, und nicht auf die Frage, ob sich aus dieser Einlassung eine Vertragsfähigkeit *erga omnes* ergibt, oder, ob solch eine Einlassung einer Anerkennung gleichkäme, also ein rechtliches Moment erhielte. Auf diese Gesichtspunkte wurde in der Feststellung eingegangen, daß die Vertragsfähig-

---

[1] Siehe supra S. 10.
[2] JIMENEZ DE ARECHAGA: *YB ILC* 1965 I, S. 251.
[3] Der Delegierte Australiens: *A/Conf 39/11*, S. 60.
[4] AMADO: *YB ILC* 1962 I, S. 68.
[5] Der Delegierte von Uruguay bei der I. Wiener Konferenz, *A/Conf 39/11*, S. 67.

keit auf der Anerkennung der „international capacity" durch denjenigen Bundesstaat, dem der Gliedstaat angehört, beruhe und

„... on the acceptance by the other contracting parties of the possession of that capacity by the entity concerned" [6].

Die Staatengemeinschaft müsse solch ein Gebilde [entity] erst einmal als Mitglied der internationalen Gemeinschaft akzeptieren [7].

Der Art 5 (2) des Konventionsentwurfes, der nur auf die Verfassungsmäßigkeit und nicht auf die Anerkennung bezug nehme, wurde in der Diskussion als irreführend bezeichnet; er berücksichtige nicht:

„... the requirement of recognition of such constitutional capacity by the other contracting party of parties concerned" [8].

Für den Fall einer Meinungsverschiedenheit zwischen Bund und Gliedstaat über die Vertragsfähigkeit eines Gliedstaates wurde allerdings eine Anerkennung dieser Vertragsfähigkeit seitens eines dritten Staates als Einmischung in die inneren Angelegenheiten betrachtet [9].

2.2.6. Zusammenfassung

Der Art 5 (2) [1] des Konventionsentwurfes wurde auf der achten Plenarsitzung der II. Wiener Konferenz mit 66 zu 28 Stimmen bei 13 Enthaltungen abgelehnt [2]. Es ergibt sich die Frage, ob aus der Diskussion in der ILC und bei den Wiener Konferenzen allgemeine Schlüsse abzuleiten sind.

In der Literatur wird bezweifelt, daß eine gemeinsame Behandlung der Diskussion in der ILC mit derjenigen bei den Wiener Konferenzen zulässig ist [3]. Von den Mitglieder der ILC des Jahres 1966

---

[6] Briggs: *YB ILC* 1965 I, S. 28.

[7] Jimenez de Arechaga: *YB ILC* 1965 I, S. 246.

[8] Verbalnote Japans vom 4. 2. 1964, *YB ILC* 1966 II, S. 302; ähnlich Jimenez de Arechaga: *YB ILC* 1965 I, S. 131, unterstützt von Rosenne: ibid, S. 246 und Reuter: ibid, S. 246; auch der Vertreter Canadas bei der II. Wiener Konferenz: *A/Conf 39/11Add 1*, S. 6.

[9] Bartos: *YB ILC* 1965 I, S. 248.

[1] „Members of a federal union may possess capacity to conclude treaties if such cpacity is admitted by the federal contitution and within the limits there laid down."

[2] Interessant ist die Formulierung eines starken Befürworters des Artikels, eines Mitgliedes der Delegation der UdSSR in einer wissenschaftlichen Veröffentlichung (Talalaev, A. N.: Nekotorye voprosy teorii meždunarodnogo dogovora na Venskoj konferencii OON, *SEMP* 1970, S. 119), daß dieser Artikel keine ²/₃-Mehrheit fand.

[3] Gegen eine Einbeziehung der Diskussion der ILC in die „travaux preparatoires" der Konvention wendet sich zB Rosenne: *YB ILC* 1966 I (II), S. 201; Vgl auch die Entscheidung des Vorsitzenden der ILC 1950, Hudson zum Antrag von

waren allerdings an der ersten Wiener Konferenz 13 [4], an der zweiten Konferenz 9 [5] als Delegationsleiter oder -mitglied beteiligt, ferner der letzte Berichterstatter WALDOCK als Experte. Von den Mitgliedern der ILC des Jahres 1969 nahmen noch drei [6] ebenfalls an der zweiten Wiener Konferenz teil. Wenn auch die Mitglieder der ILC Experten und die Teilnehmer der Wiener Konferenzen Staatenvertreter sind, läßt sich nicht behaupten, daß Experten völlig unpolitisch argumentieren.

Wenn man darüberhinaus noch davon ausgeht, daß dieselben Personen in ihrer Eigenschaft als Staatenvertreter keine gegenteiligen Meinungen geäußert haben, ja in vielen Fällen sich sogar derselben Argumente bedienten [7], erscheint der Einschluß der Vorarbeiten in der ILC berechtigt.

Sicherlich läßt sich zuerst einmal die Feststellung treffen, daß über Fragen der Vertragsfähigkeit, und, was im weiteren Rahmen in dieser Abhandlung interessiert, über die Völkerrechtssubjektivität von Gliedstaaten eines Bundesstaates kein Konsens erzielt wurde. Dies war auch wegen des zu großen Spektrums der theoretischen Auffassungen und extremen Standpunkte, wie etwa der Vertragsfähigkeit nur aus Völkerrecht oder Anerkennung durch andere Staaten und Vertragsfähigkeit nur aus der Tatsache der Erwähnung einer solchen in der Bundesverfassung, nicht zu erwarten und auch durch Kompromisse nicht zu erreichen. Daher wird man das Abstimmungsergebnis für keines der theoretischen Konzepte ins Feld führen können.

Daß eine zwischen den Sessionen der Wiener Konferenz von Kanada unternommene diplomatische Aktion, wie VEROSTA meint [8], zur Streichung dieses Artikels geführt hat, erscheint zumindest fraglich. Sie mag als Anstoß gedient haben, es wäre aber denkbar, daß wegen der Verschiedenartigkeit der vorher bestandenen Ansichten, die Streichung auch ohne solch eine Aktion geschehen wäre. Daß sovjetische

---

KORECKIJ betreffend der Anwesenheit von HSU in der ILC: *YB ILC* 1950 I, S. 1: „The members ... do not represent States or governments; instead, they act in a personal capacity as persons of „recognized competence in International Law" (Art 2 of the Statute).“

[4] AGO, AMADO, BRIGGS, CASTREN, EL-ERIAN, ELIAS, JIMENEZ DE ARECHAGA, REUTER, ROSENNE, RUDA, TABIBI, TSURUOKA, YASSEEN.

[5] AGO, CASTREN, ELIAS, JIMENEZ DE ARECHAGA, REUTER, ROSENNE, TABIBI, TSURUOKA, YASSEEN.

[6] EUSTATHIADES, KEARNEY, USTOR.

[7] Vgl besonders JIMENEZ DE ARECHAGA in der ILC: *YB ILC* 1965 I, S. 131, 245 ff und als Vertreter von Uruguay: *A/Conf 39/11*, S. 67 u. *A/Conf 39/11/Add 1*, S. 13.

[8] VEROSTA: *ZaöRV* 1969, S. 675.

Delegationsmitglieder über diese Aktion nichts berichteten [9] sondern nur vom Widerstand der Vertreter bürgerlicher Föderationen [10], wie der USA, BRD, Kanada, Österreich, Mexiko, Brasilien und Uruguay [11] sprachen, deutet eher auf die Geringfügigkeit dieser Aktion hin. Ein schwerwiegendes Einschalten Kanadas wäre sicherlich von sovjetischer Seite gebrandmarkt worden.

Die Ursache für die Streichung war mangelnder Konsens. Daraus kann man allerdings nicht *e contrario* im Sinne einer Verneinung der Vertragsfähigkeit von Gliedstaaten schließen [12], denn es bestand auch kein Konsens für diese *e contrario*-Lösung.

Es gab eine Vielzahl von Begründungen für ein Weglassen dieses Sub-Paragraphen, etwa von der Behauptung, daß die internationale Praxis für eine Kodifikation einer derartigen Rechtsregel noch nicht genügend entwickelt sei [13] über den Einwand, daß solch ein Paragraph, weil er innerstaatliche Angelegenheiten behandle, ein Element der Unsicherheit in Vertragsabschlüsse bringen würde [14], bis zur Feststellung (hier allerdings in der ILC), daß dieser Artikel seitens vieler Mitglieder zu ernstem Zweifel Anlaß gegeben hatte [15].

Eine quantitative Analyse unter Berücksichtigung derjenigen Staaten, deren Staatsordnung in weitestem Sinne als föderal bezeichnet werden könnte, bringt mehr Licht in die Sache.

Hier sind die meisten der „betroffenen" Staaten unter den negativen Voten zu finden, nämlich: Argentinien, Australien [16], Burma, Brasilien, Kanada, Indien, Kamerun, Malaysien, Mexiko, Nigerien, Österreich, Schweiz, Bundesrepublik Deutschland, Venezuela, Union von Süd-Afrika und die USA. Stimmenthaltung wurde von *Tansanien* geübt, während für die Beibehaltung des Art 5 (2) die BSSR, CSSR, Madagaskar, UdSSR, USSR und Jugoslawien gestimmt hatten [17].

---

[9] CHLESTOV, O. CH.: Pravo meždunarodnych dogovorov. *SGiP* 1962/12, S. 62—69; TALALAEV, *Vestnik MGU*, 1969/1, 31—41; SEMP 1970, S. 112—127; *Vestnik MGU* 1970/3, 41—48.

[10] So TALALAEV, 1970, S. 117 ff; Kanada erwähnt KAČANOV 1969, S. 319.

[11] Welches schwerlich als Bundesstaat bezeichnet werden kann, siehe Liste südamerikanischer Bundesstaaten bei BLUMENWITZ, 1972, S. 31 ff.

[12] Der Vertreter der Schweiz bei der II. Wiener Konferenz 1969: *A/Conf 39/11/Add 1*, S. 12.

[13] Der Delegierte von Ceylon auf der I. Wiener Konferenz 1968, *A/Conf 39/11*, S. 62.

[14] Der Delegierte Mexikos auf der I. Wiener Konferenz, *A/Conf 39/11*, S. 61.

[15] LACHS: *YB ILC* 1965 I, S. 24.

[16] LEPEŠKIN, A. I. et alii: *Kurs sovetskogo gosudarstvennogo prava* Bd I—II. M. 1961/62, I, S. 242 zählt auch Äthiopien zu Föderationen.

[17] *A/Conf 39/11/Add 1*, S. 15.

Wenn 17 „betroffene" Staaten gegen die Redaktion des Art 5 (2), einer indifferent und nur sechs [von denen allerdings noch zwei Votierende Gliedstaaten eines Befürworters, nämlich der UdSSR sind] für seine Einbeziehung sind, kann man mit Sicherheit behaupten, daß es einen dahingehenden gewohnheitsrechtlichen Satz nicht gibt, also, daß die Vertragsfähigkeit eines Gliedstaates sich nicht ausschließlich aus dem Verfassungsrecht und in dessen Rahmen ableiten und bestimmen läßt. Daher kann einem Kommentator der Vorarbeiten zur Wiener Konvention über das Recht völkerrechtlicher Verträge nicht gefolgt werden, der behauptet:

> „Es bleibt ... zumindest das Faktum, daß die Völkerrechtsexperten der ILC — die ihre wesentliche Aufgabe in der Zusammenfassung schon bestehender Rechtssätze gesehen haben — die Auffassung vertraten, es gebe einen Satz des Völkerrechts, wonach aus der innerstaatlich eingeräumten Vertragsfähigkeit die Rechtsfähigkeit im zwischenstaatlichen Verkehr abzuleiten sei" [18].

Das Abstimmungsergebnis muß allerdings auch unter Berücksichtigung der Tatsache gewertet werden, daß die Wiener Konvention die Gültigkeit von Verträgen mit Gliedstaaten als Vertragspartner in jedem Falle unangetastet läßt, da diese unter

> „... other subjects of international law ..." [19]

fallen könnten. Das Fehlen solch einer Bestimmung hätte sicherlich dieses Abstimmungsergebnis beeinflußt.

Das Völkerrecht kennt keinen *numerus clausus* seiner Subjekte [20]. Geht man davon aus, liegt der Schluß auf der Hand, daß Gliedstaaten Völkerrechtssubjektivität haben können. Dieses hatte die ILC bereits in ihrem Kurzkommentar in negativer Art festgestellt [21]. Da sich aber zu viele Stimmen für Bewertungskriteria außerhalb der Bundesverfassung geäußert haben, wird man, sollen die Vorarbeiten zur Wiener Konvention richtig gewürdigt werden, extrakonstitutionellen Elementen zumindest die gleiche Bedeutung beimessen müssen, wie Verfassungsbestimmungen der in Betracht kommenden Verfassungen von Bundesstaaten.

---

[18] BLUMENWITZ 1972: S. 156; dieser Autor scheint einige in seiner umfassenden Untersuchung gewonnenen Erkenntnisse in das mE knappe Abstimmungsergebnis in der ILC (7 zu 3 zu 4) hineininterpretiert zu haben.

[19] Art 3 (1) der Konvention.

[20] MOSLER, H.: Die Erweiterung des Kreises der Völkerrechtssubjekte, 22 *ZaöRV*, 1962, 1 ff, 17 f; STEINBERGER, H.: Constitutional Subdivisions of States or Unions and their Capacity to conclude Treaties, 27 *ZaöRV*, 1967, S. 418.

[21] Siehe supra S. 13.

3. Die Völkerrechtssubjektivität der Gliedstaaten der UdSSR kraft Bundesverfassungsrecht

Die Diskussionen um den Artikel 5 (2) des Entwurfs für die Konvention über das Recht völkerrechtlicher Verträge haben gezeigt, daß die Verfassung des Bundesstaates für die Völkerrechtssubjektivität seiner Glieder eine große — wenn auch nicht die ausschließliche — Rolle spielt. Eine Untersuchung des sovjetischen Verfassungsrechts unter diesem Gesichtspunkt erscheint an dieser Stelle gerechtfertigt, da dieser Aspekt sowohl von der Staatlichkeit als auch von der tatsächlichen Praxis der Unionsrepubliken losgelöst betrachtet werden muß.

Am 1. 2. 1944 wurde durch Gesetz des OS der UdSSR der Art 18/a in die Verfassung der UdSSR eingefügt:

„Jede Unionsrepublik hat das Recht, mit ausländischen Staaten in unmittelbare Beziehungen zu treten, mit ihnen Abkommen [soglašenie] zu schließen und mit ihnen diplomatische und konsularische Vertreter auszutauschen" [1].

Diese Verfassungsänderung wurde vom Volkskommissar für Auswärtiges, MOLOTOV, in einer Rede vor dem OS der UdSSR am 1. 2. 1944 damit motiviert, daß die Umbildung durch den politischen, wirtschaftlichen und kulturellen Aufschwung der Unionsrepubliken möglich geworden sei und eine größere Expansion der Aktivitäten derselben kennzeichne [2]. Im sovjetischen Schrifttum wird diese Motivierung beibehalten [3] und unter anderem durch folgende Argumente ergänzt:

„Durch das Leben selber wurde auch die Annahme der Gesetze über die Schaffung von Unions-Unionsrepublikanischen Volkskommissariaten für Äußeres diktiert.

---

[1] *VVS SSSR* 1944/8; gleichzeitig wurde in den Kompetenzartikel 14 der Verfassung der UdSSR in Punkt /a zu den Bundeskompetenzen folgender Zusatz gemacht: „... die Festlegung einer allgemeinen Ordnung für die Beziehungen der Unionsrepubliken mit ausländischen Staaten."

[2] Abgedruckt in: *396—406 International Conciliation* 1944, S. 235.

[3] Vgl. für alle BROVKA 1967, S. 109; interessant ist ein zeitgenössischer Kommentar zu dieser Verfassungsänderung: MAURACH 1944, S. 33: daß diese Verfassungsänderung mit allen Traditionen breche, welche sich ganz allgemein in Bundesstaaten ausgebildet haben, daß (S. 40) hier politisch-psychologische Gründe vorgelegen haben müssen, nämlich Gefühlsbildung bei Randstaaten, wie Polen, Litauen, Finnland und Rumänien, daß ihnen bei einer Angliederung an die UdSSR eine gewissen Eigenstaatlichkeit erhalten werde und (S. 41) daß es möglich sei, daß die Bundesrepubliken in heimlichem Auftrag der UdSSR außenpolitische Funktionen eminent politischer Art übernehmen könnten, wenn eine politische Zweckmäßigkeit dem Bunde Zurückhaltung gebiete und er dafür die in erster Linie interessierten Teilrepubliken ins Treffen schicken könnte. Vgl auch MAURACH 1955, S. 109 ff.

Die Unionsrepubliken hatten spezifische Interessen, welche unmittelbaren Verkehr mit anderen Staaten verlangten"[4].

Da im sovjetischen Schrifttum die Völkerrechtssubjektivität der Unionsrepubliken auch von dieser Verfassungsbestimmung[5] abgeleitet wird[6], muß untersucht werden, ob diese Verfassungsbestimmung völkerrechtliche Relevanz hat, das heißt, ob ein Bundesstaat seine Gliedstaaten *erga omnes* dadurch mit Völkerrechtssubjektivität ausstatten kann, daß er ihnen verfassungsmäßig das Recht zum Abschluß von Verträgen und zum Austausch von diplomatischen und konsularischen Vertretern überträgt.

3.1. Das sovjetische Schrifttum zur völkerrechtlichen Relevanz innerstaatlichen Rechts

Im sovjetischen Schrifttum zur Frage, ob innerstaatliches Recht eine Völkerrechtsquelle sei, lassen sich zwei Hauptrichtungen erkennen.

Einmal findet man, eingebettet in marxistisch-leninistische Dialektik, Thesen vom Einfluß der Ideen der Oktoberrevolution, der Gedanken LENINS und der außenpolitischen Tätigkeit der UdSSR auf das moderne Völkerrecht. Diese Pflichtübungen in historischem Materialismus sollen vor allem beweisen, daß die UdSSR als erster „sozialistischer Staat" für die Weiterentwicklung des Völkerrechts maßgebend war. Eine eingehende Würdigung dieser Kategorie ist in der vorliegenden Untersuchung nicht notwendig. Ein Hinweis auf einige Titel solcher Arbeiten genügt[1].

---

[4] *Očerki razvitija sovetskoj gosudarstvennosti pribaltiiskich respublik*, Tallinn 1965, S. 78 f.

[5] Welche in Art 13/b der Verfassung der ESSR, 15/a der USSR, MSSR und ArSSR sowie Art 16/a der übrigen Unionsrepubliken wiederholt wird.

[6] Vgl für alle LUKAŠUK 1969 (Osteuroparecht), S. 337; KORECKIJ, *17 URE*, S. 628; TUNKIN *YB ILC* 1965 I, S. 245; MINASJAN 1960, S. 148; dabei ist festzustellen, daß eine Reihe sovjetischer Autoren sagen, daß zwischen 1923 und 1944 als Völkerrechtssubjekt lediglich die UdSSR bestand: KOTLJAREVSKIJ in *Sovetskij federalizm*, S. 76; PAŠUKANIS 1935, S. 94; FARBEROV 1946, S. 19; DOROGIN 1948, S. 8, wogegen heute die Mehrheit der Autoren behauptet, daß die Unionsrepubliken mit der Übertragung der auswärtigen Kompetenzen an die UdSSR durch den Bundesvertrag des Jahres 1922 ihre Völkerrechtssubjektivität nicht verloren haben, so: KRYLOV in *Meždunarodnoe pravo*, red. DURDENEVSKIJ/KRYLOV, M. 1947, S. 123; JANOVSKIJ 1962 (*SGiP*), S. 57; ESAJAN 1962, S. 31; derselbe 1963, S. 6; NEDBAJLO/VASILENKO 1963, S. 102; VASILENKO 1965, S. 17.

[1] TUNKIN, G. I.: „Völkerrechtliche Ideen der Großen Sozialistischen Oktoberrevolution" in *SEMP* 1966/67, 15—29; ALEKSANDRIKOV, D. V.: „Der Einfluß der Großen Sozialistischen Oktoberrevolution auf die Entwicklung und Bestätigung des

Zum anderen ist auch im sovjetischen Schrifttum eine substantielle und mehr abstrakte Behandlung dieser Frage anzutreffen. Diese findet sich im wesentlichen bei der Darstellung der Völkerrechtsquellen in Lehrbüchern und Gesamtdarstellungen und in diesbezüglichen Monographien. Die Rolle des innerstaatlichen Rechts bei der Schaffung von Völkerrecht wird von sovjetischen Autoren allerdings auch im Zusammenhang mit der Anerkennung gewisser Völkerrechtsnormen durch Staaten [2] und mit dem Einfluß innerstaatlichen Rechts bei der Bildung neuer, progressiver Völkerrechtsnormen [3] gesehen.

Unter den sovjetischen Juristen, welche die Frage der Völkerrechtsquellen untersucht haben und dabei auf die Möglichkeit eingegangen sind, daß innerstaatliche Normativakte zu den Völkerrechtsquellen zu zählen sind, verdient ein Autor besonders hervorgehoben zu werden [4].

Ins Prinzipielle überspitzt, zählt er innerstaatliche Gesetze zu den Völkerrechtsquellen [5] und glaubt, daß diese seine Position von der sovjetischen Völkerrechtsliteratur anerkannt wird [6]. In einer anderen Arbeit differenziert er allerdings seine Auffassung und stellt für die Qualität innerstaatlichen Rechts als Völkerrechtsquelle drei Bedingungen:

1. die innerstaatlichen Gesetze müssen demokratisch und friedliebend und auf die friedliche Zusammenarbeit der Staaten gerichtet sein. Diese Bedingung muß erfüllt sein, weil ein demokratisches Gesetz auf Erhaltung des Friedens gerichtet sein muß [7],
2. die innerstaatlichen Gesetze müssen sich auf die auswärtigen Beziehungen des Staates beziehen,
3. sie müssen entweder offiziell oder stillschweigend durch andere Staaten anerkannt oder durch sie nicht abgelehnt werden [8].

Prinzips der Gleichheit der Staaten im Völkerrecht" in *SEMP* 1968, S. 106—120; LUKAŠUK, I. I.: „Die Verkörperung der Lenin'schen Ideen in den antikolonialen Normen des Völkerrechts" in *SEMP* 1969, 58—68; MINASJAN, N. M.: Die Lenin'sche Lehre vom Selbstbestimmungsrecht der Völker und das Völkerrecht" in *SEMP* 1970, S. 29—42; vgl auch das Kapitel: „Die moderne Kodifikation des Völkerrechts — das Resultat des Einflusses der Kräfte des Sozialismus, der Demokratie und des Friedens" in MovČAN 1972, S. 103—114.

[2] So TUNKIN 1970, S. 209; LUKIN 1960, S. 30 ff mit weiteren Literaturhinweisen.

[3] BLIŠČENKO 1968, S. 111; TUNKIN 1970, S. 210.

[4] MINASJAN, N. M.

[5] Derselbe 1962, S. 223.

[6] Ibid, S. 231.

[7] Dieser Gesetzmäßigkeitsvorbehalt ist für die sovjetische Völkerrechtsliteratur typisch. Was allerdings gesetzmäßig ist, wird aus dem Historischen oder Dialektischen Materialismus bestimmt. Vgl dazu vom Autor der vorliegenden Untersuchung: Die Sovjetische Doktrin der friedlichen Koexistenz als Völkerrechtsproblem, Wien 1971, bes S. 66 ff, 200 ff.

[8] MINASJAN 1960, S. 135 f.

Mit der letzten Bedingung verlagert dieser Autor seine anfänglich
autoritative Behauptung, daß innerstaatliche Gesetze Völkerrechtsquellen seien, bereits in den Bereich der Möglichkeit und rückt in seiner
Position einer Reihe von anderen sovjetischen Autoren nahe, welche
die innerstaatliche Gesetzgebung als „eine der möglichen Völkerrechtsquellen" [9] oder als „ . . . une source d'ordre secondaire ou médiat . . ." [10]
bezeichnet [11].

Von dieser Gruppe sovjetischer Autoren wird die Meinung vertreten, daß innerstaatliche Gesetze dann Völkerrechtsquellen darstellen,
wenn sie „ . . . Anerkennung im internationalen Maßstab . . ." [12] erlangt
haben, oder „ . . . seitens anderer Staaten als Völkerrechtsnormen anerkannt worden sind" [13]. Damit wird von dieser Gruppe von Autoren
jedoch bereits die Mitwirkung anderer Völkerrechtssubjekte als Voraussetzung für die Entstehung einer neuen Vökerrechtsnorm zugegeben [14].

Schießlich vertritt eine dritte Gruppe die Ansicht, daß innerstaatliches Recht keine Völkerrechtsquelle darstellen kann.

In einer Argumentation gegen Minasjan [15] schreibt ein sovjetischer
Autor, daß innerstaatliche Gesetze nicht Völkerrechtsquelle sind und
auch nicht sein können:

> „Im entgegengesetzen Fall könnte jeder Staat durch den Erlaß eines Gesetzes
> einseitig Völkerrechtsnormen schaffen. Diese Auffassung wird durch die Theorie
> weitest anerkannt und seit langem auch durch die Praxis universell angewendet.
> Schon der StIGH stellte fest (A/7, S. 19), daß seitens des Völkerrechts das inner-
> staatliche Gesetz ‚lediglich ein Faktum‘ sei . . ." [16].

Ähnliche Auffassungen werden auch von anderen sovjetischen
Autoren vertreten, die sagen, daß innerstaatliche Gesetze, sowie Entscheidungen innerstaatlicher Gerichte keine Völkerrechtsquelle sind und
für die Subjekte nationalen Rechts Geltung haben [17]. „Lediglich die
Vereinigung der Willen mehrerer Staaten ist imstande, Völkerrecht zu
schaffen" [18].

---

[9] Levin, D. B. zit nach Lukin 1960, S. 129.
[10] Krylov 1947, S. 444.
[11] Zu dieser Gruppe gehören nach Lukin 1960, S. 127 ff noch Durdenevskij,
V. N., Koževnikov, F. I. und Lisovskij, V. I.
[12] Durdenevskij/Krylov (Red.), Meždunarodnoe pravo, M. 1957, S. 25.
[13] Lisovskij 1970, S. 8.
[14] Vgl dazu die treffenden Bemerkungen von Lukin 1960, S. 128 f.
[15] Minasjan 1962, S. 223 f, siehe supra bei Fn 5.
[16] Lukašuk 1966, S. 98 (Istočniki).
[17] Koževnikov in Kurs meždunarodnogo prava, red. Koževnikov, 2e Auflage,
IMO M. 1966, S. 42; ähnlich Modžorjan in Meždunarodnoe pravo, red. Modžorjan/
Blatova, Jurlit M. 1970, S. 55; auch Bliščenko 1968, S. 111.
[18] Lukin 1960, S. 129.

3.2. Die völkerrechtliche Würdigung des Art 18/a der Verfassung der UdSSR

3.2.1. Der Art 18/a als Völkerrechtsquelle

Der StIGH hat in seinem Urteil über Deutsche Interessen an Polnisch-Oberschlesien zur völkerrechtlichen Relevanz innerstaatlichen Rechts Stellung genommen und erklärt:

„From the standpoint of International Law ... municipal laws are merely facts which express the will and constitute the activities of States ..." [1].

Sowohl die ständige Rechtsprechung des StIGH [2], internationaler Schiedsgerichte [3] als auch der IGH [4] haben an dieser Auffassung festgehalten und auch die Völkerrechtsliteratur stimmt mit dieser Auffassung im Wesentlichen überein [5].

Geht man von diesem *dictum* aus, so kann die Verfassung der UdSSR ihre Gliedstaaten nicht dadurch mit Völkerrechtssubjektivität ausstatten, daß sie ihnen das Recht verleiht, auswärtige Beziehungen zu haben. Es widerspräche auch dem Wesen des Völkerrechts, daß ein Staat einseitig Tatsachen mit völkerrechtlicher Rechtsfolge schaffen kann, ohne daß die anderen betroffenen Mitglieder der Völkerrechtsgemeinschaft in irgendeiner Form die Möglichkeit hätten, ihre Betroffenheit zu verhindern [6].

Die Verteilung der Kompetenzen innerhalb eines Staates gehört zu seinem „domaine réservé" [7]. Der Einfluß anderer Staaten auf eine

---

[1] *PCIJ A/7*, S. 19.

[2] *PCIJ A/20/21*, S. 46 und 124; *PCIJ A/B 44*, S. 23 ff; *PCIJ A/B 62*, S. 22; *PCIJ A/B 76*, S. 19; siehe dazu MAREK, K.: „Les rapports entre le droit international et le droit interne à la lumière de la jurisprudence de la Cour permanente de Justice Internationale", *66 RGDIP 1962*, S. 260—298.

[3] *Affaire des réclamations francaises contre le Perou I RIAA*, S. 215; GEORGE PINSON-*Case V RIAA*, S. 327, 393; FLEGENHEIMER-*Claim, 25 ILR*, S. 98; ähnlich bereits im *Alabama-Case*, LAPRADELLE-POLITIS, Bd II, S. 713, 891.

[4] NOTTEBOHM-*Case, ICJ Rep* 1955, S. 20: „It does not depend on the law or on the decision of Liechtenstein whether that State is entitled to exercise its protection ... It is international law which determines whether a State is entitled to exercise protection ..." Vgl auch Dissenting opinion *READ* im selben Fall, ibid, S. 36.

[5] Sieht man von einigen Monisten ab, welche den Primat des innerstaatlichen Rechts behaupten, vgl dazu: BERGBOHM, K., Staatsverträge und Gesetze als Quellen des Völkerrechts, Dorpat 1877; ZORN, P., Grundzüge des Völkerrechts, Leipzig 1903, S. 7 ff.

[6] Allerdings kann das Völkerrecht auf innerstaatliches Recht verweisen und dann werden innerstaatliche Normativakte sehr wohl völkerrechtlich relevant, vgl dazu für alle: DAHM I, S. 68 f.

[7] Siehe dazu infra S. 221.

Dezentralisierung der auswärtigen Gewalt durch eine Bundesverfassung wäre demnach eine unzulässige Intervention[8]. Trotzdem kann die Konsequenz einer dezentralistischen Bundesverfassung für sich alleine nur diejenige sein, daß die Gliedstaaten — hier die Unionsrepubliken — Staaten im staatsrechtlichen Sinne sind[9].

Der Auffassung, daß alle Gliedstaaten im Rahmen ihres Aufgabenbereichens *ipso jure* Völkerrechtssubjekte sind[10], kann nicht zugestimmt werden[11]. Ihre Völkerrechtssubjektivität kann nur aufgrund einer völkerrechtlichen Norm entstehen[12]. Diese Norm könnte den Inhalt haben, daß das Völkerrecht auf das innerstaatliche Recht des jeweiligen Bundesstaates verweist, der Bundesstaat also berechtigt wäre, seine Gliedstaaten durch seine Verfassung mit Völkerrechtspersönlichkeit auszustatten[13]. Der Nachweis einer derartigen Völkerrechtsnorm ist aber, trotz der Diskussionen in der ILC[14], noch nicht gelungen. Es läßt sich nicht *mehr* feststellen, als das Fehlen eines völkerrechtlichen Verbotes, daß Gliedstaaten Völkerrechtssubjekte sein können. Dieses bedeutet allerdings auch nicht mehr, als daß Gliedstaaten grundsätzlich Völkerrechtssubjekte sein können, daß aber ihre Völkerrechtssubjektivität in jedem einzelnen Fall nicht nur von der jeweiligen Bundesverfassung abhängt, sondern noch einen besonderen rechtsgeschäftlichen Akt verlangt, um Völkerrechtssubjektivität entstehen zu lassen. Diese Erfüllungsnorm kann die Form eines Vertrages haben,

„... in dem zwei oder mehrere Staaten vereinbaren, daß innerstaatliche Rechtsgemeinschaften an der Erfüllung eines zwischenstaatlichen Zweckes mitwirken sollen ...[15]".

Sie kann aber auch die Form einer Anerkennung haben[16], womit

---

[8] In diesem Sinne Mosler 1950, S. 163.

[9] Zur Unterscheidung: Staat im staatsrechtlichen und völkerrechtlichen Sinn siehe Kunz 1929, S. 108 ff.

[10] Ross 1947, S. 100 und 259.

[11] In diesem Sinne Verdross, S. 196; Blumenwitz 1972, S. 153.

[12] Vgl Blumenwitz 1972, S. 154 mit Literaturhinweisen; siehe auch Verdross, S. 19.

[13] Dies war der Tenor des Art 5/2 des Entwurfes der ILC zur Konvention über das Recht völkerrechtlicher Verträge, siehe dazu supra S. 14 f, zustimmend dazu Dahm II, S. 127.

[14] Siehe supra S. 11 ff u. 16 ff, vgl auch Blumenwitz 1972, S. 155 ff; Steinberger 1967, S. 411 ff.

[15] Blumenwitz 1972, S. 158.

[16] Welche nach Verdross, S. 196 konstitutiven Charakter hat; in diesem Sinne auch v. d. Heydte 1958, S. 95; Brownlie 1966, S. 71; Berezowski 1938, S. 24; O'Connell 1970, I, S. 157; zur Staatenpraxis siehe infra S. 271 ff.

der Gliedstaat gegenüber den anerkennenden dritten Staaten ein partielles Völkerrechtssubjekt wird [17].

Der Art 18/a der Verfassung der UdSSR bestimmt lediglich, daß den Unionsrepubliken die Kompetenz im auswärtigen Verkehr übertragen wird [18]. Daß diese Kompetenz undifferenziert gewährt wird [19], kann für den Vertrauensschutz eine gewisse Bedeutung haben [20], beweist aus der Verfassung die Völkerrechtssubjektivität noch nicht, da es für diese eines zusätzlichen völkerrechtlichen Aktes bedarf. Solange solch ein Akt sich nicht nachweisen läßt, kann aus dem Art 18/a die Völkerrechtssubjektivität der Unionsrepubliken nicht bewiesen werden [21].

3.2.2. Die Anerkennung der Union als implizite Anerkennung der Völkerrechtssubjektivität der Gliedstaaten

Im allgemeinen Völkerrechtsschrifttum trifft man auf die Meinung, daß in der Regel die konstitutive Anerkennung der Völkerrechtssubjektivität von Gliedstaaten impliziert in der Anerkennung des Gesamtstaates enthalten sei [1]. Für den Fall der UdSSR würde dies also bedeuten, daß mit der Anerkennung der Union gleichzeitig die Anerkennung der Völkerrechtssubjektivität der Unionsrepubliken erfolgt sei.

Gegen diese Konstruktion spricht vor allen Dingen, daß die Anerkennung der UdSSR durch fast alle Staaten zwischen den beiden Weltkriegen erfolgte, also in einer Zeit, in welcher die Unionsrepubliken kein Recht auf auswärtige Beziehungen hatten. Die Anerkennung konnte nur vom Rechtszustand zur Zeit der Anerkennung ausgehen und sich nur auf diesen beziehen. Daher kann die Anerkennung

---

[17] VERDROSS, S. 195; vgl auch WILDHABER 1971, S. 264; „Assuming the constitution is permissive, the member units have still to be recognized as subjects of international law on the international plan"; vgl auch DOLAN 1955, S. 635.

[18] Der Art 18/a wäre in der Kategorie von BLUMENWITZ 1972, S. 167 eine übergeordnete Rechtsnorm, aus der sich im Zusammenhang mit einer Völkerrechtsnorm erst die Vertragsfähigkeit ergibt.

[19] Im Gegensatz etwa zum Art 32/3 GG, der den Ländern der BRD die Vertragsfähigkeit gewährt, soweit sie für die Gesetzgebung zuständig sind und dann auch nur mit Zustimmung der Bundesregierung; für eine Zusammenstellung relevanter Verfassungsbestimmungen siehe BLUMENWITZ 1972, S. 169, Fn 11.

[20] Siehe infra S. 293.

[21] Zu dieser Auffassung müßten auch diejenigen sowjetischen Autoren kommen, welche anerkennen, daß innerstaatliches Recht keine Völkerrechtsquelle darstellt, vgl supra S. 24.

[1] In der Anerkennung des Gesamtstaates sei das Versprechen zur Achtung der verfassungsmäßigen Kompetenzteilung enthalten: so MOSLER, 1950, S. 163; BERNHARDT 1957, S. 21; WILDHABER 1971, S. 265; MÜNCH 1971, S. 12.

der UdSSR nicht die 1944 begründeten auswärtigen Kompetenzen der Unionsrepubliken umfassen [2].

Gegen die Konstruktion spricht aber auch, daß nicht klar ist, warum

„... der eine bundesstaatliche Ordnung anerkennende Staat nur die ausnahmsweise bestehende Vertragsfähigkeit der Gliedstaaten zur Kenntnis nimmt und nicht die weit üblicheren sonstigen verfassungsrechtlichen Beschränkungen der auswärtigen Gewalt" [3].

Geht man davon aus, daß kein Staat sich auf innerstaatliche Rechtsvorschriften berufen darf, um sich einer völkerrechtlichen Verpflichtung zu entledigen [4], muß man auch akzeptieren, daß kein Staat — ohne völkerrechtlich besonders dazu legitimiert zu sein — den Kreis der Völkerrechtssubjekte erweitern kann, indem er durch Dezentralisierung seiner auswärtigen Gewalt seinen Gliedstaaten Befugnisse im internationalen Verkehr einräumt, um zB dadurch sein eigenes Gewicht auf internationaler Ebene zu stärken. In diesem Falle kann die erstrebte Rechtsfolge der Änderung des innerstaatlichen Rechts nur kraft besonderer Anerkennung durch auswärtige Staaten eintreten [5].

---

[2] Es wäre allerdings denkbar, daß das Stillschweigen der anderen Staaten zur Verfassungsänderung 1944 eine stillschweigende Anerkennung der neuen Lage darstellt.

[3] BLUMENWITZ 1972, S. 160 in einer Kritik an BERNHARDT.

[4] Art 27 der Wiener Konvention über das Recht völkerrechtlicher Verträge; vgl auch das Rechtsgutachten des StIGH im Fall *Treatment of Polish Nationals in Danzig, PCIJ A/B* 44: S. 24: „... a State cannot rely, as against another State, on the provisions of the latter's Constitution, but only on international law and international obligations duly accepted, on the other hand and conversely, a State cannot adduce as against another State its own Constitution with a view to evading obligations incumbent upon it under international law or treaties in force."

[5] MOSLER 1950, S. 163; zur Mitwirkung anderer Völkerrechtssubjekte bei der Konstituierung der Völkerrechtssubjektivität von Gliedstaaten siehe infra S. 271 ff.

4. Methodologische Bemerkungen zur Untersuchung der Völkerrechtssubjektivität der Unionsrepubliken der UdSSR

Im völkerrechtlichen Schrifttum des Westens und des Ostens wird die Frage der Völkerrechtssubjektivität der Unionsrepubliken verschieden beurteilt. Während sovjetische und andere Autoren des Ostblocks diese ausnahmslos bejahen, stehen westliche Völkerrechtler der Zuerkennung dieser Qualität meist reserviert und vor allem differenzierter gegenüber. Soll ein Lösungsversuch zu einem wissenschaftlich vertretbaren Ergebnis und zu einer allgemein gültigen Aussage kommen, muß er von einem einigermaßen breiten Konsens getragen werden [1]. Im vorliegenden Fall müssen sovjetische Argumente ebenfalls abgehandelt werden. Als ein solcher Ansatz bietet sich die Fragestellung: Wie weit sind die Unionsrepubliken der UdSSR tatsächlich am internationalen Verkehr beteiligt, in welchem Umfang treten sie in internationalen Beziehungen auf und welche rechtliche Bedeutung haben solche Beziehungen? Dieser Ansatz erfordert in erster Linie eine Untersuchung der internationalen Praxis der Unionsrepubliken der UdSSR und braucht vorerst auf die sovjetischen Argumente nicht einzugehen. Ergäbe sich aus dieser Untersuchung der eindeutige Beweis der tatsächlich ausgeübten Völkerrechtssubjektivität der Unionsrepubliken, bedürfte es der oft dialektischen und nur am Rande auf die Praxis eingehenden Beweisführung des sovjetischen Schrifttums nicht, da dann aus der Faktizität der genügend umfangreichen Teilnahme am internationalen Rechtsverkehr der Schluß gezogen werden könnte, daß die Unionsrepubliken tatsächlich Völkerrechtssubjekte sind. Sollte sich dieser Ansatz allerdings nicht durchführen lassen, ist eine dogmatische Behandlung dieser Frage nicht zu umgehen.

Das veröffentlichte Material über die internationale Praxis der

---

[1] In diesem Zusammenhang konnte keine Auseinandersetzung mit methodologischen Fragen der Ostrechtsforschung durchgeführt werden. Vgl für die vorherrschende Methodik etwa WESTEN, K.: Methodische Vorfragen der Ostrechtsforschung, in *Macht und Recht im kommunistischen Herrschaftssystem*, Festschrift für BORIS MEISSNER, Köln 1965, S. 299 ff; BRUNNER, G.: Zur Methode der Ostrechtsforschung, in *Die Verwaltung* 1972, S. 473 ff. Der Verfasser ist sich bewußt, daß er von der als traditionell zu bezeichnenden Methode der Ostrechtsforschung abgewichen ist. Die Begründung für den methodologischen Ansatz findet sich im Zusammenhang mit den anfallenden konkreten Fragestellungen und ergibt sich konsequenterweise aus dem jeweiligen Stand der Untersuchung. Die vorliegende Arbeit versteht sich daher nicht als neue Methode der Ostrechtsforschung sondern versucht lediglich mit dem traditionellen Instrumentarium der normativen Schule wissenschaftlich vertretbare Ergebnisse zu erzielen.

Unionsrepubliken der UdSSR, welches die These von ihrer Völkerrechtssubjektivität untermauern könnte, ist nicht sehr ergiebig. Sieht man von der USSR und BSSR nach ihrem Eintritt in die Vereinten Nationen ab, kann man für die Zeit nach der Bildung der UdSSR [2] kaum Quellen finden, die wissenschaftlich zu verwerten sind. Zur Beurteilung von Rechtsnormen, wie des Art 18/a der Verfassung der UdSSR und den entsprechenden Artikeln der Verfassungen der Unionsrepubliken:

> „Jede Unionsrepublik hat das Recht, mit ausländischen Staaten in unmittelbare Beziehungen zu treten, mit ihnen Vereinbarungen abzuschließen und mit ihnen diplomatische sowie konsularische Vertreter auszutauschen" [3].

muß neben der Norm auch die Praxis ihrer Vollziehung berücksichtigt werden.

Der Verfasser hatte beabsichtigt, an Ort und Stelle [4] neben dem Studium der sovjetischen Doktrin, Beispiele aus der Praxis einiger Unionsrepubliken aufzufinden und zu untersuchen. Zu diesem Zweck hatte er über die Abteilung zur Betreuung ausländischer Gäste der jeweiligen Akademien der Unionsrepubliken versucht, mit den Ministerien für auswärtige Angelegenheiten der USSR, UzSSR und GSSR in Kontakt zu kommen. Die angestrebten Kontakte kamen in keinem der drei Fälle zustande: in Kiev und Tbilisi waren zwar anfangs Zusagen gegeben, diese aber später ohne Angabe von Gründen wieder zurückgezogen worden. In Taškent fiel der Kontakt einem überraschenden Urlaub des zuständigen Beamten des Ministeriums für auswärtige Angelegenheiten zum Opfer.

Bei der Verweigerung von Kontakten fällt eine gewisse Einhelligkeit auf und läßt den Verdacht entstehen, daß diese Verweigerung nicht rein zufällig entstanden sein könnte, da kein einziges Mal eine sachliche Begründung gegeben wurde. Dazu kommt noch, daß dem Verfasser auch die Einsicht in Dissertationen verweigert wurde, welche in der Sovjetunion über Themen geschrieben worden waren, die mit

---

[2] Über die internationale Praxis der Sovjetrepubliken vor dem Zusammenschluß zur UdSSR gibt es ausführliche Arbeiten im sovjetischen Schrifttum, vgl etwa: *Istorija Sovetskogo Gosudarstva i Prava*, glavred. KOSICYN, I—III, M. 1968—, Bd II, S. 32—105; für die einzelnen Sovjetrepubliken: BSSR vgl BROVKA 1967, S. 9—70; Georgische SSR: MERKVILADZE 1969, S. 256—298 usw.

[3] Art 18/a der Verfassung der UdSSR; entsprechende Artikel sind in den Verfassungen der einzelnen Unionsrepubliken enthalten: Art 15/a der USSR, MSSR und ArSSR und Art 16/a der übrigen Unionsrepubliken.

[4] Vom 1. 8. 1972 bis 7. 10. 1972 hielt sich der Verfasser über Vermittlung der österreichischen Akademie der Wissenschaften und auf Einladung der Sovjetischen Akademie der Wissenschaften in Kiev, Taškent und Tbilisi auf.

der vorliegenden Untersuchung eng verbunden sind[5], und in denen der Verfasser gehofft hatte, bisher unveröffentlichtes Material zu finden.

Zur Begründung des Wunsches nach Kontakt hatte der Verfasser Fragebögen vorgelegt, welche zur Weiterleitung an die betreffenden Außenministerien bestimmt waren; sie enthielten in etwa folgende Fragen:

1. Welche vertraglichen Beziehungen bestehen zwischen der betreffenden Unionsrepublik und sozialistischen Staaten;
2. Welche vertraglichen Beziehungen bestehen zwischen der betreffenden Unionsrepublik und nichtsozialistischen Staaten;
3. Welche nichtvertraglichen Beziehungen bestehen zwischen der betreffenden Unionsrepublik und anderen Staaten;
4. Haben irgendwelche von den betreffenden Unionsrepubliken vor der Bildung der UdSSR abgeschlossenen Verträge auf dem Territorium der Unionsrepublik weiterhin Gültigkeit (diese Frage sollte in der Uzbekischen SSR nicht gestellt werden);
5. Wie wahren die betreffenden Unionsrepubliken ihre Kompetenzrechte beim Abschluß von Verträgen seitens der UdSSR über Agenden, welche sich im ausschließlichen Kompetenzbereich der Unionsrepublik befinden? Wie werden solche Verträge vollzogen;

Folgende Fragen wurden *nur* bei der Ukrainischen SSR gestellt:

6. In Kiev existieren Konsulate der Volksdemokratien. Wird das Exequatur für diese Konsuln vom Außenministerium der USSR oder der UdSSR erteilt;
7. Wie wird die Frage der Mitgliedsbeiträge zu internationalen Organisationen zwischen der USSR und der UdSSR geregelt, da ja die USSR und die BSSR unmittelbare Beiträge leisten und als

---

[5] ZB: DJABLO, V. K.: Suščnost' gosudarstvennogo suvereniteta i ego realizacija v socialističeskich federacijach, dokt. diss. Kišinev 1969; VASILENKO, V. A.: Osnovanie meždunarodnoj prasovub'ektnosti Ukrainskoj SSR, kand. diss. Kiev 1965; ZABIGAJLO, K. S.: Voprosy meždunarodnogo prava v praktike Ukrainskoj SSR, dokt. diss. Kiev 1966; AŠKEROV, E. I.: Teoretičeskie i praktičeskie problemy učastija AzSSR v meždunarodno-pravovych otnošenijach, dokt. diss. Baku 1970; KURIŠKOV, E. L.: Ukrainskaja Sovetskaja Socialističeskaja Respublika kak sub'ekt meždunarodnogo prava, dokt. diss. Kiev 1953; LISOVSKIJ, V. I.: Voprosy meždunarodnogo prava v istorii USSR, dokt. diss. Moskau 1961, LJUBOMUDROVA, V. V.: Meždunarodnaja pravosub'eknost' Sovetskich Socialističeskich Respublik, kand. diss. M. 1947; KUDRJUKOV, G. I.: Meždunarodnaja pravosub'eknost' gosudarstv, kand. diss. Sverdlovsk, 1970.

Gliedstaaten der UdSSR auch zu deren Leistungen beitragen (können oder müssen?);

8. Gilt ein multilateraler Vertrag, welcher wohl von der UdSSR, nicht aber von der USSR ratifiziert wurde, auch auf dem Territorium der USSR [6], wenn er im Rahmen einer Internationalen Organisation ausgearbeitet wurde, in welcher sowohl die UdSSR als auch die USSR Mitglieder sind.

Der Wunsch nach solchen Kontakten ist daraus zu erklären, daß es der Verfasser in seinem Streben nach Wirklichkeitsbezug für unerläßlich hielt, die Völkerrechtssubjektivität der Unionsrepubliken sowohl anhand staats- und völkerrechtstheoretischer Konstruktionen, als auch in der Praxis zumindest einzelner Unionsrepubliken zu analysieren und zu beurteilen. Da im Zusammenhang mit dem fünfzigsten Jahrestag der Gründung der UdSSR das sovjetische Schrifttum über Fragen, welche die Unionsrepubliken betreffen, einen großen Raum im sovjetischen Schrifttum einnehmen wird [7], hatte der Verfasser angenommen, daß auch in der Sovjetunion Interesse an einer erneuten Untersuchung der Völkerrechtsubjektivität der Unionsrepubliken durch einen westlichen Autor bestehe [8] und die Einladung der Sovjetischen Akademie der Wissenschaften zu einem Forschungsaufenthalt in der Dauer von zweieinhalb Monaten in diesem Sinne verstanden. Deshalb hatte ihn die Absage zu Kontakten mit Stellen verwundert, welche ihm mit Material für diese Untersuchung hätten dienen können. Dies umso mehr, nachdem er die von ihm angestrebte Methodik dargelegt hatte und versicherte, daß ihm an einer Wiederholung von Thesen west-

---

[6] Diese etwas skurril anmutende Frage ist aus der Diskussion mit einem Mitarbeiter der Akademie der Wissenschaften, Institut für Staat und Recht, Kiev, entstanden. Er hatte nämlich behauptet, daß solche Verträge aufgrund der separaten Mitgliedschaft der USSR für sie nicht bindend seien; vgl Behandlung dieser Frage S. 298 ff.

[7] Der Verfasser hatte in Taškent die Gelegenheit, einer Versammlung der führenden Juristen der UzSSR beizuwohnen, bei welcher das zur Feier des 50ten Jahrestages der Gründung der UdSSR seitens uzbekischer Juristen zu veröffentlichende Schrifttum besprochen wurde. Den prominentesten Platz in diesem Programm nahmen Arbeiten über das Wesen der Sovjetföderation mit der gesamten, bereits gut bekannten Palette von Möglichkeiten von sich immer wieder repetierenden Thesen ein. Auf eine Frage des Verfassers, ob nicht dieser Themenkreis ausgeschöpft sei und neue Aussagen kaum zu erwarten wären, wurde ihm geantwortet, daß neue Erkenntnisse für die Wissenschaftlichkeit von juristischen Arbeiten gar nicht erforderlich sind und die Wiederholung von richtigen Ansichten immer wieder notwendig sei.

[8] Die letzte umfassende Arbeit zu einem ähnlichen Thema stammt von ASPATURIAN aus dem Jahre 1959 (ASPATURIAN 1960).

licher Juristen nichts läge und er bereit sei, anhand des ihm zur Verfügung gestellten Materials zu neuen Erkenntnissen zu kommen.

Da die vorliegende Arbeit sich größtenteils auf sovjetische Theoretiker stützen muß, scheint eine Untersuchung der sovjetischen Doktrin zur Frage der Völkerrechtssubjekitivität unerläßlich, da es ja gerade die sovjetischen Juristen sind, die die These von der Völkerrechtssubjektivität der Unionsrepubliken aufstellten. Ferner kommt noch hinzu, daß sovjetische Völkerrechtler der Ansicht sind, daß das Problem der Völkerrechtssubjektivität:

„... der Gegenstand eines heftigen ideologischen Kampfes ist" [9].

Dieser Aussage ist zu entnehmen, daß aus der Natur der Sache, nämlich als Gegenstand des ideologischen Kampfes, die sovjetische Doktrin von der Völkerrechtssubjektivität sich besonders streng an ideologische Prinzipien halten muß, und mit der von ihr vertretenen Position auch klassenkämpferische Ziele verfolgen soll.

Aus diesem Grunde wäre eine einheitliche Haltung der sovjetischen Lehre zu erwarten, doch enttäuscht die Wirklichkeit, da unter sovjetischen Völkerrechtlern weder über den Kreis der Völkerrechtssubjekte, noch über die rechtlichen Grundlagen der Völkerrechtssubjektivität Einmütigkeit besteht. Aus der ideologischen Einstellung zu dieser Frage ergibt sich aber allerdings die ziemlich einheitliche Beurteilung des Klassencharakters des Völkerrechts und besonders des Problems der Subjekte dieses Rechts [10].

4.1. Die Völkerrechtssubjektivität nach der sovjetischen Lehre *

4.1.1. Historischer Exkurs

Es kann nicht die Aufgabe dieser Arbeit sein, die gesamte Entwicklung des Begriffes Völkerrechtssubjekt in der sovjetischen Doktrin

---

[9] IGNATENKO, G. V.; FEL'DMAN, D. I.: Einleitung zu: Meždunarodnaja pravosub'-ektnost' (nekotorye voprosy teorii), Red. FEL'DMAN, D. I., Jurlit, M. 1971, S. 4; in diesem Sinne auch die Rezension von KOURIS, P. M. in *Pravovedenie* 1972/1, S. 114—115.

[10] Wertneutral werden im sovjetischen Schrifttum, wenn überhaupt, dann nur Gebiete internationaler Zusammenarbeit rein technischer Natur betrachtet.

* Dieses Kapitel stellt eine überarbeitete Fassung des Kapitels: Die Subjekte des Völkerrechts im *Osteuropa-Handbuch, Sowjetunion, Außenpolitik,* herausgegeben von der Arbeitsgemeinschaft für Osteuropaforschung Tübingen, dar. Für die Erlaubnis der Verwendung seines Manuskripts für die vorliegende Arbeit dankt der Verfasser Herrn Professor Dr. D. GEYER, Tübingen.

darzustellen [1]. Hauptsächlich von historischem Interesse ist die Einstellung von KOROVIN, der in seiner Arbeit *„Das Völkerrecht der Übergangszeit"* [2]

„... den Versuch unternahm, eine sowjetische Völkerrechtskonzeption auf der Grundlage der marxistisch-leninistischen Ideologie zu entwickeln" [3].

KOROVIN ging von der Relevanz sozialer Gegebenheiten aus und lehnte die Existenz eines Völkerrechtssubjektes „an und für sich" ab [4]. Für ihn war das Völkerrecht ein Recht zwischen Mächten [5]. Der Staat war seiner Meinung nach das wichtigste Völkerrechtssubjekt [6], jedoch nicht der Staat als Gebietskörperschaft — also wertneutral betrachtet — sondern der Staat als Instrument des Klassenkampfes, als Organisationsform der Herrschaft einer Klasse über die andere [7].

Diese Auffassung wird bei KOROVIN in der Verteidigung der Annullierung ausländischer Anleihen durch die Sovjetregierung besonders deutlich. Wäre nämlich der Staat *qua* Gebietskörperschaft ein Völkerrechtssubjekt, so wäre die Annullierung der Kriegsanleihen

„... ein empörendes Beispiel internationaler Rechtsverletzung ..." [8]

gewesen. Folgt man allerdings KOROVIN, daß der Staat eine:

„... vorübergehende Form der organisierten Herrschaft einer Klasse über eine andere ..." [9]

sei, und:

„... jede ausländische Anleihe eines der Mittel der Selbstbestätigung der herrschenden Klasse in internationalem Maßstab ..." [10]

so erhielte die Weigerung der Regierung der RSFSR — ohne allerdings auf die Frage der Staatensukzession einzugehen — zumindest rechtstheoretisch gesehen:

---

[1] Es darf ua auf die Einleitung von MEISSNER zur Bibliographischen Dokumentation: Sowjetunion und Völkerrecht 1917—1962, Köln 1963, S. 11—90, ferner auf andere analytische Abhandlungen, wie CALVEZ, J.-Y., Droit international et souverainité en U.R.S.S., Paris 1953 hingewiesen werden.

[2] KOROVIN, E. A.: Meždunarodnoe pravo perechodnogo vremeni, Moskau—Petrograd 1923, Repr. Berlin 1971, vgl verschiedene frühe Arbeiten von KOROVIN, zit in Fn 2 bei MEISSNER: ibid., S. 36.

[3] MEISSNER: ibid, S. 36.

[4] KOROVIN: ibid, S. 33; vgl CALVEZ, 1953, S. 44 ff; vgl auch TARACOUZIO, T. A.: The Soviet Union and International Law, New York 1935, repr. New York 1972, S. 14 ff.

[5] Der Begriff „Zwischenmächterecht" geht nach MEISSNER, op. cit. S. 37 auf *Baron v. Taube* zurück, vgl Fn 1.

[6] KOROVIN: op. cit. S. 34.

[7] KOROVIN: op. cit. S. 29.

[8] KOROVIN: op. cit. S. 30.

[9] Ibid.

[10] Ibid.

„ . . . eine völlig andere rechtliche Motivation" [11].

Aus der noch existierenden Machtfülle und wegen der ihnen zur Verfügung stehenden Machtmittel waren für KOROVIN auch der Papst und das Internationale Komitee vom Roten Kreuz Völkerrechtssubjekte, er sah sie jedoch nicht als gleichwertig an [12].

Aus seinem Konzept des „Völkerrechts der Übergangszeit" als Zwischenmächterecht stellte KOROVIN Prognosen über den möglichen Kreis der Teilnehmer am internationalen Verkehr von morgen. Neben philantropischen Organisationen, welche zur Zeit des Erscheinens der Arbeit von KOROVIN in der RSFSR für die Linderung der Not eine bedeutende Rolle spielten [13], sah er dort auch Welttrusts und verschiedene Gewerkschaftsorganisationen.

„Ihnen — angefangen von den philantropischen Zellen und abschließend mit den mächtigen Internationalen des Kapitals und der Arbeit — gehört die Zukunft der Geschichte" [14].

Für die Zukunft sah er also Organisationen der Klassen auf weltweiter Ebene als Subjekte des internationalen Verkehrs.

Der Spielraum, den die ideologische Betrachtungsweise der sovjetischen Völkerrechtslehre für die Bestimmung des Kreises der Völkerrechtssubjekte läßt, zeigt sich vor allem in der Frage der Völkerrechtssubjektivität Internationaler Organisationen. Hier gibt es sehr verschiedene Meinungen, allerdings schmelzen in den letzten Jahren wegen der Einsicht in die wachsende Bedeutung Internationaler Organisationen [15] die Unterschiede. Vergebens wird man freilich — auch bei Organisationen mit rein technischer Zielsetzung — Ansätze zu wertfreier Betrachtung suchen. Die Klassenargumentation ist nach wie vor beherr-

---

[11] Ibid.

[12] KOROVIN 1923: S. 34; vgl TARACOUZIO: op. cit. S. 15; diese Auffassung von KOROVIN wurde von PAŠUKANIS in: Očerki po meždunarodnomu pravu, Moskau 1935, Repr. Berlin 1971, S. 78 als: „ . . . schädlicher, theoretischer und politischer Wirrwarr . . ." gebrandmarkt.

[13] Vgl die Arbeit von KOROVIN über Rechtsfragen der Tätigkeit dieser Organisationen: „Innostrannaja filantropičeskaja dejatel'nost' v RSFSR i ee pravovaja forma", Sovetskoe pravo 1922/1, S. 108—118.

[14] KOROVIN: Das Völkerrecht der Übergangszeit, deutsche Übersetzung, herausgegeben von KRAUS, H., Berlin 1929, S. 33.

[15] Als Gesetzmäßigkeit der gesellschaftlichen Entwicklung, vgl: zB Diplomatičeskij Slovar', Moskau 1971—, II, S. 277 f; TUNKIN, G. I.: Teorija meždunarodnogo prava, IMO 1970, S. 342 ff, so auch ŠKUNAEV, V. G.: in der Einleitung zur russischen Übersetzung von COLLIARD, C.-A.: Institutions Internationales, Moskau 1972, S. 9; vgl auch MAHNKE, H. H.: „Internationale Organisationen" in Sowjetsystem und demokratische Gesellschaft, Herder, Freiburg-Basel-Wien, 1966—, III, S. 233—247, S. 240 f.

schend und die klassenorientierte Einstellung zum Völkerrecht und insbesondere zur Frage des Kreises und der Entstehung seiner Subjekte bleibt als „richtige" Beleuchtung der Fragen, dh als:

„... Untersuchung auf der Grundlage der marxistisch-leninistischen Theorie ..." [16]

im Vordergrund. An diesem Ansatz hat sich seit KOROVIN nichts geändert.

4.1.2. Der Begriff

Das streng klassische Konzept der Völkerrechtssubjektivität, nach welcher nur Staaten Subjekte des Völkerrechts sind [1], beherrschte die sovjetische Völkerrechtslehre sehr lange. In dieser Zeit wurden lediglich von einigen Autoren neben Staaten auch Völker im Kampf für ihre Unabhängigkeit, also Nationen, welche in einem fortgeschrittenen Stadium zur Staatwerdung stehen, als Völkerrechtssubjekte anerkannt [2].

Erst seit etwa 1957 können Tendenzen zur Erweiterung des Kreises der Völkerrechtssubjekte festgestellt werden [3]. Trotzdem ist in der sovjetischen Lehre der Begriff des Völkerrechtssubjektes von „staatsbezogenem" Denken geprägt, der Begriff „Staatlichkeit" spielt eine eminente Rolle und die Elemente der Völkerrechtsubjektivität werden häufig von Elementen der Staatlichkeit abgeleitet.

Von den Definitionen der Völkerrechtssubjektivität in der sovjetischen Lehre reicht jene, nach der das Völkerrechtssubjekt ein Subjekt völkerrechtlicher Beziehungen sei, also eine Person, welche an solchen Rechtsbeziehungen teilnimmt oder teilnehmen kann [4] am weitesten.

---

[16] So TUNKIN, G. I.: Ideologićeskaja bor'ba i meždunarodnoe pravo, IMO, 1967, S. 4; vgl dazu BRACHT, H. W.: Ideologische Grundlagen der sowjetischen Völkerrechtslehre, Köln 1964, bes S. 208 ff.

[1] „Streng klassisch" nach BERBER, F.: Lehrbuch des Völkerrechts, I, München-Berlin 1960, S. 111.

[2] So etwa PAŠUKANIS 1935, S. 75 ff, der diesen Gedanken als Antithese zu KOROVIN entwickelte (siehe supra S. 34). PAŠUKANIS gestand allerdings Internationalen Organisationen, wie dem Völkerbund zu, daß sie „im gewissen Sinne als Völkerrechtssubjekte auftreten" (ibid); im Sinne der „streng klassischen" Konzeption etwa MODŽORJAN, L. A.: Sub'ekty meždunarodnogo prava, Moskau 1958.

[3] Dies stellt ŠURŠALOV, V. I.: in Meždunarodnye pravootnošenija, IMO 1969, S. 45, fest.

[4] So TALALAEV, A. N.: Juridićeskaja priroda meždunarodnogo dogovora, IMO 1971, S. 11; auch (wahrscheinlich) UŠAKOV, N. A.: in Kurs, Bd I, S. 146. (Das sechsbändige Lehrbuch weist die einzelnen Autoren nicht getrennt aus; dieses Kapitel enthält jedoch fast wortwörtliche Wiederholungen der Arbeit von UŠAKOV in SEMP 1964/65, S. 60—75.)

Ausgehend von der Rechtssubjektivität [5] wird auf die tatsächliche und potentielle Teilnahme am Rechtsverkehr abgestellt.

Die Teilnahme an Rechtsbeziehungen scheint also auch für die sovjetische Lehre charakteristisch zu sein. Es gibt allerdings auch sovjetische Autoren, die es für möglich halten, daß es Gebilde gäbe, denen Völkerrechtssubjektivität zuerkannt werden könne, die jedoch an konkreten Rechtsbeziehungen nicht teilnehmen [6]. Aus der Teilnahme an internationalen Rechtsbeziehungen ergäbe sich allerdings zwangsmäßig die Völkerrechtssubjektivität:

„... unmöglich ist es, Subjekt internationaler Rechtsbeziehungen, und nicht Völkerrechtssubjekt zu sein" [7].

Solch eine Ansicht — bei der der Kreis der Völkerrechtssubjekte um die potentiellen Teilnehmer am internationalen Rechtsverkehr vergrößert wird [8] — wird von anderen sovjetischen Autoren abgelehnt [9]. Dabei mag die Frage der Effektivität eine gewisse Rolle spielen [10].

Eine andere, subtilere Unterscheidung, wird von einem der wenigen noch in der UdSSR existierenden Opponenten der Völkerrechtssubjektivität internationaler Organisationen, ŠURŠALOV [11] gemacht. Er unterscheidet zwischen Völkerrechtssubjekten einerseits und Subjekten völkerrechtlicher Rechtsbeziehungen andererseits. Für das Völkerrecht will er die Besonderheit feststellen, daß Subjekte völkerrechtlicher Rechtsbeziehungen nicht immer Völkerrechtssubjekte [12] sind. Dieser

---

[5] Rechtssubjekt — Person, die an Rechtsbeziehungen teilnimmt oder teilnehmen kann. Siehe KEČEK'JAN, S. E.: Pravootnošenija v socialističeskom obščestve, Izd-vo AN SSR 1958, S. 84, zit bei UŠAKOV op. cit., S. 145.

[6] ČERNIČENKO, S. V.: Dopusk individov v mežduarodnye sudy i meždunarodnaja pravosub'ektnost', SEMP 1968, 270—280, S. 271.

[7] Ibid.

[8] Was für die These der Völkerrechtssubjektivität der Unionsrepubliken natürlich eine große Rolle spielt, vgl infra S. 242.

[9] BOBROV, R. L.: IMO 1968, S. 68; TALALAEV 1963, S. 15.

[10] Zur Frage der Effektivität und ihrer Behandlung in der sovjetischen Völkerrechtslehre siehe FRENZKE, D.: Der völkerrechtliche Staatsbegriff in der Völkerrechtslehre der DDR und der UdSSR, ROW 1971, S. 241—251, S. 247 ff.

[11] Diese Qualifikation geht auf OSAKWE, C.: Contemporary Soviet Doctrine on the juridical Nature of International Organisations, 65 AJIL 1971, 502—521, S. 505, zurück.

[12] ŠURŠALOV 1971, S. 45, 55. Diese Unterscheidung bezeichnet LEVIN, D. B. 1974, S. 38 als „künstlich", weil im Völkerrecht, so wie in allen anderen Bereichen des Rechts kein Subjekt einer konkreten Rechtsbeziehung existieren könne, welches nicht Rechtssubjekt sei, dh nicht über Rechtsfähigkeit und die besonderen Kennzeichen der Rechtssubjektivität im Rahmen des gegebenen Rechtsbereiches verfüge.

Autor meint, daß ein Völkerrechtssubjekt neben Rechtsfähigkeit auch Rechtssetzungsfähigkeit und Rechtsdurchsetzungsfähigkeit haben muß [13]. Es könne aber rechtliche Gebilde geben, welche wohl am Völkerrechtsverkehr teilnehmen, die beiden letztgenannten Kriteria jedoch nicht erfüllen.

Im übrigen gliedert dieser Autor in faktische und juristische Völkerrechtssubjekte [14]. Diese Unterteilung kann auch nur von „staatsbezogenem" Denken ausgehen, nämlich von der Überzeugung, daß nur Staaten und Nationen *de facto* imstande sind, Träger von Rechten und Pflichten zu sein, weil sie die politisch-juristische Eigenschaft der Souveränität haben können.

Durch die Verwendung des Ausdruckes „juristisches Völkerrechtssubjekt" soll offensichtlich die Abhängigkeit der Völkerrechtssubjektivität der abgeleiteten (derivativen — sekundären) [15] Völkerrechtssubjekte von Rechtssetzungsakten Primärer betont werden. Diese, wohl als „nichtsouverän" zu verstehenden Völkerrechtssubjekte unterscheiden sich von Staaten durch Umfang und Inhalt ihrer Rechtssetzungsfähigkeit, welcher bedeutend enger ist und vor allem eine funktionelle Ausrichtung hat [16]. Man muß sich hier aber fragen, ob dieser Autor in seinem „staatsbezogenen" Denken nicht zu weit gegangen ist und mit dieser Unterteilung genau das Gegenteil von dem erreicht hat, was er

---

13 Šuršalov 1971, S. 56; einen Widerspruch in sich scheint allerdings die weitere Argumentation Šuršalovs zu haben, daß der Begriff des Völkerrechtssubjektes bedeutend weiter sei, als derjenige des Subjektes völkerrechtlicher Beziehungen. Sein Ausgangspunkt ist ja, daß Subjekte internationaler Beziehungen nicht unbedingt Völkerrechtssubjekte sein müssen, wohl aber jedes Völkerrechtssubjekt seinerseits ein Subjekt internationaler Beziehungen *eo ipso* ist. Daher ist der Oberbegriff — Subjekt völkerrechtlicher Beziehungen und die Unterbegriffe — Völkerrechtssubjekt *und* „einfaches" Subjekt völkerrechtlicher Beziehungen ohne Völkerrechtspersönlichkeit. Also muß der Begriff „Subjekt völkerrechtlicher Beziehungen" weiter sein als „Völkerrechtssubjekt". Der Grund für diese Differenzierung ist bei Šuršalov einfach derjenige, daß er zögert, Internationalen Organisationen Völkerrechtssubjektivität in vollem Maße zuzuerkennen und sie als Subjekte völkerrechtlicher (weil auf einem völkerrechtlichen Vertrag beruhender) Beziehungen bezeichnet, denen solche Institute des Völkerrechts, wie Anerkennung, diplomatische Vertretung und Territorialhoheit fehlen (ibid, S. 56). Die Beziehungen von Subjekten von Völkerrechtsbeziehungen seien immer voluntaristisch, wogegen die Beziehungen von Völkerrechtssubjekten auch faktisch, dh nach Šuršalov unabhängig vom Willen der anderen Subjekte sein können.

14 Šuršalov 1971, S. 8; siehe auch Fel'dman/Kudrjukov in Pravosub'ektnost, S. 7.

15 Für weitere derartige Begriffe siehe Mosler unter Völkerrechtsfähigkeit in WV₂, III, S. 672, siehe infra S. 228.

16 Šuršalov 1971, S. 8.

bezweckte. Die Gegenüberstellung *de facto* und *de jure* hat doch im Zusammenhang mit ihrem Gebrauch bei der Anerkennung eine besondere Bedeutung gewonnen, nämlich, daß ein *de-facto-Gebilde* sicherlich weniger stabil ist, als ein *de-jure* [17].

Hier scheint die Verwendung des Ausdrucks „faktisches Völkerrechtssubjekt" für souveräne (nichtabgeleitete) Völkerrechtssubjekte und „juristisches Völkerrechtssubjekt" für abgeleitete die letzteren aufzuwerten, was sicherlich nicht im Sinne des Autors war. Die logische Schwäche dieser Argumentation ist auch im sovjetischen Schrifttum kritisiert worden [18].

Neben dieser weitgefaßten Begriffsbestimmung findet man in der sovjetischen Literatur weitere Differenzierungen. Bis zum Wendepunkt in der sovjetischen Diskussion über den Kreis der Völkerrechtssubjekte 1957 [19] wurde als wichtigstes Attribut eines Völkerrechtssubjektes Staatlichkeit verlangt:

> „Zur Anerkennung dieses oder jenes Gebildes als Völkerrechtssubjekt ist es notwendig, daß es ein Staat ist, dh, daß es diejenigen Merkmale enthält, welche den Staat als politische Einrichtung der herrschenden Klasse charakterisiert" [20].

Wohl aus dem gleichen „staatsbezogenen" Konzept — aber unter der Umgehung des Ausdruckes „Staatlichkeit" — wird heute noch von einigen Autoren für ein Völkerrechtssubjekt Souveränität verlangt [21]. Andere Autoren verlangen ein Organ der obersten Macht, welches das Völkerrechtssubjekt auf internationaler Ebene vertritt, in der Rechtsschöpfung mitwirkt, Verpflichtungen übernimmt und für die Beachtung von Völkerrechtsnormen und -prinzipien kämpft [22]. Eingehend auf die notwendige Mitwirkung im Rechtsschöpfungsprozeß verlangen einige Autoren, daß ein Völkerrechtssubjekt einen souveränen Willen haben

---

[17] Zur sovjetischen Ablehnung unterschiedlicher Rechtsfolgen der *de-facto-* und der *de-jure*-Anerkennung sowie zur Dreigliederung der Anerkennung in: *de-jure*, *de-facto* und faktischen Anerkennung siehe FRENZKE 1972, S. 162—186.

[18] So in der Rezension dieses Buches durch KOURIS: *Pravovedenie* 1972/1, S. 114.

[19] Siehe supra S. 36.

[20] EVGEN'EV, V. V.: in *Meždunarodnoe pravo*, Gosjurizdat, Moskau 1957, S. 86; Übersetzung nach der englischsprachigen Ausgabe *International Law*, Moskau ohne Erscheinungsdatum, S. 89.

[21] ZADOROŽNIJ, G. P.: Mirnoe sosušcestvovanie i meždunarodnoe pravo, Moskau 1963, S. 460—461; NEDBAJLO, P. E., VASILENKO, V. A.: Meždunarodnaja pravovosub'ektnost' sovetskich sojuznych respublik, *SEMP* 1963, S. 85—108, S. 85; JANOVSKIJ, M. V.: Soveskie sojuznye respubliki — polnopravnye sub'ekty meždunarodnogo prava, *SGiP* 1962/12, S. 55—64, S. 56.

[22] JANOVSKIJ, M. V.: O meždunarodnoj pravosub'ektnosti sojuznych respublik, *Trudy Srednaziatskoj Gos. Un-ta imeni Lenina*, Vyp 149, Kn. 7, Novaja Serija jur nauk, 1960, S. 66—82, S. 67.

muß, welcher von anderen Völkerrechtssubjekten unabhängig ist[23]. Ein Völkerrechtssubjekt muß notwendigerweise Rechtsdurchsetzungsfähigkeit haben[24], weil diese die Konsequenz aus der souveränen Macht sei. Hier kann man schon eine gewisse Abstufung Souveränität — souveräne Macht feststellen.

Der Rechtsdurchsetzungsfähigkeit muß auch Deliktsfähigkeit gegenüberstehen[25], da ohne gebührende Verantwortung eine stabile internationale Organisation undenkbar sei[26]. Ein sowjetischer Autor, welcher der Völkerrechtssubjektivität sein Hauptaugenmerk zugewandt hat, verdient besonders hervorgehoben zu werden[27], weil er seine Betrachtungen hauptsächlich auf die *unmittelbare* Teilnahme am Rechtsschöpfungsprozeß abstellt. In der Fähigkeit, am Prozeß der internationalen Rechtsschöpfung teilzunehmen, sieht er das wichtigste Unterscheidungsmerkmal und die unbedingte (neprimennoe) Bindung (uslovie) für ein Völkerrechtssubjekt[28]. Die Betonung der Unmittelbarkeit zeigt sich besonders deutlich in folgender Aussage:

> „Eine wichtige Bedingung der Völkerrechtssubjektivität ist die Unmittelbarkeit der Teilnahme des Rechtssubjektes an der Schaffung, Verwirklichung und Gewährleistung der Völkerrechtsnormen"[29].

Solche Kennzeichen der Völkerrechtssubjektivität entsprechen seiner Meinung nach hauptsächlich dem Staat, doch könne man den Begriff „Völkerrechtssubjekt" nicht mit derart inhärenten (neotemlimyj) Eigenschaften eines Staates wie Souveränität ausstatten, weil nicht nur Staaten Völkerrechtssubjekte sind[30].

Seine Definierung des Völkerrechtssubjektes ist kurz und prägnant:

> „Völkerrechtssubjekt ist ein tatsächlicher oder potentieller Teilnehmer an Völkerrechtsbeziehungen, der gleichzeitig ein unmittelbarer Schöpfer von Völkerrechtsnormen und ein Garant ihrer Beachtung ist"[31].

Bei denjenigen sowjetischen Völkerrechtlern, welche in ihr Konzept des Kreises der Völkerrechtssubjekte auch Internationale Organisatio-

---

[23] MODŽORJAN, L. A.: in *Meždunarodnoe pravo*, otv. red. MODŽORJAN/BLATOVA, Jurlit, Moskau 1970, S. 136—137.

[24] ŠURŠALOV 1971, S. 54, weil im Völkerrecht nicht jeder Rechtsträger am Rechtsschaffungsprozeß beteiligt sei.

[25] ŠURŠALOV 1971, S. 55; diesen eigentlich kaum erwähnenswerten (weil wohl selbstverständlichen) Gedanken findet man sonst im sowjetischen Schrifttum kaum.

[26] ŠURŠALOV ibid.

[27] MATARADZE, L. N.: K voprosu o ponjatija meždunarodnoj pravosub'ektnosti, *Vestnik MGU*, 1969/1.

[28] Ibid, S. 72 mit Hinweisen in einer Fußnote auf ŠURŠALOV und LUKAŠUK.

[29] Ibid.

[30] Ibid, S. 73.

[31] Ibid, S. 74.

nen einbezogen haben, kommen noch andere Attribute eines Völkerrechtssubjektes hinzu. So wird in der Vertragsabschlußfähigkeit und in einem relativ selbständigen Dasein [32] oder in der Fähigkeit, einen in gewissem Maße von anderen Subjekten autonomen Willen auszudrücken [33], das wichtigste Kennzeichen des Völkerrechtssubjektes gesehen. Das ist natürlich eine strikte Distanzierung von der Auffassung, welche in Akten internationaler Organisationen nur kumulative Willensäußerungen ihrer Mitglieder sahen [34].

4.1.3. Die Entstehung der Völkerrechtssubjektivität

Die Abhängigkeit der Völkerrechtssubjektivität vom Völkerrecht wird in der sovjetischen Lehre im allgemeinen verneint [1], hauptsächlich aus der Ablehnung der Theorie des Primats des Völkerrechts [2]. So werden beispielsweise die Auffassung von KELSEN, daß Völkerrechtssubjektivität durch Normen des Völkerrechts begründet wird, und die These von LAUTERPACHT, daß die bereits bestehenden Völkerrechtssubjekte die neuen Subjekte bestimmen, verworfen [3].

[32] ŠIBAEVA, E. A.: O meždunarodnych soglašenijach mežgosudarstvennych organizacii in *SEMP* 1969, S. 232—246; TALALAEV, 1963, S. 15; LUKAŠUK, I. I.: Storony v meždunarodnych dogovorach, Jurlit 1966, S. 135; FEL'DMAN/KUDRJUKOV (*Pravosub'ektnost'*) S. 15.

[33] MALININ, S. A.: „O pravosub'ektnosti meždunarodnych organizacii" in *Vestnik LGU, Serija ekonomiki, filosofii i prava*, 1965/17, S. 116.

[34] ZB MODŽORJAN 1958, S. 33—34 und 40.

[1] So zB ČERNIČENKO 1968, S. 274; nur für das Völkerrechtssubjekt „Staat" wird im sovjetischen Schrifttum die Völkerrechtssubjektivität vom Völkerrecht abgeleitet und dem Völkerrecht unterstellt, vgl MATARADZE 1969, S. 75; JUŠČENKO 1970, S. 80; UŠAKOV 1964/65, S. 61 f, zustimmend dazu KUDRJUKOV 1970, S. 27. Aus dem Zusammenhang nicht ganz verständlich ist ein Hinweis von KOURIS supra S. 39, Fn 18, daß Völkerrechtssubjektivität „unmittelbar aus Völkerrechtsnormen entspringt" und, „daß die Frage, wer Subjekt von Rechten und Verpflichtungen sein kann, durch Rechtsnormen bestimmt wird." Unverständlich ist der Hinweis deshalb, weil die von KOURIS rezensierte Arbeit sich beim ersten Zitat auf Staaten bezieht und beim zweiten auf Rechtssubjekte überhaupt. Beim zweiten, aus dem Zusammenhang gerissenen Zitat müßte die Fortsetzung hinzugefügt werden, nämlich, daß heute eine allgemein anerkannte generelle Norm über die Rechtspersönlichkeit internationaler Organisationen fehle: ŠIBAEVA 1971 (Pravosub'ektnost'), S. 84.

[2] Vgl MIRONOV, N. V.: Sovetskoe zakonodatel'stvo i meždunarodnoe pravo, IMO 1968, S. 7 und 17 f; eine ausführliche Auseinandersetzung mit verschiedenen Theorien vom Primat des Völkerrechts findet man bei BLIŠČENKO, I. P.: Meždunarodnoe i vnutrigosudarstvennoe pravo, Moskau 1960, S. 71—103; vgl auch KOŽEVNIKOV, F. I.: in Kurs meždunarodnogo prava, 2e Aufl. IMO 1966, S. 48; etwas vorsichtiger abgefaßt, jedoch auch negative Einstellung siehe: KURS I, S. 203 ff.

[3] MODŽORJAN 1958, S. 6; diese Kritik hindert die Verfasserin allerdings nicht daran, in derselben Arbeit einige Seiten später (auf Seite 14) die Völkerrechtssubjektivität von Nationen im Unabhängigkeitskampf aus der Übereinstimmung dieses Kampfes mit dem Völkerrecht, also doch wieder diesem zu entnehmen.

Im sowjetischen Schrifttum wird vielmehr die Ansicht vertreten, daß nicht das Völkerrecht seine Subjekte schaffe, sondern daß diese Subjekte das Völkerrecht erzeugen [4], und daß im allgemeinen Völkerrecht keine Norm enthalten sei, welcher zu entnehmen ist, welche Gebilde Völkerrechtssubjekte sind [5]. Eine Ausnahme von diesem Konzept bildet die These, daß es Völkergewohnheitsrechtsnormen gebe, welche bestimmen, daß neben dem Staat und Nationen im Unabhängigkeitskampf auch internationale Organisationen die Rechtsgrundlage ihrer Rechtsfähigkeit von Völkerrechtsnormen ableiten [6].

Diese These mutet fast rechtspositivistisch an, wenn man ihr folgendes Zitat gegenüberstellt:

> „... das Vorhandensein von Völkerrechtssubjektivität hängt nicht vom Wunsche der Parteien (storony) ab, sondern von der Natur des Völkerrechts. Die Besonderheit des Völkerrechts besteht hier darin, daß es nicht den Kreis seiner Subjekte bestimmt, wie das innerstaatliche Recht, sondern selbst [Völkerrecht] von seinen Subjekten zur Regelung der zwischen ihnen entstandenen Beziehungen geschaffen wird" [7].

Die Aussagekraft dieses Zitates muß als bescheiden bezeichnet werden. Dieser Autor versucht, allerdings recht umständlich, den Charakter des Völkerrechts als Koordinationsrecht zu beschreiben, nämlich daß im Völkerrecht Rechtssetzer und Rechtsunterworfene identisch sind. Letztlich mündet er aber in einen Zirkelschluß, daß der Kreis der Völkerrechtssubjekte von der Natur des Völkerrechts, also sehr wohl vom Völkerrecht abhänge, ein Ergebnis, das vom Verfasser sicherlich nicht beabsichtigt wurde.

Es kann also geschlossen werden, daß die sowjetische Völkerrechtslehre die Völkerrechtssubjekte nicht von einer einzigen allgemeinen Regel des Völkerrechts abhängig sehen will [8]. Man wird eher davon ausgehen müssen, daß die sowjetische Lehre für jeden Typus des Völkerrechtssubjektes eigene Rechtsregeln als geltend ansieht, wobei der Kreis der Völkerrechtssubjekte von Autor zu Autor variiert. Immerhin enthält das sowjetische Schrifttum die allgemeine Aussage, daß der Umfang der subjektiven Rechte und Verpflichtungen der einzelnen Völkerrechtssubjekte nicht gleich ist [9], und, daß die Anzahl konkreter

---

[4] ŠURŠALOV 1971, S. 53.

[5] Für alle ŠURŠALOV 1971, S. 51.

[6] JUŠČENKO, V. I.: Nekotorye teoretičeskie voprosy meždunarodnij pravosub'ektnosti mežgosudarstvennnych organizacii, *Pravovedenie* 1970/4, S. 76—85, S. 81—84.

[7] ČERNIČENKO 1968, S. 274 (SEMP).

[8] Wie etwa bei KUNZ, J. L. 1929, S. 43.

[9] Vgl FEL'DMAN, KUDRJUKOV 1971 in *Pravosub'ektnost'*, S. 16.

Rechte und Verpflichtungen keinen Einfluß auf die Qualität der Rechtssubjektivität habe, sondern nur diejenigen Grenzen bestimme, innerhalb welcher das Völkerrechtssubjekt in Rechtsbeziehungen treten könne [10]. Das quantitative Moment bei der Bestimmung der Völkerrechtssubjektivität aus der vorhandenen Praxis, welches bei den Unionsrepubliken außer der BSSR und der USSR sicherlich zu Ergebnissen führen würde, die der These von der Völkerrechtssubjektivität aller Unionsrepubliken widerspräche, wird also nicht berücksichtigt.

4.1.4. Die einzelnen Völkerrechtssubjekte in der sovjetischen Lehre

4.1.4.1. Die Staaten

Die sovjetische Völkerrechtslehre geht von der Völkerrechtssubjektivität aller Staaten aus [1]. Soziologische Elemente werden hierbei bewußt nicht berücksichtigt [2]. Die Völkerrechtssubjektivität der Staaten hänge nicht von ihrem Klassencharakter [3], sozialen Bild [4], gesellschaftlichen Aufbau [5] und historischen Typ [6] und auch nicht von den Willensäußerungen anderer Teilnehmer an internationalen Beziehungen [7] ab. Vielmehr:

„Es genügt, daß ein Staat gebildet ist, und das Völkerrecht ... anerkennt ihn als sein Subjekt" [8].

Diese starke Betonung der Effektivität — die hauptsächlich gegen die konstitutive Anerkennungstheorie gerichtet ist [9] — wird nur selten

---

[10] Für alle ČERNIČENKO 1968, S. 271.

[1] Wenn man von der Auffassung von ZADOROŽNIJ 1963, S. 460 f absieht, daß das eigentliche Völkerrechtssubjekt nicht der Staat, sondern das Volk sei. Diese Auffassung stößt auch in der sovjetischen Völkerrechtsliteratur auf Kritik, vgl ŠURŠALOV 1971, S. 49.

[2] So TUNKIN, G. I.: in einer Vorlesung über Völkerrechtssubjektivität an der Juridischen Fakultät der MGU am 5. 10. 1972; Zur Typologie der Staaten im sovjetischen Schrifttum vgl *Teorija gosudarstva i prava*, red. DENISOV, A. N., Moskau 1967, S. 55—74; *Osnovy teorii gosudarstva i prava*, red. ALEKSEEV, S. S. 2e Aufl. Moskau 1971, S. 41—55.

[3] BOBROV 1968, S. 68.

[4] ESAJAN 1963, S. 23.

[5] ZACHAROVA 1966, S. 130.

[6] Ibid, S. 127.

[7] UŠAKOV: *Kurs I*, S. 147.

[8] ZACHAROVA 1966, S. 130; ebenso *Diplomatičeskij Slovar'*, III, Moskau 1964, S. 324; ARCIBASOV 1969, S. 5.

[9] Zur sovj. Anerkennungslehre vgl FRENZKE 1972, der (auf S. 74) nur einen sovjetischen Befürworter der konstitutiven Anerkennungstheorie nachweisen konnte: GLJATSTERN, A. N.: Meždunarodnoe priznanie dejure, de facto, Irkutsk 1924, S. 16.

durch ein rechtliches Kriterium eingeschränkt. So wurde einmal gefordert, daß die neuentstandene Staatsgewalt mit den allgemeinen Normen des Völkerrechts übereinstimme [10]. Unklar bleibt dabei allerdings, wie das Prinzip der Effektivität, welches sich in diesem Zusammenhang besonders gegen das Prinzip der Legalität bei revolutionärem Regierungswechsel richtet [11], durch eine gewisse Völkerrechtskonformität beschränkt werden kann. In diesem konkreten Fall [12] wird doch mehr politischer Pragmatismus. als rechtliche Überlegungen im Vordergrund stehen.

Für eine Untersuchung der Völkerrechtssubjektivität ist der völkerrechtliche Staatsbegriff der sowjetischen Lehre von größter Bedeutung. Hier kann an eine vor kurzem durchgeführte Untersuchung angeknüpft werden [13], in welcher einige Zirkelschlüsse bei der Definition des Staatsbegriffes aufgezeigt wurden [14]. Die Bestimmung des Völkerrechtssubjektes wird in der Tat unbefriedigend, wenn der zu definierende Gegenstand (Völkerrechtssubjekt) durch einen nicht genau umrissenen Begriff, wie „Staatlichkeit" eines gegebenen Volkes beschrieben wird [15].

Größere Klarheit als die Theorie verspricht eine Untersuchung der Praxis, also die Antwort auf die Frage, welche Gebilde die Sowjetunion als Staaten anerkannt hat [16]. Als einer der ersten Staaten hatte die Sowjetunion Israel zu einer Zeit anerkannt [17], in der zB Großbritannien die Erfüllung der Grundvoraussetzungen für einen unabhängigen Staat noch nicht als gegeben ansah [18]. In der Anerkennung von Staaten, die koloniale Unabhängigkeit erlangt hatten, war die Sowjetunion immer sehr schnell [19]. Nur bei der Anerkennung von Bangla Desh ließ sie ihren Verbündeten Vortritt [20].

---

[10] ZACHAROVA 1966, S. 130 zitiert zustimmend KOHL, M.: Predstavitel'stvo Kitaja v meždunarodnom obščenii, IL, Moskau 1960, S. 46; zur Frage der Legalität und Legitimität im sowjetischen Schrifttum siehe FRENZKE 1971, S. 247 ff.

[11] Dieser Zusammenhang wird bei ZACHAROVA 1966, S. 130, klar.

[12] Die Frage der Vertretung Chinas bei den Vereinten Nationen.

[13] FRENZKE 1971.

[14] Ibid, S. 242.

[15] BOBROV 1968, S. 63; ESAJAN 1963, S. 23.

[16] FRENZKE 1972, vermißt Hinweise kommunistischer Autoren auf die eigene Anerkennungspraxis. Das hängt aber mit der Ablehnung der empirisch-deduktiven Methode durch die sowjetische Völkerrechtslehre zusammen.

[17] Der Text des offiziellen Schreibens des sowjetischen Außenministers MOLOTOV, siehe: 42 AJIL, 1948, S. 620 f.

[18] Ibid, siehe auch HIGGINS, R.: The Development of International Law through the Political Organs of the United Nations, London 1963, S. 17.

[19] Zur Anerkennung Kenyas am 11. 11. 1963 (Unabhängigkeitserklärung vom selben Tag) Vnešnjaja Politika Sovetskogo Sojuza i Meždunarodnye Otnošenija

Obwohl in der sovjetischen Theorie die Souveränität von Zwerg-
staaten angezweifelt wird, wurde am 31. 1. 1968 die Republik Nauru
mit 6.000 Einwohnern auf 21,7 km² als unabhängiger Staat anerkannt [21]. Die Republik Rhodesien wurde von der Sovjetunion ausdrücklich nicht anerkannt [22]. Rhodesien kann bei einem Gebiet von
390.622 km² und einer Bevölkerungszahl von 5 Mill. Einwohnern
nicht als Kleinstaat angesehen werden. Das Regime in Rhodesien
scheint zur Zeit auch effektiv zu sein. Wenn die Sovjetunion Rhodesien
trotzdem nicht anerkennt, zeigt sich deutlich, daß in der sovjetischen
Praxis nicht die Frage der Staatlichkeit, sondern in der Regel politischer Pragmatismus das Bild völkerrechtlichen Staatsbegriffes prägt.

Neben den Kriterien der Staatlichkeit und von diesen nicht immer
klar abgrenzbar, spielt der Souveränitätsbegriff [23] für die Charakte-
risierung des Staates in der sovjetischen Lehre eine große Rolle [24]. Die
Souveränität wird hier als vollständige Unabhängigkeit des Staates
in internationalen Beziehungen verstanden [25]. Zum Souveränitätsbegriff treten noch weitere Merkmale, welche als „qualitative Charak-
teristik des Staates als Völkerrechtssubjekt" bezeichnet werden [26]. Solche
sind vom Standpunkt der materialistischen Dialektik zB, daß Staaten

---

(in der Folge: *Vn.Pol.*) *1963*, IMO 1964, S. 327 f; Anerkennung der Volksrepublik
Sansibar und Pemba vom 18. 1. 1964 (Unabhängigkeitserklärung nach Umsturz
vom 12. 1. 1964 am 18. 1. 1964, *AdG*, *1964*, 11024), *Vn.Pol. 1964/65*, IMO 1966,
S. 3; Anerkennung von Malawi vom 5. 7. 1964 (Unabhängigkeitserklärung vom
6. 7. 1964) *Vn.Pol. 1964/65*, IMO 1966, S. 24; Anerkennung Zambias am 23. 10.
1964 (Unabhängigkeitserklärung vom 24. 10. 1964) *Vn.Pol. 1964/65*, IMO 1966,
S. 85; Anerkennung der Volksrepublik Yemen vom 1. 12. 1967 (Unabhängigkeits-
erklärung vom 30. 11. 1967) *Vn.Pol. 1967*, IMO 1968, S. 280; Anerkennung von
Mauritius ohne Datumsangabe: *Vn.Pol. 1968*, IMO 1969, S. 74 f: *Vn.Pol.* erwähnt
keine Anerkennung, nur die direkte Aufnahme diplomatischer Beziehungen; Tschad:
Vn.Pol. 1964/65,I IMO 1966, S. 77; Gambia: *Vn.Pol. 1964/65*, IMO 1966, S. 277;
Maledivien: *Vn.Pol. 1966*, IMO 1967, S. 256.

[20] DDR — 11. 1. 1972; Bulgarien — 11. 1. 1972; Polen — 12. 1. 1972; Mongolische VR — 12. 1. 1972; UdSSR — 24. 1. 1972, nach *AdG 1972*, 16862.

[21] Zur sovjetischen Theorie vgl ZADOROŽNIJ, G. P.: in *Kurs meždunarodnogo
prava* red. KOŽEVNIKOV, 2e Aufl. IMO 1966, S. 152; SERGEEV/GANJUCHIN 1972,
S. 248; Zur Anerkennung *Vn.Pol. 1968*, IMO 1969, S. 21; ähnlich ist auch die Anerkennung des Königreiches Tonga vom 4. 6. 1970 (57.000 Einwohner auf 697 km²),
Vn.Pol. 1970, IMO 1971, S. 81 zu werten.

[22] *Vn.Pol. 1970*, IMO 1971, S. 17 ff; zur Sperrfunktion der Nichtanerkennung
im Falle Rhodesiens siehe auch FRENZKE 1972, S. 149 ff.

[23] Zum Souveränitätsbegriff im sovjetischen Schrifttum vgl MEISSNER 1963,
S. 80 ff.

[24] Für alle UŠAKOV in *KURS* I, S. 146.

[25] UŠAKOV *KURS* II, S. 34.

[26] KUDRJUKOV in *Pravosub'ektnost'*, S. 25.

in internationalen Beziehungen über eine gewisse Einheit in dem Sinne verfügen, daß sie:

> „... 1) eine Waffe der Klassenherrschaft sind;
> 2) einen besonderen professionellen Apparat haben;" [27]

Die von FRENZKE für die sovjetische Doktrin in der Frage der Merkmale des völkerrechtlichen Staatsbegriffes festgestellte „dogmatische Unsicherheit"[28] mag einzelne Kriterien des völkerrechtlichen Staatsbegriffes und besonders Fragen der Effektivität betreffen. Der eigentliche Kern der Aussage, nämlich, daß Staaten *eo ipso* Völkerrechtssubjekte sind, wird von dieser Unsicherheit nicht betroffen. Daher kann ein Zitat als repräsentativ für das gesamte sovjetische Schrifttum gewertet werden:

> „Wenn wir die Völkerrechtssubjektivität als Eigenschaft jedes Staates betrachten, Träger von Rechten und Pflichten zu sein, so entsteht keine Frage über Kriterien zur Bestimmung der Völkerrechtspersönlichkeit des Staates, weil sie überall dort vorhanden ist, wo ein Staat besteht" [29].

Auch dieser Autor wird sich den Vorwurf eines Zirkelschlusses nicht ersparen können, er überläßt es aber der Praxis der internationalen Beziehungen, mit dem Entstehen von Rechten und Pflichten für ein soziales Gebilde, welches den Anspruch erhebt, ein Staat zu sein, diese Staatlichkeit[30] als gegeben anzusehen und nicht an völkerrechtliche Kriterien zu knüpfen.

Die sovjetische Grundposition zur Staatlichkeit ist Pragmatismus. Zu diesem kommen Versuche des Schrifttums zu einer doktrinären Untermauerung der Staatenpraxis der UdSSR, wobei aus einer dogmatischen Schwäche heraus versucht wird, außerrechtliche Kriteria zur Beurteilung der Staatlichkeit heranzuziehen.

4.1.4.2. *Die Unionsrepubliken der Sovjetunion*

An dieser Stelle müßte auf die sovjetische Lehre von der Völkerrechtssubjektivität der Unionsrepubliken der UdSSR eingegangen werden. Da diese aber einerseits unter dem Gesichtspunkt der behaupteten

---

[27] Ibid.

[28] FRENZKE 1971, S. 244; vgl auch seine Auseinandersetzung mit MAHNKE, H.-H.: Entstehung und Untergang von Staaten, Staatensukzession, *Völkerrecht in Ost und West*, Red. MAURACH und MEISSNER, Stuttgart 1967, S. 104.

[29] ARCIBASOV 1969, S. 5.

[30] Auf die Frage der Staatlichkeit wird in dieser Arbeit ausführlich im Zusammenhang mit der These von der Staatlichkeit der Unionsrepubliken eingegangen. Siehe S. 55 ff, 88 ff, 106 ff, 219 ff.

Staatlichkeit dieser Teilrechtsordnungen [1] und andererseits unter verschiedenen Kriteria der Völkerrechtssubjektivität [2] in anderem Zusammenhang ausführlich behandelt wird, genügt hier ein Hinweis auf diese Ausführungen.

4.1.4.3. *Nationen (im Kampf um ihre Unabhängigkeit)*

Im sovjetischen völkerrechtlichen Schrifttum herrscht Einmütigkeit darüber, daß Nationen, welche im Kampf um ihre Unabhängigkeit stehen, Völkerrechtssubjekte sind [1]. Unumstritten ist dabei jedoch nur die Völkerrechtssubjektivität der um ihre Unabhängigkeit ringenden Nation als Prozeß der Staatswerdung, nicht aber der Nation an sich [2]. Unterschiede bestehen allerdings hinsichtlich der Rechtsgrundlage für die Völkerrechtssubjektivität der Nationen im Unabhängigkeitskampf. So wird als ein rechtsbegründendes Element der Nation ihre *Souveränität* angesehen [3]. Wenn man unter Souveränität nicht die staatliche Souveränität, sondern die „Souveränität überhaupt" [4] verstehe, so müsse man neben Staaten auch Nationen und Völker zu den Völkerrechtssubjekten rechnen.

Die Souveränität, das wichtigste Kennzeichen der Völkerrechtssubjektivität, gehöre dem Volke. Aufgrund dieser Souveränität sind Nationen im Kampf um ihre Unabhängigkeit primäre Völkerrechtssubjekte [5], deren Rechtsfähigkeit nicht vom Willen und Ermessen anderer Teilnehmer an internationalen Beziehungen abhängt [6].

---

[1] Vgl infra S. 84 ff, 106 ff, 126 ff, 219 ff.

[2] Vgl infra S. 221 ff, 242, 271.

[1] Vgl. MAHNKE 1967, S. 11, und Literaturhinweise auf S. 9, Fn 11.

[2] Vgl KOŽEVNIKOV: Učebnoe posobie po meždunarodnomu pravu, Moskau 1947, der auf S. 51 eine Nation an sich nicht zu Völkerrechtssubjekten zählt und auf S. 52 feststellt, daß Nationen oder Völker als Übergangsstufen zu Staaten potentielle Völkerrechtssubjekte „unter gewissen Umständen" sein können; ähnlich LUKAŠUK, I. I.: Storony v meždunarodnych dogovorach, Moskau 1966, S. 18: „Die Nation als solche ist kein Völkerrechtssubjekt"; FRENZKE 1972, S. 19 glaubt, daß der Rang der Nation als Völkerrechtssubjekt sich in der sovjetischen Theorie in den letzten Jahren vermindert habe. Der Verfasser dieser Arbeit hatte in Diskussionen mit sovjetischen Kollegen im Sommer 1972 durchaus nicht diesen Eindruck. Es schien ihm eher, daß in der sovjetischen Lehre die „Nation im Unabhängigkeitskampf" den Platz der „Aufständischen" als Völkerrechtssubjekt" fest eingenommen habe.

[3] ZADOROŽNIJ 1963, S. 460, 461.

[4] „suverenitet voobšče": LAZAREV, VEREŠČETIN, SATOV in einer Rezension zu MODŽORJAN 1965, *SGiP* 1966/1 (nicht 1966/2, wie bei MAHNKE 1967, S. 10, Fn 23 und 17, Fn 79); die Übersetzung von MAHNKE: „allgemeine S." scheint unglücklich gewählt.

[5] FEL'DMAN/KUDRJUKOV (*Pravosub'ektnost'*), S. 7; als Träger von Rechten und Pflichten betrachten auch LAZAREV, VEREŠČETIN und SATOV op. cit. S. 154 Nationen

Neben der Souveränität des Volkes wird in der sowjetischen Lehre auch die *Staatlichkeit* des Volkes betont [7]. Diese Staatlichkeit, welche bei einer Nation erst *in statu nascendi* sei [8], setzt Organe voraus, welche mit Funktionen der Staatsmacht ausgestattet sind [9]. Für eine Reihe von Autoren ist daher in diesem Fall nicht die Nation, sondern der werdende Staat das Völkerrechtssubjekt [10].

Schließlich wird die Völkerrechtssubjektivität von Nationen im Kampf um ihre Unabhängigkeit aus dem Selbstbestimmungsrecht [11] als einer besonderen Völkerrechtsnorm begründet. Die Nation, die unter völkerrechtlichem Schutz stehe, verwirkliche selbst das Selbstbestimmungsrecht und nehme daher an internationalen Beziehungen als selbständiges Völkerrechtssubjekt teil. Abgeleitet wird dies aus der „Gesetzmäßigkeit der Liquidation der Kolonialstruktur" [12].

In Erwiderung auf eine nicht ganz korrekt verstandene Aussage von MOSLER [13] schreibt IGNATENKO:

„Die Völkerrechtssubjektivität der Nationen ist nicht einfach ein wissenschaftliches Konzept der Gelehrten der sozialistischen Länder, sondern die tatsächliche Fähigkeit der Völker der Kolonien, welche in Übereinstimmung mit dem Prinzip der Selbstbestimmung einen nationalen Befreiungskrieg führen" [14].

Das Bild der Nation als Völkerrechtssubjekt aus sowjetischer Sicht wird abgerundet, wenn man die sowjetische diplomatische Praxis gegen-

---

und Völker als primäre (und nicht, wie von MAHNKE op. cit. S. 10 fälschlich „beginnendes Völkerrechtssubjekt" übersetzt wurde) Völkerrechtssubjekte: (iznačal'nye sub'ekty ...).

[6] IGNATENKO (*Pravosub'ektnost'*), S. 56.

[7] ESAJAN 1963, S. 23.

[8] LEVIN, KALJUŽNAJA 1967, S. 109: Diese Nationen befinden sich gleichsam im Prozeß der Staatsbildung" (*Völkerrecht* 1967).

[9] Ibid; ebenso VÖLKERRECHT red. KOŽEVNIKOV, S. 88; EVGEN'EV in *International Law*, Moskau, ohne Erscheinungsjahr, S. 90.

[10] LEVIN, D. B.: Osnovnye problemy sovremennogo meždunarodnogo prava, M. 1958, S. 80; TUNKIN, G. I.: Osnovy sovremennogo meždunarodnogo prava, M. 1956, S. 17, kritisch dazu IGNATENKO SGiP 1966/10, S. 79; ablehnend UŠAKOV *Kurs* I, S. 153 ff.

[11] Zur sowjetischen Theorie des Selbstbestimmungsrechts siehe MEISSNER, B.: Sowjetunion und Selbstbestimmungsrecht, Köln 1962, auch UIBOPUU, H.-J.: Die sowjetische Doktrin der Friedlichen Koexistenz als Völkerrechtsproblem, Wien 1971, S. 169—184. Zur sowjetischen diplomatischen Praxis vgl Stellungnahmen der sowjetischen Delegationen zB im Special Committee on Principles on International Law Concerning Friendly Relations and Cooperation among States. *UN/DOC* A/5746; A/6230; A/6799; A/7326.

[12] IGNATENKO: *Pravosub'ektnost'*, S. 54—56.

[13] STRUPP—SCHLOCHAUER: Wörterbuch des Völkerrechts, 2. Auflage, Berlin 1960—62, Bd III (von IGNATENKO falsch zitiert), S. 670.

[14] IGNATENKO: 1966, S. 55—56; beide Faktoren zieht heran TALALAEV: 1963, S. 18—19.

über Vertretern nationaler Widerstandsbewegungen betrachtet. Abgesehen vom energischen Eintreten der sovjetischen Delegierten im Rahmen der Vereinten Nationen für jegliche Form der Dekolonisation, findet man [offensichtlich de-jure] Anerkennungen, wie zB diejenige der Provisorischen Revolutionsregierung der Republik Südvietnam [15], de-facto Anerkennungen, wie diejenige der Provisorischen Regierung von Algier [16] sowie Hilfeleistungen an solche Bewegungen. Solche Erscheinungen können als implizite Anerkennung der Völkerrechtssubjektivität solcher Gebilde gelten, da die Belieferung von subversiven Gruppen mit Hilfsgütern sonst eine unzulässige Einmischung in die Angelegenheiten desjenigen Staates darstellen würde, auf dessen Territorium die Sezessionsbewegung kämpft [17].

4.1.4.4. Der Heilige Stuhl

Die Völkerrechtssubjektivität des Vatikans hat im sovjetischen Schrifttum wenig Interesse gefunden [1]. Hatte KOROVIN für die Zeit bis etwa 1870 den Heiligen Stuhl als den Staaten gleichrangig angesehen [2], so wird die Völkerrechtssubjektivität des Heiligen Stuhles für die heutige Zeit einmütig abgelehnt. In der modernen sovjetischen Lehre wird nur der Vatikanstaat als mögliches Völkerrechtssubjekt angesehen [3]. Der Vatikan sei durch den Lateranvertrag zu einem Staats-

---

[15] Vn.Pol. 1969, IMO 1970, S. 125 f.

[16] AdG 1960, 8696; so ZADOROŽNIJ: 1966 in Kurs Meždunarodnogo prava 1966, S. 173; zur Völkerrechtssubjektivität des Algerischen Volkes siehe: SPERANSKAJA, L. V.: „Alžirskaja nacija i vopros o ee pravosub'ektnosti v meždunarodnom prave", SEMP 1958, S. 408—421.

[17] Zur Problematik der Hilfeleistung an Aufständische siehe UIBOPUU, H.-J.: Die sovjetische Doktrin der friedlichen Koexistenz als Völkerrechtproblem, Wien 1971, S. 16 ff.

[1] In diesem Sinne KARLOV, J. E.: Sovremennoe meždunarodnopravovoe položenie Vatikana, Voprosy meždunarodnogo prava, IMO 1963, S. 218—236, S. 228.

[2] KOROVIN 1971, S. 33; der Auffassung von TARACOUZIO 1935, S. 15, daß: „... even the Pope has been granted the status of a person in international law ..." kann insofern nicht gefolgt werden, daß die damaligen Verträge der RSFSR, auf welche sich TARACOUZIO bezieht auch mit anderen karitativen Institutionen geschlossen wurden, ohne daß diesen nun Völkerrechtssubjektivität zuerkannt wurde. In diesem Sinne GRZYBOVSKI 1970, S. 65.

[3] In diesem Sinne Diplomatičeskij Slovar', Moskau 1971, Bd I, S. 271; gegen diese Auffassung MODŽORJAN in Meždunarodnoe pravo 1970, S. 144 f, dieselbe ausführlicher in Sub'ekty ... 1958, S. 40—50; zur sovjetischen Auffassung vgl auch SCHWEISSFURTH, T.: Der internationale Vertrag in der sovjetischen Völkerrechtslehre, Kölner Diss. 1967 (Drucklegungsort Berlin), S. 93—97. Interessant ist, daß im Art 16 (3) der Wiener Konvention über Diplomatische Beziehungen vom 18. April 1961 (500 UNTS 95—221, 104—105, 150, 166) die Bezeichnung Holy See, Saint-

---

gebilde *sui generis* geworden[4]. Als ständig neutraler Staat stehe er außerdem für den Fall bewaffneter Auseinandersetzungen unter besonderem völkerrechtlichen Schutz[5].

Positiv bewerten sovjetische Autoren heute[6] die Möglichkeit friedliebender und kriegsverhütender Tätigkeit des Vatikans[7], besonders unter Hinweis auf gewisse Veränderungen in der Einstellung des Vatikans seit JOHANNES XXIII, welche unter dem Einfluß der „Erfolge der friedliebenden Politik der UdSSR" vor sich gegangen sein sollen[8].

4.1.4.5. *Internationale Organisationen*

Das neuere sovjetische Schrifttum bejaht die Völkerrechtssubjektivität von internationalen Organisationen fast ausnahmslos[1]. Die ständig steigende Zahl internationaler Organisationen und das Anwachsen ihres Aufgabenbereiches mußte auch von der sovjetischen Lehre berücksichtigt werden. Beide Erscheinungen wurden in den historischen

---

Siège, Santa Sede, in der russischen Fassung *Vatikan* lautet, allerdings ist in der Liste der Unterzeichnerstaaten (S. 187) die Übersetzung für Heiliger Stuhl korrekt: Svjatejšij Prestol.

[4] KARLOV: 1963, S. 229; widersprechend dazu MODŽORJAN: 1970 in *Meždunarodnoe Pravo*, S. 144: „In seiner Eigenschaft als organisatorisches und politisches Zentrum der gesamten ‚katholischen Welt' schließt der Vatikan Verträge (Konkordate) über Fragen der katholischen Kirche mit Staaten ab, nimmt an einigen multilateralen Vereinbarungen u. sogar an Sonderorganisationen der Vereinten Nationen teil, unterhält diplomatische Beziehungen mit der Mehrheit von Staaten. Jedoch geben die von ihm durchgeführten diplomatischen Aktionen keinen Grund, in ihm ein Völkerrechtssubjekt zu sehen." Die Völkerrechtssubjektivität des Vatikans verneint auch ZADOROŽNIJ: 1966 in *Kurs Meždunarodnogo Prava*, S. 152.

[5] KARLOV, J. E.: 1963, S. 232.

[6] Im Gegensatz zum *Diplomatičeskij Slovar'*, Moskau 1960, Bd I, S. 247.

[7] KARLOV: S. 236, auch *Diplomatičeskij Slovar'*, Moskau 1971, S. 273 f.

[8] KARLOV: 1963, S. 234.

[1] So OSAKWE, C.: „Contemporary Soviet Doctrine on the Juridical Nature of Universal International Organizations", 65 *AJIL*, 1971, S. 502—521, S. 503, der nachweist, daß bereits in den ersten Jahren der Existenz der Vereinten Nationen von KRYLOV (1946), KOŽEVNIKOV (1947) und LEVIN (1947) Internationalen Organisationen ein gewisses Maß von Völkerrechtssubjektivität zugestanden wurde und, daß TUNKIN ab 1956 einen bereits in der sovjetischen Völkerrechtslehre existierenden Gedanken vertiefte. Zur sovjetischen Haltung zu den Vereinten Nationen und ihren Sonderorganisationen in diesem Sinne auch MAHNKE, H. H.: „Internationale Organisationen" in *Sowjetsystem und Demokratische Gesellschaft*, Herder, Freiburg—Basel—Wien, 1966—, Bd III, 1969, S. 233—247 auf S. 242; kommentarlos verneint die Völkerrechtssubjektivität: LISOVSKIJ: 1970, S. 66; selbst die energischste Gegnerin der Auffassung, daß Internationale Organisationen Völkerrechtssubjektivität besitzen, MODŽORJAN, spricht in einem 1970 erschienenen Lehrbuch (*Meždunarodnoe pravo*, Jurlit, M. 1970), S. 147, vom beschränkten und speziellen Charakter der Rechtsfähigkeit Internationaler Organisationen.

Materialismus eingebettet und werden als objektive historische Gesetz-mäßigkeiten bezeichnet [2]. Konsequenterweise ergab sich dann aus diesen Gesetzmäßigkeiten auch die Völkerrechtssubjektivität internationaler Organisationen:

> „Daß man in der heutigen Zeit die Völkerrechtssubjektivität internationaler Organisationen nicht anerkennt, bedeutet, daß man im krassen Gegensatz zum tat-sächlichen internationalen Leben und den objektiven Gesetzmäßigkeiten der Entwick-lung der menschlichen Gesellschaft steht" [3].

Nun ließ sich auch die These nicht mehr halten, daß die Tätigkeit internationaler Organisationen nur eine Form kollektiver Geschäfts-führung sei [4]. Dieser Entwicklungstendenz entspreche besser die Auf-fassung:

> „... ihre [internationale Organisationen] Akte lassen sich weder faktisch noch rechtlich auf Handlungen von Staaten zurückführen" [5].

Eingebettet in das System des historischen Materialismus ergeben sich aber auch Grenzen für die Entwicklung der Tätigkeit internatio-naler Organisationen. Da die Existenz von Staaten mit gegensätzlichen Gesellschaftsordnungen ebenfalls zu den objektiv-historischen Gesetz-mäßigkeiten gezählt wird [6], sei die Existenz von Organisationen mit supranationalen Kompetenzen unmöglich [7], ja sogar völkerrechtswid-rig [8]. Internationale Organisationen seien Organe der Zusammenar-beit [9] und des Kampfes [10] souveräner Staaten.

---

[2] ZB *Diplomatičeskij Slovar'*, Moskau 1971, II, S. 277 f; Šibaeva in *Pravosub'-ektnost'*, S. 83 f; Tunkin 1970, S. 343 ff; auch Škunaev, V. G.: in der Einleitung zur russischen Übersetzung von Colliard, C.-A.: Institutions Internationales, Mos-kau 1972, S. 9, vgl auch Mahnke, H. H. op. cit. S. 240 f.

[3] Šibaeva: 1972, S. 40.

[4] Vgl Modžorjan 1958, S. 39.

[5] Tunkin: Völkerrechtstheorie, Berlin 1972, S. 138.

[6] Tunkin: 1970, S. 350—354.

[7] *Diplomatičeskij Slovar'*, M. 1971, Bd II, S. 277 f.

[8] Krylov in Kurs Meždunarodnogo pravo, red. Koževnikov, 1966, S. 405.

[9] Ušakov: *Kurs, I*, S. 157, der auf S. 159 (unter Einschränkung der Rechtmä-ßigkeit der Existenz) allen zwischenstaatlichen Organisationen Völkerrechtssubjekt-tivität zuerkennt. Daß diese Aussage in ihrer direkten Art für die sovjetische Lehre nicht repräsentativ ist und auf Koordinierungsschwierigkeiten bei der Redaktion des sechsbändigen Völkerrechtslehrbuches zurückzuführen sei, sagt Osakwe 1971, S. 506, Fn 22. Versuche, allgemeine internationale Organisationen nur zu Organen der Zusammenarbeit zu machen, können nach Tunkin 1970, S. 352: „... der Sache des Friedens und der Entwicklung internationaler Zusammenarbeit keinen Nutzen brin-gen."; Morozov erwähnt in *SGiP* 1972/5, S. 58 zustimmend nur „konstruktive internationale Zusammenarbeit", wobei diese nicht näher erläutert wird und daß all-gemeine Prinzipien einer internationalen Organisation vom „Geist des Demokra-tismus" getragen werden sollen.

[10] *Diplomatičeskij Slovar'*, M. 1971, Bd II, S. 277; Morozov 1969, S. 120.

Die sovjetische Lehre vom Rechtscharakter internationaler Organisationen mußte die Betonung der Staaten und das „staatsbezogene" Konzept von der Völkerrechtspersönlichkeit [11] berücksichtigen.

So wird im sovjetischen Schrifttum die Völkerrechtspersönlichkeit von internationalen Organisationen von Verträgen abgeleitet, welche von Staaten abgeschlossen worden sind [12]. Die Völkerrechtssubjektivität von internationalen Organisationen sei daher lediglich derivativer Art [13], deshalb dürfe man die Organisationen keinesfalls auf die Stufe mit Staaten stellen [14].

Der im westlichen Schrifttum mitunter gebrauchte Vergleich mit staatlichen Verfassungen [15] wird in der sovjetischen Literatur abgelehnt. Die konstitutionelle Theorie werde im Westen vor allem deshalb propagiert:

> „... weil sie auf die Rechtfertigung der zahlreichen Verletzungen von Satzungen allgemeiner internationaler Organisationen, besonders der Satzung der Vereinten Nationen gerichtet ist, welche unter dem Druck der imperialistischen Mächte stattgefunden haben und noch stattfinden" [16].

Die rechtliche Grundlage einer Internationalen Organisation sei vielmehr ein völkerrechtlicher Vertrag (oder mehrere Verträge) [17], ein konstitutiver Akt [18], welcher auch als Vertrag *sui generis* betrachtet wird, weil er ein ständiges internationales Gebilde schafft, das auf seiner Grundlage tätig ist [19]. Dieser Vertrag bestimme nicht nur Rechte und Pflichten der Vertragsparteien, sondern auch die Ziele und Aufgaben der Organisation [20]. Dabei finde das Recht völkerrechtlicher Verträge auch auf diese Satzungen Anwendung [21].

---

[11] Vgl supra, S. 43 f.

[12] FEL'DMAN, D. I., KUDRJUKOV, G. I. in *Pravosub'ektnost'*, S. 8; siehe zur Frage der Völkerrechtssubjektivität von Internationalen Organisationen auch supra S. 50 f.

[13] ŠURŠALOV 1971, S. 47; ebenso FEL'DMAN/KUDRJUKOV in *Pravosub'ektnost'*, S. 8.

[14] ŠIBAEVA 1972, S. 58.

[15] So etwa ENGEL, S.: „ ‚Living' International Constitutions and the World Court" *16 ICLQ* 1967, 865—910, S. 909 f; für die Diskussion siehe zusammenfassend ROSENNE, S.: „Is the Constitution of an International Organization an International Treaty?" *XII Communicazioni e studi*, 1966, S. 22—89.

[16] TUNKIN 1970, S. 363.

[17] MOROZOV 1969, S. 105 f; (für Spezialorganisationen der Vereinten Nationen) ŠIBAEVA in *Pravosub'ektnost'*, S. 84 ff.

[18] JUŠČENKO, V. L.: „Nekotorye teoretičeskie voprosy meždunarodnoj pravosub'ektnosti mežgosudarstvennych organizacii" *Pravovedenie* 1970/4 76—85, S. 83.

[19] TUNKIN 1970, S. 365.

[20] Ibid, auch JUŠČENKO 1970, S. 83; MOROZOV 1969, S. 103 ff.

[21] JUŠČENKO 1970, S. 83; auf gewisse Besonderheiten der Satzungen, insbes bei Vorbehalten weist TUNKIN 1970, S. 365 f hin.

In der sovjetischen Lehre findet man für die Völkerrechtssubjektivität internationaler Organisationen folgende Kriteria:

Die Organisation muß zwischenstaatlich sein, dh ihre Mitglieder müssen Staaten sein [22].

Drittstaaten gegenüber erlangt die Organisation nur durch Anerkennung Völkerrechtssubjektivität [23].

Die Satzung als Vertrag *sui generis* müsse die Fähigkeit, über Rechte zu verfügen, ausdrücklich bestimmen [24].

Die Ziele der Organisation müssen mit allgemeinen Prinzipien und Regeln des Völkerrechts übereinstimmen [25].

Aus dem Prinzip der Souveränität und der Gleichberechtigung von Staaten stellen sowjetische Völkerrechtler für die Tätigkeit internationaler Organisationen verschiedene Forderungen auf. So sollte der materielle Tätigkeitsbereich einer Organisation in ihrer Satzung und die Grundlage der Kompetenzen der Organisation in Willensäußerungen von Staaten gesucht werden [26].

Staaten delegieren einen Teil ihrer Rechte an eine Organisation [27]. Aus dem Prinzip der Gleichberechtigung von Staaten wird vom sowjetischen Schrifttum das Recht jedes Staates auf Mitgliedschaft in universellen internationalen Organisationen gefordert [28]. Auch in Fragen der Immunität internationaler Organisationen und ihrer Funktionäre geht die sowjetische Lehre vom Standpunkt der Souveränität der Staaten aus, da diese Immunität funktionell eng ausgelegt und als ein Völkerrechtsinstitut betrachtet wird, welches sich von der generellen diplomatischen Immunität unterscheidet [29]. Dagegen wird für die Vertreter von Staaten bei internationalen Organisationen volle Immunität verlangt [30].

---

[22] Šibaeva in *Pravosub'ektnost'*, S. 82 ff mit Literaturhinweisen; Ušakov, *Kurs* I, S. 158.

[23] So Tunkin 1970, S. 410 ff; Šibaeva 1972, S. 101—107.

[24] Für alle: Tunkin 1970, S. 409.

[25] So Ušakov *Kurs* I, S. 159 f mit Literaturhinweisen; auch Šibaeva 1968, S. 31 f.

[26] Šuršalov 1971, S. 68.

[27] Bliščenko, I. P., Durdenevskij, V. N.: Diplomatičeskoe i konsulskoe pravo, Moskau 1962, S. 43—44.

[28] So etwa Tunkin 1970, S. 388 mit Hinweis auf Schirmer, G.: Universalität völkerrechtlicher Verträge und internationaler Organisationen, Berlin-Ost, 1966; in diesem Sinne auch Rubanik, K. P.: Universal'nost' meždunarodnych organizacii i priem GDR v JUNESCO, *SGiP* 1971/5, 53—58, S. 54.

[29] Siehe zB Bogdanov, O. V.: Privilegii i immunety OON, *SEMP* 1959, 243—260, S. 258.

[30] Bliščenko, I. P.: K voprosu o principach otnošenii gosudarstv s meždunarodnymi organizacijami, *SEMP* 1964/65, 182—189, S. 184, 188; Ganjuškin, B. V.:

Besonders heftig wird im sovjetischen Schrifttum der Versuch westlicher Völkerrechtler, für einen quasi-Weltstaat einzutreten, bekämpft. So sind der Auffassung eines führenden sovjetischen Autors nach:

„... unter den heutigen Bedingungen ... Pläne zur Errichtung eines Weltstaates nicht nur utopisch, sondern auch reaktionär" [31].

Zusammenfassend kann gesagt werden, daß auf die Beurteilung der Völkerrechtssubjektivität internationaler Organisationen der Gedanke der Souveränität der Staaten sehr erheblich einwirkt und das „staatsbezogene Konzept" der Völkerrechtssubjektivität für internationale Organisationen voll zur Anwendung kommt.

4.1.4.6. *Der Einzelmensch*

In der sovjetischen Völkerrechtslehre wird die Völkerrechtssubjektivität von Einzelmenschen abgelehnt [1]. Diese Ablehnung ist allerdings kein Spezifikum der sovjetischen Völkerrechtslehre, sie ist auch im westlichen Schrifttum zu finden [2]. Die Gründe für die sovjetische Auffassung sind im „staatsbezogenen" Konzept von der Völkerrechtssubjektivität zu suchen.

Der Ausgangspunkt der sovjetischen Ablehnung ist sicherlich die Meinung, daß das Völkerrecht hauptsächlich die Beziehungen souveräner Staaten regelt, welche unabhängige und souveräne Einheiten darstellen [3]. Dem Wesen des Völkerrechtes widerspreche die Annahme, daß der Einzelmensch Völkerrechtssubjekt sein könne [4].

4.1.5. Zusammenfassung

Die sovjetische Lehre von der Völkerrechtssubjektivität stellt den Staat in den Mittelpunkt ihrer Betrachtungen und nimmt ihn als Anknüpfungspunkt für die Zuerkennung dieser Rechtsqualität an andere

---

Diplomatičeskoe pravo meždunarodnych organizacii, IMO 1972, S. 80—146; vgl zur Frage des Unterschiedes zwischen Staatenvertretern bei Organisationen und diplomatischen Vertretern von Staaten überhaupt: ŠURŠALOV 1971, S. 62 f; vgl auch: *dissenting opinion* des Richters der UdSSR im IGH im *Reparation for Injuries suffered in the service of the United Nations-Fall*, *ICJRep.* 1949, S. 218.

[31] TUNKIN 1970 (Völkerrechtstheorie/Berlin 1972), S. 413; ausführliche Argumentation gegen KELSEN, JESSUP, SCELLE, SCHWARZENBERGER, CLARK und SOHN usw auch im *Diplomatičeskij Slovar'* 1971, II, S. 278.

[1] Für alle ČERNIČENKO *SEMP* 1968, S. 270; ŠURŠALOV 1971, S. 77.

[2] Eine Aufzählung von Autoren, die nur in Staaten Völkerrechtssubjekte sehen, findet man bei BERBER, F.: Lehrbuch des Völkerrechts I., München—Berlin 1960—, S. 172, Fn 1.

[3] KOŽEVNIKOV, F. I.: in *YB ILC* 1953 I, S. 172 f.

[4] UŠAKOV *Kurs* I, S. 166.

gesellschaftliche Gebilde. Bei Vorhandensein von Staatlichkeit — was immer das auch bedeuten möge — sei Völkerrechtssubjektivität gegeben. Bereits *in statu nascendi* — etwa als nationale Befreiungsbewegung — erwerbe ein Staat Völkerrechtspersönlichkeit und die Völkerrechtspersönlichkeit anderer Gebilde beurteilt sich immer in Bezug auf die Rechtsstellung dieser Gebilde zu Staaten.

5. Die Staatlichkeit der Unionsrepubliken der UdSSR

Eines der Argumente sovjetischer Autoren für die Völkerrechtssubjektivität der Unionsrepubliken der UdSSR ist die Staatlichkeit dieser Gebilde. Dabei gehen sovjetische Autoren in der Regel so vor, daß sie zuerst versuchen, die Unionsrepubliken als souveräne Staaten darzustellen und dann den Schluß ziehen, daß sie Völkerrechtssubjekte sind [1].

Bei der Feststellung der Staatlichkeit der Unionsrepubliken geht die sovjetische Literatur stark von terminologischen Gesichtspunkten aus, indem oft ohne nähere Definition die Unionsrepubliken Staaten genannt werden [2]. Die Tatsache, daß in einer Verfassung eine Gebietskörperschaft als Staat bezeichnet wird [3], beweist für sich allein noch nicht die Staatsqualität dieses Gebildes [4]. Solche Gebilde können verschiedene Namen haben; sie können Staaten [5], Länder, Kantone, Provinzen oder Unionsrepubliken heißen. Die völkerrechtliche Beurteilung solcher Gebietskörperschaften im Hinblick auf ihre Rechtssubjektivität hängt davon nicht ab.

Die Fragestellung muß also sein: sind die Unionsrepubliken Staaten im Sinne des Völkerrechts? Nur dann wäre mit dieser Staatlichkeit

---

[1] So etwa BROVKA 1967, S. 86; JANOVSKIJ in *Pravosub'ektnost'*, S. 37 ff; KORECKIJ in 17 *URE*, S. 628; *Kurs*, Bd 1. S. 150; TALALAEV 1970, S. 119; TUGANBAEV 1963, S. 37; vgl dazu ARNOLD 1973, S. 44 ff m. weit. Literaturhinw.

[2] So etwa BROVKA 1967, S. 86: „Die Völkerrechtssubjektivität der sovjetischen Unionsrepubliken ... entspringt ihrem Wesen als souveräne Staaten."; *Kurs*, Bd 1, S. 149: „Die Unionsrepubliken sind souveräne Staaten, welche freiwillig einen Teil ihrer Rechte an die Union übertragen haben."

[3] Art 1 der Verfassungen der Unionsrepubliken bezeichnen sie als „... sozialistischen Staat der Arbeiter und Bauern".

[4] In diesem Sinne auch LENIN, *Sočinenija*, IV. Aufl. Bd 15, S. 308, der sagt, daß das Wesen einer Verfassung darin liege, daß das Grundgesetz eines Staates das tatsächliche Kräfteverhältnis wiederspiegle: „Eine Verfassung ist fiktiv, wenn das Gesetz und die Wirklichkeit von einander abweichen."

[5] Vgl dazu auch Art 1 der Verf. des österreichischen Bundeslandes Burgenland: *Landesgesetzblatt für das Burgenland 3/1926*.

ipso jure die Völkerrechtssubjektivität verbunden. Die nächste Frage ist, welcher völkerrechtlich aussagekräftigen Untersuchungsmethode man sich bedienen soll, um die vom sovjetischen Schrifttum so vehement behauptete Staatlichkeit der Unionsrepubliken zu überprüfen?

Die UdSSR bezeichnet sich selbst als *Union* der Sozialistischen Sovjetrepubliken (Wörtlich: Union der sovjetischen sozialistischen Republiken). Sie wird ohne Ausnahme im sovjetischen Schrifttum als Bundestaat bezeichnet [6]. Das westliche Schrifttum steht der Bundesstaatlichkeit der UdSSR zum Teil kritisch gegenüber, behandelt sie jedoch fast immer unter dem Gesichtspunkt ihrer föderativen Struktur [7]. Da die Staatlichkeit der Gliedstaaten innerhalb eines Bundesstaates eine der zentralen Fragen der Bundesstaatstheorien ist, böten sich für die vorliegende Untersuchung die verschiedenen Staatsbegriffe der Diskussion um die Bundesstaatstheorien an, welche die Staatsrechtslehre des deutschen Sprachraums seit über 100 Jahren beschäftigen [8], und in welcher die Suche nach dem „richtigen Bundesstaatsbegriff" bis heute noch nichts an Aktualität verloren hat [9].

Da die vorliegende Untersuchung sich als rechtliche versteht und der normativen Methode bedient, läge es nahe, sich an die moderne Bundesstaatstheorie zu halten [10], welche — in Anlehnung an die Reine Rechtslehre — in Gliedstaaten Glieder eines dezentralisierten Staates sieht [11]. Die Untersuchung des Phänomens: Unionsrepubliken der UdSSR hätte sich dann allerdings auf die Darstellung der Delegation der Verfassungen dieser Gebietskörperschaften von der Verfassung

---

[6] Für alle: AGZAMCHODŽAEV 1972; ČISTJAKOV 1972 (*SGiP* und *Pravoved*); FARBEROV 1963; GURVIČ 1924; KAREVA 1952; KISLICYN 1969; LEPEŠKIN 1963; LEVIN, I. D. 1957; LUNEV 1972; MANELIS 1961, 1964, 1968; OŠEROV 1948; RAVIN 1957, 1961; RONIN 1950; ŠAFIR 1968 *(SGiP);* TADEVOSJAN 1962; TRAJNIN 1945; TRELLA 1967; ZLATOPOL'SKIJ 1963, 1967, 1972.

[7] Für alle: AMBROSINI 1946; ASPATURIAN 1960; BELZ 1963; BEYME 1964, derselbe unter: Föderalismus in *Sovjetsystem und demokratische Gesellschaft*, Bd 2, Freiburg—Basel—Wien 1968, S. 551 mit weiteren Literaturhinweisen; BILINSKIJ 1962; CAROE 1967; COLENS 1937; FLEINER 1969; HODNETT 1967; JURČENKO 1956; MAURACH 1955; MEDER 1971; MEISSNER 1972; MOUSKHELY/JEDRYKA; NOVE 1949; POLAK 1948 *(Ned. Jur. Bl.);* siehe auch ARNOLD 1973, S. 47 f mit weiteren Literaturhinweisen.

[8] KOJA 1973, S. 63.

[9] Vgl dazu die differenzierten Beiträge zu dieser Diskussion bei ERMACORA 1970, S. 646 ff; PERNTHALER 1969; siehe auch KOJA 1973 mit weiteren Beispielen aus dem neueren Schrifttum (S. 67 ff).

[10] Zu deren Vertretern man MERKL, GIACOMETTI, KUNZ, MOUSKHELY und KOJA (1973, S. 91 ff) zählen muß.

[11] FLEINER/GIACOMETTI, S. 44, so aber auch schon KUNZ 1929, S. 631.

der UdSSR [12], oder auf den Nachweis der Kompetenz-Kompetenz der UdSSR [13] zu beschränken, und, bei positiver Beantwortung dieser Fragen, die Staatlichkeit der Unionsrepubliken zu verneinen [14].

Entscheidet man sich bei der Untersuchung der Staatlichkeit der Unionsrepubliken nicht für diese Bundesstaatstheorie, welche sich aufgrund ihrer geschlossenen Argumentation und normativen Betrachtungsweise in die vorliegende Arbeit gut einfügen würde, müssen dafür wichtige Gründe vorliegen:

a) Im sovjetischen Schrifttum wird immer betont, daß es sich bei der UdSSR um eine Föderation ganz besonderer Art handle [15] und, daß man sie nicht mit den gleichen Methoden und Kategorien messen dürfe, wie „bürgerliche Föderationen" [16]. Um einem eventuellen Vorwurf sovjetischer Autoren, die vorliegende Untersuchung der Staatlichkeit der Unionsrepubliken der UdSSR sei nicht differenziert genug, zu entgehen, könnte man die Behauptung, die UdSSR sei ein Gebilde *sui generis,* zunächst als Arbeitshypothese annehmen und die UdSSR weder als Bundesstaat klassifizieren, noch in die Modelle der verschiedenen Bundesstaatstheorien einordnen. Durch die Vermeidung der Einordnung in bestimmte, anderen Rechtssystemen entlehnte Kategorien würde darüberhinaus vermieden, daß durch eine weniger differenzierte, nur auf einige sehr wichtige Kriteria eingehende Untersuchungsmethode rechtlich bedeutsame Eigenarten — welche andere Gliedstaaten nicht besitzen — unberücksichtigt blieben. Man müßte die Unionsrepubliken der UdSSR nach der im völkerrechtlichen Schrifttum überwiegend verwendeten [17] Methode auf ihre Staatlichkeit prüfen, denn es geht hier ja um die völkerrechtliche Beurteilung des rechtlichen Status dieser Gebietskörperschaften. Eine solche Untersuchungsmethode stünde der

---

[12] Vgl infra S. 152 ff.

[13] Vgl infra S. 162 ff.

[14] Was allerdings noch nicht präjudizieren würde, ob sie nicht kraft eines anderen völkerrechtlichen Titels doch Völkerrechtssubjekte sind, vgl supra S. 30 ff und infra S. 274 ff.

[15] Für alle: ALEKSANDRENKO 1962, S. 341; BINDER 1967, S. 30; LUKAŠUK 1969 (die Völkerrechtssubjektivität), S. 333; TUGANBAEV 1965 (Diss.), S. 23.

[16] So etwa ALEKSANDRENKO 1962, S. 36, was allerdings sovjetische Autoren nicht daran hindert, ihre eigenen „dialektischen" Untersuchungsmethoden auch auf westliche Bundesstaaten anzuwenden, vgl außer ALEKSANDRENKO 1962 auch ŠAFIR 1968, S. 173 ff; siehe auch EVGEN'EV 1955, S. 76, der die Bundesstaatlichkeit der USA verneint, weil diese nicht nach nationalen, sondern nach administrativen Gesichtspunkten aufgebaut sei; ebenso ALEKSANDRENKO 1962, S. 39 f; AGZAMCHODŽAEV 1971, S. 34 f; DUNAEVA 1960, S. 72; LEPEŠKIN/KIM et alii, II, S. 240 ff.

[17] Vgl infra S. 59 f.

„Traditionellen Bundesstaatstheorie" [18] vom Bundesstaat als „Staatenstaat" [19] näher als der modernen, wobei in der traditionellen die Staatlichkeit der Gliedstaaten an verschiedenen Wesensmerkmalen geprüft
wird [20].

Bedient man sich zur Untersuchung der Staatlichkeit der Unionsrepubliken einer Methode, welche der im Schrifttum stark kritisierten
traditionellen Bundesstaatstheorie nahe kommt, ohne sich jedoch mit
ihr zu identifizieren, muß man auf einen der Haupteinwände gegen
diese Theorie eingehen.

In einer Untersuchung des Bundesstaates als Rechtsbegriff wird der
Theorie vom „Staatenstaat" überzeugend nachgewiesen, daß sie nicht
vermag, einen wesentlichen Unterschied zwischen den Gliedern eines
Bundestaates und etwa den Gemeinden als territorial-administrativen
Gebietskörperschaften aufzufinden [21]. Zwischen den Unionsrepubliken
der UdSSR und etwa den Autonomen Republiken der UdSSR gibt es
aber einen vor allem für die völkerrechtliche Beurteilung sehr wesentlichen Unterschied. Die Prätendenten auf Staatlichkeit, also die Unionsrepubliken, haben das durch die Verfassung der UdSSR gewährleistete
Recht auf auswärtige Beziehungen, welches ihre Anwartschaft auf völkerrechtliche Staatlichkeit von vornherein glaubwürdiger scheinen läßt
und eine differenziertere Untersuchung rechtfertigt. Fehlte dieses Rechtsinstitut zur Gänze, oder erschiene es nur in Form von Argumenten
des sowjetischen Schrifttums, so genügte die kürzere und dann auch
beweiskräftige Untersuchung der Delegationszusammenhänge zwischen
den Verfassungen der UdSSR und der Unionsrepubliken oder die Frage
der Kompetenz-Kompetenz. Das Vorhandensein dieses Rechtes [22] hebt

---

[18] So KOJA 1973, S. 63.

[19] Vgl JELLINEK 1966, S. 796: „Der Bundesstaat ist ein aus einer Mehrheit von
Staaten gebildeter souveräner Staat, dessen Staatsgewalt aus seinen zu staatlicher
Einheit verbundenen Gliedstaaten hervorgeht." Vgl auch ERMACORA 1970, S. 649
unter Hinzunahme einer historischen Komponente: *„Juristisch gesehen ist der
Bundesstaat die Koordination und Koordinierung einer Mehrheit von politisch und
juristisch originären Rechtssubjekten durch Verfassung zu einer völkerrechtlichen
Einheit (Dynamik) und eine Type der territorialen Dezentralisation (Statik ...) ..."*
(kursiv von ERMACORA).

[20] Für JELLINEK 1966, S. 144 anhand seiner Elemente: Land, Volk und Herr-
scher; nach ERMACORA, der (S. 199) die „klassische Drei-Elementenlehre" fallen läßt,
danach, ob (ibid) seine Herrschaft regelmäßig effektiv ist.

[21] KOJA ibid.

[22] Welches sowohl in seinem materiellen Umfang (siehe infra S. 191 ff) als
auch in seiner völkerrechtlichen Relevanz als Verfassungsbestimmung (siehe supra
S. 25 ff) untersucht werden soll.

aber die Unionsrepubliken von allen anderen Formen der Autonomie, wie etwa jener der autonomen Regionen Italiens, sichtbar ab.

b) Ein Rückgriff auf völkerrechtliche Gesichtspunkte scheint auch deshalb gerechtfertigt, weil es in der UdSSR an mit der Verfassungsgerichtsbarkeit vergleichbaren unabhängigen Einrichtungen fehlt, welche in einen Konfliktfall UR — SU verbindlich zu entscheiden hätten, ob zB die Union durch gewisse Maßnahmen ihre Kompetenzen überschritten hat [23]. Diese Tatsache erlaubt Parallelen zur Völkerrechtsordnung, in welcher die Selbstbeurteilung immer noch eine Rolle spielt, weil es der Völkerrechtsgemeinschaft, auch nach der Errichtung der Organisation der Vereinten Nationen, sowohl an einem zentralen Gesetzgebungsorgan, als auch an obligatorischer Gerichtsbarkeit fehlt [24].

c) Der wichtigste Gesichtspunkt, der gegen eine Anwendung der modernen Bundesstaatstheorie spricht, ist ihre Bedeutung für die völkerrechtliche Beurteilung. Die moderne Bundestaatstheorie geht vom Delegationsverhältnis aus und verneint die Staatlichkeit in den Fällen, in welchen eine Rechtsordnung von einer anderen delegiert ist [25]. Diese Bezugnahme auf ein einziges, zugegebenermaßen wichtiges Kriterium hat sich in der völkerrechtlichen Beurteilung nicht durchgesetzt [26]. Vielmehr wird im westlichen Schrifttum für das Vorhandensein von Staatlichkeit im völkerrechtlichen Sinne noch immer die Trias

Staatsvolk — Staatsgebiet — Staatsgewalt

verlangt [27]. Auch im Schrifttum der sozialistischen Staaten finden sich

---

[23] Dadurch fehlt die Möglichkeit, das Spannungsfeld Union — Unionsrepubliken anhand von Gerichtsentscheidungen zu analysieren.

[24] Für alle: VERDROSS, S. 122.

[25] KOJA 1973, S. 92 mit Hinweisen auf GIACOMETTI und HAUSER; in diesem Sinne auch HELLER 1971, Bd II, S. 138 ff.

[26] Als Vertreter dieser Auffassung können etwa KELSEN (KELSEN/TUCKER, S. 199 ff) aber auch KUNZ (1929, S. 664 ff) gewertet werden.

[27] Vgl BERBER I, S. 116 ff; BISHOP 1971, S. 301; BALLADORE PALLIERI 1962, S. 109 ff unter: „requisiti essenziali per l'acquisto della personalitá"; BROWNLIE 1966, S. 66 f; CAVARE 1967, S. 274 unter: „Les éléments constitutifs de l'état"; DAHM I, S. 76 ff; GINTHER 1967, S. 146 mit weiteren Hinweisen auf VERDROSS und BRIGGS; GREIG 1970, S. 74; GUGGENHEIM 1948, S. 162; FRIEDMANN/ LISSITZYN/PUGH, S. 153; O'CONNELL 1970, S. 284 ff; REUTER 1968, S. 101 unter: „La réunion effective des éléments constituant un état"; ROUSSEAU 1974, S. 15 ff; SAWCZUK 1972, S. 37 ff; SCHWARZENBERGER 1967, S. 55 unter: „Criteria of Independent Statehood"; SEIDL-HOHENVELDERN 1969, S. 118 f; SIBERT 1951, I, S. 99; VERZIJL 1968—, Bd II, S. 62; WENGLER 1964, S. 969 ff und 985 ff; BROWNLIE 1966 verlangt außer Staatsvolk und -gebiet auch: „a stable Government" und „Independence"; OP-L, I, S. 318 verlangt außer Staatsvolk und -gebiet eine souveräne Regierung; vgl auch MAREK 1968, S. 162; siehe auch Art 1 der Montevideo Convention on Rights and Duties of States (165 LNTS, S. 19): „The state

Hinweise darauf, daß an diesem klassischen Konzept festgehalten oder zu ihm zurückgekehrt wird[28]. Der Delegationszusammenhang spielt lediglich bei der Wertung der Staatsgewalt eine große Rolle[29].

Der Darstellung und Untersuchung der Unionsrepubliken unter diesen Gesichtspunkten als „notwendige Völkerrechtssubjekte"[30] soll folgender Staatsbegriff zugrunde gelegt werden:

Staat ist ein personeller und territorialer Herrschaftsverband mit relativ umfassenden Kompetenzen auf Gebieten, welche zu den traditionellen Staatsaufgaben gezählt werden.

Dabei werden die Staatselemente Staatsvolk und Staatsgebiet als Indiz für Staatlichkeit absolut bewertet und nur die Staatsgewalt relativiert. Der Grund für diese Relativierung liegt darin, daß absolut allumfassende Kompetenzen auf dem Gebiet traditioneller Staatsaufgaben bei der UdSSR und bei den Unionsrepubliken gleichzeitig begriffslogisch nicht bestehen könnten.

Die Auflösung des Staatselementes: Staatsgewalt in „relativ umfassende Kompetenzen auf Gebieten, welche zu den traditionellen Staatsaufgaben gezählt werden" bedarf einer Erläuterung.

Der Staat kann außer als soziale Tatsache auch als Rechtsordnung,

---

as a person of international law should possess the following qualification: (a) a permanent population; (b) a defined territory; (c) government; and (d) capacity to enter into relations with the other states; siehe auch: *Restatement, Second, Foreign Relations Law of the United States*, St. Paul, Minn., S. 14, § 4: „Except otherwise indicated, ‚state' as used in the Restatement ... means an entity that has a defined territory and population under the control of a government and that engages in foreign relations." Auch in der Rechtsprechung finden sich Hinweise auf die traditionelle Trias: KANDA *v. The* STATE *(32 ILR*, S. 170 ff auf S. 173), Japanese Supreme Court (Grand Bench) vom 5. 4. 1961: „A State is composed of people, territory and a Government as its essential requisites for existance, and if it lacks any of these it cannot exist as a State"; ähnlich, allerdings verklausuliert in der Entscheidung des District Court of Amsterdam vom 2. 11. 1960 und des Courts of Appeal Amsterdam vom 8. 2. 1951 (*17 ILR*, S. 143 ff auf S. 151 f) in Sachen *Republic of the South Moluccas v. Royal Packet Shipping Cie;* vgl auch die Entscheidung des Schweizerischen Bundesgerichtes vom 2. 2. 1923 in Sachen LEPESCHKIN *g. Züricher Obergericht* in *Entscheidungen des Schweiz. Bundesger.* (1923) I, S. 188—199, vgl. auch die Entscheidung des Deutsch-Polnischen gemischten Schiedsgerichtes in Sachen Deutsche Continental Gas-Gesellschaft vom 1. 8. 1929: „Un Etat n'existe qu'à condition de posséder un territoire, une population habitant ce territoire et une puissance publique qui s'exerce sur la population et sur le territoire *(IX Rec. des Decisions des Tribunaux Arbitraux mixtes*, S. 336).

[28] Vgl dazu MAHNKE 1967 (Entstehung und Untergang ...) S. 103 ff; siehe ferner ARNOLD 1973, S. 52

[29] So etwa bei VERDROSS, S. 192 ff; MAREK 1968, S. 162 ff; aber auch schon bei KUNZ 1929, S. 21, 41 ff, 81 ff.

[30] Die Terminologie geht auf MOSLER 1950, S. 135 zurück.

als Normensystem verstanden werden [31]. Daher muß die Staatsgewalt auch aus diesem Normensystem heraus dargestellt werden können und sie zeigt sich am deutlichsten in den (relativ) allumfassenden Kompetenzen einer Gebietskörperschaft [32] auf dem Gebiet der traditionellen Staatsaufgaben. Diese können in dem Bereich gesucht werden, welcher im Völkerrecht zum „domaine réservé" der Staaten gezählt wird. In Angelegenheiten, welche zu diesem vorbehaltenen Wirkungskreis der Staaten gerechnet werden, ist die Einmischung anderer Staaten verboten [33]. Relativ umfassende Kompetenz auf diesen Gebieten kann man daher im Sinne von Staatsgewalt werten. Mit der Einbeziehung traditioneller Staatsaufgaben [34] kann in diesen völkerrechtlichen Staatsbegriff ein dynamisches Element eingefügt werden, welches Veränderungen in der Struktur der Völkerrechtsgemeinschaft Rechnung tragen kann, indem empirisch gewonnene Erkenntnisse über jeweils typische Staatsaufgaben deduziert und an einem Prätendenten auf völkerrechtliche Staatlichkeit geprüft werden können.

5.1. Das Staatsvolk

5.1.1. Die Staatsangehörigkeit als Kriterium

Das Vorhandensein einer ständigen Bevölkerung wird nicht nur in der traditionellen Lehre von den drei Staatselementen [1], sondern auch von der Mehrheit des völkerrechtlichen Schrifttums als Voraussetzung für die Existenz eines Staates angesehen [2]. Die völkerrechtliche Praxis hat zB in der *Montevideo Convention on Rights and Duties of States* [3] für die Qualifikation eines Staates als Völkerrechtssubjekt im Artikel 1/a die Forderung nach: „permanent population" erhoben. In der

---

[31] Vgl etwa KELSEN 1966, S. 16 ff.

[32] Siehe dazu auch infra, S. 219 ff.

[33] Vgl infra S. 219 ff.

[34] Vgl dazu die an ROUSSEAU angelehnte Darstellung der Souveränität bei HALAJCZUK/MOYA DOMINGUEZ 1972, S. 107 f.

[1] Vgl etwa JELLINEK, G.: Allgemeine Staatslehre, III. Aufl. Repr. Bad Homburg 1966, S. 406—434.

[2] Siehe zB: DAHM, I, S. 76; BERBER, I, S. 116 f; VERDROSS: S. 192; MOUSKHELY/JEDRYKA, S. 409; GINTHER, K.: in *XVII ÖZör* 1967, S. 146; ROUSSEAU 1974, S. 17 ff; BROWNLIE 1966, S. 66 mit weiteren Literaturhinweisen der internationalen Völkerrechtsliteratur; über den Umweg des „persönlichen Geltungsbereiches der Staatsordnung" befaßt sich auch die Reine Rechtslehre mit diesem Element, siehe etwa: KELSEN, H.: Allgemeine Staatslehre 1925, Repr. Bad Homburg—Berlin—Zürich 1966, S. 149—159; KELSEN/TUCKER: S. 343 f.

[3] Vom 26. 12. 1933, *165 LNTS*, S. 19.

Praxis der Vereinten Nationen dagegen wurde dieses Kriterium nicht als Voraussetzung für die Aufnahme als Mitglied angesehen [4]. Die sovjetische staatsrechtliche Literatur geht in der Regel vom Begriff des Staates als Machtinstrument der herrschenden Klasse aus und behandelt in diesem Zusammenhang die Bevölkerung als Objekt dieser Herrschaft [5]. Dies kommt übrigens der in der sovjetischen Literatur heftig bekämpften Reinen Rechtslehre [6], was die Konstruktion des persönlichen Geltungsbereiches der Staatsordnung betrifft, ziemlich nahe. Das sovjetische Völkerrechtsschrifttum inkorporiert mitunter in die Lehre von der Souveränität des Staates die Drei-Elementen-Lehre [7] und geht somit auch auf die Bedeutung des Staatsvolkes für die Staatlichkeit ein. Besondere Beachtung findet dieses Kriterium in der sovjetischen Argumentation über die Staatlichkeit der Unionsrepubliken der Sovjetunion. Hier wird das Vorhandensein einer eigenen Bevölkerung als Beweis für die Letztere angeführt [8].

Soll auf die Existenz eines Staatsvolkes geschlossen werden können, so muß es möglich sein, Personen, welche eine engere und dauerhaftere Bindung zu einem Territorium und seiner Organisation haben, von solchen Personen zu unterscheiden, denen eine solche Verbindung fehlt. Die Feststellung, daß es sich in einem konkreten Fall um eine durch den Staat organisierte Bevölkerung [9] oder ein staatlich organisiertes Volk [10] handelt, wird vorerst diese Unterscheidung noch nicht möglich machen, da ein Staat kraft seiner Territorialhoheit grundsätzlich das Verhalten aller Menschen, welche sich innerhalb seines Gebietes befinden, verbindlich regeln kann. Der Staat ist aber nach Völkerrecht befugt, Unterschiede in der Behandlung von verschiedenen Personenkreisen zu machen. Einerseits muß er gewissen Personen, wie Ausländern und Staatenlosen ein besonderes Maß von Mindestrechten innerhalb seines Territoriums gewähren [11], andererseits ist er auch berechtigt, das Verhalten von Personen innerhalb seines Territoriums völkerrechtlich fast

---

[4] Higgins 1963, S. 17.

[5] Vgl zB *Osnovy teorii gosudarstva i prava*, Red. Alekseev, 2te Aufl. Moskau Jurlit 1971, S. 41 f.

[6] Siehe Tumanov, V. A.: Buržuaznaja pravovaja ideologija, Moskau 1971, S. 209—236.

[7] Frenzke 1971, S. 242.

[8] Vgl infra S. 69 ff.

[9] Die Terminologie von Dahm I, S. 77.

[10] Die Terminologie von Verdross, S. 192.

[11] Der Unterschied zwischen Ausländern und Staatenlosen liegt wohl in der Durchsetzbarkeit ihrer rechtlichen Ansprüche gegen den Aufenthaltsstaat, vgl etwa Dahm I, S. 532 ff.

unbeschränkt und außerhalb seiner Grenzen auch in verschiedenen Bereichen, wie etwa auf dem Gebiete des Strafrechts oder des Steuerrechts zu regeln. Der rechtliche Anknüpfungspunkt ist hier die Staatsangehörigkeit [12]. Aufgrund der eigenen Staatsangehörigkeit kann ein Staat seine Staatsangehörigen auch für im Ausland verwirklichte Tatbestände seinem Strafrecht oder Steuerrecht unterwerfen, er übt hier seine Personalhoheit aus [13]. Das für die Konstituierung eines Statsvolkes rechtlich relevante Institut muß also die Staatsangehörigkeit sein [14].

Die Staatsordnung wird meistens das Verhalten von Personen, welche sich innerhalb seines Territoriums befinden — abhängig von ihrer Zugehörigkeit zu diesem Staat *qua* Staatsangehörigkeit — verschieden normieren, indem sie zB den eigenen Staatsangehörigen gewisse politische Rechte, wie das Wahlrecht, gewährt, welche sie Ausländern oder Staatenlosen verweigert [15]. Da in Bundesstaaten in der Regel den Angehörigen aller Gliedstaaten auf dem Bundesterritorium die gleichen Rechte gewährt werden [16], wird man bei der Bestimmung des Inhaltes der Staatsangehörigkeit der Unionsrepubliken auf Schwie-

---

[12] VERZIJL 1968-, Bd II, S. 62: „As to the essential ‚elements‘ of the State I can confine myself here to stating that any State has (1) a people of its own, who ... are sharply separated from other peoples by a well defined common bond of citizenship ..."; vgl auch ROUSSEAU 1974, S. 18 f.

[13] Zu Personalhoheit vgl: VERDROSS: S. 316 f.

[14] Es scheint nicht notwendig, zwischen einem „völkerrechtlichen" Begriff der Staatsangehörigkeit und einem „staatsrechtlichen" Begriff der Staatsbürgerschaft zu unterscheiden, wie es VERDROSS ibid, S. 305 tut; sowohl die Lehre (vgl zB KELSEN 1966, S. 159 f) als auch die Staatenpraxis (Art. 6 B-VG: Österreichische Staatsbürgerschaft; Art. 73/2 GG: die Staatsangehörigkeit im Bunde;) verwenden diese Begriffe synonym. Es muß hier aber vermerkt werden, daß KELSEN ibid, S. 160 die Staatsbürgerschaft zwar zu den regelmäßigen Institutionen des modernen Staates zählt, dann aber sagt, daß sie dem Staate als solches nicht wesentlich sind. Das Staatsvolk bestehe keineswegs nur aus Staatsbürgern, diese bilden nur innerhalb des Staatsvolkes eine besonders berechtigte und verpflichtete Gruppe von Menschen.

[15] Die Verweigerung von politischen Rechten an Ausländer muß jedoch nicht immer stattfinden. So gewährte die Verfassung der RSFSR vom 10. 7. 1918 in Art 20 alle politischen Rechte russischer Bürger an Ausländer, welche sich auf dem Territorium der RSFSR zur Arbeit aufhielten u. der Arbeiterklasse angehörten (ähnlich Art 30 der Verf der USSR vom 18. 3. 1919: *Istorija Sovetskoj Konstitucii ...* S. 118; AzSSR Art 11, ibid, S. 150).

[16] Vgl Art 6/3 *B-VG*: „Jeder Bundesbürger hat in jedem Lande die gleichen Rechte und Pflichten wie dre Bürger des Landes selbst."; Art 33 *GG*: Jeder Deutsche hat in jedem Lande die gleichen staatsbürgerlichen Rechte und Pflichten" *aber:* Art 43/4 der Bundesverfassung der Schweizerischen Eidgenossenschaft: „Der niedergelassene Schweizerbürger genießt an seinem Wohnsitz alle Rechte der Kantonsbürger ... Der Mitanteil an Bürger- und Korporationsgütern, sowie das Stimmrecht in rein bürgerlichen Angelegenheiten sind jedoch hievon ausgenommen, es wäre denn, daß die Kantonalgesetzgebung etwas anderes bestimmen würde."

rigkeiten stoßen können, was eine besonders sorgfältige Untersuchung dieses Instituts notwendig macht.

Ehe die Staatlichkeit der Unionsrepubliken der UdSSR aus dem Staatselement „Bevölkerung" beurteilt werden kann, muß die Relevanz der Republiksbürgerschaft für die Existenz solch eines Staatsvolkes geklärt werden, da für den Staat im allgemeinen die Staatsangehörigkeit die für die Konstituierung des Staatsvolkes rechtlich relevante Institution ist [17].

Obgleich die Auseinandersetzung um die Bundesstaatlichkeit in diesem Zusammenhang nicht von vorrangiger Bedeutung ist und deshalb nicht auf Einzelheiten der Diskussion in einigen Bundesstaaten einzugehen ist, sondern hier die Staatlichkeit der Unionsrepubliken zum Nachweis der Völkerrechtssubjektivität untersucht wird, könnten doch einige Gedanken über die Relevanz einer „Landesbürgerschaft" für die Bundesstaatlichkeit von Interesse sein.

Die „herkömmliche Ideologie des Bundesstaates" wird vom Kommentar zur Österreichischen Bundesverfassung 1920 herangezogen, um die grundsätzliche Unterscheidung zwischen Bundesbürgerschaft und Landesbürgerschaft zu Art 6 B-VG zu rechtfertigen, wobei festgestellt wurde, daß die Bundesbürgerschaft keinen von der Landesbürgerschaft verschiedenen Rechtsinhalt habe [18].

Dagegen stellt ein Kommentar zum Bonner Grundgesetz fest, daß ein Bundesstaat nicht schon begrifflich den Bestand einer Landesangehörigkeit, dh einer Staatsangehörigkeit der Gliedstaaten erfordere [19] und ein anderer Kommentar begnügt sich mit der Feststellung, daß die Vorschrift in Art 74/8 (konkurrierende Kompetenz Bund und Länder in Angelegenheiten der Staatsangehörigkeit in den Ländern) nicht nur praktisch bedeutungslos und inhaltsleer sei, sondern auch schwerlich zu realisieren wäre [20].

Ein sovjetischer Autor glaubt feststellen zu können, daß das Institut der Staatsbürgerschaft von Gliedern einer Föderation bei gleichzeitigem Vorhandensein einer Bundesbürgerschaft kein unumgängliches Kennzeichen einer bürgerlichen Föderation sei, weil es eine Reihe von Bundesstaaten gäbe, welche lediglich eine einheitliche Bundesstaats-

---

[17] Siehe supra S. 61 ff.

[18] KELSEN—FRÖHLICH—MERKL 1922, S. 71.

[19] MAUNZ—DÜRING—HERZOG, Grundgesetz/Kommentar, 3. Aufl München 1971, Art 74, S. 24.

[20] v. MANGOLD/KLEIN, Das Bonner Grundgesetz, Berlin—Frankfurt/M, 1966 S. 1570.

angehörigkeit kennen und diese Frage durch Bundesgesetzgebung regeln [21]. Andere sovjetische Autoren sprechen von bürgerlichen Föderationen und doppelter Staatsangehörigkeit [22].

In Österreich wurde eine Diskussion um die Relevanz der Landesbürgerschaft durch Erkenntnis des österreichischen Verfassungsgerichtshofes vom 16. 12. 1952 ausgelöst [23], in welchem gesagt wird, daß bis zu einer neuen bundesverfassungsgesetzlichen Regelung die Landesbürgerschaft ausgeschaltet sei, dies aber keine Gesamtänderung der Verfassung darstelle [24]:

„... weil der Bestand einer eigenen Landesbürgerschaft nicht zum Wesen der bundesstaatlichen Organisationsform gehört und daher das Fortbestehen des Bundesstaates durch das Fehlen einer besonderen Landesbürgerschaft nicht berührt wird" [25].

Dieses Erkenntnis wurde [26] und wird [27] im österreichischen Schrifttum angegriffen. Die Kritiker sehen in der Landesbürgerschaft ein wesentliches Merkmal eines Gliedstaates [28], von dessen Wegfall die Gliedstaateigenschaft der Länder berührt werde [29]. Dagegen meinen andere Autoren, daß die Frage, ob eine Landesbürgerschaft für den bundesstaatlichen Charakter eines Staates notwendige Bedingung sei, durch den Gesetzgeber zu entscheiden sei, und dieser für Österreich entschieden habe, daß diese Bedingung nicht vorliege [30].

Diese Beispiele aus der Diskussion können in der vorliegenden Untersuchung für ein *a fortiori*-Argument dienen: Wenn bereits der Gliedstaats-charakter eines Gliedstaates einer bürgerlichen Föderation, wo der (Gliedstaat) in der Regel nicht den Anspruch auf Völkerrechtssubjektivität oder Souveränität im Sinne der sovjetischen Lehre von den Unionsrepubliken stellt [31], von einigen Autoren vom Vorhandensein

---

[21] ALEKSANDRENKO 1962, S. 54; als Staaten mit nur Bundesbürgerschaft zählt er auf: Indien, Vereinigtes Königreich Libyen und Malaysien. Eine einheitliche Bundesbürgerschaft wird allerdings von einem anderen Sovjetautor für bürgerliche Föderationen abgelehnt: ŠEVCOV 1969, S. 76.
[22] OŠEROV, 1948, S. 85.
[23] *Slg* 2455.
[24] Welche den Formvorschriften des Art 44/2 *B.-VG* nach einer Abstimmung des Gesamtvolkes hätte unterzogen werden müssen.
[25] *S'g* 2455, S. 576.
[26] SPANNER 1952, S. 449—454.
[27] ADAMOVICH 1971, S. 88.
[28] SPANNER 1952, S. 453.
[29] ADAMOVICH 1971, S. 88.
[30] ZB ERMACORA 1953, S. 280; in diesem Sinne auch RINGHOFER 1966, S. 7, 17 ff.
[31] Vgl aus dem sovjetischen Schrifttum etwa ŠEVCOV 1969, S. 76 f, daß die

einer eigenen Staatsangehörigkeit dieses Gebildes abhängig gemacht wird, muß bei einem Gliedstaat, welcher, wie die Unionsrepubliken der UdSSR, auch völkerrechtlich ein Staat zu sein beansprucht, sicherlich eine eigene Staatsbürgerschaft vorliegen. Diese müßte dann allerdings rechtlich erfaßbar und von der Unionsbürgerschaft zu trennen sein, um zum Beweis der Staatlichkeit der Unionsrepubliken herangezogen werden zu können.

5.1.2. Die Staatsangehörigkeit der UdSSR

Das Staatsangehörigkeitsrecht der UdSSR als Bundesstaat oder als Gesamtstaat interessiert in diesem Zusammenhang wenig [1]. Da aber die Gesetzgebung der einzelnen Unionsrepubliken keine Vorschriften über die Staatsangehörigkeit derselben enthält [2], muß als Ausgangspunkt für die vorliegende Untersuchung das Staatsbürgerschaftsgesetz der UdSSR vom 19. 8. 1938 [3] herangezogen werden.

Der Art 1 dieses Staatsbürgerschaftsgesetzes, der mit dem Art 21 der Verfassung der UdSSR fast wörtlich übereinstimmt, enthält die Anordnung, daß jeder Staatsangehörige einer Unionsrepublik *ipso iure* Staatsangehöriger der UdSSR ist. Dabei wird die Frage des Erfordernisses der Staatsangehörigkeit einer Unionsrepublik offengelassen, was der Rechtslage vor 1936 nicht entspricht, da damals die Staatsbürger-

---

Subjekte bürgerlicher Föderationen keine Staaten im eigentlichen Sinne des Wortes sind, vgl auch supra S. 64.

[1] Hier kann auf die ausführlichen Arbeiten von GINSBURGS 1968 und GEILKE 1964 hingewiesen werden.

[2] Anders der Delegierte der USSR zur 2. Wiener Konferenz über die Konvention zum Recht völkerrechtlicher Verträge, KORCAK, der behauptete (A/Conf. 39/11/Add. 1, S. 10), daß die USSR: „had its own law on such matters as Ukrainian citizenship."

In der sovjetischen Literatur wird dieser Zustand oft als Mangel bezeichnet; siehe zB ZLATOPOL'SKIJ 1960, S. 260; ESAJAN 1960, S. 90; Der Staatsangehörigkeitserwerb durch Geburt wird allerdings durch die Familiengesetzbücher der einzelnen Unionsrepubliken geregelt, siehe GEILKE 1964, S. 155; in den vor Erlaß der *Grundlagen des Ehe- und Familienrechts* geltenden Unionsrepublikskodices wurde auch der Erwerb der Unionsrepubliksbürgerschaft durch Geburt geregelt. So bestimmte Art 35 des Eherechtsgesetzbuches der ArSSR vom 18. 9. 1927 idF der GesV des POS der ArSSR vom 7. 3. 1967, daß ein Kind dann Bürger der ArSSR werde, wenn mindestens ein Elternteil Bürger der ArSSR sei und ein Elternteil in der UdSSR wohne. Wenn ein Elternteil Bürger der ArSSR sei und beide Eltern außerhalb der UdSSR wohnen, wird die Republiksbürgerschaft nach Vereinbarung zwischen den Eltern bestimmt; ähnlich Art. 35 des Ehe- und Familienrechtsgesetzbuches der RSFSR vor 1968, siehe *Zapis' aktov graždanskogo sostojanija*, Jurlit M. 1961, S. 22.

[3] *VVS SSSR* 1938/11.

schaft einer Unionsrepublik bei Vorhandensein der Staatsangehörigkeit der UdSSR immer gegeben war [4]. Es wäre daher also denkbar — etwa bei der Verleihung der Staatsangehörigkeit an eine im Ausland lebende Person durch das Präsidium des Obersten Sovjets der UdSSR nach Art 3 des Staatsbürgerschaftsgesetzes — daß diese Person die Staatsangehörigkeit der UdSSR erhält, nicht aber die einer Unionsrepublik [5], ein Zustand, der beispielsweise im Falle der USA für Einwohner des District of Columbia und für im Ausland wohnende Bürger der USA für möglich gehalten wird [6].

Es gibt allerdings im sovjetischen Schrifttum auch Meinungen, daß eine Person, welche die Staatsangehörigkeit der UdSSR erhält, gleichzeitig auch Staatsangehöriger einer der Unionsrepubliken wird. Diese Aussage wird aber nicht näher begründet [7], allerdings durch die Praxis zweier Unionsrepubliken, die GesV der POS über die individuellen Einbürgerungen zu veröffentlichen, erhärtet [8].

---

[4] GEILKE 1964, S. 154.

[5] ESAJAN 1960, S. 110, der feststellt, daß eine besondere Gruppe von Personen ohne Republiksangehörigkeit entstehe; GINSBURGS 1968, S. 21 f mit Hinweisen auf ZLATOPOL'SKIJ 1960, S. 261 f, der sagt, daß eine Person, welche die Staatsangehörigkeit der UdSSR beantragt hat, gleichzeitig nur dann in die Staatsangehörigkeit einer Unionsrepublik aufgenommen wird, wenn der Antrag an das Präsidium des Obersten Sovjets einer Unionsrepublik gerichtet war. GINSBURGS kommentiert (auf S. 22) diese Aussage wie folgt: „And even this is due to administrative convenience and not to any statutory prescript." Diesem Kommentar kann nicht gefolgt werden. Die Verfassungen der einzelnen Unionsrepubliken beziehen sich sehr wohl auf die Aufnahme in die Verleihung der eigenen Staatsangehörigkeit. Die Kompetenz der jeweiligen Unionsrepublik auf dem Gebiet der Verleihung der Republiksbürgerschaft — welche sich auch aus dem Umkehrschluß gewinnen ließe, daß diese Kompetenz nicht nach Art 14 zu den Kompetenzen der UdSSR zählt — stellen fest: Art. 14/šč der GSSR; 15/c der TaSSR; 18/č der ArSSR; 19/ch der BSSR, LiSSR, LaSSR und ESSR; 19/c der MSSR; 19/č der USSR und KiSSR; 19/š der UzSSR und TuSSR; 19/šč der KazSSR und AzSSR; in den Verfassungen einiger Unionsrepubliken wird die Verleihung der eigenen Staatsbürgerschaft ausdrücklich in den Aufgabenbereich der Präsidia der Obersten Sovjets verwiesen: Art. 28/k der KiSSR; 28/z der TaSSR; 30/z der ArSSR; 30/ž der MSSR; 31/z der TuSSR und BSSR und 36/ž der GSSR; vgl GEILKE 1964, S. 47.

[6] LOEWENSTEIN 1959, S. 67.

[7] ŠAFRANOV 1969, S. 18; ebenso TARANOV 1962, S. 106.

[8] Für die ESSR: ENSV Ülemnõukogu ja valitsuse teataja (entsprechend VVS) 1967/43; 1968/5, /30; 1969/35, /38; 1970/30, /49; 1972/18, /35, jeweils mit dem Wortlaut: „Das POS der ESSR beschließt in die Staatsangehörigkeit [kodakoonsus] der ESSR [Eesti NSV] ... aufzunehmen." Für die LiSSR vgl VVS LiSSR: 1968/9, /11, /15, /27, /30, /34, /36; 1969/3, /9, /15, /18, /20, /24, /27, /30, /34, /36; unter Hinweis darauf, daß das POS der LiSSR beschließt, die Anträge zu bewilligen und „... in die Staatsangehörigkeit der LiSSR aufzunehmen:" dann erfolgt hier allerdings die Angabe des Geburtslandes, der Nationalität und des Wohnortes; als Geburtsländer kommen vor: Litauen, Deutschland, Lettland, Königsberg (sic!), die

Das Staatsbürgerschaftsgesetz der UdSSR regelt einerseits generell den Kreis der Staatsangehörigen der UdSSR (Art 2), andererseits die individuelle Einbürgerung (Art 3) [9]. Die Regelung der Frage des Erwerbs der Staatsangehörigkeit durch Geburt fehlt im Staatsbürgerschaftsgesetz. Diesbezügliche Bestimmungen findet man in den Familiengesetzbüchern der Unionsrepubliken. Die Grundlagengesetzgebung des Bundes [10] geht vom Prinzip des *jus sanguinis* aus [11] und bestimmt, daß Kinder von Eltern, welche Staatsangehörige der UdSSR sind, automatisch, ohne Rücksicht auf den Geburtsort, die Staatsangehörigkeit der UdSSR erwerben. Wenn nur ein Elternteil die Staatsangehörigkeit der UdSSR besitzt, erwirbt das Kind bei Geburt die sovjetische Staatsangehörigkeit, wenn ein Elternteil zur Zeit der Geburt innerhalb der UdSSR wohnte. Wenn beide Eltern außerhalb der UdSSR wohnen, wird die Staatsangehörigkeit des Kindes nach ihrer Vereinbarung bestimmt [12]. Diese Bestimmungen über den Erwerb der Staatsangehörigkeit der UdSSR sind in den Familiengesetzen der Unionsrepubliken fast wörtlich übernommen [13], wobei auch hier nicht entschieden wird, welche Republiksangehörigkeit ein Kind beim Erwerb der Staatsangehörigkeit der UdSSR erhält. Daß diese Frage durch die geltenden Gesetze der UdSSR nicht geregelt wird, erkennt auch ein Kommentar zum Familiengesetzbuch der RSFSR [14].

Praktische Bedeutung könne diese Frage allerdings nach Aussage dieses Kommentars nur bei der Verwirklichung irgendwelcher Akte im Ausland durch sovjetische Gesandtschaften oder Konsulate haben [15].

BSSR, ehemaliges Deutschland, als Nationalität: Litauisch, Deutsch, Polnisch; in der GSSR ergehen laut persönlicher Mitteilung eines Mitarbeiters der Akademie der Wissenschaften der GSSR, Institut für Wirtschaft und Recht, ebenfalls GesV des POS der GSSR über individuelle Einbürgerungen. Wegen ihrer großen Zahl werden sie jedoch nicht veröffentlicht.

[9] Vgl GEILKE 1964, S. 154 ff.

[10] *Osnovy zakonodatel'stva Sojuza SSR i sojuznych respublik o brake i sem'e*, VVS SSSR 1968/27 v. 27. 6. 1968.

[11] Welches nach GEILKE auch in der sovjetischen Literatur niemals angezweifelt worden ist, op cit, S. 156.

[12] Art. 30 *Osnovy* ...; für den Fall, daß keine Einigung zwischen den Eltern stattfindet, sieht das Gesetz keine Lösung vor. Eine vergleichsweise Lösung durch Entscheidung des Standesbeamten [dolžnostnoe lico, registrirujuščij akt graždanskogo sostojanija] für den Fall, daß sich Ehekandidaten verschiedener Republiksangehörigkeit nicht über das zur Anwendung kommende Recht einigen können, besteht etwa in Art. 162, Familiengesetz der RSFSR.

[13] So etwa im Art 160 des *Kodeks o brake i sem'e RSFSR* v. 30. 6. 1969: *Kommentarii k kodeksu o brake i sem'e RSFSR*, red. BRATUS/ORLOVSKIJ, M. 1971, S. 219.

[14] Ibid, S. 220.

[15] Ibid.

5.1.3. Die Republiksangehörigkeit der Unionsrepubliken der UdSSR

Das Recht auf eigene Staatsbürgerschaft der Unionsrepubliken der Sovjetunion wird im sovjetischen Schrifttum als wichtiges Kriterium für die Souveränität dieser Gebilde betrachtet. So sei die eigene Staatsangehörigkeit ein wichtiges Attribut eines souveränen Staates und ohne sie die Souveränität eine Fiktion [1]. In der Staatsangehörigkeit zeige sich eine der besonderen Qualitäten der staatlichen Souveränität, nämlich jene der Unabhängigkeit, vor allem darin, daß jeder souveräne Staat, unabhängig von jeglicher Macht innerhalb und außerhalb seiner Grenzen die Fragen der Staatsangehörigkeit selbst reguliere [2]. Auch findet man sovjetische Autoren, welche im Vergleich mit anderen, nicht-souveränen Gebietskörperschaften der UdSSR [Autonomen Republiken] die Souveränität vom Vorhandensein von Rechten, wie zB der eigenen Staatsangehörigkeit, ableiten [3].

Es ist daher höchst verwunderlich, daß solch ein „wichtiges Attribut eines souveränen Staates" weder in der Gesetzgebung der UdSSR noch in entsprechenden Gesetzen der Unionsrepubliken dergestalt verankert ist, daß Entstehung, Inhalt und Beendigung der Staatsbürgerschaft einer Unionsrepublik genau festgelegt wird. Auf diesen Mangel wird auch im sovjetischen Schrifttum hingewiesen:

„Im Gesetz über die Staatsangehörigkeit der UdSSR ist nicht einmal festgelegt, wer Bürger einer gegebenen ... Unionsrepublik ist" [4].

Das sovjetische Schrifttum zu Fragen der Republiksangehörigkeit ist eher zurückhaltend und die gründliche Untersuchung dieses Instituts wird auch von sovjetischen Autoren gefordert [5].

Grundsätzlich geht die sovjetische Lehre von der Existenz solch einer Republiksangehörigkeit aus und knüpft an diese — nicht genau präzisierte — Existenz die Feststellung der Staatlichkeit der Unionsrepubliken an [6].

Aus dem früheren Schrifttum sovjetischer Autoren zur Frage der Unionsbürgerschaft sticht eine Aussage hervor: logisch genüge für die

---

[1] ESAJAN 1960, S. 68; ähnlich VICHAREV 1957, S. 70; derselbe 1958, S. 124; in diesem Sinne auch BEGIJAN 1968, S. 168; ebenso OŠEROV 1948, S. 76; nach VICHAREV in *Sojuz SSR*, Jurlit M. 1972, S. 196 sei es allgemein anerkannt, daß kein Staat souverän sein könne, der nicht eigene Staatsbürger habe.

[2] ŠEVCOV 1969, S. 55, ebenso VICHAREV 1957, S. 71; derselbe 1958, S. 125.

[3] MIL'MAN 1971, S. 144.

[4] ZLATOPOL'SKIJ 1960, S. 249.

[5] Ibid, S. 249; auch ESAJAN 1960, S. 87.

[6] So zB VICHAREV 1957, S. 71 und derselbe 1958, S. 125 für die BSSR.

UdSSR eine Staatsangehörigkeit, aber Logik sei nicht immer die *ultima ratio*:

> „Das Bestreben, die Staatsangehörigkeit für die einzelnen Unionsrepubliken zu erhalten, ist aus politischen Motiven verständlich; sie symbolisiert quasi [kak by] die selbständige Existenz der gegebenen nationalen Republik [7]. Ist sie aber nicht rechtlich gesehen unter den Bedingungen des Sovjetsystems ein Relikt?" [8].

5.1.3.1. *Der Erwerb der Republiksbürgerschaft der Unionsrepubliken*

Der rechtliche Anknüpfungspunkt zur Bestimmung jenes Personenkreises, welcher die Republiksbürgerschaft einer Unionsrepublik besitzt, muß der Erwerb der Republiksbürgerschaft sein.

Das Staatsbürgerschaftsgesetz der UdSSR bestimmt in den Art 1 und 2 den Kreis von Personen, welche die Staatsangehörigkeit der UdSSR besitzen. Da für die Unionsrepubliken vergleichbare Bestimmungen fehlen [1], beziehungsweise aufgehoben sind [2], müßte für jede Unionsrepublik klargestellt werden, welche Personen ihre Republiksangehörigkeit besitzen. Erstaunlich ist es, daß eine umfangreiche Untersuchung dieser Frage bisher meines Wissens nur aus westlicher Feder vorliegt [3]. An dieser Stelle wird nur die Staatlichkeit der Unionsrepubliken anhand des „Staatselementes" Bevölkerung untersucht. Daher erübrigt es sich, auf Details einzelner Republiken einzugehen, da sicherlich außer Frage steht, daß die Unionsrepubliken der UdSSR jedenfalls verfassungsrechtlich auf gleicher Stufe stehen.

Der Erwerb der Staatsangehörigkeit der UdSSR durch Geburt ist in den Familiengesetzbüchern der Unionsrepubliken — in Übereinstimmung mit dem Grundsatzgesetz der UdSSR aus dem Jahre 1968 [4] —, der Erwerb durch individuelle Einbürgerung durch das Staatsbürgerschaftsgesetz 1938 geregelt.

Die Verfassung der UdSSR zählt zu den Kompetenzen der UdSSR in Art 14/č die Grundsatzgesetzgebung über Familie und Ehe und in Art 14/c die Gesetzgebung über die Unionsstaatsangehörigkeit. Da nach Art 15 der Verfassung der UdSSR alle nicht an die UdSSR übertragenen Kompetenzen den Unionsrepubliken erhalten bleiben, muß ange-

---

[7] KIŠKIN in *Sovetskij federalizm*, red. REICHEL', M. 1930, S. 63, mit Hinweisen auf KOTLJAREVSKIJ, S. A.: SSSR i sojuznye respubliki, M. 1924, S. 31 f.

[8] KOTLJAREVSKIJ, S. 32 zit nach JAKUBOVSKAJA 1960, S. 31.

[1] Siehe supra, S. 69 f.

[2] Durch Dekret vom 2. 6. 1939, *VVS SSSR* 1939/22, deutscher Text bei GEILKE, 1964, S. 321.

[3] GEILKE 1964, S. 45—142.

[4] *VVS SSSR* 1968/27.

nommen werden, daß sowohl Gesetzgebung als auch Vollziehung der Republiksbürgerschaft, in diesem Falle also der Erwerb dieser in die Kompetenz der Unionsrepubliken fällt. Die Gesetzgebungen der Unionsrepubliken haben von ihrer Kompetenz auf diesem Gebiet keinen Gebrauch gemacht [5]. Lediglich der Erwerb der Unionsangehörigkeit durch Geburt ist durch die Familienrechtskodices der Unionsrepubliken geregelt [6].

Das Staatsbürgerschaftsgesetz 1938 regelt den Erwerb der Republiksbürgerschaft nicht und auch die Familienkodices der Unionsrepubliken schweigen über den Erwerb ihrer eigenen Staatsangehörigkeit. Hier kann aber *per analogiam* geschlossen werden [7], daß der Erwerb der Republiksbürgerschaft denselben Rechtsnormen unterliegt, wie der Erwerb der Staatsangehörigkeit der UdSSR.

Für diese Vermutung würde im Falle der sovjetischen Rechtsordnung die Tatsache sprechen, daß die Kompetenzen der Unionsrepubliken durch Grundsatzgesetze der UdSSR weitgehend ausgehöhlt und in den „Ausführungsgesetzen", wie im Zivilgesetzbuch, Strafgesetzbuch der Unionsrepubliken die Grundsatzregelungen im wesentlichen wörtlich übernommen wurden. Sicherlich handelt es sich hier um zwei verschiedene Rechtsordnungen [8], wenn man nicht von einem Subordinationsverhältnis sprechen will. Trotzdem scheint der Analogieschluß berechtigt, weil das Bundesrecht auf dem Gesamtterritorium der UdSSR gilt (Art 19 der Verfassung der UdSSR), außerdem eine Priorität des Bundesrechtes in jedem Fall bestünde (Art 20 der Verf. der UdSSR)

---

[5] Vgl MOUSKHELY—JEDRYKA 1961, S. 411; die Feststellung von ZLATOPOL'SKIJ 1960, S. 155: „Die Unionsrepublik hat das Recht zur Aufnahme in die Staatsbürgerschaft der Unionsrepublik und folglich auch in die diejenige der UdSSR" ist falsch. Tatsächlich hat das Präsidium des Obersten Sovjets einer Unionsrepublik das Recht zur Aufnahme in die Staatsangehörigkeit der UdSSR. Für den Erwerb der entsprechenden Republiksbürgerschaft besteht lediglich eine Vermutung.

[6] Etwa Art 160 ff der RSFSR.

[7] Das Prinzip des Analogieschlusses ist dem Sovjetrecht nicht unbekannt. So bestimmt Art 12 der *Grundlagen der Zivilgerichtsbarkeit der UdSSR und der Unionsrepubliken* v. 8. 12. 1961 VVS SSSR 1961/50 (Osnovy graždanskogo sudoproizvodstva Sojuza SSR i sojuznych respublik), daß ein Gericht beim Fehlen einer gesetzlichen Bestimmung, welche eine Streitfrage reguliert, ein Gesetz, welches eine ähnliche Beziehung regelt, anzuwenden hat. Beim Fehlen eines ähnlichen Gesetzes muß das Gericht von allgemeinen Prinzipien und dem Geist [smysl'] der sovjetischen Gesetzgebung ausgehen. Vgl auch *Enciklopedičeskij Slovar' Pravovych Znanij* (Sovetskoe Pravo), Sovetskaja Enciklopedija, Moskau 1965, S. 20 mit dem Hinweis, daß allerdings im Strafrecht seit der Grundsatzgesetzgebung aus 1958 ein Analogieschluß ausgeschlossen ist.

[8] Und eine Analogie wäre dann ausgeschlossen, vgl Kommentar zum ABGB, KLANG—GSCHNITZER, 2. Aufl. Wien 1964, Kommentar zum Art 7, S. 105.

und bis 1939 durch Normativakt der UdSSR auch die Republiksbürgerschaft, zumindest teilweise, geregelt war [9].

5.1.3.1.1. Erwerb durch Geburt

Die Frage nach dem Erwerb der Republiksbürgerschaft durch Geburt ist auch in Analogie zum Staatsangehörigkeitsrecht der UdSSR schwer zu beantworten. Das Familienrecht der UdSSR geht grundsätzlich vom Prinzip des *jus sanguinis* aus [1]. Mangels eigener rechtlicher Vorschriften der Unionsrepubliken könnte die Analogie zum Recht der UdSSR herangezogen werden. Das Prinzip des *jus sanguinis* würde aber nur für den Fall, daß beide Eltern die gleiche Republiksbürgerschaft haben, eine eindeutige Aussage erlauben: die Republiksbürgerschaft eines Kindes würde sich nach derjenigen der Eltern bestimmen [2]. Haben die Elternteile verschiedene Republiksbürgerschaften, kann die Priorität einer Republik — analog zur Staatsangehörigkeit der UdSSR bei Wohnsitz wenigstens eines Elternteiles in der UdSSR [3] — nicht zur Geltung kommen, da theoretisch die andere Republik als Wohnsitz des anderen Elternteiles, ebenfalls *ex lege* solch eine Priorität genießen würde. Die Annahme einer doppelten Republiksbürgerschaft ist dem Verfasser im Sovjetschrifttum noch nicht begegnet und eigentlich auch nicht zu erwarten [4]. Das im Abs 3 des Art 30 der *Grundlagen des Ehe- und Familienrechtes* der UdSSR und der Unionsrepubliken [5] und Art 160 des Familiengesetzbuches der RSFSR erwähnte Optionsrecht der Eltern könnte hier Abhilfe schaffen, spräche dann aber ebenfalls gegen den automatischen Erwerb nach Abs 2 bei verschiedener Republiksbürgerschaft der Eltern.

Für einen anderen Rechtsbereich, nämlich die Eheschließung vor Kosularbehörden der UdSSR sieht Art 32 der *Grundlagen des Ehe- und Familienrechtes* (Art 162 Familiengesetzbuch der RSFSR) als salomonische Lösung vor, daß bei Eheanwärtern verschiedener Republiksbürgerschaft oder Personen, deren Republiksbürgerschaft nicht feststellbar ist (hier dachte der Gesetzgeber wirklich an alles!) zuerst

---

[9] Vgl infra S. 73; zur Analogie im Allgemeinen vgl LARENZ 1969, S. 359 ff.

[1] GORODECKAJA 1971, S. 38; DUTOIT, B.: *Annuaire de l'U.R.S.S.* 1970—1971, S. 20 stellt eine Kombination aus Prinzipien des *jus sanguinis* und des *jus soli* fest.

[2] Analog zu Art 30 der *Grundlagen des Ehe- und Familienrechtes* der UdSSR und Art 160 des Familiengesetzbuches der RSFSR.

[3] Ibid, Abs 2.

[4] Eine mehrfache Kantonsbürgerschaft halten FLEINER—GIACOMETTI, S. 182, für die Schweiz für möglich.

[5] *VVS SSSR* 1968/27.

Rechtswahl der Parteien bestehe und für den Fall der Nichteinigung Subsidiaritätsbestimmung durch den zur Registrierung der Eheschließung berufenen Beamten Anwendung finde. Eine diesem Verfahren vergleichbare Feststellung der Unionsbürgerschaft von Amts wegen ist diesem Autor für das Recht der UdSSR nicht bekannt. Bei der Registrierung der Geburt kann die Option auf die Staatsbürgerschaft der UdSSR lediglich von beiden Elternteilen zu Protokoll gegeben werden[6].

Ein Rückgriff auf das Territorialitätsprinzip etwa in der Art, daß das Kind kraft *jus soli* die Republiksbürgerschaft der Republik des Geburtsortes erwirbt, würde dem grundsätzlich im Sovjetrecht vorherrschenden Prinzip des *jus sanguinis* widersprechen, zB für den Fall, daß beide Eltern Bürger ein und derselben Republik sind, das Kind aber in einer anderen Republik zur Welt kommt.

Die einzige vernünftige Lösung scheint hier die Anwendung des Kriteriums „Wohnsitz" zu sein[7], da der Wohnsitz von Minderjährigen demjenigen der Eltern folgt[8]. Diese Lösung wäre aber auch nur bei gemeinsamem Wohnsitz der Eltern brauchbar. Bei getrenntem Wohnsitz — und, wollte man die Republiksbürgerschaft nach dem Wohnsitz bestimmen, auch verschiedener Republiksbürgerschaft der Eltern — ergibt sich keine eindeutige Lösung.

Es bietet also die Analogie zum Staatsbürgerschaftsrecht der UdSSR nach den Familiengesetzbüchern der UdSSR und der Unionsrepubliken keine brauchbare Handhabe. Für den Fall verschiedener Republiksbürgerschaften der Eltern und über den Erwerb der Republiksbürgerschaft des Kindes kann keine Aussage gemacht werden.

5.1.3.1.2. Erwerb durch Verleihung

Die Frage des Erwerbs der Republiksbürgerschaft durch Verleihung ist einfacher zu beantworten. Für den Fall der individuellen Einbürgerung durch das Präsidium des Obersten Sovjet einer Unionsrepublik kann die Praxis von zwei Unionsrepubliken[1], GesV über die Einbürgerung in die Republiksbürgerschaft zu veröffentlichen, als berechtigter Hinweis darüber betrachtet werden, daß die Praxis der anderen Unionsrepubliken ähnlich ist[2]. Es könnte auch schwer angenommen

---

[6] GORODECKAJA, 1971, S. 39 f.
[7] Siehe infra S. 75 ff.
[8] Vgl zB Art 17/2 Zivilgesetzbuch der RSFSR.
[1] Vgl supra S. 67, Fn 8.
[2] Vgl ibid, Mitteilung über den Erwerb der Republiksbürgerschaft der GSSR.

werden, daß Organe anderer Unionsrepubliken befugt sind, die Republiksbürgerschaft der betreffenden Republik zu verleihen. Im Falle der Einbürgerung durch das Präsidium des Obersten Sovjet der UdSSR gibt es keinerlei Anhaltspunkte für das gleichzeitige Entstehen einer Republiksbürgerschaft, insbesondere, wenn die eingebürgerte Person im Ausland wohnt. Zur Schließung dieser Gesetzeslücke wird im sovjetischen Schrifttum angeregt, daß eine Neuregelung des Staatsangehörigkeitsrechts für Fälle der Einbürgerung die Angabe der gewünschten Republiksbürgerschaft vom Antragsteller vorsehen solle [3]. Es finden sich aber auch Stimmen sovjetischer Autoren, welche solch eine Regelung für überflüssig halten, da sie die Republiksbürgerschaft nach einem anderen Kriterium, nämlich nach dem Ort der ständigen Niederlassung der Person bestimmen wollen [4].

5.1.3.1.3. Rechtliche Anknüpfungspunkte im sovjetischen Schrifttum

Bis zu der am 2. 6. 1939 [1] erfolgten Aufhebung der Staatsbürgerschaftsordnung vom 10. 7. 1930 [2], war zumindest durch einen Normativakt der UdSSR umrissen, wer Republiksbürger einer bestimmten Unionsrepublik ist. Art 2 der Staatsbürgerschaftsordnung [položenie o graždanstve Sojuza SSR] verknüpfte die Republiksbürgerschaft grundsätzlich mit dem ständigen Aufenthaltsort; allerdings mit einem Optionsrecht zugunsten einer anderen Unionsrepublik, zu welcher sich die betroffene Person nach Nationalität oder Abstammung verbunden fühlte. Geklärt war jedoch der Kreis der Republiksbürger der einzelnen Unionsrepubliken durch diese Bestimmung nicht. Wenn ausschließlich das Aufenthaltsort(Wohnort)-Prinzip gegolten hätte, wäre das Ergebnis des Zensus 1939 in seiner Aufgliederung nach Unionsrepubliken zumindest ein Anhaltspunkt gewesen. Da aber die Staatsbürgerschaftsordnung ein Verfahren für die Option (im Text: Auswählen) nicht vorsah, bei der Volkszählung 1939 dazu noch die Nationalitäten einzeln ausgewiesen wurden [3], läßt sich auch für die Zeit bis 1939 keine genaue Aussage über den Kreis der Republiksbürger der einzelnen Unionsrepubliken machen. Durch die Aufhebung dieser Staatsbürger-

---

[3] ZB Esajan 1960, S. 102 f.

[4] Ševcov 1969, S. 139.

[1] VVS SSSR 1939/22.

[2] Sobranie zakonov i rasporjaženij Pravitel'stva (Vorgänger von VVS SSSR) SSSR 1930/34, deutscher Text bei Geilke 1964, S. 310 ff.

[3] Vgl Gozulov—Grigor'janc 1969, S. 79 ff; zur Frage der Aufgliederung der Bevölkerung der UdSSR in Nationen und Nationalitäten und deren Behandlung bei Volkszählungen siehe infra S. 84 ff.

schaftsordnung ging die letzte Bestimmung des Sovjetrechts, welche als Anhaltspunkt für die Konstituierung eines Staatsvolkes der Unionsrepubliken hätte gelten können, verloren.

Im heutigen sovjetischen Schrifttum findet man daher auch keine rechtlich fundierten Aussagen über die Kriteria der Republiksbürgerschaft. Selbst ein Autor, der mit Fragen der Staatsangehörigkeit vertraut ist [4], kann nur Vermutungen aufstellen:

„Uns scheint es, daß das Grundkriterium für die Anerkennung von Sovjetbürgern als eigene Republiksbürger seitens der Unionsrepubliken der ständige Wohnort [postojannoe mesto žitel'stvo] des Bürgers sein müßte. Ein Bürger der RSFSR würde zB nur dann als Bürger der USSR anerkannt werden, wenn er den Wohnort gewechselt hatte und für ständig auf das Territorium der USSR umgesiedelt ist. Im Falle, daß der Bürger der RSFSR nur zeitweilig in die USSR umgezogen ist, bleibt ihm die RSFSR-Bürgerschaft erhalten" [5].

Daher kann bestätigt werden, daß:

„... permanent residency in a Union Republic and possession of that Republic's citizenship are almost synonymous expressions in contemporary Soviet jurisprudence" [6].

Im geltenden Sovjetrecht wird der Wohnsitz im Zivilgesetzbuch geregelt. Die Grundsatzgesetzgebung der UdSSR enthält darüber keine Bestimmung, so daß die Regelung den *codices* der Unionsrepubliken überlassen bleibt. Art 17 des *Graždanskij kodeks* der RSFSR vom 12. 6. 1964 [7] bestimmt, daß als Wohnsitz derjenige Ort anerkannt wird, an dem eine Person [Bürger — graždan] ständig oder haupt-

---

[4] ŠEVCOV, V. S.: Sovetskoe graždanstvo, M. 1965; derselbe: Graždanstvo v sovetskom sojuznom gosudarstve, M. 1969; derselbe: Sovetskoe graždanstvo i gosuderstvennyj suverenitet, *SGiP* 1970/6, S. 39—47.

[5] ŠEVOC 1969, S. 68; ausschließlich an das Wohnsitzkriterium lehnt sich das: *Enciklopedičeskij slovar' pravovych znanij* (Sovetskoe pravo), Moskau 1965, S. 90 f an, wobei festgestellt wird, daß ein Sovjetbürger nicht nur Bürger der UdSSR sei, sondern gleichzeitig Bürger derjenigen Unionsrepublik, auf deren Territorium er lebt. Nach Aussage dieses Nachschlagewerkes müssen Ausländer ihre Anträge auf Aufnahme in die Staatsbürgerschaft der UdSSR, wenn sie sie nicht beim Präsidium des Obersten Sovjet der UdSSR einreichen, beim Präsidium des Obersten Sovjet derjenigen Unionsrepublik einreichen, auf deren Territorium sie wohnen. Die Autoren dieses Kapitels haben es aber nicht für notwendig erachtet, anzugeben, aufgrund welcher Gesetzesbestimmungen diese Rechtslage bestehen soll.

Der Wohnsitz wird auch für den Antrag auf die Verleihung der Unionsbürgerschaft als rechtsrelevant betrachtet, so zB von KIRIČENKO 1972, S. 11: Antragstellung an das Präsidium des Obersten Sovjet der UdSSR oder derjenigen Unionsrepublik, auf deren Territorium der Antragsteller wohnt. Dies ergibt sich nach Ausführungen des Autors aus dem Staatsangehörigkeitsgesetz 1938, wieso der Autor zu diesem Schluß kommt, wird allerdings nicht ausgeführt!

[6] GINSBURGS 1968, S. 20.

[7] *VVS RSFSR* 1964/24.

sächlich lebt (wohnt — proživaet). Ferner wird in diesem Artikel auch der notwendige Wohnsitz von Minderjährigen geregelt, welcher demjenigen der Eltern folgt.

Ein Kommentar zum Zivilgesetzbuch bezeichnet das dauernde oder hauptsächliche Wohnen an einem bestimmten Ort als objektives Kriterium zur Bestimmung des Wohnsitzes [8]. Derselbe Kommentar stellt ferner fest, daß der Wohnsitz für die Stabilität von zivilrechtlichen und anderen Rechtsbeziehungen große Bedeutung habe und führt einige Fälle auf, bei denen vom Wohnsitz prozessuale und andere Rechtsfolgen abgeleitet werden. Ein Hinweis darauf, daß die Republiksangehörigkeit vom Wohnsitz abhänge, fehlt. Aus diesem Fehlen kann allerdings nicht geschlossen werden, daß der Wohnsitz nicht als Kriterium für die Republiksangehörigkeit zählen darf.

Dem Kommentar aber muß entnommen werden, daß es bei der Bestimmung des Wohnsitzes weniger auf den *animus*, irgendwo Wohnsitz zu begründen, ankommt, als vielmehr auf die tatsächliche Anwesenheit, und zwar die überwiegende Anwesenheit an *einem Ort* [9].

Die Vermutung spricht also dafür, daß sich die Bevölkerung einer Unionsrepublik im Sinne eines Staatsvolkes (wenn es ein solches dort überhaupt gibt) aus den ständig auf dem Territorium dieser Republik lebenden Personen zusammensetzt. Diese Konstruktion wird auch von einem Juristen der ArSSR in einem Projekt zu einem Staatsbürgerschaftsrecht der ArSSR gewählt:

> Staatsangehörige der ArSSR sind:
> a) alle sowjetischen Staatsangehörigen, welche ständig auf dem Territorium der ArSSR leben und nicht Staatsangehörige einer anderen Unionsrepublik sind [10].

Dasselbe Projekt nimmt allerdings gleich das Optionsrecht der Staatsbürgerschaftsordnung aus 1931 wieder auf und will zu Staatsangehörigen der ArSSR auch alle diejenigen sowjetischen Staatsangehörigen zählen, welche nicht in der ArSSR wohnen, sich aber zu Staatsangehörigen der ArSSR bekennen. Das an sich klare Wohnsitzprinzip wird durch das Optionsrecht derart verwässert, daß es fraglich erscheint, ob es in dieser verwässerten Form für die Konstituierung eines Staatsvolkes ausreicht, da keinerlei Verfahren zur Feststellung der Ausübung dieses Opionsrechtes vorgesehen ist.

---

[8] Kommentarij k GK RSFSR, red. Fleišic/Ioffe, M. 1970, S. 42.
[9] Derselbe Kommentar stellt auf S. 42 fest, daß aus dem Wortlaut des Art 17 ersichtlich sei, daß der GK RSFSR nur einen Wohnsitz zuläßt.
[10] Esajan 1960, S. 91.

Vom Standpunkt des Völkerrechtes wäre solch ein Optionsrecht auch ziemlich problematisch, da für das Vorhandensein einer völkerrechtlich gültigen Staatsangehörigkeit auch die Existenz eines „genuine link" verlangt wird [11].

5.1.3.2. Die Beendigung der Republiksbürgerschaft der Unionsrepubliken

Ähnlich wie bei der Beurteilung des Erwerbs der Republiksbürgerschaften [1], ist man bei der Frage der Beendigung der Republiksbürgerschaft auf eine Analogie zum Recht der UdSSR angewiesen. Die wichtigste Überlegung dabei ist, daß kraft geltendem Sovjetrecht bei Vorhandensein der Republiksbürgerschaft einer Unionsrepublik die Staatsbürgerschaft der UdSSR *ipso jure* gegeben ist [2]. Der Verlust der Republiksbürgerschaft würde also automatisch den Verlust der Staatsangehörigkeit der UdSSR nach sich ziehen, der Verlust der Staatsangehörigkeit der UdSSR allein wiederum wäre undenkbar, da das Bestehen der Republiksbürgerschaft in diesem Falle *ipso jure* die Staatsbürgerschaft der UdSSR wieder zur Folge hätte.

Das Recht zur individuellen Ausbürgerung (Entlassung aus der Staatsbürgerschaft der UdSSR) hat nach dem Staatsbürgerschaftsgesetz 1938 nur das Präsidium des Obersten Sovjet der UdSSR [3]. Das betrifft zwar ausdrücklich nur die Staatsbürgerschaft der UdSSR, ergibt sich aber für die Republiksbürgerschaften rechtslogisch aus den oben erwähnten Überlegungen.

Diese ausschließliche Kompetenz eines Bundesorganes wird im sovjetischen Schrifttum stark kritisiert. So ist in einem Projekt zu einer Staatsbürgerschaftordnung einer Unionsrepublik [4] vorgesehen, daß das Präsidium des Obersten Sovjet einer Unionsrepublik (hier der ArSSR) das Recht haben soll, neben dem Präsidium des Obersten Sovjet der UdSSR über den Austritt aus der Staatsangehörigkeit die-

---

[11] Vgl Nottebohm-Fall: *ICJ Rep.* 1955. 4—65; vgl Bibliographie dazu in Syatauw, J. J. G.: Decisions of the International Court of Justice, 2. Aufl. Leyden 1969, S. 82

[1] Siehe supra S. 70 ff.

[2] Siehe supra S. 66 f; dieser Fall trat auch in Österreich von 1925 bis 1938 ein. Vgl Adamovich, L.: Grundriß des österreichischen Staatsrechts, 2. Aufl., Wien 1932, S. 93 f; mit wenigen Ausnahmen auch für die Schweiz: Fleiner/Giacometti, S. 183.

[3] Art 4 dieses Gesetzes, *VVS SSSR* 1938/11; vgl zB die Ausbürgerungsdekrete des POS der UdSSR für Valerij Tarsis in *VVS SSSR* 1966/8 und die Stalin-Tochter Allilueva in *VVS SSSR* 1970/1.

[4] Vgl infra S. 78, Zitat bei Fn 8.

ser Unionsrepublik zu entscheiden [5]. Dabei kritisiert dieser Autor besonders die Konzentration von Funktionen bei Bundesorganen, welche er darauf zurückführt, daß das Staatsbürgerschaftsgesetz 1938 zur Zeit des Persönlichkeitskultes entstanden und von der Verfassung 1936 ausgegangen ist:

> „Hier geht es um die durch nichts gerechtfertigte Einschränkung der souveränen Rechte der Unionsrepubliken . . . [6].

Die Rechte der Unionsrepubliken seien im Verhältnis zu einer Zeit, als sie keine selbständigen internationalen Beziehungen haben konnten, bedeutend geschmälert [7].

> „Ist es denkbar, dem kompetenten Organ einer Unionsrepublik das Recht nicht zuzugestehen [ne priznavat'] dieser oder jener unwürdigen Person die Staatsangehörigkeit zu entziehen? Ist doch die nationale Staatsangehörigkeit [nacional'noe graždanstvo] eines der Attribute der Souveränität der Unionsrepublik. Das Recht zum Entzug der Staatsangehörigkeit entspringt direkt der Tatsache der Souveränität der sich im Staatsverband der UdSSR befindlichen [vchodjaščich v SSSR] Unionsrepubliken" [8].

Die Kritik sovjetischer Juristen scheint berechtigt, wenn man vom Stellenwert ausgeht, welcher der Republiksbürgerschaft für die Bewertung der Souveränität der Unionsrepubliken beigemessen wird. Die alleinige Kompetenz eines Bundesorganes zur Entscheidung von Fragen der Beendigung der Republiksbürgerschaft scheint tatsächlich die „souveränen Rechte" der Unionsrepubliken sehr stark einzuschränken, wenn man bedenkt, daß durch Normativakt des Bundes (kollektive Ausbürgerung) eine Unionsrepublik plötzlich ohne eigene Bevölkerung dastehen könnte.

5.1.3.3. *Der Inhalt der Republiksbürgerschaft der Unionsrepubliken*

Die Staatsbürgerschaft der Unionsrepubliken der UdSSR wird vom sovjetischen Schrifttum als Beweis für die Souveränität und Staatlichkeit dieser Gebilde herangezogen [1]. Wenn diesem Instrument derartige rechtliche Relevanz zugemessen wird, müßte man annehmen, daß mit ihm gewisse Rechte und Pflichten verbunden sind, welche der Republiksbürgerschaft einer Unionsrepublik gegenüber derjenigen anderer Unionsrepubliken Eigenständigkeit verleihen. Wie die kurze Unter-

---

[5] Esajan 1960, S. 93; auch Ševcov 1969, S. 156, 158 f; Zlatopol'skij 1960, S. 260; Kučinskij 1963, S. 31.
[6] Derselbe 1960, S. 96, auch S. 109; ebenso Mil'man 1971, S. 144—147.
[7] Esajan 1960, S. 98 f.
[8] Ibid, S. 99; ähnlich Zlatopol'skij 1963, S. 39.
[1] Vgl supra S. 69 f.

suchung der Fragen des Erwerbs der Republiksbürgerschaft gezeigt hat,
fehlen dort solche Spezifika. Selbst wenn der Erwerb oder der Bestand
der Republiksbürgerschaft rechtlich wenig oder ungeklärt ist, könnte
eine pragmatische Handhabung des Inhalts die Feststellung der einzelnen Republiksbürgerschaften ermöglichen.

Die Verfassungen der Unionsrepubliken der UdSSR garantieren [2]
den Bürgern der anderen Unionsrepubliken die gleichen Rechte wie
den eigenen Bürgern [3]. Dieser Bestimmung würde es eigentlich nicht
bedürfen. Die Verfassung der UdSSR geht in Art 21 von einer einheitlichen Staatsangehörigkeit der UdSSR aus und knüpft in der Konstruktion ihres Grundrechtskatalogs in den Art 118—133 und in den
Bestimmungen über das Wahlrecht in den Art 34, 134, 135 an die
Staatsangehörigkeit der UdSSR an (nur Art 58 erwähnt die Staatsangehörigkeit einer Unionsrepublik als Voraussetzung für das Wahlrecht zum Obersten Sovjet dieser Republik). Die Wiederholung des
Grundrechtskatalogs in den Verfassungen der einzelnen Unionsrepubliken erscheint auch überflüssig, da die dort garantierten Rechte
über diejenigen der Verfassung der UdSSR nicht hinausgehen. Es ver-
bleibt also als Sonderrecht der Staatsbürger der einzelnen Unionsrepubliken das Wahlrecht für die jeweiligen Obersten Sovjet.

Sehr interessant ist in diesem Zusammenhang die Aussage eines
sovjetischen Juristen [4]. Er schreibt, daß für Personen, welche in der
Wahlzeit ihren Aufenthaltsort wechseln, ein Wahlrechtsschein [udo-
stoverenie na pravo golosovanija] ausgestellt wird, welcher in diesem
Falle die Möglichkeit der Teilnahme an der Stimmabgabe gibt. Wenn
zB zur Zeit von Wahlen zum Obersten Sovjet der USSR ein Bürger
dieser Republik auf Dienstreise oder auf Urlaub in der RSFSR sei
und dort auch Wahlen zum Obersten Sovjet stattfinden, so könne dieser
Bürger aufgrund seines „Wahlrechtscheines" an der Wahl des obersten
Organs der Staatsmacht der RSFSR teilnehmen. Solch eine Entscheidung entspringe aus dem in der Verfassung der UdSSR festgelegten
Prinzip der Einheit [edinstvo] der sovjetischen Staatsangehörigkeit,
aufgrund welcher jeder Bürger einer Unionsrepublik gleichzeitig ein
Bürger der UdSSR sei. Aufgrund dieser Bestimmung werden allen
Bürgern anderer Unionsrepubliken auf dem Territorium zB der RSFSR
nach Art 18 ihrer Verfassung die gleichen Rechte gewährt.

---

[2] Art 17 der Verfassungen der USSR, MSSR, TaSSR und ArSSR und Art 18
der Verfassungen der übrigen Unionsrepubliken.
[3] Vgl dazu ŠEVCOV 1969, S. 62 ff mit weiteren Literaturhinweisen zum sovjetischen Schrifttum.
[4] ZLATOPOL'SKIJ 1967, S. 6 f.

Die Möglichkeit von Wanderwählern kann die einzelnen Staatsangehörigkeiten der Unionssrepubliken *ad absurdum* führen, weil dann offensichtlich das aktive Wahlrecht für die Wahlen zum Obersten Sovjet der Unionsrepublik nicht von der rechtlichen Zugehörigkeit zu dieser Republik abhängt [5]; der Wanderwähler befindet sich ja, wie gesagt wurde, nur vorübergehend in einer anderen Unionsrepublik und ist durch die Ausstellung eines Wahlrechtsscheines nicht Staatsbürger dieser anderen Unionsrepublik geworden. Wenn er aber durch solch einen „Wahlrechtsschein", etwa für die Zwecke der Wahlteilnahme, Staatsbürger einer anderen Unionsrepublik geworden sein soll, so fehlen hier die Voraussetzungen für einen völkerrechtlich gültigen Erwerb einer anderen Staatsangehörigkeit im Sinne des „genuine link" der Entscheidung des IHG im Nottebohm-Fall [6]. Es lag dem oben erwähnten Autor aber fern, solch einen Erwerb der Staatsangehörigkeit einer anderen Unionsrepublik zu konstruieren. Es könnte sich aber auch das aktive Wahlrecht zur Wahl des Obersten Sovjet einer Unionsrepublik aus der Staatsangehörigkeit der UdSSR ergeben. Dieses jedoch würde einerseits dem Art 58 der Verfassung der UdSSR und andererseits zB dem Art 25 der Verfassung der RSFSR widersprechen.

Die vom Autor angenommene Gleichzeitigkeit der Wahlen zu den Obersten Sovjets der Unionsrepubliken entspricht zwar der sovjetischen Praxis, ergibt sich jedoch nicht notwendig aus den entsprechenden Bestimmungen der jeweiligen Teilrechtsordnungen.

Ein anderer möglicher Inhalt der Republiksbürgerschaft wäre die Bestimmung des in einem konkreten Fall zur Anwendung kommenden Rechts. Da der überwiegende Teil der sovjetischen Rechtsordnung [7] aus Unionsrepublikgesetzen besteht, kann zB im Falle des Aufenthaltes eines Sovjetbürgers im Auslande [8] das bei einer Eheschlie-

---

[5] Wie es die Bestimmungen über die Wahl zum Obersten Sovjet der Unionsrepubliken: Art 58 Verf.UdSSR; Art 21: BSSR, LiSSR, MSSR, LaSSR, TaSSR, ArSSR, ESSR; Art 23: USSR, UzSSR, KazSSR, KiSSR, TuSSR; Art 25: RSFSR, AzSSR und Art 28 GSSR vorsehen; die Wahlen für die örtlichen und Gebietsvertretungsorgane werden von der Wohnbevölkerung durchgeführt, siehe Art 95 Verf. UdSSR und etwa Art 79 Verf. RSFSR.

[6] *IGH Rep.* 1955, S. 4—65.

[7] ZB Zivilrecht, ZPO, Strafrecht, StPO, Ehe- und Familienrecht, Arbeitsrecht, Gerichtsverfassungsrecht usw.

[8] Vgl GINSBURGS 1968, der (S. 22) diesen Fall beschreibt: „Where republican citizenship has had practical implications is in determining what set of laws applies to a Soviet citizen abroad." Bei Familienstandsangelenheiten innerhalb der UdSSR gilt *lex fori*, vgl Art 8 *Grundlagen des Ehe- und Familienrechts* vgl auch ORLOVA 1966, S. 190; Art 164/3 Familienrechtsgesetz RSFSR.

ßung anzuwendende Recht sich nach seiner Republiksbürgerschaft bestimmen [9]. Die Konsularordnung der UdSSR verweist in Art 57 [10] für die Führung von Personenstandsangelegenheiten auf Gesetze der entsprechenden Unionsrepubliken; Art 32 Grundlagen des Familienrechts sowie zB Art 160 des Familienrechtsgesetzbuches der RSFSR bestimmen das Verfahren, nach welchem das zur Anwendung kommende Gesetz festgestellt wrd [11].

Der konkrete Inhalt der Republiksbürgerschaft, in diesem Falle also die Bestimmung des zur Anwendung kommenden Rechtes, wird allerdings in der Konsularordnung durch einen Hinweis auf Anordnungen des Außenministeriums [damals Narkomindel] und in den Familienrechtsgesetzen durch das Wahlrecht der Ehekandidaten verschiedener Republiksbürgerschaft und letztlich durch das Entscheidungsrecht des Standesbeamten bei Uneinigkeit der Ehekandidaten wieder abgeschwächt. Es bleibt also nur eine Vermutung für die Anwendung des Rechts der Unionsrepublik der Republiksbürgerschaft.

Noch ein Fall, in welchem das geltende Sovjetrecht Rechtsfolgen an die Republiksbürgerschaft knüpft, ist die Adoption eines Minderjährigen durch einen Ausländer, wenn der Minderjährige sich im Ausland aufhält [12]. Hier hat das zuständige Organ der jeweiligen Unionsrepublik die Zustimmung zur Adoption zu geben [13], in der RSFSR beispielsweise das Ministerium für Volksbildung [prosveščenie] [14]. In der Staatsangehörigkeit des Adoptierten tritt dadurch kein Wechsel ein [15].

Da die Unionsrepubliken das Recht [16] zur Aufstellung eigener Truppenformationen haben [17], könnte angenommen werden, daß sich aus dem Rechtsverhältnis der Staatsangehörigen zu ihrem Heimat-

---

[9] Siehe supra S. 72 f.

[10] Zit. nach ORLOVA 1966, S. 200.

[11] Siehe supra S. 72 f.

[12] Bei Aufenthalt im Inland ist ein Verweis auf Republiksbürgerschaft nicht ersichtlich, siehe Art 98—118 *Familenrechtsgesetz* RSFSR.

[13] Art 34 *Grundlagen des Ehe- und Familienrechts.*

[14] Art 164 *Familienrechtsgesetz* RSFSR; bei manchen anderen Unionsrepubliken ist das kompetente Organ der Ministerrat, siehe Kommentar zum *Familienrechtsgesetz* RSFSR, S. 229, Fn 1.

[15] Vgl Kommentar zum *Familienrechtsgesetz* RSFSR, S. 230 f und Analogieschluß zur Republiksbürgerschaft.

[16] Bisher lediglich während des Zweiten Weltkrieges — aber damals ohne rechtliche Grundlage — verwirklichtes Recht.

[17] Art 18-b Verf.UdSSR; Art 13-a ESSR; Art 15-a USSR; Art 15-b MSSR, ArSSR; Art 16-a KazSSR; Art 16-b RSFSR, AzSSR, GSSR, UzSSR, KiSSR, TuSSR, BSSR, LiSSR, LaSSR, TaSSR.

staat Treuepflichten, etwa in der Art der Wehrpflicht ergeben [18]. Die allgemeine Wehrpflicht der UdSSR wird durch das Gesetz vom 12. 10. 1967 [19] geregelt und bezieht sich lediglich auf den Wehrdienst in den Reihen der bewaffneten Streitkräfte der UdSSR, bestehend aus der Sovjetarmee, Kriegsmarine, Grenz- und Binnentruppen [pograničnye i vnutrennye vojska] [20]. Da vergleichbare Bestimmungen in den Rechtsordnungen der Unionsrepubliken fehlen, muß angenommen werden, daß keine Beziehung zwischen Republiks-Wehrpflicht und Republiksbürgerschaft besteht.

Außer diesen möglichen Inhalten der Republiksbürgerschaft aus dem innerstaatlichen Recht könnte die Republiksbürgerschaft auch einen völkerrechtlichen Inhalt haben [21], nämlich durch das einem Staat für seine Staatsbürger zustehende diplomatische Schutzrecht und die Haftung von Staaten aus Anlaß von Handlungen seiner Staatsangehörigen.

Die Ausübung des diplomatischen Schutzrechtes durch die Unionsrepubliken der UdSSR wäre durchaus denkbar, da diesen das Recht auf eigene auswärtige Beziehungen und Vertretungen in der Verfassung gewährt worden ist [22].

Bisher haben bloß die USSR und die BSSR — und das nur bei internationalen Organisationen — auswärtige Vertretungen bestellt [23]. Das wäre nicht notwendigerweise ein Hindernis für die Ausübung des diplomatischen Schutzrechtes, da es fraglich ist, ob direkte diplomatische Beziehungen zwischen dem Staat, der den Schutz ausübt und dem belangten Staat bestehen müssen; man denke etwa an die Funktion der Schutzmacht während bewaffneter Auseinandersetzungen oder an die Betrauung eines Drittstaates mit der Interessenvertretung bei Abbruch diplomatischer Beziehungen.

Mit der Ausnahme, daß unter gewissen Umständen internationale Organisationen das diplomatische Schutzrecht zugunsten ihrer Funktionäre ausüben können [24], kann man aber sagen, daß das diplomatische

---

[18] Vgl VERDROSS, S. 316.

[19] VVS SSSR 1967/42.

[20] Art 1—4 dieses Gesetzes.

[21] Gegen einen „doppelten" Inhalt der Staatsangehörigkeit wendet sich zB ČERNIČENKO IMO 1968, S. 42 ff.

[22] Art 18-a Verf.UdSSR; Art 13-b ESSR; 15-a MSSR, ArSSR; 15-b USSR; 16-a RSFSR, AzSSR, GSSR, UzSSR, KiSSR, TuSSR, BSSR, LiSSR LaSSR, TaSSR; 16-b KazSSR.

[23] Zur Ausübung des *jus delegationis* seitens der Unionsrepubliken siehe infra S. 273.

[24] Vgl Reparations for Injuries suffered in the Service of the United Nations-Fall, *ICJ Rep.* 1949, S. 174 ff.

Schutzrecht nur durch *Staaten* für ihre Staatsangehörigen in Anspruch genommen werden kann [25]. Es käme im Falle einer Unionsrepublik der UdSSR wahrscheinlich also nicht auf das Vorhandensein von diplomatischen oder anderen direkten Beziehungen zwischen der Unionsrepublik als Anspruchsteller und einem anderen Staat als Anspruchgegner an, sondern darauf, ob der Anspruchgegner die betreffende Unionsrepublik als Völkerrechtssubjekt anerkennt [26]. Eine notwendige Völkerrechtssubjektivität der Unionsrepublik ist in diesem Falle nicht gegeben, weil die UdSSR jederzeit das diplomatische Schutzrecht für ihren Staatsangehörigen ausüben könnte, da ja nach Art 21 der Verf der UdSSR jeder Republiksbürger einer ihrer Unionsrepubliken zugleich auch Staatsbürger der UdSSR ist [27].

Eine Unionsrepublik *könnte* übrigens aus Anlaß von Handlungen von Privatpersonen auch Haftungssubjekt sein. Der Anknüpfungspunkt ist hier aber nicht die Staatsangehörigkeit derjenigen Person, welche die zur Haftung führende Handlung oder Unterlassung begangen hat, sondern die Bestimmung desjenigen Staatsorganes, welches das rechtswidrige Verhalten der Privatperson hätte verhindern können, oder welches nach Begehung des Unrechtes die nach den Umständen erforderlichen Schritte tun müßte [28].

Die Konstruktion der Haftung einer Unionsrepublik für Verhalten ihrer Organe dürfte in jedem Fall recht schwierig sein. Das Organ, welches in der UdSSR die Aufsicht über die Rechtmäßigkeit der Tätigkeit von Staatsorganen hat, ist die zentralistisch eingerichtete Staatsanwaltschaft der UdSSR [29], welche auf allen Ebenen ihrer Organisation nur den Charakter von Bundesorganen hat. Die Unions-Unionsrepublikanischen Ministerien, wie etwa die Innenministerien und Justizministerien der Unionsrepubliken sind an Weisungen der gleichnamigen Ministerien der UdSSR [30] gebunden. Wieweit also Handlungen und Unterlassungen von ihnen dem selbständigen Tätigkeitsbereich zuzu-

---

[25] Vgl Barcelona Traction, Light and Power Ltd.-Fall, *ICJ Rep.* 1970, S. 50 ff.

[26] Über die Wirkungen der Anerkennung der Völkerrechtssubjektivität der Unionsrepubliken der UdSSR siehe infra, S. 265 ff.

[27] So schreibt etwa KIRIČENKO 1972, S. 12, daß: „Der Sovjetstaat [sovjetskoe gosudarstvo] die Persönlichkeit des Bürgers der UdSSR ... auch außerhalb der Grenzen des Staates schützt." Vom Diplomatischen Schutz, den die Unionsrepubliken ausüben könnten, ist dabei nicht die Rede.

[28] Vgl etwa DAHM III, S. 195 ff mit weiteren Literaturhinweisen.

[29] Vgl GEILKE, G.: Einführung in das Sovjetrecht, Darmstadt 1966, S. 164 ff; vgl ebenfalls MEDER, W.: Das Sowjetrecht, Frankfurt—Berlin 1971, S. 346 mit Literaturangaben; vgl auch MURAŠIN, G. A.: Organy prokuratury ... Kiev 1972.

[30] Vgl für alle: Administrativnoe pravo, red. LUNEV, Jurlit, M. 1967, S. 88 f.

rechnen sind, würde für jeden Fall gesondert zu untersuchen sein. Es
ist kaum wahrscheinlich, daß ein Staat einer Unionsrepublik gegenüber,
mit der er keine diplomatischen Beziehungen unterhält, Ansprüche aus
Anlaß von Handlungen von Privatpersonen machen wird, wenn er
wohl in jedem Fall ein Organ der UdSSR als aufsichts- oder weisungs-
befugt bezeichnen wird können. Dazu kommt noch die gesondert behandelte Frage [31] der Haftung des Bundesstaates für das Verhalten
von Gliedstaaten [32].

5.1.4. Die Eignung des Rechtszustandes für Rückschlüsse auf das Staatsvolk

Um aus dem Element „Staatsvolk" Rückschlüsse auf die Staatlichkeit der Unionsrepubliken der UdSSR ziehen zu können, muß die Existenz dieses Staatsvolkes anhand objektiver Kriterien bewiesen werden.
Als rechtlicher Anknüpfungspunkt eignet sich dabei nur die Republiksbürgerschaft [1]. Obwohl die Republiksbürgerschaft, wie bereits dargelegt wurde [2], weder durch Gesetze der UdSSR noch der Unionsrepubliken geregelt ist, soll wenigstens der Versuch gemacht werden, den
bestehenden Rechtszustand anhand formeller und inhaltlicher Kriterien
kurz zusammenzufassen.

5.1.4.1. *Formell*

Der offensichtlich brauchbarste formelle Anknüpfungspunkt des
Kreises der Republiksbürger ist der Wohnsitz [3]. Offizielle Statistiken
der UdSSR oder der einzelnen Unionsrepubliken über die Zahl ihrer
Republiksbürger liegen nicht vor, auch keine Angaben über die Zahlen

---

[31] Siehe infra S. 289 ff.

[32] Vgl etwa DAHM III, S. 204 f.

[1] KOJA 1967, S. 56 stellt fest — hier allerdings im Zusammenhang mit der
österreichischen Rechtsordnung, — daß „... Vorschriften über die Staatsbürgerschaft von der traditionellen Staatsrechtslehre als für eine Verfassung wesentlich
angesehen wurden, weil sie auf die Existenz eines ‚Staatsvolkes' abstellen und damit
eines der drei Staatselemente rechtlich regeln. Die Landesverfassungsgesetzgeber der
österreichischen Bundesländer waren bestrebt, auf diese Weise die Landesverfassungen als echte *Staats*verfassungen auszuweisen." Es gibt aber auch Autoren, wie etwa
MOUSKHELY (1931, S. 144), die das Nebeneinanderbestehen von Unions- und Glied-
staatsbürgerschaft für unmöglich erachten, da: „... cette double nationalité peut
être la source des conflits internationaux". MOUSKHELY unterscheidet aber, KUNZ
folgend, zwischen Staaten „im Sinne des Völkerrechts" und Staaten „im Sinne des
Staatsrechts" (ibid, S. 98 ff).

[2] Siehe supra, S. 69.

[3] Siehe supra, S. 75 ff.

derjenigen Personen, welche ihren ständigen Wohnsitz in einzelnen Unionsrepubliken haben. Die einzigen Angaben, welche hier zum Vergleich herangezogen werden können, sind die Ergebnisse der 1970 in der UdSSR durchgeführten Volkszählung. Das Zentralamt für Statistik [4] hat diese Ergebnisse unter anderem auch nach der Bevölkerungszahl der Unionsrepubliken aufgeschlüsselt [5]. Diese Angaben enthalten den Bevölkerungsstand der Unionsrepubliken am 15. 1. 1970; er wurde nach dem Ort der Abgabe der Fragebogen ermittelt. Außerdem ist, sowohl für die UdSSR, als auch für die Unionsrepubliken die Bevölkerung nach Nationalitäten aufgegliedert. Die letzteren Angaben sind jedoch für eine Aussage über das Staatsvolk einzelner Unionsrepubliken ungeeignet. Der entscheidende Mangel liegt darin, daß diese Gliederung nicht auf formellen Kriterien beruht, deren wichtigste die Staats- oder Republiksbürgerschaft wäre, sondern auf dem persönlichen und subjektiven Entschluß jedes Befragten, in welchem er die Zugehörigkeit zu einer Nation oder Volksgruppe bestimmt [6]. Mit der Bestimmung der Nationalität eines Neugeborenen nach der Nationalität der Eltern befaßt sich lediglich das Ehe- und Familienrechtsgesetzbuch einer Unionsrepublik [7]. Einige andere Eherechtskodices enthalten nur Bestimmungen über die Nationalität von Kindern mit nicht festgestellter Vaterschaft, wo dann die Nationalität nach Angaben [ukazanie] der Mutter eingetragen wird [8]. In zwei Republiken wird die Nationalität des Findlings nach Angaben des Vormundschafts- und Pflegschaftsorganes festgestellt [9].

---

[4] Central'noe statističeskoe upravlenie pri Sovete Ministrov SSSR.

[5] *Pravda* und *Izvestija* vom 17. 4. 1971.

[6] Gozulov, A. I., Grigor'janc, M. G.: Narodonaselenie SSSR, M. 1969, S. 79.

[7] Art 63 des *Kodeks o brake i sem'e* der KazSSR: „Die Nationalität des Kindes wird durch die Nationalität der Eltern bestimmt. Ist die Nationalität der Eltern verschieden, wird sie auf Wunsch des Kindes bei Aushändigung des Passports entweder durch die Nationalität des Vaters oder der Mutter bestimmt." Vgl dazu Geilke in Bergmann/Ferid: *Internationales Ehe- und Kindschaftsrecht*, III Aufl. Bd V, FfM 1952, 42 Lieferung, Länderteil UdSSR, S. 36 f; siehe auch Beermann 1971, S. 29; vgl auch die Ausführungsverordnung über die Registrierung von Personenstandsakten der TuSSR vom 3. 3. 1959 (Chronologičeskoe sobranie zakonov TuSSR, Ukazov Prezidiuma Verchovnogo Soveta . . ., Bd IV, 1957—1960, Aschabad 1963, S. 413 ff, S. 415) Punkt 20: „Die Nationalität einer Person wird nach ihrem Paß festgestellt. Bei Fehlen eines Passes bestimmt sich die Nationalität nach der Nationalität ihrer Eltern. Wenn die Eltern verschiedenen Nationalitäten angehören, zB der Vater — Russe, die Mutter — Ukrainerin, wird die Nationalität nach Wunsch der Person aus den Nationalitäten der Eltern festgestellt."

[8] Art 149/2 des *Kodeks o brake i sem'e* der RSFSR, Art 229/3 der UzSSR und Art 190/2 der BSSR; Geilke ibid, S. 37 übersetzt „ukazanie" so, daß die Nationalität (Volkszugehörigkeit) derjenigen der Mutter entspricht.

[9] Art 184/3 der LiSSR, ebenso Art 35 der Instruktion: O porjadke registracija

Demgegenüber hat die Tatsache, daß der Fragebogen zufälligerweise an einem anderen Ort als am Wohnort abgegeben worden sein könnte, geringe Bedeutung [10].

Das Bild, welches die Aufgliederung der einzelnen Unionsrepubliken nach Nationalitäten zeigt, beweist wohl am besten, daß dieses Kriterium zur Determinierung des Staatsvolkes nicht geeignet ist. So setzte sich zB die Kazachische SSR 1970 aus 42,8% Russen, 32,4% Kazachen, 7,2% Ukrainern und 17,6% anderen zusammen. Die Kirgizische SSR bestand aus 43,8% Kirgisen, 29,2% Russen, 11,3% Uzbeken und 15,7% anderen. Die Lettische SSR bewohnten 56,8% Letten, 29,8% Russen, 4% Weißrussen und 19,4% andere [11].

Im sovjetischen Schrifttum wird die Selbstbestimmung der Nationalität als eine besondere Errungenschaft der sovjetischen Volkszählung gepriesen, dagegen die Vermischung von Fragen der Nationalität mit denen der Religionszugehörigkeit und der Staatsangehörigkeit [graždanstvo-poddanstvo] bei Volkszählungen kapitalistischer Länder als unwissenschaftlich abgelehnt [12].

Dabei wurde allerdings übersehen, daß bei Volkszählungen, welche diese Kriterien berücksichtigen, nicht Angaben vermischt, sondern getrennte Ergebnisse vorgelegt werden [13].

Die räumliche Aufgliederung von Ergebnissen einer Volkszählung kann für sich allein auch deshalb keinen Aufschluß über die Existenz

---

actov graždanskogo sostojanija v Latvijskoj SSR vom 19. 12. 1969, *VVS LaSSR* 1970/9 (Standesamtsordnung), siehe auch GEILKE ibid, S. 37; der Kommentar zum Ehe- und Familienrechtskodex der RSFSR, M. 1971, S. 208 erwähnt bei der Registrierung der Daten von Findlingen nur, daß nach Angaben des Vormundschafts- und Pflegschaftsorganes Familienname, Name und Vatersname [otčestvo] einzutragen sind; siehe dazu die Formblätter für die Geburtenregistrierung nach der *Instrukcija o porjadke registracija aktov graždanskogo sostojanija* in *Zapis' aktov graždanskogo sostojanija*, M. 1961, S. 26 ff, wo sowohl im Register des ZAGZ [Standesamt] als auch in der Geburtsbestätigung als Rubrik lediglich die Nationalität der Eltern aufscheint; ähnlich Art 23—25 der Standesamtsordnung der LaSSR, wo bei der Registrierung der Geburt für das Kind Name, Familienname, Vatersname, Nationalität der Eltern eingetragen werden.

[10] GOZULOV/GRIGOR'JANC 1969, S. 9 weisen auf Fragekategorien bei der Volkszählung 1959, wie vorübergehender Aufenthalt oder Abwesenheit hin.

[11] *Pravda* vom 17. 4. 1971, zur Volkszählung 1970 s. TAAGPERA, R. 1972, S. 216—221.

[12] GOZULOV/GRIGOR'JANC 1969, S. 79.

[13] Vgl etwa die Gliederung der Bevölkerung nach Umgangssprache im österreichischen Bundesland Kärnten bei den Volkszählungen 1951, 1961 und 1971; vgl auch die italienische Volkszählung von 1970 bezüglich des Gebrauches der deutschen Sprache in der Provinz Bozen.

eines Staatsvolkes eines Territorialverbandes geben, weil auch Einheitsstaaten ihre Zensus-Ergebnisse nach diesem Kriterium ordnen [14].

Da bei den Volkszählungen der UdSSR ein rechtliches Kriterium, wie die Republiksbürgerschaft der Unionsrepubliken, nicht berücksichtigt worden ist, die Angaben über Nationalität einerseits ein Bild der Vermischung dieser über die Grenzen der einzelnen Unionsrepubliken hinweg ergeben, andererseits durch die Selbstbestimmung der Nationalität bei Volkszählungen ein Heranziehen dieser Zensus-Ergebnisse zur Beweisführung für die Existenz eines Staatsvolkes nicht geeignet ist [15] und schließlich die Aufgliederung der Bevölkerung eines Staates nach räumlichen Gesichtspunkten kein Spezifikum eines Bundesstaates darstellt, erbringen die Ergebnisse der Volkszählung keinen Beweis für die Existenz eines Staatsvolkes einer Unionsrepublik.

5.1.4.2. Inhaltlich

Vom Inhalt her gesehen ist das Institut der Republiksbürgerschaft eigentlich überflüssig, da in den wenigen Fällen, in welchen die Rechtsordnung an diese anknüpft, Parteienautonomie [1] oder Akt eines Verwaltungsorganes [2] das rechtlich notwendige Vorhandensein der Republiksbürgerschaft ersetzen kann. Nur bei der Adoption eines im Auslande lebenden Minderjährigen ist die Bestimmung der Republiksbürgerschaft unerläßliche Voraussetzung zur Bestimmung des der Adoption zustimmenden Staatsorgans. Was bleibt, ist letztlich ein recht magerer Inhalt für ein „wesentliches Kriterium der Souveränität" [3].

---

[14] So zB die Volkszählung in Frankreich 1968, siehe dazu: *Sovremennaja karta zarubežnogo mira* (Administrativno-territorial'noe delenie zarubežnych stran) red. SIEGER, M., M. 1971, S. 76 ff; Volkszählung in Ungarn 1970, ibid, S. 39.

[15] Es muß aber darauf hingewiesen werden, daß Selbstbestimmung als subjektives Kriterium zur Bestimmung der Volkszugehörigkeit bei der Bestimmung von Minderheiten durchaus eine Rolle spielen kann, siehe KLOSS 1970, S. 155—180 mit vielen Literaturhinweisen; vgl auch das Urteil des *StIGH* vom 26. 4. 1928 im Fall: Rights of German Minorities in Upper Silesia, *PCIJ A/15*, 4—88.

[1] Das Wahlrecht der Ehepartner unterschiedlicher Republiksbürgerschaft bei Eheschließung vor einer auswärtigen Vertretungsbehörde der UdSSR nach Art 32 *Grundlagen* und nach Art 164 des Ehe- und Familienrechtsges. der RSFSR.

[2] Das Recht des Standesbeamten zur Bestimmung des für die Eheschließung im Ausland zur Anwendung kommenden Rechtes, wenn die Ehekandidaten sich auf ein solches nicht einigen können; ferner die Ausstellung eines Wahlrechtsscheines, welcher zur Teilnahme an den Wahlen zum Obersten Sovjet einer anderen Unionsrepublik berechtigt (siehe supra, S. 79 f).

[3] Siehe supra, S. 69, vgl dazu das Erkenntnis des VerfGH Österreichs vom 16. 12. 1952, *Slg 2455*, S. 576; dieser stellt für die österreichische Landesbürgerschaft fest: „Die Landesbürgerschaft hat überhaupt keinen besonderen rechtlichen Inhalt,

5.1.5.　Zusammenfassung

Das geltende sovjetische Staatsbürgerschaftsrecht und die Untersuchung der formellen und inhaltlichen Abgrenzungskriteria der einzelnen Republiksbürgerschaften lassen eine rechtliche Bestimmung der Republiksbürgerschaften nicht zu [1]. Es ist durchaus möglich, daß ein neues Staatsbürgerschaftsrecht in dieser Frage Klärung schaffen wird [2]. Auch das sovjetische Schrifttum hat den Beweis der Existenz einer „Republiksbürgerschaft an sich" nicht erbringen können, vermutlich aber auch nicht zu erbringen beabsichtigt, denn das Hauptanliegen der sovjetischen Juristen scheint darin zu liegen, die Einheit von Unions- und Republiksbürgerschaft zu beweisen [3].

Da aber für die rechtliche Abgrenzung des Staatsvolkes einer Unionsrepublik von demjenigen der anderen Unionsrepubliken nur die Republiksbürgerschaft herangezogen werden kann, solch eine Abgrenzung sich jedoch mit juristischen Mitteln nicht durchführen läßt, muß die Frage nach der Staatlichkeit der Unionsrepubliken für das Staatselement „Staatsvolk" negativ beantwortet werden [4]. Sicher kann gesagt werden, daß grundsätzlich jeder Staatsbürger der UdSSR dem geltenden Sovjetrecht nach Republiksbürger irgendeiner Unionsrepu-

---

aus ihr ergeben sich auch keinerlei besondere Rechte und Pflichten. Ein besonderer rechtlicher Gehalt der Landesbürgerschaft wäre sogar verfassungswidrig, weil nach Art 6 Abs 3 *B.-VG* jeder Bundesbürger in jedem Lande gleiche Rechte und Pflichten hat, wie der Bürger des Landes selbst."

[1] Diese Feststellung wird auch dadurch nicht entkräftet, daß in den Fällen individueller Einbürgerungen Republiksbürgerchaft festzustellen ist, siehe supra S. 67, 74. Die Anzahl der durch diese Einbürgerungen determinierten Republiksbürger reicht für die Konstituierung eines Staatsvolkes bei weitem nicht aus.

[2] Nach Meldung der *Izvestija* vom 26. Juni 1973 ist ein neues Staatsbürgerschaftsgesetz der UdSSR in Vorbereitung, weil das alte nicht mehr: „... alle in der Praxis entstehenden Fragen regelt."

[3] Vgl den komplizierten dialektischen Gedankenbau von Ševcov 1969, S. 62—78.

[4] Zu diesem Ergebnis kommt — allerdings bei der Untersuchung der Souveränität — auch Mouskhely/Jedryka 1961, S. 412; das Vorhandensein eines Staatsvolkes der Unionsrepubliken verneint ebenfalls Belz in *12 JöR* (NF), 1963, S. 277; vgl dazu Sawczuk 1972, S. 39: die Staatsangehörigkeit einer Unionsrepublik sei von solch einer „fluid nature", daß bei der Betrachtung der Permanenz der Bevölkerung Fehler entstehen müssen. Wenn Arnold 1973, S. 126 f feststellt, daß die Staatsvölker der Unionsrepubliken nicht mehr Objekte einseitiger und willkürlicher Eingriffe der Union seien, so scheint diese Aussage ziemlich undifferenziert und im Zusammenhang mit der Frage des Staatsvolkes von geringer Aussagekraft. Arnold unternimmt nicht einmal den geringsten Versuch, diese Staatsvölker zu determinieren. Lediglich im Zusammenhang mit der formellen Rechtsverfassung erwähnt er (S. 52), daß die Verfassung der RSFSR in Art 18 und 19/25 von der Staatsangehörigkeit handelt.

blik sein muß. Wenn sich aber nicht feststellen läßt, welcher Unionsrepublik er rechtlich zuzurechnen ist, kann man nicht von einem
eigenen Staatsvolk der Unionsrepublik sprechen [5].

5.2. Das Territorium

In der Lehre wird das Staatsgebiet als weiteres Kriterium für die
Staatlichkeit angesehen. So geht die traditionelle Staatsrechtslehre
davon aus, daß jeder Staat ein abgegrenztes Gebiet haben muß [1] und
versteht dieses einerseits als exclusive Herrschaftssphäre dieses Staates
(Ausschluß fremder Herrschaftsgewalt) und andererseits als „räumliche Grundlage der Herrschaftsentfaltung" [2] über alle Personen, die
sich auf seinem Territorium befinden. Auch in der Völkerrechtslehre
fordert die Mehrheit der Autoren für die Staatsqualität eines Gebildes
das Wesensmerkmal „Staatsgebiet" [3]. Für die völkerrechtliche Praxis
mag die *Montevideo Convention on Rights and Duties of States* [4] als
Beispiel gelten, nach deren Art 1 ein Staat als Völkerrechtssubjekt eines
„defined territory" bedarf. Hier muß allerdings die Einschränkung
gemacht werden, daß in der Praxis die endgültige und im gesamten
Umfang der Grenzen festgelegte Definierung des Staatsgebietes nicht
immer als notwendig erachtet wurde [5]. Für die Praxis der Vereinten

---

[5] Dessenungeachtet sind die BSSR und die USSR Vertragsparteien der *Konvention über die Staatsangehörigkeit der verheirateten Frau*, vom 20. 2. 1957,
309 UNTS; und der *Konvention über den Status von Apatriden, 360 UNTS;* Abkommen zur Vermeidung von Doppelstaatsangehörigkeit bestehen jedoch nur zwischen der UdSSR und: Albanien (*307 UNTS*); Bulgarien (*302 UNTS* vom 12. 12.
1957, nach Černičenko IMO, 1968, S. 125 vom 6. 7. 1966); ČSSR (*320 UNTS*);
Ungarn (*318 UNTS* vom 24. 8. 1957; Černičenko 1968, S. 125 erwähnt ein Abkommen vom 21. 8. 1963); Mongolische Volksrepublik (*322 UNTS*); Polen (*319
UNTS* vom 21. 8. 1958; nach Černičenko ibid vom 31. 3. 1965); Rumänien (*318
UNTS* vom 4. 9. 1957) nach Černičenko ibid mit Jugoslavien vom 22. 5. 1956
und mit der Chinesischen Volksrepublik vom 16. 12. 1957.

[1] Vgl etwa Jellinek, repr. 1966, S. 394 f.

[2] Ibid, S. 398; vgl auch Rousseau 1974, S. 45 ff; so auch Djablo, Diss. 1969,
S. 31.

[3] So etwa Seidl-Hohenveldern 1969, S. 173; Berber I, S. 117; Dahm I, S. 76,
der sich gegen Verdross in Festschrift Klang 1950, S. 19 f wendet, wo behauptet
wird, daß *nur* das Volk einen Staat konstituiere; Brownlie 1966, S. 67; Rousseau
1974, S. 36 ff; auch die reine Rechtslehre berücksichtigt diese Wesensmerkmal des
Staates über die Konstruktion des territorialen Geltungsbereiches der staatlichen
Rechtsordnung; vgl etwa Kelsen—Tucker 1967, S. 307 ff; dagegen Klimenko
1968, S. 198 f.

[4] 165 *LNTS*, S. 19.

[5] Vgl Literaturhinweise in Fn 3.

Nationen ist festzustellen, daß das Vorhandensein von Staatlichkeit wegen des Fehlens genau bestimmter Grenzen in einigen Fällen bestritten wurde, jedoch:

> „It seems reasonable to conclude that this traditional attribute of statehood has received considerable attention in the United Nations practice, and that, given its customary liberal interpretation, it has been properly applied" [6].

In der sowjetischen Literatur zum Staatsrecht spielt das Staatsgebiet als Wirkungsgebiet der Staatsmacht eine große Rolle [7]. Die sowjetische Völkerrechtsliteratur hat bei der Untersuchung der staatlichen Souveränität auch auf das Staatselement „Staatsgebiet" bezug genommen [8]. Stark hervorgehoben wird dieses Wesensmerkmal des Staates im sowjetischen Schrifttum insbesondere dann, wenn die Völkerrechtssubjektivität oder die Souveränität der Unionsrepubliken bewiesen werden sollen [9].

Daher muß die Staatlichkeit der Unionsrepubliken als Vorfrage für die Beurteilung ihrer Völkerrechtssubjektivität auch unter dem Gesichtspunkt ihres Staatsgebietes untersucht werden.

5.2.1. Die Bestimmung des Territoriums der Unionsrepubliken

Bevor der genaue Inhalt der den Unionsrepubliken der UdSSR verfassungsmäßig gewährten Territorialhoheit untersucht werden kann, muß aufgezeigt werden, ob und in welcher Weise das Staatsgebiet der einzelnen Unionsrepubliken' bestimmt werden kann. Die Grenzen der Unionsrepubliken lassen sich in Außen- und Binnengrenzen aufteilen [1]. Die Außengrenzen fallen mit denjenigen der UdSSR zusammen, da die UdSSR nach ihrer Verfassung keine bundesunmittelbaren Gebiete kennt, wie etwa die USA den District of Columbia. Gemäß Art 13 der Verfassung der UdSSR aus 1936 [2] besteht die UdSSR aus 15 (namentlich aufgezählten) Unionsrepubliken. Daraus ist zu schließen,

---

[6] HIGGINS 1963, S. 17 ff, Zitat S. 20.
[7] Vgl etwa: *Osnovy teorii gosudarstva i prava*, red. ALEKSEEV, 2e Aufl. M. Jurlit 1971, S. 43.
[8] Vgl Hinweise bei FRENZKE 1971, S. 242 f.
[9] Vgl infra S. 93 f.
[1] Vgl für Österreich: KOJA, 1967, S. 43 f.
[2] Vergleichbar mit der Präambel des Vertrages über die Bildung der UdSSR vom 30. 12. 1922 und die Wiederholung dieser Präambel im Teil 2 der Verfassung der UdSSR vom 31. 1. 1924, in welcher erklärt wird, daß sich die aufgezählten sozialistischen Sowjetrepubliken zur Union der Sozialistischen Sowjetrepubliken zusammenschließen.

daß die UdSSR nur aus diesen Unionsrepubliken besteht und keine weiteren Gebiete zu ihr gehören.

Einen Hinweis auf den Verlauf der Staatsgrenzen der UdSSR enthält die *Verordnung über den Schutz der Staatsgrenzen der UdSSR vom 5. 8. 1960* [3].

Der Art 2 dieser Verordnung bestimmt:

„Die Staatsgrenze der UdSSR wird durch Entscheidungen der obersten Organe der Staatsmacht der UdSSR und durch geltende Vereinbarungen der UdSSR mit anderen Staaten bestimmt.
Der Lauf der örtlichen Grenzen wird durch Protokolle-Beschreibungen [protokolami-opisanijami] und andere Demarkationsdokumente bestimmt."

Art 3 derselben Verordnung legt die Breite der Territorialgewässer der UdSSR mit 12 Seemeilen fest und bestimmt, daß die Linie der äußeren Begrenzung dieser Territorialgewässer die Seegrenzen der UdSSR darstellt.

Über den Verlauf der Landgrenzen der UdSSR mit benachbarten Staaten gibt es zahlreiche Vereinbarungen. Auf sie braucht im Detail nicht eingegangen zu werden [4]. Über den Verlauf der Seegrenzen, sowie über die Abgrenzung des Kontinentalschelfs bestehen ebenfalls Vereinbarungen mit anderen Staaten [5].

Man wird also davon ausgehen können, daß sich die Außengrenzen der Unionsrepubliken durch die Grenzen der UdSSR im allgemeinen bestimmen lassen [6].

Sofern die Binnengrenzen zwischen einzelnen Unionsrepubliken nach dem Eintritt dieser in die UdSSR verändert worden sind, ist der Grenzverlauf den entsprechenden Normativakten zu entnehmen. Als Beispiel kann die im Jahre 1972 vollzogene Grenzveränderung zwischen der UzSSR und KiSSR — Übertragung eines Teils des *Andi-*

---

[3] *Položenie ob ochrane gosudarstvennoj granicy Sojuza Sovetskich Socialisticeskich Respublik*, VVS SSSR 1960/34.

[4] Vgl die Gesetzesverordnungen [ukaz] über die Ratifizierung solcher Verträge in SZS Bd 2, Index, S. 850 unter: *granica* und Bd 3, Index, S. 578 ebendort.

[5] Ibid.

[6] Auf die Meinungsverschiedenheiten zwischen der UdSSR und der Chinesischen Volksrepublik über den Grenzverlauf zwischen diesen beiden Staaten soll wegen der Komplexität dieser Fragen nicht eingegangen werden. Der Verlauf der Außengrenzen der betroffenen Unionsrepubliken wird sich sicherlich mit demjenigen der Grenze der UdSSR decken, denn es kann nicht angenommen werden, daß eine Unionsrepublik nach einer Einigung zwischen der UdSSR und China andere Entscheidungen herbeiführen kann.

džaner Gebietes [*Andidžanskaja oblast'*] von der UzSSR an die KiSSR
dienen:

Durch Gesetzesverordnung [Ukaz] des Präsidiums des Obersten
Sovjet der UdSSR vom 28. 1. 1972 [7] wurde aufgrund des Art 14/d
der Verfassung der UdSSR die Ukaze der Präsidia der Obersten So-
vjets der UzSSR vom 20. 10. 1971 und der KiSSR vom 21. 10. 1971
über die Gebietsveränderung bestätigt. Im Ukaz des Präsidiums des
Obersten Sovjet der UdSSR heißt es, daß die genaue Beschreibung des
neuen Grenzverlaufs im Urtext der Gesetzesverordnung enthalten ist [8].
Frühere Gesetzesverordnungen über Gebietsveränderungen zwischen
Unionsrepubliken enthalten auch im veröffentlichten Text die genaue
Beschreibung des veränderten Grenzverlaufes [9].

Sofern sich die Grenzen zwischen den Unionsrepubliken nach ihrem
Eintritt in die UdSSR nicht verändert haben, muß man davon ausgehen, daß sie den „historischen [10] Grenzen" entsprechen, denjenigen
Grenzen also, welche die betreffenden Unionsrepubliken vor ihrem
Eintritt in die UdSSR hatten [11]. Für die zentralasiatischen Republiken,
welche durch die völkische Abgrenzung [nacional'noe razmeživanie]
1924—1936 entstanden, lassen sich sowohl aus der Gesetzgebung der
UdSSR als auch der Gesetzgebung der einzelnen Unionsrepubliken
genügend Hinweise auf die Grenzziehung entnehmen [12].

Für die Zwecke der vorliegenden Untersuchung genügt die Feststellung, daß das Territorium der einzelnen Unionsrepubliken anhand
von Normativakten sowohl der UdSSR als auch der betreffenden
Unionsrepublik bestimmt und vom Territorium der angrenzenden
Unionsrepubliken abgegrenzt werden kann. Somit kann gesagt werden,
daß für das Staatselement „Staatsgebiet" die Voraussetzung „Abgrenzbarkeit" erfüllt ist.

---

[7] *VVS SSSR* 1972/5.

[8] Diese Gesetzesverordnung wurde durch Gesetz v. 20. 9. 1972 (*VVS SSSR*
1972/39) bestätigt.

[9] So etwa die Grenzverschiebung zwischen der USSR und der BSSR durch
Ukaz des Präsidiums des Obersten Sovjet v. 4. 12. 1939, *VVS SSSR* 1939/38; dto
zwischen der USSR und MSSR, *VVS SSSR* 1940/45; BSSR und LiSSR, *VVS SSS*
1940/45 etc.

[10] Vgl etwa die Betrachtungen von KOJA 1967 für Österreich, S. 43 ff.

[11] Also etwa die drei baltischen Unionsrepubliken ESSR, LaSSR und LiSSR
vor ihrer Eingliederung in die UdSSR 1940.

[12] Vgl die Zusammenstellung, die GEILKE 1964 für die einzelnen Unionsrepubliken in seiner Untersuchung des Staatsangehörigkeitsrechts der UdSSR gemacht hat:
S. 132 ff; vgl auch infra S. 97, Fn 16.

5.2.2. Der Inhalt der Territorialhoheit der Unionsrepubliken

Die „drei-Elementen-Lehre" geht bei der Behandlung des Staatsgebietes vom Wesensmerkmal: „eigenes Staatsgebiet" aus. Daher ist für die Unionsrepubliken der UdSSR neben der Abgrenzbarkeit als wichtiges Indiz für das eigene Staatsgebiet das Ausmaß der Verfügungsgewalt herauszuarbeiten, um entscheiden zu können, ob es sich um „eigene" Staatsgebiete oder bloß um administrativ-territoriale Aufgliederungen des Gebietes der UdSSR handelt.

Da diese Untersuchung nicht die föderative Struktur der UdSSR zum Gegenstande hat, sondern nur zur Entscheidung der Vorfrage nach der Staatsqualität der Unionsrepubliken dient, um aus der Beantwortung dieser Frage völkerrechtliche Schlüsse ziehen zu können [1], müßte nur das Vorhandensein von Gebietshoheit bei den Unionsrepubliken nachgewiesen werden.

Gebietshoheit wird einmal als räumlicher Bereich verstanden, auf dem der Staat berechtigt ist, seine Hoheitsakte zu setzen [2], dann als Garantie des Gebietsbestandes und zum dritten als (völkerrechtliche) Verfügungsgewalt über das Staatsgebiet, welches ein Staat ganz oder teilweise abtreten oder der Hoheitsgewalt eines anderen Staates unterstellen kann [3].

5.2.2.1. *Die Gebietshoheit als räumlicher Geltungsbereich der Rechtsordnung*

Der räumliche Geltungsbereich der Teilrechtsordnung einer Unionsrepublik ist innerhalb ihrer Grenzen ohne Zweifel gegeben. Dem steht die gleichzeitige Geltung des Rechts der UdSSR nicht entgegen. Es ergibt sich ferner aus dem Verfassungsrecht der Unionsrepubliken und der UdSSR, daß eine Kompetenzverteilung zwischen Bund und Gliedstaaten vorgesehen ist (Art 14 der Verfassung der UdSSR und entsprechende Art der Verf der Unionsrepubliken bestimmen die ausschließlichen Kompetenzen der UdSSR und die Kompetenzen der UdSSR auf dem Gebiet der Grundsatzgesetzgebung [1]), ferner, daß das Recht der UdSSR in allen Gliedstaaten Geltung hat (Art 19 der Verf

---

[1] Vgl supra S. 89 f.
[2] Etwa im Sinne von KELSEN/TUCKER, S. 307.
[3] Vgl RIDDER, H.: „Gebietshoheit" WV², Bd I, S. 625.
[1] Vgl infra S. 159 ff.

der UdSSR und entsprechende Art in den Verf der Unionsrepubliken) und im Falle einer Kollision mit einem unionsrepublikanischen Gesetz Vorrang genießt (Art 20 der Verf der UdSSR, *keine* entsprechende Bestimmung in den Verfassungen der Unionsrepubliken). Es muß also angenommen werden, daß die Gliedstaaten es wollen, daß der Bund sich auf gewissen Gebieten alleine, auf anderen zusammen mit den Gliedstaaten betätige, genauso, wie der Bund die Gliedstaaten gewisse Aufgaben wahrnehmen läßt [2]. Auch im sovjetischen Schrifttum erscheinen gelegentlich Hinweise auf die Gebietshoheit als räumlichen Geltungsbereich der Staatsordnung [3]. Bei diesbezüglichen Aussagen kommt ein Autor sogar dabei der reinen Rechtslehre sehr nahe [4]. Er bezieht sich hierbei nur auf die Gerichtshoheit, allerdings wahrscheinlich als Zwangsmittel sehr weit verstanden:

> „Unter Gebietshoheit [territorial'noe verchovenstvo] versteht man die Kompetenz eines Staates im Bereich des Staatsgebietes die vollständige und ausschließliche Jurisdiktion bezüglich Einrichtungen, Organisationen und Personen auszuüben. Als rechtlicher Begriff findet die Gebietshoheit ihre Festigung in der innerstaatlichen Gesetzgebung des Staates sowie in den Normen des Völkerrechts" [5].

Dessenungeachtet wird im sovjetischen Schrifttum grundsätzlich die Theorie abgelehnt, daß die Staatsordnung aufgrund des Völkerrechts existiere und Gültigkeit habe. Meistens geschieht dies mit dem Hinweis auf die objektiven Gesetzmäßigkeiten der gesellschaftlichen Entwicklung [6].

5.2.2.2. Die Gebietshoheit als Garantie des Gebietsbestandes der Unionsrepubliken

Der zweite Aspekt der Gebietshoheit, die Garantie des Gebietsbestandes des Territoriums, spielt im sovjetischen Schrifttum eine große Rolle. Der Art 18 der Verf der UdSSR [1] bestimmt, daß das Territorium der Unionsrepubliken nicht ohne ihr Einverständnis abgeändert

---

[2] Vgl dazu Usteri 1954, S. 170 mit Übersicht über die Doktrin zur Frage des Nebeneinanderbestehens von zwei Rechtsordnungen auf S. 159—185.

[3] So etwa Popkov 1960, S. 34 mit der Einschränkung: „nicht nur, sondern auch ..." [Gebietshoheit] materielle Grundlage der wirtschaftlichen Tätigkeit des Staates, also eine Annäherung der Objekttheorie, vgl zum Theorienstreit etwa Dahm I, S. 538.

[4] Vgl supra S. 62 über sovjetische Auffassungen zum „persönlichen Geltungsbereich der Staatsrechtsordnung".

[5] Ševcov Jurlit 1972, S. 93; derselbe fast wörtlich auch 1971: S. 48.

[6] *KURS* III, S. 121, mit Kritik an der „Kompetenztheorie" auf S. 119—123.

[1] Sowie die Art 15 der Verf der USSR, MSSR und ESSR und Art 16 der übrigen Unionsrepubliken.

werden kann [2]. Auf diese Bestimmung baut die sovjetische Doktrin ihre Lehre von der Gebietshoheit der Unionsrepubliken auf [3].

Diese Verfassungsbestimung muß aber in Verbindung mit der Kompetenzbestimmung des Art 14/d der Verf der UdSSR gelesen werden, welche die Bestätigung der Grenzänderungen zwischen Unionsrepubliken zu den Kompetenzen der UdSSR zählt. Diese Bestimmung schränkt die autonome Verfügungsgewalt der Unionsrepubliken über ihre Binnengrenzen ohne Zweifel stark ein, und stellt letztlich einen wesentlichen Schutz der territorialen Integrität der UdSSR dar [4]. Die Änderung ihrer Außengrenzen, die ja gleichzeitig Staatsgrenzen der UdSSR sind, fällt überhaupt in die Kompetenz der UdSSR [5].

Die Bestätigung von Grenzänderungen zwischen Gliedstaaten durch den Bund stellt ganz gewiß kein *novum* für Bundesstaaten dar. Die Bundesverfassung der Schweizerischen Eidgenossenschaft überträgt dem Bund die Gewährleistung der Kantonsgrenzen [6]. In Österreich können Landesgrenzen nur durch übereinstimmende Verfassungsgesetze des Bundes und der betroffenen Länder geändert werden [7]. Diese Vorschriften sind zugleich auch Bestandsgarantien für die Länder. Für die Bundesrepublik Deutschland enthält Art 29 GG einen Verfassungsauftrag, durch Bundesgesetz das Bundesgebiet neu zu gliedern. Art 29/7, welcher Bundeskompetenz für die Regelung des Verfahrens von Gebietsänderungen der Länder, welche nicht unter Art 29/1—6 fallen, festlegt, stellt zugleich auch mittelbar eine Existenzgarantie der Länder dar [8]. Für die USA garantiert die Verf Art IV, Sect. 3/1 die territoriale Integrität der Staaten gegen Gebietsveränderungen ohne Zustimmung der eigenen Legislatur [9]. Die Mitwirkung des Bundes bei Gebietsver-

---

[2] BEYME 1964, S. 46 will dieser Bestimmung entnehmen, daß das Gebiet der Unionsrepubliken nicht geändert werden dürfe. Das ist wohl nicht richtig!

[3] Vgl für alle: ŠABANOV 1959, S. 121; MILLER 1967, S. 462 ff; MIL'MAN 1971, S. 142 ff; TURGUNBEKOV 1959, S. 17 ff; VICHAREV 1957, S. 69, derselbe 1958, S. 116 ff; der Hinweis eines sovjetischen Autors: (DEGTJARENKO 1960, S. 125) „Das Territorium der Glieder des Bundesstaates kann durch die Bundesgewalt ohne jegliches Einverständnis der Gliedstaaten geändert werden" beruht offensichtlich auf einem Druck- oder Denkfehler. Das von mir in Tbilisi benutzte Exemplar der Zentralbibliothek der AN GSSR enthielt an der zitierten Stelle große rote Ausrufungszeichen!

[4] SAWCZUK 1972, S. 42 f.

[5] ZLATOPOL'SKIJ 1960, S. 145; ŠAFIR 1968, S. 119, vgl supra S. 90.

[6] Art 5 BV, vgl FLEINER/GIACOMETTI 1949, S. 51 ff.

[7] Art 3/2 B-VG, vgl KOJA 1967, S. 55 mit weiteren Literaturhinweisen.

[8] EVERS, H.-U.: in *Bonner Kommentar*, Art 29, 24. Lieferung, S. 41.

[9] LOEWENSTEIN, K. 1959, S. 90.

änderungen zwischen den Gliedstaaten kann somit als ein Spezifikum von Bundesstaaten gewertet werden und auch das sovjetische Schrifttum erklärt den Art 14/d der Verfassung der UdSSR (Bundeskompetenz der Bestätigung von Grenzänderungen zwischen Unionsrepubliken) damit, daß das Gebiet der Unionsrepubliken gleichzeitig das Territorium der UdSSR sei [10].

Allerdings gibt es im sovjetischen Schrifttum auch Autoren, welche die Rechte der Unionsrepubliken bezüglich der Verfügungsgewalt über ihr Territorium noch bedeutend erweitert sehen möchten. So verlangt ein sovjetischer Staatsrechtler, daß die Übertragung von Gebiet einer Unionsrepublik an eine andere nur aufgrund von Entscheidungen der obersten Repräsentativorgane der betroffenen Republiken verwirklicht werden sollte und keine wie auch immer geartete Bestätigung durch ein Organ der UdSSR nötig sein sollte. Nur wenn dabei auch die Staatsgrenzen der UdSSR betroffen sind, sollte ein Bundesorgan eingeschaltetet werden [11].

Bisherige Gebietsveränderungen zwischen den Unionsrepubliken gab es viele, welche

„... im Geiste völligen gegenseitigen Verständnisses, Hilfe und Freundschaft" [12]

durchgeführt und

„... ausgehend von der Berücksichtigung der Gemeinsamkeit der Wirtschaft, der räumlichen Nähe und der engen wirtschaftlichen und kulturellen Bindungen ..." [13]

verwirklicht wurden. Solch ein Akt war:

„... ein leuchtendes Zeugnis von der großen und unerschütterlichen Freundschaft der Völker des sovjetischen Vielvölkerstaates" [14].

Man findet aber auch Aussagen sovjetischer Autoren, welche die Zweckmäßigkeit von Gebietsänderungen zwischen Unionsrepubliken in Grenzkorrekturen sehen, so etwa die Übergabe der Krim von der RSFSR an die USSR wegen des Fehlens einer räumlichen Zusammengehörigkeit zwischen der Krim und der RSFSR [15]. Dieser Pragmatismus ist aber nicht immer Grundlage von Gebietsänderungen gewesen, denn das Kaliningrader [früher Königsberg]-Gebiet, welches zur RSFSR gehört, hat außer einer Seegrenze nur eine Grenze zur LiSSR und stellt

---

[10] So etwa: Šabanov 1959, S. 121; Mil'man 1971, S. 143; Miller 1967, S. 462.
[11] Šafir 1968, S. 118 f.
[12] Mil'man 1971, S. 143.
[13] Vicharev 1958, S. 117.
[14] Turgunbekov 1959, S. 20.
[15] Gajdukov 1959, S. 121.

somit eine Exklave der RSFSR dar. Auch hat die Nachičevaner ASSR im Bestand der AzSSR keine gemeinsame Grenze mit dieser, sondern ist eine Exklave der AzSSR in der ArSSR.

Die Gebietsübertragungen zwischen Unionsrepubliken sind, soweit aus offiziellen Quellen zu entnehmen ist, in der Regel in Übereinstimmung mit den Art 14/d und 18 der Verfassung der UdSSR vor sich gegangen [16]. In den Jahren 1939/40 wurden Anträge der Präsidia der Obersten Sovjets der USSR, BSSR, MSSR und LiSSR [17], 1953—1957 Verordnungen [postanovlenie] der Präsidia der Obersten Sovjets der UzSSR, TaSSR, KazSSR, RFSFR und ESSR [18] und ab 1959 Gesetzesverordnungen [Ukaz] der Präsidia der Obersten Sovjets der UzSSR, TaSSR, KazSSR, RSFSR und ESSR durch Gesetzesverordnungen der UdSSR bestätigt [19]. In drei Fällen von Gebietsänderungen wurde aber ein Verfahren angewendet, das nicht dem Art 18 der Verf der UdSSR entspricht [20]. Durch Gesetz vom 31. 3. 1940 [21] wurde die bisherige Karelische ASSR in eine Unionsrepublik umgewandelt und ihr dabei die größten Teile der Gebiete zugewiesen, welche durch den Friedensvertrag mit Finnland vom 12. 3. 1939 von Finnland abgetrennt worden waren. Aus den offiziellen Dokumenten läßt sich nicht feststellen, ob diese Gebiete für kurze Zeit unmittelbares Bundesterritorium geworden, oder der RSFSR durch den Friedensvertrag zugewachsen waren. Für die letztere Lösung spricht der Wortlaut des Art 4 des Gesetzes vom 31. 3. 1939, welcher die Obersten Sovjets der RSFSR und der KarSSR auffordert, dem Obersten Sovjet der UdSSR ein Projekt der

---

[16] Zu Art 14/d und 18 vgl supra S. 92 u. etwa *Sbornik zakanov SSSR i ukazov prezidiuma Verchovnogo Soveta SSSR 1938—1967*, M. 1968, Bd I, S. 141 über die Grenzziehung zwischen der USSR und BSSR; ibid, S. 142 zwischen der USSR und MSSR; ibid, S. 145 zwischen der LiSSR und BSSR; ibid, S. 148 zwischen der UzSSR und TaSSR; S. 149 zwischen der KazSSR und der UzSSR; S. 152, zwischen der KazSSR und der RSFSR; S. 153 zwischen der ESSR und der RSFSR; S. 155 zwischen der UzSSR und der TaSSR; S. 158 zwischen der KazSSR und der UzSSR; ibid zwischen der RSFSR und der BSSR; S. 160 zwischen der KazSSR und der RSFSR; für die neueste Zeit vgl *VVS SSSR* 1972/5 zwischen der UzSSR und der KiSSR; *VVS SSSR* 1972/9 zwischen der UzSSR und der TaSSR; *VVS SSSR* 1972/39 zwischen der UzSSR und der TaSSR und KiSSR.

[17] Ibid, S. 141—147.

[18] Ibid, S. 148—155.

[19] Ibid, S. 155—161.

[20] MAURACH 1955, S. 107 f spricht von zwei, nämlich KarSSR und MSSR; ebenso BEYME 1964, S. 46.

[21] *VVS SSSR* 1940/12, Text abgedruckt in *Istorija Sovetskoj Konstitucii 1917—1957*, Izd-vo AN SSSR, M. 1957, S. 382 f.

genauen Grenzziehung zwischen diesen Unionsrepubliken zur Bestätigung vorzulegen. 1947 wurde dann durch

„... Bundeserlaß ... der Nordteil der Karelischen Landenge einschließlich der neugewonnenen Gebiete von der Karelo-Finnischen Unionsrepublik abgetrennt und dem Gebiet Leningrad der RSFSR zugeschlagen, ohne daß das von Art 18 für Gebietsänderungen vorgesehene Verfahren eingehalten worden wäre" [22].

Durch Gesetz vom 2. 8. 1940 [23] wurde ferner die Moldauische SSR aus Teilen der ehemaligen Moldauischen ASSR im Bestand der USSR und aus bessarabischen Kreisen gebildet [24]. Nach der Präambel dieses Gesetzes wurde damit auch hier der Wunsch der Werktätigen Bessarabiens und der Moldauischen ASSR befriedigt, ohne Hinweis darauf, durch welchen rechtlich relevanten Akt dieser Wunsch zum Ausdruck gekommen sei. Genau wie bei der Bildung der KarSSR wurden auch in diesem Fall die Obersten Sovjets der USSR und der MSSR ersucht, dem Obersten Sovjet der UdSSR ein Projekt der genauen Grenzziehung zwischen beiden Republiken zur Bestätigung vorzulegen.

Durch das Gesetz vom 2. 8. 1940 [25] schließlich wurde der nördliche Teil der Bukowina sowie die Kreise Chotin, Akkerman und Ismail in die USSR eingegliedert [26]. In diesem Fall fehlte im Gesetz sogar der Hinweis auf den Willen der Werktätigen der betreffenden Gebiete. Da die von Rumänien aufgrund des sovjetischen Ultimatums vom 26. Juni 1940 [27] abgetretenen Gebiete der Nordbukowina und Bessarabiens am 28. 6. 1940 von der UdSSR übernommen wurden, allerdings erst durch Gesetz vom 2. 8. 1940 auf die Unionsrepubliken MSSR und USSR aufgeteilt worden waren, könnte auch hier für die Zwischenzeit bundesunmittelbares Gebiet bestanden haben. Den Notenwechsel UdSSR—Rumänien vom 26. 6. und 28. 6. 1940 kann man — unter Umgehung der Frage der Rechtmäßigkeit des ultimativen Vorgehens der UdSSR — als Zession des Gebietes durch Rumänien betrachten, also als vertraglichen Gebietszuwachs der UdSSR. Dieser Gebietszuwachs wurde ohne Einschaltung der dafür zuständigen Organe der Unionsrepublik USSR (die entsprechenden Organe der MSSR existierten zu dieser Zeit ja noch nicht) teilweise der USSR durch Bundesgesetz zugeschlagen.

---

[22] MAURACH 1955, S. 108; dieser Bundeserlaß [sicherlich Ukaz] ist in offiziellen sovjetischen Dokumentensammlungen, wie *Sbornik zakonov* ... [Fn 15] oder *Istorija Sovetskoj Konstitucii* [Fn 20] nicht enthalten.

[23] *VVS SSSR* 1940/28.

[24] Vgl GEILKE 1966 (*WGO*), S. 196.

[25] *VVS SSSR* 1940/28.

[26] Vgl GEILKE 1964, S. 70.

[27] *AdG* 1940, 4599 f.

Für die beiden erstgenannten Fälle wurden durch Bundesgesetz die unionsrepublikanischen Organe aufgefordert, Grenzziehungen festzulegen, im dritten Fall fehlt selbst die nachträgliche Einschaltung der Unionsrepublik. Da Art 18 der Verf der UdSSR vorsieht, daß das Gebiet der Unionsrepubliken nicht ohne ihren Willen verändert werden darf, aber auch ein „mehr" eine Veränderung darstellt, muß ein Vorgriff der UdSSR in der Art eines *fait accompli* als Verfassungsbruch qualifiziert werden, da die UdSSR nach Art 14/d lediglich die Kompetenz zur Bestätigung von Gebietsveränderungen zwischen Unionsrepubliken hat, dieser Bestätigung also eine *facere* seitens der betroffenen Unionsrepubliken vorangegangen sein muß [28]. Ein „Nichts" kann nicht bestätigt werden!

Im sowjetischen Schrifttum lassen sich keine Hinweise auf die Verfassungswidrigkeit dieser Gebietsänderungen nachweisen [29]. Dagegen wird von sowjetischen Autoren angeführt, daß:

„... die staatlichen Organe der UdSSR weder das Recht haben, das Territorium irgendeiner Unionsrepublik ohne ihr Einverständnis zu verändern, noch dieses können" [30].

und:

„Als souveräner Staat entscheidet die Unionsrepublik die Frage über die Veränderung ihres Territoriums selbständig. Diese Entscheidung wird durch das oberste Organ der Staatsmacht der Unionsrepublik getroffen. Die Veränderung der Grenzen zwischen Unionsrepubliken vollzieht sich aufgrund der Entscheidungen der obersten Staatsorgane jeder Unionsrepublik" [31].

oder:

„Die Veränderung des Gebietes einer Republik [Unionsrepublik] ohne ihr Einverständnis wäre die Verletzung ihrer Selbständigkeit und Souveränität bezüglich der Hoheit über ihr Gebiet. Die Änderung des Territoriums und der Grenzen der Unionsrepubliken wird aufgrund der Willensäußerung der Volksmassen der Republik oder der vollständigen Übereinstimmung [polnoe na to soglasie] der kompetenten Organe der Staatsmacht durchgeführt" [32].

---

[28] MAURACH 1955, S. 108.

[29] Kritik an der Verletzung der Verfassung der UdSSR ist im sowjetischen Schrifttum höchst selten. Ein Hinweis von RONIN 1957, S. 206 auf eine Reihe von ernsten Verletzungen der Verfassung in den Jahren 1936—1953, welche vor allem Folgen des schädlichen Personenkults darstellen, kann als Ausnahme gewertet werden. Vgl auch MICHAJLOV 1956, S. 7—10.

[30] VICHAREV 1958, S. 116.

[31] ZLATOPOL'SKIJ 1960, S. 155.

[32] FAJZIEV 1961, S. 51; wie stark *in praxi* die Auswirkungen der Garantie der territorialen Integrität der Unionsrepubliken durch die Verfassung der UdSSR und ihre Verfassungen ist, zeigt die Auflösung der Wolgadeutschen ASSR, deren Gebietsbestand in ihrer Verfassung in Art 15 und 133 ebenso garantiert war, am 7. 9. 1941. Die Verfassung war durch Gesetz der RSFSR vom 2. 6. 1940 bestätigt. Die Auflösung der ASSR erfolgte ohne jeden Beschluß ihres Obersten Sowjet. Vgl dazu

Zu beachten ist die feine Differenzierung in der Methode, mit der im letzten Zitat das Einverständnis der betroffenen Unionsrepublik aus dem Willen der Volksmassen fingiert wird. Während bei Handlungen der kompetenten Organe der Staatsmacht *vollständige* Übereinstimmung mit den Gebietsänderungen verlangt wird, genügt offenbar nur eine *einfache* Willensäußerung der Volksmassen. Die Willensäußerung, auf welche auch die Gesetze über die Bildung der KarSSR und MSSR bezug nahmen, könnte nach sovjetischem Verfassungsrecht durchaus in rechtlich relevanter Form ausgedrückt werden, da sowohl die Verfassung der UdSSR im Art 49/d als auch die Verfassungen der Unionsrepubliken [33] auf Volksabstimmungen bezug nehmen [34], allerdings ohne Hinweis darauf, wie das Ergebnis einer solchen Volksabstimmung geltendes Recht werden soll.

Elemente der direkten Demokratie passen gut in die sovjetische Fiktion vom Staat des gesamten Volkes [obščenarodnoe gosudarstvo] [35]. Verfassungsgarantien in der Art des Art 18 der Verfassung der UdSSR sind aber zur Untermauerung der These von der Staatlichkeit der Unionsrepubliken ungeeignet, wenn durch rechtlich nicht determnierte Willensäußerungen der Bevölkerung die Umgehung eben dieser Verfassungsnormen ermöglicht wird, da — wie schon gezeigt wurde — die Bestimmung des Staatsvolkes einer Unionsrepublik auf fast unüberwindbare rechtliche Schwierigkeiten stößt [36].

5.2.2.3. *Die Gebietshoheit als Eigentum am Territorium*

Im sovjetischen Schrifttum begann schon bald nach dem Entstehen der UdSSR eine andere Theorie der Gebietshoheit, welche auf die Frage nach dem Träger des Eigentumsrechts am verstaatlichten Boden eingeht,

---

GEILKE 1960, S. 92; zur Rehabilitierung der Wolgadeutschen vgl GesV des POS der UdSSR vom 29. 8. 1964, *VVS SSSR* 1964/52, deutscher Text VII *WGO*. S. 33 ff; vgl GEILKE 1965, S. 35 ff.

[33] Art 28/v der TaSSR; 30/v der UzSSR; 30/g der MSSR und ArSSR; 31/v der BSSR, TuSSR und ESSR; 31/g der USSR, KiSSR, KazSSR, LiSSR und LaSSR; 33/g der RSFSR und AzSSR; 36/g der GSSR.

[34] Vgl auch den Hinweis auf die Volksbefragung im Programm der KPdSU 1961, deutscher Text bei MEISSNER, B.: Das Parteiprogramm der KPdSU 1903—1961, 3. Aufl. Köln 1965, S. 216; vgl auch *Enciklopedičeskij slovar' pravovych znanii*, Izdvo Sovetskaja Enciklopedija, M. 1965, S. 403 f mit dem Hinweis auf die Praxis sozialistischer Staaten bei dieser Art von Volksinitiative, vor allem auf die Praxis der ersten Jahre der Sovjetmacht, als viele Fragen des national-territorialen Aufbaues durch Volksentscheid entschieden worden waren.

[35] *Parteiprogramm der KPdSU 1961*, (Fn. 34) S. 214.

[36] Vgl supra, S. 84 ff.

eine gewisse Rolle zu spielen. Man könnte sie im Sinne einer im westlichen Schrifttum verwendeten Terminologie die Objekts- oder Eigentumstheorie [1] nennen.

In einer Kollektivarbeit aus dem Jahre 1930 [2] wurde als Vorfrage zuerst geprüft, ob das Territorium ein wesentlicher Bestandteil des Staates darstelle [3] und dann gesagt, daß der einzige Eigentümer am Boden der proletarische Staat ist [4]. Dabei stünde das *dominium* der UdSSR allein zu, wobei die Unionsrepubliken Rechte hätten, über ihr Land zu verfügen. Das *imperium* würde dagegen von der UdSSR und den Unionsrepubliken innegehabt [5]. Im selben Sammelband ist auch zu lesen, daß, im Gegensatz zu kapitalistischen Staaten, in der Sovjetunion der Boden einem einheitlichen Staat gehöre [6], also wohl dem Bund.

Die Diskussion über die Frage: wer ist Träger des Eigentumsrechts am Boden, der Bund, der Bund und die Gliedstaaten oder die Gliedstaaten [7], geht im sovjetischen Schrifttum weiter [8]. Relevant wird diese Frage hier erst dadurch, daß im sovjetischen Schrifttum auch Aussagen vertreten sind, daß das Territorium der Unionsrepubliken nicht nur der räumliche Geltungsbereich der Macht der Republik wäre, sondern auch gleichzeitig die materielle Grundlage der sozialistischen Wirtschaft der Unionsrepublik und der materielle Ausdruck der Oberhoheit und Unabhängigkeit der die Republik bewohnenden Bevölkerung [9].

Grundsätzlich ist der gesamte Boden in der UdSSR ein einheitlicher Landfonds [10]. Deshalb kann man es durchaus verstehen, daß sovjetische Autoren zum Ergebnis kommen, Träger des Eigentumsrechts am Boden-

---

[1] Dahm I, S. 538, weist einige neuere Vertreter dieser Theorie nach.

[2] *Sovetkij federalizm*, red. Reichel', M. Moskau—Leningrad 1930.

[3] Djablo ebenda S. 43 f.

[4] Ibid, S. 50.

[5] Ibid, S. 54; derselbe Autor stellt in seiner 1969, also 40 Jahre später geschriebenen Dissertation (S. 32) fest, daß sowohl *imperium* als auch *dominium* gleichzeitig der UdSSR und den Unionsrepubliken zukomme.

[6] Rosenbljum, ebenda, S. 144.

[7] Geilke, Manuskript, S. 5 f, gliedert vierfach: Bund, Bund und alle Gliedstaaten, Bund und betroffener Gliedstaat, Gliedstaat; hier gäbe es theoretisch noch die Möglichkeit: alle Gliedstaaten als Gemeinschaftseigentümer.

[8] Vgl etwa die Reaktion auf die Arbeit von Karass, V. A.: Pravo gosudarstvennoj socialističeskoj sobstvennosti, M. 1954, bei Kalanadze/Syrodaev 1967, S. 83; Turubiner 1958, S. 50 ff.

[9] Popkov 1960, S. 34; ähnlich für die MSSR Karlov 1968, S. 107 f; für die UzSSR Fajziev 1961, S. 51.

[10] Kolbasov in: *Gosudarstvo, Pravo, Ekonomika*, Jurlit, M. 1970, S. 196; Ševcov 1972, *Soc. Zak*, S. 16; derselbe 1972, S. 221; ebenso Turubiner 1958, S. 57.

fonds der UdSSR sei der Bundesstaat [11] und deshalb komme ihm die Priorität bei der Entscheidung von Fragen der Territorialhoheit zu [12].

Für diese Auffassung spricht auch der Wortlaut des Art 6 der Verf der UdSSR:

> „Der Boden, seine Schätze, die Gewässer und Wälder ... sind Staatseigentum, dh eine Errungenschaft des gesamten Volkes."

im Zusammenhang mit Art 21 der *Grundlagen der Zivilgesetzgebung der UdSSR und der Unionsrepubliken* [13]:

> „Der Staat ist der alleinige [edinyj-einheitliche] Eigentümer des gesamten staatlichen Vermögens.
>
> ...
>
> Im staatlichen Vermögen befinden sich Boden, seine Schätze, Gewässer, Wälder ..."

Die *Grundlagen der Bodengesetzgebung der UdSSR und der Unionsrepubliken* [14] bestätigen diese Auffassung:

> Art 4: „Der gesamte Boden der UdSSR bildet einen einheitlichen Bodenfonds ...
>
> Art 5: „In die Kompetenz der UdSSR auf dem Gebiet der Regelung von Beziehungen [otnošenii] bezüglich des Bodens gehören:
> 1. die Verfügung über den einheitlichen staatlichen Bodenfonds im Rahmen, welcher für die Verwirklichung der Kompetenzen der UdSSR in Übereinstimmung mit der Verf. der UdSSR notwendig ist;
>
> ...
>
> 5. Die Erstellung der Staatskontrolle über die Bodennutzung.
>
> Art. 6: „Zu den Kompetenzen der Unionsrepubliken auf dem Gebiet der Regelung der Boden-Beziehungen gehören die Verfügung über den einheitlichen staatlichen Bodenfonds im Bereich der Republik und die Erstellung von langfristigen [perspektivnyj] Plänen seiner Nutzung, die Festsetzung des Verfahrens der Bodennutzung und die Organisation der Flurverfassung [zemleustrojstvo].

Das alleinige Eigentum der UdSSR am Gesamtgebiet aller Unionsrepubliken scheint allerdings der Ausübung der Gebietshoheit durch die Unionsrepubliken nicht entgegen zu stehen. Es kann einem sowjetischen Autor zugestimmt werden, der festgestellt hat, daß die Vermischung von Fragen des Eigentums am Boden und der Territorialhoheit unrichtig sei und auch seinem Argument, daß alle kapitalistischen Staaten

---

[11] VICHAREV 1958, S. 116; AKSENOK, G. A.: Pravo gosudarstvennoj sobstvennosti na zemle v SSSR, M. 1950, S. 301; KALANADZE/SYRODAEV 1967, S. 89; TURGUNBEKOV 1959, S. 19; GEILKE, Manuskript, S. 7.

[12] VICHAREV 1958, S. 116.

[13] *Osnovy graždanskogo zakonodatel'stva Sojuza SSR i Sojuznych Respublik,* VVS SSSR 1961/50 vom 8. 12. 1961.

[14] *Osnovy zemel'nogo zakonodatel'stva Sojuza SSR i Sojuznych Respublik* vom 13. 12. 1968, VVS SSSR 1968/51; Deutsche Übersetzung des Gesetzes bei *XI WGO* 1969, S. 116 ff (obige Zitate sind nicht dieser Übersetzung entnommen)

und fast alle sozialistischen Staaten (außer der Mongolischen Volksrepublik) kein staatliches Eigentum am Gesamtgebiet ihres Staates kennen und doch souveräne Staaten sind[15].

Bei der Beantwortung der Staatlichkeit der Unionsrepubliken dürfen aber diejenigen sovjetischen Autoren nicht übergangen werden, welche irgendeine Form von Gesamteigentum Bund—Unionsrepubliken am Boden konstruieren wollen.

So sind zB im sovjetischen Schrifttum neben der Auffassung vom Alleineigentum der UdSSR am Boden die Theorie vom „doppelten Eigentum" und die Konstruktion eines „Gesamthandeigentums" zu finden.

Zur Theorie vom „doppelten Eigentum" kommt ein Autor durch die Überlegung, daß das Eigentumsrecht der UdSSR ein solches der Unionsrepubliken nicht ausschließe. Das Recht der Unionsrepubliken auf staatliches Eigentum an Boden, Bodenschätzen, Wäldern und Gewässern auf ihren Territorien entspringe unvermeidlich aus der Territorialhoheit der Unionsrepubliken und eine Verneinung des staatlichen Eigentumsrechts der Unionsrepubliken sei nicht mit dem verfassungsmäßig verankerten Recht auf Territorialhoheit der Unionsrepubliken vereinbar[16]. Für den Beweis der Staatlichkeit der Unionsrepubliken enthält diese Aussage allerdings eine *petitio principii*; dieser Autor geht von der — an sich noch nicht bewiesenen — Territorialhoheit aus und will aus ihr das Eigentumsrecht ableiten. Außerdem vermischt er Eigentum und Territorialhoheit und wird dafür auch im sovjetischen Schrifttum kritisiert: die Gegenüberstellung der Eigentumsrechte der UdSSR und der Unionsrepubliken befinde sich im Widerspruch zur Einheit des staatlichen Eigentums und es könne sich lediglich um die Abgrenzung der Kompetenz über die Verfügung über staatliches Eigentum zwischen den entsprechenden Organen der UdSSR, der Unionsrepubliken und Autonomen Republiken und den Kreisen, Gebieten und Bezirken handeln[17].

Ein anderer Autor, der ebenfalls für das Eigentumsrecht der Unionsrepubliken am Boden eintritt, stellt fest, die Nichtanerkennung des staatlichen Eigentums der Unionsrepubliken am Boden bedeute:

---

[15] Kalanadze/Syrodaev 1967, S. 84, der allerdings vergessen hat, daß auch der Vatikan kein Privateigentum am Boden kennt; in diesem Sinne auch Pavlov *SGiP 1951/8*, S. 88, Rezension zu Aksenok 1950.

[16] Karass 1954, S. 50 und S. 180—183.

[17] Turubiner 1958, S. 50—53.

„… daß die Unionsrepubliken Staaten sind, welche Territorialhoheit auf fremdem Gebiet verwirklichen" [18].

Die Theorie des staatlichen Eigentums der Unionsrepubliken an ihrem Boden tritt auch im Zusammenhang mit der Garantie des Austrittsrecht auf [19]:

„Ohne Anerkennung staatlichen Eigentums der Unionsrepubliken am Boden im Bereich der jeweiligen Republik würde sich das Recht auf freien Austritt aus der UdSSR in ein Austrittsrecht ohne Boden verwandeln" [20].

Wenn sowjetische Autoren so beharrlich an der Konstruktion des staatlichen Eigentums der Unionsrepubliken am Boden festhalten, so kann das nur bedeuten, daß für sie die Hoheitsrechte, welche sich aus dem Art 18 der Verf der UdSSR und den entsprechenden Art der Verfassungen der Unionsrepubliken [21] ergeben, sowie die Verfügungsrechte der Unionsrepubliken über ihr Territorium [22] als Beweis für die Souveränität der Unionsrepubliken nicht ausreichen und sie eine solche mit dem Eigentumsrecht stützen wollen. Wenn sogar sowjetische Autoren dahingehende Bedenken kommen, muß man sich mit ihnen beschäftigen.

Eine vermittelnde Haltung in der Diskussion um den Träger des Eigentumsrechts am Boden in der UdSSR wird von einem Autor eingenommen, der eine Art von „Gesamthandeigentum" am Boden festzustellen glaubt, deren Träger UdSSR und Unionsrepubliken sind.

„Das Recht des staatlichen Eigentums am gesamten Boden steht gemeinsam der UdSSR und den Unionsrepubliken als Gliedern der Union zu" [23].

Die Entscheidung der Frage, wer Träger des Eigentumsrechts am Boden sei, habe nicht nur theoretische, sondern auch praktische Bedeu-

---

[18] KOROLEV, A. I.: Rezension zu TURUBINER 1958 in *Pravovedenie* 1959/1, S. 125.

[19] Zum Austrittsrecht nach Art 17 der Verf der UdSSR aus 1936 siehe infra S. 109—128.

[20] KARASS 1954, S. 99 f; wegen der Vermischung von Territorialhoheit und staatlichem Eigentumsrecht heftig kritisiert von TURUBINER 1958, S. 55.

[21] Vgl supra, S. 94, Fn 1.

[22] Nach Art 14/s der Verf der UdSSR gehört zu den Kompetenzen der UdSSR die Bestimmung allgemeiner Grundlagen der Bodennutzung, sowie der Nutzung der Bodenschätze, Wälder und Gewässer. Am 13. 12. 1968 erging das Gesetz über die *Grundlagen der Bodengesetzgebung der UdSSR und der Unionsrepubliken/Osnovy zakonodatel'stva Sojuza SSR i Sojuznych Respublik … VVS SSR* 1968/51, welches in Art 5 die Kompetenzen der UdSSR über die Verfügung über den einheitlichen Bodenfonds festlegt und in Art 6 die Kompetenzen der Unionsrepubliken beschreibt. Inzwischen sind Bodengesetzbücher aller Unionsrepubliken der UdSSR aufgrund des Bundes-Grundlagengesetzes ergangen. Die oben erwähnte Diskussion im sowjetischen Schrifttum hat diese neuere Entwicklung noch nicht berücksichtigt.

[23] TURUBINER 1958, S. 324.

tung für die Tätigkeit der Verwaltungs- und Gerichtsorgane [24]. Da die
Verfassung der UdSSR keinen Unterschied zwischen dem Eigentum der
UdSSR und der Unionsrepubliken kenne [25], die Verfügung über den
einheitlichen staatlichen Bodenfonds je nach Bedeutung des Eigentums
(bundes-, unionsrepublikanische und örtliche Unterordnung [podči-
nenie]) aber verschieden sei [26] und die Ausgliederung [vydelenie] irgendwelchen Bodens für Bundesaufgaben durch Entscheidung der Bundesregierung das Einverständnis der entsprechenden Unionsrepublik
nicht erfordert [27], ist der Eigentümer am Boden der Sovjetstaat als ganzes. Dabei seien die Unionsrepubliken nicht Eigentümer desjenigen
Landes, welches im Bereich ihrer Grenzen liege, sondern Teilhaber
[učastniki] am Recht auf staatliches Eigentum am gesamten Land der
UdSSR, am gesamten einheitlichen staatlichen Landfonds. Es handle
sich weder um ein „allgemeines" noch um ein „gemeinsames" [obščaja i
sovmestnaja], sondern um ein „föderatives Eigentum" [28].

Die Einführung des Begriffes „föderatives Eigentum" in die Diskussion vermag bei der Suche nach Elementen der Staatlichkeit der
Unionsrepubliken keine Klärung herbeizuführen. Sie verlegt die Diskussion bloß auf eine andere Ebene, nämlich in die Dialektik des Verhältnisses der Territorialhoheit UdSSR — Unionsrepubliken, welche:

„... in einer organischen Einheit und Korrelation verwirklicht wird" [29].

Ebenso wie nach sovjetischer Auffassung zwischen der Souveränität der UdSSR und der der Unionsrepubliken kein Widerspruch, sondern eine dialektische Einheit besteht [30], wird eine solche Einheit auch
für die Gebietshoheit der UdSSR und der Unionsrepubliken behauptet [31]. Eben die Dialektik zieht dann konsequenterweise die Einführung
des Begriffes „föderatives Eigentum" nach sich.

Eigentum am Boden ist kein wesentliches Merkmal der Gebietshoheit. Soll es aber zu ihrem Nachweis dienen, müßte es ohne Einschrän-

---

[24] Ibid, S. 44.
[25] Ibid, S. 45.
[26] Ibid, S. 46.
[27] Ibid, S. 54.
[28] Ibid, S. 57; im sovjetischen Schrifttum wird ua auch noch der Terminus:
völkerrechtliches Eigentum eingeführt, dessen Besonderheit nach KLIMENKO 1968,
S. 212 darin besteht, daß dieses mit dem räumlichen Bereich der Territorialhoheit
zusammenfällt. Auch mit dieser Sonderkategorie von Eigentum kann letzlich nicht
viel ausgesagt werden.
[29] ŠEVCOV 1972, Jurlit, S. 225.
[30] Vgl infra, S. 164, Fn 30, S. 165; siehe auch MIŠIN in *Sojuz SSR*-Jurlit 1972,
S. 139 ff.
[31] LEPEŠKIN et alii 1962, I, S. 138 f.

kungen bestehen, soll es darüberhinaus zum Beweis für die Staatsqualität des Trägers herangezogen werden — in diesem Falle also *erga omnes* Geltung haben — muß dieser Beweisführung ein objektiver Eigentumsbegriff zugrundeliegen und keine subjektiv-dialektische Erklärung der Besonderheiten der sovjetischen Föderation [32].

5.2.3. Der tatsächliche Umfang der Gebietshoheit der Unionsrepubliken

Die Verfügungsgewalt eines Gliedstaates über sein Territorium könnte wie folgt untergeteilt werden:

a) *Änderungen* der Außengrenzen des Gliedstaates
    aa) Änderung der Außengrenzen des *Bundesstaates*
    ab) Änderung der Binnengrenzen des *Bundesstaates*
b) Änderung an der (administrativ-territorialen) Gliederung des *Gliedstaates*

Soweit eine Gebietsveränderung einer Unionsrepublik zugleich die Staatsgrenzen der UdSSR betrifft, fällt diese Änderung in die ausschließliche Bundeskompetenz [1]. Daß dabei das Einverständnis der betroffenen Unionsrepubliken vorher eingeholt werden muß [2], ändert an der ausschließlichen Kompetenz der UdSSR nichts.

Soweit solch eine Grenzänderung nur die Binnengrenzen der UdSSR betrifft, haben die Unionsrepubliken weitgehende Verfassungsgarantien, welche in der Mehrzahl der überprüfbaren Fälle auch beachtet worden sind [3]. Die Fälle der Verfassungsverletzung, im Zusammenhang mit der in der sovjetischen Lehre erwähnten Möglichkeit des erklärten Volkswillens [4], lassen an diesen Verfassungsgarantien gewisse Zweifel aufkommen [5].

---

[32] Zur Dialektik des Verhältnisses Bund — Gliedstaaten im sovjetischen Schrifttum über den Staat des gesamten Volkes [obščenarodnoe gosudarstvo] siehe infra S. 164, Fn 30, S. 165.

[1] Vgl supra S. 90 f. *Verordnung über den Schutz der Staatsgrenzen der UdSSR;* vgl ebenfalls: Šafir 1968, S. 119; Zlatopol'skij 1960, S. 145: die erste Verfassung der UdSSR vom 31. 1. 1924 bestimmte in Art 1/b, daß die Veränderung der Außengrenzen der UdSSR zu den ausschließlichen Unionskompetenzen gehört.

[2] Vgl etwa Ošerov 1948, S. 74; Mil'man 1971, S. 143; vgl auch Kasumov/Kasumov 1966, S. 115, mit Hinweis auf die Teilnahme von Vertretern der AzSSR und TuSSR bei Verhandlung und Diskussion der Ratifikation (letztere im Präsidium des Obersten Sovjet der UdSSR) des Vertrages über die Regulierung von Grenz- und finanziellen Fragen UdSSR—Iran vom 2. 12. 1954 (*VVS SSSR* 1955/8).

[3] Vgl supra S. 96 ff.

[4] Vgl supra S. 96 bei Fn 14.

[5] Vgl Mouskhely/Jedryka S. 410.

Die Änderung der territorialen Gliederung einer Unionsrepublik läßt sich unter dem Gesichtspunkt der Mitwirkung von Unionsorganen ebenfalls unterteilen. Soweit diese Gliederung die Neuschaffung oder Auflösung von Autonomen Republiken und Gebieten betrifft, bedürfen solche Akte der Bestätigung seitens der UdSSR [6]. Die Unionskompetenz auf diesem Gebiete ergebe sich daraus, daß diese Probleme unmittelbar mit der Nationalitätenpolitik verbunden seien und Akte größter politischer Wichtigkeit darstellten [7].

Bis zur Annahme des Gesetzes vom 11. 2. 1957 [8] unterlag jede administrativ-territoriale Änderung innerhalb einer Unionsrepublik der Bestätigung durch die UdSSR. Diese Bestimmung der Verfassung aus 1936 (Art 14/e) wurde von einem sowjetischen Autor sogar dahingehend interpretiert, daß die Unionsrepubliken, welche durch die Verfassung 1924 große Kompetenzen auf dem Gebiet ihres administrativ-territorialen Aufbaues gehabt hatten, mit der Annahme der Verfassung 1936:

„... ihre souveränen Rechte bei der Entscheidung dieser Frage endgültig verloren" [9].

Zu den ausschließlichen Kompetenzen der Unionsrepubliken gehören heute die Bildung neuer administrativ-territorialer Gliederungen und die Fragen von Grenzveränderungen zwischen solchen [10]. Solch eine Verfügungsgewalt kann als relativ umfangreich bezeichnet werden, wenn man sie den Kompetenzen vergleichbarer Gebietskörperschaften in anderen Bundesstaaten gegenüberstellt [11].

---

[6] Art 14/e der Verfassung der UdSSR.

[7] ŠEVCOV 1972 Jurlit, S. 226.

[8] VVS SSSR 1957/4, vgl GAJDUKOV 1959, S. 113.

[9] MNACAKJAN 1965, S. 33, heftig kritisiert von ČCHIKVADZE 1967, S. 192.

[10] Vgl etwa Art 14/d der Verf der GSSR; Art 19/d der Verf der RSFSR; siehe für die RSFSR eine Liste der territorial-administrativen Veränderungen in VVS RSFSR 1972/52, S. 889 f für 1972.

[11] Für Veränderungen der Gemeindegrenzen in Österreich gelten die Bestimmungen der durch Landesgesetze ergangenen Gemeindeordnungen. Gebietsveränderungen können demnach durch Vereinbarungen der betreffenden Gemeinden mit Genehmigung der Landesregierung, durch Verordnungen der Landesregierung oder durch Erlaß eines Landesgesetze erfolgen (NEUHOFER 1972, S. 77), wenn sich die Änderung nicht mit den Grenzen der politischen Bezirke und der Gerichtsbezirke schneidet, vgl WERNER—KLECATSKY: Das österreichische Bundesverfassungsrecht, 1961, S. 301 f zu § 8/5 lit. d des Verf.ÜG 1920 idF 1925. Soweit die Grenzen von Gerichtbezirken berührt werden, bedürfen diese Änderungen der Zustimmung der Bundesregierung (NEUHOFER 1972, S. 80). Änderungen in den Sprengeln der Verwaltungsbezirke werden durch Verordnungen der Landesregierungen mit Zustimmung der Bundesregierung verfügt: ADAMOVICH 1971, S. 288; für das Bundes-

Die Erweiterung der Kompetenzen der Unionsrepubliken dahingehend, daß eine Neugliederung ihres Gebietes — soweit dadurch
nicht Autonome Republiken oder Autonome Gebiete entstehen — nicht
mehr der Bestätigung durch die UdSSR bedarf, wurde vom sovjetischen Schrifttum gleich begrüßt [12].

Trotzdem ist es fraglich, ob solch eine „innere Ordnungskompe-
tenz" als Verfügungsgewalt über das Gebiet der Unionsrepublik bezeichnet werden kann. Das Recht der Unionsrepublik bleibt nur so
lange ausschließlich, als keine Fragen der Nationalitätenpolitik einbezogen werden (Bildung neuer Autonomien, Republiken und Gebiete).
Sobald solch ein „Akt größter politischer Wichtigkeit" [13] oder die Änderung von Grenzen zwischen Unionsrepubliken betroffen wird, hört
die ausschließliche Kompetenz der Unionsrepublik auf und weicht
einem mehr oder weniger großen Mitwirkungsrecht [14].

Verfügungsgewalt kann sich nicht nur auf die innere Ordnung beziehen, sondern muß auch das Recht beinhalten, ohne Einschaltung
eines anderen Staatsorganes zumindest Teile des eigenen Staatsgebietes abtreten zu können. Solch eine Verfügungsgewalt haben Gliedstaaten in vergleichbaren Bundesstaaten nicht [15]. Aber auch für die
Unionsrepubliken der UdSSR kann diese Verfügungsgewalt nicht nachgewiesen werden. Trotzdem kann die Frage, ob die Unionsrepubliken
ein eigenes Staatsgebiet besitzen, aus dem Fehlen der Verfügungsgewalt über das Territorium noch nicht verneint werden. Da das Gebiet einer Unionsrepublik bestimmbar [16] und als räumlicher Geltungs-

---

republik Deutschland sind die Gemeinde- bzw. Landkreisordnungen ebenfalls durch
Landesgesetze ergangen. Gebietsänderungen des Gemeindegebietes erfolgen zB in
Nordrhein-Westfalen durch Gesetz und in Fällen von geringerer Bedeutung durch
Entscheidung des Innenministers des Bundeslandes (§ 16 der Gemeindeordnung für
das Land Nordrhein-Westfalen vom 28. 10. 1952, zit. nach: *Gemeindeordnungen
in Europa*, 1967, S. 82); Gebietsänderungen von Landkreisen bedürfen zB im Land
Baden-Württemberg ebenfalls eines Gesetzes (§ 7 der Landkreisordnung für Baden-
Württemberg vom 10. 10. 1955, zit nach *Gemeindeordnungen in Europa*, S. 139).

[12] Vgl etwa TURGUNBEKOV 1959, S. 20; GAJDUKOV 1959, S. 113; CAMERJAN
1958, S. 186.

[13] ŠEVCOV 1972 Jurlit, S. 226.

[14] Art 14/e der Verf der UdSSR zählt zu den Bundeskompetenzen: die Bestätigung der Bildung neuer Autonomer Republiken und Gebiete im Bestand der
Unionsrepubliken. Die Bestimmung (Art 14/v der Verf der GSSR) oder die Bestätigung (Art 19/g der Verf der RSFSR) der Grenzen der Autonomen Republiken
und Gebiete fällt allerdings in die Kompetenzen der Unionsrepubliken, sicherlich
aber mit der Einschränkung, daß dabei die Außengrenzen der jeweiligen Unionsrepublik nicht betroffen sein dürfen.

[15] Vgl supra S. 54, bei Fn 6—9.

[16] Vgl supra S. 90 f.

bereich der Teilrechtsordnung der jeweiligen Unionsrepublik von demjenigen der anderen Unionsrepubliken unterscheidbar [17] ist und den Unionsrepubliken das Recht zusteht, ihr Gebiet in Verwaltungseinheiten aufzuteilen, könnte man von einem eigenen Gebiet sprechen.

EXCURS

5.3. Das Austrittsrecht der Unionsrepubliken aus der UdSSR als stärkster Ausdruck der Territorialhoheit

5.3.1. Die Verfassungsvorschriften

Der Art 17 der Verfassung der UdSSR aus 1936 lautet:

„Jeder Unionsrepublik bleibt das Recht zum freien Austritt aus der UdSSR gewahrt" [1].

Wo immer man im sovjetischen Schrifttum auf die Souveränität [2] und Unabhängigkeit [3] der Unionsrepubliken, auf ihren freiwilligen Eintritt in die UdSSR [4] sowie auf Besonderheiten der Sovjetföderation [5] trifft, wird diese Verfassungsnorm hervorgehoben.

Gleichlautende Bestimmungen waren bereits im Art 26 des *Ver-*

---

[17] Vgl supra S. 85 f.

[1] Art 14 der Verfassungen der USSR, MSSR, TaSSR und ArSSR sowie Art 15 der anderen Unionsrepubliken wiederholen diese Bestimmung bezüglich der jeweiligen Unionsrepublik.

[2] DOROGIN, V. A.: Suverenitet v sovetskom gosudarstvennom prave, M. 1948, S. 144; FAJZIEV, M. M.: Uzbekskaja SSR — suverennoe gosudarstvo, Taškent 1961, S. 48; FARBEROV, N. P.: O suverenitete sojuznych respublik, M. 1946, S. 16; ŠČETININ in: *Kurs sovetskogo gosudarstvennogo prava*, red. ŠČETININ/GORŠENEV, M. 1971, S. 283; MIL'MAN, A. S.: Azerbajdžanska SSR — suverennoe gosudarstvo v sostave SSSR, Baku 1971, S. 140; OŠEROV, S. J.: Sojuznaja respublika v socialističeskoj federacii, M. 1948, S. 55; RADŽABOV, S. A. in *Sovetskoe gosudarstvennoe pravo*, red. LEPEŠKIN, M. 1971. S. 368; VICHAREV, S. R.: Suverenitet Belorusskoj SSR v sostave Sojuza SSR, Minsk 1958, S. 115; vgl MAURACH 1955, S. 105; BEYME 1964, S. 47.

[3] MIL'MAN ibid, S. 140; OŠEROV ibid, S. 55; RADŽABOV ibid, S. 368.

[4] BROVKA, J. P.: Meždunarodnaja pravosub'ektnost' BSSR, Minsk 1967, S. 72; FAJZIEV ibid, S. 48; FARBEROV ibid, S. 15; MILLER, V. O.: Sozdanie sovetskoj gosudarstvennosti v Latvii, Riga 1967, S. 464; MIL'MAN ibid, S. 140; Kurs sovetskogo gosudarstvennogo prava, M. 1971, S. 283; OŠEROV ibid, S. 53 ff; RADŽABOV ibid, S. 286 f; UMANSKIJ, J. N.: Sovetskoe gosudarstvennoe pravo, M. 1970, S. 243; VICHAREV ibid, S. 115.

[5] FAJZIEV ibid, S. 49; MIL'MAN ibid, S. 140; OŠEROV ibid, S. 55 f; VICHAREV ibid, S. 114 f.

trages über die Bildung der UdSSR vom 30. 12. 1922 [6] und in der ersten Verfassung der UdSSR vom 6. 7. 1923 [7] enthalten gewesen.

Bis zum Inkrafttreten der gegenwärtigen Verfassung der UdSSR am 5. 12. 1936 hätten allerdings nur die bundesunmittelbaren Unionsrepubliken [8] dieses Recht in Anspruch nehmen können, da die in der Transkaukasischen Föderation zusammengeschlossenen Sovjetrepubliken Georgien, Armenien und Azerbajdžan durch Art 31/b der Verfassung der Transkaukasischen Föderation vom 13. 12. 1922 [9] die Genehmigung zum Ausscheiden aus der Föderation in die Kompetenz des Transkaukasischen Sovjetkongresses und des Zentralen Exekutivkomitees übertragen hatten. Dessen ungeachtet enthielten die Verfassungen der drei Transkaukasischen Republiken die Bestimmung, daß das Recht auf freien Austritt aus der Föderation *und* aus der UdSSR erhalten bliebe [10].

Zwar bot die Verfassung der Transkaukasischen Föderation keine Bestimmung zur Lösung dieses Normenkonflikts, welche die Priorität des „Föderationsrechtes" vor dem Gliedstaatsrecht festgelegt hätte (wie etwa Art 20 der Verfassung der UdSSR aus 1936. In der ersten Verfassung der UdSSR fehlte ein derartiger Artikel, das Prinzip „Bundesrecht bricht Landesrecht" wurde aber auch in ihr anerkannt [11]). Aus der Konstruktion der obersten Organe der Transkaukasischen Föderation läßt sich diese Priorität der Normativakte der Föderation vor denjenigen der Republiken ableiten und die Bestimmungen der Verfassungen der Republiken können wegen Konflikts mit der Verfassung der Föderation nicht zur Anwendung kommen. Auch nach Auffassung sovjetischer Autoren waren die Transkaukasischen Republiken bis zur Auflösung der Föderation:

„... Republiken mit beschränktem Austrittsrecht aus der ZSFSR" [12].

---

[6] *SZS*, I, S. 68.

[7] Ibid, S. 77.

[8] RSFSR, USSR, BSSR und die Transkaukasische Föderation (ZSFSR).

[9] *Istorija sovetskoj konstitucii*, sbornik dokumentov 1917—1957, M. 1957, S. 199.

[10] Art 4 der Verf der AzSSR, Art 6 der GSSR und Art 16 der ArSSR; vgl PETROSJAN 1968, S. 178.

[11] MAURACH 1955, S. 116.

[12] KUPRIČ, N. J.: Gosudarstvennoe ustrojstvo SSSR, M. 1952, S. 58; ebenso ČEKALIN, M. V.: Kommunizm i nacija, L. 1965, S. 18, beide zit nach BEGIJAN 1968, S. 82 mit weiteren Hinweisen auf Autoren, welche diese, nach BEGIJAN falsche Auffassung vertreten haben (CHATNUČEV, SIDAMONIDZE); PETROSJAN 1968, S. 183 behauptet ebenfalls, daß ein unbeschränktes Austrittsrecht der ArSSR aus der Transkaukasischen Föderation bestanden habe.

Bei den Vorarbeiten zur gegenwärtigen Verfassung gab es Bestrebungen, das freie Austrittsrecht zu streichen. Ihnen trat STALIN auf dem Sovjetkongreß am 25. 11. 1936 unter Berufung auf die Freiwilligkeit des Zusammenschlusses der Unionsrepubliken [13] entgegen.

Eine Interpretation des Art 17 der Verfassung der UdSSR wird sich nicht nur auf Verfassungsbestimmungen stützen können, welche die Rechte und den Bestand der Unionsrepubliken schützen [14]. Man muß diese Bestimmung über das Austrittsrecht im Zusammenhang mit dem gesamten materiellen Verfassungsrecht der UdSSR auslegen.

5.3.2. Der verfassungsrechtliche Bestand des Austrittsrechts

Die Verfassungsbestimmung des Art 17 unterliegt, wie die gesamte Verfassung, der Norm des Art 146 betreffend die Verfassungsänderung, wonach die Verfassung der UdSSR nur mit qualifizierter Stimmenmehrheit von $^2/_3$ beider Kammern des Obersten Sovjet der UdSSR abgeändert werden kann. Der Verfassung 1936 fehlt für den Art 17 eine weitere Bestandsgarantie in der Art des Art 6 der Verfassung der UdSSR 1924, welcher für Änderung, Beschränkung oder Aufhebung des Sezessionsrechts aus Art 4 die Zustimmung aller Unionsrepubliken im Bestand der UdSSR verlangte. Diese Auffassung ist auch im sovjetischen Schrifttum zu finden. Um dem Austrittsrecht eine erhöhte Bestandsgarantie zu geben, wurde deshalb von sovjetischen Autoren der Vorschlag gemacht, der Verfassungsbestimmung über die Verfassungsänderung einen Vorbehalt beizufügen, welcher die Kompetenz des OS der UdSSR, das Recht der Unionsrepubliken auf freien Austritt aufzuheben, ausschließe [1].

---

[13] Deutscher Text der erwähnten Rede bei MAURACH, ibid, vgl auch OŠEROV 1948, S. 54; FARBEROV 1946, S. 15; DOROGIN 1948, S. 144.

[14] a) die Vermutung für die Kompetenz der Unionsrepublik, Art 15 der Verfassung der UdSSR:
„Die Souveränität der Unionsrepubliken ist lediglich durch die in Art 14 der Verfassung der UdSSR gezogenen Grenzen beschränkt. Darüberhinaus übt jede Unionsrepublik die Staatsgewalt selbständig aus ..."
b) das Recht auf eigene Verfassung, Art. 16.
c) die Garantie des Gebietsbestandes, Art 18.
d) das Recht auf auswärtige Beziehungen und eigene Truppenformationen, Art 18/a und 18/b.
e) das Recht auf eigene Staatsbürgerschaft, Art 21.

[1] SEMENOV 1961, S. 24; vgl HALAJCŽUK 1968, S. 126 ff mit weiteren Literaturhinweisen.

Im sovjetischen Schrifttum trifft man allerdings auch auf Meinungen, daß der Art 17 der Verfassung der UdSSR nicht dem Revisionsverfahren des Art 146 unterliege[2]. Diese Stellung wird aus den Verfassungsbestimmungen des Art 13 der Verfassung der UdSSR abgeleitet, welcher feststellt, daß die UdSSR:

> „... auf der Grundlage des freiwilligen Zusammenschlusses gleichberechtigter Sozialistischer Sovjetrepubliken ..."

gebildet worden ist, ferner aus dem unbefristeten Charakter des Vertrages über die Bildung der UdSSR aus dem Jahre 1922[3].

Das Argument, daß nur, oder gerade das Sezessionsrecht einen besonderen Bestandsschutz haben soll[4], vermag nicht zu überzeugen.

Die Unionsrepubliken haben auch nach der Auffassung sovjetischer Autoren einen Teil ihrer souveränen Rechte — oder Kompetenzen — freiwillig an die UdSSR übertragen[5], und können diese nicht an sich zurückziehen (ohne vom Sezessionsrecht Gebrauch zu machen[6]). Genauso könnten auch die Restkompetenzen der Unionsrepubliken nach Art 15[7] als Ausdruck der Souveränität dieser Gliedstaaten besonders geschützt sein.

Auch dem Argument des unbefristeten Charakters des Gründungsvertrages der UdSSR fehlt die Überzeugungskraft. Bis zur Annahme der Verfassung 1936 war dieser ein Bestandteil der Verfassung aus 1924 und bei der Erhebung der Uzbekischen und Turkmenischen Sovjetrepubliken zu Unionsrepubliken im Jahre 1925 wurde durch Verordnungen [postanovlenie] des III. Sovjetkongresses vom 13. und 20. 5. 1925 der Geltungsbereich des Gründungsvertrages auf die TuSSR und UzSSR ausgedehnt[8] und die Verfassung der UdSSR entsprechend geändert[9]. Da die Verfassung 1936 den Gründungsvertrag nicht mehr

---

[2] Blumenwitz 1970 will diese Auffassung sogar als „herrschende Lehre" gesehen wissen, diese Auffassung wird durch das einschlägige sovjetische Schrifttum nicht erhärtet.

[3] Šafir 1968, S. 38 mit Hinweis auf Kotok, V. F.: Referendum v sisteme socialističeskoj demokratii, M. 1964, S. 127.

[4] Die Problematik der „Kernbestandsperpetuierung" von Verfassungsbestimmungen taucht nicht nur im Zusammenhang mit dem Sezessionsrecht der Unionsrepubliken der UdSSR, sondern auch in der BRD auf, vgl die Kommentare zu Art 79/3 des GG.

[5] Vgl für alle Šafir 1968, S. 31 ff mit Literaturhinweisen.

[6] Nach einer erfolgten Sezession erhielte die Sovjetrepublik alle Rechte zurück, welche sie nach Art 14 der Verf der UdSSR der Union übertragen hatte, vgl.: Fajziev 1961, S. 49.

[7] Infra S. 158 ff.

[8] Verordnung vom 13. 5. 1925, Istorija Sovetskoj Konstitucii, S. 426.

[9] Verordnung vom 20. 5. 1925, ibid, S. 247.

enthielt, wurde zB die Aufnahme der Baltischen Staaten in die UdSSR durch Gesetze des Obersten Sovjet der UdSSR vom 3., 5. und 6. 8. 1940 durchgeführt [10], welche keinen Hinweis auf eine Erweiterung des Geltungsbereiches des anfänglichen Gründungsvertrages aus dem Jahr 1922 enthielten.

Formell fiel die Aufnahme der Baltischen Staaten unter die Kompetenzen der UdSSR nach Art 14/v der Verfassung der UdSSR aus dem Jahre 1936, nach welcher die Aufnahme neuer Republiken in die UdSSR dem Kompetenzbereich der UdSSR zugeordnet ist. Zur Aufnahme neuer Republiken in die UdSSR bedurfte es damals keines völkerrechtlichen Vertrages mehr.

Die *Verfahrensordnung über die Ratifizierung und Kündigung internationaler Verträge der UdSSR* vom 20. 8. 1938 [11] sieht die Ratifikation von Friedensverträgen, Beistandspakten und Nichtangriffsverträgen im Art 2 vor und bezeichnet das POS der UdSSR als das für die Ratifikation und Kündigung kompetente Organ (Art 1). *A maiori ad minus* könnte man argumentieren, daß Beitrittsverträge sicherlich ratifikationsbedürftig wären. Die Verfahrensordnung schreibt nicht die ausdrückliche Bezeichnung irgendeines diesbezüglichen Staatsaktes als Ratifikation vor. Bei der Analyse der Ratifikationspraxis der UdSSR fällt allerdings auf, daß der Ausdruck: „Ratifikation" in den diesbezüglichen Normativakten des POS der UdSSR immer vorkommt [12].

Da bei der Aufnahme der Baltischen Staaten in die UdSSR nicht das für die Ratifikation zuständige Organ betraut wurde, sondern der OS der UdSSR gehandelt hatte, und die zur Aufnahme führenden Normativakte nicht als Ratifikation bezeichnet wurden, kann die Aufnahme der Baltischen Staaten, auch bei großzügiger Interpretation des Grundsatzes der Formfreiheit völkerrechtlicher Verträge durch Annahme der Anträge der Baltischen Staaten in der Form von Bundesgesetzen nicht als völkerrechtlicher Vertrag gewertet werden.

Der Konstruktion der Aufnahme der Baltischen Staaten in die UdSSR als völkerrechtlicher Vertrag steht auch entgegen, daß die Anträge Estlands, Lettlands und Litauens von Organen ausgingen, welche

---

[10] Für die LiSSR: 3. 8. 1940; LaSSR: 5. 8. 1940 und ESSR 6. 8. 1940, alle: *VVS SSSR* 1940/28; deutscher Text in *Zeitschrift für osteuropäisches Recht*, 1940/41, S. 182.

[11] *VVS SSSR* 1938/11.

[12] Vgl die Sammlung von Ratifikationsverordnungen von internationalen Verträgen der UdSSR in *Sbornik Zakonov* I, S. 459—567, III, 150—163.

weder verfassungsrechtlich noch aus allgemeinem Völkerrecht zum Abschluß von internationalen Verträgen kompetent waren [13]. Aus dem Text der Anträge ergibt sich ebenfalls kein Indiz dafür, diese Anträge als Offerten zu bewerten, oder sie als einseitiges Rechtsgeschäft zu bezeichnen, etwa des Inhalts, daß die Baltischen Staaten ihre Eigenstaatlichkeit unter der Bedingung der Aufnahme in die UdSSR aufgeben.

Wenn im Schrifttum zwischen völkerrechtlichen und staatsrechtlichen Staatenverbindungen unterschieden wird [14], findet sich oft auch die Aussage, daß die Ordnung des Bundesstaates auf einer Verfassung [15] oder auf dem Recht des Gesamtstaates [16] beruhe. Diese Feststellung beschreibt nicht alle Seiten des Phänomens: Bundesstaat [17]. Die Tatsache, daß es Bundesstaaten gibt, welche durch völkerrechtliche Gründungsverträge geschaffen wurden, wird mit dieser Grundthese dadurch in Einklang gebracht, daß der völkerrechtliche Gründungsvertrag mit Errichtung des Gesamtstaates erfüllt sei und außer Kraft trete [18]. Der Wirklichkeit näher ist jedoch die Auffassung, daß Gründungsverträge von Bundesstaaten auch nach der Errichtung des Gesamtstaates in Kraft bleiben [19], weil ja ein dauernder Vertragszweck vorliegt, nämlich das Fortbestehen des zu errichtenden Bundesstaates. Ein „stillschweigender Beitritt" zu solch einem weiterbestehenden Gründungsvertrag, etwa analog zu einer stillschweigenden Vertragsänderung durch nachfolgende Praxis der Vertragsparteien, wäre immerhin möglich.

Bejaht man die Erweiterung des persönlichen Geltungsbereiches dieses Vertrages durch stillschweigende Praxis, muß man konsequenterweise auch eine inhaltliche Änderung auf dieselbe Weise annehmen.

Man müßte dann also die Derogation des besonderen Bestandsschutzes des Austrittsrechtes der Unionsrepubliken durch den Gründungsvertrag und die Verfassung der UdSSR aus dem Jahre 1924

---

[13] MEISSNER 1956, S. 248 f.

[14] Vgl etwa JELLINEK 1966, S. 762 ff; VERDROSS 1964, S. 354 f.

[15] JELLINEK op. cit. S. 770.

[16] VERDROSS op. cit. S. 354.

[17] Vgl die Argumentation bei KELSEN, H.: Allgemeine Staatslehre, repr. 1966, S. 195 f.

[18] VERDROSS op. cit. S. 355.

[19] KELSEN, Principles ... 1967, S. 494: „Treaties concluded for all time are, for instance, treaties by which a federal state is established." In diesem Sinne auch BROVKA 1967, S. 79, der allerdings behauptet, daß alle heute in der UdSSR vereinigten Unionsrepubliken durch ihren Beitritt zur Union auch Vertragspartner des Grundvertrages geworden sind.

durch die Verfassung aus dem Jahre 1936 ebenfalls als solch eine stillschweigende Vertragsänderung betrachten, denn durch die Annahme
der Verfassung im Jahre 1936 wurde ja dem gesamten Gründungsvertrag derogiert. Sollte der Gründungsvertrag heute noch in Kraft sein,
so nur in der Fassung der Verfassung aus dem Jahre 1936.

Die nachfolgende Praxis der anfänglichen und — folgt man dieser
Konstruktion konsequent — durch stillschweigenden Beitritt dazuge-
kommenen Vertragsparteien kann nur im materiellen Verfassungsrecht
und in der Verfassungspraxis der UdSSR gesucht werden. Diese jedoch zeigt, daß aus dem Argument des unbefristeten Charakters des
Gründungsvertrages die Auffassung, daß der Art 17 nicht dem Revisionsverfahren unterliegt, nicht begründet werden kann.

5.3.3. Die Verwirklichung des Austrittsrechts
5.3.3.1. *Organe*

Die Verfassungen der UdSSR und der Unionsrepubliken enthalten keine Bestimmungen darüber, welches Staatsorgan für die Verwirklichung des Austrittsrechts zuständig ist. Grundsätzlich besteht
die Kompetenzvermutung für den jeweiligen OS einer Unionsrepublik, da dieser sowohl nach Art 57 der Verf der UdSSR, als auch nach
den entsprechenden Bestimmungen der Verfassungen der Unionsrepubliken [1] das oberste Organ der Staatsmacht der Unionsrepubliken
ist. Er verwirklicht alle Kompetenzen, welche nicht durch die Verfassungen anderen, den OS der Unionsrepubliken rechenschaftspflichtigen
[podotčetnye] Organen, wie etwa dem POS, dem MinR oder den
Ministerien der Unionsrepubliken übertragen worden sind [2]. Die Bestimmungen über die Kompetenzvermutung für den OS [3] enthalten zwar
Rückverweisungen auf den Art 14 der Verf der UdSSR und auf die
sicherlich demonstrative Aufzählung der Kompetenzen der Unionsrepubliken in ihren Verfassungen [4]. Das Austrittsrecht wird hier nicht
erwähnt. Da das Austrittsrecht nicht einem anderen Organ übertragen
worden ist, müßte es nach der Generalkompetenz dem OS zustehen.

---

[1] Art 20 der Verf der USSR, BSSR, KazSSR, LiSSR, MSSR, LaSSR, KiSSR,
TaSSR, ArSSR, TuSSR und ESSR; Art 22 der RSFSR, UzSSR, und AzSSR und
Art 25 der GSSR.
[2] Vgl etwa Art 23 der Verf der RSFSR, Art 26 der GSSR.
[3] Ibid.
[4] Art 14 der Verf der GSSR; 15 der TaSSR; 18 der ArSSR und 19 der übrigen
Unionsrepubliken.

Wenn man davon ausgeht, daß nur der Oberste Sovjet einer Unionsrepublik den Austritt beschließen kann, kommt man — wegen seiner kurzen Sitzungsperioden [5] — zum Ergebnis, daß das Austrittsrecht ein zeitlich beschränktes ist. Der Oberste Sovjet ist, außer zu seinen ordentlichen und außerordentlichen Sitzungen, nicht ständig versammelt [6].

In der Zeit zwischen den Sitzungsperioden des OS übt sein Präsidium eine Reihe seiner Kompetenzen aus [7]. Andere Kompetenzen stehen dem POS alleine zu [8]. Im sovjetischen Verfassungsrecht gibt es keine generelle Übertragung aller Kompetenzen der OS an ihre Präsidia für die Zeit zwischen den Sitzungsperioden der ersteren. Die Kompetenzen der Präsidia der Unionsrepubliken ergeben sich aus den Verfassungen der Unionsrepubliken [9]. Allerdings trifft man im sovjetischen Schrifttum auch auf Kompetenzvermutungen, die hier eine Analogie erlauben, also die Vermutung für die Kompetenz entweder des OS oder seines Präsidiums [10].

Als Organ für die Verwirklichung des Austrittsrechtes käme auch das Staatsvolk im Wege eines Referendums in Frage. Die POS der Unionsrepubliken [11] wären dann zur Durchführung des Referendums zuständig. Die Möglichkeit, daß das Staatsvolk [12] als Organ der Unionsrepublik handelt, muß ins Auge gefaßt werden, da sovjetische Autoren die Ausübung des Austrittsrechtes von der Willenserklärung des (werktätigen [13]) Volkes abhängig machen [14].

Fraglich ist allerdings, ob die Teilnahme an einer Volksabstimmung über einen eventuellen Austritt aus der UdSSR nicht den Tat-

---

[5] Zweimal jährlich, vgl Art 30 der Verf der GSSR und RSFSR.

[6] Wenn auch UMANSKIJ 1970, S. 353 den OS der UdSSR, welcher dieselben Sitzungsperioden wie die OS der Unionsrepubliken hat, als ständig tagendes Organ beschreibt.

[7] Vgl Art 28 der Verf der TaSSR; 30 der USSR, UzSSR, MSSR und ArSSR; 31 der BSSR, KazSSR, LiSSR, LaSSR, KiSSR, TuSSR und ESSR; 33 der RSFSR und AzSSR und 36 der GSSR.

[8] Ibid.

[9] *Kurs sovetskogo gosudarstvennogo prava*, red. ŠČETININ, S. 378.

[10] ŠAFIR 1968, S. 182.

[11] Vgl Art 33/g der Verf der RSFSR; Art 30/g der USSR; vgl ŠAFIR 1968, S. 209 ff.

[12] Dessen Feststellung für die Unionsrepubliken kaum möglich ist, vgl supra S. 88 f.

[13] Trotz der Abschaffung der Diskriminierung der „Nichtwerktätigen" in der Verf aus 1936 ist diese Einschränkung im sovjetischen Schrifttum noch zu finden, vgl TURGUNBEKOV 1959, S. 67.

[14] Für alle FAJZIEV 1961, S. 49; ZLATOPOL'SKIJ 1960, S. 155.

bestand des Vaterlandsverrates darstellt [15] und daher unter Strafe gestellt wird. Die Mitglieder der POS genießen jedenfalls die Immunität der Abgeordneten zu den OS und könnten [16] für die Durchführung eines Referendums nicht zur strafrechtlichen Verantwortung gezogen werden, wenn ihnen die Immunität nicht entzogen wird [17]. Es würde allerdings auch dem Sinn eines Rechtes widersprechen, wenn seine Ausübung unter Strafe gestellt wird.

Obwohl dem sovjetischen Schrifttum zum Sezessionsrecht [18] zu entnehmen ist, daß der Volkswille in irgendeiner Form eine große Rolle bei der Verwirklichung dieses Rechtes spielen müsse, findet man auch Autoren, die die Einschaltung von Organen der Unionsrepubliken für notwendig erachten [19], oder, die feststellen, daß dieses Recht nicht die Position von gesellschaftlichen Organisationen oder einzelner Bürger zur Frage des Austrittes einer Unionsrepublik bestimme [20], sich

[15] Zum strafrechtlichen Bestandsschutz der UdSSR siehe infra S. 122 ff.

[16] Sie werden aus den Reihen des OS gewählt, siehe RADŽABOV, S. A. in *Sovetskoe gosudarstvennoe pravo*, red. LEPEŠKIN, Jurlit M. 1971, S. 369.

[17] Vgl dazu infra S. 124 f.

[18] Welches letzlich doch differenzierter ist, als HALAJCZUK 1968, S. 130 glaubt.

[19] ŠABANOV, F. S. Jurlit, M. 1959, S. 120: „... es gab noch keinen Fall, daß das azerbajdžanische Volk ... irgendeinen Versuch unternahm, vor den obersten Organen seiner Republik die Frage der Abtrennung seiner Republik vom Bund zu stellen."

[20] DOROGIN 1948, S. 144; über einen interessanten Fall, der sich in der LaSSR ereignet haben soll, berichtet ŠILDE, A. in Resistance Movement in Latvia, Latvian National Foundation, Stockholm 1972, S. 30 f:

„Passive resistance occasionally follows quite unusual patterns. One of them is the citing of the provisions of the Soviet Constitution in support of demands for national independence and freedom. In 1959, at the time when Nikita Khrushchev cracked down on the Latvian national communists, a young man went around asking people to sign a document demanding the withdrawal of Latvia from the U.S.S.R. He cited Art 15 of the Constitution of the Latvian SSR, which states: "The Latvian SSR reserves for itself the right freely to secede from the Union of Soviet Socialist Republics." A similar provision is included in Stalin's Constitution as Art. 17.

The young man (his name is Rijnieks) thought that this article of the Constitution was good and should be applied in Latvia's case. As stated, he started to collect signatures in favour of Latvia's secession from the Soviet Union. He had had time to collect only 200 signatures, when he was arrested. In court, he cited the provisions of the afore-said two Soviet constitutions and pleaded not guilty. This did not help him. The public prosecutor demanded capital punishment. The fact, that he had just completed his compulsory service in the Red Army where he, it was stressed, had received both military and political training and still conceived such an evil scheme was considered an aggravating circumstance. He was sentenced to 15 years of imprisonment, to be spent in the Potma forced labour camp, in the swamp region of Mordovia [54].

([54] LSK [Lettisches Rotes Kreuz] Archive, testimony no. 0470/70).

Soon thereafter a number of young Latvians, including intellectuals were de-

also nur an die jeweilige Unionsrepublik als rechtliches Gebilde richte. Diese wird sich aber irgendeines ihrer Organe bedienen müssen.

5.3.3.2. Verfahren

Aus den Verfassungen der UdSSR und der Unionsrepubliken ist auch ein Verfahren zur Verwirklichung des Austrittsrechtes nicht ersichtlich. Der Meinung sovjetischer Autoren nach bestehe auch keine Notwendigkeit, die geltenden Verfassungsvorschriften durch Verfahrensnormen zu vervollständigen [1]. Die Verfahrensvorschriften zur Verwirklichung des Austrittsrechtes müssen daher in den allgemeinen Verfahrensnormen der für dieses Recht in Frage kommenden Organe gesucht werden.

Bei Tätigwerden des Obersten Sovjet einer Unionsrepublik müßte der Austritt wohl in Gesetzesform gefaßt werden. Für die Beantwortung der Frage, ob der Beschluß zum Austritt als Verfassungsänderung mit $^2/_3$ Mehrheit oder als einfaches Gesetz mit einfacher Mehrheit gefaßt werden müßte, ist die Tatsache von Bedeutung, daß ein Austritt mit einer Verfassungsänderung zu verbinden wäre. Entweder müßte dem Austritt eine Verfassungsänderung vorangegangen sein, da in den Verfassungen der Unionsrepubliken die Bestimmung des Art 13 der Verfassung der UdSSR inhaltlich wiederholt wird [2] oder der Austritt würde eine Verfassungsänderung nach sich ziehen. Daher dürfte formell ein Verfassungsänderungsgesetz zum Beschluß notwendig sein.

Für die Tätigkeit des POS bei der Verwirklichung des Austrittsrechts käme, außer der Durchführung eines Referendums, der Erlaß von Gesetzesverordnungen in Frage [3]. Ihr Erlaß ist an keine materiellen und formellen Bedingungen geknüpft und könnte somit auch den Austritt einer Unionsrepublik zum Inhalt haben. Gesetzesverordnungen der Unionsrepubliken unterliegen keiner Kontrolle durch ein Organ der UdSSR, können allerdings wegen des Primats des Bun-

---

tained and tried on charges of involvment in an organization which advocated the formation of a Baltic federation [55].

([55] Briviba [Freedom] Latvian Social Democratic monthly, published in Stockholm, Sweden, 1971, nos. 9 and 10.) The members of this underground organization later repeatedly participated in hunger strikes in the Soviet camps. There names were mentioned in 1971 and earlier years."

[1] Ševcov 1972, Jurlit, S. 217.
[2] Vgl infra S. 121 f.
[3] Vgl Art 33/b der Verf der RSFSR.

desrechtes nach Art 20 der Verf der UdSSR durch entgegenstehende Gesetzesverordnungen des Präsidiums des Obersten Sovjet der UdSSR derogiert oder aufgehoben werden. Damit könnte also auch der in Form einer Gesetzesverordnung gekleidete Beschluß des Austritts aus der UdSSR durch einen diesem Entschluß entgegenstehenden Normativakt der UdSSR verboten und von der Unionsrepublik wegen des Fehlens eines Verfassungsgerichtshofs oder einer entsprechenden Institution auf dem Rechtswege nicht durchgesetzt werden, da die UdSSR nach Art 15 der Verf der UdSSR zum Schutz der Souveränität der Unionsrepubliken berufen ist und die Kontrolle der Beachtung sowohl der Verfassungen der UdSSR als auch der Unionsrepubliken nach Art 14/g in die Kompetenz der Sovjetunion fällt.

5.3.3.3. *Sovjetisches Schrifttum zur Verwirklichung des Austrittsrechts*

Im sovjetischen Schrifttum findet man nur ganz selten theoretische Betrachtungen darüber, welche Schritte von Unionsrepubliken im Falle einer Verletzung der Verpflichtung zum Schutz ihrer souveränen Rechte seitens der UdSSR unternommen werden könnten. Einer der wenigen Autoren, der darauf eine Antwort gibt, schreibt:

„Die Erfahrung zeigt, daß die UdSSR diese Verpflichtung [zum Schutz der souveränen Rechte der Unionsrepubliken] unverbrüchlich erfüllt. Wenn man jedoch theoretisch die Möglichkeit der Verletzung dieser Verpflichtungen durch sie [UdSSR] zuließe, so bleibt den Unionsrepubliken immer noch das Recht darauf zu reagieren, letztlich bis zur Erklärung des Austritts aus der UdSSR" [1].

Da jedoch seitens sovjetischer Autoren die Möglichkeit des Austritts einer Unionsrepublik *a priori* aus einer Vielfalt von nicht immer glaub- und beweiswürdigen Argumenten ausgeschlossen wird, wurde die Verletzung des Austrittsrechts vom obigen Autor auch gar nicht erst in Betracht gezogen, da ja auf diese Verletzung keine Reaktion seitens einer Unionsrepublik möglich wäre.

Gründe, welche einen Austritt einer Unionsrepublik für unmöglich erscheinen lassen, wären nach Ansicht sovjetischer Autoren:

Ein Austritt von Unionsrepubliken aus der UdSSR würde ihre wirtschaftliche und militärische Macht schwächen und zum Verlust ihrer [Unionsrep.] Unabhängigkeit und zur völligen oder teilweisen Unterordnung unter imperialistische Staaten führen [2].

Ein Austritt wäre nicht zweckmäßig und würde die wirtschaftlichen und historischen Bindungen einer Unionsrepublik zur UdSSR schwächen und sowohl der wirt-

---

[1] Manelis 1968, S. 65.
[2] Turgunbekov 1959, S. 67.

schaftlichen Entwicklung der Unionsrepublik als auch dem materiellen Wohlstand der Bevölkerung Schaden zufügen [3].

Er würde auch das wirtschaftliche und militärische Potential der UdSSR schwächen und der Macht des Sovjetstaates Schaden zufügen [4].

Die Azerbajdžanische SSR, sowie die anderen Unionsrepubliken haben faktisch vom Austrittsrecht noch keinen Gebrauch gemacht und wünschen dies auch niemals zu tun [nikogda ne poželaet] [5].

In der ersten Hälfte der 20er Jahre hatten sovjetische Autoren das Austrittsrecht noch etwas pragmatischer behandelt: dieses Recht sei:

„... ein Begriff ohne reellen Inhalt, da es sich im klaren Widerspruch zur historischen Wirklichkeit befindet" [6].

was diesem Autor den Vorwurf einbrachte, daß er das Recht als Garantie mit seiner Verwirklichung verwechsle [7]. Der Haupttenor des sovjetischen Schrifttums zum Austrittsrecht der Unionsrepubliken ist, daß dieses Recht kein Selbstzweck sei [8] und auf keinen Fall mit der Frage der Zweckmäßigkeit [9] des Austritts oder der Verpflichtung zum Austritt vermischt werden dürfte [10].

Den Argumenten des sovjetischen Schrifttums, welche die Unwahrscheinlichkeit eines Austritts einer Unionsrepublik zu untermauern versuchen, wird man noch hinzufügen müssen, daß ein Verfahren zur Verwirklichung des Sezessionsrechts vielleicht deshalb nicht normativ erfaßt worden ist, weil die Möglichkeit zu diesem Schritt politisch undenkbar erscheint, und daher der Zweck der Bestimmung des Art 17 der Verfassung der UdSSR, nämlich die Betonung der Souveränität, Staatlichkeit oder Unabhängigkeit der Unionsrepubliken und der Freiwilligkeit des Zusammenschlusses dieser zur UdSSR [11] auch ohne detaillierte Verfahrensregeln erreicht werden kann. Nur so kann zB verstanden werden, daß in der Deklaration des Lettischen Sejm vom 21. 7. 1940 gesagt wurde, daß:

„... der große historische Moment gekommen ist, wo zwischen Lettland und der UdSSR endgültig und für alle Zeit ein enger Bund gesetzlich gefestigt wurde [zakonodatel'no zakreplen tesnyj sojuz]" [12].

---

[3] ZLATOPOL'SKIJ 1960, S. 58.
[4] Derselbe, S. 59.
[5] MIL'MAN 1971, S. 141.
[6] MALICKIJ, A., Sojuz i suverenitet sojuznych respublik, *Vestnik sovetskoj justicii* 2 (12) S. 38, zit nach KUPRIČ 1971, S. 179.
[7] KUPRIČ op. cit. S. 179.
[8] Für alle VICHAREV 1957, S. 67.
[9] Für alle FAJZIEV 1961, S. 49.
[10] Für alle DOROGIN 1948, S. 144.
[11] Vgl HALAJCZUK 1968, S. 129.
[12] *Gosudarstvenno-pravovoe strojtel'stvo Latvijskoj SSR*, Riga 1968, S. 35.

Der Widerspruch liegt hier darin, daß einerseits immer wieder die Bewahrung des Austrittsrechtes betont wird, andererseits in besonders feierlicher Weise die Endgültigkeit des Bundes Lettlands mit der UdSSR hervorgehoben wird.

5.3.4. Der Bestandsschutz der UdSSR als Gegensatz zum Austrittsrecht

5.3.4.1. *Der verfassungsrechtliche Bestandsschutz der UdSSR*

Die Verfassung der UdSSR geht vom Gebietsbestand des Bundes aus, der durch die Aufzählung der in der UdSSR vereinten 15 Unionsrepubliken ausgedrückt ist [1]. Eine Änderung des Gebietsbestandes der UdSSR würde gleichzeitig einer Änderung dieser Verfassungsbestimmung bedürfen; der bisher einzige Fall der Selbstauflösung einer Unionsrepublik, nämlich die Umwandlung der Karelo-Finnischen SSR in die Karelische ASSR im Bestand der RSFSR [2] wurde durch ein formelles Verfassungsänderungsgesetz vom 16. 7. 1956 vollzogen [3]. Dieses bildet die gegenwärtige Fassung des Art 13. Da zu den Kompetenzen der UdSSR nach Art 14/g der Verfassung 1936 auch die Kontrolle über die Einhaltung der Bundesverfassung und daher auch die Kontrolle über den Austritt einer Unionsrepublik unter Ausübung des Sezessionsrechtes nach Art 17, welcher die Änderung des Art 13 der Bundesverfassung notwendig machen würde, gehört, könnte man in der namentlichen Aufzählung der Unionsrepubliken in diesem Artikel einen verfassungsmäßigen Bestandsschutz der UdSSR sehen [4].

---

[1] Art 13 der Verf der UdSSR; ähnlich Art 1 der Bundesverfassung der Schweizerischen Eidgenossenschaft; Art 2/2 des B-VG der Bundesrepublik Österreich; Art 2 der Verfassung der Sozialistischen Föderation Republik Jugoslavien; anders: Art 23 des GG, welcher von einem vorläufigen Geltungsbereich spricht und Art 29, welcher einen Verfassungsauftrag zur Neugliederung des Gebietes der BRD enthält.

[2] *VVS SSSR* 1956/15, S. 331, Text in: *Istorija Sovetskoj Konstitucii* . . ., S. 499.

[3] *VVS SSSR* 1956/15, S. 332, Text ibid; Allerdings wurde auch die Transkaukasische Föderative Sovjetrepublik durch die Verfassung 1936 wieder aufgelöst, ohne dabei diese Auflösung in irgendeiner Form normativ zu erfassen. Sie wurde „. . . nach Erfüllung ihrer historischen Rolle, nachdem sie die ihr übertragenen Aufgaben gelöst hatte, liquidiert." (zit aus *Bol'šaja Sovetskaja Enciklopedija*, 2e Aufl. Moskau 1951—, Bd 16, S. 341 nach GEILKE 1964, S. 132).

[4] FLEINER/GIACOMETTI, S. 50 stellen für die Schweiz fest, daß jede Änderung des zahlenmäßigen Bestandes der Kantone (enthalten in Art 1 der Verf) eine Partialrevision der Bundesverfassung erforderlich mache und schließen daraus, daß kein Kanton ein Sezessionsrecht besitze. Die Unionsrepubliken der UdSSR haben allerdings dieses verbriefte Sezessionsrecht, trotzdem kann Art 13 als Bestandsschutz der UdSSR gewertet werden.

Auch im sovjetischen Schrifttum trifft man diesbezügliche Feststellungen:

> „Der heutige territoriale Bestand der UdSSR ist in Art 13 der geltenden Allunionsverfassung festgelegt [zakreplen]" [5].

Daß die Kompetenzen der UdSSR auch in das Sezessionsrecht hineingreifen, wird selbst von sovjetischen Autoren erkannt, diese Meinung vom sovjetischen Schrifttum jedoch nicht kritiklos hingenommen. Als ungenaue und falsche Interpretation des Art 17 der Verfassung der UdSSR seitens einiger Autoren wurde jedoch folgende Aussage angeprangert [6]:

> „... nur dem Obersten Sovjet der UdSSR kommt das Recht zu ... die Frage des Austritts einer Unionsrepublik aus dem Bestand der UdSSR in Übereinstimmung mit Art 17 ... zu entscheiden" [7].

5.3.4.2. *Der einfachrechtliche Bestandsschutz der UdSSR*

Der einfachrechtliche Bestandsschutz der UdSSR wird hauptsächlich im Strafrecht zu finden sein.

Beim strafrechtlichen Schutz des Bestandes eines Staates im weitesten Sinne, also der Schutz der Existenz, des „Seins oder Nichtseins [1]" kann man auch vom Schutz des Umfangs des Staatsgebietes als: „... eines der wichtigsten Rechtsgüter des Staatsschutzes [2]" sprechen. Der Art 58/2 des Strafgesetzbuches der RSFSR [3] aus dem Jahre 1926 in der Fassung vom 6. 6. 1927 [4] hatte dem Tatbestand „gegenrevolutionäre Verbrechen" ua die Ergreifung der zentralen oder örtlichen Gewalt, insbesondere in der Absicht, Gebietsteile gewaltsam von der UdSSR bzw den einzelnen Unionsrepubliken abzutrennen, zugeordnet und dieses Delikt mit Todesstrafe oder hohen Freiheitsstrafen bedroht. Desgleichen wurden Propaganda und Agitation, die zu Sturz, Unterhöhlung oder Schwächung der Sovjetherrschaft führen konnten oder zu einzelnen in Art 58 aufgeführten Staatsverbrechen aufforderten, mit Strafe bedroht.

---

[5] FARBER/RŽEVSKIJ 1967, S. 191.

[6] ŠAFIR 1968, S. 37, der allerdings für mehrere Autoren nur KIRIČENKO zitiert.

[7] KIRIČENKO, M. G.: Verchovnyj Sovet SSSR, M. 1962, S. 31; vgl MOUSKHELY/JEDRYKA, S. 414: „Il s'ensuit que le droit de sécession ne peut s'exercer que sous réserve des intérêts du prolétariat et que son utilisation requert l'approbation des instances politiques fédérales."

[1] Vgl SCHROEDER 1970, S. 357.

[2] Ibid, S. 369.

[3] Deutscher Text in: *Sammlung Außerdeutscher Strafgesetzbücher*, XLIX, Strafgesetzbuch der R.S.F.S.R., Berlin—Leipzig, 1931, S. 25.

[4] SCHROEDER ibid, S. 250; SCHROEDER 1963, S. 48.

Diese Delikte spielten Ende der 30er Jahre in den großen Schauprozessen eine wichtige Rolle. Damals gehörten die Vorwürfe des Versuches der Hingabe der Sovjetukraine [5] und Lostrennung der Republiken Zentralasiens, Georgiens, Armeniens, Azerbajdžans, Weißrußlands und der Ukraine [6] von der UdSSR zu den Anklagepunkten. Ohne auf das Austrittsrecht der Unionsrepubliken einzugehen, wurden die oben erwähnten Art des StGB zur Urteilsbegründung herangezogen [7]. Die Angeklagten, welche zwar keine Organe der Unionsrepubliken, jedoch prominente Persönlichkeiten des öffentlichen Lebens darstellten, wurden als Hochverräter zum Tode verurteilt.

Das gegenwärtige Strafrecht der UdSSR enthält im *Gesetz über die strafrechtliche Verantwortlichkeit für Staatsverbrechen* [8] vom 25. 12. 1958 nicht mehr den differenzierten Tatbestand: Abtrennung von Gebietsteilen der UdSSR und der Unionsrepubliken. Doch kann im Art 1 dieses Gesetzes, in dem der Tatbestand des Vaterlandsverrats geregelt ist, und unter welchem Handlungen verboten sind, welche gegen die staatliche Unabhängigkeit, territoriale Integrität und Militärmacht der UdSSR gerichtet sind, ebenfalls als strafrechtlicher Schutz des Gebietsbestandes der UdSSR angesehen werden.

Ein eigener Tatbestand so wie er im Art 58/2 des StGB bestanden hatte, wird für entbehrlich gehalten, da nach Auffassung sovjetischer Autoren dieser Straftatbestand durch den Tatbestand „Vaterlandsverrat" vollständig umfaßt sei [9].

---

[5] Im Prozeß gegen die Generäle Tuchačevskij, Yakir und andere im Juni 1937, siehe *AdG* 1937, 3087.

[6] Im Prozeß gegen Bucharin, Jagoda, Rykov und andere im März 1938, siehe *Prozeßbericht über die Strafsache des antisowjetischen ‚Blocks der Rechten und Trotzkisten'*, vollständiger stenographischer Bericht, herausgegeben vom Volkskommissariat für Justizwesen der UdSSR, M. 1938, S. 5 (Anklage), S. 710 (Plädoyer des Anklagevertreters Vyšinskij) ebenso S. 711, 715, 723, 724, 779 ff (Schlußwort des Angeklagten Grinko mit Hinweisen auf den ukrainischen Nationalismus), S. 795 (Schlußwort Krestinskij), 806 (Sarangovič), Urteil (864 ff), Lostrennung Ukraine (865) (871); vgl *AdG* 1938, 3452; vgl auch Rauch 1969, S. 278.

[7] Vgl Maurach 1955, S. 106; auch: Naučno praktičeskij kommentarii ... 1960, S. 10.

[8] *Ob ugolovnoj otvetstvennosti za gosudarstvennye prestuplenija,* VVS SSSR 1959/1; Inkorporiert in den besonderen Teil aller Strafgesetzbücher der Unionsrepubliken, zB Art 64—88 *StGB RSFSR;* Art 62—86 *StGB ESSR.*

[9] Piontkovskij, A. A. in *Kurs sovetskogo ugolovnogo prava v šesti tomach,* red. Piontkovskij/Romaškin/Čchikvadze, M. 1970, Bd IV, S. 74; vgl ebenfalls die Feststellung, daß ein Objekt des besonders gefährlichen Staatsverbrechens die territoriale Integrität der UdSSR ist: Kurljandskij, V. I. in *Osobo opasnye gosudarstvennye prestuplenija,* red. Smirnov/Bogatikov, M. 1963, S. 77.

Desgleichen würden Vorbereitungshandlungen zur Ausübung des Sezessionsrechtes wohl unter das Verbot antisovjetischer Agitation und Propaganda des Art 7 des obigen Gesetzes fallen, welcher solche Handlungen mit dem Ziel der Untergrabung und Schwächung der Sovjetmacht unter Strafe stellt. Würden alle diese Handlungen von mehreren gemeinsam begangen, käme der Tatbestand des Komplotts des Art 9 des Gesetzes über die Staatsverbrechen in Frage. Dies geht aus einem Kommentar zum StGB einer Unionsrepublik hervor:

> „Eine Verschwörung mit dem Ziel der Machtergreifung ist die Schaffung einer Gruppe von zwei oder mehr Personen oder einer Organisation, sowie die Teilnahme in einer Gruppe, deren Ziel eine Tätigkeit ist, welche auf die Beseitigung oder die Veränderung des staatlichen oder gesellschaftlichen Aufbaues der UdSSR oder auf die *Lostrennung eines bestimmten Teils des Territoriums* der UdSSR gerichtet sind (Hervorhebung vom Verfasser)" [10].

Unter den Bürgern der Sovjetunion gibt es allerdings einen kleinen Personenkreis, dessen Handlungen nicht unter das Strafrecht fallen; das sind die Abgeordneten zu den verschiedenen Sovjets (Oberste Sovjets der UdSSR, der Unionsrepubliken und der Autonomen Republiken, Sovjets der Deputierten der Werktätigen). Sie genießen vor Gerichten und Verwaltungsorganen Immunität [11], dh sie können ohne Einverständnis des entsprechenden Sovjet — oder, zwischen den Sitzungsperioden der Sovjets, entweder des Präsidiums des Obersten oder des Exekutivkomitees des örtlichen Sovjet — weder strafrechtlich noch verwaltungsstrafrechtlich verfolgt werden [12]. Hinweise auf Inanspruchnahme der Immunität durch Abgeordnete konnten im sovjetischen Schrifttum nicht gefunden werden; diese Institution hat vermutlich keine zu große Bedeutung. Dafür spricht die Tatsache, daß ein Artikel, der kurz nach Erlaß des neuen Gesetzes über den Status der Abgeordneten erschien, der Immunität keine Zeile widmet [13]. Man wird wohl annehmen können, daß Personen, welche kraft Gesetz Immunität genießen, beim Versuch der Verwirklichung des Sezessionsrechtes diese

---

[10] Art 59 *StGB* der *LaSSR:* Vitols, K. in *Kommentarii ugolovnogo kodeksa LaSSR*, Riga 1967, S. 170; derselbe in: *Latvijas PSR Kriminalkodeksa komentari*, Riga 1965, S. 148.

[11] Vgl Art 33 und 34 des *Gesetzes über den Status der Deputierten der Sovjets der Werktätigen* vom 20. 9. 1972, VVS SSSR 1972/39; für die Abgeordneten zu den Obersten Sovjets siehe auch Art 52 der Verf der UdSSR (Oberster Sovjet UdSSR) und die entsprechenden Art der Verfassungen der Unionsrepubliken, zB Art 36 der Verf der RSFSR.

[12] Die Verfassungen sprechen von „gerichtlicher Verantwortung".

[13] Starovojtov, N.: Zakon o statuse deputatov, *Soc. Zak.* 1972/12, 26—31.

durch Entscheidung des zur Aufhebung ihrer Immunität befugten Organes verlieren würden[14].

Da in der Praxis der UdSSR bereits Fälle existierten, in welchen Sezessionsabsichten zu Anklagepunkten in Hochverratsprozessen gemacht und auch im Prozeß berücksichtigt wurden, ohne auf das verfassungsmäßig gewährleistete Recht zum freien Austritt auch nur Bezug zu nehmen, scheint der Schluß berechtigt, daß das geltende Strafrecht der UdSSR einen Bestandsschutz der UdSSR beinhaltet, welcher dem Sezessionsrecht diametral gegenübersteht[15].

5.3.4.3. *Der politische Bestandsschutz der UdSSR*

Im westlichen Schrifttum wird man darauf hingewiesen, daß der Bestand der UdSSR durch die zentralisierte Parteigewalt der KPdSU garantiert werde[1]. Diese Hinweise sind sicherlich gerechtfertigt, da das Verhältnis zwischen KPdSU und den KP der Unionsrepubliken nicht dem einer bundesstaatlichen Konstruktion nachgebildet ist, sondern auf dem Prinzip einer strengen Unterordnung beruht[2]. Dafür spricht, daß von sovjetischer Seite immer wieder die „monolithische Einheit der KPdSU" betont wird[3] und daß die KPdSU mit allen ihr zur Verfügung stehenden Mitteln gegen separatistische Tendenzen eintreten

---

[14] Vgl supra S. 115 ff zur Frage, wer das Sezessionsrecht geltend machen könnte.

[15] Der Vollständigkeit halber sei noch erwähnt, daß sich auch aus dem Bundeseigentum am gesamten Boden der UdSSR, also auch dem Territorium aller Unionsrepubliken ein Bestandsschutz der UdSSR ergibt, vgl ASPATURIAN 1960, S. 127: „The sovereignity of the Republics, including their rights under Articles 17 and 18, are juridically contravened by Art 6 [der Verf der UdSSR] which vests absolute proprietorship of the land in the U.S.S.R. in the Union." Vgl auch supra S. 100 ff besonders S. 104, Zitat zu Fn 20.

[1] Vgl MAURACH 1955, S. 106; SHAPIRO 1965, S. 91 (in einem Kommentar zu Art 17); vgl RAUCH 1953, S. 225; vgl mit Hinweis auf die Programmsätze des Parteiprogramms der KPdSU: GEILKE in: *Das Selbstbestimmungsrecht der Völker in Osteuropa und China*, Red. MEISSNER, Köln 1968, S. 29, scharf angegriffen von ŠEVCOV 1972, S. 216; siehe auch HALAJCZUK 1968, S. 152 mit weiteren Literaturhinweisen. FRIEDRICH in *Ambrosini*-Festschrift S. 659: „... The formal federalism of the governmental structure is superseded and transcended by the integrating force of the CPSU." In diesem Sinne auch HAZARD 1972, S. 596 ff, Die zentralisierende Parteigewalt als Bestandsschutz der UdSSR muß auch der indische Jurist KRISHNA IYER (1973, S. 49) zugeben, der ansonsten das Austrittsrecht der Unionsrepubliken in einer unreflektierten Verfassungsexegese als „High-watermark of self-determination" bezeichnet (ibid S. 53).

[2] BRUNNER 1965, S. 69; siehe auch die ausführliche Untersuchung der materiellen Rechtsverfassung der nationalen Gebietseinheit der UdSSR bei ARNOLD 1973, S. 107 ff.

[3] BRUNNER 1965, S. 51 f; auch BROVKA 1967, S. 82.

werde [4]. Dafür spricht aber auch, daß jedes Mitglied der KPdSU zur „eisernen Parteidisziplin" verpflichtet ist [5], also zur bedingungslosen Durchführung von Parteibeschlüssen und -direktiven; so kann in der Einheit der KPdSU gewiß ein politischer Bestandsschutz der UdSSR gesehen werden. In der vorliegenden Untersuchung genügen diese kurzen Hinweise, gewissermaßen, um das allgemeine Bild des Austrittsrechts der Unionsrepubliken abzurunden. Eine rechtliche Analyse dieses Aspektes erscheint, trotz Bestimmungen des Parteistatuts der KPdSU [6] den allgemeinen Rahmen der vorliegenden Arbeit zu sprengen [7].

5.3.5. Würdigung des Austrittsrechts

Wenn das Austrittsrecht der Unionsrepubliken zum Beweis ihrer Staatlichkeit herangezogen werden soll, muß es einer gründlichen Untersuchung standhalten. Westliche Autoren bezeichnen das Sezessionsrecht als eine Fiktion [1]. Ferner wird von einem Autor gesagt, daß die Unionsrepubliken durch das Austrittsrecht eine Art von Kompetenzkompetenz erhielten [2].

Erwägungen, ob die UdSSR aufgrund des Sezessionsrechtes der Unionsrepubliken eher eine Konföderation darstelle [3] oder ein Gebilde zwischen Föderation und Konföderation sei [4], können als Begriffs-

---

[4] Vgl etwa MOUSKHELY/JEDRYKA 1961, S. 414; MAURACH 1955, S. 106.

[5] Vgl BRUNNER 1965, S. 76 f.

[6] Welche nach MEISSNER 1969 (*IRuD*) S. 15 zum materiellen Verfassungsrecht der UdSSR gehören; siehe auch ARNOLD 1973, S. 111 ff.

[7] Die führende Rolle der KPdSU beim Aufbau des Bundesstaates UdSSR wird im sowjetischen Schrifttum immer hervorgehoben, vgl dazu GENKINA 1947, S. 11; LEPEŠKIN/KIM et alii, Bd II, S. 42; JAKUBOVSKAJA 1960, S. 75; RAVIN 1961, S. 15; EGIAZARJAN 1965, S. 101; BROVKA 1967, S. 82; ZLATOPOL'SKIJ 1967, S. 51 mit Hinweisen auf JURČENKO; KURICYN in *Istorija Sovetskogo Gosudarstva i Prava*, red. KURICYN, M. 1968—, Bd I, S. 549 ff; eine Gemeinsamkeit für die Organe des Sovjetstaates sei ihre Leitung durch die KPdSU, siehe dazu zB KOPEJČIKOV 1968, S. 56.

[1] NOVE 1949, S. 22: „... the right to secede is purely fictional, and must remain so as long as public advocacy of secession remains a *de facto* criminal offence." HAZARD 1957, S. 85: „... in view of foreign students the right lacked reality." MOUSKHELY/JEDRYKA, S. 415: „On conclura, sans hésitation, que en dépit de l'article 17 de la Constitution fédérale, le droit de sécession a été et reste lettre morte." AMBROSINI 1946: „Il riconosciomento del diritto di secessione è semplicemente nominale"; ebenso FLEINER 1969, S. 416. POLAK 1948 (*Ned. Jur. Bl.*), S. 27: „Het Recht van de secessie in een Bondstaat is dertalve een contradictio in terminis, een staatsrechtlijk monstrum." Vgl auch die Liste westlicher Kritiker bei HALAJCZUK 1968, S. 131 ff.

[2] POLAK ibid.

[3] DURAND 1955, S. 153.

[4] ASPATURIAN 1960, S. 124 f.

jurisprudenz bei der Beantwortung der Frage der Staatlichkeit der Unionsrepubliken nicht weiterhelfen [5].

Ein westlicher Autor hat unter Berücksichtigung des sovjetischen und westlichen Schrifttums zwei Alternativen für einen möglichen Fall des Austritts einer Unionsrepublik dargestellt:

1. im Falle einer legalen Sezession würde die Entscheidung letztlich durch das Politbüro der KPdSU, seiner Meinung nach praktisch durch das oberste Organ der Union getroffen werden. Dieses sei nicht eine Sezession, sondern eine „. . . vom Mutterland oktroyierte Unabhängigkeit . . .", wie zB die Verleihung der Unabhängigkeit an Kolonien.

2. Im Falle einer revolutionären, gegen den Willen des Kreml beschlossenen Sezession sei es wenig wahrscheinlich, daß der Kreml diese respektieren würde, daß es also eine friedliche Sezession sein könnte. In diesem Falle sei zu befürchten, daß die Regierung der UdSSR versuchen würde, sie als Aufstand mit bewaffneter Gewalt zu unterdrücken, wie etwa in Georgien 1924 [6].

Diese Schlüsse sind nicht zwingend. Zuerst scheint das Argument der oktroyierten Unabhängigkeit nur dann von Belang zu sein, wenn bewiesen werden kann, daß die Abhängigkeit der heutigen Unionsrepubliken auf ihrem eigenen Willen beruht. Dieser Beweis ist jedoch kaum zu erbringen und daher muß die vorliegende Untersuchung sich auf verfassungsrechtliche Argumente stützen, dh auf die Fiktion der Freiwilligkeit des Art 13 der Verf der UdSSR. Im Falle einer „legalen Sezession" wäre aber diese Fiktion ebenso gewahrt und die Verfassungsmäßigkeit nicht in Zweifel gezogen.

Was einen — sehr wohl unwahrscheinlichen — Sezessionsversuch einer Unionsrepublik gegen den Willen der Zentralgewalt betrifft, so würde auch der Versuch der Unterdrückung dieses Aktes mit Waffengewalt keineswegs die Verfassungswidrigkeit des Austrittsversuches bewirken. Der Austrittsversuch wäre an sich immer noch der Versuch einer friedlichen Sezession nach Art 17 der Verf der UdSSR. Ob Maßnahmen der Bundesorgane mit Waffengewalt durch verfassungsrechtliche oder strafrechtliche Bestimmungen gedeckt sind, müßte am kon-

---

[5] Über das Austrittsrecht von Gliedstaaten aus Bundesstaaten im allgemeinen siehe TEKÜLVE 1962, S. 78—144; BLUMENWITZ 1970, S. 429—442; FRIEDRICH in BOWIE/FRIEDRICH 1954, S. 765—770; FISCHER 1957, S. 75 ff; aus dem sowjetischen Schrifttum vgl ALEKSANDRENKO 1962, S. 47—50.

[6] HALAJCZUK 1968, S. 132.

kreten Beispiel gesondert untersucht werden und sprengt den Rahmen der vorliegenden Arbeit [7].

Da die vorliegende Untersuchung versucht, sich ausschließlich auf das geltende Sovjetrecht zu beziehen und extralegale Gesichtspunkte nur am Rande behandelt [8], mußte auch das Sezessionsrecht anhand der positivrechtlichen Normen des Sovjetrechts analysiert werden. Diese Analyse ergab, daß in Ermangelung von Verfahrensvorschriften über die Ausübung des Austrittsrechtes und durch den verfassungsrechtlichen und strafrechtlichen Schutz des Bestandes der UdSSR die Verwirklichung dieses Rechtes juristisch kaum möglich erscheint und daher das Austrittsrecht des Art 17 der Verfassung der UdSSR die Staatlichkeit der Unionsrepubliken nicht beweisen kann.

5.4. Die Staatsgewalt

Bei der Darstellung und Analyse der Staatselemente bereitet die Staatsgewalt die größten Schwierigkeiten [1]. Der Begriff Staatsgewalt hat einen hohen Abstraktionsgrad und seine Bestandteile sind von vorneherein einer empirisch-rechtlichen Untersuchung schwer zugänglich [2].

Im Falle der UdSSR kommt noch hinzu, daß wegen mangelnder Transparenz des Verwaltungsaufbaues mit Allunions-, Unions-Unionsrepubliks- und Unionsrepubliksministerien sowie -komitees über die jeweiligen Organe der Unionsrepubliken eine Darstellung des tatsächlichen Machtverhältnisses Union—Unionsrepubliken unmöglich scheint und eine rechtliche Analyse der Staatsgewalt der Unionsrepubliken verhindern könnte.

Da man den Staat aber, außer als soziale Tatsache, auch als Rechtsordnung, als Normensystem verstehen kann [3], wird man auch die Staatsgewalt aus diesem komplexen Normensystem darstellen können. In der vorliegenden Untersuchung soll daher Staatsgewalt als die Summe

---

[7] Vgl supra S. 122 ff.

[8] Vgl supra S. 126.

[1] Die Darstellung von Staatsvolk und Staatsgebiet konnte mit relativ herkömmlichen Mitteln bewerkstelligt werden, obwohl es sich hier wegen der engen Verknüpfung der UdSSR mit den Unionsrepubliken nicht um „natürliche Gegebenheiten" handelt, die sich: „... als materielle Tatsachen mit relativ geringer Schwierigkeit feststellen ..." lassen (so GINTHER 1967, S. 146 in einer allgemeinen Betrachtung über die Voraussetzungen eines Staates im völkerrechtlichen Sinne).

[2] Wegen einem nach GINTHER 1967, S. 146 „... schwer zu ortenden materialen Element ..."

[3] Vgl etwa KELSEN 1966, S. 16 ff.

der Kompetenzen der zu untersuchenden gesellschaftlichen Gebilde verstanden werden, wie sie sich in den jeweiligen Teilrechtsordnungen verwirklichen [4]. Es ergibt sich daher die Notwendigkeit, die Teilrechtsordnungen „Unionsrecht" und „Unionsrepubliksrecht" aufzuzeigen und voneinander abzugrenzen. Das Vorhandensein einer Staatsgewalt der Unionsrepubliken könnte dann nur aus den Teilrechtsordnungen „Unionsrepubliken" abgeleitet werden.

5.4.1. Die Teilrechtsordnung „Unionsrepublik"

Die Betrachtung der Gesamtheit der Rechtsnormen, welche innerhalb einer Unionsrepublik gültig sind und angewendet werden, ergibt ein vielschichtiges Bild, je nach dem, welche Anknüpfungspunkte gewählt werden:

Normerzeugungsorgan — territorialer Geltungsbereich — sachlicher Geltungsbereich

Will man den Normenkomplex unter den Teilrechtsordnungen „Unionsrecht" und „Unionsrepubliksrecht" aufteilen, um aus den Teilrechtsordnungen „Unionsrepubliken" Rückschlüsse auf die Eigenstaatlichkeit dieser Gebilde ziehen zu können, muß man sich ebenderselben Anknüpfungspunkte bedienen.

Zur Illustration sollen anhand eines Beispieles die Ergebnisse jedes Anknüpfungspunktes gezeigt werden.

Wenn man vom Normerzeugungsorgan ausgeht, so zeigt sich, daß ein Teil der Normen von Organen der UdSSR und der andere Teil von Organen der Unionsrepubliken [1] erlassen werden. Dies kann man am Beispiel der Bestimmung der Staatsangehörigkeit von Kindern, deren Eltern beide die Staatsangehörigkeit der UdSSR besitzen, demonstrieren.

Ihre Staatsangehörigkeit wird einmal durch die *Grundlagen der*

---

[4] Nicht nur auf die formelle Kompetenzverteilung kommt es an, wie ARNOLD 1973, S. 52 es bei der Feststellung der Staatlichkeit der Unionsrepubliken nach der formellen Rechtsverfassung genügen läßt, oder wie er (S. 128 ff) bei der Untersuchung der politischen Gesamtverfassung der nationalen Gebietseinheiten der UdSSR die Kompetenzverteilung ohne Differenzierung beschreibt.

[1] Die Einschaltung gesellschaftlicher Organisationen in den Normenschöpfungsprozeß, wie etwa des ZK der KPdSU bei gemeinsamen Verordnungen mit dem Ministerrat der UdSSR oder der Gewerkschaften im Bereich des Arbeitsrechtes, soll hier der Einfachheit halber außer acht gelassen werden. Zum zweiten vgl: BARU, M. I.: „Sootnošenie pravovych i inych social'nych norm v regulirovanii trudovych otnošenij", *SGiP* 1973/1, 52—58, S. 54.

Gesetzgebung der UdSSR und der Unionsrepubliken über die Ehe und Familie[2] Art 30 bestimmt. Dieses Gesetz ist ein Gesetz der UdSSR und von ihrem Obersten Sovjet angenommen. Dieselbe Bestimmung findet man zum anderen etwa für die RSFSR im Art 160 des *Kodex über das Ehe- und Familienrecht der RSFSR* vom 30. 7. 1969, also in einem Gesetz, welches vom Obersten Sovjet der RSFSR angenommen wurde. Die Normen können sich auch durch ihren territorialen Geltungsbereich unterscheiden. Der Art 30 des Grundlagengesetzes der UdSSR gilt auf dem Territorium der UdSSR[3], also neben der RSFSR auch in den anderen 14 Unionsrepubliken. Der Art 160 des Kodex der RSFSR gilt grundsätzlich nur auf dem Territorium dieser Unionsrepublik[4]. Die erste Norm hat also einen weitaus größeren territorialen Geltungsbereich, als die zweite[5].

Wenn man die Geltungsgrundlagen[6] beider Normen sucht, wird man verschiedene Rechtsquellen finden, in welchen einmal (ein) Organ(e) der UdSSR und das andere mal der RSFSR zum Erlaß solcher Normen berechtigt wird. Für die erste Norm ist es der Art 14/c der Verfassung der UdSSR, welcher den Erlaß von Grundlagen der Gesetzgebung über das Ehe- und Familienrecht zu den Kompetenzen der UdSSR zählt. Für die zweite Norm ist es einmal der Art 15 der Verfassung der UdSSR, welcher alle, nicht in Art 14 aufgezählten Kompetenzen den Unionsrepubliken überläßt, dann aber auch Art 19/t der Verfassung der RSFSR, welcher die Gesetzgebung über das Ehe- und Familienrecht zu den Kompetenzen der RSFSR zählt. Einen Unterschied gibt es eigentlich nur darin, daß die UdSSR lediglich zur Grund-

---

[2] *VVS SSSR* 1968/27.

[3] Außerdem auch für Kinder, deren beide Elternteile die Staatsangehörigkeit der UdSSR haben, außerhalb des Territoriums der UdSSR.

[4] Auf die Möglichkeit inter-unionsrepublikanischen Konfliktrechts braucht in diesem Zusammenhang nicht eingegangen zu werden.

[5] Zur Auseinandersetzung mit der Behauptung von GEILKE 1971, S. 170, daß mit der Verabschiedung eigener Kodices durch Unionsrepubliken das auf ihrem Gebiet geltende Unionsrecht, also die *Grundlagen* außer Kraft tritt, siehe infra, S. 198 ff.

[6] *Geltungsgrundlage* soll in diesem Zusammenhang die „rechtliche Bedingtheit" im Sinne des Stufenbaus der Reinen Rechtslehre bedeuten. Auf den Stufenbau nach der derogatorischen Kraft kann hier nicht eingegangen werden, da in der sovjetischen Verfassungswirklichkeit oft Derogationen vorgekommen sind, die durch die Verfassung eigentlich verboten waren, etwa die Derogation einer Verfassungsnorm durch eine Verordnung oder durch ein Gesetz (vgl dazu supra S. 97 f, infra S. 162 f); zur Terminologie vgl WALTER 1964, S. 55 ff.

satzgesetzgebung, die jeweilige Unionsrepublik jedoch zur erschöpfenden Gesetzgebung befugt ist [7].

Da diese Normen verschiedene Normerzeugungsorgane und räumliche sowie sachliche Geltungsbereiche haben, können sie verschiedenen Rechtssystemen, in unserem Fall verschiedenen Teilrechtsordnungen zugerechnet werden: die erste der Teilrechtsordnung: „Bundesrecht" mit Rechtsschaffungsorgan Oberster Sovjet der UdSSR, räumlicher Geltungsbereich die UdSSR und sachlicher Geltungsgrund die Verfassung der UdSSR und die zweite Teilrechtsordnung „Recht der RSFSR" mit Rechtsschaffungsorgan Oberster Sovjet der RSFSR, räumlicher Geltungsbereich (nur) die RSFSR und sachlicher Geltungsgrund in diesem Fall die Verfassung der RSFSR.

Der territoriale Geltungsbereich als Ausgangspunkt einer Untersuchung scheint unvorteilhaft zu sein, da auch vom Bundesgesetzgeber Normativakte mit räumlich begrenztem Geltungsbereich erlassen werden können. Diesbezügliche Beispiele bieten Bundesgesetze der UdSSR über territoriale Umbildungen [8], die Erstreckung des territorialen Geltungsbereiches der Verstaatlichungsgesetze auf neuerworbenen Territorien [9], die Verstaatlichung von Wirtschaftseinrichtungen in neuerworbenen Gebieten [10] und zB die Auflösung der ASSR der Wolgadeutschen und der Einschluß von Teilen dieser ASSR in Gebiete [oblast'] der RSFSR [11].

Weitaus vorteilhafter ist es, vom Normerzeugungsorgan auszugehen und dazu noch anhand der Kompetenzen der Unionsrepubliken festzustellen, ob diejenige Materie, welche in den Kompetenzbereich der Unionsrepubliken gehört, ausschließlich durch Normativakte der Unionsrepubliken geregelt worden ist, oder auch von Normen des Bundesgesetzgebers erfaßt wird. Dadurch könnte gezeigt werden, wie weit die Teilrechtsordnungen, welche verschiedene Normerzeugung haben und formell dabei klar abzugrenzen sind, auch von ihrem sachlichen Geltungsbereich aus getrennte Rechtsordnungen darstellen oder

---

[7] Zur Problematik: Grundsatzgesetzgebung — Ausführungsgesetzgebung, siehe infra S. 195 ff.

[8] Vgl supra S. 91 ff.

[9] Bessarabien und Nord-Bukowina, Ukaze des POS UdSSR vom 15. 8. 1940, *VVS SSSR* 1940/29.

[10] Bessarabien und Nord-Bukowina, ibid; Südsachalin und Kurilen: Ukaz des POS UdSSR vom 2. 2. 1946, *VVS SSSR* 1946/5.

[11] Ukaz des POS UdSSR vom 7. 9. 1941; *VVS SSSR 1941/40*, vgl GEILKE 1960, S. 92.

ob dort bisweilen nicht aufklärbare Überlagerungen von Rechtsnormen vorhanden sind.

Da auch das sovjetische Schrifttum den Vorrang der Verfassung vor dem Gesetz anerkennt [12], scheint es berechtigt zu sein, die Darstellung der Teilrechtsordnung: „Unionsrepublik" formal in Verfassungsrecht der Unionsrepubliken und Gesetzgebung der Unionsrepubliken aufzuteilen.

5.4.1.1. *Das Recht der Unionsrepubliken auf eine eigene Verfassung*

Der Art 16 der Verfassung der UdSSR bestimmt:

„Jede Unionsrepublik hat ihre Verfassung, welche die Besonderheiten der Republik berücksichtigt und in völliger Übereinstimmung mit der Verfassung der UdSSR aufgebaut ist" [1].

---

[12] Für alle ŠČETININ 1969, S. 56.

[1] Vergleichbare Bestimmungen von Verfassungen anderer Bundesstaaten lauten:

BRD: GG
Art 28:
1. Die verfassungsmäßige Ordnung in den Ländern muß den Grundsätzen des republikanischen, demokratischen und sozialen Rechtsstaates im Sinne dieses Grundgesetzes entsprechen. In den Ländern, Kreisen und Gemeinden muß das Volk eine Vertretung haben, die aus allgemeinen, unmittelbaren, freien, gleichen und geheimen Wahlen hervorgegangen ist. In Gemeinden kann an die Stelle einer gewählten Körperschaft die Gemeindeversammlung treten.
2. Den Gemeinden muß das Recht gewährleistet sein ...
3. Der Bund gewährleistet, daß die verfassungsmäßige Ordnung der Länder den Grundrechten und den Bestimmungen der Absätze 1 und 2 entspricht.

Österreich: B-VG
Art 99:
1. Die durch Landesverfassungsgesetz zu erlassende Landesverfassung kann, insoweit dadurch die Bundesverfassung nicht berührt wird, durch Landesverfassungsgesetz abgeändert werden.

Schweizerische Eidgenossenschaft: BV
Art 5:
    Der Bund gewährt den Kantonen ... ihre Verfassungen ...
Art 6:
1. Die Kantone sind verpflichtet, für ihre Verfassungen die Gewährleistung des Bundes nachzusuchen.
2. Der Bund übernimmt die Gewährleistung insofern:
    a) sie nichts den Vorschriften der Bundesverfassung Zuwiderlaufendes enthalten;
    b) sie die Ausübung der politischen Rechte nach republikanischer (repäsentativer oder demokratischer) Formen sichern;
    c) sie vom Volke angenommen worden sind und revidiert werden können, wenn die absolute Mehrheit der Bürger es verlangt.

Sozialistische Föderative Republik Jugoslavien: Verfassung
Art 108:

Jene Unionsrepubliken, welche schon zur Zeit des Inkrafttretens der Stalinverfassung zur Sovjetunion gehörten, erließen sich noch im Jahre 1937 Verfassungen, die in weiten Teilen mit der Verfassung der UdSSR gleichlauten. Die Republiken, die der UdSSR erst später an-

---

The Republics are socialist democratic statal communities based on the power of the working people and on self-government.

. . .

The powers and duties of the Republics shall be established by the republican constitutions in accordance with the principles laid down in the present Constition.

(Quelle: Constitutions of the Countries of the World: Jugoslavia, Ed. BLAUSTEIN/FLANZ, New York 1971, S. 19)

Brasilien: Verfassung vom 24. 1. 1967.

Art 13:

Les Etats sont organisés et régis par les constitutions et les lois qu'ils adoptent eux-mêmes, sous réserve que soient respectés, entre autres principes établis dans la présente Constitution, les principes suivants:

I. Les principes mentionnés dans l'article 10, numéro VII;
II. La forme de l'investiture dans les fonctions électives;
III. La procédure législative;
IV. L'élaboration du budget et le contrôle budgétaire et financiere, y compris l'emploi des ressources perçues par l'Union et attribuées par elle aux Municipes;
V. Les règles relatives aux fonctionnaires publics, y compris l'application, à ceux qui dépendent des Etats et des Municipes, des limites maxima de rémunération établies par la loi fédérale;
VI. L'interdiction de payer, à quelque titre que ce soit, aux députés des Etats, plus de deux tiers des subsides et des indemnités alloués par la loi aux députés fédéraux, ainsi que de rémunérer plus de huit sessions extraordinaires par mois;
VII. L'émission de titres de la dette publique conformément à ce qui est établi par la Constitution;

Art 10:

L'Union ne pourra intervenir dans les affaires intérieures des Etats, sauf pour les motifs suivants:

I. Maintenir l'intégrité nationale;
II. Repousser une invasion étrangère ou celle d'un Etat par un autre;
III. Mettre fin à la perturbation de l'ordre ou en dissiper la menace, ou mettre fin à des cas de corruption au sein du pouvoir public des Etats;
IV. Assurer le libre exercice de tous les pouvoirs des Etats;
V. Réorganiser les finances d'un Etat qui:
    a) aurait suspendu le paiement de sa dette depuis plus de deux années consécutives, sauf pour des raisons de force majeure;
    b) ne verserait pas aux Municipes la part qui leur revient sur le produit des impôts;
    c) adopterait des mesures ou appliquerait des plans économiques ou financiers contraires aux directives définies par les lois de l'Union;
VI. Faire exécuter la loi fédérale, les ordres ou les décisions judiciaires;
VII. Assurer le respect des principes suivants:
    a) forme républicaine représentative;

geschlossen[2] oder aus ihren Teilen gebildet wurden[3], erließen kurz nach der Eingliederung in die UdSSR ebenfalls eigene Verfassungen, welche sich im Rahmen der bisherigen Verfassungen von Unionsrepubliken bewegten[4]. Diese Feststellung ist insofern von Bedeutung, da die „neuen" Unionsrepubliken ja teilweise keine gemeinsame Entwicklung mit den anderen Unionsrepubliken mitgemacht hatten, was eine absolute Verfassungskonformität hätte plausibel machen können, sondern rechtlich durchaus in der Lage gewesen wären — in Übereinstimmung mit der Verfassung der UdSSR — eine Verfassungsautonomie dahingehend zu verwirklichen, daß sie bei der Erstellung des Verfassungstextes sich nicht an den Wortlaut der anderen Unionsrepubliken hielten.

---

b) durée des mandats électifs limitée à celle des mandats fédéraux correspondants;

c) indépendance et harmonie des Pouvoirs;

d) garanties du Pouvoir judiciaire;

e) autonomie municipale;

f) reddition de comptes par l'administration;

g) interdiction pour le député d'un Etat de pratiquer les actes ou d'exercer les charges, fonctions ou emplois mentionnés aux n. I et II de l'art 34, sauf la fonction de secrétaire d'Etat.

(Quelle: Corpus Constitutionel, Recueil Universel des Constitutions en Vigueur, Brill-LEIDEN 1968-, Bd I, S. 833 f.)

Vereinigte Staaten von Mexico: Verfassung vom 31. 1. 1917 i. d. Fassung vom 11. 10. 1966

Art 41:

The people exercise their sovereignty through the powers of the Union in those cases within its jurisdiction, and through those of the States, in all that relates to their internal affairs, under the terms established by the present Federal Constitution and the individual constitutions of the States, respectively, which latter shall in no event contravene the stipulations of the Federal Pact.

Art 115:

For the internal government, the States shall adopt the popular, representative, republican form of government, with the free Municipality as the basis of their territorial division and political and administrative organization, in accordance with the following principles.

(Quelle: Constitutions of the Countries of the World, Ed. BLAUSTEIN/FLANZ, New York 1973, S. 20, 48).

Vereinigte Staaten von Nordamerika: Verfassung Art ... IV Sect. 4:

The United States shall guarantee to every State in this Union a republican form of government, ...

(Quelle: PEASLEE, A. J.: Constitutions of Nations, Vol. IV the Americas, * revised 3rd Ed. Den Haag 1970, S. 1204.)

[2] Die drei Baltischen Staaten, Verfassungen vom 25. 8. 1940.

[3] Die Moldauische SSR, Verf v. 10. 2. 1940, vgl supra S. 98.

[4] Text der Verfassungen in: Konstitucija (osnovnoj zakon) SSSR, Konstitucii (osnovnye zakony) Sojuznych Sovetskich Socialističeskich Respublik, Jurlit. M. 1972.

Im sovjetischen Schrifttum wird oft versucht, die Souveränität der Unionsrepubliken — in diesem Zusammenhang im Sinne von Eigenstaatlichkeit[5] — mit der Existenz unionsrepublikanischer Verfassungen[6], mit dem Recht der Unionsrepubliken zum Erlaß solcher Verfassungen[7] und mit dem Fehlen eines Genehmigungsvorbehaltes zugunsten eines Bundesorganes[8] zu beweisen.

Die Existenz unionsrepublikanischer Verfassungen allein wird solcheine Eigenstaatlichkeit noch nicht beweisen können, da die Verfassungsbestimmungen einer Reihe von bundesstaatlich organisierten Staatsgebilden von Verfassungen der Gliedstaaten sprechen[9] und diese auch existieren, ohne daß die Gliedstaaten deshalb schon als souveräne Staaten betrachtet werden müssen[10].

Dabei soll einem Gliedstaat nicht schon aufgrund der Delegation seiner Verfassung von einer Bundesverfassung eine Eigenstaatlichkeit abgesprochen werden. Wenn Bundesstaaten durch Dezentralisierung eines Einheitsstaates entstanden sind, so hatte die Bundesverfassung mit der Ermächtigung an die Gliedstaaten, sich eigene Verfassungen zu geben, vorher bestanden[11].

Gerade die Verfassungsgeschichte der UdSSR zeigt, daß die historische Methode zur Untersuchung und Würdigung der Rechtslage der Unionsrepubliken nicht geeignet ist, da im Zeitpunkt der Bildung der UdSSR — formal durch den Bundesvertrag vom 30. 12. 1922[12] — nicht alle der heute laut Art 13 der Verfassung die UdSSR bildenden Unionsrepubliken an diesem Vertrag beteiligt waren. Einige wurden schon vor der gegenwärtigen Verfassung zu Unionsrepubliken[13], andere mit Erlaß durch die Verfassung[14]; die MSSR, ESSR, LaSSR und LiSSR

---

[5] Zum schillernden sovjetischen Souveränitätsbegriff vgl für alle LEVIN 1948.
[6] Vgl etwa: DOROGIN 1948, S. 144; VICHAREV 1958, S. 112; FAJZIEV 1961, S. 45.
[7] Vgl etwa: MILLER 1967, S. 459.
[8] Vgl etwa: KARLOV 1968, S. 107; UMANSKIJ 1970, S. 243; MIL'MAN 1971, S. 136.
[9] Siehe Fn 1.
[10] Für Österreich vgl etwa KOJA 1967, S. 20 f; theoretisch bestünde die Möglichkeit, daß administrativ-territoriale Gliederungen eines Staates ebenfalls das Recht haben, sich Verfassungen zu geben; nur wird dieses dann nicht aus eigener Machtvollkommenheit oder aus Verfassungsautonomie geschehen können, sondern klar von der Verfassung desjenigen Staates abzuleiten sein, zu dem sie gehören. Vgl etwa für Österreich die Verleihung eines eigenen Statuts an eine Gemeinde durch Landesgesetz nach Art 116/3 B.-VG.
[11] Für Österreich vgl etwa KOJA 1967, S. 3, 13 f, 20 f.
[12] *Sbornik Zakonov*, I., S. 63 ff.
[13] TaSSR am 5. 12. 1929 (GEILKE 1964, S. 138); TuSSR und UzSSR am 13. 5. 1925 (ibid, S. 139 f).
[14] KiSSR und KazSSR, ibid, S. 135 ff.

wurden 1940 gebildet oder eingegliedert [15]. Es ergibt sich für die Frage
der rechtlichen Grundlage der jeweiligen Verfassungen der Unionsrepubliken kein einheitliches Bild. Diejenigen Republiken, die sich zur
UdSSR zusammenschlossen, hatten bereits eigene Verfassungen [16]. Diese
wurden jedoch nach Inkrafttreten der ersten Verfassung der UdSSR
vom 31. 1. 1923 in Einklang mit der Bundesverfassung gebracht.
Die Bildung von zwei Unionsrepubliken Zentralasiens wurde formell als Beitritt zum Gründungsvertrag der UdSSR gestaltet [17]. Nach
dem uneinheitlichen Bild muß die Darstellung der Besonderheiten der
Verfassungen der Unionsrepubliken auf die Verfassung selbst konzipiert sein, da sie sonst unübersichtlich würde.

Mit dem Erlaß der Verfassung der UdSSR 1936 wurde die Transkaukasische Föderation wieder in ihre Bestandteile, die GSSR, ArSSR
und AzSSR aufgelöst und es wurden auch zwei neue Unionsrepubliken
geschaffen [18]. In allen Unionsrepubliken wurden im Jahre 1937 Verfassungen erlassen, welche mit der neuen Stalin'schen Verfassung fast
wörtlich übereinstimmten. Als die Baltischen Staaten im Jahre 1940
in die UdSSR eingegliedert wurden, haben auch diese Republiken am
25. 8. 1940 Verfassungen erlassen, welche formell und inhaltlich denjenigen der anderen Unionsrepubliken entsprachen, für diese Republiken allerdings völlig neu waren, da ihre Staatsform bisher diejenige
einer bürgerlich-demokratischen Republik war [19]. Die Delegation, eine
Bundesverfassung zu erlassen, ließe sich also nur für die „originären
Vertragspartner des Gründungsvertrages" der UdSSR konstruieren.
Die später gebildeten oder hinzugetretenen Republiken waren ja mit
einer bereits bestehenden Verfassung konfrontiert. Solch eine Delegation der Verfassungsautonomie an die Unionsrepubliken durch den
Bund zeigt sich besonders deutlich an den Baltischen Staaten. Diese
hatten sich nach der Eingliederung in die UdSSR Verfassungen fast
wortgetreu [20] denjenigen der anderen Unionsrepubliken gegeben, weil

---

[15] Ibid, S. 56 ff und 76—100.
[16] Die RSFSR vom 10. 7. 1918; die BSSR vom 3. 2. 1919; die USSR vom
14. 3. 1919 und die ZSFSR vom 16. 1. 1923, für den Text siehe *Istorija Sovetskoj
Konstitucii*, M. 1957.
[17] Vgl supra S. 112.
[18] Die KiSSR und KazSSR, vgl Fn 14.
[19] Über die Vorgänge in den Baltischen Republiken, welche zu ihrer Eingliederung in die UdSSR führten, siehe MEISSNER 1956, S. 57—111.
[20] Über die Besonderheiten der Verfassungen der Baltischen Sovjetrepubliken
auf wirtschaftlichem Gebiet siehe: MILLER 1967, S. 499 ff; derselbe in *Očerki
razvitija gosudarstvennosti* ... Tallinn 1965, S. 36 ff.

von den alten Verfassungen für das neue System nichts brauchbar war. Da mit der Inkorporierung in die UdSSR für die Baltischen Staaten das gesamte Recht der Sovjetunion, also auch das Verfassungsrecht in Geltung kam, kann man im Erlaß eigener Verfassungen, welche große Teile der ohnehin bereits auf dem Territorium der Baltischen Staaten geltenden Verfassung aus 1936 Buchstabe für Buchstabe wiedergaben, nur die Ausübung eines von der Bundesverfassung nach Art 16 delegierten Rechtes sehen. Die minimalen Abweichungen von den Verfassungen der anderen Unionsrepubliken [21] berechtigen nicht dazu, hier die Ausübung eines eigenen Rechtes zu sehen, da die Berücksichtigung nationaler Besonderheiten vom Art 16 der Verfassung der UdSSR sowieso vorgesehen ist. Sollte aber der Beweis gelingen, daß die „Verfassungsautonomie" keine originäre ist, sondern ein von der Verfassung der UdSSR abgeleitetes Recht darstellt, kann das Vorhandensein einer eigenen Verfassung der Unionsrepubliken nichts über die Staatlichkeit dieser Gebilde aussagen.

Zur Beantwortung der Frage, ob die Unionsrepubliken eine autonome oder heteronome Verfassungshoheit haben, ist von Bedeutung, ob sie die zwar selbst gegebene, aber inhaltlich weithin determinierte Verfassung ändern können oder nicht [22].

5.4.1.2. Die Verfassungen der Unionsrepubliken

5.4.1.2.1. Inhalt nach der Verfassung der UdSSR

Die gesellschaftlichen Grundlagen und die staatliche Organisationsform [1] der UdSSR sind durch die Verfassung 1936 im vollen Umfang vorherbestimmt.

---

[21] Welche 1948—1950 zugunsten der Fassung der anderen unionsrepublikanischen Verfassungen abgeändert wurden, siehe: *Gosudarstvennopravovoe strojtel'stvo Latvijskoj SSR*, 1968, S. 73 ff.

[22] Was nach VERDROSS, S. 192 f, keinen Einfluß auf das Vorhandensein der Völkerrechtssubjektivität solcher Gebilde hat.

[1] Eine Darstellung der Verfassungen der Unionsrepubliken unter Berücksichtigung des Prinzips und Systems der Gewaltenteilung kann leider nicht erfolgen, da die Gewaltenteilung von der sovjetischen Doktrin abgelehnt wird (vgl dazu MORKEL/MEYER in *Sowjetsystem und demokratische Gesellschaft*, Bd II, Freiburg—Basel—Berlin 1968, S. 1018—1030 bes S. 1024 ff, siehe auch *Socialističeskoe gosudarstvo* 1972, S. 309), ja im Gegenteil, eine Gewaltenkonzentration verlangt wird (MORKEL/MEYER ibid, S. 1025 ff mit Literaturhinweisen; vgl dazu ARMENTEROS 1937, S. 48, daß die Sovjetverfassung von 1936: „... mantiene su tesis de un poder único del Estado." Siehe auch COLENS 1937, S. 51: „... le pouvoir exécutif est une émanation directe du pouvoir législatif", siehe dazu auch BISCARETTI 1957, S. 57 u. 61; dagegen FLORINSKY 1952, S. 756). Im sovjetischen Schrifttum wird lediglich von einer Funk-

Das Kapitel I dieser Verfassung enthält unter der Überschrift „Gesellschaftsaufbau" folgende, in die Verfassungen der Unionsrepubliken fast wörtlich übernommenen Bestimmungen:

a) die Unionsrepublik ist ein sozialistischer Staat der Arbeiter und Bauern (in der Verfassung der UdSSR: die UdSSR — Art 1 der Verf der UdSSR), dessen politische Grundlage die Sovjets der Deputierten der Werktätigen bilden (Art 2 der Verf der UdSSR und der Unionsrepubliken). Die Macht in den Unionsrepubliken gehört den Werktätigen in Stadt und Land in Gestalt der Sovjets (Art 3 der Verf der UdSSR und der Unionsrepubliken).

b) die wirtschaftliche Grundlage der Unionsrepubliken bildet das sozialistische Eigentum an Produktionsmitteln und das sozialistische Wirtschaftssystem (Art 4 der Verf der UdSSR und der Unionsrepubliken). Dabei ist neben dem sozialistischen Wirtschaftssystem als Ausnahme kleine Privatwirtschaft von Einzelbauern und Gewerbetreibenden, basierend auf eigener Arbeit, zugelassen (Art 9 der Verf der UdSSR und der Unionsrepubliken). Die Lenkung des wirtschaftlichen Lebens der Unionsrepubliken (in der Verf der UdSSR — der UdSSR) geschieht aufgrund eines staatlichen Volkswirtschaftsplans (Art 11 der Verf der UdSSR und der Unionsrepubliken).

c) Das Eigentum in den Unionsrepubliken ist entweder sozialistisches [2] oder persönliches Eigentum. Zum ersteren gehört Staatseigentum und genossenschaftlich-kollektivwirtschaftliches Eigentum (Art 5 der Verf der UdSSR und der Unionsrepubliken). Boden, Bodenschätze, Gewässer, Wälder, Industrieanlagen, Eisenbahn-, Wasser- und Lufttransportmittel, Banken, Post- und Fernmeldewesen, staatliche Landwirtschaftsbetriebe wie auch kommunale Betriebe sind Staatseigentum (Art 6 der Verf der UdSSR und der Unionsrepubliken) dh Eigentum der UdSSR [3]. Der Umfang und die möglichen Objekte des persönlichen Eigentums sind durch die Verfassung der UdSSR geregelt (Art 10 der Verf der UdSSR und der Unionsrepubliken).

---

tionenteilung (MORKEL/MEYER ibid, S. 1027 f) oder von Funktionsformen (Socialisti-českoe gosudarstvo, 1972, S. 187) gesprochen und dann: Legislative, Exekutive, Gerichtsbarkeit und Aufsichtstätigkeit als Arbeitsteilung erwähnt.

[2] Welches jeder Bürger der Unionsrepubliken verpflichtet ist: „... als heiligste und unantastbare Quelle des Reichtums und der Macht der Heimat ... zu hüten und zu festigen", Art 131 der Verf der UdSSR; Art 102 der LaSSR, KiSSR und ESSR; Art 103 der LiSSR; Art 104 der MSSR; Art 106 der ArSSR, BSSR; Art 108 der TuSSR und KazSSR; Art 111 der USSR; Art 118 der TaSSR; Art 130 der UzSSR; Art 135 der RSFSR; Art 138 der AzSSR und Art 144 der GSSR.

[3] Vgl supra S. 102 ff.

d) Die Grundrechte und -pflichten der Bürger der Unionsrepubliken werden ebenfalls durch die Verfassung der UdSSR umfassend geregelt[4]. Auch diese Regelungen sind von den Verfassungen der Unionsrepubliken wörtlich übernommen worden.

Der Staatsaufbau der Unionsrepubliken wird durch die Verfassung der UdSSR weitgehend vorweggenommen.

a) Die obersten Organe der Staatsgewalt werden den Unionsrepubliken vorgeschrieben, so der Oberste Sovjet der Unionsrepublik, der das höchste Organ der Staatsgewalt ist (Art 57 der Verf der UdSSR[5]), das einzige Gesetzgebungsorgan der Unionsrepubliken darstellt[6] und von den Bürgern der Unionsrepubliken auf vier Jahre gewählt wird. Die Kompetenzen der Obersten Sovjets sind in der Verfassung der UdSSR nicht erschöpfend geregelt. Dort sind nur die Befugnisse zur Verfassungsannahme und -änderung, die Bestätigung des Haushaltsplanes der Unionsrepubliken, das Amnestierecht und die Bestimmung der Vertretung im internationalen Verkehr sowie Aufstellung unionsrepublikanischer Truppenformationen[7] (Art 60 der Verf der UdSSR) enthalten.

Den Unionsrepubliken wird ferner die Einrichtung eines Präsidiums des Obersten Sovjet vorgeschrieben (Art 61 der Verf der UdSSR), dessen Mitgliederzahl durch die Verfassungen der Unionsrepubliken geregelt ist[8] und dessen Kompetenzen ebenfalls diesen zu entnehmen sind (Art 63 der Verf der UdSSR).

Als oberstes Organ der Exekutive muß die Unionsrepublik einen Ministerrat haben (Art 79 der Verf der UdSSR). Durch die Aufzählung der Allunionministerien (Art 77 der Verf der UdSSR) wird — über die Bestimmungen über die Bundeskompetenz des Art 14 hinaus — der Bereich der bundesunmittelbaren Verwaltung festgelegt, die Errichtung von unionsrepublikanischen Behörden auf diesem Gebiet also ausgeschlossen. Die weisungsgebundenen (Art 76 und 78 der Verf der

---

[4] Über die Besonderheit des verfassungsmäßigen Schutzes der Gleichheit der Frau in den zentralasiatischen Republiken, siehe infra S. 142.

[5] Etwa Art 30 der Verf der RSFSR; da die Numerierung der Verfassungsbestimmungen eine der wenigen Besonderheiten der Unionsrepubliksverfassungen darstellt und daher die entsprechenden Artikel in den einzelnen Republiken andere Nummern haben, inhaltlich jedoch voll übereinstimmen, kann auf die Angabe der jeweiligen Artikelnummern der Republiksverfassungen verzichtet werden.

[6] Über die Problematik des Gesetzesbegriffes in der UdSSR siehe infra S. 157 ff.

[7] Für die weiteren Kompetenzen siehe infra S. 191 ff und S. 214 ff.

[8] Siehe infra S. 143.

UdSSR) Unions-Unionsrepublikanischen Ministerien der Unionsrepubliken zählt der Art 78 der Verfassung der UdSSR (allerdings nicht erschöpfend [9]) auf [10].

b) Normativakte des Ministerrats und der Ministerien der Unionsrepubliken unterliegen der Kontrolle des Präsidiums des Obersten Sovjet der UdSSR (Aufhebungsrecht im Falle des Widerspruchs mit Gesetzen nach Art 49/e) und des Ministerrats der UdSSR (Aussetzungsrecht im Bereich der Bundeskompetenz nach Art 69 der Verf der UdSSR). Die Ministerräte der Unionsrepubliken haben ihrerseits das Recht, Normativakte der Ministerräte der sich auf ihrem jeweiligen Territorium befindlichen Autonomen Republiken auszusetzen und Normativakte der Exekutivkomitees der örtlichen Sovjets der Deputierten der Werktätigen aufzuheben (Art 82 der Verf der UdSSR). Die oberste Aufsicht über die Verwaltungstätigkeit in den Unionsrepubliken durch den Generalstaatsanwalt der UdSSR (Art 113 der Verf der UdSSR) sowie die Unterordnung der Republiksstaatsanwälte unter den ersteren (Art 117) ist bundeseinheitlich geregelt.

c) Die Kompetenzen der Unionsrepubliken werden durch die Aufzählung der Bundeskompetenzen des Art 14 der Verfassung der UdSSR negativ abgegrenzt. Andere Bestimmungen über ausschließliche Bundeskompetenzen finden sich auch noch in den Art: 49, 68, 113, 117.

d) Der Gerichtsaufbau in den Unionsrepubliken wird in Art 106—110 der Verf der UdSSR in groben Zügen geregelt [11].

e) Das Wahlsystem zu den Sovjets der Werktätigen auf allen Ebenen wird den Unionsrepubliken durch Kapitel XI der Verf der UdSSR vorgeschrieben [12]. Hierbei ist besonders die Bestimmung der

---

[9] Ministerien für: Innere Angelegenheiten, Hoch- und Mittlere Fachschulbildung, Geologie, Beschaffungswesen, Gesundheitswesen, Auswärtige Angelegenheiten, Kultur, Leichtindustrie, Forst- und holzverarbeitende Industrie, Melioration und Wasserwirtschaft, Montage- und Spezialbauarbeiten, Fleisch- und Milchindustrie, Erdölverarbeitende und Petrochemische Industrie, Verteidigung, Nahrungsmittelindustrie, Industrielles Bauwesen, Baumaterialindustrie, Bildungswesen, Fischwirtschaft, Post- und Fernmeldewesen, Landwirtschaftliches Bauwesen, Landwirtschaft, Bauwesen für Betriebe der Schwerindustrie, Handel, Kohlenindustrie, Finanzen, Buntmetallurgie, Schwarzmetallurgie, Energie und Elektrifizierung, Justiz (Stand 1971).

[10] Zu diesem Typ des Verwaltungsorganes siehe infra S. 166 f.

[11] Die Einzelheiten bestimmt das Gesetz über die *Grundlagen der Gerichtsverfassung der UdSSR, der Unionsrepubliken und der Autonomen Republiken, Osnovy zakonodatel'stva o sudoustrojstve Sojuza SSR, Sojuznych i Avtonomnych Respublik. VVS SSSR 1959/1.*

[12] Die Bestimmung der Anzahl der Abgeordneten zu den unionsrepublikanischen Organen obliegt der jeweiligen Verfassung der Unionsrepublik.

Organisationen hervorzuheben, welche das Recht haben, Kandidaten zu den Wahlen aufzustellen (Art 141 der Verf der UdSSR).

Die Verfassung der UdSSR hat als Bundesgesetz Vorrang vor den Unionsrepubliksverfassungen als Landesgesetzen. Die Verfassungen der Unionsrepubliken müssen daher alle Änderungen der Bundesverfassung, die ihren Staatsaufbau und ihre Verfassungen betreffen, nachvollziehen [13]; zum Beispiel, wenn durch Errichtung eines Allunionsministeriums eine Behörde der unmittelbaren Bundesverwaltung errichtet wird und die Kompetenzen der Unionsrepubliken dadurch eingeschränkt werden [14].

5.4.1.2.2. Die Besonderheiten der Verfassungen der Unionsrepubliken

Durch Art 16 der Verfassung der UdSSR ist an die Unionsrepubliken gewissermaßen der Verfassungsauftrag ergangen, die Besonderheiten ihrer Republiken bei der Erstellung der eigenen Verfassungen zu berücksichtigen. Wegen der Unterschiede, die zwischen den Republiken in Größe, geographischer Lage, Bevölkerung und Geschichte bestehen, wären auch bedeutende Unterschiede zwischen ihren Verfassungen zu erwarten. Dies ist jedoch nicht der Fall.

Art 2 der Verfassungen der Unionsrepubliken weist auf die geschichtliche Entwicklung der jeweiligen Unionsrepublik hin. Gemeinsam ist den meisten (außer der MSSR, ESSR, LiSSR und LaSSR) Verfassungen der Hinweis auf den Sturz der Macht des nationalen Jochs des Zarismus und der russischen imperialistischen Bourgeoisie. Desgleichen enthalten diese Verfassungen den Hinweis auf die Zerschlagung nationaler Konterrevolutionen [1]. Die Art 2 der Verfassun-

---

[13] Vgl dazu MOUSKHELY/JEDRYKA, S. 375: „Cette petite phrase de l'article 16 de la Constitution fait en réalité des Constitutions républicaines la chose de l'Union." und S. 376: „Et ce ne sont pas seulement des principes fondamentaux, mais parfois tout une réglementation, qui sont prescrits aux Constitutions républicaines."

[14] Vgl Gesetz vom 12. 10. 1967 über die Bildung eines Allunionsministeriums der Medizinischen Industrie, VVS SSSR 1967/42 mit Änderung des Art 77 der Verf der UdSSR; Gesetz vom 20. 9. 1972 über die Bildung eines Allunionsministeriums für den Bau von Erdöl- und Erdgasverarbeitenden Betrieben, VVS SSSR 1972/39 mit Verfassungsänderungsgesetz für Art 77; vgl auch MAURACH 1955, S. 102; es muß allerdings auch erwähnt werden, daß im Schrifttum die Einheit der Verfassung der UdSSR und der Unionsrepublik immer wieder hervorgehoben wird, diese: „... drückt sich in der Gleichartigkeit [odnorodnost'] der Prinzipien und Hauptbestimmungen dieser Verfassungen [UdSSR und Unionsrepubliken] aus, in der Übereinstimmung der Republiksverfassungen mit der Allunionsverfassung und in der Priorität der Unionsverfassung vor den Republiksverfassungen." So: RAVIN 1961, S. 68.

[1] Vgl KARIMOVA 1972, S. 25 f; FAJZIEV/KARIMOVA 1974, S. 119 f.

sungen der MSSR, ESSR, LiSSR und LaSSR enthalten demgegenüber den Hinweis auf die gestürzte Macht der Großgrundbesitzer und Kapitalisten. In den Art 4 der Verfassungen der Zentralasiatischen Republiken wird auf die Liquidation des Feudalsystems hingewiesen und Art 4 der Verfassung der KiSSR erwähnt auch die Überwindung von Standesprivilegien (rodovoe otnošenie) und Ausbeutung. In den Art 2 der Verfassungen der Zentralasiatischen Republiken sind als Besonderheit dieser Republiken die Befreiung von Beys (UzSSR, KazSSR, KiSSR und TaSSR), Emiren (UzSSR, TaSSR), Chane (UzSSR, TuSSR) sowie die Wiedervereinigung der auseinandergerissenen Teile der Uzbekischen (Tadžikischen, Turkmenischen) Bevölkerung in einem Staat der Werktätigen und Dekhane (zentralasiatischer Bauer) erwähnt.

Zu den kulturellen Besonderheiten ist der erhöhte Schutz der Gleichberechtigung der Frau in den zentralasiatischen Republiken zu rechnen. So lautet der Art 99/3 der Verfassung der KazSSR[2]:

> „Widerstand gegen die tatsächliche Befreiung der Frau aus der Abhängigkeit [raskrepoščenie] (Verheiratung von Minderjährigen und Eheschließung mit ihnen, Brautkauf [kalym], Vielweiberei, Verpflichtung der Witwe, mit dem engsten Verwandten des verstorbenen Ehemannes, in der Regel mit seinem Bruder die Ehe einzugehen[3] [amengerstvo], Organisation des Widerstandes gegen die Zulassung von Frauen zum Unterricht, Landwirtschaft und Industrie, staatliche Verwaltung und zum gesellschaftlichpolitischen Leben) wird durch Gesetz bestraft."

Diese Artikel drücken einer 1972 erschienenen Arbeit nach die Besonderheiten der Sitten der örtlichen Bevölkerung aus[4]. Als Sonderstraftatbestände werden diese Handlungen zwar in den Strafgesetzbüchern der entsprechenden Republiken geregelt[5]; offenbar wird durch die Verfassungsbestimmung eine erhöhte Befolgung dieser Vorschriften erhofft.

Diese Besonderheiten der Verfassungen werden im sovjetischen Schrifttum oft hervorgehoben, wenn eine eigene Verfassung als wesentliches Element für die Staatlichkeit der Unionsrepubliken herangezogen wird[6]. In den Verfassungen der Unionsrepubliken sind die Kompe-

---

[2] Dasselbe, allerdings ohne Vielweiberei und Amengerstvo: Art 93 der Verf der KiSSR; Art 99 der TuSSR; Art 109 der TaSSR und Art 121 der UzSSR.

[3] Für die KiSSR vgl TURGUNBEKOV 1959, S. 15.

[4] KARIMOVA 1972, S. 27.

[5] Etwa Art 232 ff des StGB der RSFSR, Art 114 der KiSSR; Art 130 der TaSSR; Art 122 der ArSSR und Art 127 der TuSSR; in der KazSSR und UzSSR würde dieser Straftatbestand vermutlich als Verletzung der Gleichheit der Frau geahndet, also Art 120 des StGB der KazSSR und Art 134 der UzSSR; BULATOV, S. J.: 1963 (*Osobennosti . . .*) S. 218 will zB im Falle des Kalym den Art 106 StGB KazSSR (Zwang zur Heirat) angewendet wissen.

[6] Vgl TURGUNBEKOV 1959, S. 12 f; DOROGIN 1948, S. 144 f; FAJZIEV 1961, S. 46 f; KARIMOVA 1972, S. 25 f; PETROSJAN 1968, S. 264; BEGIJAN 1968, S. 93.

tenzen der Unionsrepubliken geregelt [7], doch ergeben sich diese mittelbar schon aus Art 15 der Verf der UdSSR, welcher bestimmt, daß außer denjenigen Agenden, welche durch Art 14 der UdSSR übertragen sind, die Unionsrepubliken alle anderen Materien selbständig regeln. Daher können die Kompetenzbestimmungen in den Verfassungen der Unionsrepubliken nur als demonstrativ verstanden werden [8]. Im Text der Kompetenzbestimmungen können unbedeutende Unterschiede festgestellt werden, welche allerdings lediglich die Redaktion der entsprechenden Bestimmungen betreffen und nicht materielle Unterschiede darstellen [9].

Die obersten Staatsorgane der Unionsrepubliken werden durch die Verfassung der UdSSR festgelegt. Die Verfassungen der Unionsrepubliken bestimmen nur die Anzahl der Abgeordneten zum Obersten Sovjet [10], die Anzahl der Mitglieder des Präsidiums des Obersten Sovjet [11] sowie die Zusammensetzung des Ministerrates [12] und die Minister der jeweiligen Unionsrepubliken [13].

---

[7] Art 14 der GSSR; 15 der TaSSR; 18 der USSR und ArSSR und 19 aller anderen Unionsrepubliken.

[8] Zum Verhältnis der Kompetenzen der UdSSR und Unionsrepubliken siehe infra S. 162 ff.

[9] So bestimmt Art 19/o der Verf der RSFSR, daß zu den Kompetenzen der RSFSR die „... Kontrolle und Aufsicht über den Zustand und die Leitung der Betriebe von Allunionsunterordnung [sojuznoe podčinenie] gehört. Der Art 14/n der GSSR besagt, daß die GSSR „... die Kontrolle über den Zustand und die Leitung der Unternehmungen und Einrichtungen [učreždenie] von Allunionsunterordnung verwirklicht."; während die anderen Unionsrepubliken (zB Art 19/c der UzSSR) zu den Republikskompetenzen die Leitung und Organisation der Angelegenheiten der Körpererziehung und des Sports zählen, lautet der Art 14/č der Verf der GSSR (Aufzählung der Unionsrepublikskompetenzen): „leitet die Angelegenheit der Popularisierung von Körperertüchtigung und Sport unter den Bürgern."

[10] Art 21 der Verf der USSR, BSSR, LiSSR, MSSR, LaSSR, TaSSR, ArSSR und ESSR; Art 23 der UzSSR, KazSSR, KiSSR und TuSSR; Art 25 der RSFSR und AzSSR und Art 28 der GSSR. Der Wahlmodus schwankt zwischen einem Abgeordneten auf 150.000 Einwohner in der RSFSR, über 100.000 Einwohner in der USSR, 20.000 in der BSSR, 17.000 in der KazSSR, 15.000 in der UzSSR und LiSSR, 10.000 in der GSSR, AzSSR, MSSR, LaSSR und ESSR, bis zu 5.000 in den übrigen Unionsrepubliken (nach *Konstitucija* ... siehe supra S. 134, Fn 4, neue Zahlenangabe bei Karimova 1972, S. 26).

[11] Art 24 der Verf der TaSSR; Art 28 der USSR, UzSSR, MSSR und ArSSR; Art 29 der BSSR, KazSSR, LiSSR, LaSSR, KiSSR, TuSSR und ESSR; Art 31 der RSFSR und AzSSR; Art 34 der GSSR.

[12] Art 45 der USSR, BSSR, KazSSR, LiSSR, MSSR, LaSSR, KiSSR, TaSSR, ESSR; Art 46 der TuSSR; Art 47 der RSFSR und ArSSR; Art 48 der UzSSR und AzSSR; Art 50 der GSSR; wobei in den Verfassungen von drei Unionsrepubliken an dieser Stelle alle zum Ministerrat gehörenden Ministerien aufgeführt sind (USSR, GSSR und TuSSR).

[13] In *einem* Art 48 der Verf der BSSR, LiSSR, LaSSR und ESSR; in den

Dem sovjetischen Schrifttum konnte als Besonderheit einiger Unionsrepubliken das Vorhandensein eines Unionsrepubliksministeriums für Wasserhaushalt entnommen werden [14]. Diese Ministerien sind inzwischen zu Unions-Unionsrepubliksministerien umgewandelt worden. Nach dem Stand 1972 gibt es jedoch in jeweils einer Unionsrepublik ein Unionsrepubliksministerium für Heizungsindustrie, Torfwirtschaft und Sovchosen (während in vier Unionsrepubliken das Ministerium für Sovchosen ein Unions-Unionsrepubliksministerium darstellt) [15]. Die

---

Art 48/49 der USSR und MSSR; Art 49/51 der TaSSR; 50/51 der UzSSR; 52/53 der KazSSR und KiSSR; 53/54 der ArSSR und TuSSR; 54/55 der RSFSR und 55/56 der GSSR und AzSSR; wie weit allerdings Verfassungen von Unionsrepubliken aufgrund von Gesetzen und Gesetzesverordnungen der UdSSR und Beschlüssen der Parteitage der KPdSU verändert worden sind, zeigt die Darstellung sowjetischer Autoren anhand der Verfassungsentwicklung der LaSSR; MILLER, V. O., STIMBULA, E. J.: „Razvitie Konstitucii Latvijskoj SSR" in: *Gosudarstvenno-pravovoe strojtel'stvo Latvijskoj SSR*, Riga 1968, S. 77—88.

[14] Für die UzSSR: FAJZIEV 1961, S. 47; TURGUNBEKOV 1959, S. 14 weist darauf hin, daß außer der KiSSR auch die KazSSR, TaSSR, TuSSR und ArSSR solche Ministerien haben.

[15] Schema der Unionsrepublikministerien der Unionsrepubliken, Stand 1972 (*Konstitucija* ... 1972):

	RSFSR, Art. 55	USSR, Art. 49	BSSR, Art. 48	UzSSR, Art. 51	KazSSR, Art. 53	GSSR, Art. 56	AzSSR, Art. 56	LiSSR, Art. 48	MSSR, Art. 49	LaSSR, Art. 48	KiSSR, Art. 53	TaSSR, Art. 50	ArSSR, Art. 54	TuSSR, Art. 54	ESSR, Art. 48
1. Automobiltransport	ja	ja	ja	ja	ja	ja	ja	ja	ja	ja	ja	nein	ja	ja	ja
								zus. mit 8			zus. mit 8			zus. mit 8	zus. mit 8
2. Dienstleistungen	ja	ja	ja	ja	ja	ja	ja	ja	ja	ja	ja	ja	ja	ja	ja
3. Ziviler Wohnungsbau	ja	—	—	—	—	—	—	—	—	—	—	—	—	—	—
4. Kommunaler Wohnungsbau	ja	—	—	—	—	—	—	—	—	—	—	—	—	—	—
5. Örtliche Industrie	ja	ja	ja	ja	ja	ja	ja	ja	ja	ja	ja	ja	ja	ja	ja
6. Flußschiffahrt	ja	—	—	—	—	—	—	—	—	—	—	—	—	—	—
7. Sozialversicherung	ja	ja	ja	ja	ja	ja	ja	ja	ja	ja	ja	ja	ja	ja	ja
8. Bau u. Unterhaltg.								ja						ja	ja
von Autostraßen	ja	ja	—	ja	ja	ja	—	zus. mit 1	—	—	zus mit 1	—	ja	zus. mit 1	zus. mit 1
9. Heizungsindustrie	ja	—	—	—	—	—	—	—	—	—	—	—	—	—	—
10. Kommunalwirtschaft	nein dafür 3—4	ja	ja	ja	ja	ja	ja	ja	ja	ja	ja	ja	ja	ja	ja
11. Sovchosen	Unions-Republ. Min.	ja	—	Unions-Republ. Min.	—	Unions-Republ. Min.	Unions-Republ. Min.	—	—	—	—	—	—	—	—
12. Torfwirtschaft	—	ja	—	—	—	—	—	—	—	—	—	—	—	—	—
13. Transport u. Straßenwesen	—	—	—	—	—	—	—	—	—	—	—	—	ja	—	—

Verfassungen der Unionsrepubliken bestimmen die Kompetenzen der Präsidia der Obersten Sovjets[16] und der Ministerräte[17]. Dabei weisen die Kompetenzbestimmungen derjenigen Unionsrepubliken, welche auf ihrem Gebiet autonome Gebietskörperschaften haben, Besonderheiten auf, welche mit dieser ihrer Struktur zusammenhängen.

So ist die Teilnahme von Organen der ASSR und Autonomen Gebiete an Organen der Unionsrepubliken in deren Verfassungen verschieden geregelt[18]. Die Verfassungen der Unionsrepubliken bestimmen im wesentlichen auch die organisatorische Struktur der ASSR, soweit sie nicht schon durch Art 89—93 der Verf der UdSSR vorausbestimmt ist[19].

Die territoriale Gliederung der Unionsrepubliken ist den Verfassungen der Unionsrepubliken vorbehalten[20]. Zwar werden Änderungen

---

[16] Art 28 der TaSSR; 30 der USSR, UzSSR, MSSR und ArSSR; 31 der BSSR, KazSSR, LiSSR, LaSSR, KiSSR, TuSSR und ESSR; 33 der RSFSR und AzSSR sowie 36 der GSSR.

[17] Wobei in allen Verfassungen zuerst das Recht zum Erlaß von Verordnungen [postanovlenija] und Verfügungen [rasporjaženija] angeführt ist (zB Art 41 der Verf der USSR, BSSR, KazSSR, LiSSR, LaSSR, MSSR, KiSSR, TaSSR und ESSR), dann einzelne Kompetenzen, wie Koordinierung und Leitung der Arbeit der jeweiligen Ministerräte und der ihnen untergeordneten Einrichtungen, Maßnahmen zur Verwirklichung der Volkswirtschaftspläne und der unionsrepublikanischen sowie lokalen Budgets, Maßnahmen zur Gewährleistung der öffentlichen Ordnung, Schutz der Interessen des Staates und der Rechte der Bürger, in den Unionsrepubliken, in welchen autonome Gebietskörperschaften vorhanden sind (RSFSR, UzSSR, AzSSR, GSSR und TaSSR), Leitung der Arbeit der Ministerräte und Vollzugskomitees dieser sowie der Arbeit der regionalen Gebietskörperschaften, Bildung von Spezialkomitees und Hauptverwaltungen im Bereich der Wirtschafts- und Kulturverwaltung, Leitung der Beziehungen mit ausländischen Staaten wie auch der Organisation der Truppenformation der Unionsrepublik; zuletzt wird das Recht zur Aussetzung der Verordnungen und Verfügungen der Ministerräte (soweit vorhanden) der ASSR, und der Entscheidungen [rešenie] und Anordnungen [rasporjaženie] der Sovjets der Werktätigen auf allen unteren Ebenen und das Recht auf Aufhebung der Entscheidungen und Anordnungen der Vollzugskomitees der Sovjets der Werktätigen auf allen unteren Ebenen sowie der Verfügungen [prikaz] und Instruktionen der Minister der jeweiligen Republiken angeführt. Nur die Verf der GSSR führt die beiden zuletztgenannten Kompetenzgruppen in umgekehrter Reihenfolge auf (Art 43 — Aufhebungs- und Aussetzungsrechte, Art 44 der Kompetenzkatalog).

[18] GEILKE 1972, S. 30 untersucht die Teilnahme an Gesetzgebung — hier im weitesten Sinn verstanden, da das Präsidium der Obersten Sovjets einer Unionsrepublik eigentlich kein Gesetzgebungsorgan im engeren Sinne ist (vgl infra S. 157 f) —, Verwaltung und Rechtsprechung; vgl auch MENADBE 1970, S. 145.

[19] Der Art 93 der Verf der UdSSR bestimmt, daß der Oberste Sovjet einer ASSR in Übereinstimmung mit ihrer Verfassung ihren Ministerrat bildet. Die Verf der RSFSR (Art 69) und der UzSSR (Art 68) schreiben im Gegensatz zu den Verf der GSSR (Art 72) und AzSSR (Art 71) die Zusammensetzung der Ministerräte ihrer ASSR enumerativ vor.

[20] Art 28 der Verf der UdSSR, ŠAFIR 1968, S. 165 meint, daß die Organisation

der administrativ-territorialen Gliederung der Unionsrepubliken im Teil III der *Vedomosti Verchnovnogo Soveta SSSR* (Gesetzblatt der UdSSR) veröffentlicht, dieser Veröffentlichung kommt aber keine normative Kraft zu, da sie lediglich auf die Gesetzesverordnungen der POS der Unionsrepubliken Bezug nehmen. Es bestehen aber für die Unionsrepubliken hinsichtlich ihrer Gliederung auch Beschränkungen, nämlich bei der Aufzählung der autonomen Territorialverbände in den Art 22 und 24—27 der Verf der UdSSR. Zu den Bundeskompetenzen gehört nach Art 14/e die Bestätigung der Bildung neuer ASSR und autonomer Gebiete im Bestand der Unionsrepubliken. Wie aber zB die Aufnahme der Tuvinischen Volksrepublik in die UdSSR zuerst als Autonomes Gebiet [21] zeigt, lag hier ein Normativakt der UdSSR, nämlich die Aufnahme in diese vor, verbunden mit der Bitte an den Obersten Sovjet der RSFSR, die Tuvinische Volksrepublik in die RSFSR als Autonomes Gebiet aufzunehmen [22]. Bei der Umbildung des Autonomen Gebietes zu einer ASSR wurde allerdings durch Ukaz des Präsidiums des Obersten Sovjet der UdSSR lediglich ein Ukaz des Präsidiums des Obersten Sovjet der RSFSR bestätigt [23] und der Art 22 der Verf der UdSSR daraufhin geändert [24].

In der Notwendigkeit der Bestätigung der Entscheidungen der obersten Machtorgane der Unionsrepubliken durch Bundesorgane liegt nach Auffassung sovjetischer Autoren die Besonderheit der Rechtslage der Formen der sovjetischen Autonomie [25].

Die Bildung der örtlichen Organe der Staatsmacht (Sovjets der Deputierten der Werktätigen) wird in groben Zügen durch die Art 94—101 der Verf der UdSSR vorbestimmt. Die Verfassungen der Unionsrepubliken bestimmen die Einzelheiten der Verwaltung innerhalb der Unionsrepublik oder den ASSR und Autonomen Gebieten [26]. Durch Gesetzesverordnungen des Präsidiums des Obersten Sovjet der UdSSR über die „Grundrechte und -verpflichtungen der Gemeinde-

---

und Leitung der örtlichen Organe der Staatsmacht zur ausschließlichen Kompetenz der Unionsrepubliken gehöre, obwohl diese nicht direkt aus der Verfassungsgesetzgebung erkennbar sei.

[21] Ukaz des Präsidiums des Obersten Sovjet der UdSSR vom 11. 10. 1944, *Sbornik Zakonov* I, S. 162.

[22] Punkt 2 des Ukazes vom 11. 10. 1944, siehe Fn 21.

[23] *VVS SSSR* 1961/42.

[24] *VVS SSSR* 1961/50.

[25] ŠAFIR 1968, S. 169.

[26] Kapitel V der Verf der USSR, BSSR, KazSSR, LiSSR, MSSR, LaSSR, KiSSR, ArSSR, TuSSR und ESSR; Kap VI der TaSSR; Kap VII der UzSSR und Kap VIII der RSFSR, GSSR und AzSSR.

und Ortschaftssovjets der Deputierten der Werktätigen"[27] und „Über die Grundrechte und -verpflichtungen der Deputierten der Werktätigen"[28] mit Musterordnungen[29] wurde den Unionsrepubliken allerdings empfohlen, ihre Gesetzgebung — einschließlich der Verfassungen — mit diesen Bundesverordnungen übereinzustimmen[30]. Dieser „Empfehlung" wurde zB seitens der RSFSR durch die Gesetze *„Über die Bezirkssovjets der Deputierten der Werktätigen der RSFSR"* und *„Über die Stadt- und Stadtbezirkssovjets der Deputierten der Werktätigen"*[31] nachgekommen.

Wenn auch diese Maßnahmen durch Erweiterung des Kompetenzbereiches der örtlichen Sovjets eine gewisse Dezentralisierung brachten, bedeuten sie doch einen Einbruch in den Kompetenzbereich der Unionsrepubliken, da im Artikel 14 der Verf der UdSSR keine Übertragung solcher Kompetenzen an den Bund erfolgte und daher die Vermutung für die ausschließliche Kompetenz der Unionsrepubliken besteht[32]. Wenn ein sovjetischer Autor, der im selben Zusammenhang festgestellt

---

[27] Vom 8. 4. 1968, *VVS SSSR* 1968/16: *Ob osnovnych pravach i objazannostjach sel'skich i poselkovych Sovetov deputatov trudjaščichsja.*

[28] Vom 19. 3. 1971, *VVS SSSR* 1971/12: *Ob osnovnych pravach i objazannostjach rajonnych Sovetov deputatov trudjaščichsja;* vom selben Tag ebenfalls eine Gesetzesverordnung über die Rechte und Verpflichtungen der Stadtsovjets und Stadtbezirkssovjets, ibid: *Ob osnovnych pravach i objazannostjach gorodskych i rajonnych v gorodach Sovetov deputatov trudjaščichsja.*

[29] *VVS SSSR* 1968/16: *Primernoe položenie o sel'skom, posel'skom Sovete deputatov trudjaščichsja* (Musterordnung für den Gemeinde- und Ortschaftssovjet der Deputierten der Werktätigen); desgleichen für die Bezirks- und Stadtbezirks-, sowie Stadtsovjets: *VVS SSSR* 1971/12; über die Erweiterung des Zuständigkeitsbereiches der Sovjets der unteren Verwaltungsebenen siehe SCHULTZ 1971, S. 117 ff mit Literaturhinweisen zum sovjetischen Schrifttum.

[30] Verordnung [Postanovlenie] des Präsidiums des Obersten Sovjet der UdSSR vom 8. 4. 1968, *VVS SSSR* 1968/16 mit der Empfehlung an die Präsidia der Obersten Sovjets der Unionsrepubliken Gesetzesvorschläge unter Berücksichtigung der Musterordnung über die Gemeinde- und Ortschaftssovjets auszuarbeiten und sie den Obersten Sovjets der Unionsrepubliken zur Annahme vorzulegen; Verordnung des Präsidiums des Obersten Sovjet der UdSSR vom 19. 3. 1971, *VVS SSSR* 1971/12, mit der Empfehlung an die Präsidia der Obersten Sovjets der Unionsrepublik auf der Grundlage der Gesetzesverordnungen [Ukaz] über die Rechte und Verpflichtungen der Bezirks-, Stadt- und Stadtbezirkssovjets, sowie unter Berücksichtigung der entsprechenden Musterordnungen Gesetzesvorschläge auszuarbeiten und diese den Obersten Sovjets zur Annahme zu unterbreiten. Vgl ŠAFIR 1968, S. 166: „die Präsidia ... der Unionsrepubliken wurden beauftragt [bylo poručeno]."

[31] Vom 29. 7. 1971, *VVS RSFSR* 1971/31; 1971 waren in allen Unionsrepubliken Gesetze über die Gemeinde- und Ortschaftssovjets ergangen, vgl: *Kurs Sovetskogo Gosudarstvennogo prava*, red. ŠČETININ/GORŠENEV, M. 1971, S. 421.

[32] Nach Art 15 der Verf der UdSSR ist die Souveränität der Unionsrepubliken lediglich im Umfang des Art 14 eingeschränkt.

hat, daß die Organisation der örtlichen Organe der Staatsmacht zur ausschließlichen Kompetenz der Unionsrepubliken gehört[33], weiter ausführt:

> „Unter den heutigen Bedingungen ist es äußerst wichtig, ausgehend von der Natur des sovjetischen Bundesstaates in der Leitung der örtlichen Sovjets der Deputierten der Werktätigen die Republikanischen und Allunions-Grundlagen richtig zu berücksichtigen.“ [34]

dann aber die Praxis im Zusammenhang mit dem Erlaß der Gesetzesverordnung über die Rechte und Verpflichtungen der Gemeinde- und Ortschaftssovjets beschreibt und am Schluß zum Ergebnis kommt:

> „Daher ist die Regelung der Organisation und der Tätigkeit der örtlichen Sovjets eine der Sphären der gemeinsamen Kompetenz der UdSSR und der Unionsrepubliken“ [35]

so wird er dem Vorwurf nicht entgehen können, daß er entweder die Verfassung als flexiblen Prinzipienkatalog ansieht, oder, daß er die Praxis allein als Grundlage für eine stillschweigende Verfassungsänderung im Sinne erweiterter Bundeskompetenzen genügen läßt[36].

Die Verfassungen der Unionsrepubliken bestimmen als Besonderheiten der jeweiligen Unionsrepubliken[37] den Verwaltungsaufbau. So ist dieser in der RSFSR vierstufig[38], in der USSR[39], BSSR[40], UzSSR[41], KazSSR[42], KiSSR[43], TaSSR[44] und TuSSR[45] dreistufig, und in den übrigen Unionsrepubliken zweistufig[46].

---

[33] ŠAFIR 1968, S. 165.

[34] Ibid.

[35] Ibid, S. 167.

[36] Anders kann man den offensichtlichen Widerspruch in seinen Aussagen nicht erklären; einmal ist die Regelung der Organisation der örtlichen Sovjets ausschließliche Kompetenz der Unionsrepubliken, zum anderen — hier unter Berücksichtigung der Praxis — wieder gemeinsame Kompetenz des Bundes und der Unionsrepubliken.

[37] So etwa: FAJZIEV 1961, S. 47; OŠEROV 1948, S. 59; BEGIJAN 1968, S. 93; PETROSJAN 1968, S. 265; MENADBE 1970, S. 144.

[38] Regionen [Kraj]; Gebiete [oblast']; Bezirke [rajon] und örtliche Sovjets, Art 14 und 77—102 der Verf der UdSSR.

[39] Gebiet [oblast'], Bezirk [rajon] und örtliche Sovjets, Art 18, 54—79 der Verf der USSR.

[40] Art 14, 52—75 der Verf der BSSR.

[41] Art 14, 74—97 der Verf der UzSSR.

[42] Art 14, 54—72 der Verf der KazSSR.

[43] Art 14, 54—72 der Verf der KiSSR.

[44] Art 19, 65—85 der Verf der TaSSR.

[45] Art 14, 55—77 der Verf der TuSSR.

[46] Bezirk [rajon] und örtliche Sovjets, zB Art 14, 52—72 der Verf der LiSSR, LaSSR und ESSR, Art 14, 86—105 der AzSSR; zur administrativ-territorialen Gliederung der Unionsrepubliken vgl UMANSKIJ 1970, S. 267—274.

Die ethnische Zusammensetzung der Bevölkerung der Unionsrepubliken bedingt eine weitere Besonderheit ihrer Verfassungen. So
enthalten die Verfassungen einer Reihe von Unionsrepubliken Bestimmungen über die mehrsprachige Veröffentlichung von Normativakten der obersten Staatsorgane, wobei die Veröffentlichung in russischer Sprache immer vorgesehen ist [47]. In der TaSSR werden nur Gesetze
in Tadžikisch, Uzbekisch, Russisch und Kirgisisch veröffentlicht [48], in
der ArSSR [49], TuSSR [50], AzSSR [51] und UzSSR [52] müssen neben den
Gesetzen auch die Gesetzesverordnungen [ukaz] und Erläuterungen
[raz'jasnenie] der POS und die Verordnungen [postanovlenie] und
Verfügungen [rasporjaženie] außer in der Republikssprache und dem
Russischen noch in anderen Sprachen publiziert werden. Die Verfassungen der RSFSR, USSR und GSSR enthalten keine Bestimmungen
dieser Art.

Die Frage der Gerichtssprachen wird wie folgt geregelt. In der
RSFSR wird als Gerichtssprache Russisch oder die Sprache der ASSR,
des Autonomen Gebietes oder Nationalen Kreises bestimmt [53]. Für die
GSSR gilt das entsprechende für Georgisch und die Sprachen der autonomen Gebilde [54]. Die Verfassungen einiger Unionsrepubliken bestimmen als Gerichtssprache nur die Republikssprache, wobei Personen,
welche die Sprache nicht beherrschen, gewährleistet ist, sich eines Dol-
metschers zu bedienen und auch in ihrer Muttersprache vor Gericht auftreten zu können [55]. In Republiken mit Mischbevölkerung [56] gilt die
Regelung, daß außer der Republikssprache (bzw -Sprachen [57]) in Gebie-

---

[47] Vgl Art 25 der Verf der BSSR und der KazSSR, LiSSR, MSSR, LaSSR,
ESSR, KiSSR.

[48] Art 30 der Verf der TaSSR.

[49] Armenisch, Russisch und Azerbajdžanisch, Art 39 der Verf der ArSSR, siehe
dazu auch PETROSJAN 1968, S. 264.

[50] Turkmenisch, Russisch, Uzbekisch und Kazachisch, Art 39 der Verf der
TuSSR.

[51] Azerbajdžanisch, Russisch und Armenisch, Art 41 der Verf der AzSSR.

[52] Uzbekisch, Russisch und Karakalpakisch, Art 41 der Verf. der UzSSR.

[53] Art 114 der Verf der RSFSR; entsprechend dem Art 110 der Verf der
UdSSR.

[54] Art 124 der Verf der GSSR.

[55] Art 82 der LaSSR und ESSR; Art 83 der LiSSR; Art 86 der BSSR und
Art 90 USSR.

[56] Wobei keineswegs außer acht gelassen werden soll, daß der Anteil der
Russischen Bevölkerung zB in der LaSSR 29% beträgt, siehe supra S. 86.

[57] In der UzSSR — Uzbekisch und in der dortigen Karakalpakischen ASSR —
Karakalpakisch (Art 109 der Verf der UzSSR), in der AzSSR — Azerbajdžanisch
und Armenisch und in der MSSR Moldauisch und Russisch (Art 117 der Verf AzSSR
und Art 84 MSSR).

ten mit überwiegend anderer Bevölkerung die Sprache dieses Volkes als Gerichtssprache bestimmt wird [58]. Eine exakte Klärung der Frage, ob es sich hier um die äußere oder die äußere und innere Gerichtssprache handelt, ist anhand der publizierten Rechtsvorschriften nicht möglich [59].

Bei einer sowjetischen Autorin kann man heute lesen [60], daß zwei Unionsrepubliken, die KazSSR und die TuSSR keine besonderen Gerichte haben, und daher ihre Verfassungen keine diesbezüglichen Bestimmungen enthalten. Selbst wenn den Verfassungen dieser Unionsrepubliken eine Bestimmung mit einem Hinweis auf diese Art von Gerichtsbarkeit fehlt, würde der Art 102 der Verf der UdSSR als Bundesrecht den entgegenstehenden Verfassungsbestimmungen der Unionsrepubliken derogieren und solche Besonderheiten der Unionsrepublikanischen Verfassungen aufheben [61]. Die Verfassungen der übrigen 13 Unionsrepubliken enthalten nach dem Stand 1972 jedoch sehr wohl noch Hinweise darauf, daß außer von ordentlichen Gerichten, die Gerichtsbarkeit in den Unionsrepubliken auch noch von besonderen Gerichten ausgeübt werden kann, welche durch Verordnungen des Obersten Sovjet der UdSSR eingerichtet werden [62].

---

[58] ZB bei Mehrheit von Russischer, Kazachischer, Tadžikischer Bevölkerung — die entsprechende Sprache nach Art 109 der Verf der UzSSR; entsprechende Art 82 der KiSSR; 86 der ArSSR; 88 der KazSSR und TuSSR; 97 der TaSSR und 117 der AzSSR; vgl Fajziev/Karimowa 1974, S. 129.

[59] Die Regelung der Gerichtssprache wird im Schrifttum *per analogiam* auch auf die Amtssprache angewendet, vgl Geilke 1972, S. 26 ff.

[60] Karimova 1972, S. 27.

[61] Die Verfassungen der TuSSR und KazSSR nach dem Stand 1956 enthielten allerdings noch Hinweise auf die besondere Gerichtsbarkeit der UdSSR (*Konstitucija SSSR — Konstitucii Sojuznych Sovetskich Socialističeskich Respublik*, Jurlit, M. 1956).

[62] *Konstitucija SSSR — Konstitucii Sojuznych Sovetskich Socialističeskich Respublik*, Jurlit, M. 1972: Art 77 der Verf der LiSSR, LaSSR, KiSSR und ESSR; Art 79 der MSSR; Art 80 der BSSR, Art 81 der ArSSR, Art 82 der KazSSR und TuSSR; Art 84 der USSR; Art 90 der TaSSR; Art 102 der UzSSR; Art 107 der RSFSR; Art 110 der AzSSR und Art 117 der GSSR.

Von einem gewissen Unbehagen eines sowjetischen Autors gegen die Möglichkeit der Errichtung von besonderen Gerichten zeugt folgende Polemik:

„Die Gerichtsgewalt in der UdSSR ist ausschließlich den Richtern und sonst niemandem anvertraut. Der große sozialistische Staat braucht nicht irgendwelche besonderen Gerichte und wird sie auch in der Zukunft nicht brauchen. Das Vorhandensein der rechtlichen Möglichkeiten zur Schaffung solcher Gerichte ist für die Festigung der Gesetzlichkeit [zakonnost'] nicht erforderlich; es könnte auch *nicht* im Interesse von Gesetzlichkeit, Rechtsprechung und Gerechtigkeit interpretiert werden. [Unterstrichen v. Verfasser]" Menadbe 1970, S. 148.

Außer der unterschiedlichen Regelung der Verteilung der Sitze im Obersten Sovjet einer Unionsrepublik [63] ist die Verteilung der Sitze in den anderen Sovjets der Deputierten der Werktätigen auf Regions-, Gebiets-, Bezirks- und örtlicher Ebene von Republik zu Republik verschieden [64].

Das sovjetische Schrifttum zur vergleichenden Verfassungslehre der Unionsrepubliken ist nicht umfangreich [65]. Der Grund mag darin liegen, daß es schwierig ist, die den unionsrepublikanischen Verfassungsgebern vorgeschriebene Berücksichtigung der Besonderheiten der jeweiligen Unionsrepublik in ihren Verfassungen nachzuweisen. Einer der wenigen sovjetischen Autoren, die Verfassungsvergleiche anstellen, bedient sich dabei eines Verfahrens unter den Gesichtspunkten der Anzahl und der textlichen Übereinstimmung [sic!] der Verfassungsartikel der UdSSR, RSFSR und GSSR [66]. Er kommt zum Ergebnis, daß Kapitel I, V, IX mit Ausnahme der Anzahl der Artikel, XI und XIV der Verfassungen beider Unionsrepubliken wörtlich übereinstimmen; Kapitel II nur in der Aufzählung der territorialen Gliederung Unterschiede enthält und die Kapitel III, IV, VI, X und XII inhaltlich gleich sind. Nur im Kapitel VIII (örtliche Organe der Staatsmacht) stellt er als Unterschied fest, daß die Verfassung der GSSR acht Artikel enthalte, welche in der Verfassung der RSFSR fehlen. Allerdings hält er diesen Unterschied für unerheblich, da das Kapitel XII (Wahlsystem) sie wiederholt. Ferner bestimme der Art 111 der Verfassung der GSSR (in der Verfassung der RSFSR fehlt eine dementsprechende Bestimmung), daß nach dem Ablauf der Vollmachten der Sovjets der Deputierten der Werktätigen ihre Vollzugsorgane bis zur Bildung von neuen Vollzugsorganen durch neugewählte Sovjets ihre Vollmachten behalten [67]. Die Tatsache, daß zwischen der Verf der UdSSR einerseits und der zwei Unionsrepubliken andererseits nur unwesentliche Unterschiede bestehen, erklärt er wie folgt:

„..., daß die Verfassungen aller Unionsrepubliken eine allgemeine Grundlage haben — den einheitlichen Willen der sovjetischen Völker, dessen Inhalt durch die

---

[63] Vgl supra S. 143, Fn 10.

[64] Auf die Wiedergabe der einzelnen Bestimmungen kann in diesem Zusammenhang verzichtet werden, da für die Staatlichkeit nicht die Anzahl der Abgeordneten zu regionalen und örtlichen Vertretungsorganen maßgeblich sein kann.

[65] Obwohl KARIMOVA 1972, S. 23 feststellt, daß sovjetischen Juristen aufgrund der „allgemeinmethodologischen dialektisch-materialistischen Grundlage" wesentliche Erfolge auf diesem Gebiet gelungen sind.

[66] MENADBE 1970, S. 143—150.

[67] Ibid.

Interessen dieser Völker und die Aufgaben der Errichtung des Kommunismus bestimmt wird. Dieser Wille wird im Programm und in den Entscheidungen der einheitlichen multinationalen Kommunistischen Partei der Sovjetunion formuliert und gesetzlich in den Verfassungen der UdSSR und der Unionsrepubliken und Autonomen Republiken bekräftigt" [68].

Schließlich kommt noch hinzu, daß die Unionsrepubliken dem Auftrag, ihre Verfassungen in voller Übereinstimmung mit der Verf der UdSSR zu erlassen (Art 16 der Verf der UdSSR) überaus loyal nachgekommen sind. Auf der anderen Seite heben sovjetische Autoren aber auch hervor, daß beim Aufbau des Sozialismus und Kommunismus eine Annäherung der brüderlichen Nationen erfolge, was darin seinen Ausdruck finde, daß die Unterschiede zwischen den Verfassungen der Unionsrepubliken immer geringer würden [69].

Es gibt aber auch im sovjetischen Schrifttum Kritiken am Verlangen nach völliger Übereinstimmung der unionsrepublikanischen Verfassung mit der Verf der UdSSR. So wird festgestellt, daß diese Formulierung im Art 16 der Verf der UdSSR einen Widerspruch enthält, da das Verlangen nach völliger Übereinstimmung die Möglichkeit der Berücksichtigung der nationalen, historischen, wirtschaftlichen und anderen Besonderheiten der Unionsrepubliken ausschließe [70]. Richtiger wäre nach Ansicht einiger Autoren eine Änderung des Art 16 dahingehend, daß die Verfassungen der Unionsrepubliken nur in Übereinstimmung mit den Grundprinzipien der Verfassung der UdSSR erstellt werden müßten [71].

5.4.1.3. Die Würdigung der „Verfassungsautonomie" der Unionsrepubliken

Ausgangspunkt der Würdigung der Verfassungsautonomie der Unionsrepubliken und der Beantwortung der Frage, ob sich aus der Existenz ihrer Verfassungen und deren Inhalt die Eigenstaatlichkeit ableiten läßt, müssen jene Bestimmungen der Bundesverfassung sein, welche die gesellschaftlichen Grundlagen und staatliche Organisationsform der Unionsrepubliken regeln. Wie oben gezeigt wurde [1], wird in der Bundesverfassung mit Ausnahme der administrativ-territorialen

---

[68] Ibid, S. 150.

[69] KARIMOVA 1972, S. 27 f.

[70] MIL'MAN 1971, S. 138 mit Hinweisen auf KOTOK, MANELIS, ŠAFIR und ZLATOPOL'SKIJ.

[71] MANELIS 1967, S. 24, zustimmend dazu MIL'MAN 1971, S. 139.

[1] Supra S. 137 ff.

Gliederung und Unterschieden in der quantativen und in seltenen Fällen auch qualitativen Zusammensetzung der Regierungen, sowie der Sovjets der Deputierten der Werktätigen auf allen Ebenen, den Unionsrepubliken der gesamte Staatsaufbau vorgeschrieben. Da der Art 16 der Verf der UdSSR die volle Übereinstimmung der Verfassungen der Unionsrepubliken mit derjenigen der UdSSR verlangt, kann man in den Verfassungen der Unionsrepubliken also auch nur die — teilweise wörtliche — Wiederholung der Bundesverfassung finden.

Bei der Untersuchung der Verfassungen anderer Bundesstaaten findet man ebenfalls Bestimmungen, welche eine gewisse Homogenität der Verfassungen der Gliedstaaten bewirken sollen, und auch Artikel, welche Teile der Staatsstruktur der Gliedstaaten vorbestimmen. Dabei können Bundesverfassungen gewisse Grundprinzipien für die Staatsstruktur in den Gliedstaaten vorschreiben, wie etwa die republikanische Staatsform[2] oder Demokratie[3]. Bundesverfassungen können auch die Bestimmung enthalten, daß die Verfassungen der Gliedstaaten in Übereinstimmung mit den Prinzipien der Bundesverfassung stehen müssen[4]. Bundesverfassungen können aber auch negativ abgrenzend bestimmen, daß die Verfassungen der Gliedstaaten der Bundesverfassung nicht widersprechen dürfen[5]. In keiner der vergleichbaren Verfassungen anderer Bundesstaaten findet sich ein Artikel, der volle Übereinstimmung mit der Bundesverfassung verlangt.

Dessenungeachtet findet man auch in Verfassungen von Gliedstaaten Wiederholungen von Verfassungsbestimmungen der Bundesverfassung[6]. Verfassungen vergleichbarer Bundesstaaten zeigen aber, daß den Gliedstaaten bei der Einrichtung ihres Staatsapparates ein gewisser Spielraum, also relative Verfassungsautonomie gewährleistet worden ist, und, was noch viel wichtiger ist, daß sie von dieser relativen Verfassungsautonomie auch Gebrauch gemacht haben. Dies wird besonders beim Vergleich der Verfassungen der Länder der BRD deutlich. Hier findet man andere Organbezeichnungen in den Stadtstaaten[7], andersartige Stellung des Ministerpräsidenten, unterschied-

---

[2] Art 28 *GG;* Art 6/2 b *Schweiz.BV;* Art 115 Verf. v. Mexiko; Art IV, Sect 4. Verf USA; Art 10 Verf Brasilien; für den Wortlaut siehe supra S. 132 ff in Fn 1.

[3] Art 28 *GG.*

[4] Art 108 der Verf der Soz.Föd.Rep. Jugoslavien.

[5] Art 99 *B-VG;* Art 6/2 a *Schweiz.BV.*

[6] Für Österreich vgl dazu KOJA 1967, S. 28—36.

[7] „Senat" als Regierung in Berlin: Abschnitt IV der Verf v 1. 9. 1950, Bremen: III der Verf v 21. 10. 1947, Hamburg: III der Verf v 6. 6. 1952; „Bürgerschaft"

liche Regelung für die Auflösung der Volksvertretung, Fehlen von konstruktivem Mißtrauensvotum, unmittelbare demokratische Institutionen, Abweichungen bei Verfassungsänderungen, unterschiedliche Wahlvoraussetzungen, Ein- oder Zweikammersystem bei den Parlamenten, Vereinigung der Ämter Staatsoberhaupt und Regierungschef [8]. Aber auch in den Verfassungen der österreichischen Bundesländer sind zB Unterschiede bei der Wahl und Bestellung der Regierungen der Bundesländer festzustellen [9].

Im Vergleich mit diesen Unterschieden erscheinen die Differenzierungen der Verfassungen der Unionsrepubliken der UdSSR, soweit sie nicht die administrativ-territoriale Gliederung betreffen, wie kleine Verzierungen an einer monolithischen Verfassung der Unionsrepubliken. Es kann auch einer sovjetischen Autorität auf dem Gebiet des Staats- und Völkerrechts nicht gefolgt werden, die sagt:

> „Die Verfassungen der Unionsrepubliken setzen die Grundlagen des gesellschaftlichen und staatlichen Aufbaues der Republiken fest" [10].

Diese sind bereits in der Bundesverfassung bestimmt und Änderungen der Verfassungen der Unionsrepubliken können, soweit sie wesentliche Elemente des Staatsaufbaues, wie Organe und Kompetenzen betreffen, nur nach Änderung der Verf der UdSSR geschehen, sind also nur als Folge von Normativakten des Bundes zulässig. Eines nachfolgenden Aktes des Verfassungsgebers einer Unionsrepublik bedarf es eigentlich gar nicht, da der Bundesverfassung als Bundesgesetz ohnehin Vorrang zukommt, diese also einer ihr widersprechenden Unionsrepubliksverfassung nach Art 20 der Verf der UdSSR derogiert, was ein gewichtiges Indiz für die rechtliche Abhängigkeit und daher Unselbständigkeit der Unionsrepubliken ist. Es scheint vermessen, beim Nachvollzug einer Änderung der Bundesverfassung durch Änderung der Unionsrepubliksverfassung von einem Ausdruck des Willens der Unionsrepubliken zu sprechen:

> „Die Verfassung der Unionsrepublik drückt den Willen der Arbeiter und Bauern, der gesamten Werktätigen der Republik aus und dient als juristische Basis für die laufende Gesetzgebung der Republik" [11].

---

als Landtag in Bremen: 2/II der Verf, Hamburg: II der Verf; ähnlich Stadtsenat des Bundeslandes Wien, §§ 36—50 der Verf der Stadt Wien aus 1931.

[8] Vgl dazu: STERN, K.: Art 28 in *Bonner Kommentar*, 13. Lieferung, Dez 1964, S. 18—21.

[9] Siehe dazu KOJA 1967, S. 231—252.

[10] LEVIN 1948, S. 322.

[11] RADŽABOV, S. A. in *Sovetskogo gosudarstvennoe pravo*, red. LEPEŠKIN, Jurlit, M. 1971, S. 370; es ist auch nicht möglich, VICHAREV 1958, S. 112 zu folgen,

Zugegebenermaßen wird im sovjetischen Schrifttum als Grund für die Homogenität der Verfassungen der UdSSR und der Unionsrepubliken behauptet, daß alle Unionsrepubliken einheitliche wirtschaftliche und politische Grundlagen haben, und daß die staatliche Lenkung der Gesellschaft in der gesamten UdSSR durch die Arbeiterklasse unter der Leitung der KPdSU vollzogen wird. Daß Prinzipien, welche die Grundlage der Stalin'schen Verfassung bilden, im Ganzen in allen Verfassungen der Unionsrepubliken, teilweise wörtlich, wiedergegeben werden, sei ein Ausdruck des föderativen Charakters des Sovjetstaates und der Einheit der Prinzipien der sozialistischen Staatlichkeit in der UdSSR [12]. Man kann diese Bundestreue aber auch anders sehen, etwa wie der Kommentar zur Verfassung von MAURACH:

„... die absolute Übereinstimmung der Verfassungen der Unionsrepubliken sowohl miteinander als auch mit der Bundesverfassung folgt nicht nur aus dem in Art 16 enthaltenen Befehl, sondern vor allem aus der Dynamik des totalitären Gesamtstaates, die keine Abweichungen und Eigenständigkeiten duldet" [13].

Sogar aus dem Munde eines sovjetischen Staatsrechtlers ist zu vernehmen, daß die „völlige Übereinstimmung" der Verfassungen der Unionsrepubliken mit derjenigen der UdSSR außerordentlich „streng" [žestkij] sei und in der Praxis zu einer überflüssigen Zentralisation der Verfassungsgesetzgebung führen könnte [14]. Die Verfassungsautonomie, welche den Unionsrepubliken nach Art 16 der Verf der UdSSR zusteht, wird durch die umfassenden Bestimmungen der Bundesverfassung und auch durch die Praxis, hier besonders unter Berücksichtigung der Verfassungsänderungen der Unionsrepubliken, welche diese aufgrund von Normativakten der UdSSR durchführen mußten, ad absurdum geführt.

„Que reste-t-il alors de l'autonomie constitutionelle que l'article 16 de la Constitution fédéral octroie si généreusement aux Répububliques fédérées? Rien ou presque rien! Sur ce point aussi, le droit et le fait se contredisent" [15].

---

der die Bedeutung der Verfassung der BSSR darin sieht, daß sie: „... der höchste rechtliche Ausdruck der staatlichen Selbständigkeit und der Realität der Souveränität der BSSR ... ist." Reeller ist die Ansicht von OŠEROV 1948, S. 56, der sagt, daß die Änderungen, welche vom Obersten Sovjet der UdSSR bezüglich der Unionsrepubliken zur Verf der UdSSR gemacht worden sind, für die Obersten Sovjets dieser verbindlich sind, „welche die entsprechenden Änderungen der Verfassungen der Republiken vornehmen."

[12] OŠEROV 1948, S. 56, ähnlich RAVIN 1961, S. 68.
[13] MAURACH 1955, S. 105; in diesem Sinne auch FLEINER 1969, S. 414 f.
[14] ŠAFIR 1968, S. 171.
[15] MOUSKHELY/JEDRYKA, S. 413; ähnlich MEDER 1971, S. 235.

Es muß daher der Versuch, aus dem Recht der Unionsrepubliken zum Erlaß einer eigenen Verfassung, ihre Eigenstaatlichkeit zu beweisen, als gescheitert betrachtet werden. Dabei spielt es keine Rolle, ob dieses Recht auf eine Verfassung ein von der UdSSR delegiertes ist, oder eine Art von Restkompetenz, welche die Unionsrepubliken beim Eintritt in die UdSSR behalten haben. Der Test des Delegationszusammenhanges braucht hier gar nicht erst vorgenommen zu werden, da das Recht der Unionsrepubliken faktisch keinen Inhalt hat und daher bedeutungslos ist.

Die Verfassungen der Unionsrepubliken wird man nur in dem Umfang zur Teilrechtsordnung „Unionsrepublik" rechnen können, wie sie nicht durch die Verfassung der UdSSR vorbestimmt sind [16]. Dabei spielt die formelle Kompetenz der Unionsrepubliken zur Annahme und Änderung der Verfassung ohne Kontrollrechte der UdSSR keine Rolle, da die UdSSR durch eine Änderung ihrer Verfassung aus der Bestimmung des Art 20 (Bundesrecht bricht Landesrecht) den Verfassungen der Unionsrepubliken jederzeit derogieren könnte. Der in der Verfassung der UdSSR geregelte Teil der gesellschaftlichen Grundlagen und der staatlichen Organisationsformen der Unionsrepubliken gehört zur Teilrechtsordnung: „Unionsrecht".

5.4.2. Die Gesetzgebung der Unionsrepubliken

Die Teilrechtsordnungen: „Unionsrepublik" bestehen, außer ihrem Verfassungsrecht, aus Gesetzesrecht und anderen, in der Hierarchie unter dem Gesetzesrecht stehenden Normen. Für die vorliegende Untersuchung soll lediglich das Gesetzesrecht herangezogen werden, da ein großer Teil der Verwaltungsvorschriften und Organisationsnormen — obgleich nicht bloß für das Rechtsleben der Unionsrepubliken, sondern auch des einzelnen Staatsbürgers von großer Bedeutung [1] — als nur für die Behörden bestimmtes Recht betrachtet und daher der Öffentlichkeit nicht zugänglich gemacht wird [2]. Zwar sind für einzelne

---

[16] Zur Problematik der Wiederholung von Bestimmungen des Unionsrechtes in Normativakten der Unionsrepubliken siehe infra S. 198 ff.

[1] LUCAS 1965, S. 93.

[2] Vgl LOEBER 1970, 70—80, insbes Hinweise auf sowjetische Autoren, welche im Interesse der Rechtssicherheit mit dieser Praxis nicht einverstanden sind, in Fn 5—22 und auf HAZARD, BERMAN, GSOVSKI und MAURACH als westliche Autoren, welche auf dieses Problem eingegangen sind. GEILKE 1969, S. 359 weist auf Verordnungssammlungen hin, welche nicht für die Öffentlichkeit bestimmt sind und

Unionsrepubliken Sammlungen der geltenden Gesetze und Verordnungen erschienen [3], doch können diese Kompilationen keinen Anspruch auf Vollständigkeit erheben [4]. Aus diesen Gründen scheint es angebracht, sich an das der Allgemeinheit zugängliche Material zu halten, auch wenn auf diese Weise nicht die *gesamte* Teilrechtsordnung erfaßt und dargestellt werden kann.

Der Begriff „Gesetzesrecht der Unionsrepubliken" bedarf in diesem Zusammenhang einiger Erläuterungen. Der Terminus „Gesetz" [zakon] ist nach der sowjetischen Verfassung einer ganz bestimmten Kategorie von Normativakten vorbehalten. Ein Gesetz ist:

---

daher im sowjetischen Schrifttum unerwähnt bleiben, wie: *Bjulleten tekuščego zakonodatel'stva SSSR* und *Sbornik Ukazov Prezidiuma Verchovnogo Soveta SSSR.* Diese Sammlungen werden nur in einem besonderen Bestellverfahren an sowjetische Behörden geliefert, vgl Loeber op cit S. 77, Fn 44; Gračeva 1968, S. 146 schlägt vor, nachdem sie festgestellt hat (ibid, S. 144), daß viele Ministerien und Behörden der UdSSR und der Unionsrepubliken nicht das gesamte Gesetzgebungsmaterial zur Verfügung haben, daß ein Unionsorgan zur Verbreitung laufender rechtlicher Information gegründet werden sollte. Dieses sollte nach ihrer Meinung ein wöchentlich erscheinendes Bulletin veröffentlichen, welches allerdings nur auf amtliche Bestellung lieferbar sein sollte [po vedomstvennoj podpiske].

[3] So zB für die RSFSR: *Sistematičeskoe sobranie zakonov RSFSR, ukazov Prezidiuma Verchovnogo Soveta RSFSR i rešenij pravitel'stva RSFSR*, M. 1967-Bd 1—15; für die LaSSR: *Chronologičeskoe sobranie zakonov Latvijskoj SSR, ukazov Prezidiuma Verchovnogo Soveta Latvijskoj SSR i postanovlenij pravitel'stva Latvijskoj* SSR 1940—1959, Riga 1960; für die LiSSR: *Chronologičeskoe Sobranie Zakonov Litovskoj SSR, Ukazov Verchovnogo Soveta LitSSR i postanovlenij Pravitel'stva LitSSR*, Vilnius 1957—1959, Bd 1—6; für die MSSR: *Chronologičeskoe sobranie zakonov Moldavskoj SSR, ukazov presidiuma Verchovnogo Soveta i pravitel'stva Moldavskoj SSR*, Kišinev 1960, Bd. 1—4.

[4] Anhand der Verordnung des Ministerrates der RSFSR vom 3. 4. 1959, abgedruckt in: *Sistematičeskoe sobranie* . . . (siehe supra Fn 3, Bd 2, S. 473 f) betreffend die Veröffentlichung und das Inkrafttreten der Verordnungen und Verfügungen [postanovlenie i rasporjaženie] des Ministerrates der RSFSR, wird dieses sichtbar. So unterliegen nach Punkt 1 dieser Verordnung der Veröffentlichung nur diejenigen Verordnungen des Ministerrates der RSFSR, welche allgemeine Bedeutung oder normativen Charakter haben. Nach Punkt 5 müssen die Originale der zu veröffentlichenden Verordnungen die Aufschrift tragen: „Unterliegt der Veröffentlichung in der Sobranie postanovlenij." Punkt 6 bestimmt, daß die Verordnungen, unabhängig von ihrer Veröffentlichung, also auch diejenigen, welche nur für den Dienstgebrauch bestimmt sind, dem Ministerrat der UdSSR, den MinR der ASSR, den Exekutivkomitees der Regionen [Kraj], Gebiete [oblast'], den Sovnarchozen, den Ministerien der RSFSR, dem wissenschaftlich-technischen Staatskomitee des MinR der RSFSR, der Kommission der sowjetischen Kontrolle des MinR der RSFSR, der Prokuratur der RSFSR, dem Obersten Gerichtshof der RSFSR, dem Statistischen Zentralamt der RSFSR sowie anderen Organisationen nach Angaben des Leiters des Büros des MinR der RSFSR bekanntgemacht werden.

„... ein Normativakt eines obersten Organes der Staatsmacht, angenommen im verfassungsmäßig verankerten Verfahren und von höchstem rechtlichen Rang in Beziehung zu Akten anderer staatlicher Organe ...“ [5].

Für die UdSSR ist gemäß Art 32 der Verfassung von 1936 der Oberste Sovjet der UdSSR das alleinige Gesetzgebungsorgan, für die Unionsrepubliken ist es der Oberste Sovjet der Unionsrepubliken [6].

Die sovjetische Praxis zeigt allerdings, daß ein erheblicher Teil der Gesetzgebung in materiellem Sinn [7] auf Akten anderer Staatsorgane beruht. Der Begriff „Gesetzgebung“ wird im sovjetischen Schrifttum auch im weitesten Sinne gebraucht. Darunter wird die generell-abstrakte Praxis der obersten Staatsorgane verstanden, nämlich die Ukaze der Präsidia der Obersten Sovjets und Normativakte des Ministerrates der UdSSR [8].

Für sovjetische Autoren ist aber nicht nur die Praxis, sondern auch die Verfassung der UdSSR, nämlich Art 112 und 130 Grundlage für den erweiterten Gesetzesbegriff [9]:

„Die Richter sind unabhängig und unterliegen nur dem Gesetz“ (Art 112)
„Jeder Bürger der UdSSR ist verpflichtet ... die Gesetze zu erfüllen [ispolnjat'] ...“ (Art. 130)

Folgt man dieser Auffassung, müßte derselbe Gesetzesbegriff auch den Art 19 und 20 der Verfassung der UdSSR zugrundeliegen:

„Die Gesetze der UdSSR haben auf dem Territorium aller Unionsrepubliken gleichartige Geltung.“ (Art 19)
„Im Falle der Nichtübereinstimmung eines unionsrepublikanischen Gesetzes mit einem Unionsgesetz gilt das Unionsgesetz“ (Art 20)

Der erweiterte Gesetzesbegriff müßte dann aber auch für den einfachen Gesetzestext angewendet werden, wie zB für die *Grundlagen des Zivilprozesses der UdSSR und der Unionsrepubliken* [10] im Art 9:

„Bei der Ausübung der Gerichtsbarkeit in Zivilsachen sind Richter und Volksbeisitzer unabhängig und nur dem Gesetz unterworfen“ [11].

---

[5] *Enciklopedičeskij slovar' pravovych znanii*, M. 1965, S. 133.
[6] Art 22 der Verf der KazSSR, KiSSR und TuSSR; Art 23 der USSR, BSSR, LiSSR, MSSR, LaSSR, TaSSR, ArSSR und ESSR; Art 24 der RSFSR, UzSSR und AzSSR und Art 27 der GSSR.
[7] Der Erlaß von Normativakten mit materieller Gesetzeswirkung, vgl dazu für alle REICHEL, H-C: „Die Legislative in der Sowjetunion“, 18 *Osteuroparecht* 1972, 43—60, insbes S. 45, 48 ff; für Ukaze der POS: MEDER 1971, S. 242 ff.
[8] *Stanovlenie osnov obščesojuznogo zakonodatel'stva*, Jurlit, M. 1972, S. 22, in diesem Sinn auch MICHAJLOV 1956, S. 10; REICHEL 1972, S. 44 f, 50.
[9] *Stanovlenie ...*, M. 1972, S. 22.
[10] *VVS SSSR* 1961/50.
[11] Art 7 der ZPO der RSFSR vom 11. 7. 1964; offizieller Text Jurlit, M. 1965, S. 267.

Nicht nur das Schrifttum, sondern auch die einfachgesetzliche Rechtsordnung arbeitet mit dem erweiterten Gesetzesbegriff, wie die Legaldefinition des Art 12 der *Grundlagen des Zivilprozesses* [12] unter dem Titel: „Entscheidung der Fälle [delo] aufgrund der laufenden Gesetzgebung" zeigt:

> „Das Gericht ist verpflichtet, die Fälle aufgrund der Gesetze der UdSSR, der Unions- und Autonomen Republiken, der Gesetzesverordnungen des Präsidiums des Obersten Sovjet der UdSSR, der Präsidia der Obersten Sovjets der Unions- und Autonomen Republiken und der Verordnungen der obersten Organe der staatlichen Verwaltung der UdSSR, der Unions- und Autonomen Republiken zu entscheiden" [13].

Allerdings findet man im sovjetischen Schrifttum auch Gegner eines weitgefaßten Gesetzgebungsbegriffes und des Begriffes: „Gesetz im materiellen Sinn". Für diese ist ein Gesetz [zakon] nur der Normativakt des für die Gesetzgebung zuständigen Organes [14]. In der der Bestimmung Teilrechtsordnung: „Unionsrepublik" gewidmeten Darstellung der Gesetzgebung der Unionsrepubliken und für die darauffolgende Würdigung dieser Teilrechtsordnung als Element der Staatlichkeit der Gliedstaaten der UdSSR muß aber jedenfalls vom weitesten Begriff der Gesetzgebung ausgegangen und müssen die generell-abstrakten Normen aller obersten Organe sowohl der UdSSR als auch der Unionsrepubliken, soweit sie der Allgemeinheit zugänglich sind, in die Betrachtung einbezogen werden.

Ein zu enger Gesetzesbegriff übersieht die Realität, welche für eine völkerrechtliche Beurteilung als Effektivität ein wesentlicher Faktor ist.

5.4.2.1. *Die Gesetzgebungskompetenzen der UdSSR*

Die Verfassungen der UdSSR und der Unionsrepubliken kennen keine formelle Unterscheidung der staatlichen Kompetenzen in Gesetzgebungs- und Vollziehungskompetenzen, wie etwa in den Art 10—15

---

[12] Art 10 der ZPO der RSFSR.

[13] Ein Kommentar zum Art 16 der StPO der RSFSR (*Naučno-praktičeskij kommentarij ugolovno-processual'nogo kodeksa RSFSR,* red. SMIRNOV, Jurlit, M. 1970, S. 31), betreffend die Unabhängigkeit der Richter und Volksbeisitzer im Strafprozess unterscheidet allerdings zwischen der materiellen und prozessualen Gesetzgebung der UdSSR und RSFSR und gesetzesunterworfenen Normativakten [podzakonnyj akt].

[14] Etwa JAVIČ, 1971, S. 86; in diesem Sinne auch DOZORCEV, A. V. in *Sovetskoe pravo,* Vysšaja Škola, M. 1969, S. 35 ff.

des österreichischen B-VG[1], also zB die Aufteilung bestimmter Materien in Gesetzgebung des Bundes und Vollziehung der Länder (Art 11)[2]. Der Art 15 der Verf der UdSSR enthält eine Generalklausel, nach welcher die Souveränität der Unionsrepubliken lediglich im Umfang der in Art 14 angeführten Bundeskompetenzen eingeschränkt ist. Der Hinweis auf den Kompetenzkatalog der UdSSR in Art 14 gibt keine vollständige Auskunft, da die Zuständigkeit der obersten Bundesorgane jeweils im sachlichen Zusammenhang behandelt wird, also Bundeskompetenzen auch in anderen Verfassungsbestimmungen enthalten sind[3].

Im Art 14 sind gewisse Materien als Gesetzgebungskompetenzen des Bundes genannt, wie die Grundlagengesetzgebung über Bodennutzung, Bildungs- und Gesundheitswesen, Gerichtsverfassung und Prozeßordnung, Zivilrecht, Strafrecht und Besserungs-Arbeitsrecht, Ehe- und Familienrecht sowie die Gesetzgebung über die Unionsbürgerschaft und das Fremdenrecht[4]. Der Wortlaut der anderen Bestimmungen des Art 14 weist jedoch nicht auf die Gesetzgebungskompetenz des Bundes hin, behält diese allerdings auch nicht den Gliedstaaten vor. Zieht man jedoch die Praxis der UdSSR als Interpretationshilfe heran, bleiben keine Zweifel, daß die Zuordnung der Materien zur Bundeskompetenz in Art 14 die Gesetzgebung einschließen muß. So besteht für die in der Verfassung zuerst angeführte Kompetenz, das Recht der Internationalen Vertretung der UdSSR[5], zB ein Bundesgesetz über die Ratifizierung und Kündigung von Internationalen Verträgen[6], eine Bundesordnung über die diplomatischen und konsularischen Vertreter ausländischer Staaten auf dem Territorium der UdSSR[7] und eine Bundesordnung über die Beziehungen staatlicher Institutionen der UdSSR

---

[1] Vgl dazu WALTER 1972, S. 202 und 729 mit Literaturhinweisen; für die Schweiz vgl FLEINER/GIACOMETTI, S. 103 ff.

[2] Auch das *GG* kennt eine solche Differenzierung nicht. Dort besteht allerdings nach Art 38 die grundsätzliche Vermutung für die Vollzugskompetenz der Länder, soweit das Grundgesetz es nicht anders bestimmt.

[3] In Art 31, 32, 49 und 68, vgl MAURACH 1955, S. 96; siehe auch PETROSJAN 1968, S. 267.

[4] Art 14/s–č .

[5] Art 14/a.

[6] Vom 20. 8. 1938, *VVS SSSR* 1938/11.

[7] *Položenie o diplomatičeskich i konsul'skich predstavitel'stvach innostrannych gosudarstv na territorii Sojuza Sovetskich Socialističeskich Respublik.* Ukaz POS SSSR vom 23. 5. 1966, *VVS SSSR* 1966/22; über die diplomatische Vertretung der UdSSR gilt ein Ukaz des POS UdSSR vom 28. 5. 1943, *VVS SSSR* 1943/22, welcher die 1941 wiedereingeführten diplomatischen Ränge spezifierte; für die konsularischen Vertreter gilt offensichtlich (da in der Literatur der UdSSR immer noch zitiert) die Konsularordnung vom 8. 1. 1926, *SZ SSSR* 1926/10.

und ihrer Amtspersonen mit Institutionen und Amtspersonen ausländischer Staaten [8].

Obwohl die Unionsrepubliken nach Art 18/a das Recht auf auswärtige Beziehungen und auf den Abschluß internationaler Verträge haben, gibt es keine veröffentlichten Normativakte über das Abschlußverfahren von Verträgen durch die Unionsrepubliken und über den Status ausländischer diplomatischer und konsularischer Vertreter in den Unionrepubliken. Lediglich über das Verfahren in Beziehungen von Institutionen und Amtspersonen der Unionsrepubliken im internationalen Verkehr bestehen mit der Bundesordnung vergleichbare Unionsrepubliksordnungen [9], welche sich ausdrücklich auf die Bundesordnung [10] beziehen und in großen Teilen mit ihnen wortgleich sind [11].

Ähnlich verhält es sich mit der Wehrhoheit (Art 14/ž), welche nach Art 18/b der Verf der UdSSR den Unionsrepubliken ebenso zugestanden wird. Für die Gesetzgebung über die allgemeine Wehrpflicht [12], über die Disziplinarordnung der bewaffneten Streitkräfte [13] sowie über die Rangordnung in den Streitkräften [14] und deren Rangabzeichen [15] wurden nur Bundesgesetze erlassen, die Gesetzgebung der

---

[8] *O porjadke snošenij gosudarstvennych učreždenij SSSR i ich dolžnostnych lic s učreždenijami i dolžnostnymi licami inostrannych gosudarstv*, Ukaz POS SSSR, vom 16. 12. 1947, *VVS SSSR* 1948/5.

[9] ZB BSSR vom 25. 8. 1948, *Sbornik zakonov Belorusskoj SSR i Ukazov Prezidiuma Verchovnogo Soveta Belorusskoj SSR*, Minsk 1956, S. 261; LitSSR: Ukaz POS LitSSR vom 14. 12. 1948, *Chronologičeskoe Sobranie Zakonov Litovskoj SSR, Ukazov Prezidiuma Verchovnogo Soveta LitSSR i postanovlenij Pravitel'stva LitSSR*, Vilnius 1957, Bd 2, S. 121; AzSSR: Ukaz POS AzSSR v 2. 9. 1948, *Sbornik Zakonov Azerbajdžanskoj SSR i ukazov Prezidiuma Verchovnogo Soveta Azerbajdžanskoj SSR 1938—1962*, S. 486.

[10] Siehe Fn 8.

[11] Wobei selbstverständlich die Bezeichnung von Bundesorganen in der Bundesverordnung durch die Bezeichnung der entsprechenden unionsrepublikanischen Organe ersetzt ist. Auch enthält die *Ordnung über die Staatsflagge der LaSSR, Položenie o gosudarstvennom flage Latvijskoj SSR*, *VVSiP LaSSR* 1967/10 in Art 3/v die Bestimmung, daß diese auf Gebäuden und Transportmitteln der diplomatischen und konsularischen Vertreter zu wehen habe, sowie in Art 5 die Anordnung, daß sie auf Schiffen und anderen Transportmitteln zu hissen sei, auf welchen sich in offizieller Mission auch diplomatische und konsularische Vertreter der LaSSR befinden; desgleichen die Ausführungsverordnung dazu, *VVSiP LaSSR* 1967/26.

[12] Gesetz vom 12. 10. 1967, *VVS SSSR* 1967/42.

[13] *O disciplinarnom ustave i ustave vnutrennej služby vooružennych sil Sojuza SSR*, Ukaz des POS SSSR vom 23. 8. 1960, *VVS SSSR* 1960/34; *Ob ustave garnizonnoj i karaulnoj služb vooružennych sil SSSR*, Ukaz des POS SSSR vom 22. 8. 1963.

[14] Ukaze vom 7. 5. 1940, *VVS SSSR* 1940/15; 16. 1. 1943, *VVS SSSR* 1943/4; 9. 10. 1943 *VVS SSSR* 1943/41; 10. 6. 1956, *VVS SSSR* 1956/23.

[15] Ukaze des POS SSSR v 2. 9. 1940, *VVS SSSR* 1940/30; 27. 2. 1943, *VVS*

Unionsrepubliken hat sich auf Gesetzesverordnungen über die Einrichtung von Volkskommissariaten für Verteidigung [16] und ihre Umbenennung in Ministerien [17] beschränkt. Eine Ausnahme bildet die RSFSR, in der aus der Zeit des Zweiten Weltkrieges zwei Ausführungsverordnungen zu Gesetzesverordnungen des POS SSSR über das Verfahren bei der Bestimmung und Auszahlung der Beihilfen an die Familien von Militärpersonen [18], sowie eine Verordnung über die Übergabe der Verwaltung für staatliche Fürsorge für Familien von Militärpersonen beim MinR der RSFSR an das Ministerium für Sozialfürsorge [social'noe obespečenie] der RSFSR [19] gelten.

Diese zwei Beispiele [20] zeigen, daß die für den Bereich der auswärtigen Gewalt und der Wehrhoheit erlassenen Normativbestimmungen, von unbedeutenden Ausnahmen abgesehen, im wesentlichen der Teilrechtsordnung „Unionsrecht" zugeordnet werden müssen.

Da der materielle und funktionelle Zuständigkeitsbereich der Obersten Bundesorgane durch die Verfassung der UdSSR bestimmt wird und auch das Recht zur Änderung dieser Verfassung nur der Bund hat, liegt die Kompetenz-Kompetenz bei der UdSSR. Das heißt also, daß die Zuweisung von Kompetenzen an die Unionsrepubliken,

„... somit die Festlegung bestimmter materieller Rechtserzeugungsbedingungen für Landesrechtsnormen ausschließlich dem Bundesverfassungsgeber zusteht" [21].

SSSR 1943/10; 20. 3. 1944, *VVS SSSR* 1944/18; 5. 6. 1962 *VVS SSSR* 1962/23 (alle über die Rangabzeichen von Marschällen und Admiralen), 6. 1. 1943, *VVS SSSR* 1943/2 (Rangabzeichen für Heer); 15. 2. 1943, *VVS SSSR* 1943/7 (Rangabzeichen für Kriegsmarine); Änderungen der Rangabzeichen: Ukaz v 26. 3. 1958, *VVS SSSR* 1958/8; 24. 10. 1963, *VVS SSSR* 1963/44.

[16] ZB für die BSSR Ukaz POS BSSR v 24. 3. 1944, *Sbornik zakanov ...* (Fn 9), S. 46; für die AzSSR Gesetz des OS AzSSR v 8. 3. 1944, *Sbornik zakonov ...* (Fn 9), S. 99; für die KazSSR Gesetz des OS KazSSR vom 13. 4. 1944, *Sbornik zakonov Kazachskoj SSR i Ukazov Prezidiuma Verchovnogo Soveta Kazachskoj SSR 1938—1957*, Alma-Ata 1958, S. 84.

[17] Umbenennung des Rates der Volkskommissare der jeweiligen Unionsrepubliken in den Ministerrat und der Volkskommissare in Minister zB für die KazSSR: Gesetz vom 28. 3. 1946, *Sbornik Zakonov ...* (Fn 16), S. 86; für die AzSSR Ukaz des POS AzSSR vom 28. 3. 1946, *Sbornik Zakonov ...* (Fn 9), S. 99; für die BSSR Ukaz des POS BSSR vom 26. 3. 1946, *Sbornik Zakonov ...* (Fn 9), S. 53.

[18] Ausführung des Ukazes des POS SSSR vom 26. 1. 1941 durch Verordnung vom 25. 8. 1941, *Sobranie Postanovlenij i Rasporjaženij Raboče-Krest'janskogo Pravitel'stva* 1941/7; Ausführung des Ukazes v 26. 6. 1941 durch Verordnung vom 14. 3. 1942, *Sobranie Postanovlenij ...* (ibid), 1942/2.

[19] *Sobranie Postanovlenij i Rasporjaženij Pravitel'stva RSFSR* 1946/7.

[20] Über die anderen Materien des Kompetenzkataloges siehe MAURACH 1955, S. 96—100.

[21] Diese Feststellung, die KOJA 1967, S. 42, für Österreich gemacht hat, gilt für die UdSSR vollinhaltlich.

Dieses ist ein zentrales Indiz für die rechtliche Abhängigkeit und daher Unselbständigkeit der Unionsrepubliken. Die Tatsache, daß das formelle Verfassungsänderungsverfahren des Art 146 der Verfassung der UdSSR durch Normativakte von Unionsorganen, welche zu einer Verfassungsänderung nicht befugt sind, oft durchbrochen wurde, kann als zusätzliches Indiz für die Kompetenz-Kompetenz der UdSSR gelten [22]. Beispiele solcher Verfassungsänderungen durch nichtkompetente Organe sind: Ukaz des POS der UdSSR über den Übergang zum achtstündigen Arbeitstag [23] vom 26. 6. 1940, welcher unter anderem den in Art 119 der Verf der UdSSR gewährleisteten siebenstündigen Arbeitstag abschaffte, die Verordnung des Rates der Volkskommissare vom 2. 10. 1940 über die Wiedereinführung der Entgeltlichkeit der mittleren und höheren Bildung [24] (die Unentgeltlichkeit der Bildung war durch Art 121 der Verf der UdSSR garantiert worden) und der ständige Wechsel in der Organisation der Ministerien durch Ukaze des POS der UdSSR [25], welche materiell die Art 77 und 78 betreffend die Organisation der Ministerien abänderten. Diese Diskrepanz zwischen formeller Verfassung und Verfassungswirklichkeit wird auch im sowjetischen Schrifttum festgestellt und es gibt Vorschläge, entweder dem Präsidium des Obersten Sovjet der UdSSR das Recht zur Änderung der Gesetze durch Gesetzesverordnungen zu geben oder nur den Obersten Sovjet mit Gesetzgebung zu befassen, also die Gesetzgebungspraxis in Einklang mit Art 32 der Verf der UdSSR [26] zu bringen. Auch wird von den sowjetischen Autoren als unbefriedigend empfunden, daß Kompetenzabgrenzungen zwischen UdSSR und Unionsrepubliken oft nicht durch Gesetzgebung, sondern durch den Erlaß von Regierungsverordnungen und -verfügungen durchgeführt werden [27].

Um den Begriff: „Kompetenz-Kompetenz" und ihre Zugehörigkeit zur UdSSR, also zum Bund [28] gibt es im sowjetischen Schrifttum ebenfalls Diskussionen. Einmal kann man lesen, daß die Kompetenz-Kompetenz, dh das Recht, seine Verfassung durch verfassungsändernde

---

[22] Vgl die Beispiele bei MAURACH 1955, S. 173 f.

[23] VVS SSSR 1940/20, vgl MEDER 1971, S. 314 ff; MAURACH 1955, S. 332 ff.

[24] Die Verfassungswidrigkeit dieser Verordnung wird sogar von sowjetischen Autoren festgestellt: MICHAJLOV 1956, S. 10.

[25] Vgl MEDER 1971, S. 247; MAURACH 1955, S. 174; LUCAS, 1965, S. 123; ähnliche Praxis der Malaisischen Föderation wird von sowjetischen Autoren stark kritisiert: vgl etwa GERASIMOV 1969, S. 106.

[26] ZB MICHAJLOV 1956, S. 10.

[27] ZB ŠAFIR 1968, S. 45.

[28] Dieses bejahen unmißverständlich zB LEVIN 1948, S. 320; ŠAFIR 1968, S. 44.

Gesetzgebung zu ändern, eine „Grundprärogative des souveränen Staates sei", und daß sowohl die UdSSR, als auch jede der Unionsrepubliken über dieses Recht verfüge [29]. Diese Aussage, die an Versuche der Quadratur des Kreises erinnert, muß im Zusammenhang mit dem vielseitig verwendeten sowjetischen Souveränitätsbegriff verstanden werden und mit der Theorie, daß sowohl die UdSSR, als auch die Unionsrepubliken souverän sind und ihre Souveränität sich gegenseitig bedingt und nicht ausschließt [30]. Zum anderen finden sich auch Aussagen, welche versuchen, einen qualitativ-neuen Typus der Souveränität für die UdSSR und ihre Unionsrepubliken nachzuweisen [31] und aus dem Wachsen des einheitlichen sozialistischen Wirtschaftssystems, aus der Schaffung einer einheitlichen Klassenstruktur der Sovjetrepubliken und aus der Festigung der Gemeinsamkeit der politischen Ideen aller sozialistischen Nationen die weitere Festigung der Einheit der Souveränität der UdSSR und der Unionsrepubliken zu konstruieren. Daraus ergibt sich dann:

> „Die UdSSR verwirklicht unserer Ansicht nach keine ‚Kompetenz-Kompetenz' in allgemein anerkanntem Sinne und braucht diese auch gar nicht, da demokratischere und weitaus flexiblere Formen der Koordination, welche durch Partei- und Staatsorgane verwirklicht werden, die Übereinstimmung der Tätigkeit der Unions- und Republiksorgane in vollem Maße gewährleisten. In der heutigen Praxis ist die Lage so, daß Fragen, welche die gemeinsamen Interessen der UdSSR und der Unionsrepubliken betreffen, unabhängig davon, in wessen Kompetenz sie fallen, aufgrund gemeinsamer Konsultationen und Übereinkommen geregelt werden" [32].

---

[29] ŠEVCOV *Suverenitet* 1972, S. 212.

[30] Zum Begriff der Souveränität in der sovjetischen Lehre vgl MANELIS: Problema suvereniteta i ee značenie v sovremennych uslovijach, Taškent 1964; derselbe: „Edinstvo suvereniteta Sojuza SSR i suvereniteta sojuznych republik", *SGiP* 1964/7 17—26; LEVIN 1948; ŠEVCOV ibid; UŠAKOV, N. A.: Suverenitet v sovremennom meždunarodnom prave IMO 1963; KURS, Bd II, 33—54; zum sovjetischen Souveränitätsbegriff vgl MEISSNER 1963, S. 80—87.

[31] MANELIS Problema . . . 1964, S. 20.

[32] MANELIS ibid, S. 22; es muß allerdings in diesem Zusammenhang bemerkt werden, daß die Aussagen von MANELIS, wenn man von der Theorie des Absterbens des Staates ausgeht, dialektisch konsequent gemacht sind. Sollte sich die UdSSR tatsächlich in einem Stadium befinden, in dem die ersten Ansätze des Absterbens des Staates vor sich gehen, so wird die normative und genau differenzierte Abgrenzung der Kompetenzen zwischen Bund und Gliedstaaten immer mehr gegenstandslos, da mit dem Absterben des Staates auch das langsame Verschwinden staatlicher Organe Hand in Hand gehen muß. Ist dieses richtig und bereits auf dem Wege der Verwirklichung, so können für das Übergangsstadium bis zur „staatenlosen" Gesellschaft Entscheidungen über gewisse, bisher normativ geregelte und bestimmten Organen vorbehaltenen Materien „unter Ausschluß des Rechtsweges" getroffen werden. Zuerst müßte allerdings bewiesen werden, daß der Staat tatsächlich im Absterben begriffen ist. Und wenn sovjetische Autoren versuchen, die Völkerrechtssubjektivität der Unionsrepubliken von ihrer Staatlichkeit abzuleiten, tun sie

Wenn dieser Autor besonders hervorhebt, daß die Entscheidungen über Fragen, welche sowohl den Bund, als auch die Gliedstaaten betreffen, heute aufgrund von Konsultationen beider Betroffenen entschieden werden, so ergibt sich daraus zunächst, daß dies nicht immer der Fall gewesen ist und beweist darüberhinaus nicht, daß die Kompetenzabgrenzung oder -verschiebung nicht letztlich durch ein Bundesorgan und in formeller Hinsicht von diesem allein vorgenommen wird. Das aber ist Kompetenz-Kompetenz:

> „. . . daß durch ein Organ (das oberste Staatsorgan) die materiellen Zuständigkeitsbereiche zwischen verschiedene Rechtssetzungsorgane („den Zentralstaat und die eingegliederten Verbände" oder „den Zentralstaat und die eingegliederten Staaten", oder „die koordinierten souveränen Staaten") verteilt werden" [33].

Im sowjetischen Schrifttum werden die Kompetenzen nach verschiedenen Einteilungsgesichtspunkten behandelt.

a) Die Einteilung der Kompetenzen nach dem Kompetenzkatalog der Verfassungen. Im sowjetischen Schrifttum findet man Aussagen, daß die Kompetenzverteilung zwischen der UdSSR und den Unionsrepubliken durch die Verfassung der UdSSR, den Verfassungen der Unionsrepubliken, sowie durch andere Gesetze der UdSSR und der Unionsrepubliken erfolgt [34].

Zunächst erfolgt die Kompetenzabgrenzung im sowjetischen Verfassungsrecht durch die Verfassung der UdSSR. Da die Generalklausel des Art 15 die Kompetenzvermutung *für die Unionsrepubliken* enthält, scheint die Aufzählung der Kompetenzen in ihren Verfassungen [35] überflüssig zu sein, da ein *tertium quid,* die Übertragung von Kompetenzen an irgendein anderes Organ, als ein unionsrepublikanisches, nach der Verfassung der UdSSR nicht bestehen kann. Dabei ist es unwesentlich, ob die Teilrechtsordnungen der Unionsrepubliken als „. . . eine von der Bundesverfassung instituierte, delegierte und in mannigfaltiger Weise inhaltlich determinierte Ordnung [36]" betrachtet werden kann

---

der Theorie vom Absterben des Staates nichts Gutes, im Gegenteil, sie führen sie *ad absurdum,* da nicht gleichzeitig der „Staat in den Unionsrepubliken" absterben kann und auf internationaler Ebene Rechtspersönlichkeit aufgrund der Staatsqualität erwerben kann.

[33] Usteri, S. 97 f mit weiteren Literaturhinweisen.

[34] Für alle: Lepeškin/Kim/Mišin/Romanov 1961—62, Bd 2, S. 96.

[35] Art 14 der Verf der GSSR; Art 15 der TaSSR; Art 18 der ArSSR und Art 19 der übrigen Unionsrepubliken; ferner die Kompetenzen der einzelnen Organe der Unionsrepubliken, wie POS, MinR, in den entsprechenden Art.

[36] Wie Koja 1967, S. 41 f für Österreich argumentiert.

oder ob die Unionsrepubliken einen Teil ihrer Kompetenzen an die UdSSR delegiert haben, der Bund seine Kompetenzen also durch die taxative Aufzählung in der Verfassung der UdSSR übertragen bekommt, und die Gliedstaaten den Rest der Kompetenzen behalten. Da im Innenverhältnis UdSSR — Unionsrepubliken als Kompetenzträger nur entweder die UdSSR oder die Unionsrepubliken in Frage kommen, wäre die Übertragung irgendwelcher Funktionen an andere potentielle Kompetenzträger, wie etwa gesellschaftliche Organisationen, nur eine Delegation seitens des Bundes oder der Unionsrepubliken. Eine Delegation des Bundes an die Unionsrepubliken oder umgekehrt geht allerdings aus der Verfassung der UdSSR nicht hervor. Für die vorliegende Untersuchung ist es unvorteilhaft, die Verteilung in den Verfassungen als Kriterium für die Darstellung der Kompetenzen der Unionsrepubliken und ihre Zuordnung zu den einzelnen Teilrechtsordnungen zu nehmen. Die Tatsache, daß irgendeine Materie in der Verfassung einer Unionsrepublik zu ihrer Kompetenz erklärt wird, vermag noch nichts darüber auszusagen, in welcher Teilrechtsordnung diese Materie ihre Erledigung erfährt.

b) Die Einteilung der Kompetenzen durch funktionelle Abgrenzung. Zur materiellen Kompetenzabgrenzung durch enumerative Aufzählung der Bundeskompetenzen [37] kommt jedoch nach der Verf der UdSSR noch eine funktionelle Kompetenzabgrenzung durch Einrichtung des Systems der Ministerien. Das sowjetische Verfassungsrecht kennt drei Typen von Ministerien [38]: die Allunionsministerien, die Unions-Unionsrepubliksministerien und die Unionsrepubliksministerien [39]. Diese drei Typen von Ministerien entsprechen in groben Zügen den drei im sowjetischen Schrifttum erwähnten Kompetenztypen: Bundeskompetenz, gemeinsame Kompetenz Bund-Gliedstaaten und Gliedstaatenkompetenz. In Anlehnung an diese drei Typen wurden auch andere oberste Verwaltungsorgane, wie zB staatliche Kommissionen und Komitees als Allunionskommissionen, Unions-Unionsrepublikanische Kommissionen und Unionsrepublikenanische Kommissionen [40] geschaffen. Dabei entsprechen die Allunionskomitees und Kommissionen, deren Vorsitzende bzw Leiter *ex officio* Sitz im MinR der UdSSR

---

[37] In den Art 14, 31, 32, 49, 68 und 146 der Verf der UdSSR.
[38] Außer den Ministerien der ASSR, vgl Art 93 der Verf der UdSSR.
[39] Vgl MEDER 1971, S. 247 ff; MAURACH 1955, S. 231 ff; siehe auch ANANOV 1960.
[40] MEDER 1971, S. 247.

haben [41] den Allunionsministerien. Durch die Einrichtung von Allunionsministerien oder anderen unmittelbaren Bundesbehörden, welche organi-
satorisch nur dem MinR der UdSSR unterstellt sind [42], kann also ohne
formelle Übertragung materieller Kompetenzen an die UdSSR durch
funktionelle Kompetenzabgrenzung eine Einschränkung des Kompetenzbereiches der Unionsrepubliken erfolgen. Die Entwicklung der Anzahl der Allunionsministerien zeigte allerdings in den letzten 20 Jahren eine rückläufige Tendenz [43], wogegen die Anzahl der Allunionskommissionen und -komitees ständig im Anwachsen ist [44]. Die Einteilung der Kompetenzen nach funktioneller Abgrenzung kann für die
vorliegende Untersuchung nicht übernommen werden, da sie ebenfalls
nichts über die Zuordnung einzelner Materien zu den Teilrechtsordnungen „Unions-Unionsrepubliken" auszusagen vermag.

   c) *Die Einteilung der Kompetenzen nach ihrem Inhalt.* Im sovjetischen Schrifttum findet man Einteilungen der Kompetenzen nach
ihrem Inhalt in Kompetenzen auf dem Gebiet des staatlichen, wirt-
schaftlichen und sozial-kulturellen Lebens [45] oder auf dem Gebiet der
Leitung der Volkswirtschaft, des sozial-kulturellen Aufbaus und dem
Gebiet der innerföderativen Beziehungen [46]. Diese Darstellung des
Gesetzgebungsrechts der Unionsrepubliken ist für die vorliegende Un-
tersuchung nicht ergiebig, weil dieses keine rechtlichen Kriterien sind.
Hier interessiert nur die materielle Kompetenzabgrenzung zwischen
UdSSR und Unionsrepubliken.

---

[41] Art 70 der Verf der UdSSR.
   [42] Welcher seinerseits nach Art 65 der Verf der UdSSR dem Obersten Sovjet der
UdSSR oder zwischen seinen Sessionen dem POS der UdSSR verantwortlich und
rechenschaftspflichtig ist.
   [43] MEDER 1971, S. 525.
   [44] Während etwa die Verf der UdSSR in der Fassung 1956 sieben Vorsitzende
oder Leiter von Staatskomitees oder -kommissionen zu Mitgliedern des MinR der
UdSSR zählte (Staatl. Planungskommission, Staatl. Wirtschaftskommission, Staatskomitee für Fragen der Arbeit und des Arbeitslohnes, Staatskomitee für neuere
Technik, Staatskomitee für Bauwesen, Komitee für Staatssicherheit und Staatsbank
der UdSSR), findet man in der Fassung 1970 bereits 13 derartige Bundesorgane im
MinR vertreten (außer den oben genannten noch: Staatskomitee für Volkskontrolle,
Staatskomitee für mittlere und höhere technische Ausbildung, Staatskomitee für
Holzwirtschaft, Staatskomitee für internationale Wirtschaftsbeziehungen, Allunions-
vereinigung „Sojuzsel'choz-technika" [Bundeslandwirtschaftstechnik] und Statisti-
sches Zentralamt). Zwei der 1956 angeführten Komitees sind umbenannt worden.
   [45] Für alle: RAVIN, S. M. „Razvitie sovetskogo federalizma" in *40 let sovetskogo prava* (1917—1957), Bd 2, Izd-vo LGU 1957, S. 71.
   [46] ZB ŠČETININ in *Kurs sovetskogo gosudarstvennogo prava*, red. ŠČETININ/
GORŠENEV, M. 1971.

d) Die Einteilung der Kompetenzen nach Kompetenztyp. Im sovjetischen Schrifttum wird im Zusammenhang mit dem Kompetenztyp der Unterscheidung zwischen ausschließlichen Kompetenzen der UdSSR, gemeinsamen Kompetenzen der UdSSR und der Unionsrepubliken und ausschließlichen Kompetenzen der Unionsrepubliken gemacht [47].

Dieses Modell kann — allerdings in modifizierter Form — übernommen werden. Der Typus: ausschließliche Kompetenzen der UdSSR kann im Prinzip beibehalten werden, doch muß er vom Gesichtspunkt der durch die jeweiligen Kompetenzen gedeckten Materie in zwei Gruppen geteilt werden. Es zeigt sich nämlich, daß ein Teil der Materien seine Regelung nur im Unionsrecht erfährt und von Bundesorganen vollzogen wird, wie zB die Vertretung der UdSSR in den auswärtigen Beziehungen oder die Regelung des Geld- und Bankwesens. Ein anderer Teil der Materien, in welchem Unionsrecht zur Anwendung kommt und Bundesorgane tätig werden, wird auch vom Unionsrepubliksrecht behandelt und von Unionsrepubliksorganen vollzogen. Im ersten Fall liegt eine unbeschränkte ausschließliche Kompetenz der UdSSR, im zweiten eine beschränkte ausschließliche Kompetenz der UdSSR und als Korrelat dazu eine Restkompetenz der Unionsrepubliken zur Behandlung dieser Aufgaben vor.

Der im sowjetischen Schrifttum verwendete Begriff „gemeinsame Kompetenzen der UdSSR und der Unionsrepubliken" findet in der Verfassung der UdSSR keine Deckung. Dies stellt auch ein sowjetischer Autor fest [48] und schlägt vor, man solle sich bei der Klärung dieser Fragen an die Analyse der staatlichen Praxis und der geltenden Gesetze halten. Diese Methode könnte seiner Meinung nach aufzeigen, wie die Legislativ- und Exekutivkompetenzen gemeinsam durch Organe der UdSSR und der Unionsrepubliken verwirklicht werden, und, was das wichtigste sei, wie die entsprechenden Funktionen *faktisch* und unter ihnen aufgeteilt sind.

Geht man vom Art 15 der Verf der UdSSR aus, ist der Schluß zwingend, daß alle Materien, welche nicht ausdrücklich der Union

---

[47] Diese Unterteilung geht nach Šafir 1968, S. 51 auf Gurvič, G. S.: O Sovetskom Sojuze, M. 1931, zurück; vgl auch Lepeškin/Kim/Mišin/Romanov, Kurs sovetskogo gosudarstvennogo prava, M. 1961—62, Bd 2, S. 97 f; Umanskij 1970, S. 252 f; Agzamhodžaev 1971; Kolibab 1972, S. 100; nur Čirikina 1966, S. 11 glaubt, zwei Gruppen von Kompetenzen zu erkennen: gemeinsame Kompetenzen der UdSSR und Unionsrepubliken und ausschließliche Kompetenzen der Unionsrepubliken.

[48] Šafir 1968, S. 122.

übertragen worden sind, im Kompetenzbereich der Unionsrepubliken liegen. Demnach wären im sovjetischen Rechtssystem die Kompetenzen alternativ und komplementär verteilt, dh daß keine staatliche Kompetenz beiden Rechtsordnungen zugleich zustehen kann und, daß die Verschiebung von Kompetenzen zugunsten einer Seite einen Verlust bei der anderen Seite nach sich zieht [49].

Auch dann, wenn die Unionskompetenz verfassungsmäßig nur im Erlaß von *Grundlagen* [50] besteht, ist keine gemeinsame Kompetenz entstanden, etwa in der Art, daß die Unionsrepubliken eine Materie regeln können, bis eine Regelung durch die Union erfolgt [51].

Betrachtet man diese Grundlagen als Grundsatzgesetze und die aufgrund dieser erlassenen Gesetze der Unionsrepubiken als Ausführungsgesetze, ist es eine Interpretationsfrage, wie erschöpfend das Grundsatzgesetz die Materie noch regeln darf, ohne in die Ausführungsgesetze einzugreifen und seine Qualität als Grundsatzgesetz zu verlieren. Trotzdem ist die Kompetenz komplementär verteilt, dh die Unionsrepublik hat als eigene Kompetenz nur das, was vom Unionsgesetzgeber nicht bereits vorwegentschieden wurde.

Ähnlich verhält es sich mit der Richtlinienkompetenz der Union zB auf dem Gebiet der auswärtigen Beziehungen der Unionsrepubliken oder der Organisation nationaler Truppeneinheiten. Auch hier hat man keine gemeinsame Kompetenz vor sich, sondern quantitativ (oder auch qualitativ) zu unterscheidende Kompetenzen der Union und der Unionsrepubliken.

Spricht die Verfassung der UdSSR von der Bestätigung von Akten der Unionsrepubliken, liegt auch keine gemeinsame Kompetenz vor [52].

Die Union hat zwar die Möglichkeit, bestimmten Unionsrepubliksakten die Zustimmung zu verweigern, kann jedoch von sich aus keine Entscheidung treffen [53]. Die Bestätigung der Normativakte der Unionsrepubliken fällt in die unbeschränkte ausschließliche Kompetenz der UdSSR, da sie durch keinen anderen Normativakt ersetzt werden kann [54].

---

[49] NAWIASKY, H.: Allgemeine Staatslehre, Teil 3, S. 152 (zur Terminologie).
[50] Etwa Art 14/s, t, f, ch, č.
[51] Vergleichbar mit der konkurrierenden Gesetzgebung in der BRD, *GG:* Art 72 und 74; vgl infra S. 195 ff.
[52] In der Art paktierter Gesetze der Art 3/2, 15/4 des B-VG, vgl KOJA 1967, S. 171 ff.
[53] Vgl dazu supra S. 98 f.
[54] In diesem Sinne LEPEŠKIN in *Sovetskoe gosudarstvennoe pravo,* Jurlit 1971, S. 350.

Wenn die Unionsrepubliken das Recht haben, gewisse Materien solange zu regeln, bis die Union entweder gesetzgebend oder durch den Erlaß von Grundlagen eingreift — und dieses Recht müßten sie überall dort haben, wo die Union keine verfassungsmäßigen Rechte hat — so liegt auf keinen Fall eine gemeinsame Kompetenzsphäre vor, wie es ein sovjetischer Autor behauptet [55]. Dieser Fall wäre viel eher ein Beispiel für die ausschließlichen Kompetenzen der Unionsrepubliken, welche nur durch die Kompetenz-Kompetenz der Union eingeschränkt sind.

Von einer gemeinsamen Kompetenzsphäre könnte hier erst dann gesprochen werden, wenn die Materie bereits vorher zur *gemeinsamen* Regelung durch Union und Unionsrepubliken bestimmt ist und die Union lediglich von ihrem Recht nicht Gebrauch gemacht hat. Dem sovjetischen Verfassungsrecht sind jedoch solche Feinheiten legistischer Technik fremd und im sovjetischen Schrifttum werden diejenigen Materien, bei welchen auf irgendeiner Stufe der Normsetzung und des Normvollzuges außer den Organen der UdSSR auch Organe der Unionsrepubliken beteiligt sind, als gemeinsame Kompetenzen der UdSSR und der Unionsrepubliken bezeichnet [56].

Im sovjetischen Rechtssystem lassen sich in ganz wenigen Fällen gemeinsame Kompetenzen nachweisen, wenn zB durch ein Gesetz sowohl ein Organ der UdSSR, als auch Organe der Unionsrepubliken zur Setzung ein und desselben Aktes ermächtigt werden.

Dies ist bei der Verleihung der Staatsbürgerschaft der UdSSR durch das POS der UdSSR oder die POS der Unionsrepubliken der Fall [57]. Aus der Verfassung der UdSSR [58] und den Verfassungen der Unionsrepubliken [59] ließe sich notfalls eine andere gemeinsame Kompetenz ableiten, nämlich das Recht der POS der UdSSR sowie der POS der Unionsrepubliken zur Aufhebung von Verordnungen der MinR der Unionsrepubliken im Falle ihrer Ungesetzlichkeit. Diese wenigen Fälle gemeinsamer Kompetenzen berechtigen jedoch keinesfalls zur gesonderten Einführung des im sovjetischen Schrifttum verwendeten Kompetenztyps.

---

[55] Lepeškin in Lepeškin/Kim . . ., Bd 2, S. 102.
[56] Vgl die pragmatische Einstellung von Šafir 1968, S. 122.
[57] Art 3 der Ges über die Staatsangehörigkeit der UdSSR, *VSS SSSR* 1938/11.
[58] Art 49/e der Verf. der UdSSR.
[59] Art 28/g der TaSSR; 30/g der UzSSR; 30/d der USSR, MSSR, ArSSR; 31/d der LaSSR, LiSSR, BSSR, KazSSR, KiSSR, TuSSR und ESSR; 33/d der RSFSR und AzSSR sowie 36/d der GSSR.

Die ausschließlichen Kompetenzen der Unionsrepubliken lassen
sich aus dem Katalog der gesamten staatlichen Kompetenzen durch
Subtraktion der unbeschränkten ausschließlichen Unionskompetenzen,
der beschränkten ausschließlichen und den in diesen Materien verbleibenden Restkompetenzen der Unionsrepubliken ermitteln.

Dieses Schema hat für die Darstellung der Teilrechtsordnungen der
Unionsrepubliken den Vorteil, daß gerade dasjenige Gebiet, welches
im sovjetischen Schrifttum als „gemeinsame Kompetenzen" dargestellt wird, und dessen Zuordnung zu den jeweiligen Teilrechtsordnungen Schwierigkeiten machen könnte, klar entweder der Teilrechtsordnung UdSSR oder den Teilrechtsordnungen der Unionsrepubliken
zugerechnet werden kann. Die Zuordnung der unbeschränkten ausschließlichen Unionskompetenzen sowie der ausschließlichen Kompetenzen der Unionsrepubliken (vorbehaltener Wirkungsbereich) zu den
Teilrechtsordnungen bereitet ohnedies keine Schwierigkeiten.

5.4.2.2. *Die ausschließlichen Kompetenzen der UdSSR*

Um Umfang und Bedeutung der Teilrechtsordnung „Unionsrepublik" zu erfassen und darzustellen, müssen aus dem Gesamtbereich
der staatlichen Kompetenzen zuerst diejenigen Materien ausgeschieden
werden, die den ausschließlichen Kompetenzbereich der UdSSR bilden. Die Kompetenzen und somit auch die Teilrechtsordnung der
Unionsrepubliken können nur aus dem Bereich der staatlichen Kompetenzen bestehen, welche nicht ausdrücklich der UdSSR vorbehalten
sind.

In einer Untersuchung über die Theorie des Bundesstaates hat
Usteri die ausschließlichen Bundeskompetenzen in drei Gruppen un-
terteilt und meint, in der Literatur verstehe man darunter:

„Einmal, daß es sich um Bundeskompetenzen mit ursprünglich derogatorischer
Kraft handelt, dh um Befugnisse des Bundes, welche die gleiche Kompetenz der
Glieder sofort, ohne Erlaß der kompetenzmäßigen Gesetzgebung, ausschließen. Ferner
werden als ausschließliche Bundeskompetenzen diejenigen bezeichnet, wo nicht nur
ursprünglich derogatorische Kraft besteht, sondern noch dazu innerhalb derselben
ein Verbot der Gesetzesdelegation an die Glieder. Giacometti versteht schließlich
unter den ausschließlichen Bundeskompetenzen diejenigen, welche eine Materie zur
erschöpfenden Regelung dem Bunde zuweisen, gleichgültig, ob sie mit ursprünglich
oder nachträglich derogatorischer Kraft ausgerüstet sind und ob innerhalb derselben
eine bundesgesetzliche Delegation an die Glieder zulässig erscheint" [1].

Im sovjetischen Schrifttum kann man anders differenzierte Aussagen finden, etwa in der Art, daß die ausschließlichen Kompetenzen

---

[1] Usteri, S. 273 f mit weiteren Literaturhinweisen.

der UdSSR die ausschließliche Tätigkeitssphäre der Allunionsorgane bestimmen, welche [Tätigkeitssphäre] nur durch Allunionsakte ausgefüllt werden kann [2]. Das wäre also einmal der Bezug auf eine funktionelle Zuordnung gewisser Materien zu bestimmten, in diesem Fall Allunionsorganen. Außerdem wäre das auch eine Determinierung des ausschließlichen Kompetenzbereiches der UdSSR aus dem Charakter derjenigen Normen, durch welche die in Frage kommende Materie geregelt werden kann, also in diesem Falle Allunionsnormen. Die rechtliche Besonderheit der ausschließlichen Kompetenzen der UdSSR wird von anderen sovjetischen Autoren dadurch beschrieben, daß die Unionsrepubliken, wenn sie in diesen Materien Gesetze erlassen, dies nur kraft ausdrücklicher Delegation seitens der UdSSR und nur im Rahmen dieser Delegation tun dürfen [3]. Dabei sei eine weitere Besonderheit einer Reihe von ausschließlichen Kompetenzen der UdSSR, daß sie nicht an die Unionsrepubliken delegiert werden können, daß sie also dem Bund nach Wesen und Bestimmung inhärent [neotčuždaemyj] sind [4].

Das Kriterium der Unmöglichkeit der Delegation an die Unionsrepubliken scheint in diesem Zusammenhang unbrauchbar zu sein, einmal, weil durch Änderung der Unionsverfassung der Kompetenzbereich der UdSSR jederzeit erweiterbar ist, zum anderen, weil — außer dem Recht der Kompetenz-Teilung [5] — eigentlich keine zwingende immanente (inhärente) ausschließliche Bundeskompetenz bestehen muß. Jede andere Materie könnte sowohl vom Bund, als auch von Bund und Gliedstaaten geregelt werden [6].

Das Derogationsprinzip: Bundesrecht bricht Landesrecht ist vorerst für das Verhältnis Verfassung der UdSSR — Verfassungen der Unionsrepubliken in dem Umfang gültig, in welchem die Bundesverfassung Teile der unionsrepublikanischen Verfassungen vorwegnimmt und abschließend regelt. Für den unbeschränkten ausschließlichen Kompetenzbereich der UdSSR spielt es keine Rolle, da Unionsrepubliken in diesem nicht tätig werden können oder dürfen. Wenn sie tätig würden, gälte es allerdings in vollem Umfang. Anwendbar ist es hauptsäch-

---

[2] UMANSKIJ 1970, S. 252.
[3] LEPEŠKIN in LEPEŠKIN/KIM ... Bd 2, S. 98; derselbe in *Sovetskoe gosudarstvennoe pravo*, red. LEPEŠKIN, Jurlit M. 1971, S. 348; ebenso ŠAFIR 1968, S. 52.
[4] LEPEŠKIN, ibid.
[5] USTERI, S. 231 f und 270 f.
[6] Die Unmöglichkeit dessen, daß die Gliedstaaten ihre Kompetenzen selber auswählen, beweist USTERI, S. 231 f.

lich im Bereich der beschränkten ausschließlichen Kompetenzen der UdSSR und den sich in der jeweiligen Materie ergebenden Restkompetenzen der Unionsrepubliken.

Es erscheint zweckmäßig, von den ausschließlichen Unionskompetenzen zunächst die *Organisationsnormen* und *Verfahrensnormen* zu beschreiben und darauf die Darstellung des materiellen Kompetenzbereiches, geteilt in unbeschränkte und materiell (graduell) beschränkte Unionskompetenzen folgen zu lassen.

5.4.2.2.1. Organisationsnormen

Zur ausschließlichen Kompetenz der UdSSR gehört der gesamte Aufbau der Organe der Union [1], also die Kapitel III (Oberste Organe der Staatsmacht der UdSSR), V (Organe der Staatsverwaltung der UdSSR), Art 104—105 und 113—144 des Kapitel IX (Oberste Gerichts- und Staatsanwaltschaftsorgane) der Verfassung der UdSSR. Zu den Organisationsnormen muß ebenfalls die Gewährleistung der Übereinstimmung der Verfassungen der Unionsrepubliken mit derjenigen der UdSSR gerechnet werden [2], da die Verfassungen der Unionsrepubliken durch die Verfassung der UdSSR in großen Teilen vorweggenommen sind [3].

5.4.2.2.2. Verfahrensnormen

Zur ausschließlichen Kompetenz der UdSSR gehört das Recht, die Verfassung der UdSSR abzuändern [1]. Daraus ergibt sich, neben der Möglichkeit der Erweiterung des Kompetenzbereiches der Union, vor allem das Recht, die Prinzipien des gesellschaftlichen Aufbaues und der Grundrechte der Bürger der UdSSR zu ändern. Zu ausdrücklichen Verfahrenskompetenzen der UdSSR gehören ferner:

Das Recht des POS der UdSSR auf Einberufung der Session des OS der UdSSR (Art 49/a)

Das Recht des POS der UdSSR auf Auflösung des OS der UdSSR aufgrund Art 47 [2] und die Ausschreibung von Neuwahlen (Art 49/g).

---

[1] Art 14/g .
[2] Vgl supra S. 153 ff.
[3] Vgl supra S. 138 ff.
[1] Art 146; vgl dazu supra S. 111 ff.
[2] Wenn bei Meinungsverschiedenheit der beiden Häuser des OS der Schlichtungsausschuß keine Übereinstimmung herbeiführen kann, wird der OS aufgelöst und neue Wahlen werden ausgeschrieben, ein bisher noch nicht vorgekommenes Ereignis.

Das Recht des POS der UdSSR auf Durchführung von Volksbe-
fragungen (Art 49/d)

Das Recht zur Interpretation der Gesetze der UdSSR durch das
POS der UdSSR (Art 49/v)

Das Recht des MinR der UdSSR im Bereich der Kompetenzen
der UdSSR zur Aussetzung von Verordnungen und Verfügungen der
MinR der Unionsrepubliken (Art 69).

5.4.2.2.3. Unbeschränkte ausschließliche Unionskompetenzen

Der weitaus größte und auch wichtigste Teil der unbeschränkten
ausschließlichen Unionskompetenzen ist im Bereich der materiellen
Kompetenznormen zu suchen, also in denjenigen Verfassungsbestimmungen, welche gewisse Materien der Regelung seitens der UdSSR
zuordnen [1].

a) Auswärtige Beziehungen. Die unbeschränkten ausschließlichen
Kompetenzen der UdSSR auf dem Gebiet der auswärtigen Beziehungen umfassen die Vertretung der UdSSR nach außen, also in erster
Linie den Abschluß, die Ratifikation und die Kündigung von Verträgen der UdSSR mit anderen Staaten [2]. Die Grundlage für diese Tätigkeit der Union bildet das Gesetz über die Ratifizierung und Kündigung
Internationaler Verträge der UdSSR vom 20. 8. 1938 [3], welches das
POS der UdSSR zur Ratifikation und Kündigung von Verträgen be-
vollmächtigt (Art 1 und 3) und den Kreis der Verträge festlegt, welche
einer Ratifikation unterliegen (Art 2) [4]. Zu den Normativakten der
UdSSR, welche den Verkehr mit ausländischen Staaten regeln, müssen
ferner gezählt werden:

Verf: Art 49/l Festsetzung diplomatischer Ränge durch das POS
der UdSSR

Verf: Art 49/r und /s: Ernennung und Abberufung der Vertreter der
UdSSR im Ausland sowie Entgegennahme der Beglaubigungs-
und Abberufungsschreiben ausländischer Vertreter

Ukaz   POS der UdSSR über die Ordnung der Beziehungen staatlicher

---

[1] Ihre Behandlung im Rahmen der vorliegenden Arbeit kann nur kursorisch
sein. Die Reihenfolge der einzelnen Materien folgt in groben Zügen der Systematik
des Art 14 der Verfassung der UdSSR aus 1936.

[2] Art 14/a.

[3] *VVS SSSR* 1938/11.

[4] Friedensverträge der UdSSR, Verträge über Verteidigung im Angriffsfall und
Nichtangriffsverträge sowie Verträge, welche eine Ratifikation vorsehen.

Organe der UdSSR und ihrer Amtspersonen mit Einrichtungen und Amtspersonen anderer Staaten [5]

Ukaz POS der UdSSR über die Stellung ausländischer Vertreter in der UdSSR vom 23. 5. 1966 [6]

Konsularordnung der UdSSR vom 8. 1. 1926 [7].

Darüber hinaus gehören aus dem Bereich der auswärtigen Beziehungen auch die Regelung aller Fragen des Außenhandels [8] (Art 14/z) auf der Grundlage des Staatsmonopols der UdSSR zu den unbeschränkten ausschließlichen Kompetenzen der UdSSR. Die Leitung des Außenhandels obliegt dem Allunionsministerium für Außenhandel (Art 77 der Verf UdSSR). 1957 wurde zur Unterstützung desselben ein Staatskomitee für Außenwirtschaftsbeziehungen beim MinR der UdSSR gegründet [9].

Die Rechtsgrundlage für die Tätigkeit der innerstaatlichen Organe des Außenministeriums, und der Bevollmächtigten [upolnomočennyj] ist die *Ordnung über die Bevollmächtigten des Volkskommissariats für Außenhandel* vom 13. 2. 1931 [10], der rechtliche Status der Handelsvertretungen und Handelsagenturen der UdSSR im Ausland wird durch eine Verordnung vom 13. 9. 1933 [11] geregelt. Zu den Kompetenzen des Außenhandelsministeriums gehört nach Art 1 ff des Zollkodex der UdSSR vom 5. 5. 1964 [12] auch die Leitung des Zollwesens [13]. Gewisse Agenden des Außenhandels werden von der Unionshandelskammer wahrgenommen [14]. Bei ihr existiert die Außenhandelsarbitragekommission, welche Streitfälle zwischen ausländischen Firmen und sowjetischen Wirtschaftsorganisationen entscheidet [15].

---

[5] Vgl supra S. 161, Fn 8.

[6] *VV SSSR* 1966/22, vgl supra S. 160, Fn 7.

[7] *SZ* 1926/10.

[8] Vgl dazu Lepeškin in Lepeškin/Kim ..., Bd 2, S. 99; Ananov 1960, S. 81.

[9] *VVS SSSR* 1957/15

[10] *Položenie ob upolnomočennych NKVT, SZ* 1931/10.

[11] *Položenie o torgovych predstavitel'stvach i torgovych agenstvach Sojuza SSR za granicej, SZ* 1933/59; diese beiden Normativakte werden noch in einem Lehrbuch des Verwaltungsrechts aus dem Jahre 1970 (*Administrativnoe pravo*, red. Lunev, Jurlit M. 1970, S. 570 f) als heute geltendes Recht bezeichnet.

[12] *VVS SSSR* 1964/20.

[13] Vgl *Administrativnoe pravo*, red. Lunev, Jurlit M. 1970, S. 570 f.

[14] Die Satzung der Unionshandelskammer findet sich in: *Sbornik normativnych materialov po vnešnej torgovle*, M. 1970, S. 539.

[15] Rechtsgrundlage: Verordnung des CIK und MinR SSSR vom 17. 6. 1932, *SZ* 1932/48; vgl dazu *Sovetskoe administrativnoe pravo* (osobennaja čast) red. Sorokin Izd-vo LGU 1966, S. 313 ff.

b) Wehrhoheit. Weiters zählen zu den unbeschränkten ausschließlichen Kompetenzen der UdSSR Fragen des Krieges und des Friedens [16]. Die Verfassung der UdSSR zählt zu den allgemeinen Unionskompetenzen die Organisation der Verteidigung der UdSSR und die Führung ihrer Streitkräfte [17]. Die Aufzählung der Kompetenzen des POS der UdSSR enthält die Festsetzung militärischer Ränge [18], die Ernennung und Absetzung des Oberkommandierenden der Streitkräfte der UdSSR [19], die Erklärung des Kriegszustandes zwischen den Sitzungsperioden des OS der UdSSR im Falle eines bewaffneten Angriffes auf diese [20], die Mobilmachung [21] und die Proklamierung des allgemeinen oder teilweisen Kriegszustandes [22]. Aus dieser Aufzählung ergibt sich, daß die Gesetzgebung über Fragen des Krieges und des Friedens fast ausschließlich von der UdSSR verwirklicht worden ist [23].

Demgegenüber zählt nur ein Teil des sovjetischen Schrifttums diese Fragen zu den ausschließlichen Kompetenzen der UdSSR [24]. Andere Autoren behaupten im Zusammenhang mit dem Versuch, die Staatlichkeit und die Völkerrechtssubjektivität der Unionsrepubliken nachzuweisen, daß die Unionsrepubliken ein Recht auf Abschluß von Verträgen über Krieg und Frieden haben [25]. Von ihnen wird besonders darauf hingewiesen, daß die USSR und BSSR Mitglieder der Vereinten Nationen sind und auch die Friedensverträge des Jahres 1947 mitunterzeichnet haben [26]. Es finden sich auch Hinweise auf den Beitritt zB der BSSR zu den Haager Konventionen von 1899 und 1907 [27]. Begründungen dafür werden in der Besonderheit der sovjetischen Föderation gesucht. Die Zugehörigkeit irgendwelcher Kompetenzen zur Union bedeute keinesfalls, daß die Unionsrepubliken überhaupt

---

[16] Art 14/b der Verf der UdSSR; zum Fragenkomplex der Wehrhoheit in der UdSSR siehe Sawczuk 1972, S. 43, 46; Arnold 1973, S. 84.

[17] Art 14/z.

[18] Art 49/l.

[19] Art 49/m.

[20] Art 49/n.

[21] Art 49/o.

[22] Art 49/t.

[23] Vgl die Aufzählung supra S. 161 f bei Fn 12—17.

[24] ZB Šafir 1968, S. 115 ff; Umanskij 1970, S. 252; Lepeškin in *Sovetskoe gosudarstvennoe pravo*, red. Lepeškin Jurlit M. 1971, S. 350.

[25] ZB Janovskij 1962, S. 59.

[26] Lukašuk 1969, S. 17 f; Brovka 1967, zit nach Šafir 1968, S. 116 *ohne* Seitenangabe.

[27] Brovka 1967, S. 139.

nicht in der Lage sind, ein Recht zu verwirklichen, welches im gegebenen Moment beim Bund konzentriert ist:

„Die Entscheidung der Frage über die Abgrenzung der Kompetenzen zwischen ihnen [Union und Unionsrepubliken] hängt völlig von der Zweckmäßigkeit [ot soobraženii celeobraznosti] ab. Die Subjekte der Sovjetföderation verwirklichen diejenigen Funktionen, deren Erfüllung unter konkreten historischen Bedingungen jedes von ihnen am rationellsten und erfolgreichsten durchführen kann" [28].

Auch müsse man bei der Interpretation des Kompetenzkatalogs der Union des Art 14 der Verf der UdSSR vom Hauptziel dieses Artikels ausgehen, welcher nicht darin bestünde, die Rechte der Unionsrepubliken einzuschränken, sondern darin:

„... eine konkrete Einheit der Tätigkeiten der Unionsrepubliken dort zu erreichen, wo sie tatsächlich sowohl im nationalen Interesse jeder Republik, als auch im allgemeinen Interesse der Union notwendig ist" [29].

Man könnte also annehmen, daß der USSR und BSSR seitens der UdSSR das Recht zum Abschluß von Verträgen auf dem Gebiet der ausschließlichen Kompetenz der Union delegiert worden ist und diese daraufhin die Friedensverträge 1947 unterzeichnet haben. Bedenklich erscheint allerdings der teleologische Aspekt der Kompetenzabgrenzung und -verteilung [30], weil damit auch diejenigen Kompetenzbestimmungen, welche Rechte für die Unionsrepubliken statuieren, nach Gesichtspunkten der Zweckmäßigkeit abgeändert und aufgehoben werden könnten und damit die Verfassung und das gesamte Rechtssystem als System von verbindlichen Rechtserzeugungs- und -verwirklichungsnormen in Frage gestellt würde [31].

Dessenungeachtet kann einem sovjetischen Autor gefolgt werden, der trotz der Praxis der USSR und BSSR zum Schluß kommt, daß diese Praxis:

„... durchaus die allgemeine und prinzipiell wichtige Bestimmung nicht ändert, daß die Entscheidung von Fragen des Krieges und Friedens die ausschließliche Prärogative der UdSSR darstellt. Nicht für sich allein, sondern zusammen mit der UdSSR, aufgrund einer einheitlichen außenpolitischen Linie nehmen die Unionsrepubliken bei der Verwirklichung dieser Kompetenzen teil" [32].

c) Die Aufnahme neuer Unionsrepubliken in die UdSSR. Zu den unbeschränkten ausschließlichen Kompetenzen der UdSSR gehört

---

[28] Vasilenko Avtoref Diss 1965, S. 16.
[29] Lukašuk 1969, S. 17 f.
[30] Supra bei Fn 28.
[31] Gerade aus der Verfassung wollen aber sovj. Juristen die Völkerrechtssubjektivität ableiten, vgl supra S. 22 Fn 6 und S. 22 ff.
[32] Šafir 1968, S. 116 in einer Replik auf Brovka 1967.

die Aufnahme neuer Unionsrepubliken in den Bestand der Union (Art 14/v), die Bestätigung von Grenzänderungen zwischen Unionsrepubliken (Art 14/d), sowie die Bestätigung der Bildung neuer ASSR und Autonomer Gebiete im Bereich von Unionsrepubliken (Art 14/e). Zu dieser Gruppe von Kompetenzen gehört auch das alleinige Recht zum Abschluß von Verträgen über Änderung der Außengrenzen der UdSSR sowie alle Fragen, welche den Schutz der Staatsgrenzen der UdSSR betreffen [33].

d) Der Schutz der Staatssicherheit. Die Verfassung der UdSSR zählt den Schutz der Staatssicherheit (Art 14/i), ohne Hinweis darauf, ob es sich dabei um die gesamte Tätigkeit auf diesem Gebiet, oder nur um eine Leitungs- und Koordinierungsfunktion handelt, zu den Kompetenzen der Union. Folgt man den Aussagen des sovjetischen Schrifttums — und hier besteht eigentlich kein Grund, dies nicht zu tun, da in der Regel die sovjetischen Autoren bestrebt sind, die Kompetenzen der Unionsrepubliken zu unterstreichen — so sind die Unionskompetenzen auf diesem Gebiet sehr weitreichend [34].

Einmal wird von sovjetischen Juristen festgestellt, daß der Schutz der Staatssicherheit verfassungsmäßig zum Bereich der ausschließlichen Kompetenzen der UdSSR gehört [35]. Dann kann man lesen, daß für das System der Organe der Staatssicherheit eine hohe Stufe der Zentralisierung charakteristisch ist [36], und daß sich die Union auf diesem Gebiet bedeutende Rechte bewahrt hat [37]. Die formelle Organisation der Organe der Staatssicherheit mit dem Staatskomitee für Staatssicherheit beim MinR der UdSSR an der Spitze und gleichnamige Komitees bei den Ministerräten der Unionsrepubliken entspräche allerdings der Organisationsform der Unions-Unionsrepublikanischen Ministerien und würde eher auf eine gemeinsame Kompetenz Union — Unionsrepubliken schließen lassen. Die Einschaltung anderer Unionsorgane in die Aufgaben der Staatssicherheit, wie der OS der UdSSR, sein Präsidium, der MinR der UdSSR, der Oberste Gerichtshof der UdSSR sowie die Staatsanwaltschaft der UdSSR [38] können allerdings

---

[33] Siehe dazu supra S. 91 ff; vgl ZLATOPOL'SKIJ 1960, S. 145; ŠAFIR 1968, S. 119.

[34] Vgl dazu ARNOLD 1973, S. 81 f.

[35] ZB ŠAFIR 1968, S. 147.

[36] *Sovetskoe administrativnoe pravo* (čast' osobennaja), red. SOROKIN, L. 1966, S. 245.

[37] LEPEŠKIN in LEPEŠKIN/KIM ... Bd 2, S. 108.

[38] *Administrativnoe pravo*, red. LUNEV, Jurlit M. 1970, S. 505.

als Beweis dafür gelten, daß die Haupttätigkeit auf dem Gebiet der Staatssicherheit zu den unbeschränkten ausschließlichen Unionskompetenzen gehört. Ein weiterer Hinweis auf den Umfang der ausschließlichen Unionskompetenzen bezüglich der Staatssicherheit ist die Gesetzgebung zu dieser Materie. Der Besondere Teil der StGB der Unionsrepubliken wird durch die *Grundlagen der Strafgesetzgebung der UdSSR und der Unionsrepubliken* vom 25. 12. 1958[39] grundsätzlich nicht vorwegbestimmt. Der Art 2 der Grundlagen sieht aber vor, daß die Verantwortlichkeit für Staatsverbrechen, Kriegsverbrechen und, im Falle der Notwendigkeit, von anderen Verbrechen, welche gegen die Interessen der UdSSR gerichtet sind, durch Allunionsgesetze geregelt wird. Alle StGB der Unionsrepubliken geben im ersten Kapitel ihres besonderen Teiles das *Unionsgesetz über die strafrechtliche Verantwortlichkeit für Staatsverbrechen*[40] wörtlich wieder[41], in welchem unter anderem auch bestimmt ist, daß die Allunionsgesetze über strafrechtliche Verantwortlichkeit für Staatsverbrechen in die StGB aufgenommen werden, allerdings auf dem Territorium der jeweiligen Unionsrepublik bereits vor Aufnahme Gültigkeit haben. Der Unionsgesetzgeber hat von seinem Recht zum Erlaß von zusätzlichen Strafnormen auf dem Gebiet der Staatssicherheit weitestgehend Gebrauch gemacht[42].

e) Die Leitung der Wirtschaft der UdSSR. Zu den unbeschränkt ausschließlichen Kompetenzen gehört wegen des Fehlens der Gewal-

---

[39] *VVS SSSR* 1959/1.

[40] *Ob ugolovnoj otvetstvennost' za gosudarstvennye prestuplenija*, *VVS SSSR* 1959/1, vgl Art 64—88 der StGB der RSFSR, Art 62—87 der ESSR.

[41] Art 2 der StGB der RSFSR und ESSR.

[42] Vgl die Gesetzesverordnung [Ukaz] des POS UdSSR vom 15. 2. 1962 über die erhöhte Verantwortlichkeit für Angriffe auf das Leben, Gesundheit und Ehre von Mitarbeitern der Miliz und der Volksmiliz [narodnyj družinnik], *VVS SSSR* 1962/8; Verordnung des POS UdSSR vom 4. 4. 1962 über die Anwendung von Zwangsmaßnahmen bei böswilligem Widerstand gegen rechtmäßige Anordnungen oder Forderungen von Mitarbeitern der Miliz oder Volksmiliz, *VVS SSSR* 1962/14; Gesetzesverordnung des POS UdSSR vom 23. 7. 1966 über die strafrechtliche Verantwortlichkeit von Ausländern oder Personen ohne Staatsangehörigkeit für die böswillige Verletzung von Verkehrsvorschriften auf dem Territorium der UdSSR, *VVS SSSR* 1966/30 (hinter dieser Überschrift verbirgt sich die Vorschrift, daß die in den Visa für die UdSSR eingetragenen Bestimmungsorte und Marschrouten genauestens eingehalten werden müssen); Gesetzesverordnung des POS UdSSR vom 11. 5. 1961 über die Verstärkung des Kampfes gegen besonders gefährliche Verbrechen, *VVS SSSR* 1961/19 mit der Wiedereinführung der Todesstrafe unter anderem für einige Staatsverbrechen.

tenteilung [43] auf dem Gebiete des Wirtschaftsrechts: die Erstellung des
Volkswirtschaftsplans der UdSSR (Art 14/k), die Bestätigung des einheitlichen Staatsbudgets der UdSSR und die Rechenschaftslegung
über seine Ausführung, die Erhebung von Steuern und die Festlegung
von Einkünften, welche in die Budgets der Unionsrepubliken, ASSR
und örtlichen Gebietskörperschaften eingehen (Art 14/l), die Leitung
von Banken, der industriellen und landwirtschaftlichen Institutionen
und Betriebe sowie der Handelsunternehmungen, welche Allunionsorganen untergeordnet sind, sowie die allgemeine Leitung der Industrie
und des Bauwesens von Unions-unionsrepublikanischer Unterordnung
(Art 14/m), die Leitung des Verkehrswesens und des Nachrichten-
wesens (Art 14/n), die Leitung des Währungs- und Kreditsystems
(Art 14/o) und die Aufnahme und Gewährung von Anleihen (Art 14/r).

Das in einem Staat mit zentral gelenkter Wirtschaft sehr wichtige
Recht zur Bestätigung des Volkswirtschaftsplanes für die Union, stellt
zweifellos eine unbeschränkte ausschließliche Kompetenz der UdSSR
dar [44]. Auch hier wird im sowjetischen Schrifttum gemeinsame Kompetenz Union — Unionsrepubliken behauptet [45] und die Organisation
der staatlichen Planbehörden GOSPLAN ist dem Modell der Union-
Unionsrepublikanischen Ministerien nachgebildet [46]. Für die UdSSR
hat jedoch der Plan (ob perspektivisch oder laufend) nicht die Bedeutung irgendwelcher allgemeiner Richtlinien der Entwicklung der Volkswirtschaft. In der UdSSR ist der Plan die normative Grundlage der
gesamten Wirtschaftätigkeit im Staate [47]. Dieses geht klar aus dem
Text des Art 11 der Verf der UdSSR hervor:

> „Das Wirtschaftsleben der UdSSR wird ... durch den staatlichen Volkswirt-
> schaftsplan bestimmt und gelenkt."

Deshalb kann der im sowjetischen Schrifttum vertretenen Auffassung nicht gefolgt werden. Wenn auch eine gewisse Dezentralisierung
der Wirtschaftsplanung und -lenkung in der UdSSR in den letzten
Jahren festzustellen war, so wurde diese aufgrund von Normativakten
der Union durchgeführt, welche einige Kompetenzen an Organe der

---

[43] Vgl supra S. 137, Fn 1.

[44] Vgl etwa MIL'MAN 1971, S. 181: „Die Planung der Entwicklung der Volkswirtschaft in der Republik (AzSSR) wird aufgrund des vom OS der UdSSR be-
stätigten Entwicklungsplanes für die Volkswirtschaft des Landes durchgeführt."

[45] ZB UMANSKIJ 1970, S. 252; LEPEŠKIN in *Sovetskoe gosudarstvennoe pravo*,
red. LEPEŠKIN, S. 351 f; ŠAFIR 1968, S. 123 f.

[46] Vgl zB *Administrativnoe pravo*, red. LUNEV, Jurlit M. 1971, S. 263 ff.

[47] Vgl dazu BILINSKY, Das Sowjetische Wirtschaftsrecht, Tübingen u. Basel
1968, S. 47.

Unionsrepubliken delegierten[48]. Dabei haben das Gesetz vom 2. 10. 1965 über die Reform des Systems der Wirtschaftsverwaltung[49] und die gemeinsame Verordnung des ZK der KPdSU und des MinR der UdSSR vom 4. 10. 1965 über die Vervollkommnung der Planung und die Verstärkung des wirtschaftlichen Anreizes [stimulirovanie][50] besondere Bedeutung.

Zu den unbeschränkten ausschließlichen Kompetenzen der UdSSR zählt weiters die Verwaltung des Industrie- und Bauwesens von Allunionsbedeutung[51], wobei die Abgrenzung derjenigen Betriebe, welchen Allunionsbedeutung zukommt, und welche durch Allunionsorgane geleitet werden, in die Unionskompetenz fällt und in der Praxis auch immer durch Normativakte der Union ausgesprochen wurde[52].

f) Die Finanzhoheit der UdSSR. Die Budgetrechte der Unionsrepubliken werden durch das Unionsgesetz über die *Budgetrechte der UdSSR und der Unionsrepubliken*[53] vom 30. 10. 1959 weitgehend bestimmt, wobei nach Art 2 dieses Gesetzes das Budget der UdSSR die Budgets der Unionsrepubliken vereinigt und die im Volkswirtschaftsplan der UdSSR vorgesehenen Maßnahmen gewährleistet.

Die Steuerhoheit der Union drückt sich außer im Art 14/1 der Verf der UdSSR durch das System der geltenden Steuergesetze aus[54].

---

[48] Vgl dazu Meder, S. 394 u. 403 ff; Bilinsky op. cit. bes. S. 506 ff.

[49] *VVS SSSR* 1965/39.

[50] *SP SSSR* 1965/19—20; vgl dazu etwa Arnold 1973, S. 77 ff.

[51] Umanskij 1970, S. 252.

[52] Vgl etwa das Unionsgesetz vom 2. 10. 1965 über die *Reform des Systems der Organe der Verwaltung der Industrie und die Umbildung einiger anderer Organe der staatlichen Verwaltung,* VVS SSSR 1965/39 oder die gemeinsame Verordnung des ZK der KPdSU und des MinR der UdSSR aus 1967 über die *Verbesserung der Organisation der Verwaltung des Bauwesens,* SP SSSR 1967/5; vgl. auch: die Verordnung des MinR der UdSSR vom 4. 10. 1965 über die neue *Ordnung des sozialistischen staatlichen Produktionsbetriebes,* SP SSSR 1965/19—20.

[53] *VVS SSSR* 1959/44, abgeändert durch Gesetzesverordnung des *POS UdSSR* vom 27. 6. 1969, *VVS SSSR* 1969/27.

[54] Vgl zB Gesetz vom 8. 8. 1953 über die Landwirtschaftlichen Steuern, *VVS SSSR* 1953/7 mit Abänderung durch Gesetzesverordnung des *POS UdSSR* vom 24. 2. 1970, *VVS SSSR* 1970/9; Gesetzesverordnung des *POS UdSSR* vom 10. 4. 1965 über die Einkommensteuer von Kolchosen, *VVS SSSR* 1965/15 mit Abänderung vom 11. 9. 1969, *VVS SSSR* 1969/38 und vom 2. 2. 1970, *VVS SSSR* 1970/5; Gesetzesverordnung des *POS UdSSR* über die Einkommensteuer der Bevölkerung vom 30. 4. 1943, *VVS SSSR* 1943/17 mit vielen Abänderungen, siehe *Sbornik Zakanov,* Bd 2, S. 294 ff; siehe ibid, S. 284—348 und Bd 3, S. 240—247; die Steuergesetzgebung etwa der RSFSR umfaßt nach dem Sachregister des *Sistematičeskoe sobranie zakonov RSFSR, ukazov Prezidiuma Verchovnogo Soveta RSFSR i rešenii* ... M. 1967—70, Bd 15, S. 126 f lediglich zB die Angleichung der Steuer-

Das gesamte Geld- und Kreditsystem sowie die Verwaltung der Banken und Sparkassen gehört zu den unbeschränkten ausschließlichen Kompetenzen der UdSSR [55].

g) Das Transportwesen. In die unbeschränkte ausschließliche Kompetenz der UdSSR fällt die Verwaltung des Transportwesens von Allunionsbedeutung. Das ist, um auch hier der sovjetischen Auffassung zu folgen, das Eisenbahnwesen, der Transport zur See und in der Luft sowie teilweise der Transport von Gütern durch Rohrleitungen [56]. Hier spricht sowohl die Organisationsform der Verwaltung mit Allunionsministerien für Flugzeugindustrie, Automobilindustrie, Zivilluftfahrt, Hochseeflotte, Schiffbau und Transportmaschinenbau [57] für die Unionsgesetzgebung [58], als auch das sovjetische Schrifttum [59] für die Kompetenzform der ausschließlichen Unionskompetenz.

h) Einfachgesetzliche unbeschränkt ausschließliche Kompetenzen der UdSSR. Außer den verfassungsmäßig verankerten findet man in den Gesetzen der UdSSR ebenfalls unbeschränkt ausschließliche Kompetenzen der UdSSR. Als Beispiel für diese wird im sovjetischen Schrifttum auf das alleinige Recht der UdSSR über Fragen des Austrittes aus der und des Verlustes der Staatsangehörigkeit der UdSSR hingewiesen [60].

Man wird davon ausgehen müssen, daß die oben zum unbeschränkten ausschließlichen Kompetenzbereich der UdSSR gezählten Materien auch Gegenstand der Teilrechtsordnung: „Union" sind, da die Gesamtverfassung sie dieser Teilrechtsordnung zuordnet.

---

veranlagung von Arbeitersiedlungen, Kurorten und Sommersiedlungen (dačnaja poselka) an Städte, die Aufzählung derjenigen Orte, in welchen Abgaben von Eigentümern von Transportmitteln und Vieh nach höherem Satz berechnet wird (Bd 4, S. 89—92), die Steuerveranlagung der Einkünfte von Klöstern (vom 8. 6. 1958, Bd 4, S. 94), die Kurtaxe von Bürgern, welche unorganisiert zum Urlaub in Kurorte kommen [graždan neorganizovanno priežajuščych na otdych v kurortnye mestnosti] (vom 6. 8. 1963, Bd 4, S. 146) und ähnliches.

[55] Für alle Šafir 1968, S. 112 f.
[56] Šafir 1968, S. 109 f; vgl dazu auch Arnold 1973, S. 79.
[57] Art 77 der Verf der UdSSR.
[58] *Satzung der Eisenbahnen der UdSSR* [Ustav železnych dorog], *SP SSSR* 1964/5; *Disziplinarordnung der Arbeiter der Eisenbahn der UdSSR, SP SSSR,* 1964/13; *Seefahrtskodex der UdSSR, VVS SSSR* 1968/39; *Luftfahrtskodex der UdSSR, VVS SSSR* 1961/52 mit Abänderung durch Gesetzesverordnung des *POS UdSSR* vom 19. 3. 1971, *VVS SSSR* 1971/13.
[59] Für alle Lepeškin in *Sovetskoe gosudarstvennoe pravo,* red. Lepeškin, Jurlit M. 1971, S. 349 f.
[60] Art 4 und 7 des Gesetzes vom 19. 8. 1938 über die Staatsangehörigkeit der UdSSR, *VVS SSSR* 1938/11, vgl auch supra S. 67 f.

5.4.2.2.4. Beschränkte ausschließliche Unionskompetenzen

Dieser Kompetenzbereich unterscheidet sich von dem vorhergehenden dadurch, daß die Materien, die zu ihm gehören, nicht vollständig durch die UdSSR geregelt werden. Soweit aber Unionskompetenzen bestehen, sind sie ausschließlich, dh in diesen Teil der Unionskompetenzen können die Unionsrepubliken nicht eingreifen. Die Kompetenz ist nur graduell eingeschränkt, sei es dadurch, daß die Union nur berechtigt ist, Richtlinien zu bestimmen, sei es dadurch, daß die Gesetzgebung der Union die gegebene Materie verfassungsmäßig nicht in vollem Umfang regeln soll, sondern nur Grundlagen oder Grundsätze festzulegen hat. Die Ausführung der Grundsätze sowie die Komplettierung der Gesetzgebung obliegt den Unionsrepubliken und ergibt auf diesem Gebiet Restkompetenzen. Diese beiden Kompetenzen werden im sovjetischen Schrifttum fälschlicherweise als „gemeinsame Kompetenzen" bezeichnet[1].

a) Auswärtige Beziehungen der Unionsrepubliken. Auf dem Gebiet der auswärtigen Beziehungen der Unionsrepubliken hat die UdSSR die Richtliniengewalt[2]. Im sovjetischen Schrifttum wird zwar die gesamte außenpolitische Tätigkeit der UdSSR zu den gemeinsamen Kompetenzen der UdSSR und der Unionsrepubliken gezählt[3], doch geben auch sovjetische Autoren zu, daß der Anteil der UdSSR an dieser Tätigkeit „wesentlich und überwiegend"[4] ist, und, daß der „überwiegende Teil der internationalen Verpflichtungen der Unionsrepubliken mit denjenigen der UdSSR zusammenfällt"[5]. Eine gewisse

---

[1] Siehe dazu supra S. 168 ff.

[2] Art 14/a der Verf der UdSSR: zur Kompetenz der UdSSR ... gehört: „... die Festlegung der allgemeinen Ordnung für die Beziehungen der Unionsrepubliken mit ausländischen Staaten." Art 68/g: Der MinR der UdSSR: „verwirklicht die allgemeine Leitung auf dem Gebiet der Beziehungen mit ausländischen Staaten." und Art 68/a: „koordiniert und lenkt die Arbeit der Allunions- sowie Unions-Unionsrepublikanischen Ministerien ..."; dazu Art 48/e der Verf der GSSR: der MinR der GSSR: „verwirklicht die Leitung auf dem Gebiet der Beziehungen der GSSR mit ausländischen Staaten, ausgehend von der durch die UdSSR für die Beziehungen der Unionsrepubliken mit ausländischen Staaten aufgestellten Ordnung."; dieselbe Bestimmung findet man in Art 43/z der Verf. der KazSSR, USSR und ESSR; 43/ž der BSSR; 44/ž der TaSSR, ArSSR und TuSSR; 45/ž der LiSSR, MSSR, LaSSR, RSFSR und KiSSR sowie 46/ž der AzSSR und UzSSR.

[3] Vgl etwa UMANSKIJ 1970, S. 252; ŠAFIR 1968, S. 150 f; LEPEŠKIN in: LEPEŠKIN/ KIM ... Bd 2, S. 108; derselbe in *Sovetskoe gosudarstvennoe pravo*, red. LEPEŠKIN, Jurlit M. 1971, S. 354.

[4] LEPEŠKIN in: *Sovetskoe gosudarstvennoe pravo*, M. 1971, S. 354.

[5] ŠAFIR 1968, S. 151.

Nuancierung findet man in der Beschreibung der Kompetenzen der POS der UdSSR und der Unionsrepubliken bei der Ernennung der Vertreter in auswärtigen Beziehungen [6]. So ernennt das POS der UdSSR „bevollmächtigte Vertreter der UdSSR bei ausländischen Staaten" und beruft sie ab [7], während die POS der Unionsrepubliken lediglich „diplomatische Vertreter" ernennen und abberufen [8]. Nur in der Verfassung der USSR wird vom Recht auf Ernennung und Abberufung von „bevollmächtigten Vertretern der USSR bei ausländischen Staaten" gesprochen [9]. Da nur das POS der UdSSR diplomatische Ränge festlegt [10], könnte diese Abstufung auch eine Bedeutung für den Umfang der Kompetenzen der Unionsrepubliken haben, wobei der USSR zugestanden werden muß, daß sie von den Unionsrepubliken wohl die umfangreichste Praxis auf dem Gebiet auswärtiger Beziehungen hat [11].

Die tatsächliche Ausübung der Richtlinienkompetenz über die auswärtigen Beziehungen der Unionsrepubliken durch die UdSSR, welche zu den beschränkten ausschließlichen Kompetenzen der UdSSR gezählt werden muß, bestimmt den Umfang der Restkompetenzen der Unionsrepubliken auf diesem Gebiet [12].

b) Wehrhoheit der Unionsrepubliken. Für die Richtliniengewalt der UdSSR in Fragen der Wehrhoheit der Unionsrepubliken [13] gilt das oben (für die Richtliniengewalt über die auswärtigen Beziehungen der Unionsrepubliken) Gesagte in vollem Umfang. Auch dann, wenn sowjetische Autoren Fragen der Verteidigung und der Wehrhoheit unter den „gemeinsamen Kompetenzen" abhandeln, geht aus ihren Aussagen deutlich hervor, daß diese Materie das am meisten zentralisierte Gebiet der sowjetischen Verwaltung ist [14]. Da aber auf diesem Gebiet

---

[6] ASPATURIAN 1960, S. 162.

[7] Art 49/r.

[8] Art 28/i der TaSSR; 31/i der BSSR, LiSSR, TuSSR und ESSR; 31/l der KiSSR; 30/k der ArSSR; 30/l der MSSR; 30/z der UzSSR; 31/k der KazSSR und LaSSR; 33/k der RSFSR und AzSSR sowie 36/k der GSSR.

[9] Art 30/k der Verf der USSR.

[10] Art 49/l der Verf der UdSSR; vgl die Gesetzesverordnungen des *POS UdSSR* vom 9. 5. 1941 (*VVS SSSR* 1941/21) und vom 28. 5. 1943 (*VVS SSSR* 1943/22) über die Wiedereinführung diplomatischer Ränge.

[11] Vgl infra S. 245 ff, 250 ff, 251 ff.

[12] Vgl infra S. 191 ff; zur auswärtigen Gewalt der UdSSR, vgl MEISSNER 1969, S. 13—24.

[13] Art 14/ž der Verf der UdSSR: zu den Kompetenzen der UdSSR gehört: „... die Festlegung der allgemeinen Grundlagen der Organisation der Truppenformationen der Unionsrepubliken."

[14] Für alle: ŠAFIR 1968, S. 146; ROMANOV, P. I. in *Administrativnoe pravo*

potentielle Rechte der Unionsrepubliken bestehen, müssen diese Kompetenzen zu den beschränkten und nicht zu den unbeschränkten ausschließlichen Kompetenzen der UdSSR gerechnet werden.

c) Gesetzgebung der Unionsrepubliken aufgrund von Grundlagen der UdSSR. Einen wesentlichen Teil der begrenzten ausschließlichen Kompetenzen der UdSSR stellt der Erlaß von Grundlagen [osnova] und Hauptgrundsätzen [osnovnaja načala] durch den Unionsgesetzgeber dar. Die Verfassung der UdSSR sieht die Festlegung von Hauptgrundsätzen der Bodennutzung, sowie der Nutzung von Bodenschätzen, Wäldern und Gewässern [15], der Hauptgrundsätze auf dem Gebiet der Volksbildung und des Gesundheitswesens [16], der Grundlagen der Gesetzgebung über die Arbeit [17], die Gerichtsverfassung, das Gerichtsverfahren, der Zivil-, Straf- und Besserungsarbeitsgesetze [18] und der Grundlagen des Ehe- und Familienrechts [19] vor. Dieses Verfahren ist 1973 durch den Erlaß der *Grundlagen der Gesetzgebung der UdSSR und der Unionsrepubliken über die Volksbildung* abgeschlossen worden [20].

Der Unterschied zwischen Grundlagen und Hauptgrundsätzen wurde im sowjetischen Schrifttum bis vor etwa 15 Jahren beachtet. Unter Grundlagen wurde die Erlassung eingehender Reglementierungen ohne Notwendigkeit weiterer Konkretisierung und unter Hauptgrundsätzen die Vereinheitlichung von Rahmenvorschriften mit der Notwendigkeit der Konkretisierung verstanden [21]. Heute scheint die Unterscheidung vollständig aufgegeben zu sein. Da das sovjetische Schrifttum von dieser Unterscheidung abgegangen ist [22], heute Grundlagen und Hauptgrundsätze als „... zwei verschiedene Benennungen der Unionskodifikation gleichen Typs ..." [23] bezeichnet werden und die erlassenen Grundsatzgesetze auch auf Gebieten, wo verfassungs-

---

red. LUNEV, Jurlit M. 1970, S. 489; vgl auch ASPATURIAN 1960, S. 188 ff; siehe zur Unionsgesetzgebung über Fragen der Wehrhoheit supra S. 176 f.

[15] Art 14/s der Verf der UdSSR.

[16] Art 14/t.

[17] Art 14/f.

[18] Art 14/ch.

[19] Art 14/č.

[20] *VVS SSSR* 1973/30

[21] KERIMOV, D. A.: Ponjatie i formy kodifikacii, in *Voprosy kodifikacii sovetskogo prava*, Vyp. I, L. 1957, S. 8—10.

[22] Vgl GEILKE 1968, S. 142 ff mit weiteren Hinweisen.

[23] *Stanovlenie osnov obščesojuznogo zakonodatel'stva*, red. KIRIČENKO/SAMO-ŠČENKO, Jurlit M. 1972, S. 25.

mäßig „Hauptgrundsätze" vorgeschrieben sind [24], durchwegs „Grundlagen der Gesetzgebung der UdSSR und der Unionsrepubliken ..."
[Osnovy zakonodatel'stva Sojuza SSR i sojuznych respublik o ...]
heißen, braucht auf diese Unterscheidung nicht eingegangen zu werden.

Es ist auch hier unrichtig, von gemeinsamen Kompetenzen zu sprechen [25], weil die Kompetenz der Union klar umrissen und auf den Erlaß von *Grundlagen* beschränkt ist, welche die Unionsrepubliken in dem Falle, wenn sie detaillierte, direkt anwendbare Bestimmungen enthalten, wörtlich wiedergeben müssen. In diesem Falle beschränkt sich die Kompetenz der Unionsrepubliken auf die formelle Transformation von Unionsrecht in Unionsrepubliksrecht [26]. Wenn die *Grundlagen* nur Rahmenbestimmungen oder Grundsatzregelungen enthalten, so sind die Restkompetenzen der Unionsrepubliken inhaltlich größer. Dem Unionsrepubliksgesetzgeber stünde es frei, gewisse Materien in einer Art zu regeln, welche von derjenigen anderer Unionsrepublik abweicht [27].

Der Umfang und die Intensität, mit welcher der Unionsgesetzgeber von seinem Recht auf Erlaß von Grundlagen Gebrauch macht, bestimmt den Umfang der Restkompetenzen der Unionsrepublik und somit auch den Umfang der Teilrechtsordnungen: „Unionsrepubliken".

Die Motivierungen für die Notwendigkeit der Vereinheitlichung der Gesetzgebung, etwa durch „... die Notwendigkeit der Verstärkung und Vervollkommnung der zentralisierten Leitung des gesamten Staates in unserer Zeit ..." [28] zeigen zwar die auch in der UdSSR bemerkbare Tendenz zur Zentralisierung, sie genügen aber keineswegs als rechtliches Argument für die verfassungswidrige Ausweitung der Bundeskompetenzen auf dem Gebiet der Grundsatzgesetzgebung. Einmal ist der materielle Bereich, der durch Bundesgrundlagengesetze geregelt wird, zu Lasten der Unionsrepubliken erweitert worden. So zählen auch sovjetische Autoren das *Gesetz über die Budgetrechte der UdSSR und der Unionsrepubliken* vom 30. 10. 1959 [29] zu den Grundlagengesetzen [30],

---

[24] Grundlagen ... des Bodenrechts (*VVS SSSR* 1968/51); Grundlagen des Gesundheitswesens (*VVS SSSR* 1969/52); Grundlagen der Wassergesetzgebung ... (*VVS SSSR* 1970/50).

[25] Vgl für alle sovjetischen Autoren: ŠAFIR 1968, S. 152 ff.

[26] Etwa im Fall der Reproduktion der Staatsverbrechen in den Republiks-StGB, vgl supra S. 178 f.

[27] Dieses ist im Verhältnis Grundlagen der Strafgesetzgebung mit Ausschluß der Staatsverbrechen — Republiks-StGB der Fall.

[28] KUZNECOV 1969, S. 50.

[29] *VVS SSSR* 1959/44.

[30] ŠAFIR 1968, S. 154; KUZNECOV 1969, S. 49.

obwohl die Bundeskompetenzen nach Art 14/1 auf die Bestätigung des Budgets und die Kontrolle seiner Exekution beschränkt sind. Tatsächlich haben auch alle Unionsrepubliken aufgrund dieses Gesetzes eigene neue Budgetgesetze erlassen [31]. Ebenfalls in die Gruppe der Grundlagen zählt ein sovjetischer Autor die Gesetzesverordnung des POS UdSSR vom 21. 6. 1961 [32] über die *Weitere Beschränkung von Verwaltungsstrafen* [33].

Es gibt in der sovjetischen Praxis noch eine Reihe von anderen Fällen, in welchen die Union sich die Kompetenz zur Grundlagengesetzgebung arrogiert hat, also allgemeine Normativbestimmungen auf Gebieten erlassen hat, wo eine Kompetenzvermutung für die Unionsrepublik besteht.

Zur materiellen Grundlagengesetzgebung der UdSSR kann man zweifellos das Musterstatut der Kolchosen vom 28. 11. 1969 [34] zählen, welches „den einzelnen Genossenschaften wenig Raum zu abweichenden oder auch nur ausfüllenden Regelungen . . .“ läßt und welches für die einzelnen Genossenschaften kraft der Verbindlichkeit des Beschlusses ihres Vertretungsorganes, des Dritten Allunionskongresses, jedoch auch kraft „. . . der Verbindlichkeit des materiellen Verfassungsrechts und der in ihm begründeten Führungsrolle der Partei, für alle Genossenschaften in der Sache von vornherein zwingendes Recht . . .“ [35] ist. In der Verfassung der UdSSR kann man jedoch keine Bestimmung finden, welche der Union das Recht zur Grundsatzgesetzgebung in Angelegenheiten des Organisationsrechtes genossenschaftlicher Produktionsgemeinschaften gibt [36].

Ähnliche Beispiele wären die Musterordnungen für die verschiedenen Sovjets der Ebene unterhalb der Obersten Sovjets der Unionsrepubliken, welche vom POS der UdSSR in Form von Gesetzesverordnungen angenommen und den POS der Unionsrepubliken empfohlen wurden [37]. Aufgrund der Verf der UdSSR (Kapitel VIII) sind

---

[31] Siehe die Aufzählung bei MEDER 1971, S. 388.

[32] *VVS SSSR* 1961/35.

[33] KUZNECOV 1969, S. 50.

[34] Angenommen vom Dritten Unionskongreß der Kolchosbauern, bestätigt durch gemeinsame Verordnung des MinR der UdSSR und des ZK der KPdSU, Prawda, 30. 11. 1969; *SP SSSR* 1969/26.

[35] BRUNNER/WESTEN 1970, S. 8 f.

[36] Die Kolchosmusterordnung wird aber von einem sovjetischen Autor unter den Grundlagen der UdSSR abgehandelt: KOROL'KOV, N. N. in *Sojuz SSR — sodružestvo ravnopravnych republik*, red. LEPEŠKIN, Jurlit M. 1972, S. 83 f.

[37] Vgl die Aufzählung supra S. 146 f; KIRIČENKO 1973 (SGiP), S. 25 beschreibt

grundlegende Bestimmungen für den Aufbau der örtlichen Organe der Staatsmacht den Unionsrepubliken vorgegeben. Irgendwelche weiteren Kompetenzen sind der Union nicht übertragen worden. Sie wurden also von der Union arrogiert, da der Art 14 der Verfassung der UdSSR der:

> „... Union in Bezug auf die lokalen Sowjets lediglich ein Bestätigungsrecht bei Territorialreformen auf Gebietsebene ..." [38]

zugesteht. Wenn also die UdSSR Organisationsnormen über die Tätigkeit dieser örtlichen Organe der Staatsmacht erläßt, erhebt sich die Frage, ob diese überhaupt Organe der Unionsrepubliken oder nicht vielmehr Organe der UdSSR sind, da die Letztere kraft der Kompetenz-Kompetenz auch diese Materie geregelt hat.

Einen Teilaspekt der Tätigkeit der örtlichen Sovjets betrifft das Gesetz vom 20. 9. 1972 über: *Die Stellung der Delegierten der Sovjets der Werktätigen in der UdSSR* [39]. Dieses ist nach Aussagen eines sovjetischen Autors der erste vom Obersten Sovjet der UdSSR angenommene Akt, welcher die Rechte und Verpflichtungen der Delegierten aller Stufen der Sovjets legislativ regelt [40]. Eine Kompetenzbestimmung, welche dem Unionsgesetzgeber das Recht gibt, die Stellung der Delegierten zu den unionsrepublikanischen Sovjets zu regeln, kann dieser Autor nicht nachweisen. Dafür findet man aber Hinweise auf das Programm der KPdSU und auf Entscheidungen des XXIV. Parteikongresses [41].

In dieselbe Kategorie fiele auch die Regelung des Wahlrechts zu den verschiedenen Sovjets der Unionsrepubliken, welche der *Wahlordnung über die Wahlen zum Obersten Sovjet der UdSSR* vom 9. 1. 1950 [42] größtenteils wörtlich nachgebildet worden ist [43].

---

diese Musterordnungen zusammen mit den *Grundlagen* als Direktiven der obersten Staatsorgane der UdSSR an die obersten Staatsorgane der Unionsrepubliken.

[38] SCHÜTZ 1971, S. 51 f.
[39] *VVS SSSR* 1972/39.
[40] OSNOVIN 1973, S. 9.
[41] Ibid, S. 7 f.
[42] *VVS SSSR* 1950/2.
[43] Vgl dazu etwa die *Wahlordnung zur Wahl des Obersten Sovjets der LaSSR* vom 12. 12. 1950, *Vedomosti Prezidiuma Verchovnogo Soveta Latviskoj SSR* 1950/141; vgl ebenfalls die *Wahlordnung für die Wahl zu den Bezirks-, Stadt-, Stadtbezirks-, Gemeinde- und Dorfgemeindesovjets der Abgeordneten der Werktätigen der LaSSR* vom 21. 12. 1954; *Vedomosti Prezidiuma Verchovnogo Soveta Latviskoj SSR* 1954/61; siehe dazu etwa die gleiche Wahlordnung der TaSSR, welche wegen des Gorno-Badachsansker Autonomen Gebiets einen Teil III einfügt, der in der Wahlordnung der LaSSR nicht vorhanden ist (Sbornik zakonodatel'stva

Diese Aufzählung arrogierter Unionskompetenzen kann natürlich nicht erschöpfend sein. Sie soll lediglich zur Illustration des Rechtszustandes in der UdSSR dienen und die Abgrenzung der Teilrechtsordnungen „Union" — „Unionsrepubliken" erleichtern, da solch eine Abgrenzung, wenn sie realistisch sein will, die legislative Praxis der UdSSR berücksichtigen muß.

Durch die Kompetenzteilung in den *Grundlagen* werden die Restkompetenzen der Unionsrepubliken in der jeweils behandelten Materie über die in den *Grundlagen* enthaltenen anwendbaren Normativbestimmungen hinaus beschränkt.

Durch die Grundlagengesetzgebung verwirklicht die UdSSR auf Gesetzesebene ihre Kompetenz-Kompetenz [44]. Art 3 der *Grundlagen der Zivilgesetzgebung der UdSSR und der Unionsrepubliken* vom 8. 12. 1961 [45] zählt eine Reihe von Gesetzgebungsmaterien auf, welche nur durch die Zivilgesetzgebung der UdSSR geregelt werden dürfen [46]. Der Art 2 der *Grundlagen der Strafgesetzgebung der UdSSR und der Unionsrepubliken* [47] vom 25. 12. 1958 bestimmt den Kreis von Verbrechen, für welche die Verantwortlichkeit durch Allunionsgesetze geregelt wird [48]. Der Art 6 der *Grundlagen der Gesetzgebung der UdSSR und der Unionsrepubliken über das Gesundheitswesen* vom 19. 12. 1969 [49] bestimmt die Kompetenzen der UdSSR auf dem Gebiet des Gesundheitswesens [50]. Der Art 107 der *Grundlagen der Arbeits-*

Tadžikskoj SSR dlja mestnych Sovetov deputatov trudjaščichsja, Dušanbe 1966, S. 22 ff); Unterschiede sind in den Ordnungen über die Abberufung von Abgeordneten festzustellen, vgl die Unionsordnung vom 30. 10. 1959, *VVS SSSR* 1959/44 und die entsprechenden Ordnungen der LaSSR (*Vedomosti Prezidiuma Verchovnogo Soveta LaSSR* 1959/32 und 1961/3) und der TaSSR (*VVS TaSSR* 1960/12—13) wo zwar der Inhalt der entsprechenden Artikel genau übereinstimmt, der Wortlaut hingegen oft verschieden ist.

[44] Zur Kompetenz-Kompetenz siehe supra S. 163 ff.

[45] *VVS SSSR* 1961/50.

[46] So zB: die Beziehungen zwischen sozialistischen Organisationen für die Produktionsauslieferungen und für das Investitionsbauwesen, für Beziehungen aus staatlichem Ankauf von Landwirtschaftsprodukten, Beziehungen, welche sich aus Entdeckungen, Erfindungen und Vorschlägen zur Rationalisierung ergeben.

[47] *VVS SSSR* 1959/1.

[48] Staats- und Kriegsverbrechen und im Falle der Notwendigkeit andere Verbechen, welche gegen die Interessen der UdSSR gerichtet sind.

[49] *VVS SSSR* 1969/52.

[50] Der Katalog umfaßt in 12 Artikeln die wesentlichen Funktionen des Gesundheitsdienstes, die Leitung der Unternehmen der medizinischen und pharmazeutischen Industrie und Forschung, die Bestätigung von Normenindices der Betreuung der Bevölkerung mit medizinischer Hilfe und die Entscheidung weiterer Fragen, welche durch die Verf der UdSSR und die *Grundlagen* zur Kompetenz der UdSSR gezählt werden.

gesetzgebung der UdSSR und der Unionsrepubliken vom 15. 7. 1970[51] nimmt die Kompetenzverteilung zwischen der UdSSR und den Unionsrepubliken auf dem Gebiet des Arbeitsrechtes vor[52]. Der Art 5 der *Grundlagen der Bodengesetzgebung der UdSSR und der Unionsrepubliken* vom 13. 12. 1968[53] legt die Kompetenzen der UdSSR auf dem Gebiet der Rechtsverhältnisse aus dem Bodenrecht fest[54]. Auch die anderen *Grundlagen* enthalten vergleichbare Bestimmungen, welche gewisse Materien der Unionsgesetzgebung vorbehalten[55]. Andererseits enthalten viele *Grundlagen* die Aufzählung von Materien, welche durch Unionsrepubliksgesetzgebung geregelt werden sollen[56].

Außer der direkten Zuweisung gewisser Materien zur Regelung durch Allunionsrecht, also aus der Teilrechtsordnung: Bundesrecht, enthalten die *Grundlagen* unterschiedlich ausführliche abschließende Normativbestimmungen, welche als Bundesrecht eventuell entgegenstehendem Unionsrepubliksrecht derogieren würden. Die *Grundlagen der Strafgesetzgebung* ... aus dem Jahre 1958 enthielten noch vorwiegend Weisungen an den Gesetzgeber und veränderten nur ausnahmsweise die StGB der Unionsrepubliken[57].

Dagegen gehen die in den letzten Jahren erlassenen *Grundlagen* weitaus differenzierter auf einzelne Fragen ein und regeln weite Gebiete der jeweils in Frage kommenden Materie so intensiv, daß für die Gesetzgeber der Unionsrepubliken kein Raum bleibt[58].

---

[51] *VVS SSSR* 1970/29.

[52] Regeln betreffend: Unqualifizierte Arbeit, zu welcher ein Arbeiter im Falle von Produktionsstillstand [prostoj] nicht überführt werden darf, Dauer der Nachtarbeit, Mindestmonatsentgelt, Mindestentlohnung bei Lieferung von Ausschußware usw.

[53] *VVS SSSR* 1968/51.

[54] Die Festlegung allgemeiner Bestimmungen über Bodennutzung und -bebauung, die Erstellung langfristiger Pläne zur potentiellen Ausnützung der Bodenschätze [zemel'nye resursy], Erstellung von Plänen über Maßnahmen der Union auf dem Gebiet der Melioration, Staatskontrolle über die Bodennutzung, einheitliches System über Bodenregistrierung usw.

[55] ZB Art 5 der *Grundlagen der Wassergesetzgebung der UdSSR und der Unionsrepubliken, VVS SSSR* 1970/50.

[56] ZB Art 6 Grundlagen der Wassergesetzgebung ... (Fn 55); Art 6 Grundlagen der Bodengesetzgebung ... (Fn 53); Art 10, 25, 43, 57, 99, 102, 118 Grundlagen der Zivilgesetzgebung ... (Fn 45); vgl dazu ŠEVCOV 1972 (Suverenitet v ...) S. 253 f, KUZNECOV 1969, S. 27 f.

[57] GEILKE 1968, S. 143.

[58] Zu den einzelnen *Grundlagen* vgl etwa BILINSKY, A.: „Zu den Grundlagen der Gesetzgebung der UdSSR und der Unionsrepubliken über Ehe und Familie" *IX JbfOR* 1968/1, 181—208; derselbe: „Die Entwicklung des sowjetischen Bodenrechts — Vom Bodendekret bis zu den Grundlagen der Bodengesetzgebung 1968—"

Zur Beantwortung der Frage, inwieweit eine konkrete Materie in der Teilrechtsordnung: „Unionsrecht" ihre abschließende Regelung erfährt, bzw ihre Regelung auch der Teilrechtsordnung: „Unionsrepubliken" zuzuschreiben ist, wird in jedem Fall zu untersuchen sein, ob in den materiell in Frage kommenden *Grundlagen* Kompetenz- oder Normativbestimmungen zu dieser Materie enthalten sind. Nur dann, wenn weder die Verf der UdSSR mit ihren Kompetenzbestimmungen die Vermutung für die Unionskompetenz entstehen läßt, noch die *Grundlagen* die Kompetenz für die Union bestimmen, kann angenommen werden, daß sich die Regelung dieser Materie der Teilrechtsordnung: „Unionsrepubliken" entnehmen läßt. Den *Grundlagen* ist aber nicht nur eine eventuelle Kompetenzteilung, sondern auch jedwede materielle Regelung zu entnehmen, da sie durch ihre Derogationskraft in der Normenhierarchie eine höhere Stelle einnehmen, als ihr gegebenenfalls widersprechendes Unionsrepubliksrecht [59].

5.4.2.3. *Die Kompetenzen der Unionsrepubliken der UdSSR*

5.4.2.3.1. Die Restkompetenzen der Unionsrepubliken

Nach der gewählten Methode, die Teilrechtsordnung „Unionsrecht" durch Subtraktion der unbeschränkten und beschränkten ausschließlichen Unionskompetenzen zu erkennen [1], sollen aus den Teilrechtsordnungen „Unionsrepubliken" zunächst diejenigen Materien behandelt werden, welche auch irgendeine graduell beschränkte Regelung durch die Teilrechtsordnung: „Unionsrecht" erfahren, deren Regelung jedoch auch in den Teilrechtsordnungen der Unionsrepubliken gesucht werden kann. Der Ausdruck „Restkompetenzen" wurde deshalb gewählt, weil die Regelung der hier behandelten Materien durch die Teilrechtsordnungen der Unionsrepubliken entweder nur in dem durch die Union vorgegebenen Rahmen oder nach den von ihr erlassenen Grundsätzen erfolgen kann, oder immer nur in dem Umfang, in welchem nicht bereits durch Bundesrecht Normativbestimmungen die Materie abschließend regeln.

IX *JbfOR* 1968/2, 153—178; derselbe: „Zu den neuen Grundlagen der Arbeitsgesetzgebung der UdSSR und der Unionsrepubliken" *XII JbfOR* 1971/1, 201—214; GEILKE, G.: „Unifizierung und Reform der sowjetischen Familiengesetzgebung" *X WGO* 1968, S. 142—150; derselbe: „Der sowjetische Strafvollzug der Besserungs-Arbeit" *XIII WGO* 1971, S. 169—171.

[59] Zur Frage, ob und wieweit die *Grundlagen* Teile des Unionsrepubliksrechts sind, siehe infra S. 195 ff.

[1] Siehe supra S. 183 ff.

a) Auswärtige Beziehungen. Die Restkompetenzen der Unionsrepubliken auf dem Gebiet der auswärtigen Beziehungen umfassen einmal die Ernennung und Abberufung der Vertreter der Unionsrepubliken bei ausländischen Staaten und den Empfang der diplomatischen Vertreter ausländischer Staaten. Es kann allerdings angenommen werden, daß sich die Richtliniengewalt der UdSSR nicht auf diese Frage bezieht, sondern sie der Entscheidung der jeweiligen POS der Unionsrepubliken überläßt [2]. Die Richtliniengewalt der Union beim *jus delegationis* der Unionsrepubliken ließe sich auch kaum herausarbeiten. Wenn also diesbezügliche Akte der Unionsrepubliken vorlägen, müßten sie den Teilrechtsordnungen: „Unionsrepubliken" zugeordnet werden.

Die Unionsrepubliken sind zum anderen berechtigt, mit ausländischen Staaten Abkommen [soglašenie] zu schließen. Obwohl der Text der Verfassungen der UdSSR zwischen Verträgen [dogovor] der UdSSR und Abkommen der Unionsrepubliken [3] differenziert, ist solch ein terminologischer Unterschied völkerrechtlich irrelevant [4] und nicht als eine graduell verschiedene Kompetenz zu werten. Daher kann hier einem sowjetischen Autor, der feststellt, daß diese Verfassungsterminologie viel falsches Gerede [krivotolki] hervorgerufen habe, dahingehend gefolgt werden, daß die Unionsrepubliken das Recht haben, Verträge abzuschließen [5]. Außer diesem formellen Recht interessiert natürlich auch die Vertragspraxis der Unionsrepubliken; sie wird im Zusammenhang mit der gesamten auswärtigen Praxis der Unionsrepubliken dargestellt [6].

Für die Vertragsabschlußkompetenz muß die Richtliniengewalt der UdSSR allerdings in Betracht gezogen werden, etwa, wenn eine Unionsrepublik beim Vertragsabschluß dieselben Vorbehalte macht, wie die UdSSR [7]. Man wird also diese Kompetenz zu den Restkompetenzen

---

[2] Hier liegt eigentlich ein vorbehaltener Wirkungsbereich der Unionsrepubliken vor. Der Systematik wegen wurde aber diese Kompetenz an diesem Ort abgehandelt. Zur Praxis der Unionsrepubliken auf dem Gebiet auswärtiger Beziehungen siehe infra S. 245 ff.

[3] Art 14/a; 49/p und Art 18/a.

[4] Vgl Art 2 lit 1/a der *Wiener Konvention über das Recht völkerrechtlicher Verträge,* A/Conf. 39/27.

[5] Lukašuk 1969, S. 20.

[6] Siehe infra S. 251 f.

[7] Vgl etwa die Vorbehalte der BSSR, USSR, UdSSR zur Zwangsjurisdiktionsklausel der *Konvention über Privilegien und Immunität der VN, 1 UNTS; Privilegien und Immunitäten der Sonderorganisationen, 33 UNTS; Genocide-Konvention, 78 UNTS; Konvention über die Abschaffung der Rassendiskriminierung, 660 UNTS;*

der Unionsrepubliken zählen müssen, da die Unionsrepubliken ihre Außenpolitik nur aufgrund der gegebenen Richtlinien der UdSSR führen können:

> „Die Verträge der Unionsrepubliken müssen im Interesse der Einheitlichkeit den Zielen und Prinzipien der allgemeinen Politik der UdSSR entsprechen. Solch eine Bestimmung schränkt die Republiken nicht ein, stört nicht ihre Handlungsfreiheit [svoboda ich dejstvii ...]. Die Priorität gehört verständlicherweise den allgemeinen Interessen ... Daher dürfen Verträge einzelner Republiken nicht den von der Union abgeschlossenen Verträgen widersprechen" [8].

Sollte ein Widerspruch eines Unionsrepublikanischen Vertrages zu einem Vertrag der UdSSR bestehen, gilt für den innerstaatlichen Bereich in jedem Fall der Vertrag der UdSSR. Dies ergibt sich aus dem Satz: Bundesrecht bricht Landesrecht und aus denjenigen Bestimmungen der *Grundlagen,* welche internationalen Verträgen der UdSSR Vorrang vor entgegengesetzten Bestimmungen der *Grundlagen* geben [9]. Auch in der Gesetzgebung der Unionsrepubliken finden sich Bestimmungen, welche die Priorität von Verträgen der UdSSR vor Unionsrepubliksgesetzen festlegen [10]. Es finden sich aber ebenso Bestimmungen in Kodices der Unionsrepubliken, welche auf den Vorrang von Verträgen und Vereinbarungen der UdSSR *und* der Unionsrepublik vor Bestimmungen des Kodex hinweisen [11].

Der Teilrechtsordnung der Unionsrepubliken müssen alle Normativakte der Außenministerien der Unionsrepubliken zugerechnet werden. Ihre Kompetenzen zählen allerdings auch zu den Restkompetenzen, einmal wegen der Richtliniengewalt [12], zum anderen aber auch

---

Konvention über Straßenverkehr, UN DOC E/F. 69. VIII. 1. Corr. 1; *Konvention über die politischen Rechte der Frau, 193 UNTS;* die Vorbehalte der BSSR, USSR und UdSSR bezüglich des „diskriminierenden Charakters" der Vertragsklauseln, welche den Teilnehmerkreis der Konvention einschränken in: *Wiener Konvention über Diplomatische Beziehungen, 500 UNTS; Konvention über die Abschaffung der Rassendiskriminierung, 660 UNTS;* Vorbehalt betreffs der Rechtswirkungen von Vorbehalten in *Konvention über die politischen Rechte der Frau, 193 UNTS.*

[8] LUKAŠUK 1969, S. 13 f.

[9] Art 129 *Grundlagen der Zivilgesetzgebung der UdSSR und der Unionsrepubliken, VVS SSSR 1961/50;* Art 64 der *Grundlagen der Zivilgerichtsordnung der UdSSR und der Unionsrepubliken, VVS SSSR 1961/50;* Art 55 der *Grundlagen der Gesetzgebung der UdSSR und der Unionsrepubliken über das Gesundheitswesen, VVS SSSR 1969/52;* Art 36 der *Grundlagen der Ehe- und Familienrechtsgesetzgebung der UdSSR und der Unionsrepubliken, VVS SSSR 1969/21* usw.

[10] Art 569 des ZGB der RSFSR vom 11. 6. 1964.

[11] Art 166 des *Ehe- und Familienrechtskodex der RSFSR,* Jurlit, M. 1971, S. 232.

[12] Nach Art 76 der Verf der UdSSR leiten die Unions-Unionsrepublikanischen Ministerien ihren Aufgabenbereich durch die gleichnamigen Ministerien der Unionsrepubliken. Nach Art 78 der Verf der UdSSR gehören die Außenministerien zu diesem Typ der Ministerien.

wegen des Kontrollrechtes des MinR der UdSSR, welcher Verordnungen und Verfügungen der MinR der Unionsrepubliken aussetzen und Anordnungen sowie Instruktionen von Ministerien der UdSSR sowie ihnen unterstellten Einrichtungen, also auch Außenministerien der Unionsrepubliken aufheben kann [13].

b) Wehrhoheit. Die Kompetenzen der Unionsrepubliken auf dem Gebiet des Wehrwesens müssen ebenfalls zu den Restkompetenzen gezählt werden. Die Rechte der Unionsrepubliken auf diesem Gebiet scheinen noch mehr als die Rechte auf dem Gebiet der auswärtigen Beziehungen ein Schattendasein in Lehrbüchern des Staats- und Völkerrechts, sowie Einzeldarstellungen über Souveränität der Unionsrepubliken zu führen. Während wenigstens die zwei Mitglieder der VN, die USSR und BSSR im Rahmen der Organisation der VN eine gewisse außenpolitische Aktivität entfalten, fehlt der Hinweis auf die Verwirklichung der Wehrhoheit zur Gänze. Auch wird im sovjetischen Schrifttum die Wehrhoheit der Unionsrepubliken weitaus kürzer abgetan, als das Recht der Unionsrepubliken auf auswärtige Beziehungen [14]. Einer gewissen Pikanterie entbehrt nicht die Tatsache, daß unionsrepublikanische Truppenformationen sich, außer für die ersten Jahre nach der Revolution 1917, nur für die Zeit des Zweiten Weltkrieges nachweisen lassen [15], also für eine Zeit vor Erlaß des Verfassungsgesetzes vom 1. 2. 1944, welches den Unionsrepubliken dieses Recht erst gewährte. Für die heutige Zeit stellt ein sovjetischer Autor lakonisch fest:

> „Heute gibt es in den Unionsrepubliken keine Truppenformationen, und folglich auch keine Organe, welche sie führen [net ... organov upravlenija imi]. Jedoch sind die Unionsrepubliken bei Entstehen unumgänglicher Bedingungen und Notwendigkeiten berechtigt, die ihnen verfassungsmäßig gewährten Rechte zu verwirklichen und republikanische Truppenformationen zu schaffen" [16].

---

[13] Art 69 der Verf der UdSSR. Dieses Aussetzungs- und Aufhebungsrecht des MinR der UdSSR ist nicht eingeschränkt, wie etwa das Aufhebungsrecht des POS der UdSSR nach Art 49/e, welches nur im Falle der Gesetzwidrigkeit der Verordnungen und Verfügungen der MinR der UdSSR und der Unionsrepublik ausgeübt werden darf; vgl dazu ARNOLD 1973, S. 61 und 84 f.

[14] BEYME 1964, S. 95; vgl etwa KARLOV 1968, S. 110 f; VICHAREV 1958, S. 123.

[15] Vgl etwa für die Existenz kirgizischer Truppenformationen: TURGUNBEKOV 1959, S. 25 ff.

[16] ŠAFIR 1968, S. 146 f; ebenso MIL'MAN 1971, S. 204; Die Verf zB der GSSR, Art 55 (Ausgabe 1971) zählt aber unter den Unions-Unionsrepublikanischen Ministerien auch das Verteidigungsministerium auf. Vgl ASPATURIAN 1960, S. 190: „Whereas Foreign Ministers of most of the Republics are Ministers with empty portfolios, the Republican Ministers of Defense in all cases are portfolios without ministers."

Es fehlt den Unionsrepubliken auch ein der Kompetenz des POS der Unionsrepublik im auswärtigen Verkehr vergleichbares[17] Recht auf dem Gebiet der Wehrhoheit. Im Gegensatz zum POS der UdSSR kann es keine militärischen Titel verleihen, keine Oberkommandierenden der nationalen Truppenformationen ernennen, abberufen usw.[18]. Wenn im sovjetischen Schrifttum die Tätigkeit unionsrepublikanischer Organe auf dem Gebiet der Verteidigung beschrieben wird, so erscheint diese Tätigkeit als Hilfstätigkeit für Unionsorgane[19]. Für diese Zentralisation spricht auch die Tatsache, daß die Verfassungen der Unionsrepubliken in ihren Grundrechtskatalogen bestimmen, daß der Wehrdienst in den Reihen der *Streitkräfte der UdSSR* eine Ehrensache der Bürger der jeweiligen Unionsrepubliken ist[20].

c) Gesetzgebung. Den weitaus größten und auch substantiellsten Teil ihrer Restkompetenzen verwirklichen die Unionsrepubliken auf dem Gebiet der Gesetzgebung. Unter Verzicht auf eine Anordnung nach Wichtigkeit, die etwa die Staatssicherheit, die industrielle Produktion und den Transport oder andere Gebiete der wirtschaftlichen Tätigkeit in den Vordergrund stellt, kann man ohne Übertreibung sagen, daß die meisten Rechtsverhältnisse in den Unionsrepubliken durch unionsrepublikanische Kodices geregelt werden, welche aufgrund von *Grundlagen* erlassen wurden. Heute bestehen solche unionsrepublikanische Kodices für folgende Materien: Zivilrecht, Strafrecht, Zivilprozeßrecht, Strafprozeßrecht, Gerichtsverfassung, Arbeitsrecht, Bodenrecht, Gesundheitswesen, Wasserrecht, Ehe- und Familienrecht und Besserungs-Arbeitsrecht.

Für die Zuordnung dieses gesamten Bereiches der Gesetzgebungskompetenzen der Unionsrepubliken zu den Restkompetenzen der Unionsrepubliken gibt es eine Reihe von Gründen. Zunächst bestimmen die meisten *Grundlagen*, daß die Rechtsverhältnisse in der UdSSR

---

[17] Das POS der GSSR ernennt die diplomatischen Vertreter der GSSR in ausländischen Staaten und beruft sie ab (Art 36/k der Verf der GSSR) und das POS der GSSR empfängt die Beglaubigungs- und Abberufungsschreiben der bei ihm akkreditierter Vertreter ausländischer Staaten (Art 36/l der Verf der GSSR). Siehe für die vergleichbaren Verfassungsbestimmungen der anderen Unionsrepubliken supra S. 184, Fn 8.

[18] ASPATURIAN 1960, S. 189 f; SAWCZUK 1972, S. 43; ARNOLD 1973, S. 84.

[19] MUKSINOV 1969, S. 74 ff.

[20] Art 103 der Verf der ESSR, KiSSR und LaSSR; Art 104 der LiSSR; Art 105 der MSSR; Art 107 der BSSR und ArSSR; Art 109 der KazSSR und TuSSR; Art 112 der USSR; Art 119 der TaSSR; Art 131 der UzSSR; Art 136 der RSFSR; Art 139 der AzSSR und Art 145 der GSSR; vgl dazu SAWCZUK 1972, S. 43.

— folglich auch in den Unionsrepubliken — auf dem durch die *Grundlagen* behandelten Gebiet durch die *Grundlagen,* die in Übereinstimmung mit den *Grundlagen* erlassenen anderen Normativakte der UdSSR sowie durch die entsprechenden Kodices und anderen Normativakte der Unionsrepubliken geregelt werden [21].

Eine Ausnahme stellen die *Grundlagen* über die Gerichtsverfas-

---

[21] Art 2 der *Grundlagen der Strafgesetzgebung* ... (VSS SSSR 1959/1): „Die Strafgesetzgebung der UdSSR und der Unionsrepubliken besteht aus den vorliegenden Grundlagen, welche die Prinzipien bestimmen und allgemeine Bestimmungen der Strafgesetzgebung der UdSSR und der Unionsrepubliken enthalten, den Allunionsgesetzen ... und den Strafgesetzbüchern der Unionsrepubliken."; Art 1 der *Grundlagen der Strafprozessordnung* ... (VVS SSSR 1959/1): „Das Strafverfahren wird durch die vorliegenden Grundlagen und die in Übereinstimmung mit ihnen erlassenen Gesetzen der UdSSR sowie durch die StPO der Unionsrepubliken geregelt." Art 1 der *Grundlagen der Zivilprozessordnung* ... (VVS SSSR 1961/50): „Das Verfahren in Zivilsachen bestimmt sich nach den vorliegenden Grundlagen und den in Übereinstimmung mit ihnen erlassenen anderen Gesetzen der UdSSR sowie den Zivilprozessordnungen der Unionsrepubliken."; Art 3 der *Grundlagen über das Ehe- und Familienrecht* ... (VVS SSSR 1968/27): „Die Gesetzgebung über die Ehe und Familie besteht aus den vorliegenden Grundlagen und den in Übereinstimmung mit ihnen erlassenen Gesetzesakten der UdSSR, den Kodices über Ehe und Familie sowie den anderen Gesetzgebungsakten der Unionsrepubliken"; Art 2 der *Grundlagen der Bodengesetzgebung der* ... (VVS SSSR 1968/51): „Die Bodenbeziehungen in der UdSSR werden durch die vorliegenden Grundlagen und die in Übereinstimmung mit ihnen erlassenen anderen Akte der Bodengesetzgebung der UdSSR, den Bodenrechtskodices und den anderen Akten der Bodengesetzgebung der Unionsrepubliken geregelt."; Art 2 der *Grundlagen der Besserungs-Arbeitsgesetzgebung* ... (VSS SSSR 1969/29): „Die Besserungsarbeitsgesetzgebung der UdSSR und der Unionsrepubliken besteht aus den vorliegenden Grundlagen ... anderen Gesetzen der UdSSR, sowie aus den Besserungs-Arbeits-Kodices und anderen Gesetzen der Unionsrepubliken." Art 2 der *Grundlagen der Gesetzgebung über das Gesundheitswesen* ... (VVS SSSR 1969/52): „Die Gesetzgebung der UdSSR und der Unionsrepubliken über das Gesundheitswesen besteht aus den vorliegenden Grundlagen und den in Übereinstimmung mit ihnen erlassenen anderen Akten der Gesetzgebung der UdSSR und der Unionsrepubliken über das Gesundheitswesen."; Art 4 der *Grundlagen der Arbeitsgesetzgebung* ... (VVS SSSR 1970/29): „Die Arbeitsgesetzgebung der UdSSR und der Unionsrepubliken besteht aus den vorliegenden Grundlagen und den in Übereinstimmung mit ihnen erlassenen anderen Akten der Arbeitsgesetzgebung der UdSSR, den Arbeitsrechtskodices der Unionsrepubliken sowie anderen Akten der Arbeitsgesetzgebung der Unionsrepubliken."; Art 2 der *Grundlagen der Wassergesetzgebung* ... (VVS SSSR 1970/50): „Die Wasserbeziehungen in der UdSSR werden durch die vorliegenden Grundlagen und die in Übereinstimmung mit ihnen erlassenen anderen Akte der Wassergesetzgebung der UdSSR, die Wasserrechtskodices und die anderen Akte der Wassergesetzgebung der Unionsrepubliken geregelt." Art 5 der *Grundlagen der Gesetzgebung über die Volksbildung* ... (VVS SSSR 1973/30): „Die Gesetzgebung der UdSSR und der Unionsrepubliken über die Volksbildung besteht aus den vorliegenden Grundlagen und den in Übereinstimmung mit ihnen erlassenen anderen Gesetzgebungsakten der UdSSR und der Unionsrepubliken."

sung [22] und über die Zivilgesetzgebung [23] dar, welche nur auf die in Übereinstimmung mit den *Grundlagen* erlassenen jeweiligen Kodices der Unionsrepubliken hinweisen. Außer diesen beiden Kodices enthalten auch die StGB der Unionsrepubliken nur den Hinweis auf ihre Übereinstimmung mit den *Grundlagen* [24]. Den *Grundlagen* folgend bestimmen die meisten Kodices der Unionsrepubliken, daß die behandelte Gesetzesmaterie durch die *Grundlagen,* ferner durch die in Übereinstimmung mit ihnen erlassen anderen Normativakte der UdSSR, die entsprechenden Kodices und andere Gesetzgebungsakte der Unionsrepubliken geregelt werden [25].

---

[22] Art 39 der *Grundlagen über die Gerichtsverfassung* ... (*VVS SSSR* 1959/1): „Aufgrund Art 14/ch der Verf der UdSSR und in Übereinstimmung mit den vorliegenden Grundlagen erlassen die Obersten Sovjets der Unionsrepubliken Gesetze über die Gerichtsverfassung der Unionsrepubliken."

[23] Art 3 der *Grundlagen über die Zivilgesetzgebung* ... (*VVS SSSR* 1961/50): „In Übereinstimmung mit den vorliegenden Grundlagen regeln die Zivilrechtskodices und die anderen Akte der Zivilgesetzgebung der Unionsrepubliken ..."

[24] Art 1 des *Gesetzes über die Gerichtsverfassung der RSFSR* vom 27. 10. 1960; Art 3 der ZGB der ESSR vom 12. 6. 1964, LaSSR vom 27. 12. 1963, LiSSR vom 7. 7. 1964, MSSR vom 26. 12. 1964, KazSSR vom 28. 12. 1963 usw.; Art 2 der StGB der ESSR vom 6. 1. 1961, LaSSR vom 6. 1. 1961, LiSSR vom 26. 6. 1961, TaSSR vom 17. 8. 1961, GSSR (*VVS GSSR* 1961/1).

[25] Art 1 der StPO der LaSSR vom 6. 1. 1961: „Das Strafverfahren auf dem Territorium der LaSSR wird durch die Grundlagen des Strafprozesses der UdSSR und der Unionsrepubliken und auch [takže] durch die in Übereinstimmung mit ihnen erlassenen anderen Gesetze der UdSSR und der StPO der LaSSR geregelt."; desgleichen die StPO der KazSSR vom 22. 7. 1959 ohne das Wort: „auch"; Art 1 der ZPO der LaSSR vom 27. 12. 1963: „Das Verfahren in Zivilsachen vor Gerichten der LaSSR wird durch die Grundlagen der Zivilprozeßordnung der UdSSR und der Unionsrepubliken und den in Übereinstimmung mit ihnen erlassenen anderen Gesetzen der UdSSR sowie der ZPO der LaSSR durchgeführt." Desgl. etwa Art 1 der ZPO der AzSSR vom 11. 9. 1964, ArSSR vom 4. 6. 1964; Art 7 der *Ehe- und Familienrechtsgesetzbuches der ESSR* (*VVS i P ESSR* 1969/3 Anhang): „In Übereinstimmung mit den Grundlagen ... besteht die Gesetzgebung über das Ehe- und Familienrecht aus den Grundlagen, den in Übereinstimmung mit ihnen erlassenen anderen Gesetzgebungsakten der UdSSR, dem vorliegenden Kodex und den anderen Gesetzgebungsakten der ESSR."; dto. Art 7 des *Ehe- und Familienrechtsgesetzes der LaSSR* (*VVS i P LaSSR* 1969/17 Anhang) und Art 7 desselben Gesetzes der UzSSR vom 6. 6. 1969; dieselben Bestimmungen findet man zB für das Bodenrecht im Art 3 des *Bodenrechtsgesetzes der ESSR* (*VVS i P ESSR* 1970/33 Anhang) und den Art 2 der *Bodenrechtsgesetze der LaSSR* vom 5. 5. 1970, TaSSR vom 17. 12. 1970, GSSR (*VVS GSSR* 1971/7 Anhang), UzSSR (*VVS UzSSR* 1970/27 Anhang), RSFSR (*VVS RSFSR* 1970/28) usw.; den Art 2/1 der Gesetzbücher über die Besserungs-Arbeit der ESSR (*VVS i P ESSR* 1970/33 Anhang), LaSSR (*VVS i P LaSSR* 1971/2), RSFSR (*VVS RSFSR* 1970/51); im Art 2 des *Gesetzes über das Gesundheitswesen der AzSSR* (*VVS AzSSR* 1971/13); den Art 4 der *Arbeitsgesetzbücher der LaSSR* vom 14. 4. 1972, RSFSR (*VVS RSFSR* 1971/50), USSR (*VVS USSR* 1971/50 Anhang); dem Art 2 des *Wasserrechtsgesetzes der USSR* (*VVS USSR*

Das erste Argument dafür, daß die Gesetzgebung der Unionsrepubliken aufgrund von *Grundlagen* [26] zu den Restkompetenzen der Unionsrepubliken gezählt werden muß, liegt darin, daß die *Grundlagen* ein Teil des materiellen Gesetzesrechtes der Unionsrepubliken sind [26a]. Das materielle Gesetzesrecht der Unionsrepubliken auf den einzelnen Gebieten gehört also nur zum Teil zur Teilrechtsordnung „Unionsrepublik", da die *Grundlagen* der Teilrechtsordnung „Unionsrecht" zugerechnet werden müssen. Gegen die Vermutung, daß die *Grundlagen* durch spezielle Transformation mittels Erlaß von Unionsrepubliksgesetzen Unionsrepubliksrecht geworden sind, spricht einmal die ausschließliche Kompetenz der UdSSR zum Erlaß von *Grundlagen* [27], zum anderen auch das Recht der UdSSR, in die Grundlagen Änderungen einzufügen, welche mit dem Erlaß der Änderung entgegenstehendem Unionsrepubliksrecht derogieren [28].

Ein Gegenargument wäre, daß die Grundlagen nur solange allgemeinverbindliches und für die Unionsrepubliken unmittelbares Recht darstellen, bis auf ihnen basierende Unions- beziehungsweise Republiksgesetze erlassen werden [29]. Dieser Auffassung kann nicht gefolgt werden. Einmal spricht die Erwähnung der *Grundlagen* als Teile der Gesetzgebung sowohl in den Grundlagen selbst [30], als auch in den Unionsrepubliksgesetzen und -kodices [31] dagegen. Zum zweiten widerspricht diese Auffassung der Tatsache, daß in den Ausführungsverordnungen zu den Grundlagen für diese keine zeitlich beschränkte Geltung fest-

---

1972/24 Anhang). Die Angabe des Datums des Gesetzes erfolgte dann, wenn nur ein offizieller Gesetzestext ohne Verweis auf die Promulgation vorlag.

[26] Der Terminus Ausführungsgesetzgebung wurde hier vermieden, um nicht Vergleiche zu ähnlichen Institutionen anderer Staaten anstellen zu müssen.

[26a] Dies geht klar aus der Aussage eines sovjetischen Autors hervor, ISMAILOV, I. A.: „Nekotorye teoretičeskie voprosy sistematizacii zakonodatel'stva", *Izv. AN AzSSR* 1974/4 Serija istorii, filosofii i prava, S. 123—131, auf S. 129:
„Diese allgemeinen Prinzipien und Bestimmungen, welche in den Grundlagen, Hauptgrundsätzen und Allunionsgesetzen [vgl supra S. 185 ff] formuliert sind, sind sowohl für die UdSSR als Ganzes, als auch für jede Unionsrepublik im Einzelnen verpflichtend. Darum werden auch Bestimmungen der Grundlagen und Hauptgrundsätze wörtlich in den entsprechenden Legislativakten der Unionsrepubliken ... wiederholt."

[27] Siehe supra S. 186 ff.

[28] Solche Änderungen erfolgen laufend und werden von den Unionsrepubliken nachvollzogen, indem die Unionsrepubliken ihre Kodices in Übereinstimmung mit den abgeänderten Bestimmungen der Grundlagen bringen, siehe infra S. 200 bei Fn 35.

[29] GEILKE 1968, S. 143 f.

[30] Vgl Aufzählung in Fn 21 supra.

[31] Vgl Aufzählung in Fn 25 supra.

gelegt wird. In den Ausführungsverordnungen sind in der Regel nur Bestimmungen enthalten, welche die Weiterverwendung der bisherigen Normativakte der Unionsrepubliken nur in dem Maße zulassen, in welchem sie den neuen *Grundlagen* nicht widersprechen [32]. Also derogieren die Grundlagen dem bis zu ihrem Erlaß geltenden Unionsrepubliksrecht. Darüber, daß sie nach dem Erlaß von Ausführungsgesetzen ihre Gültigkeit verlieren, läßt sich den Ausführungsverordnungen nichts entnehmen. Zum dritten spricht gegen diese Auffassung die Tatsache, daß nach dem Erlaß von einigen Unionsrepublikskodices gewisse Normativakte der UdSSR durch GesV des POS der UdSSR außer Kraft gesetzt wurden [33]. Gerade diese spezielle Aufhebung beweist die Weitergeltung des gesamten Unionsrechtes auf dem jeweiligen Gebiet, da für den Fall der Außerkraftsetzung der *Grundlagen* oder anderen Bundesrechts durch den Erlaß unionsrepublikanischer Kodices eine spezielle Außerkraftsetzung gewisser Normativakte überflüssig geworden wäre.

Eine konsequente Weiterführung des oben genannten Gedankens müßte ferner zu dem Schluß führen, daß durch den Erlaß von Unionsrepublikskodices dem Bundesrecht derogiert werden könnte, ein Gedanke, welcher für das sowjetische Rechtssystem unvorstellbar wäre.

Ein zweites Argument für die Zuordnung der Gesetzgebung der Unionsrepubliken aufgrund der *Grundlagen* zu den Restkompetenzen der Unionsrepublik ist die Tatsache, daß die *Grundlagen* nicht nur ein Teil des jeweiligen Gesetzesrechtes der Unionsrepubliken sind, sondern dem Republiksgesetzgeber auch den Rahmen geben, innerhalb dessen er von seiner Gesetzgebungskompetenz Gebrauch machen kann. Dies geschieht einmal durch die Aussonderung von Teilmaterien zugunsten der ausschließlichen Zuständigkeit der Union [34], zum anderen

---

[32] *Ausführungsverordnung für die Grundlagen der Strafgesetzgebung, der Strafprozeßordnung und der Gesetze über die Verantwortlichkeit für Staats- und Kriegsverbrechen,* Gesetzesverordnung des *POS der UdSSR, VVS SSSR* 1959/7; *Ausführungsverordnung für die Grundlagen der Zivilgesetzgebung und den Zivilprozeß,* Gesetzesverordnung des *POS der UdSSR* vom 10. 4. 1962, *VVS SSSR* 1962/15; dto für das Ehe- und Familienrecht: *VVS SSSR* 1968/39; für das Bodenrecht: *VVS SSSR* 1969/24; für das Gesundheitsrecht: *VVS SSSR* 1970/23; für das Arbeitsrecht: *VVS SSSR* 1970/48.

[33] ZB Gesetzesverordnung des *POS der UdSSR* vom 6. 5. 1971, *VVS SSSR* 1971/19 über die *Außerkraftsetzung von Gesetzesakten der UdSSR in Verbindung mit der Annahme von Besserungs-Arbeitskodices der UzSSR, TaSSR, ESSR, LaSSR, RSFSR, USSR, AzSSR und KiSSR.* Außerkraftgesetzt wurde durch diese Verordnung die *Ordnung für Arbeitskolonien für Minderjährige,* die Verordnung zur Einführung dieser Ordnung sowie das Bestätigungsgesetz für die Verordnung.

[34] Vgl supra S. 188 f.

durch die Festlegung allgemeiner Prinzipien für die von den Unionsrepubliken zu regelnden Teilmaterien. Dadurch kann der Gesetzgeber der Unionsrepublik, der formell zur Legislative über eine Materie berechtigt wäre, nur insoweit gesetzgeberisch tätig werden, als die Union sich die Regelung nicht vorbehalten hat, und auch im verbliebenen Teil nur im Rahmen der Grundlagen.

Darüber hinaus kann der Unionsgesetzgeber auch noch durch die Änderung der *Grundlagen* in die Gesetzgebung der Unionsrepubliken eingreifen. Solche Änderungen sind unmittelbar anwendbares Unionsrecht und derogieren unionsrepublikanischem Recht. Die Unionsrepubliken bringen aber ihre jeweiligen Gesetze in der Regel mit der geänderten Fassung der *Grundlagen* in Übereinstimmung [35]. Diese Gesetzgebungskompetenzen der Unionsrepubliken können daher nur als Restkompetenzen bezeichnet werden.

Die Feststellung, daß es sich um Restkompetenzen handelt, genügt nicht zur völkerrechtlichen Würdigung der Eigenstaatlichkeit der Unionsrepubliken. Da es hier auf den Grad der Selbständigkeit ankommt, könnte der Nachweis einer extensiven Ausnützung des dem Unionsrepubliksgesetzgeber verbleibenden Spielraums ein stärkeres Indiz für das Vorhandensein von Staatlichkeit und damit Völkerrechtssubjektivität darstellen. Es muß daher untersucht werden, wie weit die Unionsrepubliken in ihrer Gesetzgebung nationale Eigenheiten und geographische Besonderheiten berücksichtigen. Deshalb sollen we-

---

[35] Vgl etwa die Änderungen der *Grundlagen der Strafgesetzgebung* ...: Einführung der Todesstrafe in Ausnahmefällen, Gesetzesverordnung des *POS der UdSSR*, VVS 1962/14, Bestätigung dieser GesV durch Gesetz VVS SSSR 1962/17; Einführung der Todesstrafe bei Staatsverbrechen, GesV *POS UdSSR*, VVS SSSR 1961/19, Einführung der Todesstrafe bei Störungen in Besserungs-Arbeits-Anstalten, GesV *POS UdSSR*, VVS SSSR 1961/21, Bestätigung dieser GesV durch Gesetz VVS SSSR 1961/50; Änderung des StGB der RSFSR, VVS RSFSR 1962/29; *Gesetz über besonders schwere Wiederholungstäter* [recidivist] VVS SSSR 1969/29, siehe dazu GesV des POS der LaSSR, VVS i P LaSSR 1970/24; zur Änderung der *Grundlagen der Strafprozeßordnung:* Teilnahme von Strafverteidigern am Strafprozeß, GesV *POS UdSSR*, VVS SSSR 1970/36, Bestätigung durch Gesetz VVS SSSR 1970/50; Änderung der StPO der BSSR: *Sobranie zakonov, Ukazov prezidiuma Verchovnogo Soveta BSSR, Postanovlenija i Rasporjaženija Soveta Ministrov BSSR* 1972/21; *Änderung der Grundlagen der Zivilgesetzgebung* ...: Änderung der Art 56 GesV *POS UdSSR*, VVS SSSR 1966/45, Bestätigung durch Gesetz VVS SSSR 1966/51; Änderung des ZGB der RSFSR, VVS RSFSR 1966/48; Ergänzung des Art 49 der *Grundlagen* ... GesV *POS UdSSR*, VVS SSSR 1969/21, Bestätigungsgesetz VVS SSSR 1969/29; vgl dazu VVS i P LaSSR 1969/32; Änderung des Art 68 *Grundlagen* ... GesV *POS UdSSR*, VVS SSSR 1970/24, Bestätigungsgesetz VVS SSSR 1970/29, siehe dazu VVS RSFSR 1970/26, VVS USSR 1970/31, VVS i P LaSSR 1970/36.

nigstens einige Gebiete der Gesetzgebung der Unionsrepubliken auf
mögliche Unterschiede in der Regelung der Gesetzesmaterie überprüft
werden.

Im sovjetischen Schrifttum findet man bei den wenigen Arbeiten,
welche sich dem Vergleich der Gesetzgebungen der Unionsrepubliken
widmen, immer Hinweise auf die Ähnlichkeit der Gesetzgebungsakte
der Unionsrepubliken. Diese Ähnlichkeit wird durch die Einheit des
gesamten Gesetzgebungssystems der UdSSR erklärt, welche durch die
Einheit des sovjetischen gesellschaftlichen und politischen Aufbaues,
basierend auf der Einheit der sozial-ökonomischen Struktur aller
Unionsrepubliken und der Einheit der Ideologie und des Rechtsbe-
wußtseins aller Sovjetvölker [36] bedingt sei [37]. Auch wird im sovjetischen Schrifttum betont, daß die Hauptaufgabe der gesamten sovjetischen Gesetzgebung bei der Vervollständigung des Rechtssystems der
UdSSR und der Unionsrepubliken die Ausmerzung der Vielfalt von
Normen zu ein und denselben Fragen sei [38]. Es finden sich allerdings
auch Stimmen, die sagen, daß die originelle Behandlung gewisser Materien in den Gesetzbüchern einiger Unionsrepubliken für andere
Unionsrepubliken beispielhaft sein könnte [39].

c.a) Unionsrepublikanische Gesetzgebung auf dem Gebiete des
Straf- und Strafprozeßrechtes.

Die *Grundlagen der Strafgesetzgebung* ... und die *Grundlagen der
Strafprozeßordnung* ... [40] können von allen *Grundlagen* der UdSSR
am ehesten dem Gesetzestypus: Grundsatzgesetz [41] zugerechnet werden,
einem Idealtypus, bei welchem die *Grundlagen* Leitlinien enthalten,
die dem Unionsrepubliksgesetzgeber einerseits eine Orientierung im

---

[36] Für alle: Šebanov 1973, S. 18.

[37] Als der Verfasser der vorliegenden Arbeit in der UdSSR auch die Unterschiede in der Gesetzgebung der einzelnen Unionsrepubliken untersuchen wollte,
wurde ihm von seinen sovjetischen Gesprächspartnern ebenfalls immer betont, er
dürfe nicht Verschiedenheit dort erwarten, wo Einheit bestehe; er solle lieber die
Einheitlichkeit der Regelungen zu konkreten Fragen als Beweis für die Einheit des
gesellschaftlichen und folglich — als Überbau — auch rechtlichen System gelten
lassen.

[38] Für alle: Kolibab 1972, S. 100 f; vgl auch Šebanov 1973, S. 18 ff.

[39] ZB Tolstoj 1973, S. 50 f.

[40] *VVS SSSR* 1959/1.

[41] Etwa vergleichbar mit den Rahmenvorschriften des Art 74 *GG;* der Grundsatzgesetzgebung des Art 12 *B-VG;* Art 24, 24/bis und 25 *BV,* vgl dazu Fleiner/
Giacometti, S. 91.

Grundsätzlichen, andererseits einen Entscheidungsspielraum für mehr als nur eine legislativ-technische Lösung im Einzelnen bieten [42].

Die Unionsrepubliksgesetzgeber haben von ihrer Gesetzgebungskompetenz durch den Erlaß von Strafgesetzbüchern Gebrauch gemacht. Da die *Grundlagen der Strafgesetzgebung* nur den üblicherweise als *Allgemeiner Teil* bezeichneten Teil der Strafgesetzgebung enthalten, oblag es dabei den Unionsrepubliken, den Besonderen Teil ihrer Strafgesetzbücher selbst zu gestalten.

Um es vorwegzunehmen, große Unterschiede der einzelnen StGB sind nicht festzustellen. Dessenungeachtet verdienen einige Besonderheiten festgehalten zu werden.

Der allgemeine Teil des StGB der RSFSR enthält eine Bestimmung, welche nach Ansicht eines sovjetischen Autors [43] von den Grundlagen abweicht. Die *Grundlagen der Strafgesetzgebung* ... [44] sowie die StGB der anderen Unionsrepubliken [45] bestimmen, daß zu den Personen, welche nicht der Strafart der Ausweisung [vysylka] unterworfen werden können, Personen unter 18 Jahren gehören. Der Art 26/3 des StGB der RSFSR bestimmt darüber hinaus, daß diese Strafe auch gegen schwangere Frauen und Frauen, die Minderjährige zu versorgen haben, nicht verhängt werden darf [46]. Im Allgemeinen Teil des StGB der USSR fällt eine Bestimmung auf, welche in einigen StGB der anderen Unionsrepubliken nicht enthalten ist [47], nämlich die Festnahme des Verbrechers auf frischer Tat [48] durch das Opfer oder dritte Personen. Bei der Feststellung des Personenkreises, dessen unentbehrliche Gegenstände nicht der Konfiskation unterliegen können, zählt das StGB der USSR [49] außer der Person des Verurteilten und den Personen, die

---

[42] WELAN, M.: „Grundsatzgesetzgebung und Ausführungsgesetzgebung", Manuskript zur Veröffentlichung in *Föderative Ordnung*, Bd 3: Theorie und Praxis des Bundesstaates, S. 22. Das Manuskript wurde vom Verfasser liebenswürdigerweise zur Verfügung gestellt.

[43] MENŠAGIN in *Osobennosti*, S. 71.

[44] Art 24/5.

[45] ZB Art 26 des StGB der ESSR.

[46] Die *Grundlagen* verbieten die Anwendung der Strafart der Verbannung [ssylka], also der Ausweisung mit zwangsweiser Ansiedlung an einem bestimmten Ort für diesen Personenkreis, jedoch für die Strafart der Ausweisung ohne Bestimmung des Aufenthaltsortes ist diese Einschränkung nicht vorgesehen.

[47] ZB im StGB der RSFSR in der Fassung 1966, Jurlit M. 1966.

[48] Art 15/3 des StGB der USSR, vgl TICHENKO in *Osobennosti*, S. 123; so auch Art 13/3 des StGB der UzSSR und Art 13 des StGB der ESSR.

[49] Art 35/2.

unter seiner Versorgung stehen, auch die Angehörigen seiner Familie auf [50].

In den Besonderen Teilen der StGB der Unionsrepubliken fällt eine differenzierte Behandlung des Hausbrandes von alkoholischen Getränken [samogonovarenie] auf. Nur im StGB der GSSR bleibt der Hausbrand von Alkohol — hier allerdings auch nur aus dem Trester [čača] — zum Eigenverbrauch straflos, was aus der Berücksichtigung nationaler und örtlicher Besonderheiten erklärt wird [51]. Die Herstellung von Hausbrand ohne Verkaufsabsicht [bez cel'ju sbyta] wird in einigen StGB nur im Wiederholungsfall innerhalb eines Jahres geahndet [52], oder nur dann, wenn gegen den Täter bereits Maßnahmen der gesellschaftlichen Einwirkung [53] [obščestvennoe vozdejstvie] unternommen wurden [54]. Während in einigen Republiken die Verwahrung von Hausbrand, welcher nicht mit dem Zwecke des Vertriebes hergestellt wurde, strafrechtlich geahndet wird [55], verfolgen andere Republiken diese Handlung nicht mit strafrechtlichen Sanktionen [56]. In einigen Republiken erwächst eine strafrechtliche Verantwortlichkeit aus dem Verkauf von Alkohol an Minderjährige [57].

Der verbotene Umgang mit Rauschgift wird in der KiSSR besonders streng bestraft, da diese Republik der Hauptlieferant der UdSSR an Rohopium ist [58]. In dieser Unionsrepublik wird auch der Genuß von Rauschgiften strafrechtlich verfolgt [59], während sich der Rauschgiftsüchtige in den meisten Republiken einer Zwangsheilung unterwerfen muß [60].

Die StGB einiger Unionsrepubliken enthalten als qualifizierten Straftatbestand die Kindestötung [61]. Interessant ist die Motivierung

---

[50] Nicht so Art 35/2 des StGB der RSFSR; Art 31/3 des StGB der ESSR.

[51] MAKAŠVILI in *Osobennosti*, S. 260, dazu Art 173/1 StGB der GSSR.

[52] So etwa Art 149/1 des StGB der ESSR.

[53] Etwa Maßnahmen der „defense sociale", wie öffentlicher Verweis an der Arbeitsstätte, Aushang am Schwarzen Brett etc.

[54] Art 155/1 der AzSSR, vgl KAGRAMANOV/MAMEDOV in *Osobennosti*, S. 287; dto für die LaSSR BLUM in *Osobennosti*, S. 366 f.

[55] Art 158/1 StGB der RSFSR; Art 155/1 des StGB der BSSR (vgl dazu MERKUŠEV in *Osobennosti*, S. 176); Art 160 des StGB der KiSSR (vgl KUČERJAVYJ/MALKIN in *Osobennosti*, S. 417).

[56] Vgl REBANE in *Osobennosti*, S. 527 für die ESSR.

[57] So nach Art 156 des StGB der BSSR, vgl MERKUŠEV in *Osobennosti*, S. 177; Art 212 des StGB der KaSSR, 161 der KiSSR und 106 der ArSSR.

[58] KUČERJAVYJ/MALKIN in *Osobennosti*, S. 433 ff.

[59] Art 235 des StGB der KiSSR, vgl ibid, S. 435.

[60] Art 62 des StGB der RSFSR; Art 60 der ESSR.

[61] Art 106 des StGB der LiSSR; 92 der MSSR, 100 der LaSSR, 102 der ESSR.

eines sovjetischen Autors für die Einordnung der Tötung eines Neugeborenen während oder kurz nach der Geburt durch die Mutter unter die weniger gefährlichen Verbrechen:

> „Es ist möglich, daß die Aussonderung dieser Art des Mordes unter die besonders geringfügig gefährlichen Verbrechen im StGB der LiSSR durch den Umstand bedingt ist, daß im Bewußtsein breiter Massen der Werktätigen die Überreste bürgerlicher Moral noch nicht vollständig überwunden sind, nach welchen eine Frau, die ein uneheliches, ‚ungesetzliches‘ Kind gebiert, dem *anathem‘* überantwortet und allgemein verdammt wird" [62].

Es ist diesem Autor völlig entgangen, daß in den oben erwähnten StGB [63] kein Hinweis auf das unehelich geborene Kind besteht [64].

Gewisse Nuancen bieten die StGB der Unionsrepubliken auch im Sexualstrafrecht. So sieht die USSR bei Homosexualität leichtere Strafen vor [65] als andere Unionsrepubliken [66].

Kuppelei wird in einigen Unionsrepubliken nicht strafrechtlich geahndet [67]. Die Befriedigung der Fleischeslust [polevaja strast'] auf widernatürlichem Wege [v izvraščennom vide] wird zB im StGB einer Unionsrepublik gesondert von der Homosexualität geahndet [68].

Einige Unionsrepubliken bestimmen die Straflosigkeit bei geschlechtlichen Handlungen nach dem Alter des Opfers, so etwa bis zur Erreichung des 16. Lebensjahres [69] oder mit Erreichung der Volljährigkeit [70] bei Unzucht mit Minderjährigen, während andere Unionsrepubliken bei Straftatbestand der Verführung Minderjähriger oder

---

[62] KLIMKA in *Osobennosti*, S. 306.

[63] Siehe Fn 61.

[64] Wie etwa in § 217 des StGB der BRD, wo (nach SCHÖNKE/SCHRÖDER, Strafgesetzbuch, Kommentar, 16. Aufl, München 1972, S. 1131) der Grund für die Strafmilderung die seelische und wirtschaftliche Notlage der unehelichen Mutter in Verbindung mit dem Erregungszustand während der Geburt ist. Vgl auch § 139 StG von Österreich, in dem neben der generellen Privilegierung des Kindesmordes noch eine Strafmilderung für die uneheliche Mutter vorgesehen ist.

[65] Art 122/1 des StGB der USSR bis ein Jahr Gefängnis oder drei Jahre Ausweisung, vgl. TICHENKO in *Osobennosti*, S. 152, der dieses als Besonderheit des StGB der USSR hervorhebt.

[66] Art 121/1 des StGB der RSFSR bis fünf Jahre Gefängnis; Art 118/1 der ESSR bis zwei Jahre Gefängnis.

[67] So zB in der ESSR, vgl. REBANE in *Osobennosti*, S. 535; dagegen Art 226 des StGB der RSFSR, der Kuppelei aus gewinnsüchtigen Motiven unter Strafe stellt.

[68] Art 115/1 des StGB der ESSR; ähnlich die AzSSR, vgl KAGRAMANOV/MAMEDOV in *Osobennosti*, S. 282.

[69] Welches dem Täter bekannt sein muß: Art 116 des StGB der ESSR; 110 der KiSSR; 122 der LaSSR; für die GSSR vgl MAKAŠVILI in *Osobennosti*, S. 255.

[70] BLUM in *Osobennosti*, S. 358 für die LaSSR, Art 123 des StGB der LaSSR.

der Unzucht mit Minderjährigen als Kriterien die Geschlechtsreife des Opfers [71] nehmen.

Das StGB einer Unionsrepublik faßt den Kreis der abhängigen Personen, welche nicht zum Geschlechtsverkehr genötigt werden dürfen, weiter, und spricht außer materieller und dienstlicher auch von anderer Abhängigkeit. Dazu bemerkt ein sovjetischer Autor, daß die Blutschande nicht mehr als Straftatbestand gilt, daß jedoch der Gesetzgeber Fälle nicht ungestraft lassen wollte, wo ein Familienmitglied unter Ausnützung seiner Position [položenie] andere Familienmitglieder über 16 Jahren zum Geschlechtsverkehr mit ihm zwingt [72].

Auch auf dem Gebiet des Straßenverkehrsstrafrechts gibt es einige unwesentliche Abweichungen der Unionsstrafgesetzbücher [73].

Eine umfassende Darstellung der Besonderheiten der StGB der Unionsrepubliken ist für den Zweck dieser Untersuchung nicht notwendig [74]. Es genügte darzustellen, daß zwischen den StGB der Unionsrepubliken gewisse Unterschieden bestehen. Trotzdem kann einem sovjetischen Autor durchaus gefolgt werden, der feststellt, daß bei der Analyse aller 15 StGB der Unionsrepubliken vor allem die Einheitlichkeit des Systems [75] und die einheitliche Einstellung zu allen wichtigen Fragen auffallend sei [76], daß aber im Gegensatz zur Auffassung eines anderen sovjetischen Autors [77], der gesagt hätte, daß gleichzeitig nicht mehrere richtige Entscheidungen möglich und daher offensichtlich immer nur eine die richtige sei, nebeneinander mehrere richtige Entscheidungen getroffen werden können.

Die Unterschiede in der Regelung gewisser Straftatbestände oder die Tatsache, daß gewisse Handlungen nur in einigen Unionsrepubliken strafrechtlich geahndet, oder nur in einigen nicht strafrechtlich verfolgt

---

[71] Die RSFSR, Art 119 des StGB; dto die USSR, BSSR und LiSSR, vgl. Blum in *Osobennosti*, S. 358.

[72] Makašvili in *Osobennosti*, S. 254 f für die GSSR.

[73] Siehe dazu Schmidt, H-T.: „Die sovjetischen Straßenverkehrsstraftatbestände" in: *XII JbfOR* 1971/2, 101—120, bes S. 103, 110, Fn 48; 111, Fn 51; 115, Fn 74.

[74] Vgl dazu *Osobennosti*.

[75] Mit gewissen Abweichungen in der Nomenklatur der einzelnen Hauptstücke der StGB; außerdem enthält das StGB der RSFSR ein Hauptstück: Verbrechen, welche Relikte örtlicher Gebräuche darstellen. Die darin zusammengefaßten Straftatbestände sind in den StGB der anderen Unionsrepubliken unter die Hauptstücke: Verbrechen gegen die Person oder gegen das Leben, Gesundheit, Freiheit, Würde der Persönlichkeit oder in andere Hauptstücke aufgeteilt.

[76] Kirin 1970, S. 142.

[77] Kurljandskij 1959, S. 58—60, Kritik dazu Kirin 1970, S. 148.

werden, deuten auf eine gewisse Selbständigkeit der Unionsrepubliken bei der Ausübung ihrer Gesetzgebungskompetenz auf dem Gebiet des Strafrechts. Dieses Bild wird allerdings durch eine sehr extensive Auslegung einer Bestimmung der *Grundlagen der Strafgesetzgebung* ... wieder gestört, nämlich der Generalklausel, daß die UdSSR im Falle der Notwendigkeit außer den Gesetzen über Staats- und Kriegsverbrechen auch alle anderen Verbrechen, welche gegen die Interessen der UdSSR gerichtet sind, gesetzlich regeln kann [78]. Der Unionsgesetzgeber hat, außer in den bereits erwähnten Fällen, in denen unbeschränkte ausschließliche Unionskompetenz über Fragen der Staatssicherheit besteht [79], viele Gesetzgebungsakte erlassen, welche Tatbestände betreffen, die in den StGB der Unionsrepubliken geregelt sind.

Zu dieser Gruppe von Normativakten der UdSSR können gerechnet werden:

Die GesV des POS der UdSSR über die *Verschärfung der strafrechtlichen Verantwortung für Vergewaltigung* [80] vom 15. 2. 1962.
Die GesV des POS der UdSSR über die *Verschärfung der strafrechtlichen Verantwortlichkeit für Bestechung* [81] vom 20. 2. 1962.
Die GesV des POS der UdSSR über die *Verschärfung der strafrechtlichen Verantwortlichkeit für eigenmächtiges Anhalten eines Zuges ohne Notwendigkeit* [82] vom 21. 10. 1963
Die GesV des POS der UdSSR über die *Verschärfung der Verantwortlichkeit für Rowdytum* [chuliganstvo] [83] vom 26. 7. 1966, mit Ausführungsverordnung vom selben Datum und Verordnung über die Praxis der Anwendung der GesV [84]
Die Verordnung [postanovlenie] des MinR der UdSSR vom 23. 2. 1970 über *Maßnahmen zur Verschärfung des Kampfes gegen Personen, welche gesellschaftlich nützlicher Arbeit ausweichen und ein antigesellschaftliches parasitäres Leben führen* [85]

---

[78] Art 2/2 der *Grundlagen der Strafgesetzgebung ... VVS SSSR 1959/1.*
[79] Vgl supra S. 178 ff.
[80] *VVS SSSR* 1962/8; geregelt im StGB der RSFSR im Art 117.
[81] *VVS SSSR* 1962/8; geregelt im StGB der RSFSR im Art 173 ff.
[82] *VVS SSSR* 1963/43; geregelt im StGB der RSFSR in Art 213.
[83] *VVS SSSR* 1966/30; geregelt im StGB der RSFSR im Art 206.
[84] Verordnung des *POS der UdSSR* vom 13. 10. 1967, *VVS SSSR* 1967/43.
[85] *SP SSSR* 1970/4; das StGB der RSFSR enthält nur in Art 210 ein Verbot der Ausnützung Minderjähriger zum Zweck der Führung einer parasitären Existenz. Das StGB zB der ESSR enthält in Art 201² den Straftatbestand der böswilligen Ablehnung gesellschaftlich nützlicher Arbeit und des parasitären Lebenswandels.

Die GesV des POS der UdSSR vom 19. 6. 1972 über die *Verschärfung des Kampfes gegen Trunksucht und den Alkoholismus* [86]; dazu vorher die Verordnung [postanovlenie] des MinR der UdSSR vom 16. 5. 1972 über dieselbe Materie [87]

Zu einer Erweiterung der Grundlagen durch die Einführung einer neuen Strafart gehört:

Die GesV des POS der UdSSR vom 12. 6. 1970 über die *Bedingte Verurteilung zu Freiheitsentzug unter gleichzeitiger zwangsweiser Heranziehung des Verurteilten zur Arbeit* [88] mit Ausführungsverordnung vom gleichen Datum.

Diese Aufzählung, welche mangels Publizität mancher Normativakte der Obersten Staatsorgane in der UdSSR [89] nicht erschöpfend sein kann, zeigt, wie sehr selbst die Gesetzgebungskompetenzen der Unionsrepubliken auf dem Gebiet des Strafrechts, wo diese ebenfalls nach Auffassung sowjetischer Autoren am weitestgehenden sind [90], durch Bundesrecht eingeschränkt oder faktisch aufgehoben werden können.

c.b) Unionsrepublikanische Gesetzgebung auf dem Gebiet des Zivilrechts.

Auf dem Gebiet des Zivilrechts ist der Umfang derjenigen Materien (Rechtsbeziehungen), welche nur durch die Gesetzgebung der UdSSR geregelt werden können, durch die *Grundlagen der Zivilgesetzgebung* ... bedeutend weiter angelegt, als in den Grundlagen der Strafgesetzgebung [91]. Vor allem fällt bei den *Grundlagen der Zivilgesetzgebung* ... im Vergleich zu den *Grundlagen der Strafgesetzgebung* ... auf, daß die einzelnen Institutionen des Zivilrechts weitaus differenzierter und detaillierter geregelt werden. Eine nähere Analyse zB des Eigentumsrechts zeigt, daß die ZGB (hier das ZGB der RSFSR [92]) der Unionsrepubliken zwar die 14 Artikel der *Grundla-*

---

[86] Zit bei ZAGORODNIKOV, N.: „Ugolovnyj zakon v bor'be protiv p'janstva i alkogolizma" *Soc. Zak.* 1972/11, S. 27—31, S. 27; in den *VVS SSSR* und den Izvestija nicht nachweisbar; die Izvestija veröffentlicht am 16. 6. 1972 einen Leitartikel zu dieser Frage.

[87] *SP SSSR* 1972/11.

[88] *VVS SSSR* 1970/24.

[89] Vgl Fn 86; vgl ebenfalls über die Promulationspflicht in der UdSSR supra S. 156 ff.

[90] Siehe für alle: KOLIBAB 1972, S. 100 f.

[91] Vgl supra S. 189, Fn 46, vgl dazu KOLIBAB 1972, S. 101.

[92] Vom 11. 6. 1964, offizieller Text Jurlit M. 1965.

gen ... in 65 Artikeln erweitert haben, jedoch die Institutionen des Eigentumsrechts, wie die Aufgliederung in: Sozialistisches Eigentum, bestehend aus staatlichem Eigentum, Eigentum der Kolchosen und anderen genossenschaftlichen Organisationen sowie ihrer Vereinigungen und Eigentum gesellschaftlicher Organisationen, und persönliches Eigentum bereits in den *Grundlagen* erschöpfend vorgegeben sind. In den *Grundlagen* ... sind die Objekte der verschiedenen Eigentumstypen ausschöpfend angeführt, ferner die Bestimmungen betreffend die Möglichkeit der Vollstreckung in sie. Ausführlicher sind in den ZGB der Unionsrepubliken Fragen des persönlichen Eigentums behandelt (Art 105—115 ZGB RSFSR), ferner Fragen gemeinschaftlichen Eigentums (Art 116—134 ZGB RSFSR), des vertraglichen Erwerbs von Eigentum (Art 135) und einige Fragen des Sachenrechts, wie Gefahr des zufälligen Untergangs einer Sache, Eigentumsrechts an Früchten und Erträgnissen und Fragen des Fundrechts (Art 138 ff ZGB RSFSR).

Die ZGB der Unionsrepubliken [93] haben zum Teil verschiedene Lösungen für konkrete Probleme gefunden und dabei sowohl nationale Besonderheiten, als auch die unterschiedliche administrativ-territoriale Gliederung der Unionsrepubliken berücksichtigt [94]. Die Abweichung unter den ZGB der Unionsrepubliken, welche nach derjenigen ihrer StGB noch die größte ist, scheint jedoch sovjetischen Autoren ein Dorn im Auge zu sein, da viele Stimmen für eine Vereinheitlichung des Zivilrechts der UdSSR zu vernehmen sind [95].

Unterschiede in der Regelung einzelner Gesetzgebungsmaterien durch die Unionsrepubliksgesetzgeber wurden nach Erlaß der *Grundlagen* über das Ehe- und Familienrecht, über die Bodengesetzgebung, die Besserungs-Arbeitsgesetzgebung, die Gesetzgebung über das Gesundheitswesen, die Arbeitsgesetzgebung und die Wassergesetzgebung, also ab 1968 noch geringfügiger. In den Kodices der Unionsrepubliken sind allerdings immer noch Unterschiede festzustellen [96]. Die Tendenz

---

[93] Wie auch die Zivilprozeßordnungen der Unionsrepubliken, vgl etwa: LESNICKAJA, L. F. / PUČINSKIJ, V. K.: Osobennosti GPK Sojuznych Respublik, Jurlit M. 1970, bes. S. 5.

[94] Vgl etwa für die Baltischen Unionsrepubliken: TOLSTOJ 1973, S. 48 ff.

[95] Vgl die Literaturhinweise bei SADIKOV 1972, S. 91 ff; dabei kann man zB über den Vorteil einheitlicher Gesetzgebung über Materien lesen, welche durch unionsrepublikanische Gesetzgebung ohnehin ohne wesentliche Unterschiede geregelt werden. Vgl für das Transportrecht SADIKOV 1972, S. 96 f; der Vorteil, den die Vereinheitlichung für den Verwaltungsjuristen bringen könnte, würde für den Staatsrechtler einen Nachteil bedeuten, der versucht, aus den Verschiedenheiten eine Eigenstaatlichkeit zu beweisen.

[96] Für das Ehe- und Familienrecht vgl. DUTOIT 1970/71, S. 21—30, vgl auch

zur Vereinheitlichung der Unionsrepubliksgesetzgebung wird im sovjetischen Schrifttum damit begründet und gerechtfertigt, daß konkrete gesellschaftliche Beziehungen in verschiedenen Unionsrepubliken oft analog sind, und daß ihre Regelung in allen Republiken im allgemeinen Interesse des kommunistischen Aufbaues verwirklicht wird [97].

Auch erscheint es einigen sovjetischen Autoren wünschenswert, daß die Anzahl der die *Grundlagen* vervollständigenden und weiterentwickelnden Normativakte auf ein vernünftiges Minimum und in ein strenges, logisch haltbares System gebracht werden [98].

Die geschilderte Entwicklung deutet auf eine Abnahme der Restkompetenzen der Unionsrepubliken auf dem Gebiet der Gesetzgebung hin. Allerdings widerspricht dies der im sovjetischen Schrifttum immer wieder vertretenen These von der gesetzmäßigen Erweiterung der Rechte der Unionsrepubliken [99]. Diese Tendenz der „Vervollkommnung der Kompetenzverteilung" [100] wird als eine weise Berücksichtigung von dialektisch untereinander verbundenen Prinzipien, wie die ständige Verstärkung der föderativen Bande und Gewährleistung der Einheit der Wirtschafts- und Finanzpolitik, des militärischen und diplomatischen Apparats und der Grundlagen der Gesetzgebung sowie Rechtssprechung einerseits und der Erweiterung der Rechte der Unionsrepubliken zur selbständigen Verwirklichung aller Funktionen der Staatsmacht auf dem ihnen unterstellten Territorium andererseits, beschrieben [101]. Dabei verstünde es sich von selbst, daß die Erweiterung der Rechte der Unionsrepubliken lediglich in dem Umfang zulässig sei, welcher die Führungs- und Koordinierungsrolle der UdSSR völlig unangetastet lasse [102].

Freilich fehlt es im sovjetischen Schrifttum auch nicht an Stimmen, welche diese Entwicklung nicht so einseitig betrachten, beziehungsweise solch eine Entwicklung überhaupt verneinen. Von ihnen wird betont, daß es ein einseitiges Bild sei, nur von der Erweiterung der Kompeten-

---

das Recht der Großeltern, mit minderjährigen Enkeln zu verkehren in Art 62 des *Ehe- und Familienrechtskodex der GSSR*, Art 81 der UzSSR und 57 der RSFSR.
[97] KOLIBAB 1962, S. 101.
[98] SADIKOV 1972, S. 91 mit Hinweisen auf SAMOŠČENKO und ŠEBANOV.
[99] Vgl RAVIN 1957, S. 83 f; derselbe 1961, S. 38; GAJDUKOV 1967, S. 82; AGZAMHODŽAEV 1971, S. 284; CHAKIMOV 1965, S. 472; VICHAREV in: *Sojuz SSR*, S. 209—219; ŠABANOV 1959, S. 151; UMANSKIJ 1970, S. 255 ff.
[100] CHAKIMOV 1965, S. 472; ders in *Sovety Uzbekistana v period kommunističeskogo strojtel'stva*, red CHAKIMOV, Taškent 1969, S. 11.
[101] CHAKIMOV in *Sovety* . . . (Fn 100), S. 11.
[102] VICHAREV in *Sojuz SSR*, S. 209.

zen der Unionsrepubliken zu sprechen [103]. Gegen die Behauptung, daß die Erweiterung der Rechte der Unionsrepubliken eine Gesetzmäßigkeit [104] oder einen objektiven Faktor [105] der Entwicklung der UdSSR als Bundesstaat darstellen, wird, ausgehend von der Position des Sovjetischen Kommunismus, durchaus folgerichtig argumentiert, daß solch eine Erweiterung dann:

„... ständig, unbeirrbar und systematisch vor sich gehen muß, ohne irgendwelche Beschränkungen ..." [106].

Derselbe Autor hält eine Erweiterung der Rechte der Unionsrepubliken für gefährlich, weil sie zum Untergang der Föderation, zum Verschwinden des Bundesstaates, aber nicht zu seiner Festigung führte. Er wendet sich gegen sovjetische Autoren, welche „merkwürdigerweise" im positiven Sinne von der Erweiterung der Rechte der Unionsrepubliken als Weg zum Verschwinden der Sovjetföderation sprächen [107] und dabei im Widerspruch zu den „bekannten Bestimmungen des Parteiprogramms treten ... daß jede Unionsrepublik nur in der großen Familie der brüderlichen Republiken gedeihen kann" [108].

Weiters findet dieser Autor, daß die Erweiterung der Rechte der Unionsrepubliken deshalb nicht die Hauptrichtung der Entwicklung der UdSSR sein könne, weil der Föderalismus nicht das Endziel des sovjetischen staatlichen Aufbaues sei und die Föderation von der KPdSU lediglich als Übergangsform betrachtet werde. Beim Aufbau der UdSSR sei eine große Dezentralisierung nicht vorgesehen gewesen. Das Ziel sei vielmehr der Demokratische Zentralismus [109] bei vollständiger Zentralisierung der Verwaltung [110].

Bei der Darstellung der Teilrechtsordnung der Unionsrepubliken ist die Zuordnung der Normativakte der Unionsrepubliken, welche über die *Grundlagen* hinausgehen, problemlos. Hat die Unionsrepublik von ihren Restkompetenzen Gebrauch gemacht, so sind diese Normativakte der Teilrechtsordnung „Unionsrepublik" zuzuordnen.

Problematischer erscheint die Zuordnung derjenigen Normativ-

---

[103] BEGIJAN 1968, S. 100.
[104] RAVIN 1957, S. 83.
[105] Derselbe in *SGiP* 1963/8, S. 7 f.
[106] KISLICYN 1969, S. 97.
[107] Gemeint ist bei KISLICYN, S. 97: AGZAMHODŽAEV 1962, S. 188.
[108] KISLICYN 1969, S. 97.
[109] Der nach MEDER 1971, S. 362 bedeute, daß das sovjetische Staats- und Verwaltungsrecht einen von den übergeordneten Organen selbständigen Wirkungsbereich der örtlichen Verwaltungsorgane nicht anerkenne.
[110] KISLICYN 1969, S. 97 f.

akte der Unionsrepubliken, welche Unionsrecht wiederholen. Dieses Phänomen kann in verschiedener Weise gedeutet werden.

Geht man nur von der materiellen und formellen Gesetzgebungskompetenz der Unionsrepubliken auf den Gebieten aus, in denen die UdSSR das Recht zum Erlaß von Grundlagengesetzen hat, so wird man die Gesetzgebungsakte der Unionsrepubliken den Teilrechtsordnungen „Unionsrepubliken" zuordnen müssen. Die Voraussetzungen dafür sind: das Recht zur Gesetzgebung, ausgedrückt dadurch, daß die Union nur Grundlagen erlassen darf (materielle Kompetenz) und das alleinige Recht des OS der Unionsrepublik zur Erlassung von Unionsrepubliksgesetzen (Art 59 der Verf der UdSSR — formelle Kompetenz [111]). Die Tatsache, daß gewisse Fragen durch die *Grundlagen* bereits abschließend geregelt worden sind, dürfte dieser Argumentation nicht entgegenstehen, da der entscheidende Akt, die Normenschöpfung, durch den Unionsrepubliksgesetzgeber im Rahmen seiner Kompetenzen vollzogen wurde und in seiner rechtlichen Bedingtheit auf einer Stufe mit den Grundlagen steht [112]. Der Art 20 der Verf der UdSSR bestimmt, daß ein Unionsrepubliksgesetz im Falle des Widerspruchs mit einem Unionsgesetz nicht gilt. Daher kann man aus dem Umkehrschluß ableiten, daß ein Unionsrepubliksgesetz, welches einem Unionsgesetz nicht widerspricht — und es tut es ja im vorliegenden Fall dadurch nicht, daß es das Unionsgesetz wiederholt — Gültigkeit hat, also als Unionsrepubliksrecht angewendet werden muß.

Geht man vom Kreis der Normadressaten aus, ist zu bedenken, daß sich die *Grundlagen* auch dann, wenn sie entgegen dem eigentlichen Sinn der Grundsatzgesetzgebung [113] erschöpfende Regelungen vornehmen, nur an den Unionsrepubliksgesetzgeber wenden [114]. Die Unionsrepublikskodices haben als Normadressaten die verschiedenen natürlichen und juristischen Personen innerhalb der Unionsrepubliken. Es ergibt sich damit die Zuordnung der aufgrund der *Grundlagen* erlassenen und diese wörtlich wiederholenden Unionsrepubliksgesetze zu den Teilrechtsordnungen: „Unionsrepubliken". Die *Grundlagen*

---

[111] Zuzüglich der Bestimmung des Art 15 der Verfassung der UdSSR, welcher besagt, daß überall dort, wo keine Unionskompetenz besteht, die Unionsrepubliken ihre Staatsgewalt selbständig ausüben.

[112] Die Verf der UdSSR berechtigt den Unionsgesetzgeber in Art 14/s, t, f, ch, č zum Erlaß von *Grundlagen* und im Art 59 den Unionsrepubliksgesetzgeber zur Gesetzgebung in der Unionsrepublik.

[113] Siehe supra S. 195 ff.

[114] Und dort, wo sie eine Kompetenzverteilung zwischen Bund und Unionsrepubliken vornehmen, den Unionsgesetzgeber, vgl supra S. 189 f.

gelten bei dieser Konstruktion bis zum Erlaß der Unionsrepublikskodices auf dem gesamten Territorium der UdSSR [115] derart, daß sie
dem vor dem Erlaß neuer Kodices geltenden Unionsrepubliksrecht
derogieren [116]. Ist der Normadressat der Unionsrepubliksgesetzgeber
und hat dieser den entsprechenden Kodex erlassen, gilt das Unionsrepubliksrecht konsequenterweise bis zu seiner Abänderung durch eine
Änderung der *Grundlagen* [117].

Diese beiden Lösungsmöglichkeiten ließen sich für das Gebiet des
Strafrechts [118] und vielleicht auch noch für das Gebiet des Zivilrechts [119]
anwenden.

Sieht man von zwei *Grundlagen* [120] und drei Unionsrepubliksgesetzen [121] (von insgesamt 11) ab, zeigt sich ein wesentlich anderes
Bild.

Es ergibt sich dann aus dem Unionsrecht (*Grundlagen*), daß die
Gesetzgebung der UdSSR und der Unionsrepubliken aus den *Grundlagen*, den auf ihnen basierenden anderen Unionsgesetzgebungsakten,
den Kodices der Unionsrepubliken sowie den anderen Gesetzgebungsakten der Unionsrepubliken besteht. Die Gesetzgebung der Unionsrepubliken entscheidet die Fragen, welche durch die *Grundlagen* in
die Kompetenz der Unionsrepubliken übertragen wurden und Fragen

---

[115] Als Gesetz gemäß Art 19 der Verf der UdSSR.

[116] Vgl etwa die *Ausführungsverordnung zu den Grundlagen der Ehe- und
Familienrechtsgesetzgebung* ... des POS der UdSSR vom 20. 9. 1968, *VVS SSSR*
1968/39, vgl supra S. 199, Fn 32.

[117] Siehe supra S. 200.

[118] Die *Grundlagen der Strafgesetzgebung* ... enthalten keine Straftatbestände, sind also ergänzungsbedürftig und entsprechen am ehesten dem Idealtyp:
Grundsatzgesetz (vgl supra S. 185 ff). Sie weisen ferner in Art 2 darauf hin, daß
sie die Prinzipien und allgemeinen Bestimmungen der Strafgesetzgebung der UdSSR
und der Unionsrepubliken festlegen. Sie müssen daher als Normadressaten den Aus-
führungsgesetzgeber haben, und dieser ist, außer den in Art 2 erwähnten Fällen
der Staats- und Kriegsverbrechen, sowie der Verbrechen gegen die Interessen der
UdSSR, der Unionsrepubliksgesetzgeber.

[119] Art 103 der *Grundlagen der Zivilgesetzgebung* ... bestimmt, daß die Zivilgesetzgebung der Unionsrepubliken die vermögensrechtlichen und anderen persönlichen Beziehungen, auch wenn sie in den *Grundlagen* nicht vorgesehen sind, in
Übereinstimmung mit den *Grundlagen* regelt. Diese Bestimmung wird zB im Art 3
des ZGB der RSFSR wörtlich wiederholt. Es gibt allerdings in den ZGB der Unionsrepubliken die Wiederholung einer Reihe von Bestimmungen der *Grundlagen,* welche
als Normadressaten durchaus die Einzelperson und als Norminhalt konkrete Regelungen haben, wie zB die Bestimmungen über staatliches Eigentum (Art 21 der
Grundlagen) oder über Schadenersatz (Art 88 der *Grundlagen*).

[120] *Grundlagen der Gerichtsverfassung* ... und der *Zivilgesetzgebung*, vgl
supra S. 197, Fn 22—23.

[121] Ibid, zuzüglich StGB, vgl supra S. 196 ff, Fn 21—25.

anderer Rechtsbeziehungen [122], welche die *Grundlagen* nicht unmittelbar vorsehen.

Korrelierend dazu wiederholt das Unionsrepubliksrecht [123] dieselbe Bestimmung. Da der Kodex sich nur auf ihre Gesetzgebung beziehen kann [124], wird also unmißverständlich erklärt, daß die *Grundlagen* und die anderen Unionsgesetzgebungsakte Bestandteil der Gesetzgebung der Unionsrepublik sind [125]. Berücksichtigt man außerdem, daß die in einem Unionsrepublikskodex wörtlich wiederholte Norm einer *Grundlage* nur solange Gültigkeit hat, als sie in den *Grundlagen* selber enthalten ist, und daß sie mit der Änderung der entsprechenden Bestimmung der *Grundlagen ipso iure* ungültig, und nicht etwa aufhebbar oder anfechtbar wird [126], so kann diese Norm nur der Teilrechtsordnung: „Unionsrecht" zugeordnet werden. Derjenige, der solch eine Norm anwendet, wird also Unionsrecht anwenden, auch dann, wenn sie in der Form eines Unionsrepublikgesetzes angenommen, verabschiedet und verlautbart worden ist.

Die dritte Deutungsmöglichkeit wäre, daß der Wiederholung einer Bestimmung der *Grundlagen* durch ein Unionsrepublikgesetz der „konstitutive Charakter" [127] fehlt. Solch eine „Wiederholungsnorm" muß nicht unbedingt nichtig sein [128], weil sie keinem Unionsgesetz widerspricht. Da das Unionsrepublikgesetz selbst (wie auch die *Grundlagen,* doch diese sind ja nicht vom Unionsrepublikgesetzgeber ergangen) auf die *Grundlagen* als Teil der Gesetzgebung zu einer be-

---

[122] ZB Eheliche und familiäre Rechtsbeziehungen, siehe Art 7 der *Grundlagen der Ehe- und Familienrechtsgesetzgebung* ...; für die anderen Grundlagen siehe supra S. 196, Fn 21.

[123] Vgl zB Art 7 des *Ehe- und Familienrechtskodex der RSFSR;* für die anderen Kodices vgl supra S. 197, Fn 25.

[124] Zu den Kompetenzen zB der RSFSR gehört nach Art 19/e ihrer Verfassung die Gesetzgebung der RSFSR.

[125] Dies ergibt sich auch aus einem offiziellen Kommentar zum Ehe- und Familienkodex der RSFSR, *Kommentarij k kodeksu o brake i sem'e RSFSR,* red Bratus/Orlovskij, Jurlit 1971, S. 22 ff.

[126] Art 20 der Verf der UdSSR: „Widerspricht ein Unionsrepublikgesetz einem Unionsgesetz, so *gilt* das Unionsgesetz" (unterstrichen v Verfasser).

[127] Kelsen/Fröhlich/Merkl, S. 204 über die Wiederholungen von Bestimmungen des Österr. B-VG in den Verfassungen der österreichischen Bundesländer.

[128] Wie es für die Schweiz Fleiner/Giacometti, S. 95 f und Imboden, M.: „Bundesrecht bricht kantonales Recht", *Zürcher Beiträge zur Rechtswissenschaft,* N. F. 1940, No 77, S. 14 und 97 mit weiteren Literaturhinweisen, behaupten. Vgl für die Rechtslage in Österreich Koja 1967, S. 28 ff, der allerdings gegen die Wiederholung von bundesverfassungsgesetzlichen Vorschriften in Landesverfassungen keine Bedenken hat (S. 30) und die Landesverfassungsnorm auch als konstitutiv ansieht, da sie einen neuen und selbständigen Geltungsgrund habe (S. 34).

stimmten Materie verweist und ferner bestimmt, daß die Gesetzgebung der Unionsrepubliken durch die *Grundlagen* gewisse Kompetenzen übertragen erhält [129], kann der einzige Schluß aus diesen Formulierungen sein, daß diejenigen Materien, welche die *Grundlagen* konkret regeln, der unionsrepublikanischen Regelung entzogen sind. Die Bestimmungen der *Grundlagen,* welche in den Unionsrepubliksgesetzen wiederholt worden sind, bilden daher einen Teil der Teilrechtsordnung: „Union".

Da die Restkompetenz der Unionsrepubliken nur die Ausfüllung des von den Grundlagen gesteckten Rahmens sein kann, der Umfang des Rahmens aber davon abhängt, wie intensiv der Unionsgesetzgeber diesen behandelt, wird durch die Wiederholung einer „Grundlagenbestimmung" im Unionsrepubliksgesetz kein Unionsrepubliksrecht geschaffen und diese Wiederholung kann nicht den Teilrechtsordnungen: „Unionsrepublik" zugeordnet werden.

Im sovjetischen Schrifttum wird die Gesetzgebungstechnik: *Grundlagen* ... — Unionsrepubliksgesetze grundsätzlich einheitlich behandelt [130]. Daher darf man wohl auch für die Fälle, wo diese Unionsrepubliksgesetze die Grundlagen nicht als Teil der Republiksgesetzgebung bezeichnen [131], Wiederholungen von Unionsrecht in Unionsrepubliksgesetzen zur Teilrechtsordnung „Union" zählen.

5.4.2.3.2. Die Ausschließlichen Kompetenzen der Unionsrepubliken

Zieht man von der Gesamtheit der möglichen staatlichen Kompetenzen unter Berücksichtigung der Vierteilung der Kompetenzen alle diejenigen Kompetenzen ab, welche entweder der Union zur Gesamtheit, oder der Union und den Unionsrepubliken teilweise zur Regelung überlassen worden sind, erhält man den Bereich der Kompetenzen, in welchen nach Art 15 der Verf der UdSSR jede Unionsrepublik ihre Staatsgewalt selbständig ausübt.

Dieser logische Schluß ergibt sich aus der Konstruktion der sovjetischen Unionsverfassung, welche eine Vermutung für die Kompetenz der Unionsrepubliken in allen jenen Fällen enthält, bei denen keine Kompetenz der UdSSR vorliegt [1]. Der Umfang dieses selbständigen

---

[129] Vgl die Aufzählung im *Kommentar zum Ehe- und Familienrechtsgesetzbuch der RSFSR* (Fn 125) S. 30.

[130] Für alle vgl *Stanovlenie osnov obščesojuznogo zakonodatel'stva,* red. KIRIČENKO/SAMOŠČENKO, M. 1972.

[131] Siehe supra S. 212 ff.

[1] Vgl Art 15/1 *B-VG*; Art 3 *BV*; Art 70/1 *GG*, Art 83 *GG*.

Wirkungsbereiches der Unionsrepubliken wird also durch den Umfang der Unionskompetenzen und Restkompetenzen der Unionsrepubliken negativ abgesetzt, da ein durch die Verfassung der UdSSR festgelegter vorbehaltender Wirkungsbereich der Unionsrepubliken lediglich für einige Kompetenzen der Unionsrepubliken festzustellen ist [2]. In den Verfassungen der Unionsrepubliken enthaltene Kompetenzbestimmungen können — was die Kompetenzabgrenzung zwischen Union und Unionsrepublik betrifft — nicht mehr als Wiederholungen der Kompetenzverteilung durch die Union sein, da die Kompetenz-Kompetenz bei dieser liegt [3]. Allerdings könnten sie für das Innenverhältnis: Unionsrepublik — ASSR oder andere autonome Gebietskörperschaften auf dem Territorium der Unionsrepublik Bedeutung haben. Die Vermutung läge nahe, daß die Unionsrepubliken in ihrem „eigenen" oder „selbständigen" Wirkungsbereich — natürlich im Rahmen der durch die Verfassung der UdSSR den Unionsrepubliken vorgegebenen Grundsätze — alle funktionellen Kompetenzen, Gesetzgebung, Verwaltung und Rechtssprechung nach freiem Ermessen ausüben könnten [4].

Daraus muß man ableiten, daß ein Tätigwerden der UdSSR auf dem Gebiet der ausschließlichen (selbständigen) Kompetenzen nicht möglich oder zumindest nicht zulässig ist, da die Unionskompetenzen ja taxativ aufgezählt sind, im Gegensatz zu den generellen Kompetenzen der Unionsrepubliken [5].

Hingegen liest man mit Verwunderung bei sovjetischen Autoren unter der Überschrift: *Kompetenzen der Unionsrepubliken, welche ihren ausschließlichen Wirkungsbereich darstellen,* daß die unmittel-

---

[2] Festlegung der Vertretungsnormen bei der Wahl zum OS der Unionsrepublik (Art 58/2); Bestimmung, daß der OS einer Unionsrepublik ihr einziges Gesetzgebungsorgan ist (Art 59); Annahme und Änderung der Verfassung der Unionsrepublik (Art 60/a); Bestätigung der Verfassung der zur Republik gehörenden ASSR (Art. 60/b); Bestätigung des Haushaltsplans der Unionsrepublik (Art 60/v); Amnestierecht für die von Organen der Unionsrepublik Verurteilten (Art 60/g); Festlegung der Vertretung der Unionsrepublik im internationalen Verkehr (Art 60/d); Festlegung des Verfahrens für die Aufstellung der Republiks-Truppenformation (Art 60/e); Bestimmung der Kompetenzen des OS der Unionsrepublik (Art 61); ferner das Recht auf freien Austritt (Art 17).

[3] Vgl dazu supra S. 164 ff; anders ŠAFIR 1968, S. 158, der behauptet, daß die Kompetenzen der Unionsrepubliken ihren Ausdruck und ihre Festlegung hauptsächlich in den Verfassungen der Unionsrepubliken finden.

[4] Wie zB FLEINER/GIACOMETTI, S. 109 es für die schweizerischen Kantone feststellt.

[5] Für Österreich vgl ADAMOVICH, S. 127, für die Schweiz FLEINER/GIACOMETTI S. 67.

bare Leitung der Unionsrepubliken auf diesem Gebiet durchaus nicht bedeute, daß die UdSSR hier teilnahmslos bleiben müsse und im Fall der Notwendigkeit keine regulierenden Normativakte erlassen dürfe [6]. Die Besonderheit bestünde hier darin, daß, obwohl eine bestimmte Materie zur ausschließlichen Kompetenz der Unionsrepublik gehöre, die Gesetzgebung, welche die gesellschaftlichen Beziehungen auf diesem Gebiet regle, durchaus von der Unionsrepublik und auch von der UdSSR vorgenommen werden könne [7].

> „Die rechtliche und soziale Natur der UdSSR ist so geartet, daß diese [UdSSR] im Interesse des gesamten Staates die Tätigkeit auf allen Gebieten der Wirtschaft und Kultur regeln kann, weil diese einen inhärenten Teil der Wirtschaft und Kultur der gesamten UdSSR darstellen" [8].

Hier braucht man an den Ausführungen sowjetischer Autoren nicht zu zweifeln, da sie bessere Kenner der tatsächlichen Machtverhältnisse in der UdSSR sein müssen. Man muß also auch bei der Zuordnung der ausschließlichen Kompetenzen der Unionsrepubliken zur Teilrechtsordnung: „Unionsrepubliken" eine gewisse Vorsicht walten lassen.

Bei der Darstellung einzelner ausschließlicher Kompetenzen soll in großen Zügen dem sowjetischen Schrifttum gefolgt werden, weil diese dort gut und gestrafft wiedergegeben sind.

Von den Kompetenzen der Unionsrepubliken auf dem Gebiet der Volkswirtschaft ordnen sowjetische Autoren die Leitung der Industrie und des Bauwesens republikanischer Unterordnung sowie die allgemeine Leitung der örtlichen Industrie der Sphäre der ausschließlichen Kompetenz der Unionsrepublik zu [9]. Hier haben die Unionsrepubliken, besonders nach der Reform des Systems der Wirtschaftsverwaltung des Jahres 1965 [10] weitgehende Kompetenzen bei der Durchführung ihrer Volkswirtschaftspläne. Man darf jedoch auch hier nicht außer acht lassen, daß die gesamte wirtschaftliche Tätigkeit in der UdSSR aufgrund des einheitlichen Volkswirtschaftsplans erfolgt und den Unionsorganen dabei wesentliche Funktionen vorbehalten bleiben.

---

[6] LEPEŠKIN in LEPEŠKIN/KIM, Bd 2, S. 158.

[7] ŠAFIR 1968, S. 158.

[8] LEPEŠKIN (Fn 6) S. 158; es muß darauf hingewiesen werden, daß sowjetische Autoren bei bürgerlichen Föderationen irgendwelche Einmischung der Union in die Kompetenzen heftig verurteilen und dort auf einen unüberwindbaren Antagonismus zwischen der Zentralmacht und den Subjekten der Föderation hinweisen, siehe ŠAFIR 1968, S. 172 ff; vgl auch ALEKSANDRENKO 1962, insbes S. 44 f.

[9] Für alle ŠAFIR 1968, S. 159; im sowjetischen Schrifttum wird zwischen Unions-Unionsrepublikanischer und örtlicher Unterordnung der einzelnen Wirtschaftsbetriebe unterschieden, ibid.

[10] Siehe dazu MEDER 1971, S. 403 ff.

Die Unionsorgane, welche „die unmittelbaren Interessen der UdSSR ausdrücken [vyražaja]" [11] nehmen dabei folgende Funktionen wahr:

„Die Gewährleistung der Einheit des Volkswirtschaftsplans, des Budgets und der Rechnungslegung, was durch das einheitliche System der Volkwirtschaft und des sozialistischen Eigentums vorherbestimmt ist;

Die Gewährleistung einer einheitlichen Finanzpolitik und eines einheitlichen Geldsystems, die Bestimmung der Ordnung der budgetären Finanzierung und der Bankkredite;

Die Richtungsweisung [napravlenie] (im Rahmen der Rechte der Föderation) der Tätigkeit der republikanischen und örtlichen Organe der Leitung der Volkswirtschaft;

Die Kontrolle der Beachtung der Unionsgesetzgebung und der Erfüllung der Entscheidungen der Unionsorgane zu Fragen des Wirtschaftsaufbaues" [12].

Ohne auf eine nähere Analyse des komplexen Systems der sovjetischen Wirtschaftsverwaltung einzugehen, kann man daraus erkennen, daß die sogenannten ausschließlichen Kompetenzen der Unionsrepubliken auf dem Gebiet der Wirtschaftsverwaltung den Restkompetenzen erstaunlich nahe kommen. Die Union hat durch ihre Kompetenz der Erstellung des Volkswirtschaftsplanes [13] und durch das Recht der Kontrolle seiner Ausübung sowie durch die Richtlinienkompetenz die Möglichkeit, die ausschließlichen Kompetenzen der Unionsrepubliken wesentlich einzuschränken. In diesem Fall fiele das Charakteristikum des selbständigen Wirkungsbereiches weg.

Die Regelung des Transportwesens und des Straßenbaus wird sovjetischerseits, soweit nicht *ex lege* Unionskompetenz vorliegt [14], ebenfalls dem ausschließlichen Kompetenzbereich der Unionsrepubliken zugeordnet [15]. Dafür, daß auf diesem Gebiet die Unionsrepubliken von ihren Kompetenzen weitgehend Gebrauch machen, spricht, daß sovjetische Autoren zB das Fehlen eines einheitlichen Koordinationszentrums der UdSSR für Fragen des Automobiltransports, des Straßenbaus und der Flußschiffahrt bemängeln [16]. Ungeachtet des Vorliegens einer „ausschließlichen Kompetenz der Unionsrepubliken" wird aber auch im sovjetischen Schrifttum zugegeben, daß die Gesetzgebungstätigkeit der UdSSR auf diesem Gebiet zunimmt [17]. Es könnte also auch auf diesem Gebiet von einer Einschränkung des selbständigen Wirkungsbereiches der Unionsrepubliken gesprochen werden.

---

11 *Gosudarstvo pravo i ekonomika*, red. Čchikvadze, Jurlit M. 1970, S. 279.
12 Ibid, S. 279 f.
13 Siehe dazu supra S. 179 ff.
14 Siehe dazu supra S. 182.
15 Vgl Šafir 1968, S. 160.
16 ZB Višnjakov 1967, S. 120 ff.
17 Siehe Šafir 1968, S. 160 f.

Das Wohnbauwesen und die Versorgung der Bevölkerung mit Gebrauchsgütern wird in der sowjetischen Literatur als das am meisten dezentralisierte Gebiet der staatlichen Verwaltung bezeichnet [18], doch finden sich auch auf diesem Gebiet Normativakte der UdSSR [19], deren Zweckmäßigkeit im sowjetischen Schrifttum positiv bewertet wird [20].

Bei der Aufzählung der ausschließlichen Kompetenzen der Unionsrepubliken wird von sowjetischen Autoren auch das Gebiet der Sozialversicherung erwähnt [21]. Hier liegt aber einer der wenigen Fälle vor, wo in der UdSSR eine Teilung eines Aufgabenbereiches in Unionsgesetzgebung und Unionsrepubliksvollzug existiert. Zu den wenigen unionsrepublikanischen Ministerien (welche auf Unionsebene keine gleichnamigen Ministerien als Koordinations- und Kontrollorgane haben) gehören die Ministerien für Sozialversicherung [22].

Die Gesetzgebung über Fragen der Sozialversicherung steht der Union zu [23]. Die Unionsrepubliksorgane können auf diesem Gebiet Normativakte nur aufgrund und in Vollzug der Unionsgesetzgebung erlassen [24]. Die Zuordnung dieser Materie zur Teilrechtsordnung „Unionsrepubliken" scheint daher nicht möglich.

Auf dem Gebiet der Organisation des Gerichtswesens [25] werden den Unionsrepubliken weite Bereiche durch die *Grundlagen der Gesetzgebung über den Gerichtsaufbau ...* [26] und durch die Unionsgesetzgebung über die Prokuratur [27] vorgegeben. Außerdem wirkt das

---

[18] Für alle: Šafir 1968, S. 161 f.

[19] Bestimmungen des Teiles 6 der *Grundlagen der Zivilgesetzgebung* ... über die Miete von Wohnraum; GesV des POS UdSSR vom 26. 8. 1948 über das Recht der Bürger zum Kauf und Bau eines individuellen Wohnhauses, *VVS SSSR* 1948/36, Ver. des MinR der UdSSR, dazu, *SP SSSR* 1948/5; *Vorschrift über die Lieferung von Konsumgütern: položenie o postavkach tovarov narodnogo potreblenija* vom 9. 4. 1969, Ver.MinR UdSSR, *SP SSSR* 1969/11.

[20] Šafir 1968, S. 161 f.

[21] Vgl Radžabov in *Sovetskoe gosudarstvennoe pravo*, red. Lepeškin, Jurlit M. 1971, S. 283.

[22] Vgl Art 55 der Verf der RSFSR; Art 49 der USSR; Art 48 der BSSR usw.

[23] Vgl dazu: *Social'noe strachovanie v SSSR*, sbornik oficial'nych materialov, Provizdat 1971, mit Unionsgesetzgebung, wie das *Pensionsgesetz* [zakon o gosudarstvennych pensijach] vom 14. 7. 1956, *VVS SSSR* 1956/15; *Grundlagen* ... des Arbeitsrechts, der Gesetzgebung über das Gesundheitswesen; GesV des POS der UdSSR und Ver. des MinR der UdSSR; Verordnungen des Präsidiums des Zentralrates der Gewerkschaften der UdSSR [postanovlenie VCSPS].

[24] Šafir 1968, S. 163.

[25] Welches nach Šafir 1968, S. 167 f ebenfalls zu den ausschließlichen Kompetenzen der Unionsrepubliken gehört.

[26] *VVS SSSR* 1959/1.

[27] Vgl *SZS* Bd 2, S. 572 ff.

Oberste Gericht der UdSSR als stark zentralisierende Kraft durch die:

a) Interpretation von Unionsgesetzen, welchen keine entsprechenden Unionsrepubliksgesetze gegenüberstehen,

b) Interpretation von Unions-Grundlagen und Unionsrepublikskodices, sowie

c) Interpretation von Unionsrepublikskodices, für die keine Unions-Grundlagen bestehen.

Dabei ist die unter c) genannte Tätigkeit nach Meinung eines westlichen Autors verfassungswidrig [28]. Durch Wiedereinrichtung eines Unions-Unionsrepublikanischen Justizministeriums [29] ist auch der Vollzug auf diesem Gebiet dem Kompetenztypus: Beschränkte ausschließliche Unionskompetenzen — Restkompetenzen der Unionsrepubliken zuzuordnen.

Es bleiben somit noch Kompetenzen der Unionsrepubliken auf dem Gebiet des Bildungswesen, der Kultur und des Sports. Für die Volksbildung sind am 1. 1. 1974 die *Grundlagen der Gesetzgebung der UdSSR und der Unionsrepubliken über die Volksbildung* [30] in Kraft getreten, sodaß hier nur Restkompetenzen der Unionsrepubliken bestehen. Da bei der Leitung kultureller Angelegenheiten sowie bei Fragen des Sports keine Bundeskompetenzen nachzuweisen sind, kann Unionsrepublikskompetenz angenommen werden, so daß die Regelung dieser Materien zur Teilrechtsordnung: „Unionsrepubliken" gerechnet werden muß [31].

5.4.3. Die Würdigung der Staatsgewalt der Unionsrepubliken

Zur völkerrechtlichen Beurteilung der Staatsqualität der Unionsrepubliken muß man das wichtigste Staatselement, die Staatsgewalt [1] besonders berücksichtigen. Der Untersuchung soll nicht ein politologisches [2] sondern ein rechtlich faßbares und empirisch darstellbares

---

[28] HAZARD 1972, S. 601 mit vielen Beispielen aus der Judikatur auf Seite 602 ff.
[29] GesV des POS UdSSR vom 31. 8. 1970, *VVS SSSR* 1970/36.
[30] *VVS SSSR* 1973/30.
[31] Obwohl zB die Rückgabe des Kurländischen Archivs von der DDR an das Staatliche Historische Archiv der LaSSR (Pravda vom 16. 1. 1972) aufgrund eines Regierungsübereinkommens der UdSSR und der DDR erfolgte (vgl *III Journal of baltic studies* 1972/2, S. 159) und nicht aufgrund einer Vereinbarung zwischen der DDR und der LaSSR.
[1] Für alle MAREK 1968, S. 161 ff.
[2] Als politisches Kriterium könnte man zB die „Unabhängigkeit der Staats-

Kriterium zugrunde liegen. Solch ein Anknüpfungspunkt ist die Beantwortung der Frage, in welcher Teilrechtsordnung die traditionellen Staatsaufgaben ihre Regelung erfahren, da die vorhergehende Untersuchung gezeigt hat, daß Teilrechtsordnungen der Unionsrepubliken bestehen. Nur wenn traditionelle Staatsaufgaben in der Teilrechtsordnung „Unionsrepublik" geregelt werden, wird man die Staatsqualität der Unionsrepubliken bejahen können und auch nur dann könnte man von einer völkerrechtlich relevanten Staatlichkeit dieser gesellschaftlichen Gebilde sprechen[3].

Die traditionellen Staatsaufgaben können in dem Bereich gesucht werden, der in der Literatur als „vorbehaltener Wirkungsbereich"[4], „domaine réservé"[5], „domestic jurisdiction"[6] bezeichnet wird. Dabei kann die Diskussion darüber ausgespart bleiben, ob es Materien gibt, welche ihrer Natur nach zum vorbehaltenen Wirkungsbereich der Staaten gehören[7], oder ob diese Materien den Staaten durch Völkerrecht zur Regelung überlassen geblieben sind[8], weil zwar über die rechtliche Konstruktion des vorbehaltenen Wirkungsbereiches kein Konsens besteht, es jedoch unbestritten ist, daß es Materien gibt, welche diesem Bereich zugeordnet werden müssen[9]. Dem „Domaine réservé"

---

gewalt" bezeichnen, welche nach GINTHER 1967, S. 147 f die Voraussetzung für die Staatsgewalt ist. Vgl aus dem sovjetischen Schrifttum LEVIN 1960, S. 381: „Die Frage, ob ein Glied der Föderation ein Staat ist, wird vor allem dadurch entschieden, ob dieses Gebilde selbständige politische Staatsfunktionen ausübt, ob es selbständig seine politische Linie ausarbeitet und durchführt . . ." Dieser Anknüpfungspunkt ist für das Verhältnis UdSSR — Unionsrepubliken zweifellos unbrauchbar, da einerseits die Konstruktion des Staatsgebildes UdSSR auf eine Abhängigkeit der Unionsrepubliken ausgerichtet ist, andererseits ein Grad einer eventuell vorhandenen Unabhängigkeit kaum meßbar ist. Durch Delegation partieller Völkerrechtssubjektivität — etwa durch Verleihung von Vertragsabschlußvollmacht an die Gliedstaaten — könnte die Union den Gliedstaaten auch die zum Vollzug dieser Rechte notwendige Unabhängigkeit verleihen.

[3] Die Frage nach der „Unabhängigkeit der Staatsgewalt" wird überflüssig, wenn die traditionellen Staatsaufgaben nur oder fast ausschließlich in der Teilrechtsordnung: „Unionsrecht" geregelt werden. In diesem Fall wäre auch eine faktisch relativ große Unabhängigkeit der Unionsrepubliken in auswärtigen Beziehungen ein Vollzug von Unionsrecht.

[4] VERDROSS, S. 512 führt den Begriff: „häusliche Angelegenheiten" ein.

[5] SIBERT 1951, Bd II, S. 413.

[6] RAJAN 1961.

[7] Was KELSEN bestreitet: KELSEN/TUCKER S. 291.

[8] Vgl VERDROSS S. 512 f.

[9] Zur Frage des „Domaine réservé" im Allgemeinen vgl RAJAN 1961, WALDOCK 1954; zur Frage des möglichen Inhalts vgl 43 *Annuaire de IDI*, die Antworten auf eine Frage von ROUSSEAU (dem Berichterstatter über „Domaine réservé"): „Estimez-vous possible de définir à l'avance le contenu de ce domaine réservé?". Diese Frage

gehören wohl nicht alle Staatsaufgaben an. Es scheint jedoch günstig, ihn als Anknüpfungspunkt zu nehmen, da er den Bereich der Staatsaufgaben darstellt, in welchen Einmischungen anderer Staaten als völkerrechtswidrig angesehen werden. Daher könnte für das Verhältnis Union — Gliedstaat etwa ähnliches gelten, wie für das Verhältnis zwischen Staaten.

Um eine völkerrechtliche Würdigung der „Staatsgewalt" der Unionsrepubliken der UdSSR vorzunehmen, sollen einige Tätigkeitsbereiche von Staaten — welche dem vorbehaltenen Wirkungsbereich zugerechnet werden — mit den Teilrechtsordnungen der UdSSR konfrontiert und anhand dessen gezeigt werden, innerhalb welcher Teilrechtsordnung diese „traditionellen Staatsaufgaben" ihre Erledigung erfahren.

a) *Das Recht eines Staates, seine Staats- und Regierungsform zu bestimmen.* Das Recht eines Staates, seine Staats- und Regierungsform selbst zu bestimmen, kann als wichtigster Bereich des „Domaine réservé" angesehen werden. Sowohl in der Literatur [1], als auch in Akten Internationaler Organisationen [2] findet es Untermauerung.

Der Art 1 der Verfassungen der Unionsrepubliken, welcher bestimmt, daß diese sozialistische Staaten der Arbeiter und Bauern sind, wiederholt die Bestimmung des Art 1 der Verfassung der UdSSR und gehört zur Teilrechtsordnung: „Unionsrecht", desgleichen die Art 2 und 3, welche die politische Grundlage der Unionsrepubliken festlegen [3]. Von der territorialen Gliederung der Unionsrepubliken gehört zur Teilrechtsordnung: „Unionsrecht" die Bestätigung der Änderung der Grenzen zwischen Unionsrepubliken [4] sowie die Bestätigung

---

wurde von ROUSSEAU (S. 15), BRIERLY (S. 27), KAECKENBEECK (S. 31), KRYLOV (S. 35), DE VISSCHER (S. 36) und WEHBERG (S. 39) verneint, das derzeitige sowjetische Mitglied der ILC, UŠAKOV schreibt dagegen, daß eine bestimmte Kategorie derjenigen Fragen *a priori* bestimmt werden könne, welche immer zur inneren Kompetenz der Staaten gehören: UŠAKOV 1971, S. 61; vgl ROUSSEAU 1974, S. 88.

[1] Vgl BASDEVANT: 43 *Annuaire IDI,* II, 1950, S. 22 f; DAHM I, S. 211 f; MOSLER WV₂, III, S. 320; ROUSSEAU 1948, S. 243, 245 f; SCHÜCKING/WEHBERG 1924, S. 591; RAJAN 1961, S. 80; VERDROSS S. 513; einschränkend ALVAREZ, 45 *Annuaire IDI,* II, 1954, S. 123; für das sowjetische Schrifttum vgl UŠAKOV 1971, S. 60 f mit weiteren Literaturhinweisen.

[2] Vgl *GA Res* 2103 (XX) und 2625 (XXV) (Declaration on Principles of International Law Concerning Friendly Relations and Co-operation among States in accordance with the Charter of the United Nations): „Every State has an inalienable right to choose its political, economical, social and cultural system"; für die Staatenpraxis vgl auch KISS II, Nos. 93—97; WHITEMAN, V, S. 124 mit Beispielen.

[3] Vgl supra S. 138.

[4] Art 14/d der Verfassung der UdSSR.

der Bildung neuer ASSR und autonomer Gebiete innerhalb der Unionsrepubliken [5]. Die weitere territoriale Gliederung gehört zur Teilrechtsordnung: „Unionsrepubliken".

Die obersten Organe der Staatsmacht der Unionsrepubliken [6], der ASSR [7] sowie Grundlagen der Staatsverwaltung der Unionsrepubliken [8], werden in der Verfassung der UdSSR geregelt, gehören also zur Teilrechtsordnung: „Unionsrecht" [9]. Die grundsätzliche Regelung der örtlichen Organe der Staatsmacht ist in der Verfassung [10] und in anderen Normativakten der UdSSR zu finden [11].

b) *Das Recht eines Staates, seine Beziehungen zu den eigenen Staatsangehörigen zu regeln.* Zum „Domaine réservé" wird in der Literatur auch die Regelung der Staatsangehörigkeit gerechnet [1]. Nach dem gegenwärtigen Sovjetrecht werden Fragen des Erwerbes der Staatsangehörigkeit in der UdSSR grundsätzlich in der Teilrechtsordnung: „Unionsrecht" geregelt [2]. Eine Ausnahme macht allerdings die individuelle Einbürgerung durch GesV der POS der Unionsrepubliken [3], welche der Teilrechtsordnung „Unionsrepubliken" zugeordnet werden muß.

Fragen der Ausbürgerung [4] werden ausschließlich in der Teilrechtsordnung „Unionsrecht" geregelt [5].

Außer in den wenigen Fällen individueller Einbürgerung [6] mußte das Vorhandensein einer feststellbaren eigenen Bevölkerung der Unionsrepubliken abgelehnt werden, was nicht nur für das Fehlen des

---

[5] Art 14/e der Verfassung der UdSSR.
[6] Kapitel IV.
[7] Kapitel VII.
[8] Kapitel VI.
[9] Vgl supra S. 139 f.
[10] Kapitel VIII.
[11] Vgl supra S. 146 ff.
[1] Vgl MOSLER, WV₂, III, S. 320; SCHÜCKING/WEHBERG 1924, S. 591; VERDROSS S. 514; KRYLOV: Dissenting Opinion in Reparation for Injuries ... Case, *ICJ Rep.* 1949, S. 218; Nottebohm-Case, *ICJ Rep.* 1955, S. 20/21; vgl auch *Nationality Decrees issued in Tunis and Morocco*, PCIJ B. 4, S. 24 mit der Feststellung, daß Fragen der Staatsangehörigkeit prinzipiell durch das Völkerrecht nicht geregelt werden, die innerstaatliche Regelung allerdings völkerrechtlichen Schranken unterworfen sein kann.
[2] Siehe supra S. 70 f.
[3] Siehe supra S. 67.
[4] Welche nach ROUSSEAU, 1948, S. 246 zum Domaine réservé gehören.
[5] Siehe supra S. 77 f.
[6] Siehe supra S. 88.

Staatselements Staatsvolk sondern auch für das Fehlen des Staatselements Staatsgewalt spricht.

c) *Das Recht eines Staates, Fragen der Einwanderung zu regeln.* Im Schrifttum wird zum „Domaine réservé" auch das Recht eines Staates gezählt, Fragen der Einwanderung zu regeln [1]. Nach Art 14/c der Verfassung der UdSSR gehört die Gesetzgebung über die Rechte von Ausländern, also das Fremdenrecht, zur Kompetenz der UdSSR. Die Ein- und Ausreise von Ausländern wird durch die Ordnung über die Ein- und Ausreise in und aus der UdSSR [2] geregelt. Von der Regelung der Ausreise sovjetischer Bürger ist die GesV des POS der UdSSR vom 3. 8. 1972 über den Ersatz staatlicher Ausbildungskosten durch Bürger der UdSSR, welche für dauernd in das Ausland übersiedeln [3] mit Ausführungsverordnung des MinR der UdSSR vom selben Datum [4] von besonderer Bedeutung, und illustriert, daß nicht nur Fragen der Immigration, sondern auch der Emigration in der Teilrechtsordnung „Unionsrecht" geregelt werden, also auf diesem Gebiet ebenfalls keine Staatsgewalt der Unionsrepubliken vorliegt.

d) *Das Recht eines Staates, Fragen des Krieges und Friedens, sowie der Verteidigung zu regeln.* Mitunter trifft man im Schrifttum bei der Darstellung des „Domaine réservé" auch die Feststellung, daß zu diesem das Recht eines Staates gehört, über Fragen von Krieg und Frieden [1] sowie seiner Verteidigung [2] zu entscheiden. Diese Materien werden in der UdSSR ausschließlich in der Teilrechtsordnung: „Unionsrecht" geregelt [3], eine Staatsgewalt der Unionsrepubliken auf dem Gebiet der Wehrhoheit ist also nicht vorhanden.

e) *Das Recht eines Staates, Fragen der Rechtspflege zu regeln.* Fragen des Privatrechts [1], der Rechtspflege [2] und des Arbeitsrechts [3]

---

[1] LAUTERPACHT, Separate Opinion im *Norwegian Loans-Case, ICJ Rep.* 1957, S. 51; RAJAN 1961, S. 80; SCHÜCKING/WEHBERG 1924, S. 591.

[2] *Položenie o v'esde v SSSR i vyezde iz SSSR,* bestätigt durch Ver. des MinR der UdSSR vom 19. 4. 1959, siehe *Diplomatičeskij Slovar'* M. 1971, Bd I, S. 316.

[3] *VVS SSSR* 1972/52; deutscher Text in *14 WGO* 1972, S. 370.

[4] *SP SSSR* 1973/1; deutscher Text ibid.

[1] KISS II, No 29; ROUSSEAU 1948, S. 243 f.

[2] ROUSSEAU in 45 *Annuaire IDI*, II, S. 131.

[3] Vgl supra S. 176 ff, 184 f und 194 ff.

[1] MOSLER WV_2, III, S. 320; in diesem Sinne: *Haya de la Torre-Case* Entscheidung des IGH: *ICJ Rep.* 1950, S. 284 f; über das Eigentums- und Vertragsrecht ebenso der StIGH im *Panevezys-Saldutiskis, Railway-Case, PCJ A/B* 76, S. 18.

[2] DAHM, I, S. 211; MOSLER WV_2, III, S. 320.

[3] ROLIN in 45 *Annuaire IDI*, II, 1954, S. 139.

sind in der Literatur auch in den „Domaine réservé" eingeordnet worden. Da in der UdSSR zumindest Teilbereiche dieser Materien in den Teilrechtsordnungen: „Unionsrepubliken" geregelt werden [4], kann hier eine Staatsgewalt der Unionsrepubliken nicht völlig ausgeschlossen werden. Diese Frage wird danach zu beurteilen sein, wie man die Ausführlichkeit der Grundsatzgesetzgebung der UdSSR und den dadurch den Unionsrepubliken verbleibenden Spielraum zu eigener Gesetzgebung bewertet [5].

f) *Das Recht eines Staates, seine Wirtschafts- und Sozialordnung zu bestimmen.* Korrespondierend zum Recht eines Staates, seine Staats- und Regierungsform zu bestimmen, gehört zu seinem „Domaine réservé" auch die Kompetenz, seine Wirtschafts- und Sozialordnung zu wählen [1]. Die Grundlagen der Wirtschafts- und Sozialordnung der Unionsrepubliken werden in den Art 4—12 der Verfassungen der Unionsrepubliken geregelt, diese jedoch sind Wiederholungen der Artikel 4—12 der Verfassung der UdSSR und müssen zur Teilrechtsordnung „Unionsrecht" gerechnet werden [2]. Da die Unionsrepubliken Änderungen ihrer Wirtschafts- und Sozialordnung nur vornehmen könnten, wenn vorher die Verfassung der UdSSR geändert worden ist [3], haben sie auf diesem Gebiet keine mehr oder weniger selbständige Kompetenz. Diese könnte über das Staatselement Staatsgewalt eine Grundlage zur Beantwortung der Frage sein, ob die Unionsrepubliken Staaten sind oder nicht. Dazu kommt noch, daß durch das Alleineigentum der UdSSR am Staatsvermögen [4] jedwede Verwaltungstätigkeit der Unionsrepubliken im Bereich der nicht genossenschaftlich organisierten Wirtschaft als mittelbare Hoheitsverwaltung der UdSSR angesehen werden kann [5].

---

[4] Vgl supra S. 195 ff.

[5] Dazu vgl supra S. 185 ff, 195 ff und 210 ff; vgl dazu ebenfalls ARNOLD 1973, S. 85.

[1] Vgl DAHM I, S. 211 f; MOSLER WV₂, III, S. 320; ROUSSEAU 1948, S. 243; siehe auch GA Res 2103 (XX) und 2625 (XXV), supra S. 221, Fn 2; vgl auch Mémoire der Französischen Regierung im Verfahren zum *Austro-German Customs Regime-Case, PCIJ/C* 53, S. 133.

[2] Vgl supra S. 138 f.

[3] Wenn Änderungen der Staats- und Regierungsform noch immerhin für möglich betrachtet werden können, scheiden solche für die Wirtschafts- und Sozialordnung sicherlich aus.

[4] Siehe supra S. 102 f.

[5] Vgl dazu über die Struktur und das System der sovjetischen Wirtschaftsverwaltung: BILINSKY 1968, S. 495 ff; RAUPACH, H., „Das Planungssystem" in:

Die Regelung der Wirtschafts- und Sozialordnung durch die Teilrechtsordnung „Unionsrecht" geht sogar so weit, daß die möglichen
Objekte des persönlichen Eigentums durch dieses Recht bestimmt
werden [6].

g) *Das Recht eines Staates, Fragen seiner Finanzhoheit zu regeln.*
Zum „Domaine réservé" eines Staates rechnet man auch seine Finanzhoheit [1]. Zur Teilrechtsordnung: „Unionsrecht" gehören: die Leitung
des Währungs- und Kreditsystems [2], die Aufnahme und Gewährung von Anleihen [3], die Festlegung der Steuern und Einkünfte, die
zur Bindung der Unions-, Republiks- und örtlichen Haushalte abge-
führt werden [4], die Verwaltung der Banken [5] und die Organisation der
staatlichen Versicherung [6]. Die geringfügigen Materien auf dem Gebiet des Steuerrechts, welche in den Teilrechtordnungen: „Unionsrepubliksrecht" geregelt werden [7], rechtfertigen keinesfalls die Feststellung, daß die Unionsrepubliken auf dem Gebiet der Finanzhoheit
Staatsgewalt haben.

h) *Zusammenfassung.* Die Darstellung der wichtigsten der traditionellen, auch im sovjetischen Rechtssystem vorhandenen Staatsaufgaben [1] hat gezeigt, daß diese ihre Regelung ausschließlich oder

---

Osteuropa-Handbuch, Sowjetunion, Das Wirtschaftssystem, Köln — Graz 1965,
S. 155 ff.

[6] Art 10 der Verfassung der UdSSR und Art 25 der *Grundlagen der Zivilgesetzgebung der UdSSR und der Unionsrepubliken,* VVS SSSR 1961/50.

[1] Fragen der Zoll- und Finanzhoheit: BROWNLIE 1966, S. 255; BISHOP 1971,
S. 72; RAJAN 1961, S. 80; ROUSSEAU 1948, S. 243 f; SCHÜCKING/WEHBERG 1924,
S. 391; vgl ebenfalls: *Case of Serbian Loans, PCIJ/A* 14, S. 44; *Case of Brazilian
Loans, PCIJ/A* 15, S. 122; *Norvegian Loans-Case, ICJ Rep.* 1957, S. 21; *Case of
the Free Zones of Upper Savoy and the District of Gex:* Mémoire der Französischen Regierung: *PCIJ/C* 17-I; II, S. 596; Individual Opinion *NYHOLM PCIJ/A*
22, S. 26: „... withdrawal of the custom line is a domestic affair of France.";
vgl aus dem *Austro-German Customs Regime-Case, PCIJ/C* 53 das Plädoyer von
KAUFMANN, S. 133 und das Exposé von PAUL-BONCOUR, S. 344 f; vgl auch MOSLER
WV$_2$, III, S. 320, der die Leistungspflichten der Rechtsunterworfenen zum „Domaine réservé" zählt.

[2] Art 14/o.

[3] Art 14/r.

[4] Art 14/l.

[5] Art 14/m.

[6] Art 14/p.

[7] Vgl supra S. 181.

[1] In Frage kämen zB nach ROUSSEAU 1948, S. 139 ff noch: das Recht auf Vertragsänderung, die Enteignung im öffentlichen Interesse, die Regelung der Prostitution (obwohl durch die *Convention for the Suppression of the Traffic in Per-*

zumindest zum größten Teil in der Teilrechtsordnung: „Unionsrecht" finden. Daher muß das Ergebnis dieser Untersuchung sein[2], daß die Unionsrepubliken keine Staatsgewalt in dem Sinne haben, daß traditionelle Staatsaufgaben innerhalb ihrer Kompetenzen durch ihre Rechtsordnungen verwirklicht werden.

Man muß aber in diesem Zusammenhang fragen, ob das Ergebnis einer normativ-empirischen Untersuchung zur Beurteilung der Staatsqualität von Gebilden, welche immerhin formell eine Reihe von Staatsattributen, wie Regierung, Parlament, Staatsgebiet, Staatsflagge- und -wappen, Hauptstadt usw. haben, Aussagewert hat, oder ob hier durch die Verwirklichung einer mystischen „Nationalen Souveränität"[3] oder durch eine dialektische Verbindung der Souveränität der UdSSR mit derjenigen der Unionsrepubliken — welche kein Widerspruch sei[4] — tatsächlich die Staatsqualität der Unionsrepubliken erhalten geblieben ist, ungeachtet der Tatsache, daß ihre traditioneller Staatsaufgaben in der Teilrechtsordnung „Unionsrecht" verwirklicht werden.

Ausgangspunkt muß ein völkerrechtlicher Staatsbegriff sein:

„... there is a State in the international law sense, when there is an independent legal order, effectively valid throughout a defined territory with regard to a defined population"[5].

Wenn hier auf eine unabhängige Rechtsordnung Bezug genommen wird, so kann es sich dabei nur um eine eigene Rechtsordnung handeln, um eine Rechtsordnung, welche das betreffende Gebilde alleine auszeichnet, die sich von anderen, jedoch vergleichbaren Gebilden unterscheidet und nicht in allen Angelegenheiten und in vollem Umfang von ihnen abgeleitet ist. Es ist dann letzten Endes die Rechtsordnung als effektive Zwangsordnung nach innen, welche sich auf internationaler Ebene so durchsetzt, daß dieser gesellschaftliche Verband durch keine andere Rechtsordnung repräsentiert wird, daß also andere gesell-

---

sons and the Exploitation of the Prostitution of Others 96 UNTS, S. 271 ff, die Bestrebung bemerkbar wird, hier eine internationale Regelung einzuführen), Abbruch diplomatischer Beziehungen sowie die Anerkennung und Nichtanerkennung einer gegebenen Situation.

[2] Die Indizien für Staatlichkeit der Unionsrepubliken waren minimal und der Befund daher notwendig. Es wäre weitaus schwieriger gewesen, zu einer Aussage zu kommen, wenn mehr Indizien für Staatlichkeit der Unionsrepubliken gesprochen hätten. Dann wäre unter Umständen eine Gewichtung der Indizien notwendig gewesen und bei einer patt-Situation hätte man kaum eine Entscheidung fällen können, ob pro Prätendent auf Staatlichkeit oder contra.

[3] Für alle sowjetischen Autoren LEVIN 1948, S. 315 ff.

[4] Vgl für alle: BROVKA 1967, S. 82.

[5] MAREK 1968, S. 162; vgl die Liste der völkerrechtlichen Staatsbegriffe bei BERBER I, S. 114 ff.

schaftliche Verbände sich unmittelbar an die Organe dieses Verbandes wenden müssen, um mit ihm irgendwelchen, wie auch immer gearteten Verkehr zu pflegen. Das heißt also, daß die Frage der Anerkennung von Rechtsordnungen, welche in ihrem Geltungsbereich ausschließlich sind, keine anderen Rechtsordnungen neben sich haben und über eine gewisse Zeit effektiv sind, bei Vorliegen eines Bedürfnisses der internationalen Gemeinschaft nach Verkehr mit diesem Gebilde, zu einer reinen Formalität wird, etwa des Inhaltes, daß ein diplomatischer Verkehr zwischen dem anerkannten und dem anerkennenden Gesellschaftsverband aufgenommen werden soll [6]. Das heißt aber auch, daß ein Gebilde nur dann ein Staat — also ein geborenes Völkerrechtssubjekt, welches der Anerkennung nicht bedarf [7] — ist, wenn die ihn verkörpernde Rechtsordnung diejenigen Materien umfaßt, welche zum herkömmlichen [8] Aufgabenbereich von Staaten gehören. Die Frage, ob ein Gebilde, das vorgibt ein Staat — und *ipso jure* ein Völkerrechtssubjekt — zu sein, in seinen politischen Entscheidungen frei vom Willen anderer Staaten ist [9], stellt sich im Zusammenhang mit den Unionsrepubliken überhaupt nicht [10], weil in ihren einzelnen Teilrechtsordnungen die wesentlichen Staatsaufgaben gar keine Regelung erfahren können, da sie durch die Teilrechtsordnung „Unionsrecht" bereits erfaßt sind. Sollten Unionsrepubliken dennoch auf internationaler Ebene gewisse Funktionen wahrnehmen, so ist es entweder kraft „Anerkennung" durch andere Völkerrechtssubjekte [11] oder als Organe der UdSSR in Verwirklichung des Rechts der UdSSR [12].

---

[6] Eine Auseinandersetzung mit dem Problem der Wirkung der Anerkennung kann im vorliegenden Rahmen nicht erfolgen, zur Mitwirkung anderer Völkerrechtssubjekte bei der Entstehung eines neuen Völkerrechtssubjektes vgl infra S. 275 ff.

[7] Vgl MOSLER in WV_2, III, S. 674.

[8] Vgl ROUSSEAU 1974, S. 88: „Quant à définir l'étendue exacte de ce domaine réservé, c'est une tâche impossible pour le juriste. La détermination des matières laissées à la compétence discrétionnaire de l'Etat est donc en un sens une question de fait, puisq'elle se réduit à la constatation des matières qui, à un moment donné, ne sont pas réglées par le droit international."

[9] Wie sie nach verlorenen Kriegen oft im Zusammenhang mit „Marionettenregierungen" gestellt wird, vgl GINTHER 1967, S. 147 ff.

[10] Und es ist ein Vorteil der normativen Untersuchung, daß die tatsächlichen Machtverhältnisse UdSSR — Unionsrepubliken nicht aufgezeigt werden müssen, wobei die Führungsrolle der zentralistischen KPdSU eine wichtige Rolle spielt, vgl supra S. 125 f. Erst, wenn nachgewiesen werden kann, daß die Unionsrepubliken über Staatsgewalt im hier gebrauchten Sinne verfügen, müßten diese Machtverhältnisse aufgedeckt werden.

[11] Vgl infra S. 271 ff.

[12] Vgl dazu MAREK 1968, S. 161 ff und bes 184 ff mit differenzierter Auswertung der Ideen von KELSEN.

6. Die abgeleitete Völkerrechtssubjektivität der Unionsrepubliken der UdSSR

Die Völkerrechtssubjektivität der Unionsrepubliken wurde bisher aus zweierlei Gründen verneint. Sie sind keine Staaten in völkerrechtlichem Sinn und daher nicht *ipso jure* Völkerrechtssubjekte [1]. Der Art 18/a der Verfassung der UdSSR, der ihnen im Innenverhältnis die Kompetenz des auswärtigen Verkehrs verleiht, begründet für sich allein nicht ihre Völkerrechtssubjektivität. Diese entsteht auch nicht durch die Anerkennung der UdSSR [2], weil in einer solchen keine implizite Anerkennung dieser Verfassungsbestimmung gesehen werden kann.

Heute wird allgemein anerkannt, daß neben den Staaten als ursprünglichen [3], in ihrer Zuständigkeit umfassenden [4], notwendigen [5], natürlichen [6] Völkerrechtssubjekten [7] auch andere gesellschaftliche Gebilde Völkerrechtssubjektivität haben können; diese können im Gegensatz zu den Staaten als später aufgenommene [8], funktionell beschränkte [9], abgeleitete [10], juristische [11] oder gekorene und spezielle [12] Völkerrechtssubjekte bezeichnet werden [13]. Diese Zweiteilung wird so lange notwendig bleiben, als sich Staaten, sowohl in der Entstehung der Völkerrechtssubjektivität als auch im Umfang ihrer Rechts- und Handlungsfähigkeit und ihrer vom Völkerrecht gewährten Rechte und Pflichten von anderen Völkerrechtssubjekten des zweiten Typs [14] wesentlich unterscheiden und:

---

[1] Siehe supra S. 219 ff.

[2] Siehe supra S. 25 ff, 27 ff.

[3] VERDROSS, S. 189.

[4] DAHM, I, S. 73.

[5] MOSLER 1950, S. 135.

[6] v. d. HEYDTE in *Festschrift Spiropoulos* 1957, S. 249 f.

[7] Diese Liste könnte weitergeführt werden.

[8] VERDROSS, S. 189.

[9] DAHM I, S. 73.

[10] MOSLER 1950, S. 135.

[11] v. d. HEYDTE op. cit., S. 249.

[12] BERBER I, S. 113 als Gegensatz zu geborenen und generellen Völkerrechtssubjekten.

[13] Es muß allerdings auf die wenigen Autoren hingewiesen werden, welche den Menschen als einziges oder zentrales Völkerrechtssubjekt bezeichnen, vgl WENGLER 1964, Bd I, S. 154, 160; vgl auch die Anhänger der „französischen Schule", wie DUGUIT, POLITIS, SCELLE, Hinweise dazu bei BERBER 1964, Bd I, S. 111; vgl auch BEREZOWSKI 1968, S. 46 ff.

[14] Dazu zählen etwa Internationale Organisationen, Aufständische, aber auch Gliedstaaten von Bundesstaaten, welche nach DAHM I, S. 74 nur gewisse Rechte zu erwerben vermögen.

„... sich die souveränen Staaten durch die Intensität ihrer nach innen und nach außen wirkenden Machtkonzentration von allen anderen menschlichen Verbänden abheben" [15].

Wenn auch die Unionsrepubliken weder als Staaten noch kraft der Verfassung der UdSSR Völkerrechtssubjekte sind, wäre es immerhin möglich, daß sie zum zweiten Typ der Völkerrechtssubjekte gehören. Jedoch müßten sie auch dann gewisse Wesensmerkmale der Völkerrechtssubjektivität aufweisen, zusätzlich aber von anderen (Völker)-Rechtsgenossen mit Rechtspersönlichkeit ausgestattet worden sein, da es für das Entstehen eines abgeleiteten Völkerrechtssubjektes eines konkreten völkerrechtlichen Aktes bedarf [16].

Nach allgemeinem Völkerrecht, welches den Kreis seiner Subjekte nicht abschließend regelt, sind nämlich gewisse Kriterien für die Völkerrechtssubjektivität zu erfüllen [17], welche in der Regel mit völkerrechtlicher Rechtsfähigkeit, Handlungsfähigkeit, Geschäftsfähigkeit, Klagslegitimation und Deliktsfähigkeit umschrieben werden.

Der Schwerpunkt einer empirisch-normativen Untersuchung muß darauf liegen, diese Wesensmerkmale in ihre normativen Bestandteile zu zerlegen. So könnte man Rechtsfähigkeit (Fähigkeit, Träger von Rechten und Pflichten zu sein) als Materienkompetenz verstehen, dh als Befugnis, bestimmte Angelegenheiten zu regeln und dadurch eine Teilrechtsordnung zu bilden. Die Materienkompetenz wäre eine Art innere Gestaltungsbefugnis. Da aber zu jedem gesellschaftlichen Verband irgendwelche Materienkompetenzen gehören, denn dadurch unterscheidet er sich von einer zufälligen Anhäufung von Menschen [18], er aber andererseits nicht unbedingt Elemente der Völkerrechtssubjektivität besitzen muß, ist es für eine völkerrechtsrelevante Materienkompetenz notwendig, daß sie einmal Angelegenheiten betrifft, welche einer internationalen Regelung zugänglich sind, und zum anderen nicht

---

[15] MOSLER 1950, S. 135.

[16] Vgl supra S. 25 ff.

[17] In diesem Sinne MOSLER, *WV₂*, III, S. 665; GINTHER 1967, S. 142 behauptet ebenfalls die Existenz von Normen des Völkergewohnheitsrechts, welche den Tatbestand der Völkerrechtssubjektivität normieren; vgl auch FRANCOIS 1938, S. 63; zur sowjetischen Auffassung, daß nicht das Völkerrecht seine Subjekte, sondern vielmehr diese das Völkerrecht schaffen, und, daß im allgemeinen Völkerrecht keine Norm enthalten sei, die bestimme, welche Gebilde Völkerrechtssubjekte sind, siehe supra S. 41 ff, vgl dazu für alle VERDROSS, S. 196.

[18] Wenn auch dem Einzelmenschen unter gewissen Umständen Völkerrechtssubjektivität zuerkannt wird (vgl dazu supra S. 54) kann Materienkompetenz im oben erwähnten Sinne nur Territorial- und Personalverbänden zugerechnet werden.

nur nach innen — innerhalb der eigenen Rechtsordnung — sondern auch nach außen — außerhalb der eigenen Rechtsordnung — aktualisiert worden sind. Erst wenn die Materienkompetenz auch außerhalb der eigenen Rechtsordnungen Wirkungen erzeugt hat, kann man von ihr völkerrechtliche Schlüsse ableiten. In ähnlicher Weise könnte man die Handlungsfähigkeit, also die Fähigkeit sich durch eigenes Handeln rechtlich zu binden, als Formalkompetenz umschreiben, welche zu rechtserheblichem Handeln berechtigt. Diese Formalkompetenz wird aber auch erst dann von völkerrechtlicher Bedeutung sein, wenn sie nicht nur innerhalb der eigenen Teilrechtsordnung, sondern auch im Außenverhältnis verwirklicht worden ist.

Für die Formalkompetenz ist allerdings die Materienkompetenz Voraussetzung, da keine Zurechnung eines Handelns zu einem gesellschaftlichen Gebilde möglich ist, ohne daß dieses berechtigt, oder wenigstens in der Lage wäre, die entsprechende Materie zu regeln. In den gebräuchlichen Termini der Wesensmerkmale der Völkerrechtssubjektivität gesprochen: ohne Rechtsfähigkeit ist Handlungsfähigkeit undenkbar, Rechtsfähigkeit ist die Voraussetzung für Handlungsfähigkeit [19].

Beide Kompetenztypen können allerdings verschieden stark entwickelt sein; sowohl die völkerrechtliche Handlungs- als auch die Rechtsfähigkeit kann beschränkt sein. Darüberhinaus gibt es auch gesellschaftliche Gebilde, welche zwar rechts-, jedoch nicht handlungsfähig sind [20].

Da mit der Feststellung der völkerrechtlichen Staatlichkeit *ipso facto* die Völkerrechtssubjektivität verbunden ist, ist in diesem Zusammenhang eine differenzierte Betrachtung nicht möglich. Bei der Untersuchung der abgeleiteten Völkerrechtssubjekte, welche erst unter der Mitwirkung anderer (Völker)-Rechtsgenossen entstehen, kann man jedoch die verschiedenen Elemente ihrer Völkerrechtssubjektivität abwägen und muß nicht den strengen Maßstab anlegen, wie es bei der völkerrechtlichen Staatlichkeit notwendig ist.

Im folgenden wird zu untersuchen sein, ob die Unionsrepubliken

---

[19] Für alle SAUER 1955, S. 60.

[20] ZB Treuhandgebiete, Protektorate; vgl dazu DAHM I, S. 74; vgl auch die Meinung des IGH im *Reparation for Injuries-Case, ICJ-Rep.* 1949, S. 178: „The subjects of law in any legal system are not necessarily identical in their nature or in the extent of their rights ..."

gewisse Wesensmerkmale der Völkerrechtssubjektivität aufweisen und ob durch Mitwirkung anderer Mitglieder der Völkerrechtsgemeinschaft abgeleitete Völkerrechtssubjektivität entstanden ist.

6.1. Die Formalkompetenz

6.1.1. Das Wesensmerkmal Formalkompetenz bei den Unionsrepubliken

Für die Völkerrechtssubjektivität von Gliedstaaten ist zunächst wesentlich, daß die Union ihnen das Recht zum auswärtigen Verkehr überträgt. So lange solch eine Übertragung nicht stattgefunden hat, sind sie als Organe der Union [1] und ihre Handlungen nur als Akte der Union zu betrachten [2].

Diese generelle Kompetenzübertragung findet sich im Art 18/a der Verfassung der UdSSR. Sie stellt die verfassungsrechtliche Ermächtigung zu internationalem Handeln dar; sie kann zwar für sich allein noch keine völkerrechtliche Wirkung erzeugen [3], ist aber dennoch nicht ohne völkerrechtliche Bedeutung. So wirkt sie zB im Sinne eines völkerrechtlichen Vertrauensschutzes. Nehmen die Unionsrepubliken ihre Formalkompetenz im internationalen Verkehr wahr, kann die UdSSR, etwa unter Berufung auf ihre Richtlinienkompetenz [4], die Gültigkeit dieser Akte nicht in Frage stellen, indem sie behauptet, daß die Unionsrepubliken im konkreten Fall ihre Kompetenzen überschritten hätten. Da die Kompetenzübertragung seitens der UdSSR unter Berücksichtigung des Vertrauensschutzes als völkerrechtlich erhebliches Handeln betrachtet werden kann, muß sie dieses Handeln und

„... die berechtigten Forderungen, die der andere aus diesem Verhalten gezogen hat, gegen sich gelten lassen [5]."

Eine andere Wirkung des Art 18/a besteht darin, daß Versuche ausländischer Staaten, mit den Unionsrepubliken Verkehr aufzunehmen, ebensowenig seitens der UdSSR als unzulässige Einmischung in innere Angelegenheiten angesehen werden können.

---

[1] In diesem Sinne Dahm I, S. 172.

[2] Der Gliedstaat könnte sich allerdings theoretisch auch Rechte usurpieren, also ohne Berechtigung Handlungen setzen. Zu den generellen und speziellen Haftungsproblemen siehe infra S. 289.

[3] Siehe dazu supra S. 25 ff.

[4] Siehe dazu supra S. 183 ff.

[5] Friede 1935, S. 517; dieses ergibt sich aus dem sog Estoppel-Prinzip, siehe dazu Menzel WV_2, I, S. 441 ff.

6.1.2. Die innere Aktualisierung der Formalkompetenz

Zur Ausübung ihrer Formalkompetenz zu auswärtigem Verkehr brauchen die Unionsrepubliken Organe, deren Einrichtung man als innere Aktaualisierung der Formalkompetenz bezeichnen könnte.

Das Völkerrecht enthält nur wenige Regeln darüber, welches Organ ein gesellschaftliches Gebilde im internationalen Verkehr rechtlich zu binden vermag[1], und verweist fast stets auf die jeweilige Rechtsordnung dieses Gebildes, bei Staaten und staatsähnlichen Verbänden auf das interne Recht[2]. Eine Ausnahme besteht lediglich dahingehend, daß bei gewissen Staatsorganen die Vermutung dafür besteht, daß sie ihren Staat rechtlich binden können. Solche Organe sind: die Staatsoberhäupter, die Regierungschefs und die Außenminister bezüglich aller Akte im Zusammenhang mit Staatsverträgen; die Leiter diplomatischer Missionen bezüglich der Annahme von Vertragstexten von Verträgen mit dem Staat, bei dem sie akkreditiert sind; die Repräsentanten, welche von Staaten bei einer internationalen Organisation oder Konferenz akkreditiert worden sind bezüglich der Annahme eines Vertragstextes in dieser Organisation, Konferenz oder Organ[3].

Im folgenden wird untersucht, ob die Unionsrepubliken ihre Formalkompetenz durch die Einrichtung von Organen aktualisiert haben, welche sie im internationalen Verkehr verpflichten können, allerdings unter dem Vorbehalt, daß es sich dabei keinesfalls um Staatsorgane im Sinne des Völkerrechts handeln kann, da die völkerrechtliche Staatsqualität der Unionsrepubliken verneint wurde[4]. Ob diese Organe innerhalb der Gesamtrechtsordnung der UdSSR in der Art von Staatsorganen konzipiert wurden oder als solche bezeichnet werden, hat keine völkerrechtliche Bedeutung.

Die Verfassungen der Unionsrepubliken enthalten keine spezielle Bestimmung über ihre internationalen Vertretungsorgane[5]. In ihnen

---

[1] Man denke etwa an das Recht eines Militärbefehlshabers zum Abschluß gewisser die Kriegsführung betreffender Akte, wie Waffenstillstand oder Kapitulation, dazu siehe DAHM I, S. 297, III, S. 17.

[2] Vgl dazu für alle: VERDROSS, S. 159 mit weiteren Literaturhinweisen.

[3] Vgl Art 7/2 a—c der Wiener Konvention über das Recht völkerrechtlicher Verträge.

[4] Siehe dazu supra S. 219 f.

[5] Wie zB Art 105/1 B-VG und die entsprechenden Art der Verfassungen der österreichischen Bundesländer; vgl dazu KOJA 1967, S. 311 f; RILL 1972, S. 171 ff;

wird lediglich die Kompetenz der Präsidia der Obersten Sovjets zur Entsendung und zum Empfang diplomatischer Vertreter ausdrücklich geregelt [6]. Wenn keine spezielle Kompetenzbestimmung vorhanden ist, muß man nach einer Generalklausel suchen, da in jedem Fall irgendein Organ allgemeine Kompetenzen hat.

a) *Der Oberste Sovjet der Unionsrepublik.* Der Oberste Sovjet der Unionsrepubliken übt nach ihren Verfassungen [7] alle Rechte aus, welche nicht verfassungsgemäß anderen Organen übertragen worden sind. Diese Verfassungsbestimmung kann man als Generalklausel betrachten. Sie findet ihre Bestätigung in der Bestimmung des Art 60/d der Verfassung der UdSSR, nach welcher der Oberste Sovjet einer Unionsrepublik als höchstes Organ der Staatsgewalt ihre Vertretung im internationalen Verkehr festlegt. Von dieser Ermächtigung haben die Unionsrepubliken durch die Einrichtung von Volkskommissariaten für auswärtige Angelegenheiten [heute Außenministerien] im Jahre 1944 Gebrauch gemacht [8].

Auch das sovjetische Schrifttum erwähnt mitunter den Obersten Sovjet einer Unionsrepublik als Organ für auswärtige Beziehungen [9]. Zwar ist die Betrauung eines parlamentarischen Organs mit der völkerrechtlichen Vertretung atypisch, doch könnte es dennoch geschehen [10].

b) *Das Präsidium des Obersten Sovjet der Unionsrepublik.* Als wichtigstes Vertretungsorgan der Unionsrepubliken wird im sovjetischen Schrifttum des Präsidium des Obersten Sovjet der Unionsrepubliken genannt [11]:

„Als oberstes Organ der Staatsmacht benötigt das Präsidium des Obersten

---

in der Bundesrepublik Deutschland wird diese Frage in den Landesverfassungen geregelt, vgl RILL 1972, S. 192 ff.

[6] Art 28/i der TaSSR; 30/k der USSR; 31/i der BSSR, LiSSR, TuSSR und ESSR; 31/1 der KiSSR; 30/k der ArSSR; 30/1 der MSSR; 30/z der UzSSR 31/k der KazSSR und LaSSR; 33/k der RSFSR und AzSSR sowie 36/k der GSSR.

[7] Art 21 der KiSSR und TuSSR; Art 22 der USSR, BSSR, KazSSR, LiSSR, MSSR, LaSSR, TaSSR, ArSSR und ESSR; Art 23 der RSFSR und AzSSR, Art 25 der UzSSR sowie Art 26 der GSSR.

[8] So zB die UzSSR durch Gesetz vom 27. 9. 1944, vgl dazu FAJZIEV 1960, S. 55.

[9] ZB von KIRIČENKO 1968, S. 155; der Oberste Sovjet der UdSSR hat zB den HITLER/STALIN-Pakt vom 23. 8. 1939 und den Allianzvertrag mit Großbritannien vom 26. 5. 1942 unmittelbar ratifiziert. Siehe TALALAEV 1973, S. 57.

[10] Dem Schrifttum konnte allerdings nicht entnommen werden, wer berechtigt ist, im Namen des Obersten Sovjet Erklärungen abzugeben, ob es der Vorsitzende oder etwa das Präsidium ist.

[11] Vgl zB KARLOV 1968, S. 146; BROVKA 1967, S. 122; AGZAMHODŽAEV 1971, S. 223; siehe dazu auch ASPATURIAN 1960, S. 162.

Sovjet der Republik [MSSR] keine besonderen Vollmachten zur Verwirklichung seiner außenpolitischen Akte" [12].

„Zu den Zentralorganen der auswärtigen Beziehungen der BSSR gehören: das Staatsoberhaupt — seine Funktionen erfüllt das Präsidium des Obersten Sovjet der BSSR . . ." [13]

Die sovjetischen Autoren übersehen dabei allerdings, daß dieses Organ nach dem Wortlaut der Verfassung lediglich das Recht zur Ernennung und Abberufung sowie zum Empfang von diplomatischen und konsularischen Vertretern hat.

Eine Analogie zu den Kompetenzen des Präsidiums des Obersten Sovjet der UdSSR, welches nach Art 49/p der Verfassung der UdSSR das Recht zur Ratifikation und Kündigung internationaler Verträge der UdSSR hat, ist keinesfalls zwingend, da die Kompetenzen der Präsidia der Obersten Sovjets der Unionsrepubliken [14] in den Verfassungen so aufgezählt sind, daß man sie als enumerativ auffassen könnte. Sovjetische Autoren sind aber bei Fragen der Kompetenzüberschreitung nicht kleinlich und beziehen sich dabei auf die „Logik der Dinge, das sozialistische Rechtsbewußtsein, die Erfordernisse des Lebens und die Natur des sovjetischen Staatssystems" [15]. Für die völkerrechtsrelevante Vertretungsbefugnis ist aber die verfassungsmäßige Gewährung der Kompetenz letzten Endes nicht ausschlaggebend; wichtig ist nur, daß dieses Organ in der Praxis als kompetent betrachtet wird und so handelt [16].

c) *Die Regierung und der Außenminister der Unionsrepublik.* Als weitere Organe der auswärtigen Vertretung der Unionsrepubliken erwähnen sovjetische Autoren die Regierungen (Ministerräte) und die Außenminister [17]. Für die Kompetenz der Außenminister sprechen die in Übereinstimmung mit der GesV des POS der UdSSR vom 16. 12. 1947 [18] von den Unionsrepubliken erlassenen *Ordnungen über die Beziehungen staatlicher Organe der Unionsrepubliken zu auswärtigen Staaten* [19]. Diese Ordnungen bestimmen, daß die auswärtigen Bezie-

---

[12] KARLOV 1968, S. 146.

[13] BROVKA 1967, S. 122.

[14] Vgl supra Fn 6.

[15] So KIRIČENKO 1968, S. 223, der weiter schreibt, daß in den letzten Jahren das POS der RSFSR immer aktiver in derjenigen Sphäre des staatlichen, gesellschaftlichen und wirtschaftlichen Lebens tätig wird, welche: „. . . formell nicht zu seinen Kompetenzen gehört, wenn man sich von allgemeinen Verfassungsbestimmungen leiten läßt."

[16] Zur Praxis siehe infra S. 243 ff.

[17] So BROVKA 1967, S. 122; VICHAREV 1958, S. 119; KARLOV 1968, S. 146 f.

[18] *VVS SSSR* 1948/5, vgl supra S. 161.

[19] Hier am Beispiel der UzSSR: O *porjadke snošenij gosudarstvennych učrež-*

hungen der Unionsrepubliken durch die Außenministerien abzuwickeln sind. Sie schreiben im Detail vor, daß staatliche Einrichtungen der Unionsrepubliken mit solchen Einrichtungen ausländischer Staaten im Ausland nur durch die Außenministerien der Unionsrepubliken verkehren dürfen. Ein anderes Verfahren ist nur aufgrund einer besonderen Gesetzesbestimmung, eines dementsprechenden internationalen Vertrages oder aufgrund einer Sondergenehmigung des Außenministeriums der UdSSR oder der Unionsrepublik gestattet [20]. Ähnlich ist es staatlichen Einrichtungen und Amtspersonen einer Unionsrepublik nur mit Einverständnis des Außenministeriums der Unionsrepublik gestattet, Beziehungen zu diplomatischen oder konsularischen Vertretern auswärtiger Staaten, welche sich innerhalb der Unionsrepublik aufhalten, zu pflegen [21].

Erhalten staatliche Einrichtungen oder Amtspersonen einer Unionsrepublik von diplomatischen oder konsularischen Vertretern ausländischer Staaten schriftliche Mitteilungen, so müssen sie diese an das Außenministerium der Unionsrepublik weiterleiten, da nur dieses zu antworten befugt ist [22]. Im Falle persönlicher Kontakte zu staatlichen Einrichtungen und Amtspersonen einer Unionsrepublik seitens diplomatischer oder konsularischer Vertreter ausländischer Staaten müssen die unionsrepublikanischen Einrichtungen und ihre Amtspersonen — unter Umgehung der essentiellen Beurteilung von Fragen [ne vchodja v obsuždenie voprosa po suščestvu] sich auf die Erklärung beschränken [ograničit'sja raz'jasneniem], daß die ausländischen Amtspersonen sich direkt mit dem Außenministerium der Unionsrepublik ins Einvernehmen setzen müssen [23].

Während der Ministerrat der Unionsrepubliken als Organ außer

---

denij Uzbekskoj SSR i ich dolžnostnych lic s učreždenijami i dolžnostnymi licami inostrannych gosudarstv, Sbornik zakonov Uzbekskoj SSR i ukazov Presidiuma Verchovnogo Soveta Uzbekoskoj SSR, Taškent 1964, S. 477 ff; vgl supra S. 161, Fn 9 für die BSSR, LiSSR und AzSSR; die Regelung der LiSSR ist wortgleich mit derjenigen der UzSSR: „In Übereinstimmung mit dem Ukaz des POS der UdSSR ... beschließt das POS der UzSSR:"

[20] Art 1 der *Ordnung* der UzSSR.

[21] Art 2 ibid.

[22] Art 3 ibid.

[23] Ibid. Eine Ausnahme stellen nach Art 4 dieser GesV lediglich Beziehungen alltäglicher Art [bytovogo charaktera] dar, wie bei Einrichtungen der Post und des Telegrafs, Eisenbahn, städtischer-, See- und Lufttransport, Zoll, Miliz, Stadtpolizei, Notariat, Hausverwaltung, Feuerwehr, Erste Hilfe-Stationen, Sparkassen, Geschäfte und Kioske, darunter: Bücherläden, Restaurants, Dienstleistungsbetriebe [predprijatie bytovogo obsluživanija naselenija] etc.

Zweifel steht, bestehen im westlichen Schrifttum gewisse Bedenken über die Existenz der Außenministerien als effektive Organe der auswärtigen Vertretung [24]. Zur Beantwortung der Frage der inneren Aktualisierung der Formalkompetenz der Unionsrepubliken zum auswärtigen Verkehr kann man jedoch die Außenministerien als existent betrachten [25].

d) *Die ständige Vertretung des Ministerrates der Unionsrepublik beim Ministerrat der UdSSR.* Im sovjetischen Schrifttum wird mitunter die *Ständige Vertretung des Ministerrates der Unionsrepublik beim Ministerrat der UdSSR* [26] als völkerrechtlich relevantes Organ gewertet [27]. Die Existenz dieses Organes kann nicht als Aktualisierung der Formalkompetenz zu auswärtigem Verkehr betrachtet werden. Die Beziehungen zwischen der UdSSR und den Unionsrepubliken werden nicht durch Völkerrecht, sondern durch Landesrecht geregelt [28]. Solche Vertretungen, welche ja nur das Innenverhältnis Union — Unionsrepubliken betreffen, können als Interessenvertretungen der

---

[24] RAKOVSKA 1970, S. 113 schreibt, daß der Vorsitzende des MinR der TaSSR: „... customarily assumed the title of Minister of Foreign Affairs." BLUMENWITZ 1972, S. 195, Fn 30 ist es weitgehend unbekannt, in welchem Umfang tatsächlich Außenministerien errichtet sind. Vgl dazu auch ASPATURIAN 1960, S. 165 ff.

[25] Der Verfasser der vorliegenden Untersuchung hatte sich während seines Aufenthaltes in der UdSSR 1972 von der räumlichen Existenz von Außenministerien der USSR, UzSSR und GSSR überzeugen können, Versuche der Kontaktaufnahme schlugen jedoch in allen drei Fällen fehl, siehe dazu ausführlich supra, S. 30 ff.

[26] ZB *Postojannoe predstavitel'stvo Soveta Ministrov USSR pri Sovete Ministrov SSSR*, VASILENKO Avtoref. Diss. S. 20.

[27] Ibid.

[28] So LEPEŠKIN in *Sovetskoe gosudarstvennoe pravo*, red. LEPEŠKIN, M. 1971, S. 18: „Durch die Normen des Staatsrechts wird der gesamte Komplex der Beziehungen, welche zwischen der UdSSR als einheitlichem Bundesstaat und den in ihr existierenden Unionsrepubliken bestehen, geregelt." Mit einer gewissen Einschränkung, daß durch gemeinsame Mitgliedschaft in internationalen Verträgen völkerrechtliche Beziehungen zwischen der UdSSR und Unionsrepubliken entstehen können, BROVKA 1967, S. 81 f; vgl dazu auch LISSITZYN 1968, S. 38 f; dem Urteil des Bundesverfassungsgerichtes der BRD vom 31. 7. 1973 muß widersprochen werden. In diesem Urteil hieß es: „Selbst in einem Bundesstaat bemessen sich, falls eine Regelung dieser Bundesverfassung fehlt, die Beziehungen zwischen den Gliedstaaten nach den Regeln des Völkerrechts" (BVerfGE 36, S. 24), siehe dazu MALLMANN in WV₂, Bd III, S. 649; „In keinem Fall aber kann das Völkerrecht ‚unmittelbar‘, ‚rein‘ für die Gliedstaaten gelten. Den nach außen Abgeriegelten fehlt die Völkerrechtssubjektivität. Die anderen sind nur beschränkt und durch die Vermittlung der Gesamtstaatsverfassung völkerrechtsfähig; auch in ihnen können völkerrechtliche Regeln nur kraft landesrechtlicher Zulassung angewendet werden, die aber nicht ausdrücklich durch die formelle Verfassung oder durch Gesetze zu erfolgen braucht." Siehe auch die Literaturübersicht, ibid., S. 650.

Unionsrepubliken gelten. Es kann einem sovjetischen Autor nicht gefolgt werden, welcher diese einerseits als innerföderatives und andererseits als auswärtiges Organ bezeichnet, mit dessen Hilfe die Unionsrepublik außenpolitische und völkerrechtliche Akte setzen kann:

> „Die ständige Vertretung [der USSR] befindet sich in Moskau, wo die Gesandtschaften auswärtiger Staaten arbeiten [funkcionirujut], mit welchen sie in unmittelbare Beziehung treten kann" [29].

Ausschlaggebend für die Standortwahl bei der Entsendung der *Ständigen Vertretungen* muß viel eher der Sitz des Ministerrates der UdSSR [Moskau] gewesen sein.

Sollte sich tatsächlich ein völkerrechtlicher Verkehr solch einer *Ständigen Vertretung* mit der Gesandtschaft eines ausländischen Staates entwickeln, spielt ihre innerstaatliche Stellung [Organ der Unionsrepublik im Verkehr mit einem Allunionsorgan] keine Rolle mehr, da es bei der völkerrechtlichen Beurteilung dieses Organs dann auf die Aufnahme des internationalen Verkehrs ankommt.

e) *Ständige Ausschüsse des Obersten Sovjet der Unionsrepublik.* Die Einrichtung ständiger Ausschüsse der Obersten Sovjets der Unionsrepubliken für auswärtige Angelegenheiten könnte auch im weitesten Sinne kaum als innere Aktualisierung der Auswärtigen Kompetenz angesehen werden. Diese Organe sind in keinem Fall Organe der auswärtigen Vertretung, da sie nur Beratungs- oder Hilfsorgane der Unionsrepubliksparlamente darstellen. In einer sovjetischen Monographie über die ständigen Kommissionen der Obersten Sovjets der Unionsrepubliken [30] finden sich spärliche Hinweise auf die Arbeit dieser Kommissionen. Nach Angaben dieses Autors [31] begutachten sie Vorlagen für GesV über die Ratifikation und Kündigung internationaler Verträge, Vereinbarungen und Konventionen. Ein Lehrbuch aus dem Jahr 1971 zählt nur für neun Unionsrepubliken ständige Ausschüsse für auswärtige Angelegenheiten auf [32]. Die Gesetzblätter der Unionsrepubliken veröffentlichen von Zeit zu Zeit Berichte über Arbeiten dieser Kommissionen. Diesen Berichten ist allerdings in den seltensten Fällen ein Hinweis auf Aktivitäten zu entnehmen, welche für die Beurteilung der Völkerrechtssubjektivität der Unionsrepubli-

---

[29] VASILENKO, Avtoref. Diss. S. 21.

[30] KRIVENKO, L. T.: Postojannye komissii Verchovnych Sovetov Sojuznych respublik, Izd-vo MGU 1970.

[31] Ibid, S. 74.

[32] RSFSR, USSR, UzSSR, BSSR, GSSR, LiSSR, TaSSR, ArSSR und TuSSR; vgl *Kurs sovetskogo gosudarstvennogo prava*, red. ŠČETININ/GORŠEEV, M, 1971, S. 377.

ken Aufschlüsse geben [33]. Ein Hinweis dieser Art wäre zB die ausdrückliche Erwähnung der Zustimmung der ständigen Kommission für auswärtige Angelegenheiten der BSSR zur GesV des POS der BSSR über die Ratifizierung der Seerechtskonvention [34].

Zusammenfassend kann man sagen, daß die Unionsrepubliken ihre Formalkompetenz zum auswärtigen Verkehr innerhalb ihrer Teilrechtsordnung durch die Schaffung vor Organen, welche sie auf internationaler Ebene rechtlich binden könnten, aktualisiert haben. Daraus ergibt sich, daß sie zunächst potentiell handlungsfähig sind. Diese Handlungsfähigkeit ist allerdings durch die Richtliniengewalt der UdSSR eingeschränkt [35].

Aus der potentiellen Handlungsfähigkeit lassen sich aber noch keine endgültigen völkerrechtlichen Schlüsse ziehen, weil weitere Voraussetzungen erforderlich sind. Durch die Einrichtung von Organen, deren Handlungen den Unionsrepubliken zugerechnet werden können, haben die Unionsrepubliken erst einen Schritt zur Völkerrechtssubjektivität getan. Um Aussagen über ihre Völkerrechtssubjektivität treffen zu können, wird man danach fragen müssen, wie weit Unionsrepubliken tatsächlich am internationalen Verkehr teilgenommen haben. Nur aus dem Umfang ihres internationalen Verkehrs wird sich der Umfang ihrer völkerrechtlichen Handlungsfähigkeit bestimmen lassen können.

6.2. Die Materienkompetenz

6.2.1. Das Wesensmerkmal Materienkompetenz bei den Unionsrepubliken

Für die Völkerrechtssubjektivität der Unionsrepubliken ist es von großer Bedeutung, daß sie die Kompetenz haben, Materien in ihren Teilrechtsordnungen zu behandeln, welche der Gegenstand völkerrechtlicher Regelungen sein könnten, denn nur bei Vorliegen dieser Kom-

---

[33] So berichtet die VVS GSSR 1972/2, S. 118 f über den Bericht des Vorsitzenden dieser Kommission über Empfänge und Bewirtung von ausländischen Gästen und Touristen in der GSSR. Die Anzahl der Touristen sei seit 1968 um das Doppelte angestiegen und in vielen Städten seien Freundschaftsabende, Begegnungen und Diskussionen mit den ausländischen Gästen abgehalten worden. Auch der Handel mit Souvenirs und Gegenständen der nationalen Kunst habe sich erweitert!

[34] Zit nach KRIVENKO 1970, S. 74.

[35] Siehe dazu supra S. 183 f.

petenz ist eine Zurechnung möglich[1]. Es wäre notwendig, daß sie
innerhalb ihrer Teilrechtsordnung Gestaltungsrechte haben, welche
ihnen unabhängig von der UdSSR die Vollziehung übernommener
Verpflichtungen ermöglicht.

Durch den Art 18/a wurde den Unionsrepubliken, unabhängig
von jeder anderen Kompetenz das Recht auf Errichtung diplomatischer und konsularischer Vertretungen übertragen. Zwar wäre die
Ausübung dieses Rechtes beim Fehlen jeglicher anderer Kompetenzen
nicht sehr sinnvoll und es würde sich vermutlich kein Partner für den
Austausch von Vertretungen ohne Kompetenzen finden. Als Materienkompetenz ist den Unionsrepubliken dieses Recht jedenfalls gewährleistet.

In den Teilrechtsordnungen der Unionsrepubliken finden jedoch
eine Reihe von Materien ihre Regelung, welche durchaus der Gegenstand internationaler Regelungen sein können[2].

Zunächst enthalten die Restkompetenzen der Unionsrepubliken
auf dem Gebiet der Gesetzgebung, trotz der oft differenzierten Bestimmungen der *Grundlagen*[3], genügend Spielraum für internationale
Regelungen. Geht man davon aus, daß die Sphäre des täglichen Lebens
in der UdSSR weitgehendst durch Normen geregelt wird, die in Kodices der Unionsrepubliken enthalten sind[4] und berücksichtigt man
ferner, daß die jeweiligen *Grundlagen* nicht alle Fragen abschließend
geregelt haben, so muß man das Vorhandensein von Materienkompetenzen der Unionsrepubliken bejahen. Gewiß ist die Gestaltungsfrei-
heit der Unionsrepubliken einerseits durch die *Grundlagen* und auch
andererseits durch die außenpolitische Richtliniengewalt der Union
eingeengt, doch geht es bei der Frage nach dem Vorhandensein von
Materienkompetenzen nicht um das „wieviel?"[5], sondern um das
„ob?".

---

[1] Vgl dazu HAMBURGER 1926, S. 122: „Völkerrechtssubjekt ist in unserem Sinne
jede Einheit, der überhaupt irgendwelche bestimmten, im internationalen Recht
begründete Befugnisse und Pflichten dauernd zugerechnet werden können."

[2] Es gibt überhaupt keine Materien, welche nicht in irgendeiner Form Gegenstand irgendwelcher internationaler Regelung sein können, vgl dazu KELSEN/
TUCKER 1967, S. 554 f.

[3] Vgl supra S. 195 ff; über die Wiederholung von Bestimmungen der *Grundlagen*
in den Unionsrepublikkodices siehe supra S. 211 ff.

[4] Zivilrecht, Strafrecht, Zivilprozeßrecht, Strafprozeßrecht, Gerichtsverfassung,
Arbeitsrecht, Bodenrecht, Gesundheitswesen, Wasserrecht, Ehe- und Familienrecht,
Besserungs-Arbeitsrecht, Unterrichts- und Bildungswesen.

[5] Was für die Beurteilung der Staatlichkeit der Unionsrepubliken eine wesentliche Rolle spielen mußte, siehe dazu supra S. 223 f.

Auch auf dem Gebiet der ausschließlichen Kompetenzen der Unionsrepubliken ergeben sich weite Bereiche für eine mögliche internationale Regelung. Diese ausschließlichen Kompetenzen lassen sich nicht enumerativ, sondern nur durch Subtraktion der ausschließlichen Unionskompetenzen [6] und der Restkompetenzen der Unionsrepubliken von den theoretisch möglichen Gesamtkompetenzen ermitteln. Von denjenigen Materien, welche im sovjetischen Schrifttum zu den ausschließlichen Kompetenzen der Unionsrepubliken gezählt werden [7], eignen sich besonders für internationale Regelung etwa das Transportwesen unionsrepublikanischer Bedeutung [8], das Unterrichtswesen [9] und vor allem Fragen der Kultur und des Sports [10]. Obwohl die Kompetenzen der Unionsrepubliken auf dem Gebiet der Wirtschaft und der Leitung der Industrie in den letzten 15 Jahren bedeutend erweitert worden sind, kann man hier wenig Materienkompetenzen für internationale Regelung annehmen. Einerseits ist das System der sovjetischen Wirtschaftsverwaltung derart zentralisiert [11], daß Aktivitäten der Unionsrepubliken hier kaum zu erwarten sind, andererseits ist der Außenhandel aufgrund des staatlichen Außenhandelsmonopols Unionsangelegenheit [12] und Unionsrepubliken dürften auf internationaler Ebene hier nur als Organe der Union anzusehen sein.

Zusammenfassend kann gesagt werden, daß die Materienkompetenzen der Unionsrepubliken ausreichen, um ihnen völkerrechtlich begründete Rechte und Verpflichtungen zuzurechnen. Als Einschränkung muß jedoch die Richtlinienkompetenz der UdSSR gewertet werden, welche auch die Materienkompetenz der Unionsrepubliken bedeutend einengen kann [13].

---

[6] Zu den verschiedenen Kompetenztypen vgl supra S. 168 ff.

[7] Vgl dazu supra S. 214 ff.

[8] Unionssache ist der Transport zur See, in der Luft und teilweise auch der Transport von Gütern durch Rohrleitungen, vgl dazu supra, S. 182 mit Literaturhinweisen.

[9] Unter dem Vorbehalt der *Grundlagen*.

[10] Siehe dazu supra S. 219.

[11] Siehe dazu supra S. 216 f.

[12] Art 14/z der Verfassung der UdSSR.

[13] So schreibt zB KIRIČENKO 1968, S. 155: „Jedoch ist die Sphäre der auswärtigen Beziehungen der RSFSR, sowie der anderen Unionsrepubliken einerseits dadurch beschränkt, daß sie das Glied eines einheitlichen Bundesstaates ist, dessen Organe in allen prinzipiell wichtigen Fragen in internationalen Beziehungen namens der UdSSR auftreten, welche außerdem in dieser Beziehung auch die Tätigkeit der entsprechenden Organe der Unionsrepubliken koordiniert. Andererseits kann die RSFSR, wie auch die anderen Unionsrepubliken nicht einseitig Fragen entscheiden, welche die unmittelbaren Beziehungen zu ausländischen Staaten betreffen und mit ihnen irgendwelche direkten Abmachungen [soglašenie] treffen.“

6.2.2. Die innere Aktualisierung der Materienkompetenzen

Auch für die Materienkompetenzen muß gefragt werden, ob sich innerhalb der Teilrechtsordnung „Unionsrepublik" Normen finden, die auf die Möglichkeit der internationalen Regelung gewisser Gebiete der staatlichen Tätigkeit Rückschlüsse gestatten.

„On doit ... partir de la structure et des moyens, constituant l'apanage d'une entité pour conclure, si, et dans quelle mesure, elle offre une base suffisante, pour y attacher des positions juridiques" [1].

Eine Art der inneren Aktualisierung der Materienkompetenzen der Unionsrepubliken ist die Adaptierung der Gesetzgebung zu internationalen Abkommen. So enthalten die ZGB der Unionsrepubliken Bestimmungen, daß im Falle des Widerspruchs einer Gesetzesnorm zu einem Abkommen der jeweiligen Unionsrepublik, die Bestimmung des Vertrages vorgeht [2]. Ähnliche Bestimmungen finden sich auch in den Ehe- und Familienrechtskodices der Unionsrepubliken [3]. Wenn auch derartige Bestimmungen in Unionsrepubliksgesetzen zur Teilrechtsordnung „Unionsrecht" gezählt werden müssen [4], stellen sie durch den Bezug auf mögliche Verträge der Unionsrepubliken eine Derogationsnorm dar und sind daher Aktualisierung der Materienkompetenz.

Eine innere Aktualisierung der Materienkompetenzen im weitesten Sinne kann man auch in den *Ordnungen über die Beziehungen staatlicher Organe der Unionsrepubliken zu auswärtigen Staaten* [5] sehen, da diese nicht nur Verfahrensvorschriften enthalten, sondern — allerdings negativ abgegrenzt — Aussagen über die von Organen der Unionsrepubliken zu behandelnden Materien treffen [6]. Ein Vergleich mit dem entsprechenden Reglement der UdSSR zeigt allerdings, daß an eine Aktualisierung von Materienkompetenzen der Unionsrepubliken auf

---

[1] MOSLER 1964, S. 245, allerdings im Zusammenhang mit internationalen Organisationen.

[2] So Art 569 des ZGB der RSFSR, *VVS RSFSR* 1964/24; Art 573 des ZGB der ESSR, *Eesti NSV Tsiviilkoodeks,* kommenteeritud väljaanne, Tallinn 1969. Diese Bestimmung wurde den Unionsrepubliken durch die *Grundlagen der Zivilgesetzgebung* ... (*VVS SSSR* 1961/50) Art 129 vorgegeben.

[3] So Art 166 des Ehe- und Familienrechtskodex der RSFSR als Wiederholung des Art 36 der *Grundlagen des Ehe- und Familienrechts* ... (*VVS SSSR* 1968/27) ebenso Art 212 des *Ehe- und Familienrechtskodex der ESSR: Eesti NSV Ülemnõukogu ja Valitsuse Teataja,* 1969/31/Anhang.

[4] Vgl supra S. 210 ff.

[5] Vgl supra S. 161 u. S. 234 f.

[6] Vgl supra S. 234 f.

dem Gebiet der Wirtschaft nicht gedacht wurde, da diesbezügliche Kontakte auswärtiger Institutionen nur über das Ministerium für Außenhandel der UdSSR zu laufen haben [7].

Sieht man von der USSR und BSSR ab, in welchen schon allein wegen der Mitgliedschaft in mehreren internationalen Organisationen und der Teilnahme an multilateralen Verträgen im Rahmen dieser Organisationen [8] die Materienkompetenzen im Inneren weitgehend aktualisiert worden sind, muß man für die übrigen Unionsrepubliken die Feststellung treffen, daß sie ihre Materienkompetenzen nur in sehr beschränktem Rahmen innerhalb ihrer Teilrechtsordnung aktualisiert haben. Allerdings genügt bereits diese Form der Aktualisierung, um annehmen zu können, daß sie potentielle Träger von Rechten und Pflichten sind, diese Voraussetzung (oder dieses Merkmal) des Völkerrechtssubjektes also gegeben ist.

6.2.3. Die Würdigung der Formal- und Materienkompetenzen der Unionsrepubliken

Die Unionsrepubliken kommen — das ergibt sich aus der Untersuchung — als mögliche Träger von Rechten und Pflichten und als mögliche Handlungssubjekte in Frage und können deshalb als potentielle Völkerrechtssubjekte bezeichnet werden. Eine Ausnahme bilden die BSSR und USSR durch ihre Mitgliedschaft in internationalen Organisationen und Teilnahme an internationalen Verträgen [1], wodurch sie — durch die Aktualisierung ihrer Kompetenzen nach außen — einen internationalen Status erlangt haben. Geht man davon aus, daß die Verfassung des Gesamtstaates in der Lage ist

„... innerstaatliche Rechtsgemeinschaften zu möglichen Anknüpfungspunkten der Völkerrechtsordnung zu machen" [2]

muß man sagen, daß dies bei den Unionsrepubliken der Fall ist. Daß diese potentielle Völkerrechtssubjektivität bisher nach außen nicht aktualisiert worden ist, ändert an der Beurteilung der theoretischen Fähigkeit der Unionsrepubliken nichts. Tatsächliche Träger von Rechten und Pflichten, und damit Völkerrechtssubjekte, werden die Unionsrepubliken allerdings erst durch die Aufnahme des völkerrechtlichen

---

[7] *VVS SSSR* 1948/5, Art 1—5.
[8] Vgl infra S. 250 f.
[1] Siehe dazu infra S. 245 ff, 250 ff.
[2] BLUMENWITZ 1972, S. 160.

Verkehrs [3]. Potentielle Völkerrechtssubjekte bleiben sie, solange ihre Teilrechtsordnung von der Gesamtrechtsordnung mit der Fähigkeit ausgestattet ist, Zurechnungsendpunkt für konkrete völkerrechtliche Verpflichtungen zu sein.

6.3. Die Aufnahme internationaler Beziehungen durch die Unionsrepubliken. (Die äußere Aktualisierung der auswärtigen Kompetenzen)

Bis zur Gründung der UdSSR traten die einzelnen Sovjetrepubliken im internationalen Verkehr als selbständige Einheiten auf [1]. Sie waren Teilnehmer an internationalen Verträgen [2], unterhielten diplomatische Vertretungen [3] und hatten internationale Beziehungen verschiedener Art [4].

Durch die Bildung der UdSSR und die Einrichtung eines Allunionsvolkskommissariates für auswärtige Angelegenheiten am 13. 7. 1923 [5] übernahm die UdSSR alle früheren Verpflichtungen der Unionsrepubliken [6]. Dadurch verloren die Unionsrepubliken ihre Völkerrechtssubjektivität und als einziges Völkerrechtssubjekt trat von diesem Zeitpunkt an die UdSSR im internationalen Verkehr auf. Die Auffassung einer Reihe von sovjetischen Autoren [7], daß die Unionsrepubliken auch in der Zeit zwischen 1923 und 1944 Völkerrechtssubjekte waren, kann nicht geteilt werden. Das Dekret vom 13. 7. 1923 bestimmt nämlich:

---

[3] In diesem Sinne BLUMENWITZ ibid, mit Hinweisen auf KORTE, HALLMAYER und PILOTTI.

[1] Siehe dazu ASPATURIAN, S. 32 ff mit Literaturhinweisen.

[2] So waren die BSSR und USSR Vertragspartner des Friedensvertrages von Riga vom 18. 3. 1921, vgl *Dokumenty vnešnej politiki SSSR*, M. 1957—, Bd 3, S. 618 (im weiteren: *Dokumenty*); die ArSSR, AzSSR und GSSR waren Teilnehmer am Freundschaftsvertrag mit der Türkei vom 13. 10. 1921, ibid, Bd 4, S. 420 ff; zur Vertragspraxis der BSSR siehe BROVKA 1967, S. 29 ff; VICHAREV 1960, S. 67 ff; NEDBAJLO/VASILENKO 1963, S. 90.

[3] ZB die AzSSR mit der Türkei, die GSSR mit der Tschechoslovakei, die USSR mit Österreich, Deutschland, Italien, Polen, der Türkei und Tschechoslovakei, vgl dazu BACHOV, A. V. in: *Istorija sovetskogo gosudarstva i prava*, glavred. KOSYCIN, M. 1968, Bd 2, S. 356 ff; NEDBAJLO/VASILENKO 1963, S. 90.

[4] ZB schreibt BROVKA 1967, daß die BSSR de facto-Beziehungen mit Lettland, Estland, Litauen, Österreich, der Tschechoslovakei, Türkei und Italien unterhielt (S. 47); vgl auch BACHOV op. cit. (Fn 3) S. 356 ff.

[5] Dekret des CIK an alle Völker und Regierungen der Welt, *Dokumenty*, Bd 6, S. 382 ff.

[6] Note des Volkskommissars für auswärtige Angelegenheiten an alle Vertretungen ausländischer Staaten in Moskau, *Dokumenty*, Bd 6, S. 395 f.

[7] Vgl die Liste supra S. 22 in Fn 6.

„In Anbetracht der Gemeinsamkeit der Aufgaben und Bedürfnisse der Sovjet-republiken angesichts der kapitalistischen Staaten wurde ein einheitliches Allunions-volkskommissariat für auswärige Angelegenheiten geschaffen" [8].

In der Note des Volkskommissars für auswärtige Angelegenheiten der UdSSR vom 23. 7. 1923 heißt es noch deutlicher:

„Seitens der UdSSR werden von nun an durch ihre von der Verfassung dazu bevollmächtigten Organe der zentralen Bundesgewalt die internationalen Beziehungen der Union, einschließlich der in sie eingetretenen Republiken, geregelt ...

Dementsprechend ist dem Volkskommissariat für auswärtige Angelegenheiten der UdSSR die Führung aller internationalen Beziehungen im Namen der Union übertragen, einschließlich der Exekution aller von den oben angeführten Republiken RSFSR, USSR, BSSR und Transkaukasische Föderation mit anderen Staaten abgeschlossenen Verträge und Abkommen, welche auf den Territorien der entsprechenden Republiken ihre Geltung behalten" [9].

Dadurch, daß allen Staaten, mit denen die RSFSR Beziehungen unterhielt, mitgeteilt wurde, daß die auswärtige Kompetenz vom Zeitpunkt der Schaffung des Allunionsvolkskommissariats für auswärtige Angelegenheiten an, durch dieses wahrgenommen wird und daß dieses auch die von den einzelnen Republiken abgeschlossenen Verträge ausführen wird, mußten die ausländischen Staaten darauf vertrauen können, daß ihnen als Völkerrechtssubjekt nur die UdSSR entgegentreten wird. Da diese Erklärungen ohne irgendwelche Einschränkungen bezüglich eines Weiterbestehens der Völkerrechtssubjektivität der Unionsrepubliken abgegeben wurden, mußten die auswärtigen Vertragspartner die Völkerrechtssubjektivität der Unionsrepubliken durch ihren Beitritt zur UdSSR als beendet betrachten [10].

Für das Weiterbestehen der Völkerrechtssubjektivität der Unionsrepubliken nach ihrem Eintritt in die UdSSR gibt es, außer den juristisch kaum haltbaren Argumenten sovjetischer Autoren, keine Hinweise. Daher muß das Verfassungsänderungsgesetz der UdSSR vom 1. 2. 1944 [11] als erster Schritt gewertet werden, die Völkerrechtssubjektivität der Unionsrepubliken (wieder) herzustellen.

---

[8] *Dokumenty*, Bd 6, S. 384.

[9] *Dokumenty*, Bd 6, S. 396.

[10] In diesem Sinne TARACOUZIO 1935, S. 280 ff; ASPATURIAN 1960, S. 37 ff; MAURACH 1955, S. 109; vgl TRISKA/SLUSSER 1962, S. 156 ff; siehe dazu auch OKEKE 1974, S. 46 f; ein sovjetischer Autor, der auch das Weiterbestehen der Völkerrechtssubjektivität der Unionsrepubliken nach der Bildung der UdSSR behauptet, muß zu diesen Noten eingestehen: „Die Völkerrechtssubjektivität der Unionsrepubliken wird in den anfangs untersuchten Formulierungen [in den Noten] in weniger deutlichen Ausdrücken [v menee četkich vyraženijach] unterstrichen." So BROVKA 1967, S. 98.

[11] *VVS SSSR* 1944/8.

Der nächste Schritt, diesmal bereits zur auswärtigen Aktualisierung der durch die Verfassungsänderung entstandenen potentiellen völkerrechtlichen Rechts- und Handlungsfähigkeit war die von STALIN bei der Konferenz von Jalta durchgesetzte Forderung der Mitgliedschaft von zwei Unionsrepubliken, der USSR und der BSSR bei der zu gründenden Organisation der Siegermächte des Zweiten Weltkrieges [12].

Da die vorliegende Untersuchung vom heutigen Stand der internationalen Aktualisierung der auswärtigen Kompetenzen der Unionsrepubliken ausgeht, erübrigt sich eine historische Betrachtung, wie und warum die USSR und BSSR Mitglieder der Vereinten Nationen und einiger ihrer Spezialorganisationen wurden.

6.3.1. Die Mitgliedschaft der Unionsrepubliken der UdSSR in internationalen Organisationen

Die BSSR und die USSR sind Gründungsmitglieder der Vereinten Nationen. Sie sind ferner Mitglieder folgender Sonderorganisationen der VN: ILO, UNESCO, WHO, UPU, ITU, WMO, IAEA, UNICEF [1]. Die USSR hat die Konvention vom 18. 8. 1948 über die Bildung der Internationalen Donaukommission unterzeichnet [2] und wird von sovjetischen Autoren auch als Mitglied dieser bezeichnet [3]. Sie taucht aber in der Namensliste der Mitglieder nicht auf [4].

Die BSSR und die USSR sind Mitglieder einer Reihe von INGO's. So zB des Internationalen Archivrats (International Council of Archives) [5], des Internationalen Ausstellungs-Bureaus (International Exhibition Bureau) [6], der Internationalen Rundfunk- und Fernsehorganisation [7] (der außer der USSR und BSSR auch noch die ESSR, LaSSR, LiSSR und die MSSR angehören) [8] und des Weltverbandes der Gehörlosen (World Federation of the Deaf) [9]. Das *Yearbook of International*

---

[12] Vgl dazu ASPATURIAN 1960, S. 102 ff mit Quellenangaben.

[1] Quelle: 14 *Yearbook of International Organizations* 1972/73, Brüssel 1972, S. 858; sie sind nicht Mitglieder der: FAO, FUND, BANK, IDA, IFC, ICAO, IMCO, GATT, UNHCER.

[2] Ibid, S. 88.

[3] ZB MICHAJLOVSKY in 17 *URE*, S. 630.

[4] 14 *Yearbook* ... (siehe Fn 1), S. 88.

[5] Ibid, S. 312.

[6] Ibid, S. 321.

[7] Ibid, S. 421 f.

[8] Vgl dazu auch *Meždunarodnye nepravitel'stvennye organizacii*, Nauka M. 1967, S. 401 f.

[9] 14 *Yearbook*, S. 624; das sovjetische Handbuch (siehe Fn 8) gibt auf S. 34 hier noch die RSFSR als Mitglied an. Dieses wäre die einzige Mitgliedschaft der RSFSR bei einer Internationalen Organisation, die zu eruieren war.

Organization erwähnt ferner noch die Mitgliedschaft Estlands zur Internationalen Vereinigung für Vegetationskunde (International Society of Plant Geography and Ecology)[10] und Litauens zur Europäischen Union junger Christdemokraten (European Union of Young Christian Democrats)[11]. Eine Mitgliedschaft anderer Unionsrepubliken in Internationalen Organisationen, sowie die Mitgliedschaft in anderen Organisationen konnte weder in Handbüchern[12], noch in sovjetischen Monographien über die internationalen Aktivitäten einzelner Unionsrepubliken[13] gefunden werden. Es wird lediglich von einem Autor die Mitgliedschaft der Handelskammer der UzSSR in der *Organisation zur wirtschaftlichen Zusammenarbeit der Afro-Asiatischen Länder* (Afro-Asian Organization for Economic Co-operation) behauptet[14], im Mitgliederverzeichnis, Stand 26. 3. 1972[15] taucht die UzSSR jedoch nicht auf. Eine andere sovjetische Quelle behauptet die Mitgliedschaft der LaSSR, LiSSR, MSSR und ESSR bei der *Intervision*[16]. Die Intervision ist allerdings keine selbständige internationale Organisation, sondern eine Einrichtung der Internationalen Rundfunk- und Fernsehorganisation[17].

---

[10] Ibid, S. 440.

[11] Ibid, S. 160 f, zusammen also sechs; es ist interessant, daß dieses Jahrbuch dagegen 15 Organisationen anführt (Nos. 620, 812, 814, 993, 1159, 1486, 2021, 2342, 2644, 3085, 3220, 3221 und 3560) zu deren Mitgliedern Exilgruppen aus der heutigen UdSSR, wie Estland, Lettland, Litauen, Ukraine etc, gehören.

[12] 14 *Yearbook* ... (Fn 1) und *Meždunarodnye* ... (Fn 8).

[13] Für die BSSR: *Belorusskaja SSR na meždunarodnoj arene*, IMO 1964; BROVKA 1967; für die USSR: VOROBJOV 1970; LEŠČENKO 1969; VICHAREV 1957, 1958 u. 1960; VASILENKO Avtoref. Diss.; NEDBAJLO/VASILENKO 1963; ZABIGAJLO Avtoref. Diss.

[14] ABUTALIPOV 1970, S. 7; zur Frage, wie weit die Handelskammern der Unionsrepubliken selbständige Unionsrepubliksorgane und nicht Organe der Allunionshandelskammer darstellen vgl VORONOV/PAVLOV 1970, S. 104 ff, wo (S. 106 ff) festgestellt wird, daß durch Verordnung des MinR der UdSSR vom 20. 11. 1959 für die Teilnahme und Tätigkeit in nichtstaatlichen Internationalen Organisationen Handelskammern in der KazSSR, TuSSR, KiSSR, TaSSR, UzSSR, AzSSR, GSSR, und ArSSR gegründet wurden. Da der Außenhandel der UdSSR Unionskompetenz ist und auch durch die Verfassung der UdSSR (Art 14/z) als Staatsmonopol bezeichnet wird, müßte man dazu neigen, die aufgrund einer Unionsverordnung geschaffenen Unionsrepublikshandelskammern als Organe der Allunionshandelskammer zu bezeichnen. Dem Verfasser der vorliegenden Arbeit ist es in der UdSSR nicht gelungen, eine Satzung der Handelskammern der UzSSR und GSSR zu Gesicht zu bekommen.

[15] 14 *Yearbook* ... (Fn 1) S. 21.

[16] *Meždunarodno-pravovye formy sotrudničestva socialističeskich gosudarstv*, M. 1962, zit nach MEDVEDOVIČ 1971, S. 457.

[17] Siehe dazu: The Europe Year Book 1971, Vol I, Part I, London 1971, S. 282.

Die Tatsache, daß Personen, welche Funktionäre einer Unionsrepublik sind, als Delegationsmitglieder der UdSSR auftreten, kann nicht als Beweis für die Völkerrechtssubjektivität der Unionsrepubliken herangezogen werden, wie es von sowjetischen Autoren häufig versucht wird [18]. Auf dieser falschen Prämisse beruht wohl auch die Behauptung, daß die RSFSR durch ihre Organe an der Arbeit von 48 Internationalen Organisationen teilnimmt [19]. Das Delegationsmitglied handelt nicht im Namen der jeweiligen Unionsrepublik, sondern namens der UdSSR [20]. Die von ihm gesetzten Akte muß man der UdSSR und nicht der Unionsrepublik zurechnen, da nicht die Unionsrepublik, sondern nur die UdSSR Mitglied der Organisation und die erstere für die anderen Organisationsmitglieder rechtlich nicht von Bedeutung ist.

Neben der Tatsache der Mitgliedschaft in internationalen Organisationen, könnte für eine völkerrechtliche Aussage auch noch die Praxis der Unionsrepubliken innerhalb dieser Organisation von Bedeutung sein. Sollte nämlich der Nachweis gelingen, daß sich die Unionsrepublik innerhalb der Organisation wesentlich anders verhalten hat als die UdSSR, wäre dies zumindest ein Indiz dafür, daß sie im internationalen Verkehr tatsächlich eine von der UdSSR verschiedene Einheit darstellt und nicht nur ein Stimmenmultiplikator für Abstimmungen ist [21].

Dies soll nun keineswegs heißen, daß das Kriterium der außenpolitischen Unabhängigkeit eines Gebildes ihre abweichende Praxis innerhalb internationaler Organisationen ist. Eine solche „Unabhängigkeit" wäre von den Unionsrepubliken wegen der Richtliniengewalt der UdSSR in auswärtigen Angelegenheiten ehedem nicht zu erwarten. Es ließe sich allerdings auch für andere Staatengruppierungen

---

[18] Für die TaSSR: Akbarov 1969, S. 313; für die AzSSR: Mil'man 1971, S. 149; für die ArSSR: Petrosjan 1969, S. 274; für die UzSSR: Janovskij 1962 (Sovetskie sojuznye respubliki ...) S. 62; vgl dazu Aspaturian 1960, S. 199 f.

[19] Kiričenko 1968, S. 156.

[20] Schermers 1972, S. 85: „Their acts [delegations of members] are acts of the members and the member is entirely responsible."

[21] Mouskhely/Jedryka 1961: „Nul doute que ce ne fût, de la part des dirigeants soviétiques, une manoeuvre destinée à renforcer leur représentation au sein des Nations Unies, composées en majeurité des pays capitalistes." So auch Verzijl 1968—, Bd II, S. 491 in der Bezeichnung der Mitgliedschaft der BSSR und USSR in der Organisation der Vereinten Nationen als: „... a political strategem to secure three votes for the Soviet Union in the Organization, and it is not intended to invest the member States with real international personality."

parallellaufendes Verhalten nachweisen, wobei an ihrer Existenz als verschiedene Völkerrechtssubjekte noch nicht gezweifelt werden müßte.

Die Konstruktion, daß sowohl die Union, welche aus den Unionsrepubliken besteht, als auch einige der Unionsrepubliken Mitglieder ein und derselben Organisation sind, ist eine Anomalie [22], wenn die Organisation nach ihrer Satzung auf der „souveränen Gleihheit ihrer Mitglieder" [23] beruht, da zwischen der Union und ihren Gliedstaaten wesentlich intensivere Beziehungen bestehen, als zwischen den anderen Mitgliedstaaten. Eine souveräne Gleichheit der UdSSR und der Unionsrepubliken, welche als Bestimmung der Satzung der VN anderen rechtlichen Bindungen vorgehen müßte [24], ist wegen der Kompetenz-Kompetenz der UdSSR [25] ohnehin unmöglich, da diese ein Subordinationsverhältnis schafft. Gerade deshalb könnte ein von der UdSSR wesentlich abweichendes Verhalten einer Unionsrepublik völkerrechtliche Aussagekraft haben.

Die Praxis der Unionsrepubliken in der Organisation der Vereinten Nationen weist keine spektakulären Besonderheiten auf. Das sovjetische Schrifttum, welches die Tätigkeit der BSSR und USSR innerhalb der Vereinten Nationen beschreibt, muß daher in den meisten Fällen über die gemeinsame Tätigkeit der Delegationen der UdSSR, BSSR und USSR berichten [26]. Es weist allerdings auch auf Einzelaktionen der Unionsrepubliken hin, so zB auf einige Vorschläge der BSSR im Zusammenhang mit der Frage der Kriegsverhütung bei der V. Sitzungsperiode der VN-Vollversammlung [27] oder die Unterstützung des Prinzips der Einstimmigkeit der Großmächte seitens des Delegierten der BSSR, ZERBAK [28]. Die Delegation der USSR hat auf der XIII. Sitzungsperiode der VN-Vollversammlung einen Resolutionsentwurf über die Abhaltung eines internationalen Jahres der Gesundheitsfürsorge und Medizinischen Forschung und auf der XVI. Sitzungsperiode Resolutionsentwürfe über die Untersuchung der Erfolge der Planung der wirtschaftlichen Entwicklung verschiedener Länder

---

[22] So DOLAN 1955, S. 363.

[23] Art 2/1 der Satzung der VN.

[24] Art 103 der Satzung der VN.

[25] Siehe dazu supra S. 163 ff.

[26] So etwa für die BSSR: BROVKA 1967, S. 128 ff; *Belorusskaja SSR na meždunarodnoj arene*, IMO 1964, S. 59 ff; VICHAREV 1958, S. 121 ff; für die USSR etwa VOROBJOV 1970, S. 49 f; LEŠČENKO 1969, S. 216, 219 ff; zu demselben Ergebnis kommt YAKEMTCHOUK 1957, S. 91.

[27] VICHAREV 1960, S. 71.

[28] BROVKA 1967, S. 127.

und über die Abschaffung des Analphabetentums eingebracht [29]. Sie war Mitautor der gemeinsamen Sovjetisch-Amerikanischen Resolution über Abrüstung bei der XIV. Sitzungsperiode [30] und die BSSR schlug bei derselben Sitzungsperiode vor, die Krebsforschung zu forcieren [31]. Die Abstimmungspraxis der Unionsrepubliken innerhalb der Organisation der Vereinten Nationen war konform derjenigen der UdSSR. Nur für zwei Fälle weist die von den Vereinten Nationen herausgegebene Sammlung der Staatenpraxis in den VN (UNDEX) verschiedenes Abstimmungsverhalten auf, und zwar hat die USSR zweimal Stimmenthaltung zu Fragen geübt, zu welchen die UdSSR eine Neinstimme abgab [32]. Eine Frage betraf die Kriegsdienstverweigerung [33], die andere war eine Verfahrensfrage [34].

Das Bild der Tätigkeit der Unionsrepubliken in anderen Internationalen Organisationen ist das gleiche. Auch hier wird im sovjetischen Schrifttum die Tätigkeit der Delegation meistens zusammen behandelt [35] und nur selten trifft man auf Berichte von irgendwelchen Sonderaktivitäten der Unionsrepubliken. Für die Arbeit in der ILO wird ein gemeinsames polnisch-ukrainisches Resolutionsprojekt gemeldet [36] und das Delegationsmitglied der BSSR bei der in New York im September/Oktober 1956 stattfindenden Gründungskonferenz zur Internationalen Atomenergiebehörde soll kritische Bemerkungen zu einigen Satzungspunkten gemacht haben [37].

Obwohl sovjetische Völkerrechtler der empirisch-normativen Methode grundsätzlich feindlich gegenüberstehen [38] und eine dialektische bevorzugen [39], könnte zu erwarten sein, daß sie Besonderheiten der

---

[29] NEDBAJLO/VASILENKO 1963, S. 102 f.

[30] Ibid, S. 103.

[31] Ibid; mehr Einzelheiten über die Tätigkeit der BSSR finden sich in: *Belorusskaja SSR na meždunarodnoj arene,* IMO 1964, S. 59 ff.

[32] *ST/LIB/SER. I/B. 6.;* untersucht wurden B. 1—11.

[33] Enthaltung USSR: *E./Cn. 4/SR. 1132;* 90; Gegenstimme UdSSR *E./Cn. 4/L. 1176.*

[34] Enthaltung USSR: *E./Cn. 4/SR. 1111;* 18; Gegenstimme UdSSR ibid.

[35] So etwa für die *UNESCO* bei RUBANIK 1969, S. 64 ff; über die Tätigkeit der BSSR bei der UNRRA: *Belorusskaja SSR ...* (Fn 26) S. 63 ff; über die Tätigkeit in der ILO ibid, S. 256; über die Tätigkeit in der WMO ibid, S. 264: über die Tätigkeit in der IAEO ibid, S. 276.

[36] ŠKUNAEV 1968, S. 202 f.

[37] So BROVKA 1967, S. 132 f.

[38] So etwa eine vor kurzem erschienene Monographie über Probleme der Methodologie des Völkerrechts: BASKIN/FEL'DMAN, *Meždunarodnoe pravo: Problemy methodologii,* IMO 1969, S. 138.

[39] Für alle ibid, S. 19 ff mit weiteren Hinweisen auf sovjetische Autoren.

Praxis der Unionsrepubliken in internationalen Organisationen aufzeigen und auf sie hinweisen würden. Da also dem sovjetischen Schrifttum bedeutende Unterschiede im Verhalten der Unionsrepubliken zur Praxis der UdSSR nicht entnommen werden konnten, liegt der Schluß nahe, daß die Praxis im wesentlichen homogen [40] ist und sich daher daraus keine völkerrechtlichen Aussagen ableiten lassen. Dies berührt jedoch die Tatsache der Mitgliedschaft einiger Unionsrepubliken in einigen Organisationen nicht.

6.3.2. Die Vertragspraxis der Unionsrepubliken der UdSSR

6.3.2.1. Multilaterale Verträge

Den überwiegenden Teil der Vertragspraxis der Unionsrepubliken machen multilaterale Verträge der BSSR und USSR im Rahmen ihrer Mitgliedschaft in internationalen Organisationen aus. Diese Praxis erklärt ein sovjetischer Autor mit der Besonderheit der konkreten historischen Lage, unter deren Bedingungen eine neue Etappe der außenpolitischen Tätigkeit [der BSSR] begann [1].

Es fragt sich, wie weit diese mystisch klingende Begründung zutrifft, oder ob die hauptsächliche Beteiligung an Verträgen, zu welchen die Unionsrepubliken kraft Mitgliedschaft bei der Organisation der Vereinten Nationen das Beitrittsrecht haben, nicht vielmehr aus dem praktischen Grund zu erklären ist, daß sie an den von der Organisation ausgearbeiteten Verträgen Vertragspartner werden können, ohne auf Widersprüche seitens der anderen Vertragsparteien zu stoßen. Eine

---

Allerdings muß gesagt werden, daß gewisse Blüten spätstalinistischer Rechtslehre heute nicht mehr vorkommen; ein Beispiel ist etwa die Einführung in die Methode von KURIŠKOV Avtoref. Diss. 1953, S. 1: „Im Lichte der marxistisch-leninistischen Lehre von der Basis und dem Überbau, welche ihre Weiterentwicklung in den genialen Werken der Koryphäe der Wissenschaft, I. V. STALIN ... gefunden hat ... Leitende Quellen für diese Dissertation ... sind Werke von K. MARX, F. ENGELS, V. I. LENIN und I. V. STALIN. Als Grundlage der Erforschung des Themas wurden die genialen Werke des Genossen STALIN gelegt."

[40] HAZARD 1957, S. 87 „... the voting and debating record of the two republics indicates that the federal Government of the U.S.S.R. sets policy on all matters, as its constitution requires it to do." Ebenso derselbe 1972, S. 598: „... the activity of the Ucrainian and Byelorussian delegations in the United Nations gave no hint that they were departing from the guidance of the Soviet Union."

[1] BROVKA 1967, S. 137 in einer Erwiderung auf ASPATURIAN 1960, S. 173 ff, der daraus geschlossen hatte, daß die Vertragsfähigkeit der BSSR prinzipiell eingeschränkt sei.

kurze Aufzählung der wichtigsten Konventionen, bei welchen die USSR
und BSSR Vertragsparteien sind, könnte Aufklärung darüber bringen,
wie weit der Beitritt zu ihnen einem internen Bedürfnis nach Regelung
entspringt, oder ob die durch den Vertrag geregelte Materie nicht ohnehin durch Unionsrecht umfaßt ist. Außerdem wird von Interesse sein,
wie weit die durch die Verträge geregelten Materien zur Teilrechtsordnung „Unionsrepubliksrecht" gehören.

Das Register der Unterschriften, Ratifikationen und Betrittser-
klärungen zu Verträgen, für welche der Generalsekretär der VN De-
positar ist (Stand 31. 12. 1971) [2] weist die USSR und die BSSR als
Vertragspartei folgender Verträge aus:

1. *Konvention über Privilegien und Immunitäten der Vereinten
   Nationen* [3]
2. *Konvention über Privilegien und Immunitäten der Sonderorganisationen* [4]
3. *Wiener Konvention über Diplomatische Beziehungen* [5]
4. *Konvention über die Verhütung und Bestrafung des Völkermordes* [6]
5. *Internationale Konvention über die Eliminierung aller Formen von Rassendiskriminierung* [7]
6. *Konvention über die Nichtanwendbarkeit der Verjährungsfrist auf Kriegsverbrechen und Verbrechen gegen die Menschlichkeit* [8]
7. *Protokoll zur Änderung von 4 Abkommen, Konventionen
   und Protokollen über Rauschgifte von Lake Success vom
   11. 12. 1946* [9]
8. *Protokoll über die Begrenzung der Herstellung und Regulierung der Verteilung von Rauschgiften,* Paris, 19. 11. 1948 [10]

---

[2] *Multilateral Treaties in Respect of which the Secretary-General performs
Depositary Functions,* List of Signatures, Ratifications, Accessions etc as at 31 De-
cember 1971, *ST/LEG/SER. D/5* in der Folge *MT.*
  [3] 1 *UNTS,* S. 15 ff; 90 *UNTS,* S. 327 ff; *MT:* S. 33 f: USSR und BSSR.
  [4] 33 *UNTS,* S. 261 ff; *MT:* S. 38 ff: BSSR bezüglich: ILO, UNESCO, UPU,
ITU, WMO; USSR bezüglich: ILO, UNESCO, UPU, ITU, WMO; die UdSSR
dazu noch bezüglich: WHO und IMCO.
  [5] 500 *UNTS,* S. 95 ff; *MT:* S. 47 ff: BSSR und USSR.
  [6] 78 *UNTS,* S. 277 ff; *MT:* S. 65 ff: BSSR und USSR.
  [7] 660 *UNTS,* S. 195 ff; *MT:* S. 71 ff: BSSR und USSR.
  [8] Registrierung 10823 beim Generalsekretariat vom 11. 11. 1970; *MT:* S. 85:
BSSR und USSR.
  [9] 12 *UNTS,* S. 179; *MT:* S. 113 ff: BSSR und USSR.
  [10] 44 *UNTS,* S. 277; *MT:* S. 139 ff: BSSR und USSR.

9. *Konvention über Rauschgift*/Single Convention on Narcotic Drugs [11]

10. *Konvention zur Unterdrückung des Frauen- und Kinderhandels,* Genf, 30. 9. 1921 [12]

11. *Konvention zur Unterdrückung des Handels mit erwachsenen Frauen,* Genf, 11. 10. 1933 [13]

12. *Konvention zur Unterdrückung des Menschenhandels und der Ausnützung der Prostitution anderer* [14]

13. *Schlußprotokoll zu 12* [15]

14. *Konvention über die politischen Rechte der Frau* [16]

15. *Konvention über die Staatsangehörigkeit der verheirateten Frau* [17]

16. *Sklaverei-Konvention, unterzeichnet in Genf am 25. 9. 1926 und geändert in New York am 7. 12. 1953* [18]

17. *Zusatzkonvention über die Abschaffung der Sklaverei, des Sklavenhandels und Institutionen, sowie Praktiken, ähnlich der Sklaverei* [19]

18. *Genfer Konvention über die Territorialgewässer und die Anschlußzone* [20]

19. *Genfer Konvention über die Hohe See* [21]

20. *Genfer Konvention über den Kontinentalsockel* [22]

21. *Konvention über die Anerkennung und Exekution ausländischer Schiedssprüche* [23]

22. *Europäische Konvention über internationale Handelsschiedsgerichtsbarkeit* [24]

---

[11] 520 *UNTS,* S. 151 ff und 557, 570 sowie 590 *UNTS* [corrigenda]; *MT:* S. 146 ff; BSSR und USSR.

[12] 9 *LNTS,* No. 269; *MT:* S. 159: BSSR.

[13] 150 *LNTS,* No. 3476; *MT:* S. 161: BSSR.

[14] 96 *UNTS,* S. 271; *MT:* S. 169 ff: BSSR und USSR.

[15] 96 *UNTS,* S. 316; *MT:* S. 172: BSSR und USSR.

[16] 193 *UNTS,* S. 135 ff; *MT:* S. 329 ff: BSSR und USSR.

[17] 309 *UNTS,* S. 65 ff; *MT:* S. 335 ff: BSSR und USSR.

[18] 212 *UNTS,* S. 17 ff; *MT:* S. 345 f: BSSR und USSR.

[19] 266 *UNTS,* S. 3 ff; *MT:* S. 349 ff: BSSR und USSR.

[20] 516 *UNTS,* S. 205 ff; *MT:* S. 371 ff: BSSR und USSR.

[21] 450 *UNTS,* S. 11 ff; *MT:* S. 377 ff: BSSR und USSR.

[22] 499 *UNTS,* S. 311 ff; *MT:* S. 385 ff: BSSR und USSR.

[23] 330 *UNTS,* S. 3 ff; *MT:* S. 393: BSSR und USSR.

[24] 484 *UNTS,* S. 349, *MT:* S. 397: BSSR und USSR.

23. *Konvention über Transithandel von Binnenstaaten* [24a].

24. *Konvention über Straßenverkehr* [24b] (nur Unterzeichnung).

Die BSSR und die USSR sind ferner Vertragsparteien der 4 Genfer Abkommen über die Verbesserung des Loses der Kriegsopfer [25]. Für die BSSR stellt ein Autor die Mitgliedschaft zu [nicht spezifiziert aufgeführten] Haager Konventionen aus 1899 und 1907 fest [26]. Die BSSR und die USSR sind Vertragsparteien zum Änderungsprotokoll vom 28. 9. 1955 zur Warschauer Konvention 1929 [27]. Die beiden Unionsrepubliken haben die Pariser Friedensverträge 1947 mit Bulgarien, Italien, Rumänien, Ungarn und Finnland unterzeichnet [28], nachdem sie zur Friedenskonferenz mit eigenen Delegationen zugelassen waren [29]. Die BSSR und die USSR sind Vertragsparteien der Konvention über Internationale Ausstellungen [30].

Am 12. November 1973 hinterlegten die BSSR und USSR die Ratifikationsurkunden für den *Internationalen Pakt über die wirtschaftlichen, sozialen und kulturellen Rechte* und den *Internationalen Pakt über die bürgerlichen und politischen Rechte* der Vereinten Nationen [31].

[24a] 597 *UNTS*, S. 3 ff; *MT* 1973 (ST/LEG/SER. D/7) S. 226: BSSR und USSR.

[24b] *UN Conference on Road Traffic*, Final Act (E/F. 69. VIII. 1 and Corr. 1, S. 11 f); *MT* 1973 (siehe Fn 24 a), S. 315: BSSR und USSR.

[25] Für die BSSR vgl *Belorusskaja SSR na meždunarodnoj arene*, IMO, 1964, S. 334; für die USSR vgl *Ukrains'ka RSR u mižnarodnich vidnosinach*, Kijv, 1959, S. 567 ff.

[26] Brovka 1967, S. 139; vgl auch undifferenziert: *Belorusskaja SSR ...* (Fn 25), S. 329.

[27] Für die BSSR siehe *Belorusskaja SSR ...* (Fn 25), S. 333; für die USSR siehe: *Ukrainskaja SSR v meždunarodnych otnošenijach*, Naukovaja dumka Kiev 1965, S. 195 ff.

[28] Für die BSSR siehe *Belorusskaja SSR ...* (Fn 25), S. 328 mit dem Hinweis, daß die BSSR am 13. 9. 1947 diese Verträge ratifiziert hatte. Für die USSR siehe *Ukrains'ka RSR ...* (Fn 25), S. 74, 116, 134, 154, 168 mit dem Hinweis darauf, daß die Ratifikation der UdSSR vom 29. 8. 1947 sich auch auf die BSSR und USSR ausdehnt. Dieses bestreitet Brovka 1967, S. 142 ff (allerdings unter Hinweis auf eine andere sowjetische Materialsammlung) mit dem Hinweis darauf, daß kein anderes Organ die Ratifizierung seitens der BSSR ersetzen kann. Er übersieht dabei, daß die Friedensverträge kraft Bundesrecht auf dem Territorium aller Unionsrepubliken gelten, außerdem sind Fragen des Krieges und des Friedens, also auch die Kompetenz zum Abschluß von Friedensverträgen nach Art 14/b Unionsangelegenheit.

[29] Siehe dazu infra S. 257.

[30] Für die BSSR: *Belorusskaja SSR ..* (Fn 25) S. 329; für die USSR *Ukrainskaja SSR ...* (Fn 27) S. 379 ff, S. 393, beide Quellen ohne internationale Fundstelle. Es handelt sich aber offenbar um das Abkommen über Internationale Ausstellungen mit Zusatzprotokollen öBGBl 65/1957, siehe Mitgliedstaatenliste in öBGBl 131/1968, S. 763, wo die Ukraine und Weißrußland aufscheinen.

[31] X *UN-Monthly Chronicle* 1973/11, S. 42.

Als Mitglieder der ILO haben die BSSR und die USSR eine Reihe von Konventionen dieser Organisation ratifiziert. Eine Übersicht der ILO gibt für den Stand 1971 folgende Mitgliedschaft an [32]:

Die BSSR und USSR in: Konvention No.: 10, 11, 14, 15, 16, 27, 29, 32, 45, 47, 52, 58, 59, 60, 77, 78, 79, 87, 90, 95, 98, 100, 103, 106, 111, 116, 119, 120, 122, 123, 124 und nur die USSR in Konvention No.: 69, 73, 108, 112, 115, 126. Der Beitritt anderer Unionsrepubliken zu multilateralen Konventionen läßt sich nicht nachweisen, er wird vom sovjetischen Schrifttum auch nicht behauptet.

Diese Liste der multilateralen Konventionen, die für die BSSR und USSR gültig sind, soll nicht vollständig sein [33]. Sie soll lediglich einen Überblick über die Vertragspraxis der BSSR und USSR erlauben. Aus dieser Konventionspraxis läßt sich vor allem eine Gesetzmäßigkeit ableiten. Von einer Ausnahme abgesehen [34], ist eine Unionsrepublik nie vor der UdSSR einem Vertrag beigetreten und die Fälle gemeinsamen Beitritts sind ebenfalls selten [35]. Diese Regelmäßigkeit läßt den Schluß zu, daß es sich hier um einen Ausfluß der Richtliniengewalt der UdSSR auf außenpolitischem Gebiet handelt und die tatsächliche Handlungsfreiheit, oder, besser gesagt, der Handlungsspielraum der Unionsrepubliken zumindest zeitlich in der Form eingeschränkt ist, daß der Union in jedem Fall der Vortritt zu geben ist.

Von dieser Feststellung [zeitlicher Vorrang der UdSSR vor den Unionsrepubliken] käme man zu einer Frage der Zweckmäßigkeit des Beitrittes der Unionsrepubliken zu Verträgen, welche als Unionsrecht für ihr Gebiet ohnehin gültig sind und als Unionsrecht in jedem Falle dem Unionsrepubliksrecht vorgehen [36]. Es ergäbe sich hier — zumindest für die Anwendung der in Frage kommenden Verträge — eine ähnliche Problematik, wie diejenige, welche bei Wiederholung von Bestimmungen des Unionsrechtes durch Unionsrepubliksrecht vorliegt. Im Zusammenhang mit Wiederholungen von Bestimmungen der *Grundlagen* in Unionsrepublikskodices wurde die Feststellung getrof-

---

[32] *Summmary of Report on Ratified Conventions, Report III (Part 1)* Geneva 1971 (in der Folge *ILO SR*), S. 86 ff.

[33] Vgl dazu das sovjetische Schrifttum in Fn 25 und 27; vgl auch MICHAJLOVSKIJ in 17 *URE*, S. 630; VOROBJOV 1970; LEŠČENKO 1969; Listen der multilateralen Konventionen, an welchen die BSSR und USSR teilnehmen, finden sich bei ARNOLD 1973, S. 140 f und 157 ff.

[34] *Protokoll No 7* (Fn 9), hier ratifizierte die BSSR am 11. 12. 1946, die UdSSR am 25. 10. 1947 und die USSR am 8. 1. 1948.

[35] ZB zwei Verträge über Rauschgift, Nos 8 und 9 (Fn 10—11).

[36] Art 20 der Verf der UdSSR.

fen, daß derjenige, der diese Bestimmung anwendet, Unionsrecht anwendet [37]. Ist dies auch der Fall, wenn eine Unionsrepublik und die UdSSR gleichzeitig Partner eines multilateralen Vertrages sind, mit anderen Worten, erlangt die Bestimmung des Vertrages über das Unionsrecht, welches auf dem Territorium der gesamten UdSSR gilt, und völkerrechtliche Verträge der UdSSR transformiert [38], Gültigkeit oder gilt es als Unionsrepubliksrecht? Eine Beantwortung dieser rein akademischen Frage [39] muß in diesem Zusammenhang nicht gegeben werden, da hier lediglich die Teilnahme an multilateralen Verträgen, nicht hingegen ihre Durchführung interessiert. Daß eine bestimmte Materie bereits durch einen Vertrag der UdSSR geregelt worden ist, kann eine Unionsrepublik nicht daran hindern, demselben Vertrag beizutreten. Die Praxis der BSSR und USSR beweist dies hinlänglich [40].

Das Bild der Vertragspraxis der Unionsrepubliken BSSR und USSR ist nicht abgerundet, wenn man nicht einen Blick auf die Kompetenzzugehörigkeit der Materien richtet, welche in den von ihnen ratifizierten Konventionen geregelt worden sind. Ein großer Teil der vertraglichen Verpflichtungen der BSSR und der USSR betreffen Angelegenheiten, welche sie in ihren Unionsrepubliksgesetzen regeln. Zu diesen gehören zB strafrechtliche [41], verfahrensrechtliche [42] oder arbeitsrechtliche [43] Bestimmungen. Der Erlaß der hier relevanten Gesetze

---

[37] Vgl supra S. 212 f.

[38] Über die Transformation vertraglicher Bestimmungen in sovjetisches innerstaatliches Recht, welches nach Art. 19 der Verfassung der UdSSR auf ihrem gesamten Territorium gilt, siehe ausführlich: UIBOPUU, H-J: „Völkerrecht und Landesrecht in sowjetischer Theorie und Praxis", *XV JbfOR* 1974/1—2, S. 39—76.

[39] Für die Trennung der Teilrechtsordnungen war sie nicht akademisch, sondern hatte konkrete Bedeutung bei der Zurechnung gewisser, sowohl durch Unions- als auch Unionsrepublikakte geregelter Materien.

[40] Siehe Aufstellung supra S. 251 ff.

[41] Etwa aus der *Konvention über die Verhütung und Bestrafung des Völkermordes* (supra Fn 6); der *Konvention über die Nichtanwendbarkeit der Verjährungsfrist auf Kriegsverbrechen und Verbrechen gegen die Menschlichkeit* (Fn 8); die Konventionen zur Unterdrückung des Menschenhandels (Fn 10—13), die Sklavereikonventionen (Fn 16—17).

[42] Wie etwa die *Konvention über die Anerkennung und Exekution ausländischer Schiedssprüche* (Supra Fn 23).

[43] Wie etwa die Konventionen der ILO Nos.: 10 (Mindestalter in der Landwirtschaft); 11 (Vereinigungsrecht in der Landwirtschaft); 14 (wöchentlicher Ruhetag im Gewerbe); 45 (Untertagearbeit von Frauen); 47 (Vierzigstundenwoche); 52 (Bezahlter Urlaub); 59 (Mindestalter im Gewerbe); 77 (ärztliche Untersuchung im Gewerbe); 79 (Nachtarbeit Jugendlicher im Gewerbe); 87 (Vereinigungsfreiheit); 95 (Lohnschutz); 98 (Vereinigungsrecht und Recht zu Kollektivverhandlungen); 100 (Gleichheit des Entgelts); 103 (Mutterschutz); 106 (wöchentliche Ruhezeit);

durch die Unionsrepubliken (Strafrecht, Zivilprozeß- und Gerichtsverfassungsrecht, sowie Arbeitsrecht) erfolgt aufgrund der Unions-
grundlagen, was bei der Trennung der Teilrechtsordnungen zur Zuordnung dieser Materien zu den Restkompetenzen der Unionsrepubliken führte [44]. Für die Darstellung der Vertragspraxis ist diese Differenzierung zunächst nicht wesentlich. Von Bedeutung wird sie erst
dann, wenn etwa eine Unionsrepublik einer Neufassung einer Konvention beitritt, die UdSSR jedoch nicht. Dann ergibt sich ein Normenkonflikt innerhalb der Teilrechtsordnung der Unionsrepublik.
Einmal gilt die neue Bestimmung durch den Beitritt der Unionsrepublik zur abgeänderten Konvention. Dies ergäbe sich aus den Verweisungsnormen des Unionsrepubliksrechts [45]. Andererseits gilt die alte
Bestimmung kraft Unionsrechtes, da das Unionsrecht ebenso Verweisungsnormen auf völkerrechtliche Verpflichtungen der UdSSR enthält [46]. Dieser Normenkonflikt müßte aufgrund des Unionsrechtes
(Bundesrecht bricht Landesrecht [47] und Unionsrecht gilt auf dem gesamten Territorium der UdSSR [48]) gelöst werden, das heißt also, daß
eigentlich die vertragliche [neue] Bestimmung des Unionsrepubliksrechts nichtig ist.

Auf diese Problematik ist im sovjetischen Schrifttum nur ein Autor
eingegangen, der diese Frage allerdings auch nur theoretisch behandelt, da seiner Meinung nach wegen des Prinzips *pacta sunt servanda*
die Unionsrepubliken immer die bereits bestehenden internationalen
Verpflichtungen der UdSSR und die UdSSR diejenigen der Unionsrepubliken berücksichtigen:

> „Wie die Praxis zeigt, berücksichtigen die Organe der Union die von den
> Unionsrepubliken in früher abgeschlossenen Verträgen übernommenen Verpflichtun-
> gen. Beim Abschluß von Verträgen durch die UdSSR werden nicht nur die Ver-
> einbarungen der Republiken zur entsprechenden Frage, sondern auch alles, was
> aufgrund dieser Vereinbarungen faktisch getan wurde, in Betracht gezogen" [49].

Nach der Feststellung, daß die Verträge der Unionsrepubliken in
Übereinstimmung mit den entsprechenden Verträgen der UdSSR interpretiert und ausgeführt werden müßten, stellt dieser Autor fest, daß

---

111 (Diskriminierung in Beschäftigung und Beruf); 119 (Maschinenschutz); 120
(Gesundheitsschutz in Handel und Büros); 122 (Beschäftigungspolitik); 124 (Mindestalter bei Untertagearbeiten).

[44] Zur Problematik der Kompetenztypen siehe supra S. 168 und S. 208 f.
[45] Siehe supra S. 241.
[46] Siehe dazu supra S. 193.
[47] Art 20 der Verf. der UdSSR.
[48] Art 19 der Verf der UdSSR.
[49] LUKAŠUK 1969 *Sojus SSR* ... S. 14.

im Falle des Widerspruches der Vertragsbestimmungen eine erfolgreiche Erfüllung der Verpflichtungen sowohl der UdSSR, als auch der Unionsrepubliken unmöglich sei:

> „Es wäre völlig selbstverständlich, daß in diesem Falle der Vorrang der Verträge der Union bestehen bleibt, da diese [Verträge] den gemeinsamen Willen aller Republiken ausdrücken" [50].

Dabei stützt sich dieser sovjetische Völkerrechtler auf das Verfassungsrecht und sagt, daß die obersten Organe des Staates die vertraglichen Verpflichtungen in Normen innerstaatlicher Gesetze umwandeln, welche eines der wichtigsten Mittel der Realisierung internationaler Verträge seien. In diesem Falle müsse man die Bestimmung des Art 20 der Verfassung der UdSSR berücksichtigen, nämlich, daß im Falle des Widerspruchs eines Gesetzes der Unionsrepublik mit einem Allunionsgesetz das letztere gilt [51].

Die Unionsrepublik wäre also, wenn sie einer Abänderung einer Konvention beitritt, ohne daß gleichzeitig auch die UdSSR Partner des neuen Vertrages wird, nicht in der Lage, die Verpflichtung der Neufassung zu erfüllen. Dies würde freilich an der internationalen Verpflichtung der Unionsrepublik nichts ändern [52].

Die Unionsrepubliken haben auch eine Reihe von Verträgen geschlossen, welche Materien betreffen, die nicht in ihrer Teilrechtsordnung zu regeln sind. Zunächst wären hier die Pariser Friedensverträge 1947 zu nennen [53]. Fragen des Krieges und des Friedens gehören nach Art 14/b zu den unbeschränkten ausschließlichen Unionskompetenzen [54]. Eine Unterschrift unter die Friedensverträge ist allerdings deshalb unbedenklich, da ihrer Durchführung seitens der Unionsrepublik nichts im Wege steht, die Unionsrepublik zB nicht alleine den Kriegszustand weiter bestehen lassen könnte. Der Wert des Beitritts der Unionsrepubliken ist — außer für sie selbst — höchst problematisch und es fragt sich tatsächlich, ob nicht der Stimme der UdSSR

> „... im Konzert der Nationen ... durch die untermalende Begleitmusik der Unionsrepubliken zu größerem Volumen verholfen werden [soll]" [55].

---

[50] Ibid S. 13.

[51] Ibid, vgl dazu auch Lissitzyn 1968, S. 37 f.

[52] Zur Problematik der *ultra vires* abgeschlossenen Verträge siehe Blumenwitz 1972, S. 178 ff und besonders 270—299 mit Darstellung der Doktrin und Lösungsversuchen.

[53] Vgl dazu supra S. 253, Fn 28.

[54] Das sagen auch sovjetische Autoren, vgl Šafir 1968, S. 116; Lukašuk 1969, Sojuz SSR ..., S. 18; Janovskij 1962, S. 59; vgl dazu supra S. 170 f.

[55] Blumenwitz 1972, S. 113.

Der Beitritt der BSSR und USSR zu den 4 Genfer Konventionen über die Verbesserung des Loses der Kriegsopfer [56] fällt in die Wehrhoheit der Unionsrepubliken, welche bis dato nicht aktualisiert worden ist [57], im Falle einer militärischen Auseinandersetzung allerdings aktuell werden könnte. Im Moment kann man diese Vertragsmitgliedschaft nicht anders bezeichnen, als einen Versuch, solch eine Wehrhoheit zu demonstrieren.

Die Mitgliedschaft in drei von den vier Genfer Seerechtskonventionen wirft auch einige Probleme auf. Zunächst ist die Seeschiffahrt grundsätzlich unbeschränkt ausschließliche Unionskompetenz [58] und daher scheint die Mitgliedschaft der BSSR und USSR auch hier nicht sinnvoll. Dazu kommt, daß die Hoheitsgewässer durch die *Verordnung über den Schutz der Staatsgrenzen der UdSSR* vom 5. 8. 1960 [59] bestimmt werden und auch über den Verlauf des Kontinentalsockels internationale Vereinbarungen der UdSSR bestehen [60]. Die BSSR und die USSR sind also nicht in der Lage, die Konventionen in irgendeiner Form zu erfüllen (allerdings auch kaum, ihnen zuwiderzuhandeln). Die örtlichen Schiffahrtsorgane (Rayonsverwaltungen, Agenturen und Häfen) sind Verwaltungsorgane der unmittelbaren Unionsverwaltung [61] (durch das Allunionsministerium für Seeschiffahrt [Ministerstvo morskogo flota] [62]) und die Kontrolle über die Seegrenzen, welche zugleich die Außengrenzen der UdSSR darstellen, obliegt auch ausschließlich der Union [63].

Mit Fragen der Seeschiffahrt befassen sich auch einige der von der BSSR und USSR ratifizierten Konventionen der ILO [64]. Wieweit hier Unionskompetenzen einbezogen sind, zeigen Berichte der

---

[56] Vgl supra Fn 25.

[57] Vgl dazu supra S. 194.

[58] Siehe dazu: *Sovetskoe administrativnoe pravo*, red. SOROKIN, čast'osobennaja, L. 1966, S. 106 ff; *Administrativnoe pravo*, red. LUNEV, Jurlit 1967, S. 332 ff; *Administrativnoe pravo*, red. KOZLOV, Jurlit 1968, S. 396; *Administrativnoe pravo*, red. LUNEV, Jurlit, 1970, S. 375 ff.

[59] *VVS SSSR* 1960/34; vgl dazu supra S. 90 f.

[60] Vgl supra S. 90 f.

[61] LUNEV in *Administrativnoe pravo*, red. LUNEV, Jurlit, 1967, S. 336 bezeichnet diese Organe als örtliche Organe der Verwaltung des Seetransportes.

[62] Art 77 der Verf der UdSSR; zu den verschiedenen Typen von Ministerien siehe supra S. 166.

[63] Vgl dazu supra S. 90 f.

[64] Konv No 27 (Gewichtsbezeichnung an auf Schiffen beförderten Frachtstücken); 58 (Mindestalter bei Arbeit auf See) für die BSSR und USSR und 69 (Befähigungsausweis für Schiffsköche), 73 (Ärztliche Untersuchung der Schiffsleute), 108 (Personalausweise für Seeleute).

USSR über die Verwirklichung der Konventionen in der Gesetzgebung an die ILO. Im Bericht über die Konvention No 69 (Befähigungsnachweis des Schiffskochs) wird auf das Handelsschiffahrtsgesetzbuch der UdSSR vom 17. 9. 1968 [65], auf die Dienstregeln für Schiffe der Handelsflotte, herausgegeben vom Ministerium für Seeschiffahrt der UdSSR [66] sowie auf die Modellsatzung von Berufs- und technischen Schulen, bestätigt vom Staatskomitee der UdSSR für Berufs- und technisches Ausbildungswesen [67] hingewiesen [68]. Im Zusammenhang mit der Konvention No 73 (Ärztliche Untersuchung von Seeleuten) wird ebenfalls auf das Handelsschiffahrtsgesetzbuch, wie auch auf Gesundheitsregeln auf sovjetischen Schiffen, herausgegeben von der Obersten Medizinalbehörde der UdSSR [69], verwiesen [70]. Die Konvention No 108 (Ausgabe von Pässen an Seeleute), welche von der USSR ebenfalls ratifiziert wurde, bezieht sich gleich viermal auf Unionskompetenzen. Neben der Unionskompetenz über das Schiffahrtswesen wird hier auch die Unionskompetenz auf dem Gebiete des Paßwesens [71], die Gesetzgebung über die Rechte von Ausländern [72] und die Kontrolle der Ein- und Ausreise in und aus der UdSSR [73] normativ behandelt.

Die *Europäische Konvention über die internationale Handelsschiedsgerichtsbarkeit* [74] betrifft ebenfalls eine Materie, welche durch

---

[65] *VVS SSSR* 1968/39.

[66] Service rules for vessels of the USSR merchant marine, approved by the Ministry of Merchant Shipping on October 23, 1965.

[67] Model regulations for vocational and technical schools, approved by the State Committee on Vocational and Technical Training of the USSR.

[68] International Labour Conference, 58th Session 1973, *Summary of Reports on Ratified Conventions*, S. 37.

[69] Health Rules for Soviet Vessels, approved by the Deputy Chief Medical Officer of the USSR on 22 July 1969.

[70] Ibid (Fn 68), S. 41.

[71] Vgl dazu BEERMANN 1971, S. 28 mit Auszügen aus der Paßordnung der UdSSR vom 21. 10. 1953 (unveröffentlicht); vgl auch GEILKE 1964, S. 168 ff.

[72] Nach Art 14/c ausschließliche Unionskompetenz; vgl. GEILKE 1964, S. 170 f.

[73] Art 6 der Konvention bestimmt, daß jede Vertragspartei einem Seemann, welcher im Besitz eines gültigen Personalausweises für Seeleute ist, die Einreise in sein Gebiet zu gestatten hat, wenn diese Einreise für einen befristeten Urlaub an Land während des Aufenthaltes des Schiffes im Hafen beantragt wird (Internationale Arbeitsorganisation, *Übereinkommen und Empfehlungen*, 1919—1966, Genf 1966, S. 1044; Die *Verordnung über den Schutz der Staatsgrenze der UdSSR* vom 5. 8. 1960 (*VVS SSSR* 1960/34) bestimmt in Art 10 f die Ordnung des Grenzverkehrs, sieht allerdings in Art 15/2 vor, daß das An-Land-Gehen der Schiffsbesatzung durch die Gesetzgebung der UdSSR und der Unionsrepubliken gereglt werden kann. Da ein Bericht der USSR bei der ILO nicht vorliegt, kann nicht gesagt werden, ob sie über diese Materie Normativakte erlassen hat.

[74] Supra Fn 24.

ein Allunionsorgan geregelt wird, nämlich durch das bei der Allunionshandelskammer bestehende Schiedsgericht (mit zwei Schiedskommis-
sionen für Handels- und Seefahrtsangelegenheiten) [75].

Man kann vorerst sagen, daß dem ausländischen Vertragspartner
durch die Mitgliedschaft der BSSR und USSR gleichzeitig mit der
UdSSR zum selben Vertrag so lange kein Nachteil erwächst, wie die
Verträge eingehalten werden und die Mitgliedschaft der UdSSR dafür eine hinreichende Garantie ist [76]. Zur Rechtssicherheit trägt diese
doppelte Vertragspartnerschaft allerdings keineswegs bei, da der auswärtige Vertragspartner der UdSSR und der Unionsrepubliken bei
Konventionen, deren Erfüllung in dem Erlaß von Normativakten
und der Gewährleistung ihrer Befolgung besteht, keine Kontrollmög-
lichkeit darüber hat, ob der Erlaß des betreffenden Normativaktes
der Unionsrepublik aufgrund der Mitgliedschaft dieser, oder der
UdSSR erfolgte, oder ob nicht die betreffende Konvention bereits als
Unionsrecht für die Unionsrepublik ohnehin normative Kraft hat.
Nachteile können für den auswärtigen Vertragspartner in dem Moment entstehen, wenn die Unionsrepublik der Abänderung eines Vertrages zustimmen würde, die UdSSR hingegen nicht. Er ist nun Partner zweier, verschiedener Bestimmungen enthaltender Verträge, weiß
aber in der Regel nicht, daß seine — neue — Bindung an die Unionsrepublik nach sowjetischem internen Recht immer eine Stufe unter der
Bindung an die UdSSR stehen muß, daß also im Falle der Kollision
der sich aus verschiedenen Verträgen resultierenden Verpflichtungen
stets die Verpflichtung der Unionsrepublik derjenigen der UdSSR
unterliegen wird. Es ergibt sich also hier eine echte Diskrepanz zwischen der Außenwirkung der — in diesem Falle verschiedenen —
Verpflichtungen der UdSSR und der Unionsrepublik, und der Innen-
wirkung der Vorrangigkeit der Verpflichtung der UdSSR [77].

Man muß sich allerdings auch fragen, wer von dieser doppelten
Mitgliedschaft Nutzen hat. Der ausländische Partner wird wohl kaum
einen Vorteil daraus ziehen können, besonders so lange nicht, als die
Unionsrepubliken ihre Kontakte mit ausländischen Staaten auf den
Abschluß von Verträgen beschränken, deren Inhalt sich nur innerhalb
der eigenen Rechtsordnung durch den Erlaß von Normativakten und

---

[75] Vgl dazu VORONOV/PAVLOV 1970, S. 106 f; *Sovetskoe administrativnoe
pravo*, red. SOROKIN, L. 1966, S. 315 f.
[76] Zu Fragen der Haftung siehe infra S. 289 ff.
[77] Siehe dazu supra S. 255 f.

die Gewähr ihrer Befolgung, aber nicht durch irgendwelche Leistungen verwirklichen läßt. Der Hauptnutznießer ist in jedem Fall die Unionsrepublik, weil sie auf diese Art und Weise zu einer für die anderen Vertragspartner „ungefährlichen" internationalen Praxis kommt. Ein mittelbarer Nutznießer ist dann auch die UdSSR, die durch die Mitgliedschaft der BSSR und USSR zu Konventionen, welche Institutionen einrichten, zu zusätzlichen Mitgliedsrechten kommen kann, da sie durch ihre Richtlinienkompetenz die Aktionsfähigkeit der Unionsrepubliken einzuschränken imstande ist.

Wenn also auch die getrennte Mitgliedschaft zweier Unionsrepubliken im Interesse der sovjetischen Außenpolitik sein kann, ist sie für die internationale Rechtssicherheit in keinem Falle förderlich, so lange nicht das Vertragsverhältnis aus ein und demselben Vertrag zwischen der UdSSR und der Unionsrepublik auch ein völkerrechtliches ist, das heißt, den staatsrechtlichen Bindungen der Unionsrepublik an die UdSSR vorgehen müßte.

6.3.2.2. *Bilaterale Verträge*

Die bilaterale Vertragspraxis der Unionsrepubliken ist, gemessen an der multilateralen Vertragspraxis der BSSR und USSR, eher dürftig. Dieses sowohl hinsichtlich der Zahl der Verträge, als auch hinsichtlich der Wichtigkeit der durch die bisher bekanntgewordenen Verträge [1] geregelten Materien.

Die im sovjetischen Schrifttum immer wieder erwähnten Verträge der BSSR, USSR und LiSSR aus den Jahren 1944/45 [2], betreffen die Evakuierung der polnischen Bevölkerung aus der jeweiligen Unions-

---

[1] Da sowohl in der UdSSR als auch in den Unionsrepubliken keine generelle Pflicht zur Veröffentlichung von Normativakten und Verträgen besteht (siehe dazu supra S. 156 f), wäre es durchaus denkbar, daß noch weitere Verträge bilateraler Art bestehen, an welchen Unionsrepubliken Vertragspartner sind. Der Verfasser dieser Untersuchung hatte bei seinem Besuch der UdSSR im Jahre 1972 in der USSR, UzSSR und GSSR versucht, weitere Verträge der Unionsrepubliken ausfindig zu machen. In der UzSSR wurde ihm einen Tag vor seiner Abreise von einem Taškenter Völkerrechtler versprochen, Material über internationale Abkommen der UzSSR nachzusenden. Eine solche Sendung hat ihn jedoch nie erreicht. In den anderen Republiken konnten ihm auch keine konkreten Angaben gemacht werden, ein Völkerrechtler wies ihn auf seine Arbeiten hin, welche hier verwertet werden. Die Versuche der Kontaktaufnahme mit den jeweiligen Außenministerien scheiterten ebenfalls (siehe dazu supra S. 30 f).

[2] So zB Dorogin 1948, S. 147; Vicharev 1958, S. 121; Lukašuk in SEMP 1958, S. 510 und 512; derselbe 1969, S. 19; Talalaev 1963, S. 22; Brovka 1967, S. 126; Leščenko 1969, S. 142; Vorobjov 1970, S. 27.

republik und der Bevölkerung der Unionsrepublik aus dem Staatsgebiet Polens.

Am 22. 9. 1944 schlossen die Regierungen der BSSR und der USSR mit dem Polnischen Komitee der Nationalen Befreiung Umsiedlungsverträge[3]. Am 22. 9. wurde ein ähnlicher Vertrag auch seitens der Regierung der LiSSR abgeschlossen[4]. Im Zusammenhang mit der gegenseitigen Evakuierung der Bevölkerung sind von der USSR zwei Zusatzprotokolle bekannt, das erste vom 14. 12. 1945[5] und das zweite vom 6. 5. 1957[6]. Die BSSR schloß ebenfalls zwei Zusatzprotokolle zur Vereinbarung über die gegenseitige Evakuierung ab, und zwar am 25. 11. 1945[7] und am 21. 7. 1952[8].

Für die BSSR weist eine Monographie über die „BSSR auf internationaler Arena" auf zwei Abkommen des Polnischen Ministers für Forstwirtschaft [ministr lesov] mit dem Bevollmächtigten der Regierung der BSSR über die Übergabe von Wisenten vom 5. 6. 1946[9] und über die zusätzliche Übergabe von fünf Wisenten an die BSSR sowie von vier Paar Sumpfelchen [Polesskij los'] und sechs Nestern europäischer Biber an Polen vom 20. 1. 1949[10] hin.

Für die USSR erwähnt ein sovjetischer Autor ein weiteres Abkommen: Eine Vereinbarung zwischen dem Ministerium für Automobiltransport und Straßenbau der USSR und dem Transportministerium der Polnischen Volksrepublik über die Unterhaltung von grenzüberschreitenden Autostraßenbrücken an der sovjetisch-polnischen Grenze vom 30. 7. 1965[11]. Derselbe Autor kann noch über ein Protokoll über Warenaustausch zwischen der LiSSR und der Polnischen Volksrepublik vom 15. 3. 1967 berichten, welches das Ergebnis eines

---

[3] Mitteilung über den Vertragsabschluß in *Vnešnjaja politika Sovetskogo Sojuza v period otečestvennoj vojny*, M. 1944—46, Bd II, S. 202 ff; für den Text der Vereinbarung der USSR: *Ukrains'ka RSR u mižnarodnych vidnosinach*, Kijv 1959, S. 193 ff; für den Text der BSSR: *Belorusskaja SSR v meždunarodnych otnošenijach*, Minsk 1960, S. 207 ff, deutscher Text bei GEILKE 1964, S. 359 ff
[4] Mitteilung in *Vnešnjaja politika* (Fn 3) S. 230 ff.
[5] *Ukrains'ka RSR* . . . (Fn 3) S. 200 f; deutscher Text bei GEILKE 1964, S. 374 f.
[6] *Ukrains'ka RSR* . . . (Fn 3) S. 202 f.
[7] *Belorusskaja SSR* . . . (Fn 3) S. 215 f.
[8] Vgl *Belorusskaja SSR na meždunarodnoj arene*, IMO 1964, S. 335; über Zusatzprotokolle der LiSSR war dem entsprechenden Schrifttum nicht zu entnehmen, lediglich Abkommen der UdSSR, vgl dazu GEILKE 1964, S. 99 f.
[9] *Belorusskaja SSR na meždunarodnoj arene*, IMO 1964, S. 335.
[10] Ibid.
[11] LUKAŠUK 1969, S. 19 f.

Besuches einer Delegation von Arbeitern der Polnischen Volksrepublik unter Leitung des Außenhandelsministers gewesen sei [12].

Über Verträge zentralasiatischer Unionsrepubliken berichtet ein anderer sovjetischer Autor, allerdings auch ohne jeden Quellennachweis:

> „Die Uzbekische und einige andere zentralasiatische Unionsrepubliken schlossen mit Afghanistan eine Reihe von Vereinbarungen, welche einen gemeinsamen Kampf gegen landwirtschaftliche Schädlinge im Grenzstreifen usw vorsahen" [13].

Damit erschöpft sich sowohl im sovjetischen, als auch im westlichen [14] Schrifttum nachweisbare internationale bilaterale Vertragspraxis aller Unionsrepubliken [15].

Es läßt sich jedoch bereits bei dieser kleinen Anzahl von Verträgen nachweisen, daß hier seitens einer Unionsrepublik Vereinbarungen über ausschließliche Unionskompetenzen getroffen wurden. Die Repatriierungsabkommen mit dem Polnischen Komitee der Nationalen Befreiung betrafen die Rechtsstellung des Ausländers, welche nach Art 14/c zur Unionskompetenz gehört [16]. Das Protokoll zwischen der LiSSR und dem Polnischen Außenhandelsminister [17] betraf Fragen

---

[12] Ibid, S. 19; beide Angaben ohne Fundstelle oder Quelle.

[13] LEPEŠKIN/KIM 1962, Bd. II, S. 142; auf diese Fundstelle wies der Verfasser dieser Untersuchung während seines Besuches in Taškent hin, konnte jedoch auch auf diese Frage keine genaue Antwort erhalten; JANOVSKIJ 1962 (Obščestvennye nauky v Uzbekistane), S. 21 behauptet, daß die UzSSR mit Polen ein Abkommen über Bevölkerungsfragen geschlossen habe. Hier muß es sich entweder um einen nicht zu verantwortenden Analogieschluß handeln: wenn die USSR, dann auch die UzSSR, oder um einen — vielleicht aus Wunschdenken entstanden — Druckfehler, weil nur die USSR gemeint sein kann.

[14] Vgl dazu ASPATURIAN 1960, S. 173 ff.

[15] Sovjetische Autoren wollen auch bei der bilateralen Vertragspraxis der UdSSR, zB in Grenzfragen durch die Teilnahme von Vertretern der Unionsrepubliken bei den Verhandlungen die Souveränität der Unionsrepubliken nachweisen, vgl zB LUKAŠUK in SEMP 1958, S. 509, Fn 32 über die Regelung von Grenz- und Finanzfragen zwischen der UdSSR und dem Iran und S. 510, Fn 35 über die Vereinbarung mit Polen vom 25. 3. 1957 über Repatriierungsfragen, wo an den Verhandlungen Vertreter der AzSSR und TuSSR (im ersten Fall) und der USSR, BSSR und LiSSR (im zweiten Fall) teilgenommen haben. Trotz des „klar ausgedrückten Willens der Unionsrepubliken" sind diese hier nicht Vertragspartner des von der UdSSR abgeschlossenen Vertrages (so TALALAEV 1963, S. 22): „bei diesen Verträgen ist das Subjekt die UdSSR als Ganzes. Sie, als solche, trägt die Verantwortung für die Verpflichtungen aus diesen Verträgen." Vgl auch ASPATURIAN 1960, S. 177.

[16] So auch der sovjetische Völkerrechtler LUKAŠUK in SEMP 1958, S. 512; Fragen der Staatsangehörigkeit wurden allerdings in einer Vereinbarung zwischen der Regierung der UdSSR und der Polnischen Provisorischen Regierung vom 6. 7. 1945 geregelt, siehe für den Text GEILKE 1964, S. 369.

[17] Siehe supra Fn 12.

des Außenhandels, welche ebenfalls zur Kompetenz der UdSSR gehören [18].

6.3.3. Andere internationale Praxis der Unionsrepubliken

Im sovjetischen Schrifttum wird oft behauptet, daß alle Unionsrepubliken umfangreiche wirtschaftliche, kulturelle und wissenschaftliche Bindungen mit zahlreichen ausländischen Staaten haben [1]. Für die völkerrechtliche Würdigung ihrer internationalen Praxis wird es daher notwendig sein, außer der Mitgliedschaft einiger Unionsrepubliken in internationalen Organisationen und der Partnerschaft an internationalen Verträgen, auch diejenigen Aktivitäten der Unionsrepubliken aufzuzeigen, welche von sovjetischen Autoren als Beweis für ihre Völkerrechtssubjektivität angeführt werden.

a) *Teilnahme an internationalen Konferenzen.* Die Mitgliedschaft der BSSR und der USSR in der Organisation der Vereinten Nationen öffnete diesen Unionsrepubliken die Tür zu einer Vielzahl internationaler Konferenzen.

An der Pariser Friedenskonferenz 1947 nahmen neben der Delegation der UdSSR auch Delegationen der BSSR [2] und der USSR [3] teil. Der Versuch des sovjetischen Außenministers MOLOTOV, die Zustimmung zur Zulassung Indiens zur Konferenz mit der Zulassung der drei Baltischen Sovjetrepubliken zu junktimieren, wozu der britische Außenminister BEVIN seine Bereitschaft erklärt hatte [4], scheiterte am Einspruch der Vereinigten Staaten von Nordamerika [5]. Ähnlich mißlang auch der Versuch der Delegation der UdSSR, die Baltischen

---

[18] So auch LUKAŠUK 1969, S. 19.

[1] Für alle VICHAREV 1960, S. 65, dieser allerdings mit der merkwürdigen Einschränkung: „... zwei Republiken, die BSSR und die USSR sind aktive Teilnehmer an völkerrechtlichen Beziehungen."

[2] Vgl für alle sovjetischen Quellen: *Belorusskaja SSR na meždunarodnoj arene,* IMO 1964, S. 44 ff.

[3] Vgl für alle sovjetischen Quellen: LEŠČENKO 1969, S. 54 ff.

[4] Siehe dazu: *Foreign Relations of the US,* 1945/II, Washington 1957, S. 671.

[5] Ibid, S. 681; vgl dazu den Brief des State Secretary der USA an die USA-Delegation vom 27. 7. 1946, ibid, 1946/III, S. 23: „The inclusion in the Soviet delegation in the Paris conference of the three Foreign Ministeries of the Baltic States indicates that the question of the recognition of the absorption of these countries into the Soviet Union may be raised at the conference. We should avoid any action which would in any way furnish a basis for a claim to separate representation of the Baltic States in the UN or in any international conference."

Staaten als separate Teilnehmer zur Konferenz der Internationalen Fernmeldeunion in Atlantic City 1947 einzuschleusen [6].

Die BSSR und die USSR jedenfalls entsandten eigene Delegationen zu allen Konferenzen, welche unter der Ägide der Vereinten Nationen multilaterale Konventionen ausarbeiteten [7]. Von der Teilnahme anderer Unionsrepubliken ist weder dem sovjetischen einschlägigen Schrifttum, noch westlichen Quellen etwas zu entnehmen. Eine Ausnahme bildet der Hinweis eines sovjetischen Autors auf die Teilnahme der Handelskammer der UzSSR an Konferenzen regionaler Wirtschaftsorganisationen [8].

b) *Wirtschaftliche Beziehungen.* Eine Reihe sovjetischer Autoren behauptet, daß Unionsrepubliken unmittelbare wirtschaftliche Beziehungen mit auswärtigen Staaten unterhalten. Als Beweis dafür werden die Teilnahme unionsrepublikanischer Unternehmungen an internationalen Ausstellungen [9] und vor allem der Export aus Unionsrepubliken in auswärtige Staaten [10] angeführt. Besonders kennzeichnend für den Nationalstolz sovjetischer Autoren aus Zentralasien ist die Motivation für die Teilnahme an internationalen Ausstellungen:

„Die Teilnahme Sovjetuzbekistans an internationalen Ausstellungen und Messen ist eine gute Form der Propaganda der gewaltigen wirtschaftlichen und kulturellen Errungenschaften des uzbekischen Volkes und eine anschauliche Demonstration der großen Vorteile der sozialistischen Lebensweise" [11].

---

[6] Vgl dazu Whiteman I. S. 411.

[7] ZB die beiden Genfer Seerechtskonferenzen 1958/1960; die Wiener Konferenzen über diplomatische und konsularische Beziehung 1961/1963; die beiden Wiener Konferenzen über das Recht völkerrechtlicher Verträge 1968/1969; für die Konferenz 1969 läßt sich sogar eine Aktivität der USSR ohne die UdSSR nachweisen, wo die USSR in einem Entwurf den Einschluß einer „all-states-Klausel" vorschlug (*A/Conf 39/C 1/L 74 and add 1.1.*, S. 229) für die Teilnahme der Delegation der USSR an der Wiener Konferenz über diplomatische Beziehungen vgl zB Zabigajlo 1966, S. 27; eine ausführliche Liste von Konferenzen, an welchen die BSSR und USSR teilgenommen haben, findet sich bei Arnold 1973, S. 140.

[8] Abutalipov 1970, S. 142 f.

[9] So zB Tolstoj in Vojtovič/Tolstoj/Vorobej 1970, S. 86 für die BSSR; Agzamhodžaev 1971, S. 283; Mataradze 1969, S. 77; Abutalipov 1970, S. 118 mit der Feststellung, daß Waren aus der UzSSR auf über 80 internationalen Ausstellungen zu sehen waren und S. 135 mit der Feststellung, daß heute keine internationale Ausstellung mit sovjetischen Exponaten ohne Teilnahme der UzSSR besteht. Dieser Autor führt eine Reihe von Dankschreiben (S. 137 ff) ausländischer Messebesucher an, welche die hohe Qualität uzbekischer Waren betonen und erwähnt ferner (S. 129), daß Uzbekistan die Türkei, Pakistan, Indien und den Iran zusammen im Baumwollexport überrundet haben.

[10] Vgl zB *Belorusskaja SSR v meždunarodnych otnošenijach* 1960, S. 13; Chasimov 1972, S. 5; Mataradze 1969, S. 77; Agzamhodžaev 1971, S. 283.

[11] Abutalipov 1970, S. 142; dem Verfasser der vorliegenden Untersuchung

Derselbe Autor muß allerdings, nachdem er den uzbekischen Beitrag zur wirtschaftlichen Hilfe an Entwicklungsländer ausführlich beschrieben hat, indirekt doch zugeben, daß der tatsächliche Handelspartner nicht die UzSSR, sondern die UdSSR ist, wenn er im selben Zusammenhang eine Vereinbarung der Regierung der UdSSR und Afghanistans über die Gewährung technischer Hilfe erwähnt [12].

c) *Kulturelle und wissenschaftliche Beziehungen.* Die internationalen kulturellen und wissenschaftlichen Beziehungen der Unionsrepubliken werden im sovjetischen Schrifttum auch als Beweis für ihre internationale Selbständigkeit herangezogen. So werden auf dem Gebiet des Sportleraustausches Siege einheimischer Fußballmannschaften (Pachtakoa-Taškent) über ausländische Teams (Nacional-Uruguay, Toulouse-Frankreich und AEK-Griechenland) erwähnt [13] und es wird ferner berichtet, daß seit 1947 von Radio Taškent Sendungen ins Ausland ausgestrahlt werden, welche heute bereits sechseinhalb Stunden täglich umfassen und in Englisch, Urdu, Hindi, Farsi und Uzbekisch gesendet werden [14]. Die Akademie der Wissenschaften der UzSSR unterhalte weltweite Kontakte und täglich kämen an sie sowie an andere wissenschaftliche Einrichtungen der Republik „... packenweise Briefe von ausländischen Wissenschaftlern an" [15].

Sovjetische Autoren weisen in diesem Zusammenhang immer wieder auf unionsrepublikanische Abteilungen von sovjetisch—ausländischen Gesellschaften für Freundschaft oder von sovjetischen—ausländischen Gesellschaften hin [16]. Auch findet man die Erwähnung der

---

wurde anläßlich seines Besuches in Taškent 1972 gewissermaßen als Beweis für die Völkerrechtssubjektivität der UzSSR eine große Weltkarte gezeigt, wo mit Lichtzeichen alle Staaten gekennzeichnet waren, in welche Güter aus der UzSSR ausgeführt werden.

[12] Abutalipov 1970, S. 283.

[13] Abutalipov 1970, S. 320.

[14] Ibid, S. 325; zu diesen Sendungen gehen nach Angaben des Autors aus aller Welt Dankesbriefe ein (S. 325 ff); ebenso Agzamhodžaev 1971, S. 281.

[15] Abutalipov 1964, S. 104; als besondere Anerkennung der „wachsenden weltweiten Autorität der Wissenschaft Sovjetuzbekistans" ist der Präsident der AN der UzSSR, der Geologe Abdullaev 1966 Mitglied der Französischen Geologischen Gesellschaft und der Mineralogischen Gesellschaft von Großbritannien geworden (ibid, S. 107): „Diese Gesellschaften bestehen seit über einhundert Jahren ..."; ähnlich Tuganbaev 1963, S. 36, der berichtet, daß die AN der KazSSR im Jahre 1962 wissenschaftliche Arbeiten mit 146 wissenschaftlichen Einrichtungen in 50 Ländern der Welt austauschte.

[16] Für alle Kolosova 1965, mit Hinweisen auf Ukrainische Abteilungen der Gesellschaften für Freundschaft UdSSR—ČSSR, UdSSR—Polen sowie der Gesell-

Gründung einer unionsrepublikanischen Abteilung der Allunions-Aktiengesellschaft „Intourist" [17]. Erstaunlicherweise wird sogar der Besuch von Touristengruppen in der jeweiligen Unionsrepublik als Anzeichen ihrer internationalen Beziehungen gewertet [18]. Unter der Überschrift: Internationale Beziehungen der UzSSR findet man ferner Berichte über feierliche Versammlungen gesellschaftlicher Organisationen, welche ausländischen Staaten gewidmet waren, darunter anläßlich des 21. Jahrestages der Unabhängigkeit Ceylons, des 19. Jahrestages der Unabhängigkeit Indiens und des 20. Jahrestages der Unabhängigkeit der DDR im Jahre 1969 [19]; außerdem Mitteilung darüber, daß Jubiläumsschriften wie „Sovjetuzbekistan heute" in 67 Staaten der Welt versandt wurden, sowie die Erwähnung der Vorführung uzbekischer Filme in Nepal [20].

Auch diese Art des „internationalen Verkehrs" der Unionsrepubliken soll die Völker der Erde so weit als möglich mit den bedeutenden Errungenschaften der Sovjetwissenschaft, Literatur und Kunst, dem Gesundheitswesen, der Volksbildung und dem Ideenreichtum der sozialistischen Kultur vertraut machen [21]. Dafür sollen die Sovjetmenschen alles Beste aus dem wissenschaftlichen und kulturellen *Erbe* (sic!) der anderen Völker ziehen, denn:

„Das Sovjetvolk lehnt jeden Versuch, auf dem Wege kulturellen Austausches geistiges Gift einzuschmuggeln, entschieden ab, in Würdigung dessen [otdavaja sebe otčet v tom], daß kulturelle Zusammenarbeit sich nicht idyllisch, sondern im Kampf der progressiven mit den reaktionären Tendenzen entwickelt und Klassencharakter trägt" [22].

d) *Besuche ausländischer Delegationen in den Unionsrepubliken.* Einen wesentlichen Teil in den Darstellungen des auswärtigen Verkehrs der Unionsrepubliken — außer der BSSR und USSR — neh-

---

schaft Italien—UdSSR (S. 16 ff); auch diese Autorin kann keine Abkommen der Unionsrepublik auf kulturellem Gebiet nachweisen; ebenso Vojtovič 1968, S. 197 f für die BSSR und Abteilungen der Gesellschaften Frankreich/Italien/Belgien—UdSSR; auch Agzamhodžaev 1971, S. 280.

[17] Vorobej in Vojtovič/Tolstoj/Vorobej 1970, S. 206.

[18] So etwa Agzamhodžaev 1971, S. 281; auch Akbarov 1969, S. 312; dem sehr erstaunten Verfasser der vorliegenden Arbeit wurde während seines Besuches in Taškent 1972 erklärt, daß seine Anwesenheit in der UzSSR ja der beste Beweis für die Anerkennung der Völkerrechtssubjektivität der UzSSR seitens seines Heimatstaates Österreich sei.

[19] Agzamhodžaev 1971, S. 283.

[20] Ibid.

[21] Abutalipov 1970, S. 304.

[22] Ibid, S. 305.

men im sovjetischen Schrifttum Berichte über den Besuch ausländischer Delegationen ein.

In einem Aufsatz über die Erfahrungen der Verwirklichung der internationalen Beziehungen der TaSSR [23] stellt ein sovjetischer Autor zunächst fest, daß die Entwicklung der internationalen Beziehungen der TaSSR größte politische Bedeutung habe: erstens erlaube die Erweiterung der internationalen Kontakte den Völkern ausländischer Staaten das allseitige Kennenlernen der Erfahrungen und des Lebens das tadžikischen Volkes, zweitens entlarve sie die verleumderischen Hirngespinste [klevetničeskie izmyšlenija] der bürgerlichen Propaganda, welche die Unionsrepubliken, besonders die mittelasiatischen, fast als halbkoloniale Länder darstellen und drittens habe die Bekanntschaft mit den Erfahrungen Sovjettadžikistans besonders große Bedeutung für die Völker Asiens und Afrikas, welche das Joch des Kolonialismus abgeschüttelt haben und auf den Weg selbstständiger Entwicklung getreten sind.

Nach der Feststellung, daß die Entwicklung der internationalen Kontakte der TaSSR ihren Ausdruck im umfassenden Austausch von internationalen Delegationen verschiedener Fachrichtungen findet [24], wird berichtet, daß im Jahr 1954 die TaSSR von zehn Delegationen, im Jahr 1962 von 39, jedoch im Jahr 1966 von über hundert Delegationen besucht wurde [25].

Unter den ausländischen Delegationen, welche die TaSSR als offizieller Gastgeber empfing, befanden sich nach Angaben dieses Autors Staatsoberhäupter, Regierungen, Parlamentsdelegationen und Delegierte internationaler Organisationen. Als Gäste werden genannt: Ho Chi Minh (mit besonderem Hinweis auf die Beachtung aller Regeln des internationalen Protokolls), die indischen Staatspräsidenten Zakir Hussein und Radzendra Prasad, die afghanischen Premierminister Mohammed Daud und Mohammed Hashim Meivand-val, Parlamentsdelegationen aus Indien, Indonesien und Ceylon, Sudan, Afghanistan, Mali, der Vereinigten Arabischen Republik, Paki-

---

[23] „Iz opyta osuščestvlenija meždunarodnych svjazej Tadžikskoj SSR", Akbarov 1969, S. 309—314.

[24] Ibid, S. 311.

[25] Ibid, S. 311; eine ähnliche quantitative Analyse findet man bei Abutalipov 1964, S. 84, der sagt, daß im Jahre 1956 124 Delegationen die UzSSR besuchten, im Jahre 1962 jedoch bereits 399 und in den Jahren 1956—1962 2161 ausländische Delegationen mit über 20.000 Menschen in Usbekistan waren; Agzamhodžaev 1971, S. 281 hingegen erwähnt für die UzSSR für das Jahr 1952 den Besuch von 12 Delegationen aus neun Ländern und für 1969 den Besuch von 93 Delegationen.

stan und andere Länder, Delegationen von Funktionären der Sozialversicherung aus Algerien, Delegationen von Spezialisten für Berufsschulwesen aus der Vereinigten Arabischen Republik, Funktionäre des Unterrichtswesens aus Guinea, Tansanien und Indien, Mediziner aus Afghanistan und den USA, eine Delegation des Internationalen Roten Kreuzes sowie Delegationen von Stadtverwaltungen [26].

Außer der Teilnahme von Funktionären der TaSSR an Delegationen der UdSSR [27] wird auch vom Besuch einer Delegation der TaSSR während der Weltausstellung in Kanada unter der Leitung des Vorsitzenden des MinR der TaSSR berichtet.

„Die Verwirklichung von Verbindungen und Kontakten auf Regierungsebene ist — bei aller Besonderheit ihrer Formen — eine der klaren Erscheinungsformen und Bestätigungen der Völkerrechtssubjektivität der Tadžikischen SSR" [28].

Ähnlich lautende Berichte über Besuche ausländischer Delegationen in anderen Unionsrepubliken findet man bei einer Reihe sowjetischer Autoren [29].

e) *Erklärungen der Unionsrepubliken zu außenpolitischen Fragen.* Zur internationalen Praxis zählen sowjetische Autoren auch einseitige Erklärungen unionsrepublikanischer Organe zu außenpolitischen Fragen. So wird der Protest der RSFSR, USSR, BSSR, KazSSR und ESSR anläßlich der „Agression" gegen Ägypten 1956 als Verwirklichung der auswärtigen Kompetenz gewertet [30]. Ebenso werden Grußadressen der Vorsitzenden der Präsidia der Obersten Sovjets der BSSR, UzSSR, KazSSR, KiSSR und TaSSR an das Präsidium der Konferenz der Länder Afrikas und Asiens 1955 in Bandung als Beweis für internationale Aktivitäten angeführt [31], wobei dieser Autor in extensiver Interpretation der Bestimmungen der Verfassungen der Unionsrepubliken, daß die Präsidia ihrer Obersten Sovjets diplomatische Vertreter entsenden und empfangen können, feststellt, daß die Präsidia ferner

---

[26] AKBAROV 1969, S. 312 f.

[27] Siehe dazu supra S. 247 f.

[28] AKBAROV 1969, S. 313.

[29] Über den Besuch von Parteidelegationen, Delegationen gesellschaftlicher Organisationen und Parlamentarier in der BSSR berichtet zB VOJTOVIČ in VOJTOVIČ/ TOLSTOJ/VOROBEJ 1970, S. 68 ff; den Besuch einer Delegation der Mongolischen Volksrepublik vom 28. 6.—4. 7. 1969 erwähnt AGZAMHODŽAEV 1971, S. 283; über den Besuch einer Parlamentsdelegation aus Japan in der MSSR schreibt KARLOV 1968, S. 146; Angaben über den Besuch einer Parlamentsdelegation aus Bulgarien in der MSSR findet man bei SURILOV/STRATULAT 1967, S. 138.

[30] JANOVSKIJ 1962, *SGiP*, S. 60.

[31] AGZAMHODŽAEV 1971, S. 223.

die Kompetenz hätten: „Grußadressen zu senden und Empfänge zu veranstalten" [32].

Die Argumentationsweise der sovjetischen Autoren erscheinen völkerrechtlich zumindest ungewöhnlich. Trotzdem muß man sich mit ihr auseinandersetzen. Die Teilnahme von Unionsrepubliken an internationalen Ausstellungen mit eigenen Exponaten, sowie der Export aus Unionsrepubliken ins Ausland kann völkerrechtlich nicht von Bedeutung sein, da Ausstellungsstände von Ländern, Kantonen oder Gliedstaaten bei internationalen Ausstellungen durchaus nichts ungewöhnliches sind und ebenso Güter aus allen diesen Territorialverbänden ins Ausland exportiert werden. Maßgeblich ist — vor allem für den Warenverkehr — wer als Handelspartner auftritt, die Unionsrepublik oder die UdSSR. Beim Außenhandelsmonopol der UdSSR [33] kann kein Zweifel darüber bestehen, daß nicht die Unionsrepubliken Handelspartner sind.

Wissenschaftliche Kontakte mit ausländischen Institutionen sind auch kein Privileg von Organisationen von Gliedstaaten, welche für sich Völkerrechtssubjektivität beanspruchen. Auch die Existenz von Regionalorganisationen von irgendwelchen Freundschaftsgesellschaften kann über die Völkerrechtssubjektivität der Unionsrepubliken nichts aussagen. Genausowenig Aussagekraft hat die Versendung von Informationsmaterial ins Ausland und die Vorführung von landeseigenen Filmen.

Die Tatsache, daß ausländische offizielle Delegationen von Organen der Unionsrepubliken empfangen worden sind, entspricht ebenfalls durchaus internationalen Gepflogenheiten [34]. Noch weniger kann

---

[32] Ibid, S. 280.

[33] Art 14/z der Verf der UdSSR.

[34] Ein Beispiel aus der internationalen Praxis Österreichs zeigt allerdings den internationalen Stellenwert einer Unionsrepublik: Während eines Aufenthaltes in der UdSSR hatte der österreichische Bundeskanzler KLAUS auch die GSSR besucht und den Wunsch geäußert, daß der Ministerpräsident der GSSR auch ein österreichisches Bundesland besuche. Er bat darauf den Landeshauptmann von Oberösterreich, eine dementsprechende Einladung auszusprechen (KLAUS, J., Macht und Ohnmacht in Österreich, Wien 1972, S. 261). Die Einladung sollte aus protokollarischen Gründen von einem Bundesland ausgehen (persönliche Mitteilung eines damaligen österreichischen Delegationsmitgliedes, Dr. KARASEK, an den Verfasser vom 6. 12. 1972, dto persönliche Mitteilung des ehemaligen Landeshauptmannes von Oberösterreich, Dr. GLEISSNER, vom 9. 2. 1973); dazu Dr. GLEISSNER: „Jedenfalls war die Einschaltung des Landes Oberösterreich erfolgt, weil in Wien die beiderseitigen Ebenen, Teilrepublik und Bundesland, für adäquat gehalten wurden, nicht aber Bundesregierung und Teilrepublik. Der georgische Ministerpräsident trat in Oberösterreich als solcher auf und wurde auch von mir sozusagen als Pendant zu einem österreichischen Landeshauptmann begrüßt."

Touristenverkehr über den internationalen Status der Unionsrepubliken Auskunft geben, da nach diesem Kriterium die schweizerischen Kantone und die Bundesländer Österreichs viel eher den Anspruch auf Völkerrechtssubjektivität haben müßten.

Von allen den verschiedenen, in diesem Kapitel beschriebenen Aktivitäten hat wohl nur die Teilnahme an internationalen Konferenzen irgendeine völkerrechtliche Aussagekraft[35]. Die Tatsache aber, daß seitens sowjetischer Autoren versucht wird, aus jeder nur möglichen und nachweisbaren Art von grenzüberschreitenden Kontakten — welche allerdings ebenso von irgendwelchen Gebietskörperschaften verwirklicht werden könnten — politisches Kapital zu schlagen, zeigt den Beweisnotstand, in welchem sie sich befinden. Anders kann man sich diese ungewöhnliche Argumentationsweise nicht erklären.

6.4. Die Mitwirkung anderer Völkerrechtssubjekte bei der Feststellung der Völkerrechtssubjektivität der Unionsrepubliken

Zur Konstituierung abgeleiteter Völkerrechtssubjekte bedarf es, außer einer inneren Struktur, welche es ihnen ermöglicht, Träger von Rechten und Pflichten zu sein und völkerrechtlich relevante Handlungen zu setzen, noch der Mitwirkung anderer Völkerrechtssubjekte.

Nur diese Mitwirkung ermöglicht die Aktualisierung der potentiellen latenten Völkerrechtssubjektivität der Unionsrepubliken[1].

Da festgestellt wurde, daß die Unionsrepubliken keine Staaten im völkerrechtlichen Sinne[2] und damit auch nicht *ipso jure* Völkerrechtssubjekte sind, ihnen aber die innere Fähigkeit zur Völkerrechtssubjektivität nicht völlig abgesprochen werden kann, bleibt zu prüfen, ob solch eine Mitwirkung der anderen Rechtsgenossen vorgelegen hat und die Unionsrepubliken kraft derartiger konstitutiver Akte[3] zu partiellen Völkerrechtssubjekten geworden sind.

Die Spannweite der Mitwirkungsakte ist sehr groß. Sie reicht von der formellen Anerkennung bis zur stillschweigenden Zurkenntnisnahme irgendwelcher Akte oder Handlungen von Anwärtern auf Völkerrechtssubjektivität. Dabei ist die rechtliche Wirkung der Anerkennung die stärkste. Dem Anerkennenden gegenüber besitzt der Anerkannte zweifellos Völkerrechtssubjektivität. Ob dies bei gemeinsamer

---

[35] Vgl dazu infra S. 286.
[1] Vgl dazu supra S. 25 ff.
[2] Supra S. 219 ff.
[3] Siehe dazu infra S. 282 f.

Mitgliedschaft in einer Internationalen Organisation oder Partnerschaft an multilateralen Konventionen auch der Fall ist, kann so generell nicht gesagt werden [4], doch besteht eine Vermutung für eine implizierte Anerkennung. Die Rechtsfolgen von Reaktionen auf einseitige
Akte von Anwärtern auf Völkerrechtssubjektivität oder vom Fehlen
solcher Reaktionen, wo sie erwartet werden können, sind dementsprechend geringer.

6.4.1. Die formelle Anerkennung der Unions-republiken

Durch die Anerkennung einer Unionsrepublik als Staat wäre zumindest dem Anerkennenden gegenüber die Völkerrechtssubjektivität
dieses Gebildes außer Frage gestellt [1]. Von diesem Gedanken sind gewiß
diejenigen sowjetischen Autoren ausgegangen, welche behaupten, daß
alle oder einige der Unionsrepubliken international anerkannt worden
sind [2]. Bei einem Autor liest man sogar:

> „Die Völkerrechtssubjektivität der sovjetischen Unionsrepubliken erhielt nach
> einer verhältnismäßig kurzen Periode der Unschlüssigkeit und des Kampfes volle
> Anerkennung sowohl in der Praxis als auch in der Theorie des Völkerrechts" [3].

Von dieser Position weicht nur ein mehr auf dem Boden der Tatsachen stehender sovjetischer Völkerrechtler ab, der feststellt, daß noch
nicht alle Unionsrepubliken gleichmäßig am internationalen Verkehr
teilnehmen und dies durch die von den Westmächten eingenommene
Position, welche die Beziehungen verhindere, erklärt:

> „Wenn die Völkerrechtssubjektivität der USSR und BSSR aufgrund der Ent-
> scheidungen der Krimkonferenz durch die anderen Staaten anerkannt wurde, fehlt

---

[4] Siehe dazu im jeweiligen Zusammenhang infra S. 275 ff.

[1] Vgl dazu etwa Art 10 der *Satzung der Organisation der Amerikanischen
Staaten* (119 UNTS, S. 48 ff): „Recognition implies that the State granting it
accepts the personality of the new State, with all the rights and duties that international law prescribes for the two States."

[2] FARBEROV 1946, S. 22: „Das Erscheinen der Unionsrepubliken auf der äußeren Arena erhielt bereits ihre internationale Anerkennung in der Tatsache der Einladung der USSR und BSSR zur Konferenz von San Francisco ..."; KURIŠKOV
1958, S. 79: „Die USSR erhielt internationale Anerkennung nicht nur, weil sie eine
der größten Mächte Europas ist, sondern hauptsächlich deswegen, weil sie über
Vorteile aus dem Eintritt in die UdSSR verfügt"; TUGANBAEV 1965, S. 17: „Das
Faktum der Einladung der USSR und BSSR nach San Francisco zeugt von der
internationalen Anerkennung der Sovjetrepubliken als souveräne Staaten."; TUR-
GUNBEKOV 1959, S. 24: „Das Aufblühen der Wirtschaft und der Kultur der Unionsrepubliken und der von ihnen geleistete Beitrag in der gemeinsamen Sache des
Kampfes gegen den Faschismus bedingte ihre internationale Anerkennung."

[3] BROVKA 1967, S. 92.

solch eine Anerkennung bezüglich der übrigen Unionsrepubliken. Dieses erschwert natürlich die Teilnahme aller Unionsrepubliken an internationalen Beziehungen in eigenem Namen" [4].

Tatsächlich ist eine formelle Anerkennung irgendeiner Unionsrepublik nach der Bildung der UdSSR niemals erfolgt. Sollte solch eine irgendwann einmal geschehen sein, so würde sich das sovjetische Schrifttum sicherlich auf sie berufen, da es kaum anzunehmen ist, daß sovjetische Autoren an einem unstrittigen Beweis für die Völkerrechtssubjektivität der Unionsrepubliken vorbeigingen. Im sovjetischen Schrifttum wurde aber kein Hinweis auf eine formelle Anerkennung einer Unionsrepublik seitens eines anderen Staates gefunden.

6.4.2. Der diplomatische und konsularische Verkehr der Unionsrepubliken

Das westliche [1] und auch das sovjetische Schrifttum [2] sind sich in der Frage der Bedeutung der Aufnahme diplomatischen Verkehrs als Form der stillschweigenden Anerkennung einig [3]. In der Frage der völkerrechtlichen Bewertung der konsularischen Beziehungen kann eine derartige eindeutige Behauptung nicht gemacht werden [4]. Trotzdem kann auch die Aufnahme konsularischen Verkehrs als ein Indiz für die Mitwirkung anderer Völkerrechtssubjekte bei der Feststellung der Völkerrechtssubjektivität gewertet werden.

Fälle der Aufnahme diplomatischen Verkehrs zwischen Unionsrepubliken und einem auswärtigen Staat können nicht nachgewiesen werden. Im Jahre 1947 hat Großbritannien versucht, mit der USSR diplomatische Beziehungen anzuknüpfen und einen derartigen Vorschlag der sovjetischen Regierung unterbreitet, mit der Bitte, ihn an die Regierung der USSR weiterzuleiten. Auf diesen Vorschlag wurde seitens der Regierung der USSR nicht geantwortet [5]. Da dieser Ver-

---

[4] LUKAŠUK 1969, S. 22.

[1] Vgl dazu DAHM I, S. 142; BERBER I, S. 231; O'CONNELL 1970, S. 154; SCHAUMANN in WV₂, I, S. 51.

[2] Für alle ZADOROŽNIJ in *Kurs meždunarodnogo prava*, red. KOŽEVNIKOV, 2e Aufl, M. 1966, S. 172; siehe für andere sovjetische Autoren FRENZKE 1972, S. 288, Fn 388—390.

[3] So FRENZKE 1972, S. 288.

[4] Für das westliche Schrifttum vgl etwa DAHM I, S. 142; kritisch *OP-L.*, I, S. 147; für das sovjetische Schrifttum siehe FRENZKE 1972, S. 291 ff; zustimmend allerdings BLIŠČENKO/DURDENEVSKIJ 1962, S. 230.

[5] Mitteilung der Botschaft des Vereinigten Königreiches in Wien an den Verfasser dieser Untersuchung vom 13. 4. 1972: „... it is confirmed by the Foreign and Commonwealth Office, London, that the British Government in August 1947

such mißlang, wurde seitens Großbritannien darauf verzichtet, mit der BSSR [6] diesbezüglich in Kontakt zu treten.

Der Versuch der Regierung Großbritanniens kann als Einladung gewertet werden, mit der USSR in die üblichen Formen des internationalen Verkehrs einzutreten. Die Rechtswirkungen, welche er etwa als einseitiges Rechtsgeschäft des Antrags [7] gehabt hätte, würden allerdings mit dem Ablauf der seit der Abgabe dieses Antrages verlaufenen Frist wieder untergegangen sein, da sovjetischerseits offensichtlich kein Interesse an völkerrechtlichem Verkehr zwischen der USSR und Großbritannien bestand und der Antragsteller nur eine angemessene Frist an seinen Antrag gebunden sein kann.

Im Jahre 1953 versuchte LAWRENCE SMITH diplomatische Beziehungen zwischen den USA einerseits und der BSSR und USSR andererseits anzuknüpfen. Dieser Versuch gelang nicht, vielleicht wegen der Zurückhaltung nordamerikanischer Politik gegenüber der Unabhängigkeit der Ukraine [8].

Konsularische Beziehungen der Unionsrepubliken zu auswärtigen Staaten lassen sich ebenfalls nicht nachweisen. Zu westlichen Staaten bestehen sie sicherlich nicht. Der Verfasser der vorliegenden Untersuchung hat während seines Besuches in der USSR von der Existenz von Konsulaten der Staaten des Warschauer Pakts in Kiev [9] Kenntnis genommen und wollte Fragen des Exequatur dieser Konsulate an das Außenministerium der USSR richten. Da es zu Kontakten mit diesem nicht gekommen war [10], hatte er einige Mitarbeiter sowohl des Instituts für Staat und Recht der Akademie der Wissenschaften der USSR, als auch des Instituts für Völkerrecht der Universität Kiev gefragt, ob das Exequatur für diese Konsulate vom Außenministerium der USSR in Kiev oder vom Außenministerium der UdSSR erteilt worden war. Die Antworten waren divergierend. Der Mitarbeiter der Akademie der Wissenschaften, der längere Zeit als juristischer Berater am Außen-

---

formally requested the Soviet Government to forward to the Government of the Ukrainian Republic their proposal for an exchange of diplomatic representatives. No reply was received from the Ukrainian Government ..."

[6] Antworten auf Anfragen an den Secretary of State for Foreign Affairs vom 24. 11. 1946 und 13. 3. 1950 in *Hansard Reporter* vom 24. 11. 1946, Nr. 18 und vom 13. 3. 1950, Nr. 69.

[7] Nach VERDROSS, S. 157, ist der Antrag ein einseitiges abhängiges Rechtsgeschäft.

[8] So MARKUS 1956, S. 67; vgl auch ROUSSEAU 1974, S. 267.

[9] So auch ROUSSEAU ibid.

[10] Vgl supra S. 30 ff.

ministerium der USSR tätig gewesen war, teilte mit, daß das Exequatur von den Außenministerien der UdSSR *und* der USSR erteilt worden war. Am Institut für Völkerrecht wurde dem Verfasser die Auskunft gegeben, daß das Exequatur nur vom Außenministerium der UdSSR erteilt worden war, und, daß die Konsulate Abteilungen der jeweiligen Botschaft in Moskau sind. Es scheint allerdings nicht wahrscheinlich, daß im sovjetischen Schrifttum die Existenz konsularischer Beziehungen von Unionsrepubliken mit auswärtigen Staaten bisher verschwiegen worden wäre, wenn sich dieses Schrifttum bereits weniger aussagekräftiger Argumente für das Vorhandensein internationaler Beziehungen der Ersteren bedient [11].

6.4.3. Die Arten der Feststellung und das Ausmaß der Völkerrechtssubjektivität der Unionsrepubliken

Die BSSR und die USSR sind Mitglieder der Organisation der Vereinten Nationen sowie einer Reihe ihrer Sonderorganisationen [1]. Sie sind ferner Mitglieder einiger anderer internationaler Organisationen [2]. Als Mitglieder der Vereinten Nationen und ihrer Sonderorganisationen wurden sie Vertragsparteien vieler multilateraler Verträge [3] und haben an einer Anzahl internationaler Konferenzen teilgenommen [4].

Es wurde in dieser Untersuchung festgestellt, daß die Völkerrechtssubjektivität der Unionsrepubliken von der Mitwirkung anderer (Völker-)Rechtsgenossen abhängt [5]. Solch eine Mitwirkung liegt bei der Aufnahme völkerrechtlicher Beziehungen mit den Unionsrepubliken vor. Wie ist nun die Mitwirkung der anderen (Völker-)Rechtsgenossen zu qualifizieren? In der Literatur wird sie in der Regel unter der impli-

---

[11] Vgl dazu etwa die Hinweise auf wissenschaftlichen und touristischen Verkehr, supra, S. 266 f; ASPATURIAN 1960, S. 169, der in den endfünfziger Jahren die USSR und ArSSR besucht hatte, stellt für die Konsulate Polens und der ČSSR in Kiev fest: „... it is not known, whether they have any direct communication with the Ukrainian Foreign Ministry.", weist jedoch darauf hin, daß wenigstens eine Person, MACDUFFIE ein Visum (No 100 0001) vom Außenministerium der USSR erhalten habe. MAURACH 1955, S. 111, weiß von einigen landeseigenen Konsulaten einzelner Staaten des Nahen Ostens zu berichten, welche nach dem Krieg (welcher?) wieder geschlossen worden sind.

[1] Siehe supra S. 245.

[2] Siehe supra S. 245 f.

[3] Siehe supra S. 250 ff.

[4] Zur inneren Aktualisierung der Formal- und Materienkompetenz siehe supra S. 232 ff, 241 und 242.

[5] Siehe supra S. 30 ff.

zierten Anerkennung abgehandelt. Dabei ist die Fragestellung meistens: Ist ein Gebilde, welches durch Zulassung zu einer internationalen Organisation oder Konferenz, durch Aufnahme diplomatischer oder konsularischer Beziehungen bzw durch Mitgliedschaft an multilateralen oder bilateralen Verträgen am internationalen Verkehr teilnimmt, notwendigerweise ein Staat? [6]

Es scheint nicht zweckmäßig, an dieser Stelle die Diskussion um die Staatlichkeit der Unionsrepubliken neuerlich aufzurollen [7], besonders, da festgestellt wurde, daß es außer Staaten auch andere, abgeleitete Völkerrechtssubjekte gibt [8].

Die Einführung des Begriffes „Staat im Sinne der Satzung" [9] (einer Organisation, deren Mitglieder nach ihrem Statut nur Staaten sein können) [10] für ein Mitglied dieser Organisation kann in diesem Zusammenhang Staatlichkeit im Sinne des Völkerrechts auch nicht beweisen. Ohne Zweifel kann die Satzung einer internationalen Organisation wie der Vereinten Nationen von Anwärtern auf Mitgliedschaft Staatlichkeit zur Voraussetzung der Aufnahme machen. Wenn die für die Aufnahme zuständigen Organe trotz Einwänden verschiedener Mitglieder [11] die Aufnahme einer Gebietskörperschaft beschließen, welche nicht Staat im Sinne des Völkerrechts ist [12], so ist durch

---

[6] Vgl dazu aus dem westlichen Schrifttum etwa: LAUTERPACHT 1947, S. 369: „How far does the conclusion of a treaty with a hitherto unrecognized ... State, or the appointment of a diplomatic or consular agent to such a ... State, or participation in a conference attended by it, amount conclusively to recognition of statehood ..."; ähnlich WENGLER 1964, Bd I, S. 773 ff; DAHM I, S. 141 ff; vgl ALEXY 1966, S. 555 ff; für das sovjetische Schrifttum vgl FRENZKE 1972, S. 227 ff; Eine Ausnahme davon bilden etwa Fragen der Anerkennung von Regierungen, Aufständischen und Kriegsführenden. Die Behandlung dieses Fragenkomplexes würde den Rahmen der vorliegenden Untersuchung sprengen.

[7] Vgl dazu supra S. 88, 106 ff, 219 ff.

[8] Vgl dazu supra S. 228 ff.

[9] Vgl etwa WENGLER 1964, Bd I, S. 775 f: „Wenn das zuständige Organ eines Staatenverbandes, dessen Satzung die Aufnahme weiterer ‚Staaten' als neue Mitglieder ermöglicht und zugleich die Aufnahme von Nichtstaaten verbietet, auf Antrag von Menschen, die sich als Regierung des Staates X bezeichnen, diesen Staat X als aufgenommen erklären, stellen sie implizite fest, daß ein als X bezeichneter Staat in dem Sinne, wie der Satzungsvertrag von Staaten spricht, vorhanden ist ..."; in diesem Sinne auch GOODRICH/HAMBRO/SIMONS 1969, S. 84 f.

[10] Wie etwa nach Art 4/2 der SVN nur Staaten Mitglieder der Organisation der VN werden können; die SVN gebraucht den Terminus: Staat insgesamt 31mal (HIGGINS 1963, S. 13, Fn 4).

[11] Eine Zusammenstellung von verschiedenen Einwänden gegen die Aufnahme neuer Mitglieder in die Vereinten Nationen wegen Fehlens gewisser Attribute der Staatlichkeit findet man bei HIGGINS 1963, S. 17 ff.

[12] Von den ursprünglichen Mitgliedern der VN zählt KELSEN 1951, S. 59 f

diese Praxis weder ein Staat entstanden noch bewiesen. Es kann sich dabei um einen satzungswidrigen Akt der Organisation handeln, oder um eine neue Begriffsbildung [13], eine Fiktion der Staatlichkeit für den Gebrauch der Organisation. Durch die Aufnahme eines gesellschaftlichen Gebildes in die Vereinten Nationen kann übrigens auch nur ein politischer Zweck erreicht werden, nämlich die aktive Teilnahme dieses Gebildes an der Tätigkeit der Organisation, ohne daß dadurch für die Mitglieder der Organisation präjudiziert wird, daß es sich bei dem neuen Mitglied um einen Staat handelt [14].

a) *Die gemeinsame Mitgliedschaft in internationalen Organisationen als Feststellung der Völkerrechtssubjektivität.* In der Völkerrechtsliteratur wird der Anerkennungseffekt der Mitgliedschaft in (politischen [15]) internationalen Organisationen verschieden beurteilt. Während Autoren, welche in der gemeinsamen Mitgliedschaft in einer internationalen Organisation eine stillschweigende Anerkennung sehen, diese Auffassung auf einen allgemeinen Anerkennungswillen [16] oder auf die gemeinsame Unterwerfung unter die Satzung dieser Organisation [17] stützen, gehen Gegner dieser Theorie auf die Praxis internationaler Organisationen ein [18] und weisen auf Beispiele hin, in denen Staaten, welche sich gegenseitig nicht anerkennen, gleichzeitig Mitglieder einer Organisation sind [19]. Das sowjetische Schrifttum steht fast einhellig auf dem Standpunkt, daß gemeinsame Mitgliedschaft in internationalen Organisationen keine Anerkennung darstellt [20]. Lediglich

---

Indien, die Philippinen, die BSSR und die USSR zu solchen Gebilden; Goodrich/ Hambro/Simons 1969, S. 85 erwähnt die BSSR und die USSR.

[13] Goodrich/Hambro/Simons 1969, S. 89: „In so far as the interpretation of the term ‚state' has been raised in discussions on new members remarks have tended to reflect attitudes of a political nature rather than concerns with whether the applicant meets legal requirements."

[14] So sind die Mitgliedstaaten der Organisation der VN weder verpflichtet, ein neues Mitglied anzuerkennen (vgl Higgins 1963, S. 136 ff; Brownlie 1966, S. 90), noch ist die Anerkennung durch alle Mitgliedstaaten Voraussetzung für die Aufnahme in die VN (ibid S. 164).

[15] Es ist nicht notwendig, auf die Rechtswirkungen in „technischen" internationalen Organisationen, oder gar in „INGO's" einzugehen, da diese nur geringer sein kann (vgl dazu für alle: Dahm I, S. 144 ff), wenn die Mitgliedschaft der BSSR und USSR in der Organisation der VN feststeht.

[16] Etwa Dahm I, S. 144.

[17] So zB Guggenheim 1948, Bd I, S. 183 f; Kelsen 1951, S. 79.

[18] ZB Lauterpacht 1947, S. 401 ff; O'Connell 1970, S. 155 ff; vgl Alexy 1966, S. 533 ff mit weiteren Hinweisen, auch ibid, S. 555.

[19] Vgl OP-L. I, S. 147 f, Fn 7; Higgins 1963, S. 141 f; Fel'dman 1961, S. 55.

[20] Vgl Frenzke 1972, S. 169 ff mit Literaturangaben.

ein Autor will in der einstimmigen Aufnahme eines neuen Mitgliedes in die Organisation der Vereinten Nationen eine Anerkennung der inneren Ordnung in diesem Staat, also die Anerkennung des Staates sehen[21]. Die ablehnende Haltung des sovjetischen Schrifttums zum Anerkennungseffekt der gemeinsamen Mitgliedschaft in einer internationalen Organisation könnte außer rechtlichen auch politische Hintergründe haben, wie etwa die langjährige Vertretung Chinas in den VN durch Taiwan[22], welches seitens der UdSSR nie als rechtmäßige Vertretung Chinas betrachtet wurde[23].

Eine Auseinandersetzung mit den beiden extreme Positionen zum Anerkennungseffekt der gemeinsamen Mitgliedschaft in internationalen Organisationen erübrigt sich in der vorliegenden Untersuchung[24] aus zwei Gründen. Einmal, weil das sovjetische Schrifttum, welches der Hauptbefürworter der These von der Völkerrechtssubjektivität der Unionsrepubliken ist, eine Anerkennung durch gleichzeitige Mitgliedschaft generell ablehnt, zum anderen, weil dieser Teilaspekt der vorliegenden Untersuchung die gemeinsame Mitgliedschaft in internationalen Organisationen unter dem Gesichtswinkel der Mitwirkung anderer (Völker-)Rechtsgenossen bei der Feststellung der Völkerrechtssubjektivität der Unionsrepubliken behandelt.

Der Hinweis auf das sovjetische Schrifttum scheint notwendig, da vereinzelt sovjetische Autoren zwar in der Einladung zur Teilnahme an der Konferenz von San Franzisko[25] oder im Eintritt in die Organisation der Vereinten Nationen als Gründungsmitglied[26] eine Anerkennung der Völkerrechtssubjektivität der USSR und der BSSR sehen, im gleichen Atemzug einen allgemeinen Anerkennungseffekt der Mitgliedschaft in den Vereinten Nationen ablehnen[27]. Diese bei-

---

[21] Akčibasov 1969, S. 125 unter Berufung auf den ungarischen Völkerrechtler Herczeg; einen ähnlichen Fall sieht Frenzke 1972, S. 271 in einer Rezension von Bobrov in *SGiP* 1970/1, S. 149.

[22] Vgl dazu etwa Fel'dman 1961, S. 56 f.

[23] Vgl dazu Higgins 1963, S. 152 ff.

[24] Ebenso wie die Frage, ob die Anerkennung eine Anerkennung der Staatlichkeit bedeutet, siehe dazu supra S. 275 ff.

[25] Tuganbaev Avtoref. diss. 1965, S. 17: die Tatsache der Einladung der USSR und BSSR nach San Franzisco: „... zeugt von der internationalen Anerkennung der Sovjetrepubliken als Völkerrechtssubjekte, dh ihre Anerkennung als souveräne Staaten."

[26] Koreckij in 17 *URE*, S. 628: „Die Völkerrechtssubjektivität der USSR wurde mit ihrem Eintritt in die Vereinten Nationen als Gründungsmitglied allgemein anerkannt."

[27] Koreckij in 17 *URE*, S. 628: „Es muß nicht angenommen werden, daß diese [Völkerrechts-]Subjektivität von der Anerkennung durch die Organisation

den Argumente lassen sich nicht miteinander vereinbaren: *expressio unius est exclusio alterius* [28]. Offiziöse sovjetische Publikationen stehen jedoch auf dem Standpunkt der Nichtanerkennung durch gemeinsame Mitgliedschaft [29].

Die rechtliche Qualifikation der gemeinsamen Mitgliedschaft in internationalen Organisationen als Mitwirkung bei der Feststellung der Völkerrechtssubjektivität von Gliedstaaten seitens der anderen Mitgliedstaaten hat den Vorteil, daß der in der Völkerrechtsliteratur ohnehin genug strapazierte Begriff der „Anerkennung" [30] vermieden werden kann.

Die Begründung dieser Qualifikation liegt vor allem darin, daß alle Mitgliedstaaten der Satzung der Organisation, also auch dem Aufnahmeverfahren zugestimmt haben. Stimmt im konkreten Fall auch nicht jedes Mitglied einer Organisation für die Aufnahme eines neuen Mitgliedes, oder stimmt es sogar dagegen [31], so liegt im Falle der Aufnahme zwischen den bisherigen Mitgliedern der Organisation und dem neuen Mitglied ein völkerrechtliches Rechtsverhältnis vor, da die Mitglieder der Organisation, unabhängig davon, ob sie für die Aufnahme eines bestimmten Mitgliedes gestimmt haben [32], allen anderen Mitgliedern gegenüber bestimmte Rechte und Verpflichtungen haben. Rechte und Verpflichtungen können die Mitglieder internationaler Organi-

---

der VN durch Aufnahme des betroffenen Staates als Mitglied abhängt. Die Aufnahme als Mitglied der VN verwandelt kein Nichtsubjekt des Völkerrechtes in ein Völkerrechtssubjekt, weil für die Aufnahme in die Vereinten Nationen notwendig ist, daß Völkerrechtssubjektivität vorliegt. Und diese [Völkerrechtssubjektivität] bestimmt sich nach der Verfassung des betreffenden Staates oder (bei einem zusammengesetzten Staat) nach dem Bundesvertrag. Die Aufnahme der USSR, deren Völkerrechtssubjektivität durch die Verfassungen der UdSSR und der USSR bestimmt worden war, als Mitglied in die Organisation der VN war lediglich die Formgebung [oformlenie] der Teilnahme der USSR bei der Schaffung und allgemeinen Tätigkeit dieser internationalen Organisation."

[28] Vgl *OP-L.* I, S. 954 mit Beispielen in Fn 3.

[29] Vgl zB *Diplomatičeskij Slovar'*, M. 1971, Bd 2, S. 572; eine Untersuchung des gesamten sovjetischen Schrifttums zur Anerkennung wurde von FRENZKE (1972) durchgeführt. Die eingehende Behandlung dieses Teilaspekts anhand der Praxis der Organisation der VN und ihrer Sonderorganisationen würde den Rahmen der vorliegenden Arbeit sprengen und wird als gesonderte Publikation folgen.

[30] Und damit die Diskussion über den „konstitutiven" oder „deklaratorischen" Charakter der Anerkennung.

[31] Vgl zB den Protest Israels gegen die Aufnahme der DDR in die VN, siehe *AdG* 1973, 18200 f; vgl auch die Aufnahme von Israel in die VN am 11. 5. 1949, mit 37 Stimmen gegen 12 bei 9 Enthaltungen (*GA Off. Rec. 3rd Sess. Pt. II*, Plenary Meeting, S. 330 f).

[32] Zustimmend BRIGGS, H. W. in *Proceedings of the American Society of International Law* 1950, S. 178.

sationen jedoch nur haben, wenn sie die dafür erforderliche Rechtsfähigkeit besitzen. Durch den Aufnahmebeschluß wird die potentielle Rechtsfähigkeit des Anwärters für die Summe der Rechte und Verpflichtungen aus der Satzung der Organisation aktualisiert. Mit der Mitgliedschaft zur Organisation sind die anderen Mitglieder der Organisation an diese Feststellung der Rechtsfähigkeit gebunden. Dabei bleiben die rechtlichen Verpflichtungen der Mitglieder untereinander für die Zeit ihrer gemeinsamen Mitgliedschaft bestehen und würden erst mit dem Ausscheiden eines Mitgliedes für dieses erlöschen [33].

Die Mitgliedschaft von BSSR und USSR in der Organisation der VN kann als Feststellung der — auf die Mitgliedsrechte und -pflichten — beschränkten Völkerrechtssubjektivität dieser Unionsrepubliken seitens der anderen Mitglieder der Organisation gewertet werden. Diese Feststellung ist nicht auf den Kreis der Gründungsmitglieder der VN beschränkt [34], sondern jedes neue Mitglied für sich stellt diese Völkerrechtssubjektivität durch den Beitritt zur Satzung der Vereinten Nationen fest. Durch die Erweiterung des Mitgliedskreises der Vereinten Nationen auf fast alle Staaten der Welt kommt diese Feststellung einer universellen Völkerrechtssubjekivität sehr nahe [35].

Der Umfang der Feststellung ergibt sich aus dem durch die Satzung und evtl mit fortlaufender Interpretation der Satzung durch die Praxis der Organisation festgelegten Tätigkeitsbereich der Organisation. So muß man die Mitgliedschaft zu Sonderorganisationen der VN mit mehr technisch-wissenschaftlicher Ausrichtung [36] oder mit humanitären Aufgaben [37] anders bewerten [38], als die Mitgliedschaft zur Organisation der VN, deren Tätigkeitsbereich traditionelle Staatsfunktionen umfaßt. Deshalb kann gesagt werden, daß die Mitgliedschaft in der Organisation der VN von größerer politischer Bedeutung ist [39] und für

---

[33] Beinhaltet die gemeinsame Mitgliedschaft in einer Organisation wie den VN die Anerkennung der Staatlichkeit, so erlischt diese Anerkennung mit dem Ausscheiden eines Mitgliedes für ihn nicht, daher bei der obengenannten Prämisse richtig: DAHM I, S. 145; die anderen Rechtsverhältnisse, welche durch den Eintritt in zB den Völkerbund begründet wurden, erlöschen mit dem Fall des Ausscheidens, vgl dazu VERDROSS in *Wörterbuch des Völkerrechts und der Diplomatie*, STRUPP, Bd 1, Berlin—Leipzig, 1924, S. 52; vgl auch DOLAN 1955, S. 634.

[34] Zu denen die BSSR und USSR gehören.

[35] Wobei allerdings bedacht werden muß, daß sich dem neu eintretenden Mitglied die Möglichkeit des Ausschlusses dieser Feststellungswirkung durch Vorbehalt nicht bietet.

[36] Wie etwa die WMO, ITU oder IPU.

[37] Wie etwa die UNESCO oder ILO.

[38] Für solche lehnt DAHM I, S. 145, sogar den Anerkennungseffekt ab.

[39] Vgl SCHERMERS 1972, Bd II, S. 746.

die vorliegende Untersuchung der Völkerrechtssubjektivität der Unionsrepubliken mehr Aussagekraft hat [40].

Die Mitgliedschaft in der Organisation der Vereinten Nationen ist grundsätzlich auf den Typus des Völkerrechtssubjekts: „Staat" zugeschnitten. Daraus ergibt sich aber noch nicht denknotwendig, daß alle Mitglieder dieser Organisation Staaten sein müssen. Die internationale Praxis der BSSR und der USSR haben gezeigt [41], daß aus ihrer Mitgliedschaft in den VN sich nicht, oder zumindest nur in ganz beschränktem Maße jene Art von Beziehungen zu anderen Mitgliedstaaten entwickelt haben, welche für die Beziehungen zwischen Staaten typisch sind [42], also etwa diplomatische oder konsularische Beziehungen, bilaterale Verträge oder Verhandlungen mit anderen Staaten. Besonders auffallend ist, daß dies nicht einmal für den Bereich der Staaten des Warschauer Paktes der Fall ist, wo durch den Einfluß der UdSSR solche Beziehungen sicherlich leichter zu bewerkstelligen gewesen wären.

Dagegen sind die Aktivitäten der beiden Unionsrepubliken innerhalb der Tätigkeit der Organisation der Vereinten Nationen durchaus nicht atypisch, was gerade die Wahl der BSSR zum nichtständigen Mitglied des Sicherheitsrates zeigt [43]. Für diese relativ neue Art internationaler Beziehungen reichen die traditionellen Termini, wie Anerkennung oder implizierte Anerkennung nicht aus, da sie staatsbezogen sind. Die Einführung des Begriffes: Mitwirkung anderer (Völker-)Rechtsgenossen bei der Feststellung der Völkerrechtssubjektivität hat den Vorteil, daß die Rechtsfähigkeit nicht aufgrund oder im Umfang des oft unbestimmten und auf den Typus des Völkerrechtssubjektes: „Staat" ausgerichteten Gewohnheitsrechts, sondern aufgrund und im Umfang der Satzung der konkreten Organisation, in diesem Fall der VN, festgestellt wird.

Die auf diese Weise „festgestellten Völkerrechtssubjekte" haben alle sich aus der Satzung ergebenden Rechte, nicht aber alle jene Rechte, welche traditionell nur Staaten zustehen. Soweit diese Rechte in der Satzung der VN niedergelegt sind, gelten sie für die BSSR und die USSR nur *qua* Satzung, nicht *qua* Völkergewohnheitsrecht. Eine Ver-

---

[40] Eine quantitative Analyse der Mitgliedspflichten und des Tätigkeitsbereiches der VN und ihrer Sonderorganisationen gäbe allerdings keine juristisch haltbare Trennung des Umfanges der Völkerrechtssubjektivität.

[41] Siehe supra S. 247 f.

[42] Die BRIGGS (Fn 32) S. 179 als „State-to-State-relations" bezeichnet.

[43] *UN MONTHLY CHRONICLE* 1973/10, S. 79.

letzung der in der *SVN* wiederholten völkerrechtlichen Rechtsposition der Staaten an Unionsrepubliken wäre ohnehin nicht denkbar, ohne gleichzeitig auch dieselben Rechte der UdSSR zu verletzen. Das Recht auf territoriale Integrität [44] der Unionsrepubliken oder das Verbot der Gewaltanwendung gegen diese [45] könnten nicht verletzt werden, ohne damit nicht auch die territoriale Integrität der UdSSR anzutasten oder gegen sie Gewalt anzuwenden. Die Unionsrepubliken wären faktisch nicht imstande, ihre nationalen Streitigkeiten auf nichtfriedlichem Wege beizulegen, ohne damit nicht auch die UdSSR in diese Auseinandersetzung miteinzubeziehen, da ihr Territorium auch gleichzeitig Territorium der UdSSR ist [46] und darüberhinaus Fragen des Krieges und des Friedens zur Kompetenz der UdSSR gehören [47].

Diese Beispiele zeigen deutlich, daß die Mitwirkung bei der Feststellung der Völkerrechtssubjektivität nicht eine verschleierte Form der Anerkennung darstellt, sondern ein neues Rechtsinstitut in *statu nascendi* ist, weil das durch lange Zeit gebrauchte Institut der Anerkennung nicht mehr allen Bedürfnissen der internationalen Beziehungen entspricht.

Die Mitwirkung der anderen (Völker-)Rechtsgenossen bei der Feststellung der Völkerrechtssubjektivität der Unionsrepubliken durch gemeinsame Mitgliedschaft in internationalen Organisationen muß konstitutive Wirkung haben. Vor der Aufnahme in die Organisation müssen zwischen den (von nun an) gemeinsamen Mitgliedern keine Rechtsbeziehungen bestanden haben. Sie entstehen mit dem Moment der Aufnahme. Durch den Beitritt neuer Mitglieder erstrecken sich die Rechtsbeziehungen auch auf diese. Der Umfang der Rechtsbeziehungen bestimmt sich nach der Satzung der jeweiligen Organisation und evtl nach der darauffolgenden Praxis als Satzungsinterpretation. Die Rechtsbeziehungen enden mit dem Ausscheiden des Mitgliedes. War die Völkerrechtssubjektivität dieses Mitgliedes ein Ergebnis der Mitwirkung der anderen (Völker-)Rechtsgenossen, so erlöscht sie mit der Beendigung der Mitgliedschaft. In diesem Sinne muß man die Aussagen interpretieren, daß die Aufnahme der BSSR und der USSR in die Organisation der Vereinten Nationen als Anerkennung konstitutive Wirkung hatte [48].

---

[44] Art 2/4 der SVN.
[45] Ibid.
[46] Art 13 der Verf. der UdSSR.
[47] Vgl dazu supra S. 176 ff und 194 ff.
[48] Etwa: O'CONNELL 1970, S. 157; BROWNLIE 1966, S. 71; VERDROSS 1948, Die Völkerrechtssubjektivität ... S. 218; VERDROSS S. 196; DOLAN 1955, S. 634;

Die Feststellung der Völkerrechtssubjektivität ist dann dasjenige Rechtsgeschäft, welches das abgeleitete Völkerrechtssubjekt schafft [49], die *conditio sine qua non* für die Existenz der partiellen und partikulären Völkerrechtssubjekte BSSR und USSR. Als partiell muß man sie bezeichnen, weil ihre Rechtsfähigkeit nur für den Zweck der Mitgliedschaft in den VN festgestellt wurde, als partikulär, weil sie nur den Mitgliedern der VN gegenüber als Völkerrechtssubjekte gelten. Weder der umfangreiche Tätigkeitsbereich der VN [50], noch die Quasiuniversalität der Organisation, welche bis heute erreicht werden konnte, kann daran etwas ändern.

b) *Der Abschluß bilateraler Verträge als Feststellung der Völkerrechtssubjektivität.* Der Abschluß zweiseitiger völkerrechtlicher Verträge wird in der Literatur in der Regel als implizierte Anerkennung gewertet [51]. Auch die sovjetische Völkerrechtslehre schließt sich dieser Meinung an [52], allerdings manchmal mit gewissen Bedingungen, wie etwa: Abschluß eines offiziellen politischen oder größeren Handelsvertrages [53] oder: *de-facto-* oder *ad-hoc-*Anerkennung [54]. Es scheint da-

---

in diesem Sinne BEREZOWSKI 1938, S. 24, daß für souveräne Völkerrechtssubjekte die Anerkennung deklarativ, für nichtsouveräne konstitutiv sei. Als völkerrechtsrelevanten Rechtsakt sieht POLAK 1948 (Ned. Jur. Bl.), S. 28 die Anerkennung besonders dann, wenn ein Teilstaat durch Kollektivvertrag, wie die SVN, ein Völkerrechtssubjekt wird (BSSR und USSR); vgl auch supra S. 6 f; anders DE VISSCHER 1957, S. 103, der die USSR als Völkerrechtssubjekt und, durch die Mitgliedschaft in der Organisation der VN, als Staat ansieht, wenn auch nur als nicht vollständig souveränen Staat. Die Verschiebung des Unterschiedes zwischen der USSR und anderen, typischen Staaten auf die Ebene: souveräner oder nichtsouveräner Staat vermag aber an der letztlich rechtlichen Qualifizierung der USSR nichts zu ändern, da dieser Autor (S. 104 f) wesentliche Beschränkungen der Souveränität feststellen muß.

[49] Vgl dazu die Literatur in supra, S. 25 ff.

[50] Nach Art 10 ff der SVN hat die Generalversammlung der VN ein fast allumfassendes Recht, Fragen zu behandeln, welche nicht nach Art 2/7 ihrem Wesen nach zur inneren Zuständigkeit eines Staates gehören, wenn sich (nach Art 12) nicht der Sicherheitsrat mit diesen Angelegenheiten befaßt.

[51] Vgl zB LAUTERPACHT 1947, S. 375; *OP-L.* I, S. 147 f mit der Einschränkung: „The only legitimate occasions for implied recognition are: (a) the conclusion of a bilateral treaty, such as a treaty of commerce and navigation ...“

[52] *KURS* III, S. 29: „Im Prinzip wird der Abschluß eines bilateralen Vertrages zwischen Staaten als Zeugnis über eine offizielle gegenseitige Anerkennung angesehen.“; FEL'DMAN in *Pravosub'ektnost'*, S. 113.

[53] LUKAŠUK 1966, S. 95.

[54] BOBROV 1968, S. 17; ARCIBASOV 1969, S. 65: „Uns scheint es, daß der Abschluß eines Handelsvertrages der DDR mit anderen Staaten aufgrund von Regierungsübereinkommen eine *de-facto-*Anerkennung der DDR bedeutet.“; zur sovjetischen Literatur siehe FRENZKE 1972, S. 234 ff.

her nicht unberechtigt[55], auch im Abschluß bilateraler Verträge eine Feststellung der Völkerrechtssubjektivität zu sehen.

Die überaus geringfügige Zahl bilateraler Verträge von Unionsrepubliken[56] erübrigt eine eingehende Untersuchung dieser Form der Mitwirkung anderer (Völker-)Rechtsgenossen bei der Feststellung der Völkerrechtssubjektivität der Unionsrepubliken[57]. Es muß lediglich festgehalten werden, daß außer der BSSR und USSR, deren Völkerrechtssubjektivität aufgrund der Mitgliedschaft in den VN außer Frage steht, auch die LiSSR aufgrund ihrer bilateralen Verträge mit Polen diesem Staat gegenüber partielle Völkerrechtssubjektivität besitzt[58].

c) *Die gemeinsame Mitgliedschaft in multilateralen Verträgen als Feststellung der Völkerrechtssubjektivität.* Die Rechtsbeziehungen der Partner multilateraler Verträge können in eine Vielzahl bilateraler Rechtsbeziehungen aufgelöst werden[59]. Sieht man von Verträgen ab, welche gewisse ständige Organe schaffen und damit Satzungen internationaler Organisationen nahekommen, somit als solche zu werten sind, werden durch multilaterale Verträge nicht so enge funktionelle Rechtsbeziehungen begründet, sodaß die gemeinsame Mitgliedschaft in ihnen in der Literatur meistens nicht als Anerkennung gewertet wird[60]. Gerade die sowjetische Völkerrechtslehre wendet sich beson-

---

[55] *a maiori ad minus.*

[56] Eine Aufzählung der bekanntgewordenen Verträge findet sich supra, S. 261 ff.

[57] Interessant wäre zB der Moment der Feststellung: Verhandlungen, Unterzeichnung oder Ratifikation des Vertrages?

[58] Gegen die Völkerrechtssubjektivität der Unionsrepubliken spricht allerdings der Abschluß von Verträgen über Fragen, welche die Unionsrepubliken direkt betreffen, zwischen der UdSSR und ausländischen Staaten, vgl etwa den Vertrag zwischen der UdSSR und Dänemark vom 27. 2. 1964 (509 *UNTS*, S. 290 ff): *Agreement between the Government of Denmark and the Government of the Union of Soviet Socialist Republics concerning the settlement of reciprocal financial Property and other claims relating to the Latvian, Lithuanian and Esthonian Soviet Socialist Republics and to the Western Regions of the Ukrainian and Byelorussian Soviet Socialist Republics and the Kaliningrad Region of the Russian Soviet Federativ Socialist Republic ...*

[59] Vgl zB GIRAUD in 49 *Annuaire IDI*, 1961/I, S. 16; derselbe in 50 *Annuaire IDI* 1963/II, S. 273 berechnet die Zahl der bilateralen Beziehungen nach der Formel:

$$\frac{X\,(X-1)}{2}$$

wobei X die Anzahl der Mitglieder im multilateralen Vertrag ist; dagegen im Zusammenhang mit Vorbehalten DAHM III, S. 102, weil Abkommen durch die Auflösung in eine Summe zweiseitiger Beziehungen unfähig werden können, ihre Rolle als Ordnungsvertrag zu erfüllen.

[60] Für alle *OP-L.* I, S. 146 f; LAUTERPACHT 1947, S. 371 ff; eher zustimmend: DAHM I, S. 143; vgl ALEXY 1966, S. 512 mit weiteren Literaturhinweisen in Fn 77.

ders heftig gegen die Auffassung, daß gemeinsame Mitgliedschaft in multilateralen Verträgen eine Anerkennung darstelle [61]. Dabei findet sich von prominenten sovjetischen Autoren sogar ein apodiktischer Ausspruch:

„Alle Völkerrechtsfachleute sind einer Meinung, daß die Teilnahme an einem multilateralen Vertrag keine Anerkennung eines Staates oder einer Regierung bedeutet" [62].

Genauso, wie im Zusammenhang mit der gemeinsamen Mitgliedschaft in internationalen Organisationen die Frage der Anerkennung nicht entschieden werden mußte [63], erübrigt sie sich hier, wenn man mit der gemeinsamen Mitgliedschaft in bestimmten multilateralen Verträgen nur die Feststellung einer partiellen Völkerrechtssubjektivität sieht. Solange der Trend sich nicht durchgesetzt hat [64], den Beitritt zu multilateralen Verträgen von allgemeinem Interesse allen beitrittswilligen Staaten offenzuhalten, wird man davon ausgehen können, daß in der gemeinsamen Mitgliedschaft in multilateralen Verträgen rechtliche Beziehungen zwischen allen Vertragspartnern bestehen, zu deren Erfüllung die Vertragspartner ein gewisses Maß an Rechtsfähigkeit besitzen müssen. Der Beitrittsakt eines neuen Vertragspartners muß dann als Feststellung dieser Rechtsfähigkeit — aber nur der Rechtsfähigkeit im Umfang der vertraglichen Verpflichtungen — aufgefaßt werden, wobei bei ausdrücklicher Zustimmung der anderen Vertragspartner das Einverständnis in dieser Zustimmung, bei Beitritt durch einseitige Erklärung in der Zustimmung zu diesem Verfahren gesehen werden kann.

Der Beitritt der BSSR und USSR zu multilateralen Verträgen, welcher ihnen durch ihre Mitgliedschaft in internationalen Organisationen ermöglicht wurde, kann nicht mehr aussagen, als die Mitgliedschaft in den Organisationen selbst, da dieser Beitritt als Ausübung von Mitgliedsrechten gesehen werden muß [65]. Er wäre nur ein weiteres

---

[61] UL'JANOVA 1961, S. 311; CHLESTOV 1969, S. 65, zustimmend dazu FEL'DMAN in *Pravosub'ektnost'*, S. 113.

[62] TUNKIN/NEČAEV, S. 60.

[63] Siehe supra S. 277 ff.

[64] Vgl dazu die Diskussion im Zusammenhang mit dem Art 7 des Entwurfes zur *Wiener Konvention über das Recht völkerrechtlicher Verträge* in YB ILC 1962, I, S. 130 ff; 240 ff; 280 ff; YB ILC 1966, I, 2, 271 ff; A/Conf. 39/11/Add. 1, S. 229 ff.

[65] Vgl dazu die sog Wiener Formel, das Beitrittsrecht aller Mitglieder der Vereinten Nationen, ihrer Sonderorganisationen und der Vertragsstaaten der Satzung des Internationalen Gerichtshofes zu internationalen Konventionen wie im Art 48 *des Wiener Übereinkommens über Diplomatische Beziehungen* (500 UNTS, S. 95 ff);

Indiz für die Ausweitung des Umfanges der partiellen Völkerrechtssubjektivität um den in den betreffenden Konventionen [66] geregelten Fragenkreis. Es wäre ferner auch ein Indiz für die Ausnützung der Mitgliedsrechte aus der Mitgliedschaft in den VN und ihren Sonderorganisationen.

Dessenungeachtet kann man die Mitgliedschaft der BSSR und USSR in multilateralen Konventionen als eine Feststellung ihrer Völkerrechtssubjektivität seitens der anderen Vertragspartner ansehen, soweit diese nicht durch Vorbehalte diesen Feststellungseffekt ausgeschlossen haben.

d) *Die rechtliche Würdigung der anderen „internationalen Aktivitäten der Unionsrepubliken."* Im sowjetischen Schrifttum wird auf verschiedene Aktivitäten der Unionsrepubliken hingewiesen, welche in irgendeiner Art grenzüberschreitend sind, und von welchen sowjetische Autoren Aussagen über die Völkerrechtssubjektivität der Unionsrepubliken abzuleiten versuchen [67]. Die in diesem Zusammenhang erwähnte Teilnahme an internationalen Konferenzen, deren Anerkennungseffekt stark umstritten ist [68], kam stets durch die Mitgliedschaft in der Organisation der VN zustande [69] und die Rechtsfolgen aus dieser Teilnahme müssen, wie die der im Rahmen internationaler Organisationen abgeschlossenen multilateralen Verträge, im Zusammenhang mit der Mitgliedschaft in diesen Organisationen gesehen werden. Man kann sagen, daß die BSSR und die USSR nur zu den Konferenzen zugelassen wurden, weil ihre Völkerrechtssubjektivtät durch die Mitgliedschaft in der Organisation festgestellt worden ist.

Von den seitens sowjetischer Autoren behaupteten Wirtschaftsbeziehungen, kulturellen und wissenschaftlichen Beziehungen, Besuchen von Touristen sowie Propagandatätigkeit der Unionsrepubliken kann eine Mitwirkung anderer (Völker-)Rechtsgenossen bei der Feststellung

---

Art 47 des *Wiener Übereinkommens über konsularische Beziehungen (A/Conf. 25/16/ add. 1)*; Art 81 der *Wiener Konvention über das Recht völkerrechtlicher Verträge* [unter Einschluß der Mitglieder der Internationalen Atomenergie-Behörde] (VIII *International Legal Materials* 1969/4, S. 679 ff).

[66] Vgl dazu die Liste der Konventionen, welchen die BSSR und USSR beigetreten sind, supra S. 251 ff.

[67] Vgl dazu supra S. 264.

[68] Dagegen *OP-L.* I, S. 146; ebenso ALEXY 1966, S. 500 ff mit weiteren Literaturhinweisen auf S. 502, Fn 22; kritisch je nach den Umständen bejahend: DAHM I, S. 143; vom sowjetischen Schrifttum ablehnend: UL'JANOVA 1961, S. 312, Fn 18; FEL'DMAN in *Pravosub'ektnost'*, S. 128; zu vermittelnden Auffassungen sowjetischer Autoren siehe FRENZKE 1972, S. 284 ff.

[69] Vgl für alle ASPATURIAN 1960, S. 114 ff.

der Völkerrechtssubjektivität der Unionsrepubliken nicht abgeleitet werden. Es fehlen dafür die rechtlichen Beziehungen zwischen den Unionsrepubliken und auswärtigen Staaten, welche solch eine Feststellung rechtfertigen würden. Bei allen Arten von Staatsbesuchen müßte nachgewiesen werden, daß der jeweilige Gast mit seinem Besuch beabsichtigt, das besuchte Gebilde als Völkerrechtssubjekt zu betrachten. Die Tatsache seines Aufenthaltes allein beweist dies nicht, da der Besuch einzelner Landesteile bei Staatsbesuchen durchaus üblich ist [70].

Einseitige Erklärungen und Grußbotschaften könnten zwar einen gewissen Anerkennungseffekt für den Empfänger dieser Erklärungen bedeuten [71], eine Mitwirkung des Empfängers bei der Feststellung der Völkerrechtssubjektivität des Absenders ließe sich höchstens so konstruieren, daß man sagt: lag beim Absender die Absicht vor, durch den Empfang der Grußbotschaft einen Anerkennungseffekt zu bewirken, so wollte er ein einseitiges Rechtsgeschäft setzen. Fehlt diese Absicht, so wurde eine Mitwirkung des Empfängers bei der Feststellung der Völkerrechtssubjektivität ohnehin nicht erwartet. Nur bei Vorliegen eines einseitigen Rechtsgeschäftes könnte der Absender unter Umständen einen Protest erwarten, mit welchem der Empfänger, welcher sich als Völkerrechtssubjekt betrachtet und daher nur mit seinesgleichen verkehren will [72], sich gegen den Empfang solcher Botschaften verwehrt. Eine abschließende Antwort auf diese Frage hängt jedoch sehr von den Umständen der Grußbotschaft und der erkennbaren Absicht des Absenders ab.

Die Teilnahme öffentlicher Funktionäre von Unionsrepubliken an Delegationen der UdSSR [73] kann unter keinen Umständen als eine Feststellung der Völkerrechtssubjektivität der Unionsrepubliken gewertet werden. Die Delegation, welcher die Funktionäre der Unionsrepubliken angehören — und welcher theoretisch auch jede beliebige andere Person angehören könnte, wenn sie nur seitens der UdSSR mit Funk-

---

[70] Ferner können solche Besuche durchaus den Charakter von Routinebesuchen haben, wie etwa der Besuch des Botschafters der DDR in Österreich beim Landeshauptmann des Landes Salzburg am 19. 10. 1973 (*Salzburger Nachrichten* v. 20. 10. 1973), welcher sicherlich keine Anerkennung der Völkerrechtssubjektivität des Landes Salzburg bedeuten sollte.

[71] Vgl dazu die Übersicht über das kommunistische Schrifttum zu dieser Frage bei FRENZKE 1972, S. 299 f.

[72] Vgl dazu die Einladung des Ministerpräsidenten der GSSR durch den Landeshauptmann des Landes Oberösterreich, supra S. 271, Fn 34.

[73] Vgl dazu supra S. 247.

tionen betraut worden ist — vertritt ausdrücklich das Völkerrechtssubjekt UdSSR. Mit diesem Völkerrechtssubjekt lassen sich die anderen Kontrahenten ein, von diesem Völkerrechtssubjekt akzeptieren sie die Beglaubigungsschreiben und daher kann ihnen nicht entgegengehalten werden, daß die Funktionäre ein Gebilde repräsentieren, von welchem die anderen Parteien keine rechtliche Kenntnis genommen haben.

Zusammenfassend läßt sich sagen, daß die BSSR und die USSR ihre auswärtigen Kompetenzen derart aktualisiert haben, daß ihnen der Sprung vom potentiellen zum partiellen [74] und partikulären Völkerrechtssubjekt gelungen ist. Durch ihre Mitgliedschaft in der Organisation der Vereinten Nationen sowie einiger ihrer Sonderorganisationen und durch ihre Vertragspraxis im Rahmen dieser Organisationen ist der Nachweis der Feststellung ihrer Völkerrechtssubjektivität seitens der anderen (Völker-)Rechtsgenossen erbracht. Wegen der nur geringfügigen Anzahl der von anderen Unionsrepubliken abgeschlossenen Verträge [75] und wegen der nur vereinzelten Mitgliedschaft anderer unionsrepublikanischer Institutionen in nicht-staatlichen internationalen Organisationen [76], kann von den übrigen Unionsrepubliken ähnliches nicht gesagt werden. Ein Analogieschluß von der partiell/partikulären Völkerrechtssubjektivität der BSSR und USSR auf den internationalen Status der anderen Unionsrepubliken läßt sich wegen des abgeleiteten Charakters dieser Völkerrechtssubjektivität nicht ziehen [77], weil eine staatsrechtlich gleichartige Position aller Unionsrepubliken keine völkerrechtsrelevante Rechtsposition den anderen (Völker-)Rechtsgenossen gegenüber darstellt. Die im sovjetischen Schrifttum anzutreffenden Hinweise auf die verschiedenen Aktivitäten quasi-internationalen

---

[74] Unzutreffend ist wohl die Bemerkung von ARNOLD (1973, S. 146), daß die partielle Völkerrechtssubjektivität nur im Rahmen der von der Unionsverfassung eingeräumten auswärtigen Gewalt besteht und von der Völkerrechtsgemeinschaft nur in diesem Rahmen anerkannt wird. Eine Anerkennung seitens der Völkerrechtsgemeinschaft kann nur dann vorliegen, wenn man die Organisation der Vereinten Nationen als solche ansieht. Deshalb auch die in der vorliegenden Arbeit durchgeführte Differenzierung in partielle *und* partikuläre Völkerrechtssubjektivität. Auch ist nicht die in der Unionsverfassung eingeräumte auswärtige Gewalt das wesentliche, sondern der Umfang der Einlassung anderer Völkerrechtssubjekte, also der Umfang der auswärtigen Aktualisierung der Materienkompetenz.

[75] Siehe zu den Verträgen der LiSSR supra S. 262 ff.

[76] Siehe dazu supra S. 245 f.

[77] Daher ist die Aussage von ASPATURIAN 1960, S. 114: „In general, admission of the two Republics has imparted to them directly certain attributes of statehood under international law and indirectly to the other Republics as well." rechtlich von höchst zweifelhaftem Wert.

Charakters diverser Unionsrepubliken erlauben keinesfalls den Schluß, daß durch diese eine Feststellung der Völkerrechtssubjektivität der betreffenden Republiken erfolgt sei. Unter dem Gesichtspunkt der möglichen abgeleiteten Völkerrechtssubjektivität der Unionsrepubliken muß daher die generelle Aussage sein:

Die BSSR und die USSR sind partielle und partikuläre Völkerrechtssubjekte kraft Mitwirkung anderer (Völker-)Rechtsgenossen, die übrigen Unionsrepubliken sind potentielle Völkerrechtssubjekte, weil bei ihnen die Formal- und Materienkompetenz innerhalb der eigenen Teilrechtsordnung derart aktualisiert wurde, daß durch die (konstitutive) Mitwirkung anderer (Völker-)Rechtsgenossen eine Aktualisierung und damit die Entstehung der Völkerrechtssubjektivität möglich wäre.

6.5. Die Delikts- und Haftungsfähigkeit der Unionsrepubliken der UdSSR

Die völkerrechtliche Delikts- und Haftungsfähigkeit von Gliedstaaten ist mit ihrer Völkerrechtssubjektivität eng verbunden. Verneint man diese generell, kann eine Frage der Delikts- und Haftungsfähigkeit überhaupt nicht entstehen, da dann Gliedstaaten mangels Rechtsfähigkeit Handlungen oder Unterlassungen nicht zugerechnet werden könnten. Handlungen oder Unterlassungen ihrer Organe müßten in diesem Fall als Handlungen (oder Unterlassungen) des Bundes angesehen werden, und der Bund haftet für sie unmittelbar, wie für Handlungen eigener Organe[1]. Der Bundesstaat könnte sich der völkerrechtlichen Verpflichtung zur Haftung nicht durch Berufung auf eine innerstaatliche Kompetenzverteilung, durch welche bestimmte Materien den Gliedstaaten zur Regelung überlassen werden, entziehen[2].

---

[1] In diesem Sinne: KUNZ 1929, S. 622; KLEIN 1941, S. 174 f; VERDROSS 1948 (Theorie ...) S. 390 mit weiteren Hinweisen auf die Völkerrechtsliteratur; DAHM III, S. 204; MALLMANN in WV₂ III, S. 648; MÜNCH 1963, S. 240; O'CONNELL 1970, S. 965; WILDHABER 1971, S. 267 f.

[2] So MALLMANN in WV₂, III, S. 648; SCHÜLE in WV₂, I, S. 331; OP-L. I, S. 337; MÜNCH 1963, S. 246; WILDHABER 1971, S. 267; in diesem Sinne der Resolutionsentwurf des Institut de Droit International (Art 9) zit bei EAGLETON 1928, S. 265 f; derselbe Gedanke war im Rahmen des *Institut* ... bereits bei der Session in Neuchatel 1900 aufgetaucht, vgl dazu IV *Annuaire IDI* 1928, S. 520; vgl auch aus der Judikatur: Cutting Fall in MOORE, J. B.: Report on Extraterritorial Crime and the Cutting Case 1887 (zit nach WV₂ I, S. 305); New-Orleans-Fall in MOORE, Digest Bd VI, S. 837 ff, auf S. 840; vgl auch HACKWORTH, Bd V, S. 594 ff mit Stellungnahmen für diese Auffassung (S. 594 f), aber auch gegen: (S. 596 f), wie zB der Fall S. ROSENSTEIN c. État Allemand (VII *Recueil des décisions des Tribunaux Arbitraux Mixtes*, S. 121) und andere.

Bejaht man dagegen — jeweils für den konkreten Fall — die Völkerrechtssubjektivität von Gliedstaaten, so kann in dem Umfang, in welchem sie Träger von Rechten und Pflichten sind, auch die Frage ihrer Delikts- und Haftungsfähigkeit entstehen. Verwirklicht ein Gliedstaat — ohne Mitwirkung des Bundes [3] — auswärtige Kompetenzen, kann er auch deliktsfähig werden [4], da Deliktsfähigkeit als Korrelat zur Handlungsfähigkeit angesehen werden kann [5].

Im völkerrechtlichen Schrifttum [6] und in privaten Kodifikationen des internationalen Staatenhaftungsrechts [7] findet man mitunter die Auffassung, daß der Bund in jedem Fall für die Handlungen seiner Gliedstaaten hafte. Diese Konstruktion kann nicht befriedigen. Sie nimmt auf eines der Wesensmerkmale der — mitunter auch nur beschränkten — Völkerrechtssubjektivität keinen Bezug, nämlich auf die Zurechenbarkeit von Handlungen und Unterlassungen [8]. Wollte man den Bund generell für die Verletzung einer Verpflichtung eines Gliedstaates haftbar machen, so wäre nicht mehr der Gliedstaat das Zurechnungsobjekt, sondern der Bund und damit müßte konsequenterweise auch die Völkerrechtssubjektivität von Gliedstaaten verneint werden.

Die vorliegende Untersuchung ergab, daß die Unionsrepubliken der UdSSR potentielle Völkerrechtssubjekte sind [9] und sich der Um-

---

[3] Wobei die Mitwirkung des Bundes an sich nur das Innenverhältnis: Bund — Gliedstaaten betrifft, vgl dazu alle Kommentare zu Art 32/3 GG; vgl auch MENZEL 1962, S. 280.

[4] So zB MÜNCH 1963, S. 119, 129 f und 242.

[5] In diesem Sinne v. D. HEYDTE 1958 I, S. 92; SCHÜLE in WV₂ I, S. 330; MÜNCH 1963, S. 130 allerdings mit der Einschränkung, daß nicht klar sei, ob Deliktsfähigkeit immer gegeben sein muß, wenn Handlungsfähigkeit vorliegt, da die völkerrechtliche Handlungsfähigkeit die Elemente der Geschäfts-, Delikts- und Prozeßfähigkeit vereinige.

[6] EAGLETON 1928, S. 32 ff mit Literaturhinweisen auf ältere Lehrmeinungen; SØRENSEN 1960, S. 133, weil Gliedstaaten kein *locus standi* haben; GUGGENHEIM 1948, I, S. 275 erkennt durch Vermittlung von Landesrecht berechtigte und verpflichtete Völkerrechtssubjekte an und fährt fort: „Der ermächtigende Staat bleibt auch Haftungssubjekt für das völkerrechtswidrige Verhalten der von ihm ermächtigten juristischen Person des Landesrechts."; ebenso QUADRI 1964, S. 436.

[7] Resolutionsentwurf des *Institut de Droit International*, Art 9, zit bei EAGLETON 1928, S. 265 f; Konventionsentwurf der *Deutschen Gesellschaft für Völkerrecht*, 1930, Art 4, zit nach YB ILC 1969, II, S. 150; dto Vertragsentwurf von STRUPP 1927, Art 5, zit, ibid, S. 151; Vertragsentwurf von ROTH, Art 5, zit, ibid, S. 152.

[8] Vgl dazu etwa MÜNCH 1963, S. 248.

[9] Vgl supra S. 242.

fang ihrer tatsächlichen Völkerrechtssubjektivität nach der internationalen Aktualisierung dieser ihnen immanenten Potenz bestimmt[10]. Nur in dem Umfang, in welchem sie internationale Verpflichtungen im Sinne der Untersuchungsergebnisse übernommen haben, ergibt sich die Frage ihrer Delikts- und Haftungsfähigkeit. Je nachdem, ob eine konkrete Verpflichtung einer Unionsrepublik sie allein oder auch die UdSSR betrifft, muß man zwischen zwei Gruppen möglicher Haftungsfälle unterscheiden:

a) Die Haftung aus der Verletzung einer Verpflichtung aus einseitigem Rechtsgeschäft oder bilateralem Vertrag der Unionsrepublik. Die Praxis der Unionsrepubliken zeigt, daß diese Gruppe hauptsächlich die bilateralen Verträge der Unionsrepubliken betreffen könnte[11].

b) Die Haftung aus der Verletzung einer Verpflichtung aus mehrseitigen Rechtsgeschäften, bei welchen neben der Unionsrepublik (oder -republiken) auch die UdSSR Partner ist[12]. Zu dieser Gruppe gehören einmal die Vertragsverpflichtungen aus gemeinsamer Vertragsmitgliedschaft der UdSSR und Unionsrepubliken, zum anderen aber auch Verpflichtungen aus Völkergewohnheitsrecht, da durch dieses die UdSSR in jedem Fall auch verpflichtet wäre[13].

Es lassen sich gewohnheitsrechtliche Regeln, welche nur das Verhalten von Gliedstaaten regeln, nicht nachweisen und wegen der ge-

---

[10] Wobei zumindest für zwei Unionsrepubliken, die BSSR und die USSR, der Nachweis der auswärtigen Aktualisierung der potentiellen Völkerrechtssubjektivität gegeben scheint, vgl supra S. 288.

[11] Zu einseitigen Rechtsgeschäften der Praxis der Unionsrepubliken könnte man höchstens gewisse Erklärungen zu tagespolitischen Fragen (siehe supra S. 269 f) zählen. (Zur Würdigung dieser Art Äußerungen siehe supra S. 287.)

[12] Einseitige Rechtsgeschäfte wären aus dieser Gruppe durch die gleichzeitige Einlassung einer Unionsrepublik *und* der UdSSR *ex definitione* ausgeschlossen.

[13] Zur Illustration einige Beispiele: Durch ein Organ einer Unionsrepublik (zB Miliz, welche allerdings auch Allunionsorganen, wie der Staatsanwaltschaft, oder Unions-Unionsrepublikorganen, wie den Innenministerien weisungsgebunden ist, vgl dazu supra S. 166) wird ein Ausländer in einem, durch allgemeines Fremdenrecht gewährleisteten Recht verletzt. Die Einreise und der Aufenthalt des Fremden wird durch Bundesakte, wie die Gewährung eines Visums und dem Erlaß fremdenrechtlicher Vorschriften (Art 14/c der Verf der UdSSR) geregelt. Der diplomatische Schutz für den Fremden wird nach den Vorschriften des Art 1 der *Ordnung über die diplomatischen und konsularischen Vertreter ausländischer Staaten auf dem Territorium der UdSSR* (VVS SSSR 1966/22) nach den Normen des Völkerrechts geregelt. Bei der Enteignung von Privatvermögen von Ausländern würde dieses in das Vermögen der UdSSR eingehen, da der Träger des „Sozialistischen Eigentums" in der UdSSR die Union ist (vgl dazu supra S. 100 ff). Bei der Verletzung von diplomatischen oder konsularischen Privilegien oder Immunitäten trifft die UdSSR als Staat, welcher den Diplomaten oder Konsul akkreditiert hat, auch die Haftung.

ringfügigen Bedeutung, welche der internationale Verkehr von Gliedstaaten hat, ist auch nicht anzunehmen, daß sich für sie solch ein Gewohnheitsrecht entwickelt hat, welches nicht auch für den Bund gilt[14].

6.5.1. Haftung aus Verpflichtungen der Unionsrepubliken

Die Frage der Haftung von Gliedstaaten für Verletzungen von völkerrechtlichen Verpflichtungen wurde fast immer unter dem Gesichtswinkel behandelt, daß diese rechtserheblichen Handlungen (oder Unterlassungen) von Gliedstaaten und nicht vom Bund gesetzt wurden[1].

Obwohl innerstaatliches Recht grundsätzlich keine Völkerrechtsquelle darstellt[2], wäre zu überlegen, ob internes Recht — beschränkt auf die Zielsetzung dieses Teilaspektes der vorliegenden Untersuchung — nicht doch von völkerrechtlicher Bedeutung sein könnte. Es könnte zB zunächst geprüft werden, ob eine alleinige Verpflichtung einer Unionsrepublik nach sovjetischem Recht überhaupt möglich ist, oder ob die UdSSR nicht durch die Einlassung einer Unionsrepublik ebenfalls verpflichtet wird. Für diese Auffassung spricht immerhin die Konstruktion, daß sich Haftung aus der Kontrolle über Tätigkeiten von Organen ergibt[3]. Die UdSSR hat Richtlinienkompetenz für die auswärtigen Aktivitäten der Unionsrepubliken[4]. Die Struktur der

---

[14] Ausgeschlossen wäre es allerdings nicht, da zB in der Literatur auch häufig die Meinung vertreten wird, daß sich für internationale Organisationen ein eigenes Gewohnheitsrecht herausgebildet hat. Vgl dazu wohlwollend kritisch BERNHARDT 1973, S. 10 ff, 21 ff; zustimmend MIEHSLER 1973, S. 68 ff; ein Vergleich sowohl der Wichtigkeit, als auch der Häufigkeit von Rechtsgeschäften internationaler Organisationen mit solchen von Gliedstaaten zeigt, daß für die Entwicklung eines internen Rechtes internationaler Organisationen *sui generis* durchaus eine Notwendigkeit bestehen konnte, für ein Sonderrecht für Gliedstaaten sicherlich nicht!

[1] Vgl die Literaturhinweise in Fn 1—2 supra, S. 289; eine Ausnahme bildet etwa MÜNCH 1963, S. 248.

[2] Vgl dazu supra S. 21 ff.

[3] EAGLETON 1950, S. 385 f: „Responsibility derives from control. The responsibility of a state rests largely upon a territorial basis, but behind this territorial basis lies the broader concept of control ... The control which a state exercises within its own territory is exceptional and exclusive; and since it is exclusive, international law imposes upon the state a large degree of responsibilities for occurrences within that area."; zur Kritik der *Kontrolltheorie* von AGO und KLEIN siehe VERDROSS 1948, Theorie ..., S. 412 ff, in diesem Sinne auch GARCIA—AMADOR *YB ILC* 1956, II, S. 188; gegen diese Kontrolltheorie wendet sich zB MÜNCH 1963, S. 246, eine Abart von ihr wäre die *Abhängigkeits*theorie, vgl dazu die kritischen Bemerkungen von VERDROSS 1948, Theorie ..., S. 418.

[4] Siehe dazu supra S. 183 f u. 191 ff.

Außenministerien (Unions-Unionsrepubliksministerien) [5] weist das Unionsministerium für Auswärtige Angelegenheiten der UdSSR als oberste Entscheidungsinstanz auf. Da außerdem absoluter Vorrang des Unionsrechts vor dem Recht der Unionsrepubliken [6] besteht, sowie die Union auch das Recht hat, Normativakte der Unionsrepubliken aufzuheben [7], könnte sich eine Vermutung dafür ergeben, daß die Verpflichtung einer Unionsrepublik die Verpflichtung der UdSSR *implicite* einschließt. Die Argumentation, daß durch die Schaffung eines Bundesstaates mit geteilter staats- und völkerrechtlicher Sphäre für fremde Staaten ein Risiko entstehe:

> „In Übereinstimmung mit dem Grundsatz, daß, wer Risiko um der Vorteile willen schafft, die damit verbunden sind, auch verpflichtet ist, die für andere nachteiligen Folgen desselben zu tragen, muß auch der Bundesstaat als gebunden betrachtet werden bei Handlungen der Gliedstaaten in ihrer freien Sphäre, die ihnen durch die Bundesverfassung zuerkannt wurde" [8].

wäre aus oben angeführten Gründen umso mehr zu berücksichtigen.

Der ersten Konstruktion kann entgegengehalten werden, daß vom auswärtigen Vertragspartner der Unionsrepublik die Kenntnis der Kompetenzverteilung Union — Unionsrepubliken nicht unbedingt verlangt werden kann. Er kann auf den äußeren Schein vertrauen, daß die UdSSR den Unionsrepubliken mit der Übertragung von auswärtigen Kompetenzen [9] auch den innerstaatlichen Vollzug auswärtiger Verpflichtungen gewährt hat [10]. Die Frage der Mitverpflichtung der Union kann sich für ihn ohnehin erst stellen, wenn er eine Verletzung seiner Rechte seitens einer Unionsrepublik gegen diese vorbringt, und die belangte Unionsrepublik für ihre Verpflichtungen nicht einsteht. Will der Verletzte dann auf die Union greifen, muß er das allerdings

---

[5] Siehe dazu supra S. 166.
[6] Art 20 der Verf der UdSSR.
[7] Siehe dazu supra S. 140.
[8] POLAK 1948 (ÖZöR), S. 368.
[9] Vgl dazu supra S. 144.
[10] Vgl dazu Art 46 der *Wiener Konvention über das Recht völkerrechtlicher Verträge;* ein Staat kann sich nur dann von einer internationalen Verpflichtung unter Hinweis auf eine Verletzung seines innerstaatlichen Rechtes berufen, wenn diese Verletzung offenkundig war und eine Regel seines innerstaatlichen Rechts von grundlegender Bedeutung betraf: „2. Die Verletzung ist offenkundig, wenn sie für jeden Staat, der in dieser Angelegenheit der gewöhnlichen Praxis gemäß und nach Treu und Glauben handelt, objektiv ersichtlich war." Bei der Gewährung des Rechtes auf auswärtigen Verkehr kann man eine Kompetenzüberschreitung seitens einer Unionsrepublik nicht *bona fides* annehmen, wenn sie von diesem Recht Gebrauch macht.

nicht aus dem Innenverhältnis: Union — Unionsrepubliken, sondern aufgrund einer völkerrechtlichen Norm tun.

Zum Argument des entstandenen Risikos ist zu sagen, daß der auswärtige Vertragspartner im Moment der Einlassung mit einer Unionsrepublik sich dieses Risikos bewußt sein müßte (in diesem Zusammenhang werden nur Fälle behandelt, wo neben der Unionsrepublik nicht auch die UdSSR als Vertragspartner auftritt).

Mit der Bejahung der Völkerrechtssubjektivität der Unionsrepublik wird man auch der Möglichkeit ihrer internationalen Verpflichtung zustimmen müssen, ohne daß gleichzeitig durch die Einlassung der Unionsrepublik auch die UdSSR verpflichtet wird.

Für die rechtliche Konstruktion der Haftung ergeben sich fünf Möglichkeiten [11]:

a) die Union haftet ausschließlich
b) die Unionsrepubliken haften ausschließlich
c) die Union und die Unionsrepubliken haften kumulativ
d) die Union haftet primär und die Unionsrepubliken sekundär
e) die Unionsrepubliken haften primär und die Union sekundär

Zu a) Die ausschließliche Haftung der UdSSR widerspräche der rechtlichen Konstruktion der (wenn auch beschränkten) Völkerrechtssubjektivität der Unionsrepubliken [12] und muß daher abgelehnt werden.

Zu b) Die ausschließliche Haftung der Unionsrepubliken wäre nur in dem Fall denkbar, wenn die einzige Sanktionsmöglichkeit gegen eine Vertragsverletzung (etwa aus einer Satzung einer internationalen Organisation) die Suspendierung der Mitgliedschaft wäre. Solch eine Sanktion würde sich nur gegen die Unionsrepublik richten und Rechte und Verpflichtungen der UdSSR nicht berühren [13]. Sobald aber die Haftung aus Verpflichtungen von Unionsrepubliken in irgendeiner Form Rechtsgüter der UdSSR berührt, kann man nicht mehr von einer ausschließlichen Haftung der Unionsrepubliken sprechen.

Während im sowjetischen Schrifttum allen Aspekten möglicher völkerrechtlicher Rechte der Unionsrepubliken aus ihrer vermeintlichen Völkerrechtssubjektivität breiter Raum gewidmet wird, ist es erstaunlich, wie wenig Beachtung der Haftung der Unionsrepubliken aus

---

[11] MÜNCH 1963, S. 247 ff erwähnt nur vier Haftungstypen und übergeht die ausschließliche Haftung der Gliedstaaten.

[12] Siehe dazu supra S. 274 ff u. 288 f.

[13] WILDHABER 1971, S. 268.

eigenen Verpflichtungen geschenkt wird. Einer der wenigen Autoren, welcher sein Augenmerk gewissermaßen *en passant* darauf gerichtet hat, spricht sich gegen eine Haftung der UdSSR aus Verträgen der USSR aus, weil diese nur auf dem Territorium der USSR gültig und daher weder die UdSSR noch die anderen Unionsrepubliken für ihre Erfüllung verantwortlich seien [14]. Dabei übersieht dieser Autor, daß das Territorialitätsprinzip nur den Haftungsausschluß der anderen Unionsrepubliken begründen kann, keineswegs jedoch denjenigen der UdSSR. Das Gebiet der UdSSR — welche im internationalen Verkehr ein von den Unionsrepubliken verschiedenes Völkerrechtssubjekt darstellt — ist nicht nur mit der Summe der Unionsrepubliken identisch, sondern das Territorium jeder Unionsrepublik ist gleichzeitig auch Territorium der UdSSR. Aus dieser Tatsache, aus der Haftung für Handlungen auf eigenem Territorium, hätte der sovjetische Autor zumindest auf subsidiäre Haftung der UdSSR schließen müssen.

Zu c) Gegen die kumulative Haftung Union — Unionsrepubliken spricht das Entstehen des haftungsbegründenden Rechtsverhältnisses: Unionsrepublik — ausländischer Staat. Durch die Anerkennung der völkerrechtlichen Handlungsfähigkeit der Unionsrepublik, im konkreten Fall, durch die Einlassung eines ausländischen Staates, wird die Handlung der Unionsrepublik dieser zugerechnet. Daher muß sie für das völkerrechtswidrige Handeln eigener Organe unmittelbar haften [15]. Die (mögliche) Haftung der UdSSR wäre in jedem Falle wesensverschieden von derjenigen der Unionsrepubliken, da die UdSSR nur für das Handeln eines anderen Völkerrechtssubjektes (mittelbar) haften würde [16].

Zu d) Gegen die primäre Haftung der UdSSR spricht ebenfalls das

---

[14] LUKAŠUK 1969, S. 15; in diesem Sinne auch TALALAEV 1973, S. 127: „[andererseits] gelten Verträge, die von einer Unionsrepublik geschlossen werden, nur auf ihrem Territorium und verpflichten nur sie als selbständige Völkerrechtssubjekte und Subjekte des betreffenden Vertrages. Darum können weder andere Unionsrepubliken noch die UdSSR als ganzes internationale Verantwortlichkeit für Verträge dieser oder jener Republik tragen."

[15] Gegen eine solidarische Haftung Union — Unionsrepubliken spricht bei bilateralen Verträgen von Unionsrepubliken der Umstand, daß die UdSSR am Entstehen des Rechtsverhältnisses nicht teilgenommen hat.

[16] So MÜNCH 1963, S. 248; KLEIN 1941, S. 190 erkennt für diesen Fall auch die mittelbare Haftung des Bundes an, glaubt jedoch, daß trotzdem eine nebeneinander bestehende (ibid, mit Hinweis auf KUNZ 1929, S. 661 ff) Haftung in der Art einer Kumulativhaftung entsteht: S. 118 ff mit Hinweisen auf AGO und andere Autoren.

Entstehen des haftungsbegründenden Rechtsverhältnisses. Sie wäre eine Umdrehung der Haftungsarten, wonach:

„... logisch unrichtig und systematisch unglücklich die mittelbare Haftung vor die unmittelbare Haftung gezogen würde" [17].

Ist das haftungsbegründende Rechtsverhältnis zwischen einer Unionsrepublik und einem ausländischen Staat ohne Einschaltung der UdSSR entstanden, wäre es außerdem unbillig, die letztere zur Primärhaftung heranzuziehen.

Von der Frage der kumulativen oder Primärhaftung der UdSSR für Handlungen (oder Unterlassungen) von Unionsrepubliken ist die Frage zu unterscheiden, ob die UdSSR mit schuldbefreiender Wirkung schadensregulierende Leistungen für die Unionsrepubliken erbringen kann. Zunächst kann aus der internationalen Praxis der UdSSR gefolgert werden, daß diese in den überwiegenden Fällen alle Unionsrepubliken im auswärtigen Verkehr vertritt. Dazu ist sie einmal aufgrund des allgemeinen Völkerrechts berechtigt, da die internationale Selbständigkeit von Gliedstaaten immer nur eine Ausnahme darstellt [18]. Solche Ausnahmen bestehen *in concreto* lediglich in den — immer noch überschaubaren — Fällen, in welchen die BSSR und die USSR im eigenen Namen internationale Verpflichtungen eingegangen sind [19]. Neben der Praxis der UdSSR, zumindest 13 Unionsrepubliken immer und die beiden übrigen in den meisten Fällen international zu vertreten [20], kommt zum anderen noch die verfassungsmäßige Vertretungsbefugnis der UdSSR [21], da das Gebiet einer Unionsrepublik auch Territorium der UdSSR [22] und die Angehörigen der Unionsrepubliken auch Staatsangehörige der UdSSR sind [23]. Jegliche Haftung einer Unionsrepublik würde in irgendeiner Form auch die UdSSR treffen, da Maßnahmen gegen eine Unionsrepublik auch gegen den staatsrechtlich übergeordneten Gesamtstaat gerichtet sein müssen. Dieser müßte entweder die Maßnahmen dulden, oder könnte selbst Wieder-

---

[17] Münch 1963, S. 248.

[18] Vgl dazu die Debatten um den Art 5/2 des Entwurfes der ILC für die Konvention über das Recht völkerrechtlicher Verträge, supra S. 10 ff.

[19] Auf die an einer Hand aufzuzählenden Einlassungen der LiSSR braucht wegen ihres Ausnahmecharakters nicht eingegangen zu werden.

[20] In diesem Zusammenhang interessieren nur die bilateralen Vertragsbeziehungen.

[21] Art 14/a der Verf der UdSSR.

[22] Vgl dazu supra S. 90 ff.

[23] Vgl dazu supra S. 66 ff.

gutmachung leisten [24]. Auch könnte sich aus der Richtliniengewalt der UdSSR und ihren Kontrollkompetenzen ein Interesse ergeben, Fälle der Haftung ihrer Unionsrepubliken selber zu regulieren [25].

Zu e) Da die unter a—d genannten Lösungen abgelehnt werden, bleibt somit noch die primäre Haftung der Unionsrepubliken und die sekundäre, subsidiäre Haftung der UdSSR. Diese Haftung, welche der Konstruktion der Zurechenbarkeit von völkerrechtsrelevantem Handeln zu den Unionsrepubliken und damit auch der Möglichkeit der Verletzungen irgendwelcher Pflichten durch diese [26] am besten entspricht, kommt der internationalen Rechtssicherheit dadurch entgegen, daß für die Fälle, in denen Unionsrepubliken zur Haftung herangezogen werden, aber die aus der Haftung entstandenen Leistungspflichten nicht erbringen können, die Lösung in einer Subsidiärhaftung der UdSSR liegen muß [27]. Diese Sekundärhaftung der UdSSR wäre nicht eine Haftung für eigene Organe, sondern für:

„... die bundesstaatsbegründende Entscheidung der verfassungsgebenden Gewalt ...“ [28].

Es wären durchaus Fälle vorstellbar, in denen eine in ihren Rechten verletzte Partei eine Unionsrepublik nicht zur Haftung heranziehen könnte. Die tatsächliche Unmöglichkeit könnte einmal darin bestehen, daß dem in seinen Rechten Verletzten verfahrensmäßige Ansatzpunkte fehlten, dh daß er keinerlei direkte Kontakte mit der betroffenen Unionsrepublik unterhält und sich daher zur Durchsetzung seiner Rechte an die UdSSR als Oberstaat wenden muß. Ob er sich dann der UdSSR nur als Vermittler seiner Forderungen bedienen wollte, oder seine Ansprüche auch gegen sie geltend machen würde, wäre eine Frage der politischen Zweckmäßigkeit. Die Undurchführbarkeit der Haftung seitens der Unionsrepublik könnte auch im Fehlen jeglicher Substanz, aus der gehaftet werden könnte, bestehen:

---

[24] Diese sog *Eingriffstheorie* behandelt VERDROSS 1948, Theorie ..., S. 416.

[25] Denkbar wäre dies etwa für den Fall, daß die UdSSR im Interesse der Aufrechterhaltung des internationalen „Image“ der im auswärtigen Verkehr selbständig auftretenden Unionsrepubliken ihre tatsächliche Abhängigkeit von der UdSSR nicht herausstellen möchte.

[26] Auf die Frage der Delikts- oder Erfolgshaftung kann in diesem Zusammenhang nicht eingegangen werden, vgl dazu etwa DAHM III, S. 209 ff.

[27] VERDROSS 1948, Theorie ..., S. 416: „Leistet aber ein Gliedstaat die geschuldete Wiedergutmachung nicht und besitzt er auch kein selbständiges Vermögen im verletzten Staat, an dem sich dieser schadlos halten könnte, dann muß (nicht soll) der Gesamtstaat *subsidiär* [kursiv von VERDROSS] an Stelle seiner Gliedstaaten eintreten ...“

[28] MÜNCH 1963, S. 249.

„Für den verletzten Staat liegt die Leistungsfähigkeit des Haftungsträgers auf der Hand" [29].

In der UdSSR ist der Träger des gesamten Staatsvermögens die Union [30]; die Finanzhoheit liegt bei ihr [31] und bloß auf den Gebieten, für welche die Unionsrepubliken zur Verwirklichung ihrer eigenen Gesetzgebung von der Union Mittel zur Verfügung gestellt bekommen haben, könnten sie mit diesen haften. Es wäre daher die subsidiäre Haftung der UdSSR als Ausfallhaftung denkbar, da sie für die Kompetenzverteilung im weitesten Sinne zuständig ist, sie würde dann für die Gewährung auswärtiger Gewalt ohne gleichzeitige Beistellung (Sicherstellung) von Haftungssubstanz haften [32].

Haftungssubstanz könnte, außer Geld und anderen Gütern, auch noch (als mögliches Ziel von Zwangsmaßnahmen) ein eigenes Staatsvolk sein. Solch eines fehlt den Unionsrepubliken [33]. Auch das Territorium der Unionsrepubliken fällt als Ziel von Maßnahmen ausländischer Staaten weg. Sollten solche Maßnahmen überhaupt möglich sein, würden sie sich gleichzeitig auch gegen das Territorium der UdSSR richten und wären somit Eingriffe in die innere Ordnung der UdSSR [34].

Für die Fälle der Haftung aus Verpflichtungen der Unionsrepubliken bietet sich als Lösung nur die primäre, unmittelbare Haftung der Unionsrepubliken und die subsidiäre, sekundäre Haftung der UdSSR an [35], da diese Lösung sowohl rechtsdogmatisch [36] als auch aus Gründen der Rechtssicherheit die praktikabelste ist.

6.5.2. Die Haftung aus gemeinsamer Vertragspartnerschaft von Unionsrepubliken und der UdSSR

Die tatsächliche gemeinsame Mitgliedschaft zweier Unionsrepubliken, der BSSR und der USSR, mit der UdSSR bei Internationalen Konventionen wirft einige Probleme der Haftung auf, welche in der

---

[29] Münch 1963, S. 246.
[30] Siehe supra S. 102 ff.
[31] Siehe supra S. 181 ff.
[32] Was dann letztlich der Konstruktion der *Risikohaftungstheorie* von Polak (siehe supra S. 293, Fn 8) nahe käme.
[33] Siehe supra S. 88.
[34] In diesem Sinne Dahm III, S. 205.
[35] Für diese Lösung sprechen sich aus: Wildhaber 1971, S. 269; Münch 1963, S. 249; Dahm III, S. 209; Verdross 1948, Theorie ..., S. 416.
[36] Wegen der Beibehaltung der Konstruktion der Zurechenbarkeit von Handlungen zu Unionsrepubliken.

Literatur bisher nicht, oder nur am Rande [1] behandelt worden sind. Es ist zunächst die Frage: wer haftet aus einem Vertrag, an welchem außer der UdSSR auch eine oder mehrere Unionsrepubliken Vertragspartner sind, und dann: sind Unionsrepubliken, welche Mitglieder von internationalen Organisationen sind [2], aus Verträgen verpflichtet (mit der daraus folgenden Konsequenz der eventuellen Haftung aus diesen), an welchen die UdSSR, jedoch nicht die betreffende Unionsrepublik Vertragspartner ist? [3]

a) *die Haftung aus gemeinsamer Vertragspartnerschaft.* Im Gegensatz zu den oben besprochenen Fällen, wo eine direkte Verpflichtung der UdSSR aus eigener Vertragsmitgliedschaft nicht nachzuweisen war [4], besteht hier immer auch die Verpflichtung der UdSSR. Sie muß also immer aus eigenen Vertragsverpflichtungen haften, so lange sie nicht in der Form eines Vorbehaltes die Geltung eines Vertrages für einen Teil ihres Territoriums ausgeschlossen hat [5].

Fehlt solch ein Vorbehalt [6], so gilt der Vertrag aus der Vertragsmitgliedschaft der UdSSR auf ihrem gesamten Territorium [7], also auch auf dem Territorium derjenigen Unionsrepubliken, welche gleichzeitig Vertragspartner sind. Diese völkerrechtliche Aussage wird durch die Bestimmung des internen Rechts der UdSSR: Unionsrecht bricht Unionsrepubliksrecht [8] noch bekräftigt.

---

[1] Etwa in den Betrachtungen über die kumulative Haftung bei MÜNCH 1963, S. 248.

[2] Die Praxis der BSSR und USSR hat gezeigt, daß ihre Mitgliedschaft zu multilateralen Konventionen fast ausschließlich auf solche beschränkt ist, welche im Rahmen ihrer Mitgliedschaft zu internationalen Organisationen entstanden ist.

[3] Diese Fragestellung geht auf eine Behauptung eines Mitarbeiters des *Institut für Staat und Recht der Akademie der Wissenschaften der USSR* dem Verfasser der vorliegenden Untersuchung gegenüber aus: die USSR sei an keinen Vertrag gebunden, welcher von der UdSSR im Rahmen einer Internationalen Organisation abgeschlossen wurde, welchem die USSR jedoch nicht beigetreten sei. Der Verfasser warf diese Frage auch bei einem Gespräch mit allen Mitarbeitern dieses Instituts, einschließlich des ehemaligen Richters des IGH, KORECKIJ, auf, wobei der Auffassung der Nichtgebundenheit nicht widersprochen wurde.

[4] Siehe dazu supra S. 292 ff.

[5] Auf die Problematik der „federal-clauses" kann in diesem Zusammenhang nicht eingegangen werden, vgl dazu etwa DAHM III, S. 111 f; *OP-L.* I, S. 179 ff; O'CONNELL 1970, S. 296 mit weiteren Literaturhinweisen.

[6] Der Verfasser der vorliegenden Untersuchung konnte keine derartigen Vorbehalte in der sowjetischen Vertragspraxis feststellen; auch im sowjetischen Schrifttum fehlen Hinweise darauf.

[7] Vgl Art 29 der *Wiener Konvention über das Recht völkerrechtlicher Verträge:* „Wenn sich nicht eine andere Absicht aus dem Vertrag ergibt, oder anders festgelegt wird, bindet ein Vertrag jeden Partner in bezug auf sein gesamtes Hoheitsgebiet."

[8] Art 20 der Verf der UdSSR. Der Vorrang völkerrechtlicher Verträge vor dem

Denkbar wäre allerdings, daß die UdSSR ihre Haftung mit Hinweis auf die getrennte Vertragspartnerschaft einer Unionsrepublik dann ablehnt, wenn sie gleichzeitig behauptet, daß die Handlung (oder Unterlassung), welche die Haftung auslösen soll, von einem unionsrepublikanischen Organ begangen wurde. Solch eine Haftungsausschließung der UdSSR könnte der Verletzte zunächst mit dem Hinweis darauf abweisen, daß ja auch die UdSSR Vertragspartei ist und die Vollziehung des Vertrages auf ihrem Territorium — welches das Gebiet der in Frage kommenden Unionsrepublik einschließt — zu erfolgen hatte. Der Betroffene kann ferner der UdSSR entgegenhalten, daß der Hinweis auf die innere Kompetenzverteilung zwischen der UdSSR und den Unionsrepubliken für ihn so lange ohne Bedeutung sei, als er von ihm nicht ausdrücklich anerkannt worden ist — was etwa darin hätte bestehen können, daß er die Unionsrepublik unmittelbar belangt hätte. Wegen der fehlenden Transparenz des verwaltungsorganisatorischen Aufbaues der Exekutive der UdSSR und der Unionsrepubliken, sowie wegen der fast immer bestehenden Kontroll- und Weisungsrechte der Unionsorgane [9], ist dem auswärtigen Vertragspartner eine differenzierte Kenntnis der Kompetenzen und Aufgabenbereiche der Unions- und Unionsrepubliksorgane nicht zuzumuten und er wird sich immer auf die Vertragsverpflichtungen der UdSSR be-

---

innerstaatlichen Recht wird durch eine Reihe von Bestimmungen der *Grundlagen* festgelegt. So lautet Art 129 der *Grundlagen der Zivilgesetzgebung der UdSSR und der Unionsrepubliken (VVS SSSR* 1961/50): Wird durch einen internationalen Vertrag oder eine internationale Vereinbarung, an welcher die UdSSR teilnimmt, etwas anderes bestimmt, als in der sowjetischen Zivilgesetzgebung, so findet die Regelung des internationalen Vertrages oder der internationalen Vereinbarung Anwendung." Bestimmungen dieser Art findet man auch in anderen *Grundlagen:* vgl Art 64 der *Grundlagen der Zivilprozeßordnung ...*, VVS SSSR 1961/50; Art 55 der *Grundlagen der Gesetzgebung ... auf dem Gebiet des Gesundheitswesens*, VVS SSSR 1969/52; in diesem Sinne Art 36 der *Grundlagen der Wassergesetzgebung ...*, VVS SSSR 1970/50; Art 36 der *Grundlagen der Ehe- und Familienrechtsgesetzgebung ...*, VVS SSSR 1968/27; auch in den Kodices der Unionsrepubliken, vgl: Art 569 der ZGB der RSFSR (offizieller Text Jurlit M. 1965); Art 438 der ZPO der RSFSR (ibid); Art 166 der Ehe- und Familienrechtskodex der RSFSR (offizieller Text: Kommentarij k kodeksu o brake i sem'e RSFSR, M. 1971); und in den Kodices der UdSSR, vgl Art 17 des *Kodex der Handelsschiffahrt der UdSSR*, VVS SSSR 1968/39. Zur Frage der Verweisungsnormen im Sowjetrecht siehe ausführlich: UIBOPUU, H.-J.: „Völkerrecht und Landesrecht in sowjetischer Theorie und Praxis", XV *JbfOR* 1974/1—2, S. 65 ff.

[9] Man denke hier zB an die Organisationsform der Union-Unionsrepublikanischen Ministerien (vgl dazu supra S. 166) oder an die Weisungsbefugnis der Organe der als Allunionsbehörde eingerichteten Staatsanwaltschaft (vgl dazu supra S. 83, 178 f).

rufen können, welche natürlich im Innenverhältnis Union — Unionsrepubliken die letzteren regreßpflichtig machen könnte.

Es bestünde theoretisch noch das Wahlrecht des Geschädigten, etwa derart, daß er sich von verschiedenen Vertragspartnern denjenigen zur Leistung aussucht, der ihm dazu als Fähigster erscheint, wenn die Leistung von allen Vertragspartnern zu erbringen war.

Dieser Fall einer unechten Gesamtschuld, welcher an sich dem Vertragstypus des synallagmatischen Vertrages am ehesten entspricht [10], könnte wegen der Richtlinienkompetenz der UdSSR auch für die gemeinsamen Verpflichtungen der UdSSR und der Unionsrepubliken angewendet werden, wenn dem auswärtigen Vertragspartner egal ist, wer die für ihn wichtige Leistung erbringt.

b) *Die Haftung der UdSSR aus Mitgliedschaft zu einem Vertrag, der im Rahmen einer Internationalen Organisation entstanden ist, welcher einige Unionsrepubliken als Mitglieder angehören, wenn diese Mitglieder dem Vertrag nicht beigetreten sind.* Grundsätzlich gilt solch ein Vertrag — unbeschadet der *Möglichkeit* der Vertragspartnerschaft einiger Unionsrepubliken — auf dem gesamten Territorium der UdSSR. Sie haftet aus diesem Vertrag also primär und — weil sie ja keinen anderen Vertragspartner der eigenen Gesamtrechtsordnung anführen kann — auch unbeschränkt. Ein Haftungsausschluß der UdSSR unter Hinweis auf Kompetenzverteilungen zwischen ihr und den Unionsrepubliken wäre nicht möglich [11], da dieser Hinweis sich nur auf das interne Recht der UdSSR beziehen könnte. Die Behauptung aber, daß die Unionsrepublik Vertragspartner hätte werden können, dem Vertrag aber nicht beigetreten ist und deshalb durch seine Bestimmung nicht gebunden sei, ist für das Verhältnis der UdSSR zu den anderen Vertragsparteien so lange ohne rechtliche Bedeutung, als sie nicht durch irgendwelche Vorbehalte den räumlichen Anwendungsbereich des Vertrages für das Territorium der potentiellen Vertragsparteien: „Unionsrepubliken" ausgeschlossen hat.

Daß also für das konkrete Vertragsverhältnis als Partner nur die UdSSR und die auswärtige Vertragspartei existieren, gibt dem Ge-

---

[10] Die Verträge, bei welchen sowohl die UdSSR, als auch Unionsrepubliken Vertragsparteien sind, werden allerdings in der Regel durch Erlaß von Normativakten und der Gewährleistung ihrer Befolgung erfüllt und fallen somit nicht in diesen Rahmen hinein, könnten also als rechtssetzende bezeichnet werden.

[11] Vgl supra S. 289 mit Literaturhinweisen in Fn 2.

schädigten die Möglichkeit, sich in vollem Umfang seiner Berechtigungen an die UdSSR zu halten. Die Haftung der UdSSR ist also unmittelbar.

6.5.3. Die völkerrechtliche Würdigung der Delikts- und Haftungsfähigkeit der Unionsrepubliken

Für die Darstellung aller wichtigen völkerrechtlichen Fragen, welche sich aus der Völkerrechtssubjektivität der Unionsrepubliken ergeben, war die Behandlung der Haftung in der vorliegenden Untersuchung unumgänglich.

Der in der Literatur gebrauchten Konstruktion des Rechtssubjektes aus seiner Haftungssubjektivität [1] kann nicht gefolgt werden, da sie nur eine Umkehrung der Zurechenbarkeit gewisser Handlungen zu den Unionsrepubliken bedeutet. Zuerst mußte festgestellt werden, daß die Unionsrepubliken zu Völkerrechtssubjekten geworden sind und dann konnte im Ausmaß ihrer beschränkten Völkerrechtssubjektivität auch die Frage ihrer Haftung untersucht werden. Nur für die Fälle, daß Unionsrepubliken tatsächlich von anderen Völkerrechtssubjekten für die Verletzung völkerrechtlicher Pflichten belangt worden wären, oder schadensregulierende Leistungen erbracht hätten, wären Aussagen über ihre Völkerrechtssubjektivität aus dem Fragenkomplex der Haftung zu erwarten gewesen. Solche Fälle sind dem westlichen Schrifttum nicht bekannt und auch dem sovjetischen Schrifttum nicht zu entnehmen.

Allerdings ändert die Feststellung, daß die UdSSR von in ihren Rechten verletzten Parteien sekundär zur Haftung herangezogen werden kann [2], sowie die Anwendung der primären Haftung der UdSSR in anderen Fällen [3] nichts an der Aussage, daß die Unionsrepubliken potentielle Völkerrechtssubjekte sind, und im Rahmen ihrer internationalen Verwirklichung dieser Potenz durch die Mitwirkung anderer Völkerrechtssubjekte zu aktuellen Völkerrechtssubjekten gewor-

---

[1] WENGLER 1951/53, S. 142: „Die Völkerrechtssubjekte sind sozusagen die *Personifizierung des jeweiligen Sanktionsrechtes und des jeweiligen Haftungsrechtes*" (hervorgehoben von WENGLER), kritisch dazu SCHNEIDER 1955, S. 265 f.

[2] Wenn nur die Unionsrepublik *in concreto* verpflichtet war, siehe dazu supra S. 292 ff.

[3] Wenn die UdSSR und die Unionsrepublik verpflichtet waren, siehe dazu supra S. 298 ff.

den sind, da sich aus der Zurechenbarkeit völkerrechtsrelevanten Handelns als Korrelat die Deliktsfähigkeit und daraus auch die Haftungssubjektivität ergeben muß.

7. Zusammenfassung und Schlußbemerkungen

Gegenstand dieser Untersuchung ist die vom sovjetischen Schrifttum vertretene These, daß alle Unionsrepubliken der UdSSR Völkerrechtssubjekte seien.

Für den theoretischen Teil der Arbeit war es von Vorteil, daß im Zusammenhang mit dem Entwurf zur Wiener Konvention über das Recht völkerrechtlicher Verträge auch die Frage der Völkerrechtssubjektivität der Gliedstaaten von Bundesstaaten eingehend erörtert wurde. Diese Diskussion führte zum Ergebnis, daß Gliedstaaten grundsätzlich Völkerrechtssubjekte sein können, diese Völkerrechtssubjektivität allerdings nicht nur von der Verfassung des Bundes, sondern auch von der Mitwirkung anderer (Völker-)Rechtsgenossen abhängt.

Unabhängig davon mußte zunächst ganz allgemein die Frage gestellt werden, auf welcher Rechtsgrundlage die Völkerrechtssubjektivität der Unionsrepubliken der UdSSR beruhen könnte. Dabei war in erster Linie auf das im sovjetischen Schrifttum stets stark betonte Argument einzugehen, Unionsrepubliken seien Staaten im Sinne des Völkerrechtes und daher als solche Völkerrechtssubjekte. Da die Unionsrepubliken *prima facie* nicht einem völkerrechtlichen Staatsbegriff entsprechen [1], mußte ihre Staatlichkeit unter verschiedenen Gesichtspunkten der traditionellen Drei-Elementen-Lehre — Staatsvolk, Staatsgebiet und Staatsgewalt — untersucht werden. Für die Unionsrepubliken schlechthin ergab sich dabei ein negativere Befund, da ihnen sowohl eine bestimmbare eigene Bevölkerung, als auch eine völkerrechtsrelevante Staatsgewalt fehlt.

Die Unionsrepubliken sind daher keine „notwendigen", „primären" Völkerrechtssubjekte. Obwohl die Übertragung der auswärtigen Kompetenz auf die Unionsrepubliken durch die Verfassung der UdSSR

---

[1] Sie sind keine Gebietskörperschaften, welche im internationalen Verkehr immer (oder hauptsächlich) selbständig, ohne Dazwischentreten anderer politischer Einheiten, auftreten. Zur Völkerrechtssubjektivität im Sinne eines „Souveränen Staates" vgl GINTHER 1967, S. 150: „Dies [Völkerrechtssubjektivität] kommt dadurch zum Ausdruck, daß ein zwischenstaatlicher Verkehr nach den Regeln des Völkerrechts gepflogen wird, daß allgemeine Rechtsakte gesetzt werden, wofür nach Völkerrecht nur souveräne Staaten die rechtliche Fähigkeit haben."

als Akt des innerstaatlichen Rechts für sich allein nicht als rechtliche Grundlage ihrer Völkerrechtssubjektivität gewertet werden konnte, ist es dennoch nicht ausgeschlossen, daß sie unter Mitwirkung anderer (Völker-)Rechtsgenossen „abgeleitete", „sekundäre" Völkerrechtssubjekte geworden sind. Zum Nachweis einer solchen Qualität mußte auf die tatsächliche internationale Praxis der Unionsrepubliken gesehen werden. Hier mußte wegen der unterschiedlichen Praxis der Unionsrepubliken der internationale Status jeder einzelnen von ihnen anhand der Aktualisierung ihrer auswärtigen Kompetenz geprüft und bewertet werden. Als Ergebnis konnte festgehalten werden, daß nur die BSSR und die USSR — hauptsächlich wegen ihrer Mitgliedschaft in der Organisation der Vereinten Nationen und der damit verbundenen internationalen Tätigkeit — partikuläre und partielle Völkerrechtssubjekte sind. Die übrigen Unionsrepubliken und die BSSR und USSR außerhalb ihrer tatsächlichen internationalen Praxis konnten lediglich als potentielle Völkerrechtssubjekte qualifiziert werden.

Dieser Befund weicht von der Auffassung sowjetischer Autoren wesentlich ab. Allerdings hat sich auch gezeigt, daß bei konsequenter Anwendung des sehr stark auf den Staat bezogenen sowjetischen Konzepts der Völkerrechtssubjektivität [2] den Unionsrepubliken Elemente fehlen, welche auch von sowjetischen Autoren als für die Völkerrechtssubjektivität wesentlich angesehen werden. So konnte für die Unionsrepubliken völkerrechtliche Rechtssetzungsfähigkeit und Rechtsdurchsetzungsfähigkeit [3] nur im Rahmen der Mitgliedschaft der BSSR und USSR in internationalen Organisationen nachgewiesen werden. Nur die BSSR und USSR nehmen innerhalb ihrer Mitgliedschaft in internationalen Organisationen *unmittelbar* an der Schaffung, Verwirklichung und Gewährleistung von Völkerrechtsnormen teil [4]. Auch kann man nur bei diesen Unionsrepubliken vom Vorhandensein von Organen sprechen, welche auf internationaler Ebene für die Beachtung von Völkerrechtsnormen und -prinzipien [5] sorgen könnten.

Die wissenschaftliche Schwäche der sowjetischen Auffassung legt die Frage nahe, warum in der UdSSR so konstant an der Fiktion der Völkerrechtssubjektivität der Unionsrepubliken festgehalten wird. Eine Antwort darauf konnte in einer rechtswissenschaftlichen Unter-

---

[2] Vgl supra S. 33 ff.
[3] Vgl dazu supra S. 36 ff; vgl dazu aus westlicher Literatur BROCHES 1959, S. 318.
[4] Vgl dazu supra S. 40.
[5] Vgl dazu supra S. 39.

suchung keinen Platz finden. Dennoch ist es gerechtfertigt, in den Schlußbemerkungen einige Gedanken über mögliche Motive solch einer Haltung auszusprechen.

Für den innerstaatlichen Bereich könnte die Aufrechterhaltung der Behauptung der Völkerrechtssubjektivität aller Unionsrepubliken vor allem einer Befriedigung des Nationalstolzes der einzelnen Völker der UdSSR dienen [6], wobei die Theorie von der UdSSR als „Staat des gesamten Volkes" [obščenarodnoe gosudarstvo] sovjetische Autoren keineswegs daran hindert, das Interesse der einzelnen Nationen an ihrer Eigenstaatlichkeit zu betonen [7]. Der Widerspruch zwischen der Annäherung oder Verschmelzung [8] der einzelnen Völker in der UdSSR zu einem einheitlichen Sovjetvolk und dem Aufrechterhalten der These ihrer „Staatlichkeit" zeigt den fiktiven Charakter der internationalen Eigenständigkeit der Unionsrepubliken besonders deutlich.

Mehr noch als für den innerstaatlichen Bereich dürfte die Behauptung der Völkerrechtssubjektivität aller Unionsrepubliken auf außenpolitische Wirkungen gerichtet sein. Unter diesem Gesichtspunkt sind die Äußerungen sovjetischer Autoren zu verstehen, welche die Form des Sovjetföderalismus als größten Erfolg bei der Lösung komplizierter nationaler Fragen betrachten [9]. Die UdSSR könnte zB allen Staaten, welche Nationalitätenprobleme haben, ihr Bundesstaatsmodell als Patentlösung empfehlen [10]. Sollte ein Staat dieses sovjetische Modell bei sich verwirklichen, könnte die UdSSR ihre über fünfzigjährigen Erfahrungen dazu benützen, die Entwicklung dieses Staates im Sinne der

---

[6] Vgl ASPATURIAN 1960, S. 209.

[7] ZB BEGIJAN 1968, S. 189: „Das Interesse der Nation auf ihre Staatlichkeit schwindet ... nicht, im Gegenteil, es wächst, so wie auch die Liebe zur Staatlichkeit und der Stolz auf ihre großen Errungenschaften wachsen."; zur Geschichte der Bildung der UdSSR und der Nationalitätenprobleme vgl PIPES 1954.

[8] Zur Diskussion des sovjetischen Schrifttums über die Möglichkeit oder Notwendigkeit einer Verschmelzung der einzelnen Völker der UdSSR vgl: EGIAZARJAN 1965, S. 75 ff, der gegen die Theorie der Verschmelzung (wie bei SEMENOV 1961, S. 25) auftritt und sagt, daß die Hauptgesetzmäßigkeit der Entwicklung der sozialistischen Nationen in der UdSSR ihr Aufblühen und ihre Annäherung und nicht ihre gegenseitige Assimilation sei. In diesem Sinne auch IVANOV 1967, S. 28 f; BEGIJAN 1968, S. 177. Für die Verschmelzung tritt etwa CHALMUCHAMEDOV 1972, ein, der sich auf das LENINsche nationale Programm der Verschmelzung der Arbeiter aller Nationen beruft. ARNOLD 1973, S. 37 f glaubt, daß ein gemäßigt integrationistischer Kurs in der UdSSR auf lange Zeit beibehalten werden dürfte.

[9] LUKAŠUK 1969, Die Völkerrechtssubjektivität ..., S. 333 f.

[10] Die Anziehungskraft des sovjetischen Bundesstaatsmodell nach dem zweiten Weltkrieg zB auf Jugoslavien behauptet POLAK 1948, Ned. Jur. Bl., S. 22; von sovjetischen Autoren behauptet zB MANELIS 1966, S. 6 f, daß die Erfahrungen des Sovjetföderalismus in vielen Ländern verwendbar sind.

eigenen Entwicklung als „objektiv-historische Gesetzmäßigkeit der gesellschaftlichen Entwicklung" zu beeinflussen.

Die Behauptung der Völkerrechtssubjektivität der Unionsrepubliken könnte auch einer eventuellen territorialen Erweiterung der UdSSR nützlich sein, da andere „beitrittswillige" Staaten im Falle ihres Beitritts zur UdSSR ihr internationales Image besser wahren würden, wenn sie als Unionsrepubliken Völkerrechtssubjekte blieben.

In diesem Zusammenhang spielt sicherlich die Tatsache, daß zB die UzSSR von der Sovjetunion als Musterbeispiel für den nahtlosen Übergang vom feudalen zum sozialistischen Wirtschaftssystem aufgebaut wurde, eine gewisse Rolle. Der Versuch, Sovjetuzbekistan den Entwicklungsländern als Muster für ihre Wirtschaftsform darzustellen, wirkt sicher überzeugender, wenn behauptet werden kann, daß die UzSSR beim Eintritt in die UdSSR ihre Völkerrechtssubjektivität bewahrt habe [11].

So ist es nicht verwunderlich, daß gerade die UzSSR oft zum internationalen Tagungszentrum gewählt worden ist [12], um das Sovjetsystem unter den Völkern Afrikas und Asiens populär zu machen, wobei eine Politik der Förderung von Vergleichen zwischen der Sovjetrepublik und den ehemaligen Kolonialstaaten verfolgt wird [13]. Der sovjetische Weg habe viel Gemeinsames und charakteristisches für die Völker anderer Länder, die den Weg zum Sozialismus eingeschlagen haben, aber auch für diejenigen Völker, welche eine nichtkapitalistische Entwicklung wählten, heißt es in einer sovjetischen Arbeit über die internationale Bedeutung des Sovjetföderalismus [14].

In dieselbe Kategorie beabsichtigter Wirkungen der internationalen

---

[11] Das geht deutlich aus der Einleitung zu einer sovjetischen Untersuchung der internationalen Beziehungen der UzSSR hervor, wo der Autor (ABUTALIPOV 1970, S. 7 ff) die Gründe für diese Untersuchung darlegt und unter anderem ausführt, daß (S. 7) das Prestige und die Autorität der UzSSR besonders unter den Ländern Afrikas und Asiens in den letzten Jahren gewaltig angewachsen sei, und, daß das Ziel der Untersuchung sei (S. 27), die internationalen Verbindungen der UzSSR darzustellen, die Gesetzmäßigkeiten ihrer Entwicklung zu verfolgen, ihre Rolle und Bedeutung beim Aufbau des Kommunismus und bei der Propaganda der welthistorischen Errungenschaften Sovjetuzbekistans im Kampf gegen die Verfälschungen der leninschen nationalen Politik der KPdSU seitens der Ideologen des Imperialismus zu zeigen.

[12] So HAYIT 1962, S. 120; über die Rolle der UzSSR vgl auch ASPATURIAN 1960, S. 211 f.

[13] HODNETT 1967, S. 460.

[14] ŠAKIRADZE 1971, S. 97; ähnlich ABUTALIPOV 1964, S. 37 über die großen Anziehungskräfte der Ideen des Sozialismus; vgl dazu auch BOWLES 1962, bes S. 487 ff.

Aktivitäten der Unionsrepubliken gehört auch die Beschreibung des Zwecks der Mitgliedschaft der USSR in der Organisation der Vereinten Nationen durch einen sovjetischen Autor:

> „Die USSR und ihre zahlreichen Delegationen ... benützen die VN und andere internationale Organisationen, welche eine Tribüne mit einem vielmillionenfachen Weltauditorium darstellt, zur Erläuterung der friedliebenden Außenpolitik der Sovjetregierung [im singular, also der Regierung der UdSSR] und der Kommunistischen Partei und zur Propaganda der Erfolge im Aufbau des Kommunismus in unserem Lande" [15].

In einer Zeit, in welcher der UdSSR von anderen Staaten oft vorgeworfen wird, Völker innerhalb ihres Territoriums zu diskriminieren und ihren Einflußbereich unter Gewaltanwendung zu kontrollieren [16], ist es für die Sovjetunion ohne Zweifel von Vorteil, darauf hinweisen zu können, daß sie den Nationen ihrer Unionsrepubliken nicht nur größte Freiheiten innerhalb der Union gewähre, sondern sie auch mit internationaler Rechtspersönlichkeit ausgestattet habe.

Die Behauptung der Völkerrechtssubjektivität aller Unionsrepubliken könnte schließlich noch den Zweck haben, einer oder mehreren Unionsrepubliken den Zugang zur internationalen Arena zu erleichtern, falls es politische Opportunität erfordern sollte, diese Gebilde im auswärtigen Verkehr als selbständige Einheiten auftreten zu lassen. Es scheint zumindest denkbar, daß der UzSSR im Afro-Asiatischen Raum Eigenständigkeit eingeräumt wird und sie in der Außenpolitik der UdSSR beginnt, eine Rolle zu spielen [17]. Ebenso wäre zB eine Einbeziehung der ESSR in die sovjetische Außenpolitik im skandinavischen Raum durchaus denkbar. Jeder Eintritt solch einer Unionsrepublik in den internationalen Verkehr wäre natürlich wesentlich erleichtert, wenn es der UdSSR gelänge, glaubhaft zu machen, daß diese Gebilde schon jetzt Völkerrechtssubjektivität besitzen.

Das Untersuchungsergebnis, daß die Unionsrepubliken (mit Ausnahme der BSSR und USSR) potentielle Völkerrechtssubjekte sind, steht einer Aufnahme internationaler Aktivitäten dieser Gebilde keineswegs entgegen. Damit wird lediglich ausgesagt, daß gegenwärtig kein

---

[15] ZAGIBAJLO 1966, S. 38.

[16] Etwa im Zusammenhang mit den Ereignissen in Ungarn 1956 und in der ČSSR 1968.

[17] Dies glaubte 1960 bereits ASPATURIAN (1960, S. 211 ff); der Verfasser der vorliegenden Untersuchung konnte während seines Besuches in Taškent den Eindruck gewinnen, daß von uzbekischer Seite mit solchen Aktivitäten gerechnet werde, ja, mehr noch, daß die derzeitigen Beziehungen der UzSSR zu ausländischen Staaten bereits als Staat-zu-Staat-Beziehungen betrachtet werden.

Indiz dafür vorhanden ist, daß andere Unionsrepubliken als die BSSR und USSR ihre auswärtigen Kompetenzen auf internationaler Ebene aktualisiert haben. Sollte sich ein völkerrechtlicher Verkehr zwischen einem Staat und einer der übrigen Unionsrepubliken entwickeln, müßte dieses Urteil revidiert werden, und man müßte sagen, daß sich dem Staat gegenüber, welcher sich mit der „neuen" Unionsrepublik eingelassen hat, der Kreis der Völkerrechtssubjekte um diese und im Umfang der Einlassung erweitert hat.

Im Interesse der internationalen Rechtssicherheit muß aber zum Schluß nochmals betont werden, daß weder aus einem unbewiesenen Anspruch auf völkerrechtliche Staatlichkeit, noch aus einer Bestimmung der Verfassung der UdSSR Völkerrechtssubjektivität der Unionsrepubliken entstanden ist [18]. Diese besteht nur dort, wo sie von anderen (Völker-)Rechtsgenossen im konkreten Fall festgestellt wurde und einerseits nur partikulär, dh nur den Feststellenden gegenüber und andererseits nur partiell, dh in demjenigen Umfang, in welchem die konkrete Feststellung erfolgte. Die Völkerrechtssubjektivität der BSSR und der USSR ist durch ihre Mitgliedschaft in internationalen Organisationen, vor allem in den VN hinlänglich erwiesen. Wieweit sich aus der potentiellen Völkerrechtssubjektivität der übrigen Unionsrepubliken eine aktuelle partiell-partikuläre Völkerrechtssubjektivität entwickelt, wird die weitere internationale Praxis der UdSSR und die Bereitschaft anderer Staaten zu völkerrechtlichen Beziehungen mit diesen Unionsrepubliken zeigen.

---

[18] Wobei in dieser Aussage nicht unbedingt impliziert ist, daß sich aus der Völkerrechtssubjektivität konkrete Rechte und Verpflichtungen ableiten lassen.

Literaturverzeichnis

(Die *kursiv* gesetzten Seitenzahlen in Klammern beziehen sich auf Referenzen im vorliegenden Buch)

ABRABOV, A./FAJZIEV, F., O dejstvii principa suvereniteta v Sovetskom federativnom gosudarstve, *Naučnye raboty i soobščenija AN Uzbekskoj SSR Otdelenie obščestvennych nauk*, Kn I, Taškent 1960.

ABUTIPALOV, C. A., Meždunarodny svjazi Uzbekistana Taškent 1964 (S. *268, 306*).

—, Pod leninskim znamenem družby i mira, vklad sovetskogo Uzbekistana v internacional'nye ekonomičeskie, kul'turnye i naučnye svjazi SSSR. Taškent 1970 (S. *246, 265, 266, 267, 306*).

ACHMETOV, CH. B./BAJSALOV, S. B./LEVČENKO, V. M., Sistematizacija zakonov Kazachskoj SSR. *SGiP* 1970/10, S. 28—36.

ADAMOVICH, L., Handbuch des österreichischen Verfassungsrechts, IV. Auflage. Wien 1971 (S. *65, 77, 107, 215*).

Administrativnoe pravo, red. LUNEV, Jurlit. M. 1967 (S. *83, 175, 178, 180, 184, 258*).

Administrativnoe pravo, red. KOZLOV, Jurlit. M. 1968 (S *258*).

Administrativnoe pravo, red. LUNEV, Jurlit. M. 1970 (S. *258*).

AFTENJUK, S., Leninskaja nacional'naja politika Kommunističeskoj partii i sozdanie moldavskoj sovetskoj gosudarstvennosti. *Kartja Moldvenskaja* 1971.

AGZAMCHODŽAEV, A./URAZAEV, S. Z., Razvitie Konstitucii Uzbekskoj SSR. Taškent 1957.

AGZAMCHODŽAEV, A. A., Sovetskoe mnogonacional'noe gosudarstvo. Taškent 1962 (S. *210*).

—, Obrazovanie i razvitie Uzbekskoj SSR. Taškent 1971 (S. *57, 168, 209, 233, 265, 266, 267, 268, 269, 270*).

—, Socialističeskij federalizm i princip ravnopravija narodov. *SGiP* 1972/12, 52—58 (S. *56*).

AJVAZJAN, N. A., Konstitucionnoe razvitie kompetencii Armjanskoj SSR. *VAN ArSSR* 1970, 5, S. 31—38.

—, Soderžanie kompetencii sojuznoj respubliki. *SGiP* 1970/6 S. 104—107.

AKBAROV, T. B., Osuščestvlenie meždunarodnych svjazej Tadžikskoj SSR. *SEMP* 1969, 309—314 (S. *247, 267, 268, 269*).

AKSENOK, G. A., Pravo gosudarstvennoj sobstvennosti na zem'le v SSSR. M. 1950 (S. *102, 103*).

AKUBŽANOVA, Z., Obrazovanie Kavkazkogo sojuza RSDSP. *Izv. AN ArSSR* 1962/9, Obščestvennye nauki, 3—14.

ALEKSANDRENKO, G. V., Buržuaznyj federalizm. Kiev 1962 (S. *57, 65, 127, 216*).

ALEKSANDROV, G., O razvitii Konstitucii SSSR v svete rešenii XXI s'ezda KPSS *SGiP* 1959/9, 111—115.

ALEKSEEV et alii, Iz istorii nacional'nogo stroitel'stva v SSSR. Moskau 1967.

ALEXY, H., Die Beteiligung an multilateralen Konferenzen und internationalen Organisationen als Frage der indirekten Anerkennung von Staaten 26 ZaöRV 1966, S. 495—597 (S. *276, 277, 284, 286*).

ALYMOV, A./STUDENIKIN, S., Sovetskij federalizm i demokratičeskij centralizm. *Sov. Gos.* 1933/1—2, 11—20.

AMBROSINI-Festschrift, Scritti in onore di Gaspare *Ambrosini* I—III. Milano 1970 (S. *125*).

AMBROSINI, G., Autonomia regionale e federalismo Austria—Spagna—Germania— U.R.S.S. Rom 1946 (S. *56, 126*).

ANANOV, I. N., O strukture federal'nych organov RKI. Izd. RKI 1922.

—, Očerki federal'nogo upravlenija SSSR. Gos. Izd-vo 1942.

—, Sistema organov gosudarstvennogo upravlenija v sovetskoj socialističeskoj federacii. Izd-vo AN-SSSR 1951.

—, Ministerstva v SSSR Gosjurizdat 1960 (S. *166, 175*).

ANDEEV, I. L., Osobennosti stanovlenija sovetskoj gosudarstvennosti malych narodov Severa. *SGiP* 1970/12, S. 113—116.

ANTONOVA, L. I., VCIK e ego prezidium v 1917—1922 gg *SGip* 1967/10, S. 31—36.

ARCHIPOV, K., Sovetskie avtonomnye oblasti i respubliki. Moskau (ohne Jahreszahl).

ARCIBASOV, I. N., GDR-Sub'ekt meždunarodnogo prava. Jurlit M. 1969 (S. *43, 46, 278, 283*).

ARMENTEROS, C. F., La nueva Constitucion de la U. R. S. S. y la realidad sovietica. *IX Revista Cubana* 1937, 33—59 (S. *137*).

ARNOLD, J., Die nationalen Gebietseinheiten der Sowjetunion. Köln 1973 (S. *55, 56, 60, 88, 125, 126, 129, 176, 178, 181, 182, 194, 195, 224, 254, 265, 288, 305*).

ARUTJUNJAN, N. A., I obščesojuznyj, i respublikanskij. *Sovety deputatov trudjaščichsja* 1967/1.

ARZUMANJAN, M. V., Leninskij „Dekret o Tureckoj Armenii". *VAN ArSSR*, S. 23—32.

ASKEROV, E. I., Teoretičeskie i praktičeskie problemy učastija AzSSR v meždunarodnych pravovych otnošenijach. Avtor. dokt. diss. Baku 1970 (S. *31*).

ASPATURIAN, V., The Union Republics in Soviet Diplomacy. Genève-Paris 1960 (S. *32, 56, 125, 126, 184, 185, 194, 195, 233, 236, 243, 244, 245, 247, 250, 263, 275, 286, 288, 305, 306, 307*).

AULING, R. J., Sozdanie i razvitie Sovetskogo gosudarstva v Estonii. *SGiP* 1955/5, 24—30.

BABAEV, A. S., Leninskaja vnešnjaja politika i pervye meždunarodno-pravovye akty Azerbajdžanskogo SSR. *IzvAN AzSSR* 1970. 1, S. 63—65.

BABIJ, B. M., Polipsenija deržavnogo aparatu URSR v period vidbodovny narodnogo gosudarstva (1921—1925 rr). *Narisi z istorii deržavi i prava URSR*. Kijv 1957.

BAISEV, S., Pobeda socializma v Kasachstane. Alma Ata 1961.

BAJSALOV, S., O kodifikacii vodnogo zakonodatel'stva respublik srednej Azıi i Kazachskoj SSR. *SGiP* 1961/1, S. 131—135.

BAJTI, M. I., K diskussii o ponjatii gosudarstva. *Voprosy teorii gosudarstva i prava Vyp. 2, Saratovskij juridičeskij institut imeni D. I. Kurskogo,* Saratov 1971.

BALLADORE PALLIERI, G., Diritto Internazionale Pubblico. 8e Aufl. Mailand 1962 (S. *59*).

BARU, M. I., Sootnošenie pravovych i inych social'nych norm v regulirovanii trudovych otnošenij. *SGiP* 1973/1, S. 52—58 (S. *129*).

BASKIN, J. J./FEL'DMAN, D. I., Meždunarodnoe pravo: problemy metodologii. IMO 1971 (S. *249*).

BEERMANN, R., Das sowjetische Paß-System. XIII *WGO* 1971, 25—30 (S. *85, 259*).

BEGIJAN, A. Z., Gosudarstvennoe razvitie Sovetskoj Armenii. *VAN ArSSR*, 12, S. 3—10.

—, Obrazovanie sovetskich respublik Zakavkaz'e: toržestvo leninskoj nacional'noj politiki i principov gosudarstvennogo suvereniteta. *SGiP* 1961/1, 48—58.

—, Velikij Oktjabr' i sozdanie sovetskoj armjanskoj gosudarstvennosti. *SGiP* 1967/7, S. 3—9.

—, Razvitie sovetskoj gosudarstvennosti v Armenii. Erevan 1968 (S. *69, 110, 142, 148, 210, 305*).

Belorusskaja SSR na meždunarodnoj arene, IMO 1964 (S. *246, 248, 249, 253, 262, 264*).

Belorusskaja SSR v meždunarodnych Otnošenijach, Izd-vo AN BSSR Minsk 1960 (S. *262, 265*).

BELZ, H. G., Das Prinzip des Föderalismus in der Sowjetunion 12 *JÖR*, 1963, S. 249—293 (S. *56, 88*).

BERBER, F., Lehrbuch des Völkerrechts I—III. München 1960—1964 (S. *36, 54, 59, 61, 89, 226, 228, 273*).

BEREZOWSKI, C., Les sujets non souverains du droit international. 65 *RC* 1938, III, 1—38 (S. *26, 283*).

—, Les problèmes de la subjectivité internationale. *Mélanges offerts à Juraj Andrassy* den Haag 1968 (S. 228).

BERNHARDT, R., Der Abschluß völkerrechtlicher Verträge im Bundesstaat. Köln—Berlin 1957 (S. *6, 27*).

—, Qualifikation und Anwendungsbereich des internen Rechts internationaler Organisationen. 12 *Berichte der Deutschen Gesellschaft für Völkerrecht*, 7—41. Karlsruhe 1973 (S. *292*).

BEYME, K. V., Der Föderalismus in der Sovjetunion. Heidelberg 1964 (S. *56, 95, 97, 109, 194*).

BEZUGLOV, A. A., Suverenitet sovetskogo naroda. Moskau 1969.

BILINSKY, A., Die Entwicklung des sowjetischen Föderalismus. *JbfOR* Nov. 1962, Bd. III, 2, 7—42 (S. *56*).

—, Das sowjetische Wirtschaftsrecht. Tübingen—Basel 1968 (S. *180, 224*).

—, Zu den „Grundlagen der Gesetzgebung der UdSSR und der Unionsrepubliken über Ehe und Familie". IX *JbfOR* 1968/1, 181—208 (S. *190*).

—, Die Entwicklung des sowjetischen Bodenrechts — vom Bodendekret bis zu den Grundlagen der Bodengesetzgebung 1968. IX *JbfOR* 1968/2, 153—178 (S. *190 f*).

—, Zu den neuen Grundlagen der Arbeitsgesetzgebung der UdSSR und der Unionsrepubliken. XII *JbfOR* 1971/I, S. 201—214 (S. *191*).

BINDER, M. A., Gosudarstvenno-pravovye problemy vzaimopomošči sovetskich narodov. Alma-Ata, Izd-vo Nauka Kazachskoj SSR, 1967 (S. *57*).

BISCARETTI DI RUFFIA, P., Il 'principio della divisione dei poteri' ed il suo netto disconosciomento negli ordinamenti costituzionali dello stato Sovietico. Festschrift *Francesco*, 43—70 (S. *137*).

BISHOP, W. W. jr., International Laws Cases and Materials. 3rd Ed. Boston—Toronto 1971 (S. *59, 225*).

BLIŠČENKO, I. P., Meždunarodnoe i vnutrennoe pravo. Moskau 1960 (S. *41*).

—, K voprosu o principach otnošenij gosudarstv s meždunarodnymi organizacijami. *SEMP* 1964/65, 182—189 (S. *53*).

—, Sovetskoe gosudarstvo i meždunarodnaja zakonnost'. Moskau 1968 (S. *23, 24*).

—, Dejstvie meždunarodnogo dogovora na territorii SSSR. *Pravoved* 1968/6, 105—113.

Bliščenko, I. P./Durdenevskij, V. N., Diplomatičeskoe i konsulskoe pravo. Moskau 1962 (S. 53, 273).

Blumenwitz, D., Das Sezessionsrecht innerstaatlicher Rechtsgemeinschaften. Verf. u. Recht in Übersee 1970, 429— (S. 112, 127).

—, Der Schutz innerstaatlicher Rechtsgemeinschaften beim Abschluß völkerrechtlicher Verträge (Ein Beitrag zur Dezentralisierung der auswärtigen Gewalt in den föderalen Staatsordnungen der Gegenwart). München 1972. (S. 6, 8, 13, 14, 19, 20, 26, 27, 28, 236, 242, 243, 257).

Bobrov, R .L., O pravovoj prirode organizacii ob'edinennych nacii. SEMP 1959, 229—242.

—, Osnovnye problemy teorii meždunarodnogo prava. IMO 1968 (S. 37, 42, 43, 283).

Bogdanov, O. V., Privilegii i immunitety OON. SEMP 1959, 243—260 (S. 53).

Bondar', A., Sorokaletii Belorusskoj Sovetskoj Socialistićeskoj. Soc. Zak. 1959/1, 18—22.

Bosko, V. I., Suverenitet sovetskoj Ukrainy. Naučnie zapiski (Kievskij gos. Un-t), T. VII, vyp. 7, Kiev 1948, S. 5—35.

Bowie, R. R./Friedrich, C. J.,. Studies on Federalism. Boston—Toronto 1954 (S. 127).

Bowles, W. D., Soviet Russia as a Model for Underdeveloped Areas. XIV World Politics 1962/2, 483—504 (S. 306).

Bracht, H. W., Ideologische Grundlagen der sowjetischen Völkerrechtslehre. Köln 1964 (S. 36).

Braginskij, M. I., Graždanskaja pravosub'ektnost' Sojuza SSR i sojuznych respublik. Pravoved 1963/1, 49—59.

Broches, A., International legal aspects of the Operations of the World Bank. 98 RC, 1959 II, 301—409 (S. 304).

Brovka, J. P., Nekotorye voprosy razvitija meždunarodno-pravovych otnošenii Belorusskoj SSR. Voprosy obščenarodnogo g-va i prava v BSSR. Minsk 1963.

—, Meždunarodnaja Pravosub'ektnost' BSSR. Minsk 1967 (S. 21, 30, 55, 109, 114, 125, 126, 176, 177, 226, 233, 234, 236, 243, 244, 246, 248, 249, 250, 253, 261, 272).

—, Sojuznaja respublika — sub'ekt meždunarodnogo prava. SGiP 1972/12, 36—42.

Brownlie, I., Principles of Public International Law. Oxford 1966 (S. 26, 59, 61, 89, 225, 277, 282).

Brunner, G., Das Parteistatut der KPdSU 1903—1961. Köln 1965 (S. 125, 126).

Brunner, G./Westen, K., Die sowjetische Kolchosordnung. Berlin—Köln—Mainz 1970 (S. 187).

Burhazjan, G. S., Formirovanie armjanskich, gruzinskich i azerbajdžanskich nacional'nych soedinenij Krasnoj Armii v Velikoj Otečestvennoj vojne. VAN ArSSR 1967, 12, S. 31—36.

Burmistrova, T. J., Nacional'nyj vopros i rabočee dviženie v rossii. Moskau 1969.

Calvez, J.-Y., Droit International et Souveraineté en U.R.S.S. Paris 1935 (S. 34).

Camerjan, I. P., Sovetskoe mnogonacional'noe gosudarstvo, ego osobennosti i puti razvitija. Izd-vo AN SSSR, 1958 (S. 108).

Caroe, O., Soviet Empire, The Turks of Central Asia and Stalinism. New York 1967 (S. 56).

Cavaré, L., Le Droit International Public Positif, 3é Ed. re. Quéneudec. Paris 1967 (S. 59).

Cchikvadze, V. M., Gosudarstvo, demokratija, zakonnost'. Jurlit, M. 1967 (S. 107).

ČCHIKVADZE, V. M., 50 let Sojuza SSR i razvitie juridičeskoj nauki v sovetskich nacional'nych respublik. *SGiP* 1972/12, 12—19.

ČERNIČENKO, S. V., Meždunarodno-pravovye voprosy graždanstva. IMO 1968 (S. *82, 89*).

—, Dopusk individov v meždunarodnye sudy i meždunarodnaja pravosub'-ektnost'. *SEMP* 1968, 270—280 (S. *37, 41, 42, 43, 54*).

CHAKIMOV, M. Ch., Razvitie nacional'noj sovetskoj gosudarstvennosti v Uzbekistane v period perechoda k socializmu. Taškent 1965 (S. *209*).

CHALMUCHAMEDOV, M., Obrazovanie SSSR — toržestvo leninskoj nacional'noj politiki partii. *Pravda*, 29. 2. 1972 (S. *305*).

CHARMANDARJAN, S., Ukreplenie Zakavkaskoj federacii v 1922. *VAN ArSSR* 1969, 8, S. 17—28.

—, Sozdanie Zakavkaskoj federacii. *VAN ArSSR* 1969, 5, S. 14—30.

CHASIMOV, CH., Rol' Uzbekistana v sotrudničestve SSSR s razvivajuščimisja stranami. *Obščestvennye nauki v Uzbekistane* 1972/3, 3—8 (S. *265*).

CHLESTOV, O. CH., Pravo meždunarodnych dogovorov. *SGiP* 1969/12, 62—69 (S. *19, 285*).

ČIRIKINA, A. N., Territorial'noe verchovenstvo suverennych sojuznych respublik v sostave SSSR. *Trudy molodych učenych Saratovskogo Un-ta* 1964, 23—32.

—, Konstitucionnye osnovy kompetencii sojuznoj respubliki. Avtoreferat kand. diss. Saratov 1966 (S. *168*).

ČISTJAKOV, O. I., Vzaimootnošenija sovetskich respublik do obrazovanija SSSR. Jurlit, M. 1955.

—, Obrazovanie Rossijskoj federacii 1917—1918. *SGiP* 1957/10, S. 3—12.

—, Stanovlenie Rossijskoj federacii. Moskau 1966.

—, RSFSR i obrazovanie Sojuza SSR. *SGiP* 1972/11, S. 3—9 (S. *56*).

—, Gosudarstvennopravovye aspekty obrazovanija Sojuza SSR. *Pravovedenie* 1972/6, S. 28—33 (S. *56*).

COLENS, A., La nouvelle Constitution en U.R.S.S. XXIII *Institut Belge de Droit Comparé, Revue trimestrielle*, 1937, 49—71 (S. *56, 137*).

DACHSLEJGER, G. F., Problemy nacional'no-gosudarstvennogo stroitel'stva Sovetskogo Kazachstana v sovremennoj istoričeskoj literature. *Izv. AN KazSSR* 1967/4, S. 3—16.

DAHM, G., Völkerrecht I—III. Stuttgart 1958—1961 (S. *25, 26, 59, 61, 62, 83, 84, 89, 94, 101, 221, 223, 224, 228, 230, 231, 232, 273, 276, 277, 280, 284, 286, 289, 297, 298, 299*).

DAVYDOV, G. P./MAZURENKO, V. I., Prepodavanie konstitucii SSSR v škole. Izd-vo Ak. Ped. Nauk, M. 1961.

DEGTJARENKO, N. D., Razvitie sovetskoj gosudarstvennosti v Tadžikistane. Jurlit M. 1960 (S. *95*).

DENISOV, A. I./KIRIČENKO, M. G., Sovetskoe Gosudarstvennoe Pravo. Jurlit M. 1957.

DENISOV, I. U., Nekotorye voprosy gosudartsva v svjazi s socialističeskoj revoljuciej 1940 g. v Latvii. *Vest. MGU* 1965/3, 20—28.

DIKAMBAEV, K. D., Novye momenty sovetskogo strojtel'stva v Kirgizkoj SSR. *SGiP* 1959/9, 45—51.

DJABLO, V. K., Territorija Sojuza SSR i sojuznych respublik. *Sovetskoe Pravo* 1928/5, 13—30.

—, Gosudarstvennyj suverenitet i ego realizacija v processe sozdanija i ukreplenija moldavskoj gosudarstvennosti. *Učenye zapiski Kišinevskogo Un-ta*, 1965/T. 79.

—, Suščnost' gosudarstvennogo suvereniteta i ego realizacija v socialističeskich federacijach. avtor. Dokt. diss. Kišinev 1969 (S. *31, 89, 101*).

314   Literaturverzeichnis

Dolan, E., The Member-Republics of the USSR as Subjects of the Law of Nations. IV *ICLQ*,1955, 629—636 (S. *27, 248, 280, 282*).

Dorogin, V. A., Suverenitet v sovetskom gosudarstvennom prave. *Izd-vo Ak. nauk* pri CK VKP (b), M. 1948 (S. *22, 109, 111, 117, 120, 135, 142, 261*).

Dosymbekov, S. A., Učastie sojuznoj respubliki v upravlenii promyšlennost'ju sojuznogo podčinenija. *SGiP* 1971/2, S. 62—69.

Dunaeva, E. A., Sotrudničestvo socialističeskich nacii v stroitel'stve kommunizma. Socekgiz, 1960 (S. *57*).

Durand, Ch., Confédération d'états et état fédéral. Paris 1955 (S. *126*).

Durdenevskij, V. N., Na putjach k russkomu federal'nomu pravu. *Sovetskoe Pravo* 1923/1 (4) 20—36.

—, Konstucionnoe Stroitel'stvo SSR Belorussii. *Sovetskoe Pravo* 1924/1 (7) 95—110.

—, Meždunarodnye dogovory v konstitucionnom prave SSSR. *Sovetskoe Pravo* 1925/4 (16) 16—29.

—, Sovetskaja territorija v aktach meždunarodnogo prava za 30 let. *SGiP* 1947/ 12, S. 58—65.

Dutoit, B., Le nouveau droit sovietique du mariage et de la famille. *Annuaire de l'U.R.S.S.* 1970/1971, 11—34 (S. *72, 208*).

Eagleton, C., The Responsibility of States in International Law. New York 1928 (Kraus Repr.) (S. *289, 290*).

—, International Organization and the Law of Responsibility. 76 *RC* 1950, 323- (S. *292*).

Egiazarjan, A. M., Ob osnovnych tendencijach razvitija socialističeskich nacii v SSSR. Ajastjan Erevan 1965 (S. *126, 305*).

Eleonskaja, Z. J., Nekotorye voprosy pravosub'ektnosti sojuznych respublik v oblasti meždunarodnych otnošenii. *Doklady itogovoj naučnoj konferencii jur. fak.* Tomsk 1964.

—, K voprosu o pravosub'ektnosti sojuznych respublik v oblasti meždunarodnych otnošenii v period s 1922 po 1944 god. *Doklady itogovoj naučnoj konferencii jur fak.* Tomsk 1965

Eleuov, T., Ustanovlenie i upročenie Sovetskoj vlasti v Kazachstane. Alma-Ata 1961.

Engel, S., Living International Constitutions and the World Court. XVI *ICLQ* 1967, 865—910 (S. *52*).

Enikeeva, Z. G., Pravovoe položenie avtonomnych sovetskich respublik. *Uč. zap. Sverdlovkogo Un-ta*, 1957, T. IV, 11—161.

Ermacora, F., Landesbürgerschaft und Bundesbürgerschaft, eine offene Verfassungsfrage? 75 *JBl* 1953, 280—283 (S. *65*).

—, Allgemeine Staatslehre, Bd. I—II. Berlin 1970 (S. *56, 58*).

Esajan, A. A., Nekotorye voprosy sovetskogo graždanstva (vopr. naselenija v praktike sovetskoj Armenii). MITK Erevan 1960 (S. *66, 67, 69, 74, 76, 78*).

—, K voprosu o pravovoj prirode vzaimootnošenij nezavisimych sovetskich respublik do obrazovanija SSSR. *Naučnye trudy Erevanskogo Un-ta* Vyp. 6, T 73, Serija Jur. Nauk, 1961, 3—35.

—, Sovetskaja Armenija — sub'ekt meždunarodnogo Prava. *Učenye zapiski Erevanskogo gos. Un-Ta*, Vyp. 1, T 78, 1962, S. 3—51 (S. *22*).

—, Meždunarodnaja dogovornaja praktika Sovetskoj Armenii. *Uč. zap. Er. Un-ta*, T. 81, Vyp. 2, Serija Jur. Nauk 1962, 3—41.

—, Nekotorye voprosy pravosub'ektnosti i pravopreemstva v teorii meždunarodnogo prava. Erevan 1963 (S. *22, 43, 44, 48*).

Eustathiades, C. Th., Les sujets du droit international et la responsabilité internationale. 84, *RC* 1953, III, S. 397—627.

EVGEN'EV, V. V., Pravosub'ektnost, suverenitet i nevmešatel'stvo v meždunarodnom prave. *SGiP* 1955/2, S. 75—84 (S. *57*).

EWERS, H.-U., Kommentar zu Art. 29 GG in *Bonner Kommentar*, 24. Lieferung (S. *95*).

FAJZIEV, M. M., Uzbekskaja SSR — suverennoe gosudarstvo. Taškent 1961 (S. *99, 101, 109, 112, 116, 120, 135, 142, 144, 148, 233*).

FAJZIEV, M. M./KARIMOVA, A. A., Analiz osnovnych zakonov sojuznych respublik, *Problemy sravnitel'nogo issledovanija zakonodatel'stva Sojuznych Respublik* red. *ISANOV*, A. I., Taškent 1974, 108—136 (S. *141, 150*).

FARBER, I. E./RŽEVSKIJ, V. A., Voprosy teorii sovetskogo konstitucionnogo prava. Saratov 1967 (S. *122*).

FARBEROV, N. P., O suverenitete sojuznych respublik. M. 1946 (S. *22, 109, 111, 272*).

—, O edinstve socialističeskich gosudarstv i svoeobrazii ich političeskich form. *SGiP* 1957/6, 40—51.

—, O nekotorych spornych voprosach v teorii sovetskogo gosudarstvennogo prava. *SGiP* 1961/9, 138—143 (S. *56*).

—, Nekotorye voprosy sovetskogo federalizma, *Toržestvo leninskoj nacional' noj politiki*. M. 1963, zit. in Hodnett 1967, S. 463.

FEL'DMAN, D. I., Priznanie gosudarstv i členstvo v meždunarodnych organizacijach. SEMP 1961, S. 50—64 (S. *277, 278*).

FISCHER, W., Das Austrittsrecht aus Staatenverbindungen. Winterthur 1957 (S. *127*).

FLEINER, TH., Die föderalistische Staatsstruktur der SU. *Zs. f. Schweizerisches Recht* Bd. 88, 1969, Halbbd. 1, 4, S. 399—428 (S. *56, 126, 155*).

FLEINER, F./GIACOMETTI, Z., Schweizerisches Bundesstaatsrecht. Zürich 1949 (S. *56, 72, 77, 95, 121, 160, 201, 213, 215*).

FLORINSKY, M. T., The Government and Politics of the USSR in: *Governments of Continental Europe*. New York 1952 (S. *137*).

Formirovanie socialističeskich nacii v SSSR, Pollit, M. 1962.

FRANÇOIS, J. P. A., Règles générales du droit de la paix, 66 *RC* 1938, IV, S. 3—294 (S. *229*).

FRENZKE, D., Der völkerrechtliche Staatsbegriff in der Völkerrechtslehre der DDR und der UdSSR. *ROW* 1971, 241—255 (S. *37, 44, 46, 62, 90*).

—, Die kommunistische Anerkennungslehre. Köln 1972 (S. *39, 43, 44, 47, 273, 276, 277, 278, 279, 283, 286, 287*).

FRIEDE, W., Das Estoppel-Prinzip im Völkerrecht. 5 *ZaöRV* 1935, S. 517—545 (S. *231*).

FRIEDMANN, W./LISSITZYN, O./PUGH, R. C., International Law, Cases and Materials. St. Paul, Minn. 1969 (S. *59*).

GAJDUKOV, D. A., Razvitie konstitucii SSSR. *Voprosy teorii gosudarstvennogo prava, Izd-vo AN SSSR 1959* (S. *96, 107, 108*).

—, Nacional'naja gosudarstvennost' narodov SSSR i sovetskij federalizm. *Socializm i kommunizm*, Nauka M. 1967 (S. *209*).

GANJUŠKIN, B. V., Diplomatičeskoe pravo meždunarodnych organizacii. IMO 1972 (S. *53 f*).

GEILKE, G., Länderteil UdSSR in: BERGMANN/FERID Internationales Ehe- und Kindschaftsrecht, 3. Aufl. Bd. V Ffm 1952 (S. *85*).

—, Das Nationalitätenrecht der UdSSR im Lichte der Volkszählung 1959. II *WGO* 1960, S. 86—101 (S. *99, 131*).

—, Das Staatsangehörigkeitsrecht der Sowjetunion einschließlich der geschichtlichverfassungsrechtlichen Entwicklung der wichtigsten Gebietseinheiten und Völkerschaften. Frankfurt/M.—Berlin 1964 (S. *66, 67, 68, 70, 74, 92, 98, 121, 135, 259, 262, 263*).

316   Literaturverzeichnis

GEILKE, G., Rehabilitierung der Wolgadeutschen? *VI JbfOR*, 1965, S. 35—59 (S. *99*).
—, Die Vorgeschichte der Moldauischen SSR samt Orientierungskarte. *VIII WGO* 1966, S. 194—196 (S. *98*).
—, Einführung in das Sowjetrecht. Darmstadt 1966 (S. *83*).
—, Unifizierung und Form der sowjetischen Familiengesetzgebung. X *WGO* 1968, 142—150 (S. *185, 190, 191, 198*).
—, Das Grundstück und das Gebäude als Objekt des sowjetischen Zivilrechtsverkehrs. Antrittsvorlesung Hamburg am 8. 7. 1969 (Manuskript) (S. *101, 102*).
—, Promulgation von Rechtsvorschriften in der Sowjetunion. XI *WGO* 1969, 353—365 (S. *156 f*).
—, Der sowjetische Strafvollzug der Besserungsarbeit. *XIII WGO* 1971, 169—172 (S. *130, 191*).
—, Der Schutz der Rechte von Angehörigen nationaler Minderheiten nach der sowjetischen Gesetzgebung. *XIV WGO* 1972/1, 23—28 (S. *145, 150*).
GEL'BERG, L., Voprosy meždunarodno-pravovoj nepreryvnosti gosudarstva v praktike norodnoj Pol'šy. *SGiP* 1958/10, 75—80.
Gemeindeordnungen in Europa, Red. HAUS/KREBSBACH, *Schriftenreihe des Verbandes für Kommunalwissenschaften e. V. Berlin*, Bd. 17, Berlin 1967 (S. *107*).
GENKINA, E. B., Obrazovanije SSSR Gospolitizdat 1947. (S *126*).
GERASIMOV, A. S., Federacija Malajzii „Naukova Dumka", Kiew 1969. (S *163*).
GERŠUNI, M. K., Ukraina na mižnarodnich forumach miru. Kijv 1966.
GINSBURGS, G., Soviet Citizenship Law. Leyden 1968 (S. *65, 67, 75, 80*).
GINTHER, K., War die Slowakei ein souveräner Staat? XVII *ÖZöR* 1967, 142—172 (S. *59, 61, 128, 220, 227, 229, 303*).
GOODRICH/HAMBRO/SIMONS, Charter of the United Nations, 3rd Edition. New York —London 1969 (S. *276, 277*).
GORBAC, U. I./GALAUNEU, A. I., Belaruski narod u barac'be za mir i družbu pamiz narodami. Minsk 1958.
GORBUNOV, T. S., Važnejšie voprosy gosudarstvennogo razvitija Belorusskoj SSR. *SGiP* 1959/1, 14—26.
GORDIENKO, A. A., UzSSR — suverennoe gosudarstvo vo sostave Sovetskogo Sojuza. Taškent 1957.
—, Tvorčeskaja rol' sovetskogo gosudarstva i prava v socialističeskom preobrazvanija Turkestana. Taškent 1959.
—, Sozdanie sovetskoj nacional'noj gosudarstvennosti v Srednej Azii. Moskau 1959.
—, Samoopredelenie narodov i obrazovanie sovetskoj nacional'noj gosudarstvennosti v srednej Azii. *SGiP* 1967/5, 76—84.
—, Obrazovanie Turkestanskoj ASSR. Jurlit, M. 1968.
GORODECKAJA, I. K., Graždanstvo detej. *SGiP* 1971/4, 37—43 (S. *72, 73*).
Gosudarstvenno-pravovoe stroitel'stvo Latvijskoj SSR. Izd-vo Zinatne, Riga 1968 (S. *120, 137, 144*).
Gosudarstvo — Pravo — Ekonomika, red. ČCHIKVADZE. Jurlit M. 1970 (S. *101, 217*).
GOZULOV, A. I./GRIGOR'JANC, M. G., Narodonaselenie SSSR. Statistika — Moskau 1969 (S. *74, 85, 86*).
GRACEVA, V. A., Soveščanie po voprosam kodifikacii i sistematizacii zakonodatel'stva. *SGiP* 1968/11, 144—146 (S. *157*).
GREIG, D. W., International Law. London 1970 (S. *59*).
GRZYBOWSKI, K., Soviet Public International Law. Leyden 1970 (S. *49*).
GUGGENHEIM, P., Lehrbuch des Völkerrechts I—II. Basel 1948— (S. *59, 277, 290*).
GULIEV, V. E., Antikommunističeskie 'kritiki' sovetskogo nacional'no-gosudarstvennogo stroitel'stva. *SGiP* 1964/4.

GURVIČ, G. S., Osnovy sovetskoj konstitucii. M. 1922.
—, Principy avtomatizma i federalizma v sovetskoj sisteme. Izd-vo Soc. akademii, 1924 (S. 56).
—, Sovetskoe gosudarstvo v innostrannoj naučnoj literature. *Revoljucija Prava* 1927/2, 128—135.
—, K voprosu o federalizme. *Revoljucija Prava* 1928/3, 18—37.
GURVIČ, M. A., K voprosu o bjudžetnych pravach sojuznych respublik. *SGiP* 1950/1, 28—36.
GUS'KOVA, K. I., Leninskaja nacional'naja politika i rasširenie prav sojuznych respublik. *Sbornik trudov (Moskovskij zaočnyj poligrafičeskij institut)*, Vyp. 8/1959, 19—36.
HALAJCZUK, B. T., Les Etats fédéraux face au droit international. *ÖZöR* 1964 (S. 307—317).
—, Das Sezessionsrecht — Art. 17 der Verfassung der UdSSR. *Jb. f. Ostrecht* 1968, I, 123— (S. *111, 117, 120, 125, 127*).
HALAJCZUK, B. T./MOYA DOMINGUEZ, M. T. d. R., Derecho Internacional Publico. Buenos Aires 1972 (S. *61*).
HAMBURGER, L., Die Theorie von den Subjekten und Mitgliedern der Völkerrechtsordnung und die Internationale Arbeitsorganisation. 36 *Niem. Zeitschr.* 1926, S. 117—196 (S. *239*).
HAYIT, B., Turkestan in der Sowjetpolitik. *Osteuropa* 1962/1—2, S. 117—121 (S. *306*).
HAZARD, J. N., The Soviet System of Government. Chicago 1957 (S. *126, 250*).
—, Fifty Years of the Soviet Federation. *Canadian Slavonic Papers* 1972, S. 568 ff (S. *125, 219, 250*).
HELLER, H., Gesammelte Schriften. Bd. I—III, red. MÜLLER, Ch. Leiden 1971 (S. *59*).
HEYDTE, F. A. v. d., Völkerrecht I—II. Köln 1958 (S. *26, 290*).
HIGGINS, R., The Development of International Law through the Political Organs of the United Nations. London 1963 (S. *44, 90, 276, 277, 278*).
HODNETT, G., The Debate over Soviet Federalism. XVIII *Soviet Studies* 1967, S. 458—481 (S. *56, 306*).
IGNATENKO, G. V., Meždunarodnaja pravosub'ektnost' nacij. *SGiP* 1966/10, S. 75—82 (S. *48*).
IMBODEN, M., Bundesrecht bricht kantonales Recht. *Zürcher Beiträge zur Rechtswissenschaft*, N. F. 1940, No 77 (S. *213*).
INOJATOV, Ch. S., Oktjabr'skaja revoljucija v Uzbekistane. Moskau 1958.
—, Pobeda sovetskoj vlasti v Uzbekistane. Taškent 1967.
International Law. M. ohne Erscheinungsdatum (S. *39*).
ISMAILOV, I. A., Nekotorye teoretičeskie voprosy sistematizacii zakonodatel'stva. *Izv. AN AzSSR* 1974/4, Serija istorii filosofii i prava, 123—131 (S. *198*).
Istorija Deržavi i prava ukrainskoj RSR. Tom II (1937—1967) AN URSR, Kijv 1967.
Istorija Sovetskogo gosudarstva i prava, red. KOSICYN. M. 1968, I—III (S. *30, 126, 243*).
Istorija Sovetskoj Konstitucii, Sbornik dokumentov 1917—1957 gg. Izd-vo *AN SSSR* 1957.
Istorija Ukrainskoj SSR. v 2-ch Tomach, Naukovaja dumka 1969.
IVANOV, K., Oktjabr' i sud'by nacii mira. *Kommunist* 1967/13 (S. *305*).
JAKUBOVSKAJA, S. I., Ob'edinitel'noe dviženie za obrazovanie SSSR (1917—1922) Moskau 1947.

JAKUBOVSKAJA, S. I., Stroitel'stvo sojuznogo Sovetskogo socialističeskogo gosudarstva 1922—1925. Izd-vo *AN SSSR* 1960 (S. *70, 126*).

JANOVSKIJ, M. V., O meždunarodnoj pravosub'ektnosti sojuznych respublik. *Trudy Sredneaziatskoj gos. Un-ta imeni Lenina*, Vyp. 149, Kn 7. Novaja Serija, jur. nauk. 1960 (S. *39*).

—, Suverenitet Uzbekskoj SSR kak ravnopravnogo člena sovetskoj federacii. *Obščestvennye nauky v Uzbekistane* No 1, 1962 (S. *22, 263*).

—, Sovetskie sojuznye respubliki — polnopravnye sub'ekty meždunarodnogo prava. *SGiP* 1962/12, 55—64 (S. *39, 176, 247, 257, 269*).

JAVIČ, L. S., Pravo i obščestvennye otnošenija. Jurlit, M. 1971 (S. *159*).

JELLINEK, G., Allgemeine Staatslehre. Dritte Auflage, repr. Bad Homburg—Berlin— Zürich 1966 (S. *58, 61, 89, 114*).

JUGAJ, A. F., Federativnye otnošenija meždu nezavisimymi nacional'nimi sovetskimi respublikami v pervoj polovine 1919 goda. *Uč. zap. Saratovskogo jur. Inst.* Saratov 1957/5, S. 51—102.

JURČENKO, O., Priroda i funkcija sovetskich federativnych form. *Untersuchungen und Materialien des Instituts zur Erforschung der Sowjetunion*. Serie I, H 31 München 1956 (S. *56*).

JUŠČENKO, V. L., Nekotorye teoretičeskie voprosy meždunarodnoj pravosub'ektnosti mežgosudarstvennych organizacii. *Pravovedenie* 1970/4, 76—85 (S. *41, 42, 52*).

KAČANOV, V. A., Učastie kanadskich provincij v meždunarodnych soglašenijach i organizacijach. *SEMP* 1969, 315—320 (S. *19*).

KAFAR-ZADE, M. A., Azerbajdžanskaja SSR — suverennaja respublika v sostave mnogonacional'nogo Sojuza SSR. Kand. Diss. MGU 1955.

—, O suverenitete sojuznych respublik. *Učenye zapiski Azerb. gos. Un-ta* 1956, No 2, Baku 1956.

KALANADZE, A. M./SYRODAEV, N. A., Sub'ekt prava isključitel'noj gosudarstvennoj sobstvennosti na zemle v SSSR. *Pravovedenie* 1967/1, 82—89 (S. *101, 102, 103*).

KALINYČEV, F. I., Osnovnye osobennosti sovetskoj socialističeskoj konstitucii. *SGiP* 1967/11 S. 42—48.

KALJUŽNAJA, G. P., Suverennoe gosudarstvo kak sub'ekt meždunarodnogo prava (Lekcii po meždunarodnomu publičnomu pravu). Moskau 1952.

KARASS, A. V., Pravo gosudarstvennoj socialističeskoj sobstvennosti. M. 1954 zit. bei KALANADZE/SYRODAEV 1967, S. 83 (S. *101, 103, 104*).

KAREVA, M. P., Stalinskaja konstitucija i socialističeskaja federacija. *SGiP* 1952/2, 7—19 (S. *56*).

KARIMOVA, A. A., Primenenie sravitel'nogo metoda v učenii konstitucii SSSR i sojuznych respublik. *Obščestvennye nauki v Uzbekistane* 1972/7, 23—28 (S. *141, 142, 143, 150, 151, 152*).

KARLOV, A. A., Moldavskaja SSR — suverennoe sovetskoe gosudarstvo v sostave SSSR. Naukovaja dumka — Kiev 1968 (S. *101, 135, 194, 233, 234, 269*).

KARLOV, J. E., Sovremennoe meždunarodno-pravovoe položenie Vatikana. *Voprosy meždunarodnogo prava*, IMO 1963, 218—236 (S. *49, 50*).

KASUMOV, S. K./KASUMOV, Z. M., Federativnye svjazi Azerbajdžanskoj SSR s RSFSR do obrazovanija Sojuza SSR. *Izv. AN AzSSR* 1964/3, 145—156.

—, Kostitucionnye osnovy suvereniteta Azerbajdžanskoj SSR. *Izv. AN AzSSR* 1966/2, 110—122 (S. *106*).

KEČEK'JAN, S. E., Pravootnošenija v socialističeskom obščestve. Izd-vo AN SSSR 1958 (S. *37*).

KELSEN, H./FROEHLICH, G./MERKL, A., Die Verfassungsgesetze der Bundesrepublik Österreich. Die Bundesverfassung vom 1. Oktober 1920. Wien—Leipzig 1922 (S. *64, 213*).

KELSEN, H., The Law of the United Nations. London 1951 (S. *276*, *277*).
—, Allgemeine Staatslehre, repr. Bad Homburg 1966 (S. *6*, *61*, *63*, *114*, *128*).
KELSEN, H./TUCKER, R. W., Principles of International Law. 2nd Edition. New York, Chicago 1967 (S. *6*, *59*, *61*, *89*, *93*, *114*, *220*, *239*).
KERIMOV, D. A., Ponjatie i forma kodifikacii. *Voprosy kodifikacii sovetskogo prava*, Vyp. I, L. 1957 (S. *185*).
KIM, A. U., K voprosu o gosudarstvenno-pravovoj prirode RSFSR. *Pravovedenie* 1960/1, 33—.
KIRIČENKO, M. G., Vysšie organy vlasti sojuznych respublik. Jurlit, M. 1958.
—, Verchovnyj Sovet SSSR. Gosjurizdat 1962 (S. *122*).
—, Problemy razgraničenija konstitucionnogo zakonodatel'stva. Sojuza i respublik. *SGiP* 1967/11, S. 49—57.
—, Vysšie organy gosudarstvennoj vlasti RSFSR. Moskau 1968 (S. *233*, *234*, *240*, *247*).
—, Graždanstvo Sojuza SSR. *Soc. Zak.* 1972/11, S. 9—12 (S. *75*, *83*).
—, O Juridičeskoj prirode osnov zakonodatel'stva Sojuza SSR i Sojuznych Respublik. *SGiP* 1973/4, 18—26 (S. *187* f).
KIRIN, V. A., Sojuznyj i respublikanskij ugolovnyj zakon. M. 1970 (S. *205*).
KISELEV, K. V., Belorusskaja SSR — v Organizacii Ob'edinennych Nacii. *Slavjane* 1958/1, 6—9.
KISELEV, D. S., Razvitie sovetskoj gosudarstvennosty v Turkmenistane. Aščhabad 1963.
KISLICYN, I. M., Voprosy teorii i praktiki federativnogo stroitel'stva Sojuza SSR (učebnoe posobie). Perm' 1969 (S. *56*, *210*).
KLANG/GSCHNITZER, Kommentar zum ABGB. 2e Auflage. Wien 1964 (S. *71*).
KLAUS, J., Macht und Ohnmacht in Österreich. Wien 1972 (S. *270*).
KLEIN, F., Die mittelbare Haftung im Völkerrecht. Frankfurt.M., 1941 (S. *289*, *295*).
KLEŠČENOK, I. P., Narody severa i Leninskaja nacional'naja politika v dejstvii. Moskau 1968.
KLIMENKO, B. M., Meždunarodnopravovaja priroda gosudarstvennoj territorii. *SEMP* 1968, S. 195—219 (S. *89*, *105*).
KLOSS, H., Objektive und subjektive Kriterien zur Bestimmung der Volkszugehörigkeit. *System eines internationalen Minderheitenrechts*, red. VEITER. Wien—Stuttgart 1970, *1. Teil*, 155—180 (S. *87*).
KOJA, F., Das Verfassungsrecht der österreichischen Bundesländer. Wien—NewYork 1967 (S. *84*, *90*, *92*, *95*, *135*, *153*, *154*, *162*, *165*, *169*, *213*, *232*).
—, Der Bundesstaat als Rechtsbegriff in: *Föderative Ordnung*, Bd. 3, Theorie und Praxis des Bundesstaates, red. HELBLING/MAYER-MALY/MIEHSLER, Salzburg 1973 (S. *6*, *56*, *58*, *59*).
KOLARZ, W., Nationalitätenpolitik der Sowjetunion. 1956.
KOLBASIN, V. S., Belorusskaja SSR — člen Junesco. Minsk 1963.
KOLBASOV, O. S., Juridičeskie principy vododelenija meždu sojuznymi respublikami. *SGiP* 1967/2, 39—46.
—, Edinyj gosudarstvennyj vodnyj fond. *SGiP* 1971/6, S. 48—56.
KOLIBAB, K. E., 50-letie obrazovanija SSSR i soveršenstvovanie sovetskogo zakonodatel'stva. *SGiP* 1972/12, 97—105 (S. *168*, *201*, *207*, *209*).
KOLOSOVA, K., Mižnarodni kul'turni zvjaski Ukrajni. Kijv 1965 (S. *266*).
KOMACHIDZE, R. M., Sovetskaja Sojuznaja respublika — suverennoe gosudarstvo. Avtoreferat Diss. M. 1961.
Kommentarii k graždanskomu kodeksu RSFSR, red. FLEIŠIC/IOFFE. M. 1970 (S. 76).
Kommentarii k kodeksu o brake i sem'e RSFSR, red. BRATUS/ORLOVSKIJ. Jurlit M. 1971 (S. *68*, *213*, *214*).
Kommentarii ugolovnogo kodeksa Latviiskoj SSR. Riga 1967 (S. *124*).

Konstitucija (osnovnoj zakon) SSSR*. Konstitucii (osnovnye zakony) Sojuznych Sovetskich Socialističeskich Respublik. Jurlit, M. 1956.

ibid. Izvestija, M. 1972.

KOPEJČIKOV, V. V., Mechanizm sovetskogo gosudarstva. Jurlit, M. 1968 (S. *126*).

KORECKIJ, V. M., Rozkvit suverenitetu Ukrainskoj Radjanskoj Socialističnoj Deržavi v skladi SRSR. *Visnik AN URSR* XXV 8 (213), Kijv 1954.

—, Mižnarodno-pravova sub'ektnost Ukrainskij RSR. XVII *URE* 1965, 626—628 (S. *22, 55, 278 f*).

KORECKIJ, V. M./MICHAILOVIČ, M. K./UL'JANOVA, N. M., Ukrajna v mižnarodnich organizacijach. *Nauka i kul'tura Ukrajna,* Kijv 1966, 253—262.

KORKMASOVA, K. D., Nacional'naja gosudarstvennost' v SSSR. Rostov 1970.

—, Kriterii form nacional'noj gosudarstvennosti v SSSR. *SGiP* 1970/11, S. 45—51.

KOROVIN, E. A., Innostrannaja filantropičeskaja dejatel'nost v RSFSR i ee pravovaja forma. *Sovetskoe pravo* 1922/1, 108—118 (S. *35*).

—, Das Völkerrecht der Übergangszeit, deutsche Übersetzung, red. KRAUS, Berlin 1929 (S. *35*).

—, O meždunarodnom značenii stalinskoj konstitucii. *SGiP* 1951/12, 13—22.

—, Nekotorye osnovnye voprosy teorii meždunarodnogo prava. *SGiP* 1954/6, 50—60.

—, Meždunarodnoe Pravo perechodnogo vremeni. Repr. Berlin 1971 (S. *34, 35, 36, 49*).

KOSICYN, A. P., Socialističeskoe gosudarstvo. Jurlit, M. 1970.

KOTLJAREVSKIJ, S. A., SSSR i Sojuznye Respubliki. M. 1924 (S. *70*).

KOŽEVNIKOV, F. I., Učebnoe posobie po meždunarodnomu pravu (Očerki). Moskau 1947 (S. *47, 50*).

KOZOBRAD, V./ZUBKO, V. O., Mižnarodni kul'turni zv'jazki Ukrajni. Kijv 1965.

KRAVČUK, S. S., Gosudarstvenno-pravovye otnošenija v Sovetskom socialističeskom gosudarstve. *SGiP* 1956/10, 95—105.

—, O charaktere otnošenij meždu sovetskimi respublikami do obrazovanija SSSR. *Vest. MGU* 1963/3, S. 13—23.

—, Respublika sovetov — genial'nye otkrytie Lenina. *Vest. MGU* 1970/2, 26—35.

KRISHNA IYER, V. R., The Federal Anatomy of the Soviet System. *V The Eastern Journal of International Law* 1973/1, S. 48—56 (S. *125*).

KRIVENKO, L. T., Postojannye komissii Verchovnych Sovetov sojuznych respublik. Mo. 70, *Izd. Mosk, Un-ta,* br. (S. *237, 238*).

KRIVUŠIN, M. N., Suverenitet sojuznych respublik i dal'nejšee rasširenie ich prav. *Učenye zapiski Kabardino-Balkarskogo Un-ta* 1959/Vyp. 5.

KROCHOTKIN, A. M., Postojannye predstavitel'stva — organ svjazi Sovetov Ministrov sojuznych respublik s Sovetom Ministrov SSSR. *SGiP* 1962/11.

KRONECK, F. J., Die völkerrechtliche Immunität bundesstaatlicher Gliedstaaten vor ausländischen Gerichten. Diss. München 1958 (S. *6*).

KRUPSKIJ, N. V., Osobennosti Konstitucii SSSR kak konstitucii Sovetskogo sojuznogo gosudarstva. Kand. Diss. *MGU* 1956.

KRUTALEVIČ, V. A., V. I. Lenin i sozdanie Belorusskoj SSR. *Pravovedenie* 1960/2, 29—41.

—, Stanovlenie nacional'noj gosudarstvennosti belorusskogo naroda. *SGiP* 1967/ 12, 49—57.

KRYLOV, S. B., Bjudžetnoe pravo SSSR — federal'nye osnovy. Leningrad (ohne Datum).

—, Les notions principales du droit de guerre (La doctrine soviétique du droit international. 70 *RC* 1947, S. 411—475 (S. *24*).

—, Parlament buržuaznogo gosudarstva. *Gosjurizdat* 1963.

Kučinskij, V. A., Belorusskaja SSR — suverennoe gosudarstvo. *Voprosy obščenarodnogo gosudarstva i prava v BSSR*, Minsk 1963 (S. *78*).

Kudinov, N. A., Suverenitet obščenarodnogo gosudarstva. *Voprosy obščenarodnogo gosudarstva i prava BSSR*, Minsk 1963.

—, Forma obščenarodnogo g-va. *Voprosy obščenarodnogo g-va i prava BSSR*, Minsk 1963, S. 57—70 *AN BSSR*.

Kudrjukov, G. I., Meždunarodnaja pravosub'ektnost' gosudarstv. Avtor. kand. diss. Sverdlovsk 1970 (S. *31, 41*).

Kukuškin, M. I., K voprosu o sočetanii international'nogo i nacional'nogo v sovetskom gosudarstvennom stroitel'stve. *Sb. Asp. Rab. GiP* 1966/6, S. 138—145.

—, Projavlenie internacional'nych i nacional'nych momentov v postroenii mestnych sovetov deputatov trudjaščichsja. *Min. vys. i sr. obrazovanija RSFSR, Sverdlovskij jur. Inst. Sbornik aspirantskich rabot*, Vyp. 7 Sverdlovsk 1968, 135—141.

Kuličenko, M. I., Nacional'nye otnošenija v SSSR i tendencija ich razvitija. Moskau 1972.

Kunz, J. L., Die Staatenverbindungen. Stuttgart 1929, *Handbuch des Völkerrechts*, Bd. 2 Teil 4 (S. *6, 26, 42, 56, 59, 60, 289, 295*).

Kuprič, N. J., Gosudarstvennoe ustrojstvo SSSR. *Gosjurizdat*, M. 1952, zit. nach Begijan 1968, 86 (S. *110*).

—, Iz istorii nauki sovetskogo gosudarstvennogo prava. Jurlit, M. 1971 (S. *120*).

Kuricyn, V. M., Gosudarstvennoe sotrudničestvo Ukrainskoj SSR i RSFSR v 1917—1922 gg. Izd-vo *AN SSSR* 1957.

Kuriškov, E. L., Ukrainskaja Sovetskaja Socialističeskaja Respublika kak sub'ekt meždunarodnogo prava. Avtoreferat diss. Kiev 1953 (S. *31, 250*).

—, Pro mižnarodne predtavnictvo Ukrainskoj RSR. *Visnik AN URSR* 1954, No 5.

—, Mižnarodno-pravovi zv'jaski Ukraijn'skoj RSR na sučasnomu etapi. *Visn. Ki-Un-ta* 1958, S. 75—84 (S. *272*).

Kurljandsky, V. I., Voprosy otvetsvennosti za osobo opasnye gosudarstvennye prestuplenii. *Pravovedenie* 1959/3, 52—81 (S. *205*).

Kurs meždunarodnogo prava Otv. red. Kozevnikov, F. I., izd. 2e, IMO 1966 (S. *24, 41, 45, 49, 50, 51, 273*).

Kurs meždunarodnogo prava v šesti tomach I—V, M. 1967 (S. *36, 41, 43, 45, 48, 51, 53, 54, 55, 94, 164, 283*).

Kurs sovetskogo gosudarstvennogo prava red. Ščetinin/Goršenev, Vyššaja škola, M. 1971 (S. *109, 116, 147, 167, 237*).

Kurs sovetskogo ugolovnogo prava v šesti tomach red. Piontkovskij/Romaškin Čchikvadze, I—VI, M. 1970 (S. *123*).

Kusegenov, S., Obrazovanie i razvitie sovetskoj nacional'noj gosudarstvennosti Kirgizkogo naroda. *SGiP* 1965/1, 121—125.

Kuz'myn, E. L., K voprosu o značenii i roli gosudarstvennogo suvereniteta. *Vestnik Moskovskogo Un-ta*, serija X (Pravo) 1965, No 2.

—, Bor'ba za suverenitet — progressivnoe dviženie sovremennosti. *Pravovedenie* 1966/3.

—, Teoretičeskie voprosy suvereniteta. Očerki kritiki buržuaznych učenij. avtor. kand. diss. Moskau 1966.

Kuznecov, I. N., Kompetencija vysšich organov vlasti i upravlenija SSSR. Jurlit, M. 1969 (S. *186, 187, 190*).

Larenz, K., Methodenlehre der Rechtswissenschaft. Berlin—Heidelberg—New York 1969 (S. *72*).

Lasin, A. G., Vozniknovenie i razvitie form socialističeskogo gosudarstva. Izd-vo MGU 1965.

Latvijas PSR Kriminalkodeksa komentari, Riga 1965 (S. *124*).

LAUTERPACHT, H., Recognition in international law. Cambridge 1947 (S. *277, 283, 284*).

LAZAREV, A. M., Puti stanovlenija Moldavskoj sovetskoj nacional'noj gosudarst-vennosti. *SGiP* 1968/12, S. 22—30.

LENIN, V. I., Sočinenija. 4te Auflage, 1—44 M. 1941—1967.

LEPEŠKIN, A. I./KIM, A. I./MIŠIN, N. G./ROMANOV, P. I., Kurs sovetskogo gosudarst-vennogo prava. Bd- I—II, *Gosjurizdat*, M. 1961, 1962 (S. *19, 57, 105, 126, 165, 168, 170, 172, 175, 178, 183, 216, 263*).

LEPEŠKIN, A. I., Nekotorye voprosy Leninskoj teorii sovetskogo federalizma v svete novoj programmy KPSS. *SGiP* 1963/5, S. 60—70 (S. *56*).

—, O razmeživanii kompetencii meždu organami Sojuza SSR i sojuznych res-publik v oblasti Rukovodstva narodnym chozjajstvom. *SGiP* 1966/6, 3—.

LEŠČENKO, L., Ukraina na Mižnarodnij areni. (1945—1949), Kiev, Naukova dumka 1969 (S. *246, 248, 254, 261, 264*).

LESNICKAJA, L. F./PUČINSKIJ, V. K., Osobennosti GPK Sojuznych Respublik. Jurlit, M. 1970 (S. *208*).

LEVIN, D. B., Osnovnye problemy sovremennogo meždunarodnogo prava. Moskau 1958 (S. *48*).

—, Aktual'nye problemy teorii meždunarodnogo prava. M. 1974 (S. *37*).

LEVIN, I. D., Desjat' let Stalinskoj konstitucii i razvitie sovetskogo federalizma. *SGiP* 1946/12, 21—30.

—, Princip suvereniteta v sovetskom i meždunarodnom prave. *Izd-vo Pravda* 1947.

—, Suverenitet. M. 1948 (S. *135, 154, 163, 164, 226*).

—, Sovetskaja federacija — gosudarstvenno-pravovaja forma razrešenija na-cional'nogo voprosa. *Voprosy sovetskogo gosudarstva i prava* 1917—1957, Izd-vo *AN SSSR* 1957 (S. *56*).

—, Sovremennaja buržuaznaja nauka gosudarstvennogo prava. Izd-vo *AN SSSR*, 1960, M. (S. *220*).

—, Problema sootnošenija meždunarodnogo i vnutri-gosudarstvennogo prava. *SGiP* 1964/7, 86—95.

—, Ob otvetstvennosti gosudarstv v sovremennom meždunarodnom prave. *SGiP* 1966/5, 75—83.

LEVIN, V. I., Razvitie sovetskoj gosudarstvennosti v Estonii. Moskau 1961.

—, Razvitie sovetskogo pravoporjadka Estonii. *Sov. Pr.* 1967/5, S. 270—276.

LISOVSKIJ, V. I., Ukrainskaja SSR i meždunarodnoe pravo. Moskau 1960.

—, Meždunarodnoe pravo. *Vysšaja škola*, M. 1970 (S. *24, 50*).

LISSITZYN, O. J., Territorial entities other than Independent States in the Law of Treaties. 125 *RC* 1968, 1—91 (S. *236, 257*).

LITVINOVA, G. I., Obrazovanie i razvitie Uzbekskoj SSR. *Istorija Sovetskogo Gosu-darstva i Prava* I—III, Glav. red. KOSYCIN, A. P. et alii II, S. 200—208.

LOEBER, D. A., Legal Rules „For Internal Use Only". XIX *ICLQ*, 1970, 70—98 (S. *156 f*).

LOEWENSTEIN, K., Verfassungsrecht und Verfassungspraxis der Vereinigten Staaten. Berlin—Göttingen—Heidelberg 1959 (S. *67, 95*).

LUCAS, R., Quellen und Formen des Sowjetrechts. Herrenalb 1965 (S. *156, 163*).

LUKAŠUK, I. I., Sovetskie sojuznie respubliki — polnopravnye storony v meždu-narodnych dogovorach. *Naučnaja konferencija Saratovskaja-jur-fak. im. D. I. Kurskogo po itogam naučno-issledovateľskij raboty za 1956, Saratov 1957.* S. 9—14.

—, Ob učastii sovetskich sojuznych respublik v meždunarodnych dogovorach. *SEMP* 1958, 506—513 (S. *261, 263*).

LUKAŠUK, I. I., Organy predstavljajuščie gosudarstvo pri zaključennii meždunarodnych dogovorov. Kiev 1965.
—, Storony v meždunarodnych dogovorach. Jurlit M. 1966 (S. *12, 41, 47, 283*).
—, Istočniki meždunarodnogo prava. Kiev 1966 (S. *24*).
—, Die Völkerrechtssubjektivität der sowjetischen Unionsrepubliken. 15 *Osteuroparecht*, 1969/4, S. 333—348 (S. *22, 57, 305*).
—, Sojuz SSR, sovetskie sojuznye respubliki kak storony v meždunarodnych dogovorach (materialy dlja dokladov). Znanie Kiev 1969 (S. *176, 177, 192, 193, 256, 257, 261, 262, 264, 272 f, 295*).
—, Ukrains'ka RSR — Člen Organizacii Ob'jednanych Nacii. *RadPr* 1970/9, 34—39.
LUKIN, P. I., Istočniki meždunarodnogo prava. M. 1960 (S. *23, 24*).
LUNEV, A. E., Federativnoe načalo v sovetskom gosudarstvennom upravlenii. *SGiP* 1972/11, 26—34 (S. *56*).
LUZIN, A. V., Administrativno-territorial'noe ustrojstvo Sovetskogo gosudarstva. Jurlit, M. 1969.
MAAMÄGI, V. A., Obrazovanie Estonskoj socialističeskoj nacii. *Istoričeskie Zapiski*, *AN SSSR* 1954/4 S. 278—289.
MAGAZINER, J. M., Obščee učenie o Gosudarstve M. 1933.
MAGEROVSKIJ, D., Sojuz Sovetskich Socialističeskich Respublik. *Sovetskoe Pravo* 1923/1 (4) 3—19.
MAHNKE, H. H., Internationale Organisationen. *Sowjetsystem und demokratische Gesellschaft* III, Herder, Freiburg—Basel—Wien, 1966 (S. *35, 50, 51*).
—, Die Nation als Völkerrechtssubjekt — Sowjetische Auffassungen. VIII *Jb. f. Ostrecht* 1967/1, 7—19 (S. *47, 48*).
—, Entstehung und Untergang von Staaten, Staatensukzession. *Völkerrecht in Ost und West*, red. MAURACH/MEISSNER, Stuttgart—Berlin—Köln—Mainz 1967 (S. *46, 60*).
MALEIN, N. S., Zakon in zakonnost'. *SGiP* 1973/5, 21—27.
MALICKIJ, A., Sovetskoe gosudarstvennoe pravo. Char'kov 1926 (Jur. Izd. NKJu USSR).
—, Sojuz SSR i suverenitet sojuznych respublik. *Vestnik Sovetskoj Justicii*, 2 (12) (S. *120*).
MALININ, S. A., O pravosub'ektnosti meždunarodnych organizacii. *Vestnik LGU*, Serija ekonomiki, filosofii i prava 1965/17 (S. *41*).
MANDEL'STAM, L. I./KIRIN, V. A., Voprosy rasširenija prav sojuznych respublik v dejatel'nosti verchovnogo Soveta SSSR. *SGiP* 1958/3, 32—42.
MANELIS, B. L., V. I. Lenin i sozdanie sovetskoj gosudarstvennosti v Srednej Azii. *SGiP* 1959/7, 3—14.
—, Razvitie V. I. Leninym vzgljadov marksizma na federaciju. *SGiP* 1961/4, S. 17—28 (S. *56*).
—, V. I. Lenin — organizator SSSR. *SGiP* 1962/12, 13—25.
—, Edinstvo suvereniteta Sojuza SSR i suvereniteta sojuznych respublik. *SGiP* 1964/7, 17—26 (S. *56*).
—, Problema suvereniteta i ee značenie v sovremennych uslovijach. Taškent 1964 (S. *164*).
—, „Zarubežnye kompartii ob unitarnoj v federativnoj formach gosudarstva". *Uč. Zap. Taškent. Un-ta* Vyp. 282, 1966, 5—22 (S. *305*).
—, Sootnošenie konstitucionnogo zakonodatel'stva Sojuza SSR i sojuznych respublik. *Obščestvennye nauki v Uzbekistane* 1967/1, (S. *152*).
—, Protiv buržuaznoj fal'sifikacii nacional'no gosudarstvennogo ustrojstva SSSR. *SGiP* 1968/3, S. 57—66 (S. *56, 119*).

v. MANGOLDT/KLEIN, Das Bonner Grundgesetz. Berlin—Frankfurt/M. 1966 (S 64).

MAREK, K., Les rapports entre le droit international et le droit interne à la lumière de la Cour permanente de Justice Internationale. 66 *RGDIP* 1962, S. 260—298 (S. 25).

—, Identity and Continuity of States in Public International Law. 2te Aufl. Genf 1968 (S. *59 f, 219, 226, 227*).

MARKUS, W., La situacion de la Ucraina Sovietica en las actuales relaciones entre oriente y occidente. 26 *Cuadernos de Politica Internacional* 1956, 67—80 (S. 274).

MARTYNENKO, P. F.,Sociologija meždunarodnych otnošenii (Sub'ekty meždunarodnych otnošenii), Kiev 1969.

MATARADZE, L. N., K voprosu o ponjatija meždunarodnoj pravosub'ektnosti. *Vestnik MGU* 1969/1, 71—80 (S. *40, 41, 42, 265*).

—, Forma meždunarodnogo dogovora. Mecniereba Tbilisi 1971.

MAUNZ/DÜRING/HERZOG, Grundgesetz/Kommentar. 3. Auflage München 1971 (S. 64).

MAURACH, R., Wandlungen im Wehrwesen und in der Außenvertretung der Sowjetunion. *N. F. XI Zeitschrift f. osteurop. Recht* 1944, 33—41 (S. 21).

—, Handbuch der Sowjetverfassung. München 1955 (S. *21, 56, 97, 98, 99, 109, 110, 111, 123, 125, 126, 141, 155, 160, 163, 166, 244, 275*).

MEDER, W., Das Sowjetrecht. Frankfurt—Berlin 1971 (S. *56, 83, 155, 158, 163, 166, 167, 181, 187, 210, 216*).

MEDVEDOVIC, D., O pravu sovetskich saveznich respublik da istupaju u medunarodnim odnosima. 21 *Zbornik Pravnog fakultetu u Zagreba*, Broj. 4, 1971, S. 443—464 (S. 246).

MEISSNER, B., Die Sowjetunion, die Baltischen Staaten und das Völkerrecht. Köln 1956 (S. *114, 136*).

—, Die Sowjetunion und das Selbstbestimmungsrecht. Köln 1962 (S. 48).

—, Sowjetunion und Völkerrecht 1917—1962. Köln 1963 (S. *34, 45, 164*).

—, Das Parteiprogramm der KPdSU 1903—1961. 3. Aufl. Köln 1965 (S. 100).

MEISSNER (Red.), Das Selbstbestimmungsrecht der Völker in Osteuropa und China. Köln 1968 (S. 125).

MEISSNER, B., Die auswärtige Gewalt der Sowjetunion. *IRuD* 1969, 13—24 (S. *126, 184*).

—, Entstehung, Fortentwicklung und ideologische Grundlagen des Sowjetischen Bundesstaates. XXII *Osteuropa* 1972/12, S. 869—907 (S. 56).

MENADBE, A., Nekotorye voprosy razvitija gruzinskoj nacional'noj gosudarstvennosti. Tbilissi 1970 (S. *145, 148, 150, 151*).

MENZEL, E., Völkerrecht. München—Berlin 1962 (S. 290).

MERKVILADZE, V. N., Sozdanie i ukreplenie sovetskoj gosudarstvennosti v Gruzii (1921—1936). Tbilissi 1969 (S. 30).

MEŠERA, V. F., O meždunarodnom dogovore kak istočnike sovetskogo prava. *Pravovedenie* 1963/1, S. 124—126.

Meždunarodnaja pravosub'ektnost' (nekotorye voprosy teorii) glavred. FEL'DMAN, D. I., Jurlit, M. 1971 (S. *33, 41, 42, 45, 46, 47, 48, 49, 51, 52, 53, 55, 283, 285, 286*).

Meždunarodnoe pravo red. DURDENEVSKIJ, V. N./KRYLOV, S. B., Jurizdat, M. 1947 (S. *22, 24*).

Meždunarodnoe pravo Vsesojuznyj jur. zoačnyj institut otv. red. MODŽORJAN, L. A./BLATOVA, N. T., Jurlit, M. 1970 (S. *24, 40, 49, 50*).

Meždunarodnye nepravitel'stvennye organizacii red. VELJAKOV, M. 1967 (S. *245, 246*).

MICHAJLOV, M., Nekotorye voprosy sovetskoj konstitucionnoj praktiki. *SGiP* 1956/9, 3—15 (S. *99, 158, 163*).

MICHAJLOVSKIJ, M. K./SLIPČENKO, S. O., Učast' Ukrainskoj RSR v mižnarodnych mižurjadovych organizacijach. XVII *URE* 1965, 628—631 (S. *245, 254*).

MIEHSLER, H., Qualifikation und Anwendungsbereich des internen Rechts internationaler Organisationen. 12 *Berichte der Deutschen Gesellschaft für Völkerrecht*, 47—83 Karlsruhe 1973 (S. *292*).

MILLER, V. O., Sozdanie i razvitie sovetskoj gosudarstvennosti v Pribaltike. *Pravoved.* 1966/4, 3—10.

—, Sozdanije sovetskoj gosudarstvennosti v Latvii. Riga 1967 (S. *95, 96, 109, 135, 136*).

MIL'MAN, A. S., Azerbajdžanskaja SSR — suverennoe gosudarstvo v Sostave SSSR. Azerb. gos. izd-vo Baku 1971 (S. *69, 78, 95, 96, 106, 109, 120, 135, 152, 180, 181, 194, 247*).

MINASJAN, N. M., Istočniki sovremennogo meždunarodnogo prava. Rostov 1960 (S. *22, 23*).

—, Suščnost' sovremennogo meždunarodnogo prava. Rostov 1962 (S. *23, 24*).

MIRONOV, N. V., Sovetskoe zakonodatel'stvo i meždunarodnoe pravo. IMO 1968 (S. *41*).

—, Pravovoe regulirovanie vnešnich snošenij SSSR. IMO 1971.

MIŠUNIN, P. G./MIRONOV, N. V., O juridičeskoj prirode aktov, izdavaemych vysšimi ispolnitel'nimi i rasporjaditel'nimi organami gosudarstvennoj vlasti SSSR, sojuznych i avtonomnych respublik. *SGiP* 1957/8, 22—33.

MNACAKANJAN, M. O., Dejatel'nost' KPSS po okrepleniju suvereniteta i rasšireniju prav sojuznych respublik. Vysšaja škola, M. 1965 (S. *107*).

Mnogonacional'noe sovetskoe gosudarstvo. Institut marksizma-leninizma pri CK KPSS, red. KULIČENKO et alii, Politizdat, M. 1972.

MODŽORJAN, L. A., K voprosu o sub'ektach meždunarodnogo prava. *SGiP* 1956/6, 92—101.

—, Identičnost', nepreryvnost' i pravopreemstvo sub'ektov meždunarodnogo prava. *SGiP* 1958/9, 61—70.

—, Osnovnye prava i ob'jazannosti sub'ektov meždunarodnogo prava. *SEMP* 1958, 277—295.

—, Sub'ekty meždunarodnogo prava. *Gosjurizdat* 1958. (S. *36, 41, 42, 51*).
Sub'ekty meždunarodno-pravovoj otvetstvennosti. *SGiP* 1969/12, 122—125.

MOROZOV, G. I., Meždunarodnye organizacii. Moskau 1969 (S. *51, 52*).

—, O prave meždunarodnych organizacii. *SGiP* 1972/5, 55—64 (S. *51*).

MORRE, P., Die Änderung der staatlichen Gebietshoheit nach sowjetischer Völkerrechtslehre und Völkerrechtspraxis mit besonderer Berücksichtigung des Annexionsverbotes. Diss. Münster 1967.

MOSLER, H., Die völkerrechtliche Wirkung bundesstaatlicher Verfassungen. *Festschrift Thoma* 1950, S. 164—168 (S. *26, 27, 28, 60, 228, 229*).

—, Die Erweiterung des Kreises der Völkerrechtssubjekte. 22 *ZaöRV* 1962, 1—48 (S. *20*).

—, Réflexions sur la personnalité en droit international public. *Mélanges Rolin*, Paris 1964, S. 228—251 (S. *241*).

MOUSKHELY, M., La théorie juridique de l'Etat fédéral. Diss. Paris 1931 (S. *84*).

MOUSKHELY, M./JEDRYKA, Z., Le Gouvernement de l'URSS. Paris 1960 (S. *56, 61, 71, 88, 106, 122, 126, 141, 155, 247*).

MOVČAN, A. P., Kodifikacija i progressivnoe razvitie meždunarodnogo prava. Jurlit, M. 1972 (S. *23*).

MUKSINOV, I. S., Sovet ministrov sojuznoj respubliki. M. 1969 (S. *195*).

Münch, I. v., Das völkerrechtliche Delikt. Frankfurt/M. 1963 (S. *289, 290, 292, 294, 295, 296, 297, 298, 299*).
—, Völkerrecht in programmierter Form. Berlin—New York 1971 (S. *27*).
Murašin, G. A., Organy prokuratury v mechanizme Sovetskogo gosudarstva. Kiev 1972 (S. *83*).
Nacional'naja gosudarstvennost Sojuznych Respublik, Moskau 1968.
Naučno praktičeskij kommentarij k zakonu ob ugolovnoj otvetstvennosti za gosudarstvennoe prestuplenija, red. Menšagin/Romaškin, M. 1960.
Naučno-praktičeskij kommentarij ugolovno-processual'nogo kodeksa RSFSR, red. Smirnov, Jurlit, M. 1970 (S. *159*).
Naučnye osnovy gosudarstvennogo upravlenija v SSSR, Nauka M. 1968.
Nauryzbaev, S., O nekotorych etapach ustanovlenija Sovetskoj vlasti na juge Kazachstana. *Izv. AN KazSSR* 1969/4; 38—43
Nawiasky, H., Allgemeine Staatslehre. Teil 1—4, Einsiedeln—Zürich—Köln 1952—1958 (S. *169*).
Nedbajlo, P. E./Vasilenko, V. A., Meždunarodnaja pravosub'ektnost' sovetskich sojuznych respublik. *SEMP* 1963, 85—108 (S. *22, 39, 243, 246, 249*).
Nedbajlo, P. E., Gosudarstvo i kommunizm. *SGiP* 1967/11, S. 22—30.
Neuhofer, H., Handbuch des Gemeinderechts. Wien—New York 1972 (S. *107*).
Nikolaev, V. V., Sovetskoe socialističeskoe gosudarstvo. Nauka M. 1968.
Nove, A., Some Aspects of Soviet Constitutional Theory. 12 *Mod. L. Rev.* 1949, 12—36 (S. *56, 126*).
Očerki istorii Uzbekskoj SSR (1956—1965 gg), Taškent 1966.
Očerki razvitija sovetskoj gosudarstvennosti pribaltijskich respublik 1940—1965, Tallinn 1965 (S. *22, 136*).
O'Connell, D. P., International Law, 2nd Ed. I—II London 1970 (S. *26, 59, 273, 277, 282, 289, 299*).
Okeke, C. N., Controversial Subjects of contemporary International Law. Rotterdam 1974 (S. *6, 244*).
O rezul'tatach izučenija gosudarstvennogo stroitel'stva Estonskoj SSR, SGiP 1966/9, S. 3—14.
Orlova, N., Brak i sem'ja v meždunarodnom častnom prave. IMO 1966 (S. *80, 81*).
Osakwe, C., Contemporary Soviet Doctrine on the Juridical Nature of Universal International Organizations. 65 *AJIL* 1971, 502—512 (S. *37, 50, 51*).
Ošerov, S. J., Sojuznaja respublika v socialističeskoj federacii. Moskau 1948 (S. *56, 65, 69, 106, 109, 111, 148, 155*).
Osnovin, V. S., Gosudarstvo-pravovye otnošenija. Jurlit, M. 1965.
—, Novaja vecha na puti soveršenstvovanija zakonodatel'stva o sovetskoj predstavitel'noj sisteme. *Pravovedenie* 1973/2, 7—16 (S. *188*).
Osnovy teorii gosudarstva i prava red. Alekseev, A. A., Moskau 1971 (S. *43, 62, 90*).
Osobo opasnye gosudarstvennye prestuplenija, red. Kurljandskij/Michajlov, Jurlit, M. 1963 (S. *123*).
Osobennosti ugolovnych kodeksov sojuznych respublik, red. Mensagin, Jurlit, M. 1963 (S. *142, 202, 203, 204, 205*).
Ostapenko, D. D./Sudnicyn, J. G., Marksistsko-leninskoe ponjatie suvereniteta nacii. *Učenye zapiski Sverdlovskogo Un-ta* 1957/T. IV, 67—114.
Ovezov, B., Kommunističeskoe stroitel'stvo i ukreplenie zakonnosti v Turkmenskoj SSR. *Soc. Zak.* 1964/10, 2—10.
Palamarčuk, L., Ukraina na meždunarodnij arene. *Kommunist Ukrainy* 1963/3, 44—53.
Paleckis, J. I., 50 let Sovetskogo mnogonacional'nogo gosudarstva. *SGiP* 1967/11, S. 13—21.

PALIENKO, M. I., Problema suverentitetu sučasnoj deržavi. Char'kov 1929.

PARKOSADZE, V. V., Iz istorii sozdanija i razvitija sovetskoj gosudarstvennosti v Gruzii. SGiP 1967/1, 82—87.

PAŠUKANIS, E. B., Očerki po meždunarodnomu pravu. M. 1935, Repr. Berlin-Verlag ohne Datum (S. 22, 35, 36).

PAVLOVSKIJ, R. S./ŠAFIR, M. A., O nekotorych voprosach sovetskogo administrativno-territorial'nogo ustrojstva. SGiP 1961/5, 29—39.

PERNTHALER, P., Der österreichische Bundesstaat im Spannungsfeld von Föderalismus und formalem Rechtspositivismus. 19 ÖZöR 1969, S. 361—379 (S. 56).

PETROSJAN, S. N., Istorija konstitutionnogo razvitija sovetskoj gosudarstvennosti v Armenii. MNTK Erevan 1968 (S. 110, 142, 148, 149, 160, 247).

PIPES, R., The formation of the Soviet Union. Harvard—Cambridge 1954 (S. 305).

Pobeda sovetskoj vlasti v srednej Azii i Kazachstane, Taškent 1967.

POLAK, M. V., De federale structuur van de Sowjet-Unie. 23 Nederlands Juristenblad 1948, 21—28 (S. 56, 126, 283, 305).

—, Die Haftung des Bundesstaates für seine Gliedstaaten. I ÖZöR 1946/48, 388- (S. 293, 298).

POPKOV, V. D., Gosudarstvennoe ustrojstvo SSSR. Moskau 1960 (S. 94, 101).

POTARKINA, L. L./BRAZNIKOV, V. E., Konferencija po istorii gosudarstva i prava Ukrainskoj SSR. SGiP 1967/4 S. 137—138.

Problemy Soveršenstvovanija Sovetskogo zakonodatel'stva i dejatel'nosti G-vennych organov, Minsk 1969.

Problemy sravnitel'nogo issledovanija zakonodatel'stva Sojuznych Respublik, red. ISANOV, A. I. Taškent 1974.

QUADRI, R., Cours général de droit international public. 113 RC 1964/III, S. 237—483 (S. 290).

RADVOGIN, A. V., O ponjatii sovetskoj nacional'noj gosudarstvennosti. SGiP 1966/7, 129—132.

—, Kirigizkaja SSR — forma sovetskoj nacional'noj gosudarstvennosti. Frunze 1967.

RADŽABOV, S. A., Tadžikskaja SSR — suverennoe sovetskoe gosudarstvo. Stalinabad 1957.

—, Rasširenie prav sojuznych respublik i ukreplenie ich suvereniteta v sovetskom sojuznom gosudarstve. Izd-vo AN TaSSR, Obšč. nauk 2/33, 1963, 3—28.

RADŽABOV, S./URAZAEV, S., Obščee i osobennoe v nacional'no gosudarstvennom stroitelstve. SGiP 1966/2, S. 21—28.

RAJAN, M. S., The United Nations and Domestic Jurisdiction. London 1961 (S. 220, 221, 223, 225).

RAKOWSKA-HARMSTONE, T., Russia and Nationalism in Central Asia. Baltimore—London 1970 (S. 236).

RASULOV, D. R./RADŽABOV, S., Respubliki sovetskogo vostoka — obrazec ranee ostal'nych stran k socialističeskomu obščestvennomu stroju. SGiP 1961/7, 26—35.

RAUCH, G. v., Staatliche Einheit und nationale Vielfalt. München 1953 (S. 125).

—, Geschichte der Sowjetunion. 5te Auflage, Stuttgart 1969 (S. 123).

RAVIN, S. M., Istoričeskij opyt sovetskogo federalizma. SGiP 1957/11, S. 74—85 (S. 56, 209, 210).

—, Sozdanie teorii sovetskogo federalizma. Uč. Zap. LGU, Serija jur. nauk, Vyp. 10, No. 255, 1958, 36—48.

—, Suverenitet v sovetskom sojuznom gosudarstve. Vestnik Leningradskogo Un-ta, Serija Ekonomiki filosofii i prava, 1959, Vyp. 2, 118—130.

—, Princip federalizma v sovetskom gosudarstvennom prave. Leningrad 1961 (S. 56, 126, 141, 155, 209).

RAVIN, S, M., *SGiP* 1963/8 (S. *210*).

RAZUMOVSKIJ, I., Kategorija sub'ekta v sovetskom prave. *Revoljucija Prava*, 1927/3, 13—39.

REICHEL, H.-C., Die Legislative in der Sowjetunion. 18 *Osteuroparecht*, 1972, 43—60 (S. *158*).

REUTER, P., Droit International Public. Paris 1968 (S. *59*).

RILL, H. P., Gliedstaatsverträge. Wien—New York 1972 (S. *6, 232 f*).

RINGHOFER, K., Strukturprobleme des Rechts, dargestellt am Staatsbürgerschaftsrecht 1965. Wien 1966 (S. *65*).

RJADOŠAPKO, G. Ch., Ukrainskaja SSR — suverennoe gosudarstvo. Avtor. kand. diss. Char'kov 1967.

RJANŽIN, V. A., Socialističeskaja revoljucija 1940 g. v Estonii i preobrazovanie gosu-darstvennoj dumy Estonii v verchovnyj Sovet ESSR. *Izvestija vysš. uč. zav. Pravovedenie*, 1960/4, 113—122.

—, Krizis buržuaznoj konstitucionnoj zakonnosti i vosstanovlenie sovetskoj gosu-darstvennosti v Estonii. *Izd-vo LGU* 1971.

ROGAČEV, P. M./SVERDLIN, M. A., Nacii — Narod — Čelovečestvo. Pollit M. 1967.
Rol' SSSR v formiravanii novoj istoričeskoj obščnosti ljudej. SGiP 1972/12, 20—27.

RONIN, S. L., Stalinskoe učenie o nacii i o mnogonacional'nom Sovetskom gosu-darstve. *SGiP* 1950/2, 1—15 (S. *56*).

—, Princip proletarskogo internacionalizma v sovetskom socialističeskom gosu-darstve. *Izd-vo AN SSSR*, 1956.

—, Vozniknovenie i razvitie konstitucionnych osnov Sovetskogo mnogonacio-nal'nogo gosudarstva. *Vopr. sov. gos. i pr. M. 1957*, 170—212 (S. *99*).

ROSENBLJUM, B. D., O rasprostranenii dejstvija meždunarodnych dogovorov, za-ključennych Sojuzom SSR i otdel'nymi respublikami, na vnov'vstupajuščie v SSSR respubliki. *Sovetskoe Pravo* 1927/5, S. 98—107 (S. *101*).

ROSENNE, S., Is the Constitution of an International Organization an International Treaty. XII *Communicazioni e studi*, 1966, 22—89 (S. *52*).

ROSS, A., A Textbook of International Law. London 1947 (S. *26*).

ROUSSEAU, C., L'indépendance de l'Etat dans l'ordre international. 73 *RC* 1948, 167—253 (S. *221, 222, 223, 224, 225*).

—, Droit International Public. Tome III, Les Sujets de droit. Paris 1974 (S. *59, 63, 89, 221, 227, 274*).

Roždenie Rossiiskoj Sovetskoj Respubliki. SGiP 1967/11, S. 58—66.

RUBANIK, K. P., Meždunarodno pravovye problemy JUNESKO. IMO 1969 (S. *249*).

—, Universal'nost' meždunarodnych organizacii i priem GDR v JUNESKO. *SGiP* 1971/5, 55—58 (S. *53*).

RUDŽINSKAJA, L. A., Obrazovanie belorusskoj sovetskoj gosudarstvennosti. *Učenye zapiski Belorusskogo gos. Un-ta im-Lenina*, Minsk 1957, Vyp. 31, 3—44.

SABANOV, F. S., Razvitie sovetskoj gosudarstvennosti v Azerbajdžane. Jurlit, M 1959 (S. *95, 96, 117, 209*).

SADIKOV, O. N., Unifikacija kak sredstvo soveršenstvovanija graždanskogo zakono-datel'stva. *Pravovedenie* 1972/6, 91—102 (S. *208, 209*).

ŠAFIR, M. A., Federal'nye načala v strukture organov Sojuza SSR. *SGiP* 1968/11, 36—44 (S. *56*).

—, Kompetencija SSSR i sojuznych respublik. Nauka 1968 (S. *57, 95, 96, 106, 112, 116, 122, 145, 146, 147, 148, 155, 163, 168, 170, 172, 176, 177, 180, 182, 183, 184, 186, 194, 215, 216, 217, 218, 257*).

—, SSSR — socialističeskoe sojuznoe gosudarstvo. M. 1971.

ŠAFRANOV, V. M., Pravovoe položenie graždan SSSR. Moskau 1969 (S. *67*).

ŠAKIRZADE, A. S., Sovetskij opyt rešenija nacional'nogo voprosa i ego meždunarodnoe značenie. *Izv. AN AzSSR* 1971/3—4, 89—98 (S. *306*).

SAMARIN, Z. V., Nekotorye osobennosti vnešnich funkcii sovetskogo gosudarstva v sovremennyj period. *Vest. MGU* 1966/I, 29—38.

SAMOŠČENKO, I. S., O pravovych formach osuščestvlenija funkcii Sovetskogo gosudarstva. *SGiP* 1956/3, 81—91.

SANDROVSKIJ, K., Special'ni misij v diplomatičnij praktyci URSR. *RadPr.* 1968/2, 94—98.

SAPARGALIEV, G. S., Sovetskoe gosudarstvo v bor'be za razvitie socialističeskoj kul'tury v Kazachstane. Alma-Ata 1957.

SAPARGALIEV, G. S./BINDER, M. A., Razvitie sovetskoj nacional'noj gosudarstvennosti kazachskogo naroda. *SGiP* 1970/9, S. 24—31.

ŠAPSUGOV, D. J., Teoretičeskie voprosy suvereniteta gosudarstv (učebnoe posobie po kursu teorii g-va i prava). Rostov n/D 1971.

SARTAEV, S., Obrazovanie i stanovlenie Kazachskoj sovetskoj gosudarstvennosti. Alma-Ata 1960.

SAUER, W., Grundlehre des Völkerrechts. 3tte Aufl. Köln—Berlin 1955 (S. *230*).

SAWCZUK, K., The Ukrainian SSR: a sovereign and independent State? *XIX The Ukrainian Review* 1972/2, S. 36—54 (S. *59, 88, 95, 176, 195*).

ŠČETININ, B. V., Nekotorye teoretičeskie problemy nacional'no — gosudarstvennogo ustrojstva SSSR v period razvernutogo stroitel'stva kommunizma. *Pravovedenie* 1965/2.

—, Problemy teorii sovetskogo gosudarstvennogo prava. Jurlit, M. 1969 (S. *132*).

SCHERMERS, H. G., International Institutional Law I—II. Leiden 1972 (S. *247, 280*).

SCHMIDT, H. T., Die sowjetischen Straßenverkehrstatbestände. XII *JbfOR* 1971/2, 101—121 (S. *205*).

SCHNEIDER, P., Zur Rechtsstellung des Roten Kreuzes. 5 *Archiv des Völkerrechts* 1955, S. 257— (S. *302*).

SCHROEDER, F.-C., Der strafrechtliche Staatsschutz in der Sowjetunion. *Studien des Instituts für Ostrecht / München*, Band 15, Herrenalb 1963 (S. *122*).

—, Der Schutz von Staat und Verfassung im Strafrecht. München 1970 (S. *122*).

SCHÜCKING, W./WEHBERG, H., Die Satzung des Völkerbundes. 2te Auflage, Berlin 1924 (S. *221, 222, 223, 225*).

SCHÜTZ, E., Die Reform der lokalen Sowjetverwaltung. *Sowjetstaat und Sowjetrecht nach Chruschtschow*. red. MAURACH/MEISSNER, Stuttgart—Berlin—Köln—Mainz 1971 (S. *188*).

SCHULTZ, L., Die strukturellen Wandlungen im Rätesystem der Sowjetunion. 13 *WGO* 1971, 113—127 (S. *147*).

SCHWARZENBERGER, G., A Manual of International Law. 5th Edition, London 1967 (S. *59*).

SCHWEISFURTH, T., Der internationale Vertrag in der modernen sowjetischen Völkerrechtstheorie. Verlag Wissenschaft und Politik, Köln 1967 (S. *49*).

ŠEBANOV, A. F., Sravnitel'noe izučenie zakonodatel'stva sojuznych respublik (voprosy metodologii). *Pravovedenie* 1973/2, S. 17—26 (S. *201*).

SEIDL-HOHENVELDERN, I., Völkerrecht. 2e Auflage, Köln—Berlin—Bonn—München 1969 (S. *59, 89*).

SEMENOV, P. G., Programma KPSS o razvitii sovetskich nacional'no-gosudarstvennych otnošenii. *SGiP* 1961/12, S. 15—25 (S. *111, 305*).

SERGEEV, V. S./GANJUCHIN, M. G., Vopros o tak nazyvaenych 'Mikrogosudarstvach' v OON. *Uč. Zap. IMO* II, Aktual'nye problemy sovremennogo meždunarodnogo prava, M. 1972 (S. *45*).

ŠEVCOV, V. S., Graždanstvo v sovetskom sojuznom gosudarstve. Jurlit, M. 1969 (S. *65, 69, 74, 75, 78, 79, 88*).

—, Sovetskoe graždanstvo i gosudarstvennyj suverenitet. *SGiP* 1970/6, S. 39—47 (S. *75*).

Ševcov, V. S., Gosudarstvennyj suverenitet i političeskaja organizacija sovetskogo gosudarstva. Znanie M. 1971 (S. 94).
—, Suverenitet sovetskogo gosudarstva. Jurlit 1972 (S. 94, 101, 105, 107, 108, 118, 125, 164, 190).
—, Princip edinstva suvereniteta v sovetskom gosudarstve. Soc. Zak. 1972/12, 14—19 (S. 101).
—, Suverennaja gosudarstvennaja vlast' i voprosy territorial'nogo verchovenstva. Pravovedenie 1972/6, 43—50.
XXIII S'ezd KPSS i voprosy gosudarstvennogo stroitel'stva. Mysl', M. 1968.
Shapiro, L., The Government and Politics of Soviet Union. N. Y. 1965. (S. 125).
Šibaeva, E. A., Specializirovannye učreždenija OON. IMO 1968. (S. 53).
—, Pravovoj status mežpravitel'stvennych organizacii. Moskau 1972 (S. 52, 53).
—, O mеždunarodnych soglašenijach mežgosudarstvenych organizacii. SEMP 1969, S. 232—246 (S. 41).
Sibert, M., Traité de Droit International Public I—II. Paris 1951 (S. 59, 220).
Šilde, A., Resistance Movement in Latvia. Stockholm 1972 (S. 117).
Sinel'nikova, R. D., Najvišči organi deržavnoj vladi Ukrainskoj RSR do utvorenija Sojuza RSR. Vist. Kijvsk. Un-ta 1959/2, Vyp. 1, S. 73—78.
Škunaev, V. G., Meždunarodnaja organizacija truda. IMO 1968 (S. 249).
Socialističeskoe gosudarstvo. Marksistsko-leninskaja obščaja teorija gosudarstva i prava, red. Čchikvadze, Jurlit, M. 1972 (S. 137, 138).
Social'noe strachovanie v SSSR sbornik oficial'nych materialov. Profizdat 1971 (S. 218).
Sojuz SSR — sodružestvo ravnopravnych respublik, red. Lepeškin, A. I. Jurlit, M. 1972 (S. 69, 105, 187, 209).
Sonin, A., Pobeda Velikogo Oktabrja i sozdanie sovetskoj tadžikskoj nacional'noj gosudarstvennosti. TadSSR 1968, 1, S. 3—27.
Sonn, P., Die auswärtige Gewalt des Gliedstaates im Bundesstaat. Hektographierte Veröffentlichungen des Institutes für Internationales Recht an der Universität Kiel, No 3, Kiel 1960 (S. 6).
Sørensen, M., Federal States and the International Protection of Human Rights. 42 AJIL 1952, 195—218 (S. 290).
—, General Principles of International Law. (Principes de Droit international public). 101 RC 1960, III, 1—251.
Sorok let sovetskogo federalizma (1917—1957). Izd. vo LGU 1957 (S. 167).
Sovetskij federalizm, red. Reichel, M., M. L. 1930 (S. 22, 70, 101).
Sovetskoe pravo. Vysšaja škola M. 1969 (S. 159).
Sovetskoe administrativno pravo čast' osobennaja, red. Sorokin. Izd-vo LGU 1966 (S. 175, 178, 258, 260).
Sovetskoe gosudarstvennoe pravo, red. Lepeškin. Jurlit, M. 1971 (S. 109, 117, 154, 169, 172, 176, 180, 182, 183, 218, 236).
Sovetskoe pravo Uzbekistana v period razvernutogo stroitel'stva kommunizma, red. Sulajmanova, Ch. S. Taškent 1964.
Sovety Uzbekistana v period kommunističeskogo stroitel'stva, red. Chakimov, M. Taškent 1969 (S. 209).
Sovremennaja karta zarubežnogo mira. (Administrativno-territorial'noe delenie zarubežnych stran), red. Siger. M. 1971 (S. 87).
Spanner, H., Landesbürgerschaft und Bundesbürgerschaft. 7 ÖJZ 1952, 449—454 (S. 65).
Speranskaja, L. V., Alžirskaja nacija i vopros o ee pravosub'ektnosti v meždunarodnom prave. SEMP 1958, 408—421 (S. 49).
Stanovlenie osnov obščesojuznogo zakonodatel'stva, red. Kiričenko/Samoščenko. Jurlit, M. 1972 (S. 158, 185, 214).

STAROVOJTOV, N., Zakon o statuse deputatov. *Soc. Zak.* 1972/12, 26—31 (S. *124*).

STEINBERGER, H., Constitutional Subdivisions of States or Unions and their Capacity to conclude Treaties. 27 *ZaöRV* (1967), S. 411—428 (S. *6, 20, 26*).

STREL'COV, L. M., Pro garantii suverenitetu Sojuzu RSR sojuznych respublik. *RadPr.* 1963/3, 26—30.

—, K voprosu o sootnošenii suvereniteta SSSR i sojuznych respublik. Odessa 1964.

SUCHECKI, V., O metodologij izučavanja sovetskogo federalizma. *Archiv za pravne i Družestvene Nauki,* 255—269.

SUDNICYN, J. G., Nacional'nij suverenitet v SSSR. *Gosjurizdat* 1958.

—, Osnovnye voprosy teorii nacional'nogo suvereniteta. *Pravovedenie* 1967/4, 48—55.

SURGULADZE, A. N., Zakavkaz'e v bor'be za pobedy socialističeskoj revoljucii. Tbilissi 1971.

SURILOV, A. V., Moldavskaja gosudarstvennost' v period stroitel'stva kommunizma. Kišinev 1962.

—, Charakternye čerty sovetskogo nacional'no gosudarstvennogo stroitel'stva. *Učenye zapiski Kišinevskogo Gos. Un-ta,* T. 79, 1965, 25—47.

—, Fal'sifikacija nacional'noj politiki kommunističeskoj partii i sovetskogo nacional'no — gosudarstvennogo stroitel'stva v sovremennoj buržuaznoj istoriografii i publicistiki. *Uč. Zap. Kiš. Un-ta* 1965, 197—202.

—, Protiv fal'sifikatorov istorii nacional'no-gosudarstvennogo samoopredelenija moldavskogo naroda. *Kommunist Moldavii* 1966/8, 21—53.

SURILOV, A. V./STRATULAT, N. P., O nacional'no-gosudarstvennom samoopredelenii moldavskogo naroda. Kisinev 1967 (S. *269*).

ŠURŠALOV, V. M., Meždunarodnye pravootnošenija. IMO 1971 (S. *36, 37, 38, 40, 42, 43, 52, 53, 54*).

SYATAUW, J. J. G., Decisions of the International Court of Justice. 2te Aufl. Leyden 1969 (S. *77*).

TAAGEPERA, R., The 1970 Soviet Census: Fusion or Crystallization of Nationalities. XXII *Soviet Studies* 1972/2, S. 216—221 (S. *86*).

TADEVOSJAN, E. V., Leninskij etap v marksistskom učenii o federacii. *SGiP* 1962/12, 37—47 (S. *56*).

TAJMANOV, G. T., Kazachskaja SSR v Sovetskom mnogonacional'nom gosudarstve. *SGiP* 1954/4, 27—38.

—, Razvitie sovetskoj gosudarstvennosti v Kazachstane. *Gosjurizdat,* M. 1956.

TALALAEV, A. N., Juridičeskaja priroda meždunarodnogo dogovora. IMO M. 1963 (S. *36, 37, 41, 48, 261, 263*).

—, Venskaja konferencija OON po pravu meždunarodnych dogovorov. *Vestnik MGU* 1969/1, 31—41 (S. *19*).

—, Nekotorye voprosy teorii meždunarodnogo dogovora na Venskoj konferencii OON. *SEMP* 1970, 112—127 (S. *17, 19, 55*).

—, Vtoraja sessija venskoj konferencii OON po pravu meždunarodnych dogovorov. *Vestnik MGU* 1970/3, 41—48 (S. *19*).

—, Meždunarodnye dogovory i sovremennom mire. M. 1973 (S. *233, 295*).

TARACOUZIO, T. A., The Soviet Union and International Law. New York 1935 / repr. Kraus 1972 (S. *34, 35, 49, 244*).

TARANOV, A. P., Osnovi principi konstitucii Ukrainskoj RSR. Kiev 1962 (S. *67*).

TEKÜLVE, E., Probleme der Gebietsveränderungen im Bundesstaat. *39 Veröffentlichungen der Forschungsstelle für Völkerrecht und ausl. öff. Recht der Universität Hamburg.* Hamburg 1962 (S. *127*).

Teorija gosudarstva i prava, red. DENISOV, A. N. Moskau 1967 (S. *43*).

TILLE, A. A., Obrazovanie Latvijskoj Sovetskoj Socialističeskoj Respubliki. *SGiP* 1955/5, 17—23.

Tkač, A. P./Cvetkov, V. V., V. I. Lenin i sozdanie Ukrainskoj SSR. *SGiP* 1967/10, S. 3—12.

Tolstoj, J. K., Graždanskie kodeksy pribaltiskich respublik i juridičeskaja nauka. *Pravovedenie* 1973/2, 48—56 (S. *201, 208*).

Trajnin, I. P., SSSR. M. 1923.

—, K voprosu o suverenitete. *SGiP* 1938/2, 75—108.

—, Konstitucii novych sojuznych respublik. *SGiP* 1940/11, 11—27.

—, Problema suvereniteta v sovetskoj federacii. *Izvestija AN SSSR, Otdelenie ekonomiki i prava* 1945/3, 11—17 (S. *56*).

—, Sovetskoe mnogonacional'noe gosudarstvo. Moskau 1947.

Trella, R., Sovietsky federalizmus. Právny Obzor 1967/8, S. 689—698 (S. *56*).

Triska, J. F./Slusser, R. M., The Theory, Law and Politics of Soviet Treaties. Stanford, Cal., 1962 (S. *244*).

Tuganbaev, A. S., K voprosu o razvitii Kazachskoj SSR kak sub'ekta meždunarodnogo prava. *Voprosy G-va i prava*, Kaz. Gos. Un-tet imeni Kirova, Alma Ata 1963 (S. *55, 266*).

—, Kazachstan — suverennoe Sovetskoe gosudarstvo. Alma-Ata 1964.

—, Gosudarstvennyj suverenitet i vnešnepolitičeskie polnomočija Kazachskoj SSR. Avtor. kand. diss. Alma-Ata 1965 (S. *57, 272, 278*).

Tumanov, V. I. Burzuažnaja pravovaja ideologija. Moskau 1971 (S. *26*).

Tunkin, G. I., Osnovy sovremennogo meždunarogo prava. Moskau 1956 (S. *48*).

—, Ideologičeskaja bor'ba i meždunarodnoe pravo. IMO 1967 (S. *36*).

—, Völkerrechtstheorie, deutsche Übersetzung, Berlin 1972 (S. *51, 54*).

—, Teorija meždunarodnogo prava. Moskau 1970 (S. *23, 35, 51, 52, 53, 54*).

Tunkin/Nečaev, Pravo dogovorov na XVII sessii Komissii meždunarodnogo prava OON. *SGiP* 1966/4, S. 56—62 (S. *285*).

Turgunbekov, R., Konstitucionnye osnovy suvereniteta Kirgizskoj SSR. Frunze 1959 (S. *95, 96, 102, 108, 116, 119, 142, 144, 194, 272*).

—, Rašširenie prav sojuznych respublik. Frunze 1961.

—, Sozdanie i razvitie konstitucii Kirgizkoj SSSR. Frunze 1962.

—, Stanovlenie i razvitie suverennogo gosudarstva kirgizkogo naroda. Frunze 1969.

Turubiner, A. M., Očerki gosudarstvennogo ustrojstva SSSR. Jurizdat Narkomjusta RSFSR, 1925.

—, Pravo gosudarstvennoj sobstvennosti na zemlju v Sovetskom Sojuze. *Izd-vo MGU* 1958 (S. *101, 103, 104, 105*).

—, Pravo gosudarstvennoj sobstvennosti na zemlju v Sovetskom Sojuze. Avtor. Dokt. Diss. MGU 1959.

Tuzmuchamedov, R. A., Otvet klevetnikam — samoopredelenie narodov Srednej Azii i meždunarodnoe pravo. IMO 1969.

Udovigenko, L., Ukrains'ka RSR v OON. *Rad.Pr.* 1966/3, 8—12.

Ul'janova, N. N., Učast' Ukrajnskoj RSR v mižnarodnij organizaci praci. *Narisi z istorij deržavi i prava USSR*, AN USSR, Kiev 1957, S. 197—225.

—, Priznanie gosudarstv i pravitel'stv i učastie v mnogostoronnych dogovorach. *SEMP* 1961, S. 309—320 (S. *285, 286*).

—, Mižnarodni dogovori Radjanskoj Ukrajni. *Rad. Pr.* 1966/11, 88—.

—, Radjanska Ukrajna na mižnarodnich konferencijach. *Rad. Pr.* 1967/10, 75—79.

—, Principy universal'nosti v meždunarodnom dogovore na venskoj konferencii OON. *SEMP* 1970, 128—142.

Ukrainskaja SSR i zarubežnye socialističeskie strany. AN USSR, Inst. Istorii. Kiev 1965 (S. *253*).

Ukrajns'ka RSR u mižnarodnych vidnosinach. Kijv 1959 (S. *253, 262*).

Umanskij, J. N., Gosudarstvennoe ustrojstvo SSSR. Gosjurizdat 1960.
—, Sovetskoe gosudarstvennoe pravo. M. 1970 (S. *109, 116, 135, 148, 168, 172, 176, 180, 181, 183, 209*).

Urazaev, Š. Ž., Turkestanskaja ASSR pervoe socialističeskoe gosudarstvo v srednej Azii. Moskau 1961.
—, Rol' RSFSR i SSSR v stroitel'stve sovetskoj gosudarstvennosti v Uzbekistane. Taškent 1965.
—, V. I. Lenin i stroitel'stvo sovetskoj gosudarstvennosti v Turkestane. Taškent 1967.
—, V. I. Lenin o roli socialističeskogo gosudarstva v stroitel'stve socializma. *Vestn. Taškents. Un-ta*, vyp., 309, 1967, 3—15.

Ušakov, N. A., Suverenitet v sovremennom meždunarodnom prave. IMO 1963 (S. *164*).
—, Sub'ekty sovremennogo meždunarodnogo prava. *SEMP* 1964/65, 60—75 (S. *36, 41*).
—, Sovremennoe meždunarodnoe pravo — juridičeskaja osnova otnošenii meždu gosudarstvami. *SGiP* 1970/11, S. 69—77.
—, Nevmešatel'stvo vo vnutrennye dela gosudarstv. IMO 1971 (S. *221*).

USSR v meždunarodnych otnošenijach. Naukovaja dumka Kiev 1964.

USSR, zarubežnye socialističeskie strany. AN USSR inst. istorii Kijv 1965.

Usteri, M., Theorie des Bundesstaates. Zürich 1954 (S. *6, 94, 165, 171, 172*).

Vail', I. M., Avstralija, federalizm i vysšie organy vlasti. M. 1970.

Varinov, G. P., Osnovy voprosy konstitucii SSSR G-vennoe učebno-pol. Izd-vo Min. Prosveščenija RSFSR. M. 1948.

Vasilenko, V. A., Voprosy pravopreemstva i graždanstva v meždunarodnogopravovoj praktike USSR. *SEMP* 1964—65, S. 304—311.
—, Osnovanie meždunarodnoj pravosub'ektnosti Ukrainskoj SSR. avtor. kand. diss. Kiev 1965 (S. *22, 31, 177, 236, 237, 246*).

Verdross, A., Die Völkerrechtssubjektivität der Gliedstaaten der Sowjetunion. I (NF) ÖZöR 1948, S. 212—218 (S. *282*).
—, Theorie der mittelbaren Staatenhaftung. I (NF) ÖZöR 1948, S. 388—423 (S. *289, 292, 297, 298*).
—, Völkerrecht. V. Auflage, Wien 1964 (S. *27, 59, 60, 61, 62, 63, 82, 114, 137, 220, 221, 222, 228, 229, 232, 274, 282*).

Verosta, S., Die Vertragsrecht-Konferenz der Vereinten Nationen 1968/69 und die Wiener Konvention über das Recht der Verträge. 9 ZaöRV 1969, S. 654—710 (S. *18*).

Verzijl, J. H. W., International Law in Historical Perspective. Vol. I—V. Leyden 1968—1972 (S. *63, 247*).

Vicharev, S. R., Pravovye garantii Belorusskoj SSR v Sostave Sojuza SSR. *Učenye zapiski Belorusskogo gos. Un-ta im. Lenina.* Minsk 1957, Vyp. 31, 45—84 (S. *69, 95, 120, 246*).
—, Suverenitet Belorusskoj SSR v sostave Sojuza SSR. Minsk 1958 (S. *69, 96, 99, 101, 102, 109, 135, 154, 194, 234, 246, 248, 261*).
—, Sojuznaja respublika kak sub'ekt meždunarodnogo prava. *SGiP* 1960/6, S. 63—73 (S. *243, 246, 248, 264*).
—, V. 1. Lenin o suveren'tete sojuznych respublik. Minsk 1969.

Vicharev, S. R./Vetrov, I. D., Rasširenie prav sojuznych respublik. Gosjurizdat M. 1963.

Višnjakov, V. G., Dvojnoe podčinenie organov upravlenija narodnym chozjajstvom. Jurlit, M. 1967 (S. *217*).

DE VISSCHER, P., A propos de la personalité juridique de l'Ukraine. *L'Ukraine dans le cadre de l'est Européen. Recueil de l'Université Ukrainienne Libre de Munich.* Louvain 1957 (S. *283*).

VLASOV, V. A., Sovetskij gosudarstvennyj apparat. M. 1959.

Vnešnjaja politika Sovetskogo Sojuza v period Otečestvennoj vojny. Bd. I—III. M. 1944—46 (S. *262*).

VOJTOVIČ, S. D., BSSR v bor'be za mir i sotrudničestvo meždu narodami (1945—1965). Minsk 1968 (S. *266*).

VOJTOVIČ, S. D./VOROBEJ, N. S./TOLSTOJ, V. S., Sotrudničestvo Belorusskoj SSR s socialističeskimi stranami. Minsk 1970 (S. *265, 267, 269*).

Völkerrecht, Lehrbuch, red. LEVIN, KALJUŽNAJA, Deutsche Übersetzung. Berlin-Ost 1967 (S. *48*).

Völkerrecht, red. KOŽEVNIKOV, Deutsche Übersetzung SCHULTZ, L. Hamburg 1960 (S. *48*).

Völkerrecht in Ost und West, red. MAURACH, R./MEISSNER, B. Stuttgart 1967.

VOLKOV, N. A., Vysšie i central'nye organy gosudarstvennogo upravlenija. *Izd-vo Kasan'skogo Un-ta* 1971, 8—71 (10).

VOROBJOV, O. I., Ukrajns'ka RSR na mižnarodnij areni. Kijv 1970 (S. *246, 248, 254, 261*).

VORONOV, K. G./PAVLOV, K. A., Organizacija i technika vnešnej torgovli. IMO 1970 (S. *246, 260*).

VORONIN, P. V./KARLOV, A. A., Sozdanie moldavskoj sovetskoj nacional'noj gosu-darstvennosti. *SGiP* 1967/7, 3—10.

WALDOCK, H. M., The Plea of Domestic Jurisdiction before International Legal Tribunals. XXXI *BYIL* 1954, 96—142 (S. *220*).

WALTER, R., Der Aufbau der Rechtsordnung. 1964 (S. *130*).

—, Österreichisches Bundesverfassungsrecht. Wien 1972 (S. *160*).

WELAN, M., Grundsatzgesetzgebung und Ausführungsgesetzgebung. Manuskript zur Veröffentlichung in: *Föderative Ordnung,* Bd. 3, Theorie und Praxis des Bundesstaates (S. *202*).

WENGLER, W., Der Begriff des Völkerrechtssubjektes im Lichte der politischen Gegenwart. 51 *Die Friedenswarte* 1951/53, S. 113—142 (S. *302*).

—, Völkerrecht, Bd. I—II. Berlin—Göttingen—Heidelberg 1964 (S. *59, 228, 276*).

WERNER/KLECATSKY, Das österreichische Bundesverfassungsrecht. Wien 1961 (S. *107*).

WILDHABER, L., Constitution and Treaty-making power. Basel—Stuttgart 1971 (S. *6, 27, 289, 294, 298*).

YAKEMCHOUK, R., L'Ukraine sur le plan des relations diplomatiques. *L'Ukraine dans le cadre de l'est Européen. Recueil de l'Université Ukrainienne Libre de Munich.* Louvain 1957 (S. *248*).

ZABIGAILO, K. S., K istorii učastija Ukrajnskoj SSR v vyrabotke Ustava OON. *SEMP* 1964/65, S. 123—132.

—, Voprosy meždunarodnogo prava v praktike Ukrainskoj SSR. avtor. ref. diss. Kiev 1966 (S. *31, 246, 265, 306*).

ZACHAROVA, N. V., Vlijanie social'noj revoljucii na silu meždunarodnogo dogovora. Nauka, M. 1966 (S. *42, 43, 44*).

ZADOROŽNIJ, G. P., Mirnoe sosuščestvovanie i meždunarodnoe pravo. M. 1963 (S. *39, 43, 45, 47*).

ZAGORODNIKOV, N., Ugolovnyj zakon v bor'be protiv pjanstva i alkogolizma. *Soc. Zak.* 1972/11, S. 27—31 (S. *207*).

ZAKIROV, J., Usbekskaja SSR — Ravnaja sredi ravnych bratskich respublik. *Soc. Zak.* 1969/10, 11—17.

Zapis' aktov gražnanskogo sostojanija (sbornik official'nych materialov). Jurlit, M. 1961 (S. *66, 85*).

ZINOV'EV, A. V., O konstitucionnom razgraničenii kompetencii Sojuza SSR i sojuznych respublik. *Pravovedenie* 1959/5, 58—65.

ZIVS, S. L., Krizis buržuaznoj zakonnosti v sovremennych imperialističeskich gosudarstvach. M. 1958.

ZLATOPOL'SKIJ, D. L., Gosudarstvennoe ustroistvo SSSR. Moskau 1960 (S. *66, 67, 69, 71, 78, 95, 99, 106, 116, 120, 126, 178*).

—, Osnovnye problemy sovetskoj federacii. avtor. dokt. diss. M. 1963 (S. *56, 78*).

—, SSSR — federal'noe gosudarstvo. *MGU* 1967 (S. *56, 79*).

—, Verchovnye sovety sojuznych respublik. M. 1967.

—, Nacional'naja gosudarstvennost' sojuznych respublik. Moskva 1968.

—, V. I. Lenin i teoretičeskie problemy stroitel'stva socialističeskoj federacii — Sojuza SSR. *Vestnik MGU* 1970/2.

—, Sovetskaja federacija i nacional'nij vopros. *SGiP* 1972/11, 10—17 (S. *56*).

ZLENKO, A. Z., Deržavnij ustrij ukrainskoj RSR. Derž. vidanstvo pol. liz. USRS. Kijv 1959.

ŽUKOV, G. P./DOMASEVIČUS, K. A., Litovskaja SSR — ravnopravyj člen velikogo Sovetskogo Sojuza. *SGiP* 1955/5, 32—37.

ZURABLEV, M. N., Razrabotka, prinjatie i obščaja charakteristika pervoj konstitucii Moldavskoj ASSR 1925 goda. *Učenye zap. Kišinevskogo Gos. Un-ta* T. 79, 1965, 131—142.

Rechtsquellenverzeichnis

Verzeichnis der verwendeten Judikatur

Sachverzeichnis

Druck: Ferdinand Berger & Söhne OHG, A-3580 Horn

Forschungen aus Staat und Recht

Herausgegeben von Univ.-Prof. Dr. GÜNTHER WINKLER im Zusammenwirken mit Univ.-Prof. Dr. WALTER ANTONIOLLI, Universität Wien.

Weitere Bände folgen.